U0517396

李宇林 著

體道

人生即修行

華夏出版社
HUAXIA PUBLISHING HOUSE

目录

序 一

　　大道不能彰显，世俗的教化就会衰败，天下人的思想就会因此而大乱。这个时候，自然就会生出圣贤之人，扶危救乱的方术就显现于世间，周代末期就是这个样子。圣人忧虑人民得不到良好的自然生活秩序，于是孔仲尼阐释上五代的文籍律令，想要拯扶当世的衰败；老子依据上古三皇的本质，用以救乱祛僻，他们的想法是一致的。大概仲尼的方术，表现在语言文辞上面，用语言来调治情感；老子的方术根本在于质朴，质朴就可以返还本性。性情的极致，即使是圣人也不能让它改变；文饰与质朴的不同，万世也不能使它统一。《易经》里说，彰显诸多仁爱，只是以文饰来教导人民，就是这个意思啊！用文饰辞藻教化劝导，就能彰显事迹、表白用心，所以能让人们轻易明白，轻易明白的事情再用文雅的言辞记述就详细。《易经》说，内藏诸多作用，以质朴作为教化劝导，就是这个意思。以质朴作为教化，其中的道理是很玄妙的，所以深奥而不可以认识；深奥而不可以认识的，往往都是妄自作为。只有老子的方术，以道为体，以名为用，从无为而治到无不为的境界，即与皇天同极。杨朱宗法老子的形体而又不能达到老子的高远，其结果只能让人理解他是贵身而贱物；庄周述说老子的运用，而又失于太过，所以庄周总是强调绝圣弃智；申韩有失老子所谓的名称，他们的弊病在于苛刻缴急；王何有失于老子所谓的道，而流行出的言语却是虚无放诞。这六个人都是老子的罪人。而且世人因此说老子的思想指向，终归不与孔仲尼相契合，所以诋毁老子的名誉说老子抛弃仁义、绝灭礼学，指责老子所谓的道只以清静虚无为用，这样的思想怎能治世呢？世人的迷茫已经很久远了。这样的名词就使得老子的思想饱受屈诬有千年之久，道德不能施行于当代，是有一定缘故的啊！况且老子原本于天地化生之道的开始，以此历陈古今的治乱变化，首先阐明道德，其次述说仁义，接着陈论礼乐的失误、刑政的苛烦，叙述他思想的指向，教导其所以然。其中秉持的要点根本在于情性回归原本的极致，所以他的大道开始于身心的修持，进而形似以家庭国事，以至于把道施行于天下，以此说明大道的完备性。有人说内容芜杂，没有头绪，岂不是有意玷污圣人吗？

过去伏羲画八卦，以论万物之情，穷究性命之理，顺应道德的和气；老子的思想同样是阐述开天辟地、万物化生的法则，根本在于阴阳二气，推演性命生化的极致，根源是道与德的奥妙，是和伏羲之论同根同源的。文王观察大易九六的变动，贵重阳刚，崇尚变化，其要在于中和；老子也观察大易七八的正理，达到柔和，持守清静，而以大统贯其中，这又和文王的宗旨相通。孔子祖述尧舜，以文王武王的思想理念作为宪章，教导人民施行仁义；老子也拟议伏羲，弥论黄帝，提倡天下施行道德的教化，这又与孔夫子在权衡上契合。这三位君子，又被称为圣人的极致。老子把他们的思想行为方式加以变通化合，研究变化达到穷极之处，探索精妙到了幽微之地，可以说是达到了极其神圣的地步了。王弼以为圣人是与大道之体相合的，如果说老子还未能体现出大道，那么阮籍之流只能称为上贤，至于说亚圣之人，大概等同于辅佐的后来继承者。老子经历世代的足迹，还不足以让岂能把加以称道吗？并不是这样吧？圣人在世，有事迹的，也有没事迹的，所以大道不能施行，朝廷屈身征召聘请，却让天下事务成为他内心的忧虑；也有隐藏踪迹，遁居山林，不以外物累身的。所以有事迹与无事迹都是行道，两者殊途而同归，这都是大道之行的义旨，两者的处世方法并不矛盾，也不相反。然而孔夫子之所以要出世行道、老子之所以要处世行道，老子之所以要沉默、孔夫子之所以要语言，大概是使用方法上运用屈与伸、隐与显的精妙不同罢了，王弼之流怎么能认识到呢？

司马迁统叙论述诸子百家，把道德作为首要，可以说是知道本末的人。班固作《古今人表》，把老子黜退至第三品位置，虽然他的名字可以黜退，但老子的道岂可以贬低？老子的道术被时代抛弃，已经很久了，都是因为以上这几个人的作为使其如此。何况孔夫子亲自拜见老子，感叹老子之道，称赞说："其犹龙乎！"跟从老子请教礼义，没有不诚恳的，都记述在记传之中。后代之人不能通晓其中的大意，因此异端之说纷至，盖因记述的人不能穷究它的根源，所以非议的人不能穷尽，倘若这个传记再不记述的话，那么老子的宗旨就几乎要湮灭了。现在我们要阐释其中的意旨，彰显它的微义，让大道明明白白，并与各位古圣先贤的心意相合，若能体会其道，运用其名称，执古以御今，达到理想的正治如同翻转手掌一般。

庖丁解牛得养生之道，用志不分，道或有在。大制疏散，智慧虚伪，性情遗失，含生初损，于是有至真之人起来彰明至极的教化，唯独推崇原本的道德，大概是祖述自上古的典故遗闻，因此可以说邻国相望，鸡犬之声相闻，民至老死不相往来。庄周指示说，那是上古神农时期，人民极其质朴，空谷之精神完全而元真没有死亡的时代。列子号称黄帝的书籍，探究其中的微言大义，仿佛有玄妙的事物，只是恍恍惚惚，视听不能有所见有所闻，不是古不是今，或迎或随，谁能知道它们的头尾呢？错过它就不知道它的出处有多么的遥远。极致的珍宝秘藏在荆山，却不知道它的存在，如果一旦觉悟到，它就会不召自来；深渊的宝珠可以搜寻，象罔却能得到。轩辕华胥之国，唐尧姑射之山，都是极其快乐的游玩之地，于是达到泰定。曹参师承盖公，在齐做相国；孝文帝接受河上公的师承，成为汉室宗主。虽然他们所得比较浅显，尚且内心安乐而富庶。奈何世俗的学者都不认识大道的真切面目，只是看到其中的文辞有所不同。诗书的规迹，弄不清它的义旨，只是为皇王所宗法。所以一旦听到不尚贤，就说遗弃在野外不要回收；不贵重财货，就说抛在地上不要使用；说绝学无忧，等于是在养禽兽；说绝圣弃智，就无法可依，就是走向原始的洪荒世界。不知道灵台洞府之间，就好似清明的眼球一样，即使留有点滴些许尘屑也会蒙蔽神光，所以必须要做到善恶两方全都遗弃，才可以达到冲和虚静，专守其一；倘若此情难以定度，也可以使意志昏迷。深根固蒂以趋长生久视之门，同天下如华胥，见神人在姑射，即动即静，万物芸芸而归根，由混浊而澄清中冥冥而见晓，至人以静为鉴，实为学者的规范，清静为天下正。

孔子有志于行道，而道之缘由是无形无象的，只是依据于有形之德，以德作为立基的根本，根本确立道可化生，缘其渐进为义，岂能滞塞于德而不进行于道？这就好像路过它的门而不走进它的房内。如此有志于六艺，浮游在德的门外，以艺术作为道，把秽汁作为精华，以蠢浊为质朴，迟速为本性，端拱不动为无为，不食滋味为恬淡，来去适意为自然，休妻独寝为清静，如此之人不可以和他谈论极致的妙道。如《抱朴子》第八卷说：五千文虽出老子，然皆泛论较略耳，其中了不肯首尾全举其事，有何承按者也。大概他太多论述房中以及外丹黄白之术，拿着有所为去做事，将好利淫心去测度无为之道，因此不知道五千言中是否首尾不接，又何况那些还不及于他的人呢？又有把直接修炼轻举成道者称为上士，修道德的人作为其次，全身隐形变化，外物形象要在于心禁而称为妖幻。孔子不谈论怪力乱神，因为这些对于治国没什么意义。老子所说的长生久视，务在进道，而并不是专心取法长生。况且神仙中人居住在三山，没有脱离大地，跨凤朝帝也不能脱离上天，就是居住在天地之间浑浑噩噩地生活千万岁，也只是暂时把短暂的生活变得更长，报酬净尽还是要死的，如果不进行修道，与庄子说的大椿树有什么不同呢？这里并不是论说是非，只是唯恐阻滞神仙之术，不行修道之事。世间万类，唯有人为最贵，最贵之处在于不把衣食看得很重，唯有人可以明了生死，不因为尘缘而错过，一时身死将至，此事不是临期而设，或者会沉没在其他的路上，万劫千生也难得有此机遇。然而大道无言，借有言以显道，人能弘道，非道弘人，所以语言可以存意，得意而忘言。如果以闻见觉察了解知道，始终难以觉悟，而世人多为文义所障蔽，因此难知其中义旨趋向。道德本无多事，直截易解，全人一见开发，闻言悟德，因德而见道。

凡言德者往往涉及孔氏之门，言大道虚寂又涉佛氏之旨，以儒释二教为证，撮道德合为一家，唯恐根纯福薄不能承顺其事，故有留形住世长生之术，又有保国安家久长之法，上有出离生死常存之妙。此身与古圣一般，但行之如此，唯以道德、仁孝、慈俭之风，常存无欲之心，久则民物淳淳，可再见尧舜之天。

《体道》以无为彰显功用、有为作为依恃的权衡，即是以有为明达无为，悟无为摒弃智慧，这是其中的道理。行德的以体道为其法则而且施于事务，这是行事之用。道德二字包含无所不至，所要陈述的阶梯次序，缘于道有浅深、德分内外，如果不明白阶梯，就会互相滋生诽谤。大道寂寞淡然至虚无形无名而不可言讲，书籍没有办法记述它，所以又说为"太易"。"太易"是尚未见到元气之时，"太易"有动方始见一气之初生，所以又称"太初"，老子指一炁，勉强命名说为"道"；孔子说，形而上者方为道；释氏陈述四谛也说是"道"。所以知道三教设教垂训总是完备于有为，若不从有开始，怎么知道无呢？明白无是因为有之故，明白无就是大道了，其中之义有浅有深。太易就是虚无之说，因为有动是有的初始，所以名叫"太初"；有气为有形的开始，所以称为"太始"；气形相合而生，即为刚柔的性质，所以称为"太素"；气形质已具备而未曾相分离之时，称为浑沌；浑沌既已离分，阴阳互为激荡，一元之气居于中间，万物化生，所以老子说，道生一，一生二，二生三，三生万物。因此圣人仰观俯察，体悟天之尊地之卑，运用它设为官长，而明确君王之道，奠立五常，百工行业，以正君臣、父子、夫妇的秩序，用以治理人事社会。大道无姓名无踪迹，无生无死，万物常存而不变易，无上尊高妙不可言。上德体无为为运用，以守一为法则，而治理天下万物，作功而不推辞，生育而不专有，作为而不依恃，功业有成而不居功，谦下知足而又不显见贤能，万物将被它们的行为所感化，所以没有败失之事，大概是因为施行无为而达到了无有不治的结果。

老子说："大道甚易知，甚易行，而人好径。"所以他们出行的愈遥远，知道的就愈少。大道平常而容易，全在于不为而成，其中的要点都归于没有贪欲，没有贪欲就能清静，清静又成为天下之正治。老子不说药物，不说修仙，也不说白日如何升天，只是谈论道德，并非方家术士。

气若与形神合一，而且能把握阴阳的变化，就能寿与天地齐同，无有终止之时，这样的人称为真人。如果以持守于一为法则，而且统贯于万事，就可以游行于天地之间，视听到八方之外，这是彰显淳厚的德性而又保全于道的人，称为至人。其次的以阴阳为法则，依从于八风的道理，而又能处在天地的和气，内无嗔恚的心思，所以能够调节嗜欲，也可以度过百岁之寿，相比较来说，可以称为圣人。如果取法则于天地，仿效日月的运行，辨别罗列星辰的出没时序，明达天文，论述年岁运气，审察阴阳的逆与顺，又仿照律历，分判四时八节，这样的称为贤人。其次的遵循五常和百工行业的法度，称为君子。违背君子行为的称为小人。自真人以至于君子，不能离开一气阴阳人事，都称为有德。若对修德之士而言，一元之气以前，无为大道，即使是三贤十圣犹且生疑，何况是小人呢？五常与百工行业是修人伦之理，尚且不能在各行业中加入德性，大道必当自退屈隐，有什么可担忧的呢？人若从于德，必然有补于世，若使人迷情逐境，以酒色为奇货，障闭本心，埋没道德，行鸡鸣狗盗之事，丧失仁义，何异于拉人入于污秽之地，进入沟壑之中，无人伦之常理。为儒者不能驾驭先圣之道，遗留下淫词秽章于世，以蒙蔽愚俗的眼睛，这是违反先圣之道的欺诈之徒，诋毁诽谤自会昭昭，而且正真之言难以损坏，又何必畏惧嘲谑呢？今时崇尚奇怪之论，如河上公飞升，列子乘风而行，点石成金，整年不吃，脸红发黑，如此之类使人看了都会钦敬叹服。世人说舜居历山，象耕鸟耘，圣德感召。孔子叙书于舜说："圣德止于是矣。"就好像是有了大的功业，而后上荐于天。孟子说：尧舜与人相同，而好事的人扩张了他们的怪诞，并非圣意如此啊！如汉文帝见河上公，河上公升入云端之中，离地面百余丈，并且和文帝言语。若能做到如此，这也是异能之术。这同样是好事的人，夸大其中的怪诞罢了。列子能做到上下四方六种和气合而为一，精神凝明，所以心凝形释，骨肉都融，可以随风往来东西南北，如同树叶干壳，竟然不自知是风乘我呢还是我乘风。这是内心达到了物我两忘、形神合一的境界了，又岂能是果然蹑空乘风飞行呢？乘风履空是轻举之术，点石成金是变化之术，全年不吃是断谷之术，红脸黑发是修养之术，都不是道德所致。修道德之士的，如列子居住郑国，也有种田的职业，子阳送给他粮食，列子不予接受，他的妻子拍打着心胸埋怨他甘受贫寒。可知列子家贫有妻有子，居住在郑国四十年，国君大夫看到他和普通人一个样子，这是适应了鄙陋风俗的人。修道德的人士，他们和众人相同的是外在的事务，不相同的都是内心的世界，俗人只取法于外在的境遇来论辩事理，怎么能知道其内心呢？如同《庄子》寓言：孔子见盗跖，盗跖拿世间的人情世故和他理论，所以难免有小人的诋毁。

五千余言，其要在于无欲二字，学习的人只要在心境上做到无欲，就是无上之道。然而无欲二字，其中意义极其深邃，所以老子首篇先言无欲，恐怕学习的人拿着无再说有，又恐滞于有又言到无，两者同称为玄，又恐执滞于玄，所以又将玄拂抹而去，这四种方法就是入道的门径。现今的学者，见说无欲，便在心上断念而求无欲之境，不想到断欲便是有欲，这种状态反而有病。若用心求法，想到心外有法，不知即心是法，法即是心，存意识在心，便是欲念，这是有病的说法。若令心凝然不动，如木人相似，澄定不动，这种办法在玄门为名，或有病或无病，四种说法若不除去，玄学无定性，无从依着。以上都因心有所趋向并为污染，不清不楚，所以作为病人，能在心上无此四病方为无欲。道为众妙之门，而书以言为筌，岂可执着于言辞而牵强附会曲意解说？学者只要无纤毫系念，心如朗日，常处空中，无有纤埃，光明普照，然后随方应事，如天起云，忽有还无，不留踪迹，无所住心，这样就叫德，可称为无取无舍，无凡无圣，无一法可修，无一行可得，所以又名平常心是道。又说：一心不生，万法无咎。学者到此，多自生疑，恐落于空，于是望崖而退，此非落空，就是无心之心。了得无心，唤作道人，道人在真人之上，大概真人存意识为学，所以在道人之下。

宋徽宗注《道德经》说：道者人之所共由，德者心之所自得；道者亘万世而无弊，德者统一性而常存。老子生活在周之末世，处大道下降而德性衰败之时，所以著书九九八十一篇，以明道德之常理，而名其为经，用辞简约，意旨深远，学习的人应当静默深识而彻悟它的精神内涵。

万物莫不由之谓道。道作为一个"品物"，无处不在，也无所不通。天地为大，也未脱离它的内部；秋毫是小，因它而成体。充满域中的，什么能离开，什么不是缘于此道呢？何况是人？孟子说：道就好像是大路一样。道和道路之道是同一个字，大概因为人们所必须要出入的不能超出此道之外，这样说来，道是人们所共同要走的，我们就可以明白什么是"道之在我之谓德"。德性在人，有生命都可保全，有利有分都可充足，尚未成形的事物得以生成，不因外物就能修持，不因他人就能达到，完善自己就可以取得，还岂能有他求吗？杨子说："德以得之。"造字的人以真心为德，大概所谓的德，并不是说要得到别人的什么，只是说自己有德罢了，就是说德是内心有所自得。况且道是无穷尽的，而德是可以修证的，唯有无尽之道经历古今而自然而然，并非受时令术数的拘执，它却始终是欣欣不能穷尽、不曾有终结的时候。经书里说，道是久远的，亘古今万世而没有蔽塞的，就是如此啊！唯有可以修证，所以即使扩充四方所有，使万物形象千变万化也不能改变，培育而且充养着的万有都未尝离于道。传里说：德是性的开端，充实此一德性就可以常存。道有升降，德有盛衰，时世方才得以治理，就可彰显出道隆德盛，到了末世，就会出现道降而德衰。正当周的末世，大道既已隐去而德又下衰，疏散而为百家的曲意说教，掩蔽为诸子的异论，各有所执，各有所当，不完全，不精粹，道术于是被天下人分裂。此时有一位老人，感念玄妙之道失落而不能流传下去，怜悯有生之民不能觉悟，所以就以清静作为宗旨，以无为作为根本，效法自然的极致，著书立说以阐明道德的常理，希望讽诵此书的人，能得见天地之道的完全内涵，以明古代圣人的大智慧，这就是他的书不同于诸子而成为经典的缘故。大概来说，凡经都有一定的体制，所以成为常经，如经星之经，亮丽于天而不动；又如纺织有经，足履机身而不改变。道德的常理，和这个道理没有不同，所以成为经典。观察其书的内容，概括众家之妙理，广阔浩大全都具备，而字数多不过五千余言，其中的字辞可以说是言简意赅。人们当年不能究察他的变化，终身也不能完成他的学业，他的义旨可以说是很深远的了。学习的人倘若不明缘由以探究他的深意，得意而又忘其言，就不能有所收获了，有话说："默而识之。"孟子说："君子深造之以道。"道德之常理，并不是言语听声所能该备的，并不是浅见之人所能揣测的。想要得到它，唯有心悟神解，才能自得于言意的表层。

关于《道德经》的注解，流行在世的已经有很多了，大都分章辨析句词，前后不能贯通，用智慧穿凿，用揣测去辩论，都是自以为是的学说，以至于微言奥义，昏暗而不能彰明，阴郁而不能阐发。阅览的人因多出歧路，莫衷一是，不知所向。所以要去其浮华归于纯真，阐道德之意义，玩味释解，心目洞开，可致平昔疑难，涣然冰释，内外混融，其义若贯串珠宝，超越常人之情万倍，大概不是世间学问所能比拟议论的。或许是高仙至人，愍念世道衰落蒙昧，于是披振发扬玄妙奥秘之大道。所谓道隐无有名姓，然而大道又善于给予万物并且成就万物。

事有万端，主义归于一个准则，教虽分三而鼎立，道理出自百家之言，都是体察古代传统而存论现代思潮，全都是为了遣祛邪僻而归入正道，做到标本贯彻，互说端倪，想证实是者之是，非者之非，白者之白，黑者之黑。淳风虽然有散，天道犹且相同，众位圣哲比肩相随，群贤耸立。孔子说过：不通顺的责备，我明白他的事端，没有规则的称呼，愈论愈繁，越整越乱，所以礼义崇尚大顺，易道贵于随机而变，上天既然无言，人还能随从什么欲妄呢？至于说造化之内，品物之中，虽然听任自然，而又各自遵循自我本性，百姓有所能的，圣人岂有所不识？百姓所为，圣人岂有所不解？何况是玄元妙旨，大道之精微，岂可以轻易言传，妄称得到至理？

太上道大而德宏，守约而施博，藏大用于无用之地，寓无不为于无为之中，超出太极之先而不称为远古，运行于万世之后而不称为现今。因而得到它高明的称为天，得到它博大厚实的方称为地，日月得到它用来代表光明，四时得到它用来错落有致地运行，山川得到它用来流畅耸立。洪流的，纤细的，高大的，低下的，飞行的，潜藏的，运动的，殖长的……各自得到道的一气，而成为万物之一，比万物更为聪明灵秀的是人类。举例不能超出人类认识世界万物的范围，曲成万物之外，我们寻找它的缘故，而不得不强加名姓说道，不是圣人就不能有此道，不经过无的体验就不能承载此道。因此道难以闻听，因有经文而后才可以闻道；道难以看见，因有经文而后才可以看见。阅读此书的人，倘若有得于无为的思绪，就可以修身，可以齐家，可以安民，可以有举措而使天下太平，虽然这样说也只是粗浅的话题。《南华经》说：就是那尘垢秕糠，犹且可以陶铸。如果说性根命蒂，交摄互融，真空妙有，微言显说；险难的语言，凌励的层次，就是孤峰绝岸，达到滋味淡泊就是原酒美羹，若要澄彻内涵就是镜里之花，其中窈冥清朗犹如水中之月，可以默默地契合而不可以用语言明悟，可以用精神去过往而不可以寻找迹象去追求，若不是别具慧眼，与老君在寥廓惚恍间相见的人，就不能起到万分之一的影响。为老君弟子而不知老君之道，犹如终日饱食而不认识五谷，终夜照亮而不知灯光，岂止有负于自身，也有负于人生之遇。虽然如此，也不敢说得老君之元旨，只不过是与尊德乐道之士，一同玩味，同悟大道，若有功成行满，不亦乐乎。

伏羲书易剖露先天，老子著书全彰道德，这两人所著却是群经之祖，现今的学者未能通彻其义理，为什么呢？大概是不能得到真传罢了。诸家解释所见不同，各执一端，大概由于私意揣度，并非自己胸中流出，所以不能广而推之。在治道上有所收获的，执持于治道之说；在丹道上有所收获的，执持于丹道之说；在用兵机谋上有所受益的，执持于用兵机谋；在坐禅上有所受益的，执持于禅机的解说。或者只言理论不言事物，或只谈论事物而不谈论理法，至于说权变智谋、旁蹊曲径，就沦落为偏枯之地了，都有失于圣人本来的意愿，殊不知圣人著作经文之用心，立极于天地之先，表露于阴阳的运化。至于说天地覆载之间，一事一理，无所不具备，怎么能只执于一端而论说道理呢？

圣人把精神隐藏在寂静缄默之中，道就在冥杳恍惚之中，周流六虚而不能知道其所以然，交际应酬万变，哪能去窥测它的踪迹？即使一往一来也是自虚无而持守元本，一造一化自修证以获其真，又怎么用言语来辩论呢？圣人沉默而深思，群情至愚，一定等待引导而后才有行动，群性至昏，一定等到教诲之后才有觉悟，这就是说有言论就载于方书之中，垂训后世而不朽，以作为常善救人之意。到了千年之后，此道愈来愈遥远，先生的心意，愚昧的人不能领受，极其真切的言语，愚笨的人不能通达，何况我们老君的书，言语明了而道理深远，文辞近俗而义旨幽深，若不释解申义，不从庄子、文子及诸多道书之中去领悟，众人看它就如上天一样渺远而不能明晰。是为序。

李光富

2016 年 8 月 7 日于中国道教协会

序　二

　　老子姓李，名耳，字伯阳，因其耳漫无轮，所以号称"聃"，是春秋时代楚国苦县人，在西周入仕做守藏室史的官职。当周景王时，孔夫子年近三十，曾经向老聃请教礼，其中的言语可在《礼记》中见到。对于孔夫子来说，他是老前辈了。曾经和孔夫子说：只论述义理并不去作为，哪里比得上我和彭祖呢？太史公说孔夫子做事比较严谨，也不是过头的话。等到孔夫子死后一百二十九年，有一位叫周太史儋的曾经拜见秦献公，说到离合的数理。有人说太史儋就是老子，其实不是，儋与聃同音，传话的人以讹传讹。周朝政治衰落，老子西游，即将到散关，关令尹喜知道他是异人，勉强他留下来著书，于是著作上下篇五千余言，这才离去。其上下篇之中，虽然有章数，却和《系辞》上下之意相同。河上公分为八十一章，于是就说上经效法天道，天数奇，其章有三十七之数；下经效法地道，地数偶，其章共有四十四之数。严君平又分为七十二，说阴道八，阳道九，以八乘九得七十二，上篇四十，下篇三十二，当初并非本来旨意，于是逐章取名，全都不是原意了。唐玄宗改定章句，以上篇谈论道，下篇谈论德，也不是原意。现今传本大多有异有同，也有因为一个字而尽失一章意义的，认识原文的真实面目愈来愈困难了。大抵老子之书，其中言论都是借事物以讨论明晓大道，或者因为当时世间修习崇尚的不同，来晓谕其中的本义，然而阅读的人却不曾得到其中的道理，所以比较隐晦。庄子宗法于老子，他的语言又与老子不同，所以他的自序写到生死为主，都见于《天下》篇里，大多与佛书相合。如老子所谓：无为而自化，不争而善胜。伊川说：老子谷神一章最佳。文定说：老子五千言，如我无事、我好静、我有三宝，都是极致的语言。朱文公也说，汉文帝、曹参只得老子皮肤，王导、谢安何曾得老子妙处；又说伯夷微似老子，又说晋宋人多说庄老，未足尽庄老实处。然而前辈诸儒也未尝不与之相和应，只是用借喻之言加以指意，所以未免有所贬议。这是一宗不能完结的钦案，如果研究推寻得到道家的本初旨意，真所谓千载而下知道其解释的人，只要早晚遇到，就豁然开朗了。

《老子》与《易》的内涵没有两样，道与《易》都有太极之说，圣人的经典留存而不要辩论。《易经》先论乾坤，后论天之道，效天法地，所以儒道与天地同功。太易是尚未见到元气，道家以为是大道之初祖；无名天地之始，是论说先天之道；道法自然，是得了回归于无的妙处。噫！"道德"一经全都包括了。其中的玄，似无而有；又玄，似有而无。生物之天由此大著，自然之天隐然长存，说："太极中虚，谷神在焉。"谷虚而且是善应和的，心神宁静所以机灵。性比于太极，就是物初始浑沦的泰定专一，无极是太极尚未有形的太虚之名，说："道论述的事物本身，十中有一就是太极，这都是极致的语言。"闭门造车，出户合辙，是可以相信的。老君之道追溯到太初之先前，神游于浩瀚远古之上，身历有周之末世，天下的变化，有什么不能看到的，以此垂训千万世，这是何等的仁义之说！世人因此诋毁却未曾思想。大概道德以无极太极谈论，仁义礼智信以阴阳五行说话，所谓天地，圣人刍狗、民物，就是说不仁和六经论仁没有两种义旨，犹如上德上仁、失道失德、绝仁绝智等言论。这里由皇而帝，帝而王，道有升降，而伯氏假借仁、窃取义，超越于礼、开凿于智的所作所为罢了，原旨实际与此义契合。况且说为民司命，不知道有仁的滋生、礼的长养、义的成实，唯有智藏于是中，难道说这一年没有春夏秋而是常有冬季，这是它的宗旨吗？哎，天道的流行，世道的推移，只是前行而不能回还，这是自然的运势啊！变化而且通达它，在于人们自己，此经所以要作。其中说：其精甚真，其中有信。五常为信，五行属土，先天无极太极之道，万变不能改易，所谓诚实之意。

成为老氏学生的人，大都尊老而贬儒。列子、庄子二位特别尊崇他们的老师，甚至诋毁谴责尧舜。孔子因而把两者分门别类，所以儒生指责老氏为异教，孔老的学说于是分歧为二。然而老氏的教导，并非果真与儒学相矛盾。老氏说的道，超过有而使用无，集合虚以化为实，直接要改变圣贤智慧仁义成就素实质朴，世间儒生往往惊骇他们断然抛弃的言论，哪里知道他们矫正世俗而并非纯真呢？所以善于使用其中意旨如是西汉时期运用清静无为而得到天下大治，不善于遵循其轨迹的如西晋以清静虚无而灭亡。岂是必须松弛放纵准则规矩来改变所谓的道吗？篇中不只是以道学说道，而又以孔老比较，援引儒以明道学。老子之教似欲恢复原始结绳为记的时代，这是羲农远古之事，其中谷神之论祖述黄帝，其中崇尚无为类似舜，看重不伐不矜类似于禹，诸多微言妙旨与六经相合的，不下十分之一二。说孔老不是出自一理，我们是不能相信的。太史公所谓道家精神专一，采儒之善，岂非如此呀！

太史公记西都孝文时，人民乐业，年六七十翁嬉戏如小儿，太平盛世之际，犹可以想象，岂不是学习黄老、效法清静所致吗？汉代还不足以称道。老子之书大要言无为不争，这是古代帝王治世之事实，即使是商汤周武王尚且不能做到。正当周朝衰微，紫气度关向西而行，感慨时代变迁，记述了五千余言而后西行。其中言辞隐晦，旨义深邃，期望它能带来富民强国淳朴的社会风尚。此书流传之后，世间的刑名深刻之术和神化玄运之说，两者不能相为阐发却相互指责诋毁。有人断言说：这是探古史而作，用以论述伏羲轩辕尧舜的治世之道。大概老子职司藏室史，旧闻尚未遥远，垂衣结绳而治，鲜明就在目前。文籍没有不相信史料的，因古代史料有记载，就使人们容易相信他的真实性。班固论道家清虚自守，契合于尧的谦让。道源于自然，是效法自然，也是领受于自然之道，不知其名，安之曰"道"，而专以道而名家。

大抵老子说的道，以清静无为自然为宗旨，以虚明应物不阻滞为运用，以慈俭谦下不争为实行，以无欲无事不先于自然规律以开导人作为治政之法则。它对于治身治世来说已经达到极致了，如果使用起来远古的治世理念就可以恢复，因为它所起到的是对时世风俗崇尚文明倡导淳朴之风的作用，没有不因此流行通达的。老子的思想怀抱着纯素之大道，与时代达到和谐的极致，必然有感而后有应，若不得其时以推行此道于天下，大概可知时序理数就有所不通，或者始终不能达到契合。然而说不管什么人都可以受到教育，不能因为贫富贵贱、智愚善恶等原因把一些人排除在教育对象之外，而且顾念着西方异域的风俗，那么他悯念当时而又忧虑后世的心思，为何如此这般呢？幸好此文不能流失，所以有西出函谷关时尹喜侍驾，东鲁孔夫子拜见有犹龙之叹，而且书籍与谈话的语言尚且存在。河上公、黄石公、乐臣公、盖公等等，大概能探究其中的宗旨，而体察他的境界，收敛运用于身，那么在我自身的天下已经和羲皇契合了。至于说大道所得到传授，就只有孝文帝是以国君的身份来接受，子房运用它来辅佐汉室，曹参用它来辅相齐国之政，果然能够在苛刻的秦室之后浚通一脉，噫！这岂不是征验吗？然而假使行进此道，施行起来，如上古羲皇时代，那么羲皇时代就可以再次出现了。或者有人看到此书词意内涵洪荒宽大，却不知道深入细察，不能得其旨义，只是在虚极静笃之时留存，体悟它，当作极其严肃、极其秘密之事，认为对于政治事务的根本在于放开松懈平淡自然，只是闷闷若昏的量度，而且已成为习惯、蒙蔽日久，反而会堕落到优游放荡、姑息养奸的地步，于是就有清虚不及使用的讥讽，所以不是经文中的境界。文中子说：清虚长而晋室混乱，并不是老子的罪过呀！白乐天说：元元皇帝五千言，不言药，不言仙，不言白日升青天。这也是确切实论啊！

苏文忠公轼，奉诏撰储祥宫碑，其中大略说：道家者流本出于黄帝老子，其道以清静无为为宗，以虚明应物为用，以俭慈不争为行，合于《易》“何思何虑”，《论语》仁者静、寿之说。自秦汉以来，始用方士言，乃有飞仙变化之术，黄庭大洞之法，木公金母之号，太极紫微之祀，下至于丹药、奇技、符箓、小数皆归于道家。尝窃论之，黄帝老子之道，本也；方士之言，末也，得其本而末自至。噫，修之于身，其德乃真，以至于修之于天下，其德乃普，并不是两种本义。学习的人，如果能够得其一而融会贯通，那么所谓的杳冥之精、恍惚之妙，就会真切实际地昭然于守中抱一之中。而且玄牝之机、橐籥之用，难道不是道的所作所为吗？唯有深入研习自得其本义的人明白。

左仙翁葛玄说：老子体合于自然而然，生于太无之先，起乎无因，经历天地，终始不可称载，终乎无终，穷乎无穷，极乎无极，所以无极也。与大道而伦化，为天地而立根，布气于十方，抱道德之至纯，浩浩荡荡不可名也。焕乎其有文章，巍巍乎其有成功，渊乎其不可量，堂堂乎为神明之宗。三光持以朗照，天地禀以得生，乾坤运以吐精。高而无民，贵而无位，覆载无穷，是教八方诸天普弘。大道开辟以前，复下为国师，代代不休，人莫能知之，匠成万物不言我为玄之德也，故众圣所共尊，道尊德贵莫之命而常自然，唯老氏乎！周时复托神李母，剖左腋而生，生即皓然，号曰老子。老子之号因玄而出，在天地之先，无衰老之期，故曰老子。世人说老子应当始于周代，其实老子之号始于无数之劫，窈窈冥冥渺邈久远。社会道德衰败，大道不能施行，于是西游天下。关令尹喜说：大道将要隐藏吗？愿意为我著书吗？于是撰著五千文字，分道德二经。五千文字宣讲道德的本源，其大无所不包，其细无所不入，是天与人合一的自然经典。前辈有话说：精神专一，研习不止，就可以参透阴阳太极；崇尚至上，以此为乐，就可以契合玄妙，与真人同游。宁静无为与真人期合，就可以使众妙感通会合。内观形影，神气长存，体合道德，万神震伏，祸灭九阴，福生十方，安国家宁。谁能知道无为的文采？污毁它并不有辱，巧饰它并不有荣，挠动它不会混浊，澄湛它不会清澈，它是自然而然地应合大道，无穷无尽而恒常永久，所以知道恒常的就是明慧。大道是怎么作为呢？弘道全凭人们自己，经文精微玄妙，岂可不尊重呢？唯有道的人才把它当作宝贝。

有一位叫河上公的，不知道他的真名实姓，汉文帝时自己建了一个草庵，就住在渭河边上，经常研读老子《道德经》。文帝也爱好老子的语言，下诏命令诸位王公大臣以及各地州牧二千石以上可以参加朝廷直奏的各级官吏，都让他们学习《道德经》。其中有几句话文帝不得其解，天下人及官吏都没人能通晓它。侍郎说：渭河之滨有位河上公，常诵习老子。于是文帝就派遣信使到河上公的草庵询问他。河上公说：道的尊崇、德的可贵，并不是可以如此遥远地询问的。文帝即刻安排车驾，依照礼仪去向他请教。文帝说：普天之下，没有哪里不是君王的土地；在天下国土上生活的人，没有哪个不是君王的臣民。地域之中有四大，君王居有一切。您虽然有道行，但还是朕的臣民，不能自受委屈，如何可能高尚呢？我可以使人们富贵贫贱。话音刚落，不大一会儿，河上公即俯下身躯，两掌放在盘屈的腿上坐下来，仿佛一跃而起，冉冉升入虚空之中，如同祥云一样升起来，离地面一百多丈停在空中，虚静不久，屈身低头回答文帝说：我此时上不到天，中间不牵累到人，下不居住在地，我是什么样的臣民呢？陛下怎么能让我富贵贫贱呢？文帝这才觉悟到他是神仙中人，这时才下车辇向河上公稽首礼敬，说：我的德性不够，有愧于继承先皇的遗业；才能不堪大任，常常为此忧虑。虽然天下得以治理，但是处事依然奉行道德的法则。只是我内心蒙昧，对经文义旨大都不能明了，唯有承蒙有道之君子，恢弘怜悯，有心教我，这样一来我早晚就可以目睹到像太阳一样的阳光普照了。河上公授予文帝素书《老子道德经章句》二卷，对文帝说：熟悉研读这本书，所有疑问自然释解。我注释此经以来，有一千七百多年了，一共传了三个人，加上你有四人了，不要让德性不好的人看。文帝跪拜，接受经书，话说完，忽然不见河上公去了哪里。议论的人以为世上的人不能完全通晓经文的本义，文帝爱好老子之道，以精诚的心思感应，仰赖太上道君派遣神仙中人，特地下临教导，又唯恐文帝内心未曾纯信，所以显示神通变化，用来让文帝有所觉悟，好成就大道的本真。当时的人们因此称说河上公。

老子从上皇元年正月十二日丙午，太岁丁卯，下降为周室的老师，到无极元年，太岁癸丑五月壬午离开周室，西行度函谷关。关令尹喜宿命与道家契合，预先占卜看见紫云西迈，知是有道之人应当路过，于是斋戒烧香，想见有道之人。就在当年的十二月二十五日，老子路过函谷关，尹喜急忙迎接，铺设礼仪，口称弟子。老子说：你本来就有这样的天分，做一个利济天下、传弘大道的人，你也是神仙中人。就在当月二十八日中，老子授予《太上道德经》，义同虚无，大无不包，细无不入，圣王不能尽通其义。

当社会人心不古，奸诈虚伪，本性质朴之风泯灭，社会混乱之时，老子著书立说，以阐明人类社会生生之理念。然而世风败坏的末世学者，蔽于前世的余绪，乱于诸子的怪异之论，智慧不足以明辨真伪，有的甚至用圣人的经文与杨墨之书相提并论。有一些读者虽然理义辨明，但分析不深，于是就索性高谈阔论，矫揉造作，离开原文理义甚远。现今世传王弼、张说两家经文互有得失，有害于理义之处各有不同。圣人之道是相同的，然而用语言解释起来却各有不同。然而世间儒生白白地拿他们的话来断章取义，以言语论说方面的异同来确定正确与否，因为他们不明道中本义，反而以为道相同一为非。《易经》里说：一阴一阳之谓道。《老子》说"既得其母，以知其子"，的确是这样子啊！推演五行的差别，观察四时的变化，看他的行为，揣测他的志向，用以参照万物，就是圣人不说什么话，我们也是知道的。

所以大道好比年份，圣人好比时令。自从尧舜直到孔子，礼乐已然彰明，寄托着那些形名度数精神的运作明显地见证在制度行为之间，确定尊卑，分别贤否，用来对待天下之事，详查品物之多，可以说是兴盛啊！大概从时间上来说，比如夏天之后就是秋天，秋天就收敛它所离散的而统一起来，零落了万物的华丽，反而成了实质，就可以分辨万物的德性，以恢复其本性为常态，其志态安静，其行事简明，秋天岂能期待着返回到夏天吗？大概是因为将要成全岁运而使万物生成，对于这个时令来说，动物植物死亡的已经过半，然而岂不是自然的运化所致吗？这果然不是小智慧所能及的。秋天大概也不是年岁的终止，那么又有谁是年终呢？所以四时的变化，对于我们来说表现为幼、壮、老、死的过程。传里说终身顺其自然而不知有道的，就是这样子吗？学道而不以生死为念，那么还要学什么呢？"朝闻道，夕死可矣！"所谓道，就是贵在它能看透生死，若确实明白道德的精诚，而追溯它的归处，那么生死就尽善尽美了。

道原本至无，能化生妙有，运用至无之道，成妙有之功，唯有"太上老君玄元皇帝啊"！大道起始于有象之先前，尊崇为造化的源本，融合精神以至于到了亿劫开始分灵，天地覆载之中，养育万殊，陶冶庶品。由此三皇承受使命，崇尚遵奉淳朴和一之风；五帝雄握江域，逐渐散失无为纯朴之风。老君仍然历代降迹，随时应化，或为国师，或为宾友，授经传道，而教导当时之国君。自从唐虞禅让之初，世道交替沦丧的时候，举荐贤才于乡野，平四罪（共工、三苗、鲧、驩兜）在朝廷，崇尚贤能的事迹既已彰著，憎恨坏人坏事的行径又高举起来。朝廷虽然谦让和气，对外却仍有干戈之事；人情渐趋浇薄，大道的朴实已然离散。老君号称尹寿子，居住在黄河的北边，怜悯万物本性的迁变欺骗，唯恐纯真的宗风被欺凌代替，以为三皇的大体不足以使后王效法，五帝的常道不可以垂训后世，所以撮合重玄奥义，著述道德，想要彰明道是无为的，因德来显明道；德是有所运用的，因道以显明德。典立语言的资本使无言之道得以畅发，因循着理性的原本而弘扬玄妙的根本，作为理身治国的纲要。于是把至精至极的宗本传授给虞舜，并不是说要绝仁义、黜圣贤良智，而是在于抑制浇薄巧诈虚伪聪明的风气，想要使得君君臣臣父父子子，看见朴素，怀抱诚实，泯默暗合于太素之和气，体道而复归元本，自然达到忠孝。世间儒生不明此理，认为老君之道是抛弃仁义、毁坏礼智，并不是树立教化的大方向。况且极致的仁合于天地之德，极致的义合于天地之宜，极致的乐合于天地的和气，极致的礼合于天地的节律，极致的智合于天地的辨析，极致的信合于天地的时令。弘扬淳朴的风尚，寻求一致的源头，成为世界大同的教化，混合极致的大道，归向仁寿之乡，本来就不在乎矫揉造作、巧饰虚伪的作风，然后再称为仁义等事。所以仲尼、亚圣都默不作声地要得到它，即是说毁肢体，黜聪明，遗弃形骸，舍去智慧，超然于万物之外，永远成为真人，这并不是微末之学、小小的儒生所能知道的。绵延夏、商、周、汉，经历过几千几百年之久，明耀得与日月齐光，巍峨得与乾坤同运。即使有百千家诠释，仍然褒扬极深，如甘醇而酌之不竭。如果施行于治国，刑罚搁置不用而社会太平；如果因之而修养身心，就可以保全精神而长生久视。

老子撰《道德经》，在内可以为葆身存性养寿之道，在外可行修齐治平之事，没有不完备的了。这就是所谓的内可为圣、外可为王的学问。写史书的人把它与诸子并列，在申韩之间，世人因而称它为"黄老之学"。至于说刑名的派别，就与道家的流派大相径庭了，不能说它们之间没有矛盾。大概因为周室衰落，王道式微，它垂范世人、拯救民俗的用意都蕴含其中了，并不是一本自我修持的书籍。然而曹参、盖公认为清静无为的理念对于治世有征验，他们运用的经义对于治理世道的理念相差不远，对于超脱世俗的教化由此而有极大的影响。有的人不弄清楚文章的深义和全面性，却一概地加以诋毁，认为是虚无怪诞的说教，这难道是能真正通晓道的人吗？古今的注疏有几百家，都是各执己见，而且一定是以辞句解释义理，概括统贯而已。假若理论不通，本义晦涩，辞句虽然工整也不足取法。

　　《道德经》是道家经典的祖经，以无为自然作为本体，以谦虚退让、慈悲俭朴作为运用，以至于修齐治平的道理无不具备。葛玄真人说：五千文实际是道德的本源，大到无所不包，细微到无所不入，是天人合一的自然经典。前人都说：老子五千文诚修身治国之纲领要道，济时救世的良方。由此而言，它并非只是道经的祖经，三教的各种经典，岂能离开它的本源而另有一种理论呢？

宫　婷

2016 年 8 月 8 日

前 言

　　老子姓李，名耳，字聃，或字伯阳。按道家经籍所说，老子诞生于空无洞虚的先前，他的玄妙是出于自然的变化之中，而且常居住在天上，历代成为帝王的老师。这些传说都是六合之外的事情，不是从正史中来的语言，所以可以省略，不必加以议论。然而道家神话老子，也与道德二篇的内涵有一定关系，不只是简单的尊祖之风，更是体现了道家精神的实质。从经意中可以看出，道德包罗天地，纵贯古今，契合宇宙，生育万物，它的理念不分国度、种族、阶层、地域，人人可法，万有可遵，是天地人和谐的法宝，是人类安享太平、实现世界大同的最高指导思想。所以道家把老子的道说成是开天辟地的宗祖，因崇尚他的思想精神而如此地神话美化并不为过，更何况又打上了宗教的烙印，世界宗教元祖大都是如此，再者老子的智慧如神一般明，人们也必然尊奉老子如神明一样。道教经籍中有"老子者，道也"的话，就是直接把老子作为道的化身、道的代表、道的体现。举其中大概的话说：老子的母亲有感于大流星的光芒而有了娠孕的应兆，说李耳降生在商代，就在商的第十八代帝王名阳甲的第十七年，岁在庚申，寄胎托娠，经历八十一年，是太阳极致的九九之数，他的母亲经常在李树下漫步，而生老子。老子出生就白发苍苍，就能言语，因而指着李树说：这就是我的姓氏。又有说法是他父亲姓李，名无果；母亲尹氏，名益寿。正当商朝第二十二王，武丁的九年，岁在庚辰二月十五日卯时出生。有人说老子身高八尺八寸，颜色微黄，眉毛光彩，额头宽广，两耳如聃，眼睛较大，牙齿稀疏，口唇方厚，前额有三五条横行通达的纹理，皎如日，渊如月，鼻梁有双骨，耳孔有三漏，足下踩踏着二个午字纹，手中攥有十个纹理。大概是因为禀受的元气极其清纯，而且接受的形质极其特别。他出生在楚国苦县濑乡曲仁里，涡水的南面。到了纣王二十一年丁卯之岁，居住在岐山的南面，西伯侯听说之后，诏聘为职司藏书的史官，武王攻克殷商之后转为柱下史，经历成王、康王时代，潜藏沉默，官卑秩少，在周室居住很久，看到周室衰败而辞官隐退。到了昭王二十五年癸丑之岁，五月二十九日壬午之辰，乘坐青牛拉的简易车辆，徐甲驾车，离开周都。关令尹喜是周朝的大夫，姓尹名喜字阳公，著书九篇，论述关于道德的理念，现传《西升经》即是。尹喜善于内观之学，观星望气，收纳餐服日精月华，隐藏德性，施行仁爱，当时的人们都不了解他。尹喜的姿态形体高大修长，文雅而且喜好典籍史书以及隐晦的谶纬之说，善于观测天文，仰观天象，俯察地理，没有不洞晓明彻的，即使是鬼神的变化，也不能隐匿它们的情态。尹喜大度恢宏，不理会世俗的礼仪，慈爱俭朴损己利人，入朝就做了东宫的宾客朋友，出仕补缺函谷关令，每次仰望云天霄汉，就有飞升虚空的心思。老子还没有走到函谷关的时候，尹喜登上楼阁四方观望，看见东方有紫云向西移动，知道有真人应当路过，于是就严戒看守城门的官员，并且洒扫路道，焚烧清香，等待应兆的出现。到了七月十二日甲子之辰，老子一行走到关前，尹喜擎拳曲腿奉迎，邀请到客舍，侍奉洗漱。尹喜一并斋戒沐浴更衣，请问道妙，至十二月二十五日托疾辞退官身，二十八日领授道德二篇。尹喜叩头恳请，跟随老子西行流沙，老子说：你尚未得道，怎么能跟随我远走呢？况且流沙属于蛮夷之地，那里的风俗粗犷，难以教化，你有什么办法改变他们呢？你把大道的理念悉数领会，融会贯通，进入骨髓，这时精神通明全然保存，且能荡涤尘垢，静止念想，清心守一，行千日清斋，炼形入于妙境，之后可以到蜀郡青羊肆寻找我，怎么样呢？尹喜连连称谢。老子忽然之间腾飞空中，冉冉升入太虚，直至看不见。尹喜一直等到光影全都消失，才回到楼阁里休息。处在清静斋戒之中，屏绝童仆门吏。诵经三年，精思千日，心神凝固，形体释解，骨肉混融，不久就到了穷究数理、通达权变的境界，可以随着形体而任意改变迁移的奥妙，没有不能做到的了。于是他离开家乡，超然物外，笑遨云霞，即刻前往青羊肆，赶赴老子的约会。老子称尹喜为文始先生，一同西游到流沙之地。有人说：老子在周昭王时西出函谷关，教化引导西方胡人，一直到周幽王时才又回到中国华夏。所以孔子到周都恭谨地侍奉老子，向老子请教礼仪。老子说：你所说的，那个人和他的骨骸都已经腐朽了，唯独他的言语还在耳边回响，况且君子出山的时候就可以乘坐车驾，不然就只有和普通人一样出行。我听说善于经商的人，深藏财物不彰显，表现出空虚无物一般，君子有高尚的德行，而他显现出来的表情却是和无所作为的愚人一样。去掉你那些骄傲的气象和太多的欲望以及你那似有资本的状态和迫切实现的志向，这都是对你的身心没有多大益处的。我所要告诉你的，就是这些话罢了。孔子离别老子之后，对他的弟子们说：鸟，我知道它们为什么能飞翔；鱼，我知道它们为什么能游动；兽，我知道它们为什么能行走。走的可以用罔罟，游动的可以丝网捕捉，飞翔的可用箭簇射击。至于说龙，我就不能知道它为什么乘风云而上天了。我今天见了老子，认为他就是和龙一样的啊！这个时期，天下国家混乱，王道衰退，所以老子再一次西出函谷关。有人说老子有二百多岁，因为他修道所以有养生长寿之术。老子接受学问，从容成开始；又询问道理，请教了常枞，他们都是古代的隐君子。老子的儿子名叫宗，宗在魏国入仕为官，做了将军，还有封地在段干。宗的儿子名叫注，注的儿子名叫宫，宫的远室孙子名叫假，假在汉为官，侍奉汉文帝。假的儿子名叫解，解做了胶西王卬的太傅，解的家就在齐国。

有天地阴阳就有了道术，其实世间什么时候缺乏过有道术的人士呢？自从伏羲画八卦观天象以来，以至于尧舜禹三代，在世显名的修道之士，世世代代都有。论到老子，原本也是人中之仙灵，大概是得道之中尤其精妙的人。当时的人们看到他天长日久寿限无穷，又因为出生之后就头发皓白，所以称他叫老子。老就是尊称，子是对人的尊崇且通用的称号。人生受命之后自然有通神达变的，禀受的气质与常人不同，应该作为道主，所以能被天神所助、众仙依从。因此所出现的度世之法，如九转金丹、五金八石、玉醴金液、存真守元、思神历藏、行气炼形、消灾辟恶治鬼、养性绝谷、变化役使、教化戒律，都是老子时常所要救世的方术，没有不是极其高超的。还有治家治世都是大道之途，圣人茶后饭余的事情。老子恬淡无为，专心以长生为务，所以在周室很久，名位始终不被迁升。概因与物和光同尘，朴实自然，所贵重的是道，虚无应物变化，无为而为，故而著书说"微妙难识"，道成而去，这就是所说的博大真人啊。况且老子的子孙祭祀不停止，而且终升于玉京之山；庄子，鼓盆送妻而歌唱，也入侍于帝旁，都成为行道的宗师，使后世之人相信长生可以修学。老子被历代尊崇，供奉他的庙宇香烟不绝。到了唐乾封元年，高宗下诏赠老子为"玄元皇帝"，光宅元年太后诏赠尹氏为先天太后，所以唐以来称为圣祖。过去老子的著作称为"道德二篇"，现在称"老子道德经"，应当是关令尹喜授经之后的标题。所谓的道是恍惚暗晦难以言传的，仿佛有物混然生成，我们勉强给它起个名字叫"道"，又因为它通达而生育万物，所以训诂称为"通"，又称此道为蹈，就是道路之道的意思，因为道使人们佩服它的言语而去实践履行这种理念。道是受德所钦重的，有道的人必然就有德。德就是有所得到，内则有得于心，外则有得于物，有得而不丧失，所以物得就有生称为德，有德就必然内含着道，道与德相需而且不相分离，所以称为道德。经是常规法则，即是说它的道理有常规可以效法。又说经是书中最为尊称的名号，现在说《道经》上、《德经》下，就是上篇之首取自"道可道，非常道"，下篇之首取自"上德不德，是以有德"。后一种说法是随文生义，说道非德无以显，德非道无以明，道无为无形，所以居于化物之先；德有用有为，所以在生化之后。道衰而有德，德衰而有五常，五常即仁义礼智信，这是明确道德是众行的首先，也是五常的根本，所以道经居于首先，德经在其次后。上下二卷，依法为两仪的生育；八十一章就好比是太阳，是阳性的极致之数。因此说上经阐明道大以效法天，下经阐明德性以效法地。天数奇，所以上经有三十七章；地数偶，所以下经有四十四章，这都是先贤的说法。此经以重玄为宗，以自然为体，道德为用，其要在于治身治国。治国如经文说，我无为而民自化，我无欲而民自朴；治身如经文说，塞其兑，闭其门，谷神不死，少私寡欲。这是要旨，可以获得解释而言传。又如"视之不见，听之不闻；玄之又玄，众妙之门"，大概是不容易解释而向人言传的。所以那些观看了经文，在他的屋檐走廊里行走的人，都以为是已经升堂入室了，等到研究精微深入思考，然后才知道对于道的觉悟只有秋毫的末端，万分尚未得其一。

《老子论》：天下无二道，圣人无两心。著书的目的在于传道，教化的目的在于拯救时弊，拯救时弊的方法不同，所以出处也有不同，轨迹既然有不同，所以立下的言语也有不同。若使后世之人在此有特别的观念，而且把孔老作为殊途同归的训导，假如通晓他们的道理，而且没有被时代所窒塞，领会到他们的精髓而又不被他们的轨迹所拘执，获得了他们的旨意而又不被他们的言辞所泥滞，那么诸位圣贤的书籍都可以相互参考使用。自从三代之后，圣王不再，天下都沉溺于文辞胜出的弊端，没有回归情性而恢复本初的质朴，道降而下，德性衰败，还没有比现在更为严重的了。老聃生于周室，以懦弱谦下表现自己，以虚无空静不毁伤万物为实际运用，所以他辞去藏守之职而隐退。关令尹喜请求著书，于是著作八十一章，以畅叙道德的宗旨，其中的言辞简约，其中的道理深远。以深厚为根本，以简约为经纪，以原本为精神，以枝末为粗俗，一定要使人民回返到上古百姓结绳记事的朴素时代而后才可以。他为了挽扶教化、拯救时弊，可以说是到了迫切并且极致的地步。不够幸运，后世之人看不见天地的全貌，不了解圣人的博大胸怀。儒士如司马迁，极为偏颇地认为：学儒的人排斥老学，学老学的排斥儒学，说什么"道不同不相为谋"。汉代扬雄说：断绝灭亡礼乐，我是不取法的。唐代韩愈说：坐井观天，他的远见是很小的。三位君子如出一辙，不知道圣人的用心。为什么这样的严重呢？大概是说：道好比岁月，圣人就是岁月中的时令，夏天以生长为功，秋天以收敛为德，一个是要万物荣华而蕃茂光鲜，一个是要万物凋零憔悴而回归原本，相互因循而岁月的功德就完成了。况且自从伏羲开始制作历法，直到尧舜，三代礼乐的制作已经极其完善了。正当老子的时代，礼仪文饰过度铺张美化，如果不收敛这些浮华而归于道德，圣人的功德怎么才能成就呢？其中的言辞有"失道而后德"，直到"失义而后礼，礼者忠信之薄而乱之首也"。是说天下之人没有不遵循于道德而诋毁卑下礼仪的，假若把礼返归到仁义，仁义又复归于道德，对于治理天下来说，就可以说不用去作为了，所以排斥仁义礼智而且都以道德的理念著书立说，诏告天下后世。其中语言说："有物混成，先天地生。"大易之初始，只是浑沌而已，无形体可见，无气质可以命名，直到易有变化而成为一，才开始有了数字，从一变为七，七变为九。九是究的意思，于是从九又复归而为一，即是从所生直到又复回归的路程，如此的变化往复哪里能有穷尽呢？所以老子著书九九篇，以彰明阴阳消息祸福、倚伏天道往来、人事终始，没有不完备的。

孔子与老子同时代，都著书以垂训后世，使其思想不朽。孔子说："学而不厌。"老子说："绝学无忧。"孔子说："必也其圣乎！"老子说："绝圣弃智。"孔子贵重仁义，老子弃仁义；孔子举贤才，老子说："不尚贤。"孔子说："智者不惑。"老子说："以智治国，国之贼。"他们的立言大概都相反，难道说这是他们故意相互乖逆背离的吗？大概孔子是以人们生活的常规为根据，又历经世事变迁而立道；老子却是明了道的原本，是为了拯救时弊，他们各自的趋势不得不如此。绝学就可以使已经放任的性命之情态打造为坐忘日损的妙境；绝圣就可以使人们安养性命之情而无惊惧愚昧，明彻污浊的心态；弃仁义就没有虚伪巧诈的私心，可使天下人不只是亲近自己的亲戚、爱护自己的子女，而是共同回归到博爱和大孝大慈上来；不尚贤就没有儒墨竞起之争，使天下之人没有浮夸、猎奇以及相互倾轧之心；"以智治国，国之贼"就是说人情浇薄诈伪多，而且智慧愈加困穷，哪里能比得上"其政闷闷，其民淳淳"呢？他们所立言不同的方面大都是如此。至于庄周的书籍，使用寓言十九，阐发明彻玄门宗旨，大多假借孔子老子相互问答加以说明，而篇内也记载了关于孔子问礼之事。老子说：我的话很容易知晓，很容易施行，天下之人没有不知道的，没有人不能施行的。万世之后，一旦遇到圣贤，即以老子的能知能行而成为清静无为之治，又因其言所发出的理念而成为博大之书，使四海还返于淳朴，道德不再荒废，还有什么比得上如此的幸运呢！

天地万物之一，会于圣人之心，明于圣人之言。观圣人之言，不察其从何方出，不因事物繁多而迷惑，即使事物众多而有万数之不同。按道的理念而言，道生于一，散离而为万数，岂能不知万数可归于一？这都是推崇根本穷究源头的学问，不去言讲。老子《道德经》宗旨的出处就是源于一而已。虽说有上经、下经，似是不能为一，但是何尝又不是一呢？说八十一章，说五千言，又似是不能为一，何尝又不是一呢？大概以天地万物的统一，寓意于上下经八十一章五千余言之中，使天下后世由于这个一而知道。一的理念广大浑沦，难以言说，所以用比拟来议论形容它。说它是有，却不能从语言中获得；说它是无，却又不能离开事物。在天地万物尚未形成之先前的状态就是一，已经混然蕴涵于其中，等到天地奠定尊卑位次，万物生育之后也是这个一，无所不在、无所不往：天地得一而成为天地，万物得一而成为万物，圣人得天地万物之一，开启天下后世之人的觉悟，大概都不是一言一论所能研究熟悉的。这就是老子道德五千言所要著作的缘由。

老子正当殷商的末期，怜悯世道衰微多由于文教之弊，于是想要恢复太古的纯朴厚载，所以畅述玄风，用以激荡流行的风俗。至于说轻忽蔑视仁义，摒弃斥责礼学，大概是因为不能过于直接就无以矫枉。仲尼因此钦服，而有犹龙之叹。唯有圣人才知晓圣人之心，才能说这样的话啊！关令尹喜目睹紫气的祥瑞，就认识到有真人要路过函谷关，虔诚叩请方才垂训极致的语言。议论的人都说五经浩瀚不如上下二篇的简约，的确是如此啊！庄周、列御寇敷畅阐发其宗旨，就好像是在苍茫的大海里鼓动波浪，在崇山峻岭寻找高峰，这只能说是在寻找别人的足迹，却不能体会到他人的真意，其要在于忘却言语而后才能认识到他所指出的归向。汉文景二帝寻求治道，崇尚清静，国家治理得以兴隆平安。又说：曹参宗法盖公的训导，足以知晓道德济世的验证，果然不是虚妄之言。可惜了晋朝，流行浮夸荒诞，王衍尚清谈反而坏了淳朴的风尚，阮籍猖狂放诞不经，又诋毁以"正名分"为中心的礼教，丧失了它的根本却在循守它的枝末，怎能不可叹可悲呢？又赖隋时的王仲淹，他深知其中的缘故，却以为"崇尚虚玄时间太长，晋室才因此被削弱"，这岂是老庄的过错吗？只是因为他们运用得不完善罢了。唐朝韩愈还讥讽说这是小仁义，好比是坐井观天，可悲呀！韩愈有文才而暗昧于道，也只是如聋盲在心，却不知道泰山雷霆可以惊惧他的耳朵而触动他的眼球，一句话如果说得不明智，就会使后世的君子们叹息和笑话。笃信的人，什么时期都有，各自随其觉悟为之注解，大概不下数十百家之多。

万物的来由都是源于道的化生，"道之在我者德也"。道妙无形变化不测，德可显现出有体有形，相同的都是德。从它不同的方面去观察，好像有两个名称；从它相同的方面去观察，其实是一致的。末学之人，谈论道的时候都不及于德，谈论德的同时言及于道，这就是道德分裂，看不到道德纯粹的全部的缘故。尤其在上圣当周之末世，感叹性命的烂漫，怜悯道德的衰微，著书九九篇以明玄远之妙本，言语不过五千，意义实贯于三教，内则修心养命，外则治国安民，为群书之首，万物之宗，大无不包，细无不入，其辞简约，其义深远。自有书籍以来，尚未有此经的玄妙，后世解经的很多，能得其全旨的极少，多随所见互有得失。通达于元性的，打造全神的妙道，然而对于命或有未尽其意；了达于命的，得养生的要诀，然而对于元性，或有未尽其意。岂知性命兼全、道德一致的道理呢！

　　庄子、列子、文子、庚桑子是老子的门人弟子，在周时都受到老子的亲身传授，通晓道德奥旨的，舍四子之外还有谁呢？现在看到的注解释义等，义多浮诞，去旨甚远。崇尚辞句的，多在谈论辩解体要上下功夫，善于说理的拘泥于身边的浅显事物，不明白它的宗旨所归，因此使大道隐蔽在小有浅显的成就里，把它关闭起来使人们不能打开，久受委屈却不能使它伸冤。所以天下之人从此没有不以空虚的本性为科律的，受邪说的惑乱，都不能使它返还到正道上来。不以俗事累心名利为务，回归自然天性，以恬淡为乐，因而探寻道德本义，求道家之源。

　　庄、列、文、庚四子各有撰著，阐发道德义旨可谓精详。其他诸子解说，纷纭肆辩，徒以笔舌为功，虚无为用，了无所执，又怎能与道家四子同日而语呢？今日之"高人讲师"略知玄关，尽谈空性之说，不能述说道之一二，又不能深究道义，只是曲义解说，以为有自得之功，而以此拯世之欲妄，救人之偏僻，叹圣人之道不能施行，仍恐有疑义迷惑，失其真义之旨，所以以道经释道德之义。本人道学浅薄却又不揣鄙陋，面对古文经义绞尽脑汁仍模棱两可，幸好有陈鼓应先生的《庄子今注今译》，还有百度文库的《通玄》《南华》之译文，又参考道藏诸书，用《通玄》《南华》的义旨来彰明道德，《养真》《坐忘》以明道之原源宗本，以《体道》之名，以悟道德之本义，希望有益于道文化的传播，这是学道者的愿景啊！

第一篇

道纪

先 天

先天之天不就是虚无自然、无极之道吗？老子说：无名天地之始。又说：道生一，一生二。这都是形容的先天之道，只可以意会而不可从形象中去寻求。《易经》说：易有太极，是生两仪。易的内涵就是太极，道说的是无极，易就是太极，而道生出一，一生出二，太极生出两仪。周子索性说：太极本来就是无极。用《文言》的话说："先天而天弗违，后天而奉天时。"

关于先天的道理，论述义旨不能统一，有先就必然有后，有先后就必然有中。诸多典籍里论说的内容大概有三个方面：有以太极作为中的，那么太极之前就是所谓的先天，太极之后就是所谓的后天，这是从道理的方面谈论的；又有以伏羲画的先天八卦为先天，文王的运用为后天，这是从卦理来分先后天的；以一元中分前六会为先天，后六会为后天，这是从世时的概念划分的。凡是天下的事事物物，没有不是各有一个先天孕育之道，说道先天之时，必然就有个后天在那里，先后是对待而言的。从我们自身而言，有一个情字尚未触动的先天，还有一个有生而未生的先天，从天地而言，就有天地尚未化分的先天，这都是讲的同一个先天。先天难道说就是大道吗？它的存在就不能不讨论了吗？

元 始

元始就是万物一元之气化生的开始。老子说：有物混成，先天地生。又说：天下有始，以为天下母。又说：能知古始，是谓道纪。《易经》说：大哉乾元，万物资始。乾元就是开始而亨通发生的意思。《列子》说：天地之先无物，无物天地是怎么生出的呢？又说：有太易、有太初、有太始、有太素。在天地化生的先前有五大阶段，列子只说了四个，却不说太极。他又说：气聚而有形，形质俱备而万物处在浑沦状态，然而尚未相互分离。浑沦的状态就是太极所处的时期，必然有神通一样的帝者在其间主宰着。《易经》所谓神也者，妙万物而为言，所以主宰的称为帝，因此又称为元始。古代国家最严肃的大事莫过于祈祷上天，赐予永久命运，必然事先斋戒礼敬对待它，大概尊祖之风是有缘由的。尧对舜说："你这个舜啊！上天安排的次序已经落在你的身上了，你要执持着正确的治政方法。"所以说世人谈论天道，必然要假借历行之数来说明它，而诸多研究的人记载辑录的都不相同，唯有邵康节的《皇极经世》可以效法。寻究其原、推论其本，从《易经》《老子》《尧典》里参照，敬顺昊天，推算观测天体的运行，检验诸位皇帝王伯，运用道德功力而成就其书传，经历元会运世，纬以日月星辰。一元十二会，一会三十运，一运十二世，一世三十年，一年十二月，一月三十日，一日十二时，一时三十分，一分十二秒。易与天地准，皇极又准于易，易虽不说历数，而言极其数，于是确定天下之象的，仍然是在运用历数。皇极使用十二、三十的缘故是以元准岁，会准月，运准日，世准时。一世三十年，一运十二世，三百六十年一会，三十运一万八百年，一元十二会，一十二万九千六百年，而天地万物，一元之数就至此终结了。至于说元的前面、秒的后面，姑且留存着不必在此讨论了。其中的要点是以会准月的内涵，十二会对应的是十二辰，天地之气运始于子，终止于亥。它的开始是一会对应于子，二会对应于丑，顺行十二会终止亥。终止之后又再次从一元而复又一元，这就是说明大道开始于没有开始的时候，终止于没有终止的极点，知道这个道理就可与造物者遨游而得以持守环中了。

元经会之一，始于太易

太易，未见气之谓，初年之岁月日时都起于甲子，经历五千四百年而有了太初。太初，就是元气开始滋萌的状态。又如其年合一万八百年，称为一会。从大的来讲，可当作一岁的子月；从小的来说，可当作一日的子时。先天无极元始祖气到此而静极生动，一阳之气化生。康节说过：冬至子之半，天心无改移，一阳初动处，万物未生时。大概说的是这个道理。

元经会之二，有太始

太始，就是元气积聚即将成为有形的端倪阶段。之后五千八百年才有太素。太素，气聚有形，变化而有物质。又且其年汇合二万一千六百年为二会，对应一岁的丑月，一日的丑时，惚恍之物象，窈冥之真精，玄同妙合，二阳之气化生。

元经会之三，有太极

太极，就是万物浑沦而未曾相离，所谓存于浑沌未判之先，达于气质成象之表，充塞天地，贯通古今，大道造化不能超出此外的现象。五千四百年浑沦肇判，阴阳开辟，对应于一岁的寅月，朔后半月一日的寅时，所谓寅初四刻，指乾坤成象，又清又宁，三阳开泰，而为万物运动萌生之始。

一元之始经历五太，大概运行二会有半，积累二万七千年。邵子把甲月子时立为元运之开始。若以五太作年运计算，就是有理气象数在其中内含着，大概也是分判之前的易理吧。老子说：天下万物生于有，有生于无。皇极之数肇起于天地未开辟二会半之先数，终于天地已经闭物一会半之后，亥子丑三会就如同冬日之夜。若说是有物吗，却是天地玄冥万物伏藏；若说是无物吧，却是窈冥恍惚，万物未尝不存在。所以说：先天地而始，后天地而终，终结之后又一次变化而通达。因此论述十二会而于元之下，俱称为日甲一，一而二，二而三，充实此论，以前的即使巧于运算的历数也无法知道。康节著书，其元运不得不自日甲开始，又怎么能知道没有由甲至癸的元运呢？我们常说今日之天地，亦即是昨日之天地，明日天地，亦即是今日天地，知道这个道理，那么康节的书就可以推敲了。

开 物

开物就是天地开辟之意，是说天地万物都是由此而化生。《易经》说：有天地，然后万物生焉。老子说：道生之，德蓄之，物形之，势成之。概因天地万物已具备在开物之先，太极剖判它们的形貌，外像已然有所培养，完成的质的已然昭著。而作为道的称谓在天为灵，在地为宝，合同天地而言，即为灵宝。

开物之初始，正当甲子元，丙寅之会，己卯运，甲子世。甲子年的时候，天地定位，玄黄之气凝合，而玄元始之气已然全备，三气混然而混沌氏就自然出生。按《历书》说，混沌氏即是说的盘古氏，天地浑沦如同鸡子，盘古出生在其中，一天九次变化，像天一样大的神通，像地一样厚的圣德，天一日高一丈，地一日厚一丈，盘古一日长一丈，如此下来一万八百岁，天体极其高远，地体极其厚重，盘古极其长大方正，盘古治世经历一半，正当元经会之四。

元经会之四

盘古氏，老子说："神得一以灵。"这不就是说的盘古氏当初开辟天地的情况吗？以皇极之数推测有一万八百岁，就是说的一会之数。氤氲化醇具备太极的全体，有圣人的神明而尚未有形象的外貌。他的出生神性灵明，与天齐高，与地齐厚，主宰驾驭着形气，胚胎孕育着万有。当他死后，头部化为五岳，眼目化为日月，脂膏成为江海，毛发变为草木，盘古氏从此就成为万物的祖宗了。噫！盘古的说法固然近似迂腐愚昧了。《易经》里说：天地定位，山泽通气，雷风相薄，水火不相射。仰观俯察之间，盘古的形象未尝不存在。伟大啊！庖牺氏之所以会如此发明八卦，乾为天为首，是南方的卦象，坤为地为腹，是北方的卦象，天地已经确定位置了；艮为八卦的象数而且万物全都与我具备，这就是说之所以人为万物之中最为灵明的，盘古岂能与我遥远吗？即是说从开物一万八百年，合元始的三会，再加其中半会，总计三万七千八百年。在盘古氏沉没的时候，天皇氏出生。

　　盘古氏分形化生万有之际，正如老子所说：天得一以清，地得一以宁，神得一以灵，谷得一以盈，万物得一以生。《易经》里说：天尊地卑，乾坤定矣，卑高以陈，贵贱位矣，动静有常，刚柔断矣。方以类聚，物以群分，吉凶生矣。在天成象，在地成形，变化见矣。于此可见人民同胞万物，没有不是从盘古氏化生的一气中来的，盘古正当元经会三之下、四之上，以一日来比喻应当是寅卯交替之时，晨色尚未分出之时。如果说天皇氏的时代，应当是卯正之四刻，大明东升，万物一并生出，人道兴旺之时，等到浑沌被穿凿而盘古氏死亡，所谓阴阳二气的良好的状态，道得之而化为泰一，天得之而为天一，帝得之而为帝一，日月星辰之所以昭著，水火土石、走飞草木之所以有形，雨风露雷、暑寒昼夜之所以有明暗变化，森罗并列昭然布化，神而灵明。按《道典》有称为龙汉、赤明、上皇之年，应当是开物肇始上天的名号。《大有金书》说：化生天宝君、灵宝君、神宝君的都是自然而然，并不是要假借胎孕，所谓上天的承载都是无声无息的，因此说不可思议。或者说盘古肇始天地，为万物之祖，岂能是天地万物都由盘古氏划分？不然的话，天地万物当盘古之先前就已经具有，只是无，没有形象中的形象，完备在浑然之中，盘古出生治世，天地万物才有了现在的形象了。因此从我们身体来比喻，梦与觉，死与生，白天与夜晚，古与今是一样的，以此而看，就可以把万物整齐划一，把死生等同，天地无穷，万物无穷，而我们也一样是无穷期的。

太　上

　　太上，即太古，亦谓上古。太上之时无名，其次为有名，再其次拿名称分别名号。老子说：太上，下知有之，其次亲之、誉之，其次畏之、侮之。《左传》里说："太上立德，其次立功，其次立言。"自从当初的天皇氏施及王伯无为、有为，揖让谦逊，征伐、兴盛、灭亡、理乱，听到亲誉畏侮的言辞已经尽显出来了，无奈大道愈降而德性愈衰。

按诸种象讳历书说，三皇九纪就是九皇，犹如三代以来称为世、称为代。其一曰五龙纪，二曰合雄纪，三曰叙命纪，四曰连通纪，五曰五姓纪，六曰脩蜚纪，七曰因提纪，八曰禅通纪，九曰流讫纪。又按《河图》代姓纪，自合雄氏开始的有七，而五龙、流讫不在七纪里面。说太古是人民生活的开始，男女媾精，以母氏作为子女姓氏的开始。开始有三个头领的，称谓合雄纪，从有生称号三世。合雄氏没后，子孙相为传承，记录他的寿命就是叙命纪。通纪四姓，生子二世，男女众多，群居连通，就是连通纪。生子一世，通经五姓，就是五姓纪。天下群居，以类相亲，男女众多，分为九头，各有居住方所，所以又名为居方氏。生子三十二世，强弱相互凌犯，随意侵害，其中有神人出，提挺而得以治理，故又号称提挺氏。生子三十五世，通纪七十二，故而号称通姓氏。诸家传记，所说颇多异同，然而没有传承之人，没有传承之政，并不是说无传承人传政，只是没有典籍记载，怎么能传下来呢？所以从今天去追忆上古，有的事情是不可以用心意去猜想的。以古来证今，有不可以不作为经验的，姑且两者都要参照，像那天上的星斗，有章法躔度不越规矩，若莫测之鬼神以及于雷霆号令，都不是需要人的智慧去改变，才能明通灿烂光曜的！仰观俯察之间，而以天象的变化、四时的运行为法则的，大概是原本于此。

初三皇氏

五龙纪，五龙即五姓氏，《玉皇通历》写作勾龙纪。

初天皇氏，天皇有头目十二人。元气肇始，有神明之人号称天皇氏，因为万物初生，人民作为世界的主人，已然确立定位，而且如神一样生化，没有穷竭的时候。万物初生，人民与动物同出为一气，分判类型尚未清楚，所以有蛇身人头的，有人身牛头的，比如天上的二十八宿、地域的十二宫神，都以禽兽的名号来命名，大概因为禽兽与人同样禀受天星地灵而出生，因此称人类为倮灵。那么就知道天皇氏的人民无思无为，如同婴儿尚未知道他周围的世界，餐服元气，饮用和谐，像道那样自然而然，所以老子说：含德之厚，比于赤子，毒虫不螫，猛兽不据，攫鸟不搏。这个时候人们都能活到一千多岁，子孙相为传承，经历十五运，合计有五千四百年。当初的天皇氏湮没之后，初始的地皇氏出来做事，正当无经会之五。

元经会之五

合雄纪,三个姓氏。《春秋纬》写作合雒纪,初次治理天地。古经写作含雄纪,《通鉴外纪》写作摄提纪。

初地皇氏,地皇氏有十一个人为头领,继承当初的天皇氏而称王,德性合于自然,功绩可参赞天地,确定星辰,分判昼夜,调适阴阳,制定寒暑四时顺序。人民得到养育,万种草木萌生,并因其变化分别开来,鳞介羽毛飞潜动植各自生成。此时就可以知道地皇氏的人民,如同婴幼儿将要瓜熟蒂落出生在天地之间一样,餐霞饮露茹芝,没有饥饱劳勉的困苦和思想忧患。老子说:载营魄抱一,能无离乎!专气致柔,能如婴儿乎!这时人们可以活到上等的年寿,还能达到千岁之寿,子孙相为传承。又经历半会五千四百年,当初的地皇氏湮没之后,紧接着就是初始的人皇氏出来治政。

叙命纪,叙命有四姓。《天地经》记载有厚令纪,《历书》写作玄命纪,《外纪》写作合雒纪。

初人皇氏,人皇九人做头领,正当这个时期,有生命的万类一天天地在增加,如同从未知事理的孩提婴幼,到了认知事理的儿童时期,天然的元性本质已被开凿,人类的后天情欲逐渐萌动。人们披着树皮草叶以遮体为衣,积聚杂草为铺盖,吃果饮水,长幼群居一处,没有可以防御猛兽的武器,没有官吏和百姓的区分,无以制止忤逆暴虐,强者之食,弱者为肉。人民不堪于居处,即以山川土地的形势,裁划揣度为九个州域,九州各有一地域头领,各自居处在一处而成为部落酋长。人皇居住在中央以监制八个部落的辅佐,总称为九头,就是九州九个头领的意思,又称九头纪。老子说:执大象,天下往,往而不害,安平泰。子孙相互承袭,经历五千四百年。当初人皇氏湮没之后,中天皇氏出来治世,正当元经会之六。

按:初天皇氏继承盘古以掌握天下,再加上初地皇氏、初人皇氏,共治世一会半之多,大概是一万六千四百年,再加上之前的五会,积累有五万四千年。天地初始,三皇治世的时期也有短有长,不应该都是五千四百年的整数,然而用《皇极经世》推测,虽然日有长短而一个月的天数不超过三十,月有小月大月而一年的月份不超过十二个月,岁、月、日、时只是小的年景罢了,元会运世是大的年景。这就明白了万物初始时期生活着的人民,身心元和之气浑然一体,没有营谋,没有欲望,众人都互相遗忘,生活在杳冥混融之中,在世长寿绵邈无疆,万物之间没有相互仇害的。所以老子说:圣人处无为之事,行不言之教,万物作焉而不辞,生而不有,为而不恃。我们会为此感叹地说:后世有三皇的地域,而三皇无后世的人民。作为一家之长的,若能使此地人民成为三皇时代的人民，以及于广泛地居处在三皇曾经生活过的地域，那么老子著作的原本义旨，就不会只是说空话了。

中三皇氏

元经会之六

连通纪，连通有六姓之多，又称连遥纪。

中天皇氏，中天皇号称泰皇氏，继初人皇氏而称王天下，进入六会之初期。当时的人民如孩童刚刚授予冠礼，生活用品不足以调济饥馁，抓取动物之中可以食用的以填饱肚子，人民恬淡自我安处，其他没有可以经营相争的事物，虽然有为君的掌管天下，而人民都安居乐业。伯阳父说：泰古二皇是得了道的国君，只是树立在中央，精神与万化同行，以安抚四方百姓，因此能遵行自然的造化和地理之宜，而使人民生活像车轮的转动一样无休，像水的流动一样不止，而且与自然万物相为终始。世代相互承继，经历五千四百年，中天皇氏湮没之后，中地皇氏出来治理天下。

五姓纪，《河图》云：通纪五个姓氏。

中地皇氏，中地皇号称有巢氏，承继泰皇氏而称王天下。这个时期，山川无路可行，江河无船可渡，万物群居生活，相互连接不分界限。草木盛长，禽兽成群结队，人民居处荒野，常受虎狼蛇豸的毒害。有巢氏教导人民在树上构建巢穴，用以躲避禽曾的侵害，冬寒时进入洞穴，暑热时居住树巢上，寒暑有了防备，禽虫不能伤害，然后人民安心居住。天下的九州九位头领，都归服而尊敬地侍奉他，子孙相互承传，经历五运，大概有一千八百年。中地皇氏湮没，中人皇氏出来治世。

脩蜚纪，脩蜚九姓，《河图》写作居方氏，《外纪》写作循蜚记。

中人皇氏，中人皇号称燧人氏，继有巢氏之后而称王天下。人民夏则巢居，冬则穴处，饮血茹毛，伤害肠胃，逐渐至于夭折丧亡。此时有号称燧人氏的，教导人民钻木取火，炮炙生物成为熟食，避免腥膻，除去臭秽，养育人民顺应其性，遂从自然之道，因此号称燧人氏。天下人民以熟食的滋味为美，嗜好无厌且无伤害，他们的行为宽缓悠闲，他们的瞻视专注不移，阴阳和顺，鬼神不能扰动，四时八节适宜，万物不因而伤害，众生不因此而夭殇。老子说：以道莅天下者，其鬼不神，非其鬼不神，其神不伤人，非其神不伤人，圣人亦不伤人，夫两不相伤，故德交归焉。世代相为承继，经历一千三百一十年，而后天皇氏出来治理天下。

按：中三皇之世，人民风俗纯真质朴，凡是作为君长的，不会特地显示自己的功德，而是与民尊卑同等，所以人民并不赞颂他，也不敬畏他。像有巢氏，只是教民构建树巢为室，以防禽兽的伤害而得称其名；燧人氏以钻木取火烧烤生物成为熟食，以避免生食的危害，而得其称号，即是以此功德于民造福而人民称赞他们。此后子孙因以此称号命名，所以伏羲氏时代的诸侯，仍然有有巢氏的后裔，而后又成为相互更代的君主，一个号称大巢氏，并非只有一个有巢氏。

三　五

三五指的是后三皇一直到五帝时代。老子说：上德不德，是以有德，下德不失德，是以无德。上德无为而无以为，下德为之而有以为。《左传》说的太上立德，就是指的上德。上德仅次于有道，因此说太上立德，这是兼有三五而说的话啊！庄子说：古代的人生活在混茫蒙昧之中，而他们一生一世都处在淡泊漠然无求无欲的状态，与自然合而为一，这就是说他们达到了得其一的境界。正当这个时期，不知道自己要有什么作为，而只是在生活中时常保持着自然而然罢了。等到人们的德性下降衰败，以至于到了燧人氏、伏羲氏的时期，开始有了天下主人、是非美丑的概念，所以虽然顺应于自然而精神意识还不能完全统一，此时德性又再次下衰。等到了神农氏、轩辕氏的时代，才真正地分辨天下的是非，所以虽然人心安定而行为并不顺利，此时德性又再次下衰。等到了唐虞的时代，就开始为天下人民兴利除害，以有为去治理教化民众，此风的流行使淳朴的风尚散失败落，古老的和谐自然无为清静已全然变化。庄子在当时必然有机会阅读上古的史集，所以他叙述的人物形势次序与诸种说法颇有相同。中三皇共计历经八千五百一十年，加上以前总共合计六万二千五百一十年，接着后天皇伏羲氏出来治理天下。

后三皇氏

因提纪，《河图》写作提挺氏。

后天皇氏，后天皇号称伏羲氏，姓风。当年执政按时令起于摄提，始自干支甲寅，因木德而称王，建都在太昊的丘陵，教导人民降伏牺牲，驯养牲畜，因此以此称号，冶炼金属制成器具，昭示人民用炮烙的方法吃食，所以又名叫庖牺。仰观天象，俯察地理，近取诸身，远求诸物，以天地日月山泽风雷自然之象以画八卦，以通神明之德，以类万物之情。创造书记契约，作干支阴阳历算，结绳而成为网络鱼类禽兽的工具，人民既可以打猎，又可以捕鱼，天下万类尽为人用，而且圣明的职分教化之道蔚然兴起。当时人民群居一处，纲领常规尚未建立，伏羲合上下之德性，效法阴阳两仪的理念，以匡正君臣、父子、夫妇的礼仪，于是人理伦常乃得以制定，承继上皇自然之道而称王天下，成为百王的先躯。后人尊敬他为天皇太昊。他在职位上有一百一十六年，后来传位给女娲，一直到无怀，通行十五代之久，经历一千三百零七年，之后地皇神农氏出来治理天下。

按：共工氏，属于伏羲的诸侯，之后又有祝融氏，生神农，又称为炎帝，一直到了尧的时代，还有共王的说法，大概是因为共王的子孙相传承，仍然为官，姓氏不变罢了。

禅通纪，禅通七十二姓，《河图》写作通姓纪。

后地皇氏，号称神农氏，姓姜，起于辛丑之岁，以火德而王，建都鲁地。当时的人民都因饮食不加节制、不知利害而恣意进食，又加以阴阳冷热不依于时令，导致滋生疾病。因此神农氏遍尝百草，配制百药以疗民疾苦，教导民众使用耕作的器械名叫耒耜的，便于播种百谷，民众就有了植物种子储存起来作为食粮的时代，并规定中午进行集市贸易，施行物物交易，互通有无，用以方便百姓日常生活所需。诸侯之中有称夙沙氏的，不听从神农的号令，背叛君命而分庭抗礼，箕文因进谏而被杀，神农以德正教化人民。夙沙氏之民因受神农的感化自己攻打他们的国君，并且把土地都归并给神农部落，此时神农所治的地域，向南通达交趾，向北邻接幽都，向西近距三危之地，向东连着旸谷。神农在位一百四十年，传承给临魁，一直到榆罔共八代，经历五百二十六年，而后人皇氏出来治理天下。

流讫纪，又写作疏讫纪，小司马《三皇纪》云：流讫纪，正当黄帝之时，可放置在九纪之间。

后人皇氏，号称轩辕氏，姓公孙，生长在姬水，又改称姬姓，在庚子之岁开始执政，以土德之气象而称王天下，在轩辕之丘建都，因而号称轩辕氏，承接了榆罔的衰败。此时蚩尤悖逆不能听命，轩辕与蚩尤 随即交战在涿鹿之地，在中原的冀州一带将蚩尤杀戮。于是天下安定，以云记名官职，推举风后、力牧、太山、稽常、先天、鸿得六位辅相，而四时八节、地理山川民物得以治理，天清地明，民物和谐，百姓安居乐业。又起用太常、奢龙、祝融、大封、后土、仓颉等，因其贤能而各任用职事，开始筑造宫室居住，制作舟船车辆，发明臼杵弧矢、棺椁，铸钟鼎，驯牛耕地拉车，骑马而行，以利天下人民日常生活之需。又命仓颉制作文字，衣冠、文化器物、礼乐法度从此兴起。又请羲和占测日行的变化，常仪占测月象的变化，车区占卜星气，大挠制作甲子，伶伦造作律吕，隶首研究算数，容成总司六家术数，完成阴阳律历之书；划地分州，居处掘土设井，百姓互不相争，百官敬业无私，市场不事先预设物品价格，并且对钱财都能相互礼让，四周郊境的人民宾服而纳贡，各地诸侯都来皈顺取法这样的治政之道。黄帝听说广成子居住在崆峒山，前往拜见询问道妙。广成子说："至道之精，窈窈冥冥；至道之极，昏昏默默。无视无听，抱神以静，行将自正。必静必清，无劳汝形，无摇汝精，乃可以长生。目无所见，耳无所闻，心无所知，汝神将守形，形乃长生。慎汝内，闭汝外，多知为败。我为汝遂于大明之上矣，至彼至阳之原也；为汝入于窈冥之门矣，至彼至阴之原也。天地有官，阴阳有藏，慎守汝身，物将自壮。我守其一以处其和，故我修身千二百岁矣，吾形未常衰。"黄帝再拜稽首曰："广成子之谓天矣！"黄帝在位一百年，后在鼎湖修炼仙丹，乘龙而飞登云天、升入仙界。黄帝的子孙有二十五个支脉，另有姓氏的有十四个，又分别流行有十二个姓氏：姬、酉、祁、己、滕、箴、任、荀、僖、姞、儇、依。正妃嫘祖，生二个儿子，一名玄嚣，就是号称青阳的；一名昌意，就是号称若水侯的。

　　按：史书历书以及诸多书籍称说，古代为皇的有九人，从《九纪》中考证他们，大概分初、中、后各有三皇，又称上、中、下三皇。天的职能是生发覆盖，地的职能是养育有形和承载，圣人的职能是教化，所以圣人是为了生活着的人民树立极致的大道，为天下后世开创通晓万物的道理，并以此使事物得到成功而已，岂能还有心于名誉称号？伏羲氏传给女娲氏、大庭氏、柏黄氏、中央氏、栗陆氏、骊连氏、赫胥氏、尊卢氏、混沌氏、昊英氏、有巢氏、朱襄氏、葛天氏、阴康氏、无怀氏，通共十五氏。考证伏羲册立大庭氏、无怀氏一十氏，都是伏羲当时分管属下治政之臣，岂能是只有一个属臣而后就成了继位的君主？应当是各个姓氏的子孙相为继承罢了，例如女娲氏，是伏羲的夫人，就有补天的功绩。伏羲在位一百多年才去世，于是又说女娲相继做了国君，在位一百一十三年。不要以为一定是女娲氏的后人才可以相继为君，无怀氏也是可以继承为君的。神农氏传位之后就有临魁帝、承帝、明帝、直帝、釐帝、哀帝、榆罔帝，一共相承了八世。从即位的甲子年配合轩辕氏，再加上伏羲神农，这样从伏羲、神农、轩辕，通共治世一千九百三十三年，而九纪终止于此。又按汉《日仪》云：祭三皇五帝，九皇六十四氏，大概八十一姓，都是古代做过帝王的。所以郑司农注释《周官》，把三皇五帝以来，上古九皇六十四姓氏分为四大类别。又按《丹壶记》云：皇次四世，蜀山逐傀六世，浑敦七世，东戽七世，皇覃七世，启统三世，吉夷四世，凡渠一世，猗韦四世，大巢二世，遂皇四世，庸成八世，总计六十八世，这是因提纪时代。仓颉一世，柏皇二十世，中央四世，大庭五世，粟陆五世，丽连十一世，轩辕三世，赫胥一世，葛天四世，宗卢五世，祝融二世，昊英九世，有巢七世，朱襄三世，阴康二世，无怀六世，总计八十八世，这是禅通纪时代。又有钜灵氏，句疆氏，谯明氏，涿光氏，次民氏，总称循蜚纪。有名称而无姓氏，自此而上，也只是有九皇氏。地皇氏、天皇氏又是在上古有了盘古氏之后的基础上才有此名号的。又按《吕梁碑》载，古封禅七十二家，而夷吾所认知的有十二家，其他书籍记载的古代氏号尤其多，散漫而不可以考证。现在根据九纪九皇的顺序，固然不敢马马虎虎、似是而非，或模棱两可之间，也不敢随意脱落省略。老子说：能知古始，是谓道经。

少昊氏，轩辕的儿子己名叫青阳，己姓，继承黄帝之位而称王天下。起源于己卯之岁，承天受命之日，凤凰来仪，于是就以鸟为官取名纪序。又因以金之德而称王，建都在曲阜，号称金天氏。顺应时令，迎纳瑞气，德政昭著，可配神明，因能修养太昊的法度，被尊称为少昊。晚年政治衰弱，九黎扰乱德政，阴阳不和，正邪混杂，不能使用方正的事物，丧失民力，与时令悖离，家庭被求神预测祭祀之风影响的没有限度，好像神明有意识地狎昵于民，此时阴阳不和，风雨不调，食粮不足，人民饥馑，祸灾渐臻。少昊在位八十四年，于是传位于颛顼，颛顼有二个儿子，一个名叫重，一个名叫蟜极。

颛顼，是轩辕的孙子、昌意的儿子，姓姬，十岁就辅佐少昊，十二岁行冠礼，二十岁就代替少昊有了君位。执政于壬寅之岁，以水德之气象而称王，建都在卫地，称此地为帝丘，后来又迁徙到高阳，史书称为高阳氏。因地之宜以养育材质，以天时之宜以载植物类，于是又命南正重掌天文气象，并嘱善于明察的火正黎执掌土地之宜，又叮嘱百姓仍然按旧的章法，没有相互侵犯或无理取闹的。

又制定历法，以寅月为正月，当年正月初一立春，五星相会于营室，统治着四方广大的地域，和神农时代的地域一样大。他施行的法令是妇人在路上行走不回避男子的，就要在四通八达的路口驱除邪气。又命飞龙校正八风的音律，制定承云之乐，用以祭礼上帝。颛顼在位七十八年，有子名叫穷蝉。

帝喾，是少昊之孙、蟜极之子，年纪十五岁就辅佐颛顼，从政十五年之后代替颛顼治理天下，缘起于己未之岁，以木德之象称王，建都亳地，号称高辛氏。命黑咸创作乐曲，制作"九招""六列""六英"。有倕制造了鼙、鼓、钟、磬、吹笭、管、埙、篪等乐器，还让凤凰、天鸟随乐律舞蹈，用以宣扬天帝的圣德。

顺应自然，体恤民力，自身的修为使天下人诚服。帝喾有四个儿子，分别是弃、梁、挚、尧。少昊之前天下的名称与他自身的德性相符合，百官的称谓就像官职的征兆。颛顼以来，天下的名称因其地名而宜，百官的称谓因官职所行的事宜而已。喾，是极致的意思，能穷极道德的理念，调序日月运行之层次，用以巩固民生之本，所以称为帝喾，在位四十六年。帝挚代其君位，己未年理政，因荒淫无度，不修理善政，在位九年就被废除，共计五十五年。

帝尧，是帝喾的儿子，姓伊祁，名叫放勋。当初封赏的是唐侯，年十六岁，因帝挚被废，众人推荐他登上天子之位。起于甲辰之岁，以火德之象称王，建都平阳，号称唐氏。因承袭帝挚的衰败荒废之政，人民生活艰难，于是修养德政，崇尚节俭，居住在低矮的土屋里，茅草不修剪，椽木不砍削，宫殿墙垣不涂抹粉刷，用凹陷的器具做酒樽，双手捧水即饮，昭示百姓行以朴素自然。有一位百姓饥饿，就说是因为我的缘故而使他饥饿的啊！有一位百姓寒冷，就说是因为我的缘故而使他寒冷的啊！有一位百姓有罪，就说是我为政不善使他陷于有罪啊！百姓爱戴他如同仰望日月，亲近他如同孝敬父母。又命羲和观测天体的循环，确定日月星辰的运行规律，给人们制定出时令节气的历法，以三百六十六日又闰一个月定为四时，成为一年的象征，岁名称为载，建寅月为元月的开始。分别命令羲仲、羲叔、和仲、和叔，游历四岳，由此规定百官的事务，众多事情都兴盛起来了。此时运数正当六会的末期，水不能滋润下情，也是正当尧帝执政的六十一个年头，洪水泛滥，命令鲧治理水患，九年仍然没有功绩。咨询四岳说：朕在位七十年了，就要退居职位了，现在仍然没有合适的继承人。四岳说：有一位独处在你属下的人名叫虞舜，我看他可以。于是尧把二个女儿下嫁给虞舜，考察观看试用了三年之久，对虞舜说：我说舜啊！上天依照它的秩序安排，让你承受天命，现在把君权交付于你，你一定要坚持正确中正的治国方略。于是就把君位禅让给虞舜。尧在位七十年，癸丑年虞舜被征召，经历三年的考察，丙辰年承受天命，接受尧的禅让，在位二十八年，癸未之岁，唐尧去世，享年一百一十六岁。

帝舜，颛顼的儿子，穷蝉的第五代孙子，出生在姚姓人家的丘陵地带，姓姚，名叫重华，起始于癸未之岁，以土德之象而称王。当初还在民间幽隐微末之时称为虞氏，曾经在河边制陶器，在历山耕种，在汭汭捕鱼。尧把两个女儿下嫁他为妻，又经历诸多磨难有三年之久，考核功绩品行之后才命其执掌君位，并向上天祈祷，在天地间宣誓，拜祭山川，遍及于天地众神。聚集五种（珪、璧、琮、璜、璋。璜用以征召，璧用以聘问，璋用以发兵，珪用以信质，琮用以起土功之事）祥瑞之物，拜见四岳，和放牧的人在一起，颁还给他们祥瑞的信物，以示与天下共享大同。

他巡视四方山岳，开始建立十二个州郡，封禅十二座名山，流放共工、欢兜、鲧、三苗四位悖逆的凶恶之人。咨询四岳治理之道，与十二位州牧伯商议，禹作司空，平治水土；稷负责依时令播收百谷；契作司徒；皋陶职司士人；垂职司百工；益职掌草木鸟兽；伯夷职司礼仪，祭祀天地鬼神之宜；夔制定乐律教导子民；龙沟通上下以端正法规。禹、垂、益、伯夷、夔、龙六人，都是最新任命职司的官吏，加上四岳、十二牧伯，共计二十二人，是虞舜的股肱大臣。舜就要禅让君位了，说：禹啊！过来，我告诉你，上天安排的秩序已经到你身上了，你终当要做君主的。虞舜三十多岁才被征召任用，选为君位继承人之后又考核试用三年，摄政三十八年，唐尧丧期停留了三年，丙戌之岁效法文祖唐尧迁徙于蒲坂（今山西永济），在位三十三年。丁巳之岁，命禹摄政。禹在位的第十七个年头，虞舜因巡狩各地而死在路途之中，年寿一百一十岁。

少昊直到舜，共计有六位帝王，唯有高辛不在五帝之列，总共三百五十年之久。自从太易初元以来，累计六万四千七百九十三年，禹在丁巳之岁承受天命，又加上七年，前六会到此终止。老子说：失道而后德，失德而后仁。就是说皇道有不足之处，自然下降而为帝德，帝德有不足之处，自然又下降而为做王的仁义。尧舜禹相为禅让授受，正当是天地交会，一个元始的中间之分界点。先期儒家以为，经世之书把皇与帝称为先天的六会时期，王与伯称为后天的六会时期。既然数运终止于六会，反而洪水降灾泛滥，倘若不是有如尧舜禹这样的帝王辈出，那么人民必然要成为鱼鳖的大餐了，所以天下人民至今仍然称赞美誉他们的德性。少昊、颛顼、帝喾、帝挚、帝尧称为五帝。禹为三王之首，舜居于尧之下禹之上，在太史令看来，因帝挚迷失了道性，虞舜有大德，所以罢黜帝挚而升提虞舜，岂不是明察吗？等到观看《皇极经世》图，从开元之初起日甲、月子、星甲、辰子。其后又以元经会，以会经运，以运经世，递次相选，加积一数至六会，应当经月之巳，六经星之癸，一百八十经辰之子，二千一百四十九而始布甲子。十六年己卯而少昊受命君位，经历颛顼、高辛，又经辰之末二千一百五十六，正当甲午之时，又经十一年甲辰而尧帝受命。自此以来，方才使用甲子纪年纪事，岂能是大挠作记事史而从此时开始的吗？

王 伯

三王指的是夏、商、周，五伯指的是齐、楚、秦、晋、宋。禹在位第八年，甲子一元中分起七会之初始，后述说尧舜而先论述商汤和周武王，他们的功业也是很大的了。老子说：上仁为之而无以为，上义为之而有以为，上礼为之而莫之应，则攘臂而仍之。又说：失德而后仁，失仁而后义，失义而后礼。《左传》云：其次立功，其次立言。如禹之治水，行其无事，功及万世，莫不是立下功勋了吗？其后代君主品阶下降而只能称其为伯，再次下降而只能是使用礼乐征伐。大夫的出现就象征着在治政上，有失于仁，有失于义，而运用礼的浇薄就可以显而易见了。所以孟子也曾说：尧舜是把握了人性，汤武是设身处地从实际考虑，五霸只是凭借雄心勇力征服。邵氏说：自从七会之后就进入了长期的阴冥之期，而且没有了阳和之气上升的机会。虽然阴阳迭相运行，消长有时令节气，然而道德功力独独不可以迭次出现啊！

夏禹，姓姒，名文命，是颛顼之孙，鲧的儿子。丙辰之岁，舜荐举禹坐上天命之尊位，丁巳正式摄政，七年之后，正当元经会的七会。

元经会之七

禹八年，位居摄政的十七年癸酉，舜在巡狩天下的时候去世。禹登上王位，以金德之象称王，以建寅为正月，定都平阳。禹因当初承袭父亲崇伯的爵位，所以又称他为伯，后作司空职责治理水土。《书》中说：大禹治理天下水患，出行遇水则乘舟，陆地乘车，山行乘樏，泥行乘橇，遭遇山林则开山砍木疏通道路，挖掘九条大川，使川流都汇入大海，又疏浚了那些沟溪，让它们都通达至川流，并研究土地之宜，教民合理播种五谷。禹迎娶涂山氏的女儿为妻，生的儿子叫启。禹勤于政事，一直在外八年，三次路过家门都没时间回去看看，唯恐影响到平治水土的进度。通过治理水土，又把土地划分的区域确定下来，共计扩大到北南西东方圆五千里的地域。每方圆五百里为一服，每服各又推举出五人为长，每州划分多个服，在工程进行中每州都出动了十二个师，从内地直到四周，每服及各州都能坚守自己的职责，建立自己的功绩。在禹承受天命并治水土的进程中，唯有三苗不听从号令，于是禹就汇合四方诸侯及九州牧伯，誓师说：集中力量，听从命令，愚昧的苗人，昏昧不知恭谨，欺侮怠慢还妄自尊大悖道坏德。这是因为明智的君子在野而祸害的小人却处尊位之上。人民必然抛弃不予以维护他们，这是上天降给的过咎。然而他们仍然肆无忌惮地在那里兴风作浪。众位勇士，尊奉号令讨伐有罪，大家只要齐心协力必然战无不克，有功勋者定当受到奖赏。三十天之后三苗之民反而违逆他们主帅的命令，都来帮助禹，于是禹班师休战，用仁德教化使三苗之民感念前来皈服。老子说：用兵有言，吾不敢为主而为客，不敢进寸而退尺。像禹这样用兵的办法，可以称得上是王者之师了。然而假若没有禹誓师在前，那么怎能有商汤的誓师《汤誓》和武王伐纣时的誓言《泰誓》存在于后世呢？岂能说恶劣先例的开创者，他就没有后继人了吗？这只可以把先人所发生的事引以为戒。禹任用皋陶、伯益以代行他的为治之道，组建六个师，以征伐那些为非作乱的。四方边境之地没有不诚服的，向东的地域逐渐到大海边，向西到达飞流的黄沙之地。南北闻其声教既已钦服，九州四海安定。居位代行摄政十七年，践行正位十年，共计二十七年。癸未之岁，向东巡狩走到会稽之地去世，活了一百岁。禹把君位传给了儿子启，启开创夏朝一十七王，共计四百五十八年，到夏桀被流放时夏朝才灭亡。

商汤，姓子，名履，字天乙，禹司徒契的十四代孙，做诸侯十七年，流放夏桀之后登上王位，当年是乙未之岁，以水德之象称王，以丑月为每年的第一个月。建都于亳地（今河南商丘），又称为成汤，即商汤。自从契开始直到成汤，八次搬家。成汤当初居住在亳地，在有莘国野外之地礼聘到伊尹。因葛伯不按时祭祀，汤领兵征伐他，当时的诸侯自从葛伯开始，因夏桀的昏庸无道，善良百姓的生活极其艰难困苦。成汤五次把伊尹推荐给夏桀，都没有得到桀的任用。己丑成汤又回到亳地，成汤因给夏桀的供品不足，夏桀兴问罪之师，然而九州的夏王师都不来，不听从夏桀的号令。伊尹说：灭亡夏桀的时候到了。于是协助成汤攻打夏桀，集聚众兵士宣誓，在鸣条之地（今封丘）交战，将夏桀流放在南巢的亭山。从此天下诸侯都臣服成汤，汤仍然有谦逊之德。所以汤的盘铭上说：苟日新，日日新，又日新。汤登上天子之位有一十三年，寿命一百岁。等到盘庚二十一年庚申之岁，老子乘日精降于亳地，托孕于尹氏之玄妙玉女，武丁二十四年庚辰，二月十五日出生在李树下，因而手指李树作为姓氏。当时的帝辛纣王沉迷于酒色，残暴无道，比干因进谏而被杀，微子被囚禁，箕子贬为奴隶，逢蒙遭受诛谬。周文王战胜黎国之后，祖伊非常恐慌，因而报告劝说纣王。纣王说：我的命运不是由上天决定的吗？始终迷惑，不听别人劝谏。周武王讨伐他，纣王兵败，跑到鹿台，怀揣着宝玉，自焚而死。老子说：太上下知有之，其次亲之誉之，其次畏之恶之。哎呀！夏桀固然是无道之君，而成汤却流放他，纣王仍然是无道之君，而武王讨伐他，难道说不是可畏之事吗？殷商三十王，六百四十四年，殷商灭亡之后归于大周。

周武王，姓姬，名发，唐尧时代担任农师的弃即后稷的后人，文王姬昌的儿子。姬昌在殷商王廷与九侯、鄂侯同为三公。姬昌被人诬陷，囚禁在羑里七年之久。之后因献地之功而得到纣王赏赐弓箭斧钺，授权他讨伐不听命的诸侯，而有西伯侯之号。在纣王执政的第二十四年，文王去世。又过了九年武王用太公望为军师，周公旦为辅佐，革除殷商，承受天命，还军丰城，登上天子之位，面南接受诸侯朝拜，并诏诰天下。起始于乙卯之岁，以木德之气象为旺，以月建子为每年的正月。于是就把殷商的政治反其道而为之，释放箕子及囚犯，修整比干墓，礼敬贤士，散发鹿台的财物，分放巨桥的粮食，把财富返还给天下人民，天下百姓无不心悦诚服。即所谓列爵为王，分士唯三，建宫唯贤，位事唯能，垂民五教，惇信明义，崇德报功，垂拱而天下治。人们私下里感叹说：唐尧时代有四凶，然而诛杀四凶的却是虞舜；虞舜时代有三苗，然而征伐三苗的却是大禹。夏时成汤征伐自葛伯开始，而商时西伯侯自勘伐黎乱开始。大凡是古代得有天下的，揖让谦逊征讨战伐，很少不是事先就有他们的情势的，这是天意还是人为呢？还是形势所驱使的呢？武王在位六年，活了九十三年，之后一百二十一年周昭王南巡再没有回来。又过了一百零七年周夷王下堂见诸侯。又过了五十三年，周厉王逃往彘（今山西霍县）地，召公、定公二伯管理朝政十四年之久，号称共和。厉王在彘地死亡，二伯立太子静为宣王，同时以仲山甫、尹吉甫、方叔通、召公、定公，组成五伯辅佐宣王，大力推行文治武功之道。又过了五十七年，周幽王被申侯所杀，而此后就是周平王东迁于洛阳，史书号称东周。晋升晋文侯、秦襄公的爵位。又过了六十四年，周桓王利用蔡、卫、陈的军队讨伐郑国，郑军拒敌，射中桓王的左肩。又过了四十年，惠王赏赐齐桓公，升为伯。又过了三十年之后襄王废狄后，戎狄军队攻打周都，襄王出奔郑国，郑国把襄王安排在氾地居住，叔带代立王位。第二年，襄王向晋国求援，晋文公又迎接襄王返还周都，并诛杀叔带，又指使王子虎封赏晋文公土地，而且称文公为伯。到此时齐、晋、秦、楚、宋五伯一天天地强盛起来，然而周王室却日渐衰弱。又过了三十一年楚王讨伐陆浑，陈兵于周都的郊外，派遣使者询问王宫里鼎的大小轻重，从此之后诸侯之间侮慢之风就愈来愈大了。又过了五十五年，周灵王庚戌之岁，孔子出生。又过了七十八年，周孝王去世，太子午继位，史称威烈王。又过了五十八年，在周显王的甲寅之岁，赵国、韩国把周廷一分为二，七年之后的辛酉之岁，东周杰立为国王。又过了三十一年的乙酉之岁，孟轲做了魏国卿士。又过了二十九年，周赧王甲寅之岁，东西二周君臣相互攻击。又过了五十一年，赧王乙巳之岁，会合齐、韩、赵、魏的军队攻打秦国，因战事失利而向西逃奔至秦地，后来把周都所属之地，全部献给秦国，赧王回到周都就去世了。周朝三十六位国王，八百六十七年而西周灭亡。又过了六年，东周惠君，会合诸侯攻打秦国，战事不利，自己也逃进秦地不能回来，秦国把周都的地域全部纳入自己的版图之内。

夏、商、周三个称王的时代，总计有一千九百多年，而桓文伯的事迹发生在一千五百余年之后。从三代考证，商汤到周武王，诸侯已由伯而称王，这是不需要等到桓文的事迹出现而后才有伯的，况且夏伯有昆吾之地，商伯有大彭国、豕韦国，也已经在两代中见到。襄王之后去了昆吾。大彭、豕韦归入秦的版图，宋楚是周的五伯。之前的六会有六万四千八百年，除了开物之前以及到盘古总为四会，四万三千二百年。当初天皇氏出生，人的极妙处开始确立，由最初的天皇直到大禹七年，有二会，大概二万一千六百年之间，从少昊以下称帝的有五人，共计十一世，又三分之二世。就是称皇的二万一千二百五十年，称帝的只不过有三百五十年，为何帝的运世那么的短促，而皇的运世那么长久呢？并不是这样说啊！神农已称为炎帝，他的后代接连不断地称帝的有八世之多，轩辕也是称帝的。考证到这里就是后三皇之下，称皇称帝互见叠出，已参差错落在一千九百三十三年之中了。

三王从夏丁巳开始，大概有一千四百五十四年，直到平王东迁。治理上都是由一方诸侯之长"方伯"来执政。然而五伯的兴起滋生于周昭王，渐起于周夷王，有形于平王，成熟于周釐王、周惠王的时代，从此周只是一个虚设的器物罢了。从这样的形迹里讨论，岂不是称皇的有可以亲近之处，称帝的有可美誉之处，称王的有可畏惧之处，称伯的有可侮慢之处？按说皇、帝、王、伯这四个名称，大禹即位的第八个年头，正是一元的中间分隔之时，在他的前面说皇、说帝，在他的后来称王、称伯。从以后的六会来说，在闭物之前还有四会半，王伯正是在中间的分隔之位，而且称王的就有二会多，大概应是二万四百三十五年，从三王算起才只过了一千九百六十九年，而称伯的已经参差错落其中了。其中说的伯能只是这样的伯吗？大概说来就有从王到皇的，从王到帝的，从王开始仍然是王的，从王又到伯的，都混杂在其中了，而且还会有从王到皇之皇，从王到皇又到帝，从王到王又到伯的存在。如同是春天行使了夏天的暑热，秋天行使了冬天的寒冷，四时的气候有时会迁转变化的，不可以一成不变。《易经》说：知变化之道者，其知神之所为乎？从前面所谓理气象数的四个方面来看，有此理就有此气，有此气就有此象，有此象就有此数。一元十二会，配一岁十二月，一会三十运配一月三十日，一运十二世配一日十二时，一世三十年配一时三十分，因此一世三十年，得一十二万九千六百时，一运十二世，得一十二万九千六百日，一会三十运，得一十二万九千六百月，一元十二会，得一十二万九千六百年，这是其中的大概情况。略述一二，并非人前逞能，只当作一个学问罢了，只不过是仰仗邵康节的《皇极经世》之书，从中言谈关于道德功力，以明了古代皇、帝、王、伯的大义，只是窃取其中的思想来论比而已。

降　生

老子说：吾不知谁之子，象帝之先。按《纪传》：老子，大道之祖气，象帝之先天也。所以说：先天而生，生而无形，后天而存，存而无体。只要是没有形体的，就没有一定的名称，只要是没有一定名称的，所以就隐显莫测，大概也就是混沌开始的称谓吧？在天宇来说称为虚皇天尊、无极大道君、天皇曜魄宝、高上老子天皇大帝、九天上皇洞真帝、太清天尊太上玄元老君，全阙后圣君，九老仙都君，太上丈人静老天君，真元教主金阙帝君。他降生于人世之间，就称为通玄天师、盘古先生、有古大先生、玄中大法师、郁华子、广寿子、大成子、广成子、随应子、赤精子、录图子、务成子、尹寿子、真行子、锡则子。老子所以称为万象之主，为帝者师，应世显化的称号没有统一的名字。至于说玄元皇帝、大道玄元皇帝、太上混元天皇大帝、高上大道金阙玄元天皇大帝、太上老君混元上德皇帝，这都是历代皇帝册封的名号。所谓的隐于太无，形于太初，游于太虚，生天生地，神鬼神帝，未有天地之时，自从远古就已然永固地存在着，就是说的老君的缘故。我是老子的学生，勉力庸俗地加以引用这些以说明老子的伟大。

老子，按《本纪》：姓李，名耳，字伯阳，谥号称聃，苦县濑乡曲仁里人。母亲伊氏，感受日精而有孕，降生在殷商武丁二十四年庚辰二月十五日。商以丑正为一年的开始，二月建寅，即今日正月十五上元节。出生就能说话，指李树作为姓氏，因为出生时就满头白发，因而号称老子。诞生时的诸多祯祥，全都记录在纪传里，现在亳地的太清宫九龙井，白鹿桧显圣的痕迹尚存。帝辛（殷纣王）二十一年丁卯之岁，躲避到岐山，西伯侯召请授予守藏史之职，武王伐纣之后又授予柱下史，成王时仍然是柱下史的职务，昭王初年辞官回到亳地，昭王二十六年癸丑之岁，西度函谷关，传授给关令尹喜《道德》二篇，又居住终南山的草楼讲道，遂又西行大散关，和尹喜期约在成都青羊肆会见，之后与尹喜一同西游，恰逢穆王在西方狩猎，随又回到大周，穆王景仰羡慕玄门之风，到终南修草楼，改号称"楼观"。命人敬请隐居之人，尹轨、杜冲等主持祠祭之事，号称道士的有七人。老子回东方之后又回来路过楼观，授予尹轨、杜冲、宋伦《道德紫虚阳光经录》，幽王又召请授予太史之职。三年辛酉之岁，告诉幽王说：三川地震，大周将要灭亡。于是老子隐居去了。平王三十四年癸卯之岁，再次西出大散关，很多年之后又回到中国，敬王授予藏室史之职。十八年之后，孔子同南宫敬叔到周都请教礼仪。夷烈王二年到秦国，秦献公请他住在馆舍里，非常礼敬，询问历代更替之道。赧王九年，老子游走在女几山、地肺山、天柱山之间，之后又再次西出散关，跋涉于流沙之地，西行至昆仑。在殷商经历一百七十四年，在大周八百二十二年，周游天下，辅佐世道，匡正时弊，观看世道九百九十六年。然而后来的人们，从殷商和大周两个朝代去观看老子的人，又怎么能知道还有先天而生的老子呢？所以经书中说：独立而不改，周行而不殆。又说：执古之道，以御今之有。这难道说是老子本人自述其阅历吗？至于说道了秦汉之后，以及于唐宋，应身显现，神化无方，众人固然是不认识了，自有本纪实录存在。

授　经

关尹子，姓尹，名喜，周昭王时代做大夫。善于观测天文气象，预先发现东南真气形状如龙蛇而向西游移，这一个月融风和畅，天宇的纹理也向西运行，就知道有圣人路过函谷关，乞求昭王允许自己离开朝廷外出做函谷关令。就在昭王的癸丑之年，壬午之月，紫气浮漫于空，有一位老人乘坐着青牛白奋车，几位弟子陪乘，徐甲驾车。正要走向关前，尹喜急忙迎接下拜，这就是老子。尹喜说：大道将要隐藏吗？请为我们留下书籍吧！于是让老子居住在终南的草楼里，以师长的礼节尊奉老子。第二年甲寅之岁授予尹喜《道德》五千余言，内容包络天地，世间的君臣民物，没有不完备的。尊崇道德，小视仁义，所以说尊贵皇帝，小视王伯。大概是以阐明天道，看清人道，端正君心，匡正民心。其中讲道：以正治国，以奇用兵。又说：偏将军居左，上将军居右。大凡有几个章节之多，颇似在褒贬王伯之风，学者都有所疑问。在昭王的时代，伯的事业尚未显著，有人说授予尹喜经书应该是在敬王的时代，竟不知道在夏商末年衰败的时候，昆吾、大彭、豕韦已经自称为伯，观看昭王去江上不能返回的情况，本来就不用说秦、晋、齐、楚出兵，而所谓伯的风气已经全然见到了，这就是老子著《道德》之所以要兼顾功利而言论的道理。按古代天文学里说，河鼓三星，主天子三军，中星大将军，左星左将军，右星右将军。《夏官》上大司马，王五军，大国三军，已记载于《周礼》之中。考证《穆王内传》说道昭王从西方回来，上终南修草楼，就知道授予经书应是在昭王的时代，这是很明确的了。关尹自己也著书九篇，名为《关尹子》。此时晋国公孙名叫辛研，字计然的，学老子之道。敬王二年壬午，辛研去南方游历，楚平王礼敬有加，邀请他谈论道学。没过多久又到越国，范蠡拜辛研为师，得受书籍十二篇，名叫《文子》，其中有平王问道章句。后来范蠡做了越国大夫，越国要攻打吴国，范蠡进谏说：兵是凶恶之器，打仗有悖于仁德，阴谋又违逆道德，好用凶器，这是上天都要禁止的事情，如此一来终将不利于我们。这是引用了《文子》书中的话啊。勾践不予听从，结果在夫椒山大败，勾践被囚禁在石室中，因贿赂吴太宰伯嚭才得以保全性命，回去之后卧薪尝胆，企图报仇雪恨。吴越之事平安下来之后，计然又告诫范蠡说：勾践其人长颈鸟嘴，这种人只可与他共患难，不可以和他共安乐。范蠡听从计然老师的话，跟随他游历五湖，计然也佯装疯癫，隐遁在吴郡的封山、禹山之间，曾经登山谋划隐居，就是现在吴兴计筹山这个地方。列御冠居住在郑国的植物园里四十年，没有人知道他的情况，周安王四年，著书八篇，明晰老子之道。庄周字子休，号南华子，周显王三十年，楚王聘请他做相国，坚决不去，隐居在濠水之旁的漆园，著书五十三篇，名为《庄子》，现在仍然留下有三十三篇。还有庚桑楚、南荣趎、崔瞿、柏矩、士成绮、尹文子之流，全都是在当时拜老子为师，传承道学的人，各自都有著述，记载在典籍之中，然而庄子游历殷商大周也已经是很久远的事了，像孔子那样见了老子之后有犹龙之叹的尚且还没有。司马迁《史记》把老子、韩非子列为同传，然而老子的门徒们却没有记载，这就使得孔子、老子本为相通一家的学说，在后世没有流传下去，可惜啊！

西　游

老圣晚期跋涉于流散的沙漠之地，向西行走步升到昆仑山，返回到紫微上宫，显示出有始有终之意。终止就有重新开始的时候，如同是一年四时季节的更替变换，所以说：功成名遂身退，天之道。又说：功成不居，其名不去。又说：不失其所者久，死而不亡者寿。因此圣人观天地之道，遵从规律去施行，出处进退和自然造物者相契合而达到无穷无尽。昆仑居处地域的西北部，有万里多之高，广大相称，在上可参拜青天，那里是神圣至高无上的地方，所以伏羲氏的艮卦、文王的后天乾卦都在西北方。天地有昆仑就好比人有头脑,天高西北,天的门户就在那里。山巅上有九座山峰,在上与九天相应,那是天帝游宴群仙集会之所,还有琼琳玉树、琪花瑶草、七宝骞林的美景,天风披拂,琳琅振响,自然宫商,大概全然浑合如同是碧光宝玉的境界。按《昆仑山》说是天下的中岳,在北海之间,上正当天心,形象如同张大的伞盖,上宽下狭,重叠有三层,上与天宇同齐,日月黄道、赤道交会在它的上方,日月星三光得以运行。东方名为昆仑,西方名为玄圃,北方名为阆苑,南方连接着积石山。北方的门户有诸多山峰,上有琼华宫阙,光如玉碧的殿堂,瑶池里清澈的泉水,是王母和众位仙人居住的地方。海中有四岳是它的枝干,十洲三岛进入大海,有大川围绕在它们的旁边。山顶之上有金台五所,玉楼十二处,金城千里,地上生长着金根之树、琼柯之林,还有紫色的鸟雀,翠羽的鸾凤,碧玉一样的仙桃,雪白一样的李子,一眼望去,若百宝装饰的景象一般。这里就是中央黄帝天君含枢镇守之地,这座山与五岳名山相通,经常有神仙出入往来,并负责考校,含有生命形象的登记薄籍,在上有镇星之精所主,居守于中宫一元之气天中。四海之外的五岳即是天地的五镇,造化而生的五岳即是五行之气所根植之地。老圣之所以升入昆仑,大概是要复归于无极之地,昆仑就是元气所留止之处,天上帝君所治守之处。大凡古代的人,不论是王公世宦将相大臣,有大功大德和那些高人善士,只要有功德善行的,都可以超升昆仑。岂是那些违悖天之道、混淆天道逆行的所能够企望达到的吗? 大概来说"仙"就是"迁"的意思,学道之士,如汉代的三茅君,辅汉张道陵,晋代许旌阳、葛仙翁等都是因为功德圆满,道果圆成,当初是迁于名山,后来又迁于十洲三岛,最终迁往昆仑而成为上界仙官,不但可以成为老子的弟子,更是可以与天地自然成为师徒了。

按《淮南子》说:大禹挖掘昆仑旷野的时候,地中有层城九重,高达一万一千里,上有禾苗草木,其中修葺有五寻的长度,珠树、玉树、璇树、不死树在它的西边,沙棠、琅玕在它的东边,绛树在它的南面,碧树、瑶树在它的北面,它们的附近还有四百四十个门户,门与门间隔四里,里与里之间纯粹完美,旁有九井,井如玉一样棋卧在西北角落,北门开启为了受纳不周之风,倾宫旋室,县圃凉风樊桐在昆仑的天门之中,也是疏圃之池所在之地,疏圃之池浸泡着黄水,黄水被浸泡三个周期之后,仍然会恢复原状,就成了丹水,饮服之后不会死亡。河水起源于昆仑的东北之隅,顺流而贯注于渤海,进入大禹所开通的积石山水道。赤水起源于昆仑山的东南之隅,又流向西南隅而最终注入南海。在赤水所流经的丹泽之东,亦即赤水之东,有称为弱水的起源于穷石,直到合黎,余下的小水流直至进入流河,向南的流注于南海。

洋水起源于昆仑山的西北隅，流行到南海，直到身披羽毛民族居住地的南方。这四股水系，都是上帝的神泉，水和以百药以滋润万物。在昆仑的丘墟如果在向上跋涉一倍的路程，就是凉风山，登上山去就不会死亡；如果再继续向上跋涉一倍的路程，就是玄圃，登上去心有灵性，能招使风雨；如果再继续向上跋涉一倍的路程，就到了与天相接的地方了，登上去就有神一样的明慧，因为这里是太帝所居之处。

原　题

《道德经》是关令尹喜记载的老子之言，老子之言，涵盖了无始有始开天立极之道、太古上古皇道帝德之风，以下至于王之功、伯之力。有五千多字，囊括了天地人之道。从元始以来上下何止千百代，他们都是可以推敲考证的，其中说到的圣人有三十二人之多却没有名姓，大概从古史上就没有真实名姓可查，然而他们的道德可供万世的人们对照学习，加以借鉴，他们的法度可以维系人生的极致，他们的宽裕美好优良的人性可以把人们带入圣人的领域。老圣依据古史来撰著《道德》，而孔圣依据鲁国史料以撰著《春秋》，都是一样的著书，然而却不以历史名称冠名《道德》内涵，是因围绕着三五的精神实质而作为题材的，大概也是因为周室史官掌管四方史志以及三皇五帝的书籍。《三坟》即伏羲、神农、黄帝的书籍及记载既然已经充溢，《五典》即少昊、颛顼、帝喾、尧、舜五帝时期的档案不是很完整，尚且有幸世间有这些经书，古代治道人性还没有坠落。原本老圣的意图，谆谆善诱以皇道帝德，作为政治处世修身齐家的正确指针，又以王伯的错杂出现，施用功力而又互为荣崇高尚，思虑它们各自的结果，而使人们自然醒悟，不至于错过，故而想要力挽破碎的思绪归于浑然的完全，使浮薄的社会风气返回到淳厚朴实的自然状态，纵然不能让百姓达到九皇时代的民风，难道说还不能得到一点唐虞时代和乐升平的景象吗？哎呀！圣人就像天一样的清静光明，天就是人心，圣人代表了人心啊！天就是我们所说的大道啊！圣人所行就是这样的道啊！天不用自己去作为而是圣人的光明去代天宣化，天可以说是无为了。圣人不自己去作为而是有贤人代表圣人去教化，圣人可以说是做到无为了。贤人不可以不去作为，圣人无为在上以行道，贤人有为在下以育德，如此则君臣之道就相互既济了，所以说：为无为。又说：无为而无不为。就是说的君臣各有分属职责所在。老百姓有恒常之心，也是自然情态所系。远古的风尚，普天之下都行一大道，羲皇的盛世，四海之内全然一个品德，这就是无为的作用，尤其大于行使有为于天下的作用。虽然说的是无为有为的意境，但是全在于人心天理，一切都决定于参赞天地化育之道。至于说称呼圣人而又不能彰显名字的，并非只有远古无名氏的君主，这里就是说的或包括伏羲、神农、轩辕、尧、舜这样的君主啊！尊崇古代圣人，就是尊重那个时代君主的指导思想和行为方式，倡议继承并使这个大道长久保存下去，使这个时代这个世界永恒不变，和谐吉祥。

章 句

现在所说的道德章句，是汉代河上公所注解的。汉文帝崇尚清静无为之治，命朝中大臣们修编《老子》，当时还没有注解《老子》的章句出版，文辞深奥玄远，大都不能解读。听人说都城河边有一位老人善于解读《老子》，于是枉驾前去问询。后来河上公授予文帝素书《老子》一册，慎重地鉴别其中的意旨，分析为八十一个章句。章著二字，以作为训示一章之义。譬如体道章、养身章、安民章等等。自从有了章句著之后，很多为《老子》作注的著作都出现了。然而大道与世势有所下降，时代也有所不同，注解的人大多随着时代所崇尚的，又各自按其自有的诚心而师法老子。所以汉人注的为汉《老子》，晋人注的为晋《老子》，唐人、宋人注的为唐《老子》、宋《老子》。有以清虚无为的旨义解读《老子》的，有以吐纳导引解读《老子》的，有以性命祸福、兵刑权术解读《老子》的。纷纷言语锁碎，以自我意识为法度，却不知道德的本原意旨是内圣外王为要，因此不能相互阐发，却又反而相互指责，可惜啊！大概自从关尹子、文子亲见犹龙之后，他们自己所撰著的书籍，尚且还能窥测睽其师的原旨。列子、庄子二位后贤，先后都能阐发老子的思想指归，内涵又偏于清虚幽远，某些方面又超过了老子的旨义，大概近于自然之道而远于人事情态。更何况是孙子、吴起假借老子的思想，历述兵法之道，申不害、韩非以刑名之道加以诡辩，这又是以人情为理念而缺少了自然之道，应当怎么样呢？千年以来，没有一个确切恰当的佐证。至于说像那盖公、曹参运用清静无为之道使天下安定统一，以开启汉室盛世隆平之治，就是善于运用老子之道的人。观看河上公著撰的分章题目，其中义旨虚静玄远，的确与经旨相同，然而作出题目的义旨，注释的人没有对此有所叙述，故而从治道上去查核就有所缺憾了。这里就是经书原旨所以要阐述的原因，现在不说章句的题目而说经文是遵守经文之意，其中的义旨就是演说的经文原旨，这里将章句的题目列举如下：

　　体道、养身、安民、无源、虚用、成象、韬光、易性、运夷、能为、无用、检欲、厌耻、赞玄、显德、归根、淳风、俗薄、还淳、异俗、虚心、益谦、虚无、苦恩、象元、重德、巧用、反朴、无为、俭武、偃武、圣德、辨德、任成、仁德、微明、为政、论德、法本、去用、同异、道化、偏用、立戒、洪德、俭欲、鉴远、忘知、任德、贵生、养德、归无、益证、修观、玄符、玄德、淳风、顺化、守道、居位、谦德、为道、恩始、守微、淳德、后己、三宝、配天、玄用、知难、知病、爱己、任为、制惑、贪损、戒强、天道、任信、信契、独立、显质。

第二篇

总叙道德

《老子指归》说：太上之象，莫高乎道德，其次莫大乎神明，其次莫大乎太和，其次莫崇乎天地，其次莫著乎阴阳，其次莫明乎大圣。道德可以称道而不可以寻根求源，神明可以保存而不可以使用，太和可以体会而不可以被教诲，天地可以运行而不可以彰显，阴阳可以应用而不可以授予，大圣可以观看而不可以言传。所以说：用揣度的办法去揣度的事物，只是运用了心智，而运用数说的办法去数说事物，其结果很少。而运用心智去察知事物，这种方法是浅陋的，而且它的作为对于要有所作为的事物来说是薄弱的，对于从众多到极其众多的事物是不可以胜数的，而对于大到极其博大的事物是不可以揣度的。精微玄妙，穷究事理，并不是心智所能测到的；成就大的功业，并不是有作为就能够实现；天地之间出现的祸乱灾患过失，并不是善于理事就能克服，所以说不用道理的道理，不是德性的德性，是为政的根本；不是名号的名号，失去功绩的功绩，是造化的本源。因此称王的有所作为而天下之人就有所欲望，失去了真淳而脱离了厚重，清纯变化成为污浊；打开人的耳目，展示以声色；恩养以五味，数说以功德；教导以仁义，指引以礼节，人民好像从睡中觉醒，自暗室中出来，登上丘陵环视八方，仰观星辰而参见日月，所以教化可以言传而德性可以罗列，功绩可以陈述而名号可以区别。所以心智流放而奸邪虚伪大作，道德壅滞蒙蔽，本性灵明隔离断绝，人事相残萌发滋生，太平清和之气消失净尽，天下百姓惶惶自保，心性迷惑，邪伪驰骋，是非的界限失去了自然的情节，情欲的变化侵害及于万物，人们因人情的变化被折磨得憔悴黧墨，仍然是忧患满腹，以至于不安于生活、不乐于世俗，丧失了自然的寿命，都是互相伤害、残暴侵虐所致。因此君臣相互猜忌而营谋，父子相互有打算，虽亲而有怨，兄弟相扰而又凄凉悲伤，人民常处在恐慌之中，而惧怕祸患伤及自身。自身难结，死亡瞬间到来，这是成为祸患的因素。父子互怨，兄弟成仇，晚上尚可安定，太平就会出事，言辞相讥，甚至撕破脸皮、刀斧相向，以至于成为夭折损伤的原因。臣下拜见他的国君，心神不定，六神无主，急急趋捧，顶礼膜拜，肩肘促拥，稽首而拜，弯腰膝行，用威严庄重来显示国君的尊重，这是因为君臣本来就不能忠信的结果。所以可以言传的道理，道德即便是得以彰显，却并不是自然而然使民风清淳的，可以称作名号的名号即便是功绩声名显扬，而并不是朴素本真的结果。

《老君指归略例》说：万物的化生，功业的建成，必然是从没有形象中完成的，而形象是出于没有名号、没有形状，没有名号就是万物的宗本。这个宗本既不温也不凉，既不是官也不是商，总的来说不可以得到也不可以听到，看它不可以得见，体会它也不可得以知，其中的滋味也不可得以品尝。故而从物形来说，它混然生成；从相貌来说，它是没有形状的；从音声来说，它是无声的；从味道上说，它是没有滋味呈现的，所以它能成为天地间万物的宗主，囊括通达于天地自然，没有能离开它而存在的。如果要温暖的时候，它就不能清凉，是宫调的时候，就不能呈现出商音来。形体必然有所分别，声音必然有所隶属，所以它的相貌有形的时候，并不是所谓的大象。它的音发出声的时候，并不是所谓的大音。然而东西南北四象如果不能成形，那么所谓的大象就不能畅达，五个音调不发声，那么所谓的大音就不能到来。四象已然有形，那么万物就无所谓宗主了，大象就可以畅达了。五音有声而内心就没有所适宜的了，那么大音就到来了。所以说掌握了大道，普天下的人们都归向他，使用大音就能够移风易俗，万物在无形无象之中顺畅，天下之人虽然都来归向，而归向之心意却不能释怀。大而极致的无声之音到来的时候，风俗虽然被改变，而改变的景象人们无言加以辩驳，因此天地生有五类为物质，却没有物质可以使用，圣人制正五种教化，却以不言之教化民，所以说可以言谈及有形有象的道，就不是永恒不变的道；可以加以名号的名称，就不是永恒不变的名称。五种物质的本源，既不炎热也不寒凉，既不柔弱也不刚强。五种教化的源本，既不光耀也不暗昧，既无恩惠也无伤害。虽然古今不同，时代变迁，风俗更改，而圣人的教化是不变的，即所谓的自古至今其名不去的意思。自然界若不效法它，万物就不能化生，治政若不遵行这个大道，功业就不能有成，所以从古代到今天是一脉通贯，从开始到终点都是相同的道理，掌握了古老的大道可以治理现在的身心，证实现今可以知道古老，只要领悟到这个道理，就可以通达永恒不变的道了。

没有明亮和暗昧的状态，没有温暖清凉的现象，所以知道了常保永恒之道，不变的道就是明达，万物的化生，功业的成就，没有不是效法此道的，所以根据它才能知道万物的开始。奔腾雷电的疾速还不足以在一时之间周遍环宇，驾着风去飞行还不足以在一呼一吸之间到达目的地。善于运用速度并不在于快速，善于达到目的并不在于所使用的工具，所以可以言谈的事物，还不能够盛满天地，有形的极致还不足以覆藏万物，所以说：为此而感叹的人，还不能言尽它的美妙之处，赞扬的人还不能畅述它的恢弘，给它以名声还不够恰当，称呼它还不够完美，名号必定有所区分，称颂必定有所缘由，有区分就有不能兼容的，有缘由就有所不能穷尽的，不能兼容它的真实就有极大的悬殊，不能穷尽就不可以以此命名，这个道理是可以演绎而明悟的。大道是取法于万物化和的缘由，玄妙是指幽冥深远的出处，深远是指探赜而不能穷尽，广大是指贯通而没有边际，遥远是指绵延不绝，邈远不尽，远而不可能达到，微是指幽暗且微小而不可以目睹见，然而大道的玄远深大玄妙的语言，只是在形容它时各有其意境而未能穷尽它的极妙之处。但是贯通无有极限，不可以说出它的细小，微妙无形又不可以言明它的广大，因此经书上说：用一个道字暂时给予它一个名字，又称它叫"玄"，而且总是不能给它一个确切的名字。这样一来，说它的人往往因不能确切而失去它的常情，给它命名的又脱离了它的本真，施行它的又窒塞了它的本性，执持的又失去了它的本原。因此圣人不把自我的言行当作主导，就始终不违背他的常性，不把名号当作恒常不变，就始终不脱离他的本真，不把人为当作事情就不会毁败，他的天性执持不变而不受事物的制约，就永远不失去他的本原了。然而老子的语言，如果想辩驳而诘责他，就失去了老子的宗旨了，想用世间名号来责难他，就违背老子的本义了，所以他的指导思想是这样的。论说天地化生之前的太始之象，是为了彰明自然界的原本之性，演绎幽冥的分际，以确定是否陷于迷惑妄想之地。因而不知道有所损就有所益，使人们崇尚原本而息止末端，持守母体而内存子躯，贱弃灵巧杂术，法于清静虚无，不要问责他人，凡事必求于己，这是其中的大要。而效法于大道的本义在于崇尚万物齐同，却又从形象加以区别；名号崇尚于确定本真，而又以语言加以纠正；儒者崇尚博爱，而声誉可使他们进步；墨者崇尚俭朴苦己，而又加以机智使他们立身；杂家崇尚十全十美，而总在行为上运用。用形象去检验事物，必然巧伪滋生；用名号来确定事物，必然失理生怨；用声誉来激进事物，纷争必起；假托以树立事物，乖巧背逆必作；混淆事物，污漫凌乱必然兴起，这些都是重视了事物的支流，却忽视了源本的结果。事物丧失了承载它的根本，就不足以再继续持守了，然而要达到同途就有歧路，至同心就有取舍。乖巧而修学的人，被其一致所惑，被其取舍所迷。把齐同作为法则，把定真称为名号，观察显现的纯真博爱就称他为儒，鉴见他们勤俭苦己就称他为墨，发现他们不一而足就称为杂，依据所鉴定的情形给他们正名，顺应他们所喜好的，去维护他们的用意，所以即使有纷纭愤懑错杂的议论，特异趋势的辩论解析引起的争执，也都要如此顺应自然。另外，其中的语言说道他的终点，是为了佐证他的开始，论述开始的源本，是为了穷尽终点。开言而不用通达，引导而不用牵出，论述寻既贯通，其中原义推演而有终，其中道理善于运用法则叙述事物的本末，其论明晰，综合汇归而完善了这篇文章，所以使有相同兴趣的人都有感触，发起此事的，没有不因为提出这个倡义而赞赏并加以推演它的。即使有异样的独特思想，没有不述说出回归的心声作为实证，行走的道路虽然不一样，其结果必然同归于一处，思虑虽有千头万绪，其结果也必然平均一致地提出来，汇归到一起就可以明通极致的道理。所以倘若只有同类而思考的，没有不欣喜他独自的思虑所应和的事物，认为得到了它的真义了。大凡事物所以存在，都是返还了它的原有形态，功绩之所以能克敌制胜，就是因为返回到了它自身原有的名号。存在的不会因为它的存在而存在，那只不过是因为它不能忘记消亡。安全的不会因为它的安全而安全，那只不过是因为它不能忘记危险。所以保全它存在的就会灭亡，而不能忘记灭亡的就能够生存，安享其职位的就有危险，不忘记危险的就安全。善于用力的就可以举起秋毫之重，善于听闻的就可以觉察雷霆之响，这就是大道与形象相反的道理。安全的确实安全，然而却说不安全才是安全；存在的确实存在，然而却说没有存在才是存在，侯王确实尊崇，然而却说不被尊崇的才是尊崇，这些问题都是蕴含着大道理呢！名号生于事物的形体貌像，称谓出自涉世求证，名号不能凭虚产生，称谓也不能凭空出来，所以名号往往大失其宗旨，称谓也往往未能穷尽到极处，因此称作玄的就是玄中之玄，称为道的说域中有四大。

《韩非子·主道篇》说：道是万物的初始，事物从道而化生，所以叫开始、元始、初始。道生万物，万物生而有是非，道生万物为之纪，是非因道而彰显，所以称作纪。所以明智的君主持守初始就知道万物的本源，治理"是非之纪"就知道这是善于失败的开端，所以处于虚静无为以待时令的运行，把据时序让名号自然更改，让事物自然安定，处虚就知道处实的情状，清静就知道运动的误正，有言论的自然命名，有事物的自然为形，形名参合同求，君主就无为无事了。所以说：君主不见那些可以引起欲妄的，臣属必然自我约束自己；君主没有自己的意见，臣属必然自我表白他的诧异；君主无心自忘，臣属必用其意。所以说：舍弃喜好去掉厌恶，臣属忠诚可鉴；除去贤能抛却聪明，臣属就自我完备。所以有智慧也不用思虑，而使万物知道他的层次；有行为也不以贤能，去观察臣下的所为；有勇力也不以愤怒，使群臣竭尽其能。因此舍去智慧就会明达，抛弃贤能就会有功绩，除去勇力就会有刚强。群臣持守职责，百官就有秩序，因循他们的能力而使用，就是习以为常。所以说：寂静得好像找不到自己在哪里，空虚得好像不知道万物的名姓。明君无为于上，群臣惊惧于下。明君的道理是使聪明的人穷尽他的思虑，而君主因循以决断理事，所以君主不能用尽智慧；贤能的人奉上以材，君主因而使用他的材质，所以君主不会缺少有功绩能力的人，而君主就有贤明的声誉；如果有过失，臣下就承担罪过，所以君主不会缺少好名声。因此不贤者却是贤者的老师，不明智的却是明智的镜鉴。臣有他劳动的职责，君主有他成就的功业，这就是贤明君主的道理。

《淮南鸿烈》说：所谓的道，覆盖着天，承载着地，囊括四方，分布八极，它的高没有边际，它的深不可以测度，包裹着天地，禀受于无形。原泉流化冲气而渐趋盈满，混混沌沌气浊而渐趋清澈，所以树直而塞于天地之间，横行而弥漫于四海之内，施用起来没有穷尽而不分朝夕，舒放起来可以涵溶六合，卷折起来还不能盈满于一手握，约束而能弛张，阴幽而能明亮，削弱还能坚强，柔而又能刚。横贯四维而涵盖阴阳，恢弘宇宙而彰显三光，它是既柔靡又纤微，山因为它而高耸，渊因为它而深幽，兽因为它而奔跑，鸟因为它而高飞，日月因为它而光明，星辰因为它运行，麒麟因为它而出游，凤凰因为它而翱翔。远古时期伏羲、神农把握了道的根本，立身于天地之中，精神与造化同游，以此而安抚四方，因此能效法天体的运行、地理的重滞，它们像车轮环绕车轴一样旋转不停，如水的流行不能停止，和自然万物相始终。风起云涌，事物无不如此相互有应，雷声雨降，相为感召而无穷，神鬼如电阴阳莫测，龙兴鸾集祥光普照，四季如轮壳旋转，钧恒周遍而复始，万物既已雕琢，仍然保持质朴，用无为自然的方法使它们契合于大道，用纯真朴实的语言而通达于德，恬淡愉悦无矜无持而得于和，万物虽有不同而求得天性的齐谐。精神依托于秋毫之端，仍然可以总括宇宙之大，其德性可以使阴阳和谐万物化生，四时八节和顺，五行之气调达，滋养抚育万物群生，濡润草木，浸渍金石。硕大的禽兽，毫毛润泽，羽翼奋发，头角生长，兽类没有死胎，禽蛋都能成鸟。父母没有死丧子女的悲忧，兄长没有哭泣弟弟的哀伤；儿童不孤单，妇人不寡居。天象没有异常情况，贼害的星宿不会出现，这是内念德泽的结果。

太上的大道生育万物而不据为己有，造作变化成为形象而不加以主宰，自然界里不论是爬攀、行走、啄食、潜息、蜎飞蠕动、胎卵湿化，依时而出生，它们并不知道感念大道的恩德，依时而死亡，它们并不因此而有怨恨。获得大道而有利益的并不能有所赞誉，运用大道而自身毁败的并不能有所非议，收笼聚集储蓄它并不因此添加富裕，向外布施秉承传授并不能使自身贫穷，周旋于道中而不能穷究它的内涵，即使它纤细微小也不可以荒怠，累加它并不见增高，堕降它并不能使之平易，添加它并不能使之众多，减损它并不能使之寡少；砍削并不能使它单薄，屠杀并不能使它伤残，开凿并不能使它深陷，填埋并不能使它浅显。恍惚啊，不可以把它看作是形象；惚恍啊，运用起来不能穷尽；幽深暗晦啊，应用起来，没有形态可寻；深邃洞达啊，运动起来却是虚静而不可窥测，与柔与刚则可卷可舒，与阴与阳则可仰可俛。

葛仙翁《五千文经序》说：老君体合于自然而然，生于太初虚无的先前，起源于没有原始的基因，历经天体变化地理孕育，开始与结果不可以称述记载。穷尽到不能再穷尽，至极到不能再至极，与大道的运行规律相始终，成为天覆地载奠定的根基，布化元和之气于十方世界，怀抱自然纯真的德性，浩渺荡漾无边无际，不可以命名。

明显其中有文采彰著，巍然高大，必定内有功果成就，渊深啊，不可以测量，广远盛大啊，它就是自然神明的元宗。日月星三光依恃它而朗照，天地秉承它而得以有生，乾阳坤阴运转变化因以吐布元精。虽尊高而并无下民，既显贵却并无职位，覆盖承载无穷无尽，因此，八方诸天，普弘大道。开辟之后，复又下降为国师，世世代代相续不休，人们都不能知道他。打造创始了万物而不说是我的功绩，这就是施行了玄德啊！所以众位圣人都共同宗法为道尊德贵，不使用尊爵职位而只是常持守着自然的本性，也只有像老氏那样。在周时又托神于李母，剖左腋而生，生下来时就须发雪白，号称老子。老子的名号，因玄妙莫测而出生在天地开辟的先前，从来无有衰败老朽的时期，所以才叫老子。世人都说老子应当出生在周代，其实老子的名号应当开始在没有考究的无数劫，那是窈窈冥冥，恍恍惚惚，幽深冥渺，很久远的时期啊！周室朝廷，每况愈下，大道不能流行，于是老子西游天下，关令尹喜拜见老子说：大道将要隐藏起来吗？请您把它写出来撰著成书。于是老子撰作《道德》二篇，共有五千多文字，分上下二经。

《混元皇帝圣经·序》说：大道玄远幽寂，理念极致于无为，上德冲和清虚，意义该尽众妙之门，因此精诚凝聚于纯真专一，若不是假托万物以称有生之形，结聚九空并不期待已有而成就躯体，太虚混然内含元神养育的精华原自幽远之地，恍惚是天帝的祖先稀少微妙至极，所以它的纯真能融合于自然，教化不因言传而有遗风，惠风焕和天地，慈爱祥光犹如馈物。天地依恃它来覆载，万类赖以它来滋荣，精神贯通阴阳，功绩成就造化，先于天地已独立，后历尘世劫难而无所昏昧。

《正统道藏·太玄部》中的唐吴筠《玄纲论》说：道是什么呢？虚静空无的关系，造化的根源，神明的元本，天地的开始。它的广大没有界限，它的微小没有中心，浩瀚宽阔没有开端，杳冥幽远没有边际，极其幽远不用观察而大明垂光普照，极其虚静没有心念而品物自有方寸，混然广漠没有形象，寂静寥廓没有声音，万象因此而化生，五行因此而形成，生育的没有极限，成长的却有亏损，生生成成古今不能改变，这就是所谓的道。德是什么呢？天地所秉承，阴阳所资助，以五行为经，以四时为纬，用心主来放牧它，用师教来训导它。无论是幽暗明显、动物植物都能得到适宜畅达，恩泽流布无穷无尽，群生并不知道感谢，其中的功绩恩惠施加没有穷极，百姓并不知道是有赖于它的力量，这就是所谓的德。然而融通起来说，使它生出来的就是道，道固然是没有名姓的；蓄养而使它成长的就是德，德本来是没有称呼的。如此比喻起来说：天地、人物、鬼神、仙灵，如果没有道他们就无法出生，没有德他们就无法成长，出生的不知道他们的起始，成长的不能看到他们的最终，探究奥妙，追寻隐幽，怎么能窥视它的原宗呢？进入有的末端，出于无的先前，不能深求它的征兆，称之为自然。自然是道德的常态，天地的总纲。又说：道德是天地的祖先，天也是万物的父母，帝王是三才的主宰，然而道德、天地、帝王是齐同为一的。而自古至今有治世淳朴、乱世浇薄的差异，唐尧治理、夏桀政乱的不同，为什么呢？这就是说道德本不会使人们对社会国家的治理有兴有衰，而世人伦常却有否塞不通和通达安泰的不同。古今的社会人事没有什么变化改易的，而人事伦理的情性却有推步迁移。所以世运即将泰定的时候，那么至正的阳刚纯真精气降临，并且以它们作为主宰，贤良辅而奸佞邪恶伏藏；世运即将否塞不通的时候，那么太阴纯精之气升发，并且以它们作为主宰，奸佞邪恶辅佐，而贤良隐去。天地之道，阴阳的变化是有规律可寻的，所以治理与治乱是不同的。因此古代淳朴而当今浇薄的原因，就好比是人从幼年的愚昧而到长成之后的聪慧，婴幼儿尚未懂事的时候就是上古之人内含纯粹；逐渐有所分辨，就是中古之人崇尚仁义的时期；长成童子可以学习，就是下古之人崇奉礼智的时期；齿完体壮，欲佞频多，就是末世之人竞相追逐浮夸虚伪的时期。变化的道理，世俗的适宜，所以就有浇薄和淳朴的差异。探究它的缘故，追寻它的因由，你把传统的教给儿子，而他性情却在迁移，人情是随着时代在变化，而且淳朴在离散。虽然说，父不可不教育子女，君主不可不理政于民，然而教育子女在于主义方正，理政于民在于道德。主义方正有了损失，那么可以请教受益的人就不可训导了。道德丧失，那么礼乐就不能再理顺了，即使加以刑罚，施行鞭打，也很难制止奸人贼子了。因此展示给儿童没有虚狂，就能保持忠信无欺；教化世俗以纯粹朴素，就能够安守于天然的和气，所以不用道德去教化人的，尚未听说其中的至理在哪里呢。

唐代陆希声《道德经传·序》说：大道隐而不能彰显，世间教化衰败，天下正在大乱，这个时候，必然生出圣人，圣人忧虑百姓不能得到基本的安居乐业，所以匡扶衰败，救治理乱的方术出现在周世的末期，不知道有多少说教。于是孔子阐释三代的文辞，来匡扶这样的衰败；老子依据三皇的本质，以拯救这样的乱象，他的道理千载难闻。大概孔子的方术着重在表面的文饰，以文饰来修治情感；老子的方术根源在于本质，本质纯粹可以还返元性。性情的极致，圣人有所不能更改，文饰与本质的不同，万世也不能使它们统一。《易经》说"显诸仁"，就是以文饰为教化的说法，以文饰作为教化其事情就可以彰显出来，所以能达到轻易地明白，轻易地明白书写出来就容易详尽了。《易经》说"藏诸用"，就是质朴为教化的说法。质朴作为教化，其中的道理不能彰显，所以深奥不可以认识，而深奥不可以认识，妄自揣测的人就很多了。

　　唯有老子的方术，以道为本体，以名为运用，无为而无不为，已然是恪守于天下万物的准则了。杨朱宗法老子的本体，只是他达不到老子的境界，以至于他的思想里纯粹是尊贵身躯而轻贱外物。庄周宗述老子的运用，在这方面有过之而无不及，所以务求断绝圣贤抛弃智识。申韩有失于老子所说的名称，而他们的弊病在于对专有事物的苛刻和急于定位。王何有失老子之道，而他们论述道的时候，往往流于虚无放诞，这几个人不求甚解，都是老子的罪人，然而世人大都以为老子的宗旨，归根究底与孔子的思想不相融合。所以诋毁他的名声就说："抛弃仁义，绝灭礼学。"寻找道的毛病时就说：只是听任清虚，不可以作为治国的方术，游戏世间使人迷惑，它的来源已经是很久远的事情了，这就使得老子之学饱受屈辱千年之久，道德不能施行于当代社会，是有缘由的。而且老子之学的思想原本于天地的开始，陈述古代乃至今天的种种变化，先明确何为道德，其次又论述仁义，其下又陈述礼学的得失、刑罚政令的繁杂琐碎，也只不过是要达到教化顺从的目的就是了。其中秉执的要点根本在于情性的最高境界，所以老子的道学探究的是人的身心。形象比喻家国，最终关系于天下，如此身心家国天地就完备了。然而那些迷惑的人，尚且较为多数，仍然人云亦云，岂不是对世人的深重欺骗吗？

　　过去伏羲氏画八卦，以卦象比拟万物，穷究性命的原理，顺应道德的和气，老子也是论说先天地之源，本阴阳之和，推性命之极致，发原于道德的奥妙，老子与伏羲的学说同根同源。文王观察演习易理，九六为阳阴的动爻，以刚为贵而尚于变化，它的要点在于中和，老子也观察易理，以七八正数，达到柔和持守清静，而以博大统贯其中，这又与文王的宗旨相通。孔子祖述尧舜，以效法文武王的宪章、制度，引导百姓行施以仁义的教化，老子也仿照推议伏羲，综论黄帝，以道德来教化天下，这又与孔子的思想导向相合。这三位君子，是达到了圣人的最高境界了。老子都能使他们的思想变通过来，反其道而又与之相合，钻研到了变化的极致之处，探究到了精妙绝伦的终归之地，这才可以称作神明的极致了。而王弼以为圣人是与大道之体相合的，老子还不能体道，所以阮籍称为上贤、亚圣之人，大概等同于辅助和晚辈一般，岂是因为老子历经社会的足迹，还不足以充实其中的言语吗？这样的言论不对呀！好像是戏弄圣人在世的活动啊！有的人有事迹，有的人没有事迹，所以大道不能通行的缘故，或者因为屡次聘请低身屈就，仍以天下的祸福为忧；或者因为隐藏姓名、逃遁山野以昭示世情不能牵累，有事迹与无事迹。对于行道来说却是殊途同归的，这就证实了道义之门并不是相反的。然而孔子之所以要出世，老子之所以要处世，老子之所以要沉默，孔子之所以要言语，大概是因为所主张的屈伸隐显的极致了吧！他们怎能去认识呢？

司马迁统论众家之长，首倡道德，可以说是知道本末了。班固作《古今人表》，屈贬老子，虽然其名可屈贬，但是道岂可贬呢？老子的方术被放弃已经很久了，这与以上几位是有关系的。况且孔子亲自拜见老子，感叹他的道学犹如龙啊！多次向老子问礼，写在记传里，后人不能揣测其中的用意，因此异端之说纷至沓来。大概是因为述说的人不追寻源头，而非议的人也不能穷尽到极致，唉！若不是有此传记，老子的宗旨或许就被人给窒息了。现在所以要极其所至，彰显其玄微，使老子的思想正大光明地与群圣人的心意相合，有人能体现其中的道，使用其名称，拿古人的思想以论述契合今人的智慧。过去论说老子之术的，只有太史公相近，为治稍得其道的，只有汉文帝罢了，至于其他皮传诡说，都不足取。

第三篇

通玄赞义

道　原

　　老子说：有一物混然生成，好似在天地生成之前就已经存在，只是它无形无象，窈冥恍惚，寂静寥廓，平淡无奇，无声无息，无色无味，并不知道它的真名实姓，只不过我是勉强给它起个名，叫作道。这个名叫道的，它的高没有上限，它的深度也一样不可测量，然而它却能够把天地包裹，因为它所禀受的是空旷虚无而没有形质、没有气象，它的原始内涵自然、浑厚、深沉，源流不绝。它虚无至静，运用起来永远不会充盈。即使是混浊，也因为它的虚静而渐渐地澄清，使用起来它的能量却无穷无竭。它既没有时间的概念，也没有一定的规律可循。抚摸它竟然没有纤微的质地，它的性情是至简至易。从事则无所不能，无不合适，广大无边。把它放在寂静幽暗的地方，反而更能彰显出它的光明。看着它柔和弱小，不与人纷争的样子，然而它却始终不受挫折，显现出刚劲健运、不屈不挠的本性。它善于涵养隐藏展示出阴性的一面，昭示化育又表达出阳性的一面。阴精阳气合化而彰显出日月星辰的光彩，高山峻岭因为道而险峻，渊海川谷因为道而深邃，凶猛的野兽因为道的作用而奔跑行走，鸟鹊禽虫因为道而飞翔，水中鱼虾无不因为道而游弋，显示吉祥的凤凰也因道而展翅翱翔，天上星宿因道而有秩序地运转。世间有情有质的事物没有不因而灭亡的，而今唯有道者，因其无质、无情、无体、无形，看似虚无，却永存不朽。世间有职位而尊贵者，没有不退位而能长久不变的，唯有无位且低下的人，才能永远不被黜退而成就其尊大，争强好胜者也只能逞一时之勇，没有不被淘汰而最终生出失落悔恨之心的，唯有不争者之退让，而成就其无敌无憾之因果。

　　古代的三皇五帝，都是后人公认的有道明君，他们的行为体现着大道无为自然、虚静的本性，治国以中正和平为原则，不自尊高，不狂妄自大，不自以为是，不为个人名利。行谦让，处卑下，有公无私，有人无我，与自然同化，与百姓为一，德配天地，天下不因治理而民自然教化，他们只是因精神意识，与大自然的结合就可以使四方百姓各安其居，乐其俗，定其性。因为他们德合自然，治理通变顺和则天地之道不亏运滞之理，风雨不乖燥润之节，五行无克，六气自和。所以说圣明的人，他们的精神运动如同天一样清明而晴空万里，他们虚静的时候如同槁木一样，形神静止不动。他们的行为号令如同风雷，滋润如云雨，虽然万物生生化化无穷无尽，他们却始终执守着大道虚无自然与万物相契合，随事物而雕琢，应生活而浮沉，最终回归于质朴的天性。依附万物的自然属性，不压制，不助长，没有人为的因素去做事，一切合乎自然大道的体性，因其自为则无所不为，所以万物畅其性而我常无为，故与大道之性相合，把握自然规律，无为而为之，这是大道的内涵品德，恬淡愉悦没有矜持，这是大道内涵和谐的因素，所以万物异于形体而能各得其性而生化。大道使阴阳交泰和合，调节四时气候，使五行生克制化有度，润泽草木，滋涵金石，德泽广被，至坚斯洽，禽兽硕大，毫毛润泽，鸟卵不败，兽胎不殈，尽其生成之气。父无丧子之忧，兄无哭弟之哀，童子不孤，妇人不寡，虹霓不见，盗贼不行，这是三皇五帝含德之治啊！能使阴阳不愆，品物咸彰，与大道自然为邻，与民同化，不求得而名誉天下。有人说：在上古时代，质朴诚实纯正的风尚浓厚，所以五行之气没有太过与不及，四时之令风调雨顺，人们乐天知命而无忧，美其食，乐其俗，安其居，谦和柔顺，能活到天假之年，的确是圣明君主德治天下，因其所化而然。可以打个比喻来说：天下好比是人的形体，君主是这个形体里的心脏、主宰，心若烦乱，自然引动身躯生病，君主能虚怀若谷、至清至静，则国家安定，达到大治而人民安居乐业。然而三皇五帝生于淳朴的上古时代，可以运用自然之道使天下大治、万民归心，倘若不是使用自然之治，不按照自然规律，顺应自然体性去办事，那么诱惑渐生，物性自然丧夫，今天依各自的自然性质去治理，就是当初德治的延伸，他的功德在于无为而治，与民休息，依各自的体性，不彰显王者的功德，这叫作没有治理却达到了治理效果，大概这个治理并非是人为的管治，而是自然得到了治理。自然天道是生养万物而不据为己有，变化成就万物而不去主宰万物，因无心以生而生者自生，所以不据为己有，无心以化而万物自化自成，所以不去主宰。万物依恃于大道而生长，却不明白是道的功德，万物又因于大道而死亡，也不因此而怨恨大道，因为万物在生生死死之间没有喜爱和怨恶，所以也就不存在恩德和怨恨。天寒地冻的冬阴之季，着意于收藏蓄积，并不觉得有多么富有，春暖阳和万物发散，布施禀受生杀之气，也不见有多少缺失。恍恍惚惚，出入于有无之间，往来于变化之场，不可以片面去看他，恍惚之中他的作用不可穷尽，窈窈冥冥他的应用是没有形迹可寻的，深邃而通达，有感而后动，随刚柔而舒卷，应阴阳而消息。

　　老子说：大丈夫，恬静安然无思，淡泊镇定无虑，把上天当作房屋，把大地当作床铺，依四时为快马，以阴阳为车辆，行走之道无路不通，游行起来从不倦怠，出入的地方没有门户。把天当作盖子就没有不被覆盖的地方了，以大地为车辆就没有不被承载的了，以四时为马就没有不被使动的了，以阴阳来驾驭就没有不具备的了。所以说即使快马加鞭也不觉得摇晃，行驶再远也不因此劳累。四肢不动，只是精神意识在驰骋，则自然无所摇动，任适所为则不至劳怠。聪明智慧不因此而损伤却又能洞见天下的原因，是执着于大道之要，这样就可以观察无穷之地，六合洞然而皆通。所以说：形体和心性对事物的认识还不能对于一个方面完全了解，而精神与心性的外驰就能洞观天下事物。身心与道相合则洞察于一切，往来于无穷。天下万物万事不可以人力而为之，唯因自然之势而推论之，万物的变化不可用智慧来穷诘，只有拿一时不变的要义才会找到变化的玄机所在。所以圣明的人内修其天性自然的本质，而不彰显装饰其外在的形势，积精全神，畅达其性，不纵心悦目而系滞于外物，淡漠泰然，与物同性同化，无为却最终无所不为，弃我之治则同于万物之自治。所说无为的意思是不先于万物而为，无治的意思是不改变万物的自然天性而治，无不治的意思是顺物之性，物我相通和顺之义。老子说：用道的理念来治理天下国家的，等待事物来的时候要因循把握它的自然规律，事物有所萌芽的时候就要寻求其原因。万物的变化无不因道而适应，千百的事件都和它有千丝万缕的联系，所以道的体性是虚无、平易、清静、柔弱、纯粹素朴，这几个方面代表道的形体。虚无的理念是没有阻碍，故能集蓄而为道之屋舍；平易的理念是没有装饰，朴素无化，任道而行，故为道之素颜；清静的理念是正大光明，故为道之镜鉴而可以照察；柔弱的理念是形体顺畅而通达，故为道之运用。天下万物生于有，有生于无，所以弱者道之用。反者是大道自然变化的常态，反后天之识神归先天之元神，反后天之人情归先天之本性，故为道之常。柔，故不可以挫败，体现出道之刚；弱者故不可以战胜，体现出道之强；纯粹素朴体现出大道中正和平的特质而为道之主干。虚静的状态其中不需要承载，平和的状态其心中并没有牵累，嗜好欲望没有留存的地方，说明已经达到虚无之境了；没有爱好，没有憎恨，说明已经进入平和之境了；一心一意没有心动的变化，说明已经做到了清静；心无杂念，身不染尘，说明已经做到了纯粹。不因而忧虑，不因而快乐，这是养德的结果啊！至德之人乐天故而不忧，齐物故无乐。

具有较高的道德修养，超脱世俗，顺应自然长寿的人，摒弃聪明而不用，开通七窍而不使，即使劳动也未尝过于劳累，以尽养生之道。他们从不因聪明而著书立说，却以朴素厚重而以此外饰，依平易恬淡之道，废弃点滴之智，与民无异故公而无私，日常专注于自己的修持，淡泊他们的需求，不诱导人使用才智，也不羡慕崇尚圣贤的功德，反而清除自己的嗜好欲望，舍弃自己的思虑，一心无二持守大道故可明察，没有所欲所求故而常有所得，所以人能以守持中和来应事接物，什么事情都不因此荒废，守持中和，集精全神，得于道果，则身外之事、事物之众，皆能顺物之情而理顺。得到中和的办法，首先要做到心正平和，则五脏安宁，气脉和顺，思虑平静，性情不被扰乱，筋骨刚劲有力，耳目聪明，视听顺达，如此一来，大道坦途离我们自身就不远了。道无处不在，不必云游参访，不必远途寻求。因迷惑而似懂非懂的人，往往到处参访，而明白的却得于自我的省悟。

老子说：善于养生修道的人认为，人事管理都是因事而济事，然而事情越来越多，没有消停之时，不如内治其心性，达到自然而然，则天下之人事都因而效法，如影之随形，各自端正性情和立身处事之法。所以老子说：我无所作为而民众自然被教化。圣明贤能的人，他们可贵的地方在于能忘掉权势地位，而又超乎寻常地快然自得，而且一旦到了自得其乐，那么天下之事没有不快然自得的了。即使在各个层面或方域处所，万物万事也因此得我之所得，内在精神层面的快然自得和外界事物之所得，都达到了和谐统一的境界，天下万事万物都有所得，这样一来就比世间尊贵的权势和地位更加尊贵。精神愉悦的人忘却财富和权势，而内心存在着和谐。富贵荣华的人有烦恼甚或被人驱使，他们怎能快乐呢？只有内心平和虚静无忧虑的人，才能快然自得其乐，他们将永远优游闲适于快乐的人生道路上。明白和看重自己的修为而快然自得，藐视天下而忘记身外之事，这就是已经接近修道了，所以老子说：达到虚心无为、淡然自得、无思无虑、持守清澈宁静的心境，与自然天道万物一样都处在这种虚静的状态之下，我们就可以内观省察静极复动、阴极必阳、物极必反的奥妙，发现自然生命萌动的快乐。天下芸芸众生，没有不最终还返到虚静的本来面目，这也是从有到无，又从无到有的，所谓"反者道之动"的过程。所以心性至虚通畅的人，就是效法天道的变化，形体安静的人，即是效法地德的厚重。

大道是在自然而然地陶冶万物，然而又始终找不到道的真实形态，烧制陶器是有一定缘由的，然而能使它们改变自然的属性，并非是无为的，所以改变它们的整个过程显而易见。现在谈论大道以喻冶炼阴阳之炉火，看不到造物者的端倪，然而万物生生化化的生命也没有不延续的，没办法考究所使用的方法，怎样使万物生化，而生化也未尝不顺利，然而始与终的结果也并非完全一样。虚无寂静，静定不动，混然通达。身心妄动则自然损生发之机，唯其寂静泰然是为生化之本。具有深阔广大的载道之器，也不因而向外显示，些许豪强之心、光芒之意，也不因此内生。心胸不够宽广的人，就没有包涵天地万物之容量，而生出正反有无的思想，虽然没有出处的形迹可查，而内心总寄存着人我的两个方面。

诚心纯粹修道的人能够身体力行，依道的法则行事待物，所以他们能做到虚无、平易、清静、柔弱、纯粹、素朴，而不与世俗之心混淆。至上之德可以通达天下之道，所以这样的人才叫作真人。人是三才之一，性得纯和以合天下，此为真人之行为。真人以自己的修持为重，而以得天下为轻，贵于治身而贱于治人，不因为外物而丧失和气，不因为嗜欲而扰乱性情，隐其名姓，不欲显迹，功成名遂身退。上德而忘德故天下有道即隐，未能忘德而天下无道即彰，他们的作为最终是为了无所作为，他们做事的目的是最终无事可做，虚心顺物故所为皆通，任用才能而众物自济，怀天道，抱天心，体乎自然，无私无宰，嘘吸阴阳，吐故纳新，流五脏之秽滞，延六气之和爽，法于天地阴阳，调于四时寒暑，动静有节，起居有常，形体没有安适也没有劳苦，情志没有爱好也没有怨恶，万物都和我相同，哪里还有是与非呢？

形体被寒暑燥湿等外邪肆虐的人，身体终究遭受伤害，而且精神也会因此淤滞，这些外邪均为阴阳二气的太过和不及所致的邪毒。生活中人们都会不经意地感受到各种外邪，伤损与否与人的体质强弱有关。《黄帝内经》说：正气存内，邪不可干，邪之所凑，其气必虚。人的精神智慧是以精诚而化，形体因气以有生，气和则神清，形劳则精耗，一旦犯寒暑之肆虐，则精气遂失其所依恃，所以形体有所穷屈，精神随而厌恶寒热之气。精神常因喜怒思虑而损伤的人，虽然精神不足，然则形体多为肥胖有余。阴阳不测之谓神，人的精神好坏，又与禀赋多少有关。经常能守持虚静，即使平素待人接物，也不会因此有过多的损伤，而那些心身为事物所役使的人，终究被外物所困，而生命有所尽。生命不息的原因是形神合一，相为依存。若常不停息地使它们疲惫，思虑念想驰骋于外，精神内耗于内，譬如大厦根基不固而突然倾覆。因此修道养生的人，心性精神相依相扶，而得于长生之域，他们的内心无所欲念，性情有所依靠，无欲就可以保养性情，心有所依归处，这是把心与性混合冥一的大义。所以精神依托的形体不因冰炭之肆虐而受害，形体依赖的精神也同样不因喜怒之情而挠乱，和平虚静两者相为既济，不因忧烦之气生，形体与精神各得其通达顺理，可因顺应自然阴阳的生化而始终，因其没有外物的挂念、牵缠的忧虑，魂魄意志必然安定虚静。所以修道养生的人，他们的睡眠无梦，醒来时也没有任何需要操心的事情。

孔子向老子问道，老子说：调整你的形体与外物同生共运，同屈共伸，不要对任何事物都有偏见，这样一来天地的自然和气就会到来，减少你的学知见识，不要研究那些规矩礼法，效法自然就会使你端正，精神智慧就即将赋予你，大德将因为你而美好，大道也因为你而来，你的精神将重获新生，不要询问是什么缘故。形体如同枯槁的木材，不要再有意雕饰它，心境如同熄灭的草木灰一样，再没有起灭之念，纯真朴实，不要妄动心思，因而逐渐心有所依归，恬淡虚无，思无所虑，心胸宽广，无所期待，四面八方明白通达，然而却不去挂念任何事物。

老子说：做事的方法，是当事情发生的时候，把握事物的变化时机而应接，变化是事物的滋生时机，而要知道时机是没有一定常规可循的，所以说，这里所说的道，虽然可以谈论，可以意会，但不可以言传身教，它不是一般的道理、规律、技能，可说可明。那些可以用名字称谓谈论的事情，并不是一成不变、永久存在的命名。图书是说明事物，用以记事、传播思想学问的，书的内容都容易了解熟悉和掌握，只是简约地把所知的东西著书立说，而且并不会因此而知常以达变。书籍只是记载了所知的东西，而可知可名的事物不只是用一个名字能记述的，所以并非书籍就能把所要知的东西全都写出来。多闻多识易扰乱心志，不如虚静不闻以守中和之道。

世俗的学问，大都是拿古代的经典、圣人的言行来晓喻人们待人处事的礼义法度，这些只是为人处事的表面装饰，用以区别所谓的贤愚，且诱导人们去仰慕先圣，反而丧失了人的自然本性。然而圣人创立学说的目的，是用来保全人的天性清纯，所以断绝这些文辞，达到无思无虑、无忧无疑的状态。断绝圣人所依赖的规则体制和智慧者的深划筹策，他们的行为都是引起事态动乱的原因，也是伤害生命本性的根源，断绝放弃是有利生机的百倍之功。自然界生生不息的精神，法于天道的虚静，人的心性也因自然而虚静，在社会生活中往往因感受外物而后扰动内心而动荡，动荡则迷惑本性、戕害生命，因外事到来而后有应，这是智慧的应变。有天性之本然，智慧又与外物的接洽，就必然生出好恶美丑来，智慧用来分辨事物而又滋生好憎之心，外物因感受而明白，出现美好与丑恶的分别，一旦内心感着，遂有分别之心，若不能够反观内察、一视同仁，则天理天道遂至泯灭。所以圣明贤智的人，不因人情世故而改变他的天性，外与万物同化而内又不失他的心性。故而通晓大道的人，回归于清静，探究物理的人，始终归于无为自然，反其性则与道通，无为乃可穷究万物，以恬淡虚静修养心智，以淡然冷漠含养神智，达到无思无虑无为自然，心与天道自然相合则精神与万化遨游而未尝相离于大道，顺乎人事接物以情，是与世俗交流的处世之道。所以圣明贤智的人，不因为人事的变迁而改变其天性，不因人情的好恶而扰乱情志，不因事先谋划就很恰当，不因事说教就言必信、行必果，虚静澄彻，故不思虑而心明理得，不身体力行而事半功倍，功德自成。所以有道的人，因其不彰显自己的才能，即使他处在尊位，人们也不因此而看重他，他的才能超乎众人，走在前列，因其具有自然的品德，所以大家也不忌妒他。普天之下的人都赞誉他，奸诈虚伪或忠诚朴实的人都畏惧他的无私，因为他不与万物相争，所以没有敢于和他相争的。这是以怀柔虚静的心志使万物依附，因修道而使自己强大，谁还能和他比较品德呢？

老子说：若人恣情纵欲，迷失本性，他的行为就不可能放正，拿这样的心态去修身，只能使身体更加疲劳，行为更加污秽，若用他们治理国家，也只能是使人民劳累，使行政混乱。所以不明白修养大道的人，他们不懂人性需要返回到自然的天性来，不能与物理通达的就不能做到清静。推究人的本性，受之于天地，长久保持与物为一，就容易深明万物之理而与物同，与物同则忘却本来面目，即刻与万物之性相合。水性欲清而沙石污秽它们，人性欲平而嗜好欲望戕害它们，只有圣明贤智的修道者能忘物而反观内察，放弃嗜欲的事物，返还于清静，所以圣明的人感受自然之妙，万物万事不能役使劳累他。不拿世俗的欲望去扰乱他自身的和气，自然有恬愉之乐，内心无不忻悦，养生治身的心志不会因此而嗟叹感慨，所以他们忘却地位的尊高而同于民众，就不会因其位高而有危险，反之则与祸患等同，就会因其位高而倾覆。大道如此之妙，修养如此之好，即使愚笨的人也会称赞，普通的人明白了也会仰慕，然而只是谈论理论的人多，而在生活中使用它的人却很少，仰慕它的人多而实践它的人少，之所以这样，是因为众人都被事物牵缠而又心系于世俗生活之中。所以又说：我没有做什么惊天动地感人的事迹，然而民众却被自然教化，我没有做增添百姓日常生产生活的事情，然而他们却自然富足，我因为爱好清静无为与自然万物同归于道，没有一定的法规教条束缚民众，而是任其天性自然而正，我没有情欲嗜好以扰乱民心，则民众自然归于纯朴之性。善守清静的人，天地之大德就降临给他了，在刚柔面前善于守持柔弱的人，就已经是在运用大道了。万物生于无，无生于道，虚无恬淡愉悦，是万物之始祖，这三者是无形迹可察的，虽然有三个名称，体会起来实际是一个意思，而这个一是没有形迹的，它只是代表了道生万物的运化过程。因为它无形迹，姑且称它叫"一"罢了，只是这个无形寄之在"一"，这个一从没有停止，它与天下万物相合，因"一"有所停止则涉及于形体恐因而成物，就不能与万类相为通合。"一"是生养万物之德，布德不已而万物无穷，故德之功用无有尽处。不因辛劳，也不用歇息，运用起来也不必勤恳，又因它无形可见，就不必用眼去看，无声可闻，也不必用耳去听，无中生有，没有形象而生出形象来，没有声响而五音自鸣，没有滋味而五味自生，没有颜色而五种颜色自然形成，所以说有生于无，实体出于虚无，故而道体虚无能生出形质声色味之类，万物莫不因此而生。音响的数目不超过五，五音的变化听之不尽，滋味的数目也不过五，而五味的变化是不能品尝尽的，颜色的数目也不超过五，而五色的变化是永远也不可能观察完的。从五音来说，宫音确定后，五音的标准就确定了；甘为味之主，甘味确定后，五味的标准也就成形了；白为颜色的根本，白色确定后，五色的标准也即成形了。对于大道来说，确立了一，万物就因此化生了。一就是无，不论数目的多少都从一始数，物之大小原本都生于无，追寻无之原本，可以得到天下形形色色的事物，专守其一就能得到千万个名称的本质，所以一是万物生养的根本。这样说来一的道理放之四海而皆准，一的功能可以察于天地，不论远近都可通达，不分上下全然明白。它的内涵是敦厚纯朴，混然无有装饰，它的外象浑然重浊，与物和光同尘，即使混浊也会因其虚静而逐渐澄清，即使是有些缺损也会因其谦和而渐趋圆满。深广无涯如同水波荡漾，去来无情犹如天际浮云，似无而有，似亡而存。

老子说：万物的总体法则都源于看一个孔窍，百事的根本都出自一个法门，所以圣明的人一直以来循规蹈矩，依天道之轨辙，不因为事物的改变而失去常态。按法则测度它的曲直，曲是因其直故，直因其有常性。喜怒不节是修道养生的悲哀，忧愁伤感是不能自德的失落，好恶憎恨是内心执着之过，嗜好欲望是生命的累赘。人大怒易伤阴气，大喜易损阳气，阴阳二气不和则外薄之气干犯而致音声喑哑，精神散越则举止狂乱，忧愁悲伤焦躁则疾病已然形成。人们若能除去五个方面的致病因素，即刻精神和悦，神清气爽而心志明达，神智明达是得益于内在的清静。能够保持内心的清静，五脏的功能也必定正常，思虑念想也必定平和，耳聪目明，筋骨刚劲强壮，身躯屈伸舒展而不至酸重僵硬，精神旺盛而不匮乏，言行举止没有太过，也没有不足的时候。天下之事莫不柔弱于水，水的道理是柔弱不可极，其功用深不可测，长极无穷以至于能浮天，弥纶天涯以至于能载地，增加或减少其结果是不可估量的。上天为雨露，下地为润泽，万物无水不生，百事无水不济，润泽群生而无私好，泽及万物而不求报，富甲天下而仍然没有终极，德施百姓却始终不能耗尽。它运行的轨迹是难以揣测的，柔和微妙的却难以把握，打击它并不创伤，刺激它并无痕迹，斩杀它不见断裂，烧灼也不见被熏烤，随所往之曲直，体委顺而常全。它的锋利可以穿金石，势力强大可以沦没天地，有余与不足，任凭天下去取舍，虽与万物同其禀受，而无所谓分别先后，水气轻浮以同于天，形体润泽以同于地，禀天地之道、阴阳之和，具大道之至德。

水之所以能成就至善的大德，是因为其姿态柔弱和谐、润泽滑利，所以老子说：
"天下的至柔，可以驰骋天下之至坚。"没有它不能渗透攻坚的地方，这说
明无物无象的东西是天下万物最大宗祖，万物各有其宗而大道能为万物之总，
一切万类均由道生，故道称大，无形且无声，因无形声方能为万类玄妙之本。
成为真人修道者，他们心性灵明而通达，与天地自然造化相合，精神纯真而
无丝毫的私心杂念，无欲无为顺其自然变化，而成功德的轨迹并不显露，无
心而物顺，虽不见其动而其效捷如神速。所以说：不可言传的大道，茫然无
际，不用谈论的教化，广阔无边。玄远深妙的大德遇到事物不须教化禁令而
移风易俗，因此玄妙的大道也在于无心之心而行。虚静能明察事物的源本，
柔顺能把握事物的缘由，所以若能使心中清静至空虚无物则能穷究无穷之妙，
探察无尽之奥，面对任何事物的扰乱而不被眩惑，有响即应而不终止。

　　老子说：得益于道之修养的人，心志和顺而柔弱，行事同济而坚强，内
心虚静中不载物，中正和平，故应事接物没有过失，所谓柔弱和平得就像毳
毛柔弱附体安静而不张扬，隐藏而不敢出，行为而不能使，于行藏之间无为
无迹，恬淡安然而无所作为，行为动作而不失时候，所以说：尊贵的以低贱
作为根本，尊高的以低下作为基础，处谦弱卑小而成就道德之高大。修心守
中则能于中以制外，心得则万物得。柔弱是树立刚强的基础，就没有不能战
胜的。应物变化，因时揆度不失时机而物不我害，想要刚健就必然持守柔弱，
想要强大就必然行使弱小，积累柔和即便可以刚健，积累弱小即便可以强大，
观察它所积累的情况，就可以明白是存是亡了。强大超过不如自己的或和自
己相同的，就会有阻碍柔和的心志，超越了比自己还要柔和的，他的能力是
不可限量的。所以说，兵力强大的就容易被消灭，木材粗大的就容易被砍伐，
皮革强硬的就容易折裂，牙齿比舌头坚硬却首先脱落。所以说：柔弱是生命
的主体，而坚强是死亡的标志。气以柔弱为和，形以坚强为病，何况于人事
好恶，也是关系到利害的大事。行事首先倡导计谋的是穷困之路，后来动作
的是通达之源。行使大道偶然的变化，先行者对后来者有限制，而后来者对
先行者也有影响，有什么办法呢？修道者要诚心正意，虚静以应变动，观变
而反静则后可以制先，制之在我，而不因人事之左右，所谓后来者把握时机，
顺应时令而已。时机的变化，短暂不超过呼吸之间，当事物未变化的时候就
制之，时机不应时候，事物已经有了变化，再去制之，形象已经生成了，时
机已经错过。太阳东升西坠，月亮阴晴圆缺，时间不能和人同游，所以圣明
的人，并不看重那些硕大的美玉，却重视分寸的光阴。时间难以得到却又很
容易失去，所以圣明的养生家随时而修养，把握身体的状况而行事工作。守

虚静之道，省察时机，拘持雌顺，因循着大道的法则而应物之变化。常处后而不先于人，柔和弱小以致清静，心平安然，渐超静定，功德广大，而不坚强好胜，有而若无，实而若虚，则没有人能和他相争。

老子说：循规蹈矩、固执呆板的心态，隐藏于内即僵化而不够精粹。若因动而相济，用之不穷，即使虚怀朴素，又怀有智慧机巧，因而能清纯而不驳杂。精全神全，可以达到最终的应化，品行道德全备可以返还事物的本性，神德全于身，就不知道有多大多远的胸怀了。杀伐之心不在内心滋生，即使是饥饿的老虎，也可以去拉它的尾巴，更何况是本性善良的人类呢？内心虚空没有欲念，与天地造化清静相合和，即使是猛禽野兽有这般的境界，也不会有所感触而伤害他类。所以说：体验大道，能行持修养的，他们的心志闲适而精神运用不穷。以世俗常人的心志去行事，按常法去运用，将劳而无功。法规苛刻，刑律诛戮，不是建立长治久安的理念。《淮南子》说：规章律令繁杂芜多，并非能够达到遥远驾驭的方法。人心嗜好憎恨繁多，祸患自然与之相伴。所以古代圣明的君主因循社会人心的喜好，以施行法规教化，并非有意显示自己的能力；遵守禁令使民有知惧，并非设立以展示威权。所以修善的人往往是寻求事物的根本性质，即能胸怀博大，而遇事即做只是小成而已。能够持守即根本坚固，有所作为终究失败。任凭使用耳目去看去听的，劳伤心血且不能明白；用智慧思虑治理国政的，辛苦且无功。任用一个人的才能，难以做到治理。一个人的能力，还不足以治理三亩田宅；顺着天地之道自然之理，即使天下之大，也不用劳烦智慧和能力，而且万事万物自然和平而顺畅。听多则必然不聪，看多则必然目眩，禀受礼义不足的人又效法爱心不成，唯有推以诚心，可以感召天下而胸怀远大。志者往往有害于和气，喜怒相攻，譬如敌寇与仇恨，教条法令滋多是生民之害。所以说：民多智谋机巧，精美奇怪的物件泛滥，教条法令滋繁则强盗窃贼反而更多，去彼巧智之法令，取此朴素之无为，则天下之过咎灾殃就不再起来。所以说，用智谋治理国家的人，定然是国家的窃贼，不用智谋治国而顺从民心、合于民意，物得其性，是有益于国家的大德之人。无形的事物博大精深，使用起来没有方没有圆，也没有界限；有形的东西，如物品有界限而显得细小，无形不可揣测者为多，有形可见可数而为少。无形能制于物故而强胜，有形之物受其所制故而柔弱；无形恒久而不变故而坚实，有形迁变而为虚；有形的事物是自然所化，无形的事物是万物之原始；自然所化的成为有形之器，原始的化作虚静朴素；有形者散为器则可名而有声，无形者反之为道；名不可得而无声，有形之物出自无形之地；所以无形是有形的原始。广大淳厚为有名，有这样名声的是尊贵重要的事物；勤俭淡薄为无名，有这样无名的是低贱轻视的事物。广厚是世人看重的美名，俭薄是道家的清静品德，世人所重的事物是道家所遗弃的。圣明的人持守大道，行谦让、淡薄，自己认为这就是广厚的资材，胸怀大德不改初衷。殷实富贵是世人看重的名声，有名的原因是其尊贵宠爱；贫寒孤寡没有名声，没有名声的原因是他们卑下低贱。雄性的事物有名，有名的原因是它们彰显明耀；雌性的事物无名，无名的原因是它们隐晦拘谨。出人头地者有名，有名的原因是他们高贵贤能；安分守己者无名，无名的原因是他们甘居人下。有功即有名，无功即无名；世以有功为美，道以无名为德。有名产生于无名，无名是有名的开始；所谓身处谦让朴素之无名，自生尊高贵显之大称。上天的大道理是有与无相互滋生，难与易相互转化，这是天道的规律。所以圣明的人秉持大道，至虚守静以成其大德，因此他们有道即有德，有德即有功，有功即有名，有名即复又归于道。忘济世之名，复返于无为之道，无功之功而长久，忘名之名而无咎。王公贵族有功名，孤家寡人无功名，因此圣明的人自称孤家寡人。世有强济之功、光大之名，没有不是因为谦让自损而成其功名的，然而孤寡作为王公贵族的称谓，大概是因其谦让为人的根本吧？以济物之功，假借群生之名以为功，无名之道寄大人之成就以为名。上古时期，民众蒙昧不知事物机巧，淳朴之至，表里如一，形体与精神相合，言行一致，不修饰仪容，言谈举止质朴无华，衣着不饰文采，刀斧钝而无刃，跑起来欢呼雀跃，观看东西双目圆睁，站在井边就舀水喝。耕田而自食，不向人布施，也不乞求他人，生活水平不因高低而有羡慕之心，也不因人我长短而论是非，民风淳朴，众人平等，生活随意，工作相同，简单易行，大家互助互爱。若假作庄重矜持以崇尚虚伪的事情，以扰乱正常的风俗教化，拿古代荆轲的慷慨侠义以迷惑众人，那么其后果只能是风俗分化，思想混乱，民众不能同心同德。所以圣明的君主不用这样治理国家，他们注重在治本的方面。

精　诚

　　老子说：天极其高远，地极其深厚，日月照临，星辰朗耀，阴阳气和，它们没有意识地去这样做，也不知其所以然，如同有一个主宰存在。万物各有其天然之道，只是能够使它们和谐顺利而不去破坏，那么事物的本性就各自显现而自然走向轨道。阴阳与四时的变化并非只是生养万物而已，雨露的下降也并非只是滋润草木。上天之大德使万物常生，不因其所好而自生。神明交感，阴阳合和，机感气合，万物乃生。修道养生的人把精神收藏于内，把神智栖息于心，虚静冥漠恬淡愉悦在于胸中，空廓虚静没有形质，寂默淡然而无声音。譬如官府没有事情可做，朝廷没有人迹可见，各有所为故而相安无事，无为之教而无需理政。世无隐居之士，人无外流之民，这样的治理与大道相合。心无为，事无私，故而世无劳无逸，无冤枉，无过刑，天下之人无不因此景仰圣人清静之德，效法其无欲之宗旨，德以顺成故远近皆化，只是推其诚心，施于天下，心诚则物有所应，所以说赏善罚恶，是为了施行政令，能够施行的原因是精诚而已。精者必良，诚者必应。

老子说：天上设置日月，布列星辰，弛张四时运化，和调阴阳消息。日月星辰之光，春夏秋冬四气没有懈怠的时候，都禀受大自然而独自运化，白天明亮，日光温暖万物，夜晚安静以休养生息，风气使万物清爽干燥，雨露又来滋养濡润万物。它们是如何使万物滋生的呢？并没有看到万物有所养育而万物自然生长。它们是如何使万物消灭的？并没有看到万物有所丧失而万物自然灭亡。无法揣测其中的根由，这就是神，变化的必然，这就是明，所以圣人如同神明一般。他们祈福也是如此，看不到他们做了什么而福自然就有了；他们除祸的时候仍然如此，看不到缘由祸患自然而然地消除了，考究不出些许缘由，察找却有祸福的实际之事，每天所行微不足道，岁月之后功德无量。时常寂寞无声，一旦语言则天下大动，这是无心感召之故，精诚所至，形气动于天，五色云涌，龙凤呈祥，甘淳似美酒的醴泉出现，五谷盛长，河水不因雨水而满溢，江海不因溪流而波涛汹涌。

违背自然规律，肆意践踏万物，就会星辰错度，日月互掩，时令乖乱，黑白颠倒，山体崩裂，川泽枯涸，冬天雷雨，夏日冰霜，这就是因为天人相应，天人相通，而灾难与祥瑞都因人为有所感应。所以说，国政败坏即将灭亡的时候，天象有变，世道惑乱，虹霓出现，有形之物互相牵连，精气侵薄，寒暑乖张，因此精神智慧之事不可以用机谋巧取，也不可以强力而为，至精至诚方是为治之本。所以胸怀大志的人，与天地之德相合，与日月的光明相合，与鬼神之灵性相合，与四时之月信相合，胸怀无心，无其私欲，拥抱地气，顺静厚重，谦让虚静，以定万机，涵养和气，驾驭群众，身在朝堂而令行四海，德泽万方，移风易俗，化民迁善。

老子说：所谓的人道，就是要保全本性的纯真，不损害身体。天鉴无私，至诚感之，则无不应。遭遇紧急困难，没有不因其诚而通，虽然没有完全顺应自然之化，这也是一时的收获。以精诚为宗旨，行事则无有不成，能够把生死等同看齐的，就不可以用死来胁迫他。修道养生的人，以天地为器官，以万物为胸怀，顺应自然造化，含养至和之气，知死生同域，未尝有死生的概念。精诚内著，外合人心，发自深省觉悟，本来不是用言语能表达的。内心虚静则万物顺理，身正则民效，老子所谓的行不言之教，他的用意茫无涯际。君为治化之道，臣为代终之者，损益同事，休戚同运，然而若异心滋生奸诈，使戾气上蒸神化之道，则不能上下相应，这就是不用语言的辩论和不用讲道理的道理。感召遥远的办法，就是行无为之道，身边附近的行无言无事之教。政教多方，赋役多事，则近者不安所务之业，远者不怀所务之心，所以天道无为不呼唤而自应，圣人无事不靠近即亲切，只有默默而行道的人，才有如此感受。因此圣明的君主，外却戎马之走，以肥农圃，内除奔流之欲，以养道德。端拱坐治而化驰远方，默运无迹而居陆能沉，天道无亲无疏、无私无情，故不涉及去就。能者有余，拙者不足，顺之者利，逆之者凶，能顺自然之理则动有余利在乎智虑之表，则无能而凶也。人君绝智巧以同和，持无私以应物，则可任其守天下也。

老子说：道德如同韦与革，道德寄存于有无之间，韦革发声在虚实之中，感则自应，求乃无方，心智是无法测量的，难道是耳目的视听能达到吗？因此圣明的贤人，如同明镜照物，过去的就过去了，未来的就不要预先思考它，应物而无私，存在与所得常在于胸中则失其妙用，心中无物故无失反而有得，与太和相通的，常在恍惚杳冥之中，如同醇酒醉卧而精神遨游于混茫之际，又似天地浑沌空洞虚寂，虽然恍然与物相接并无阻碍，这就是大通。这就是说不用世俗的恩情智慧，以不用之用而偶合千变万化之用。

老子说：过去黄帝治理天下，和调日月之运行，燮理阴阳二气，顺序四季之时令，矫正律历之数，分别男女之性，明白上下尊卑之位，使强不凌弱，众不欺少，让百姓都知道保养生命而不至夭折，年岁五谷丰登而无凶荒，官吏清廉而无私，上下和谐而没有忧患，法规律令简明而无阴暗，官场不用阿谀奉迎，耕田的人田畔互让，路不拾遗，市场不事先预定价格，政通人和，人民安居乐业，社会秩序良好。风调雨顺，日月星辰不失其度，五谷丰登，祥瑞频至，凤凰翔于庭院，麒麟游走于郊野，然而这仍然是有所作为之德的感应之变。伏羲氏做帝王的时代，生活不违背自然，寝卧则枕方石、睡绳床，秋物成实，冬物伏藏，反本还原。因此圣明的人，因循秋杀冬藏之令而成全孝复本之德。敬天爱民，燮理阴阳，德合太和，灾障不生，化民蒙昧，德同天地，则智谋巧诈自然消灭。

老子说，天体不能确定，日月没有承载之处；地域不定，草木无所立足。只有身心安静方能自正是非之理，所以有真人才有真知，舍弃世俗的妄见妄知，然后真知可见。他所依恃的还不明白，怎又能知道我所谓的知之并非是不知道呢？拿世俗之妄知，再去明白真知的话就太难了。所谓的真知就是没有是非之知，那么从世人是非之知又怎能做到真知？他们的确是不知啊！凭借聪明才智创造财富，厚泽惠民使人喜悦而快乐，这是仁心。有功于国，有德于民，正上下之位，明亲疏之别，立存亡之危，承继绝世之人文，树立无后之血脉，这是义。封闭九窍，储藏精神，摒弃聪明，返回到无知无欲的境界，这是尽摄生保性的道理。茫然遨游于世俗之外，逍遥快乐于无事之域，随遇而适，得失不能累其心，患难不能改其志，顺阴阳之和，与物性而同得，这是德的作用。因此说：大道散失而为德，德满溢出而为仁义，仁义树立则道德荒废。行为脱离真诚纯粹，得物而道散，因此一切出于自然方有太上之德，而先立其德则所依之事就彰显，彰显就要保持下去。让他不骄傲自满的还没有，因此过错之原是由于仁义，而以仁义之教以治世，则诱惑羡慕之事必然大兴于世，自然之道无得之德，不就因此缺失了吗？

老子说：神识以鉴别事物，德以全备行为，神识忽越则言谈失实，德之流荡则行为亏真。内无精诚之主宰，则外之言行失真，不免自身被外物所役使。精神见识一旦越荡于外，则中无真情，如此终被外物所役使而不能自全。

精神有耗尽之时，而行为却没有穷极之地，所持守的不确定，而即外行于世俗之风，神识被物所役则精神因此有耗尽之时，若举措都依道之法则，怎能有穷极之时？以有限之精神，应诸多之事物，而胸无法则必然沉溺于俗务，所以圣明贤智修道养生的人，内修密炼而外不装饰仁义，明白人身关窍四肢之便，而游逸于精神之和，这是圣人之游啊！身体力行于修道的人，他自然而然的外像即刻以彰显出仁义的内涵来，保精而全神者则形骸自然安适，即为圣人之行。

老子说：真人出游的时候，行驶在极其空虚无碍之地，游心在虚无之中，不知所有，驰骋于无外之外，不知所累，行走在无门路之地，不知所由。听不到声响，看不到形象，不被世俗教条拘谨，不因世俗之事有所拖累。所以圣明贤能的修士，外行济世化民有为之事，内则涵德迁善而独善其身。只是那些所谓的贤人，做出让世人称道的高尚的行为、清纯的节操，性情外饰，使上下迷惑而羡慕，岂不是矫情造作、弄虚作假？而行使大道的圣明之人，对他们的作为不屑一顾。人们只要局限在世俗生活之中，必然形体和精神饱受拖累之苦，形体受礼法所拘而不能自主，精神因之耗费而智虑散失不足，甚则精神衰惫，形体过劳肢体困乏，既困又衰，必然危及生命的根本。能使我们受此拘谨的，必然是世俗生活中不可缺失的东西，而人生的天命也必然受此外物所役使而终其天年。

老子说：君主的思虑，不会绞尽脑汁苦思冥想，智慧也不会超越自然。使精神恬静，人民自然受其教化，胸怀着仁义诚实的心志行事，诚动于天，甘霖依时令而降，五谷蕃茂丰收，春生夏长秋收冬藏。官司职守，依时纳贡，司法公正，不严而自肃，法全简明，教化如神，法宽刑缓，囹圄空虚，天下同俗，民性安适，奸心不起，圣人治民大概是如此啊。

君主欲望没有极限，则臣下盗窃贪功而无让，人民贫苦则纷争起，智慧巧诈萌生则盗贼滋彰，上下相怨号令不行。水渊污浊，鱼不能游乐，而浅浮以求呼吸；政令烦苛则民不复安居乐业，因此苟且以滋生混乱；上多欲则下多诈伪，遂巧设诈伪以奉上欲；上扰挠则下不能安定；上多求则下交争，不治其本而救之其末，无异于凿渠以止流水，抱柴草以救大火。一人之身，一国之象，修身与治国等同，不以道德为治而以刑法为政，这是增加祸乱的因素。因此，圣人为事简单易行，少则得多则惑之故。清静则天下正，不施恩惠而仁心已著，不用言语而诚信有加，民不争求而自然有得，无为而自然有成。顺其自然，保持纯真，用大道的理念，崇尚精诚则天下如影之随形，如响之应声，修身则民正，内诚则外应。

老子说：精神灌注于身外之事，智慧思虑淘荡而散，精气神内耗荡散，必然神疲体倦，精神不支，形体不能健康。人以形体和气血的运动为基本生命现象，形体以藏储精气，气以安养神智，若每每以外物役使而动荡不止，则反而使精神以资智虑，而形体亏虚，生理机能逐渐衰败。神识的运用永远无边无际，而损伤的形体却有一定的时候。《庄子》说："吾生也有涯，而知也无涯，以有涯随无涯则殆矣。"神全之人不出门就知道天下之事，不窥测窗外就明白天气的变化，以神气的变化就能感知万物之情，以精神观察万物之理，就必然有验证的。天地人三才之内，精诚即刻有感而通，不一定要假借门窗来窥测观察。精神被外物役使得越远，其人所知所觉所悟就越少，意即是精诚出自内心，神气即刻洞达于天下之事。

老子说：冬天里的阳光，夏日里的凉爽，万物的兴趋都喜爱，并且善于调节冷暖不至于使其太过和不及，年年岁岁四时八节未尝不是如此，这是大自然的阴阳消长感应所至，不召而来，不辞而往。阴阳之道窈窈冥冥，不知不觉其功自成，犹如四时八节之气机运化，气日新而人莫测其所由。等到用眼睛看见，再用语言发号施令，如此治政就太难了。

皋陶与尧、舜、禹并列为上古四圣，后世称为司法鼻祖，行事公正。皋陶不多言辞，言出必行，当时的天下因他而无冤狱和过枉的刑罚，是因为他的言语很珍贵。师旷是春秋时著名乐师，他生而无目，然而精于弹琴，为晋国的乐师。师旷分辨音律极强，也因此号称晋国无乱政，这是以精诚化为尊贵而用于见识的方面，不因目察的结果。不用语言发出号令，不用眼睛观察见识，这就是圣君明智者把他们尊为老师的缘故。推诚者不召而应，任能者不察而明，圣贤之君法于大道，选贤任能推诚而已。民众的感化，不是看他们说些什么，而是要看他们自己的实际行为。若人君好勇，即使没有斗争，而国家也因此多难，必定会逐渐有劫夺杀伤之乱；人君好色，不用放言提倡，而国家因此就有昏庸无道和糊涂妄为的事情，积习日久，必定多有因纵欲放荡而罹患祸难之事，这是上化于下自然而然的道理。所以说圣贤明智的人，精诚特别存守于内，爱好憎恶明显展示于外，说出的话都带着感情，发号施令都清楚明白，所以说：严刑峻法不足以移风易俗，杀戮也不足以禁止奸邪。内无精诚，法令不能行施于外，只有精神化为无形，精诚所至可为神明。精诚之所动，如同春气之生养万物，秋气之肃杀之令，精诚的感召，万物莫不顺应，犹若阴阳二气，四季之行，万物不因此有德怨好恶，一任自然之气化而行。所以颁布政令的人，如同射箭的弓弩手一样，发矢有毫末之分，中的就会有一丈左右的误差。若精诚有纤芥的困难，对于感受精诚的人来说，不也就很遥远了吗？所以管理者慎重地施行政令，被感化的结果是差之毫厘，谬之千里。

老子说：悬挂法令，置备赏罚，还不能够移风易俗，是没有怀抱诚心啊！所以说听到音声就知其风情，情动则声发，成文则善著。然而听音取声，察声即刻见志，志有怨畅则国风可知，观乐就知其风俗。音乐的功能是导政和民，乐律不杂以叙事物，然而有治有乱之所感，气候之所宜，则方域习俗因而可知，见其风俗即知民之所化。

怀抱纯真、效法精诚的人，可以感动天地，他的精神可以跨越世外，他的话说出来，人们即刻施行。精诚与自然之道相通，即使没有一句话，天下人民甚或幽暗鬼神、禽兽异类，怎能不和他相为感应呢！所以说，最高境界的教化是精神。老子说，大道无所作为，无为即是无有形迹，无有又是无有一定的方位所居止，无居又是无形而无所不在，无形又是虚而不动，不动又因其无言而绝名迹，无言又因其静而无声无形，名迹即无，影响岂有？无声无形的事物，看不见，听不到，这就是所谓的微妙，即是说体会起来幽微，运用起来玄妙，又可以称之为至神，即是说达到神一般的境界。只有大道善于给予万物并且成全万物，大道之体虚无寂静，真气绵绵，生化无方，无有穷竭，所以为天地的根本。大道本无形无象，无声无味，所以圣贤智明之人，勉强给它一个形容起一个名字，为的是让人能明白它的功用。第一个方面是形容天地万象，另一个方面是通达贯彻性命之理。天下之理，一言以蔽之，天地阴阳万物化生之道，均是大以小为本，多以少为始。天生人物，人物以天地之道为法则，以天地之德为品行，又以万物同类而相与资助。天地之功德至大，其阴阳之气势极为尊贵。天地虽以位置而定尊卑，万物虽因类而定贵贱，然则至德圣贤效法大道，功济万类，肃服寰海。以天地之道为法则，以天地之德为品行，而生养万物以类相资，成就大道的尊贵与高大之德，故圣人云："天地之大德曰生。"德位配于天地，即动作运用等同于天地造化，即效法大道处于无为清静自然之中，使天下人物日用而不知。

老子说：功名生于人为的动作之中，振恤穷困，补救急难，本来就不免有仁义恩惠的虚名。名生则利起，除去危害的因素，自然就功成名遂。若世间无甚灾害，即使是圣哲贤才也无施展其德能之处。倘若天下都尊道以行德，则所谓的圣人之德又到哪里去展示呢？君臣父子，上下和睦，各尽其责，各守其分，那么即使是特殊的贤良之辈，也没有树立功德榜样的地方。所以说，那些有立德之迹，追循大道而行的至人，含养大德，怀抱大道，推行诚实于中，以正立身，虽然智慧思虑鉴别正反，然而只是类似梦中的话，而醒后也只能沉默无语。所以那些深居简出、不闻事理的人只是空想而已，而百姓任其自然而化，岂是天下碌碌无为之士，能比虚静沉默之道尊贵吗？老子说：大家谈论的道理现象事物，并非是永久不变的常道，可以命名的事物，并非是静态不变的常名，所以循道之人不去追求虚幻不实的东西，即使是写在竹简帛书上、镶刻在金石上，让它流传于后世的，也都是一些粗俗不堪的东西。功名书写在竹帛上，典律刊刻在金石上，都是有迹之功，并非是无为之道，比较地说，这样的诚信就有点粗俗了。古代三皇五帝，施政的方法不同而爱民治国的思想是一致的，最终达到殊途同归的效果。后代之学者不明治国之道的所在，只是敬信古圣之遗言，体察到用德治来教化，目的是要取得一定的效果而已。提这种意见的人，都是那些四体不勤，五谷不分的人。

即使是博学多闻之徒，也不免混乱于治政；多闻礼义见多识广，只不过是刚好赶上时代的步伐，并非是达到治理的要妙。

老子说：用心专一，精神可化，神智通明，应化无方，但却不可以用语言去叙说它。俗语说：精诚所至，金石为开。行精诚之道，它的变化如响应声，而自然天下正矣。所以说：同时立下誓言，而独独看到信誉的，这是因为信誉已经在诚信之前了，这是诚信不分，诚信平素都重视的结果。同时施行政令，然而有的的确能按政令去施行，是因其诚信而民众自然去遵从。圣明贤达的人在上位，人民受其感化，因其信誉精诚在其施政之前，诚在令之外，所以他的教化如神明一样快速。上动而下不应的原因是诚实的态度不足。出生三个月的婴儿，岂知亲疏利害，然而慈母爱之弥笃的原因是相互交流感觉的结果，所以在施政上，百姓未必要有多明白，圣人也不必去彰扬自己，只是上下相为感应则自然和顺。所以只是用语言宣教，不能改变风俗，而用精诚之感召则天下皆受其教化，因其诚信而明理，这样没有不顺应他的言论的，因其精诚而公正没有不和他的用意相符的。忠信的意识已经蕴含于内，那么在外观上就能有感于他的忠信的行为来，这是儒家关于圣贤的教化，即所谓的感道内著则化功外应。贤为君子，圣指圣人，胸怀君子之能，而阐发圣人之教化。老子说：做儿子的甘愿为父而死，做臣子的甘愿为君上而死，难道要沽名钓誉于忠孝之名而赴君亲之难？然而恩义动感于中则自然有忘生殉节之事，君子怀仁义即使有忧伤也是自内心而感，圣人无私，君子居则正，所以虽处于幽暗之地而未尝恐惧，况且不负于事物，怎能愧对自己的影子呢？不要且顾眼前而不望后来，始终如一方是精诚之道，如同古代的圣贤一样，在上位则民乐其所治，在下则民慕羡其德，无私利他而不求名，所谓精诚之至，金石为开，无为而民自化，无事而民自安。

老子说：勇士一呼，三军全都避让，这是勇于出战的精诚所至。如果我说出的话，别人不能相为应和，我的用意别人不能领会，就是表达的精诚不够，还不能感化对方，倘若不用起身而天下得以匡正，说明心诚则自然物应，形正则自然归化。所以说通过言语去宣教没有结果的，端正形体和心志去感化就可以了。如果端正形体和心志仍然不能有结果，那么就自然是精诚的感化能够达到目的了。人的内心被感化了，那么他的行为自然有变化，如果人们只是通过自身的言行举止，即思想情感和行为去处世，教化于人，则必然得到感召，同样是外在的表象，要想使对方在预期之内有所感召是不可能的，若不因精诚之道而能感化于人物，还从来没有过。

老子说：言论有根据、有宗旨，做事就有主次分寸，如果失去了它的宗旨和主次，就是说得天花乱坠、花言巧语，或者做事的方式多种多样，最终语言总会被驳倒，方法全失去效果。所以老子说："多言数穷，不如守中。"即是说还不如沉默寡语，清静无为。班倕因其机械巧妙常常使操作的人有断指之害，自然造化的机巧无所作为，自然界依赖它成全而生化无穷。

老子说：圣人做事的方法，即使事情有所不同而顺应自然变化的道理是一致的，他们的结果不论是成功失败、安定或倾覆，都始终如一，其目的都是要有利于众人，所以古代秦、楚、燕、魏等地的歌舞、风俗、传闻、异事，人人都能为此而快乐，即使是蛮荒偏远之地的哭声，虽然风俗声调不同而众人也都一样因此哀伤。歌舞本来就是让人们娱乐的，哭泣是因哀伤而发，精诚孕育中而感应发于外，所以不论在任何地域或场所都可以因感而发。歌唱与哭泣是得与失的征验，治理与教育的道理是顺其天性的都快乐，抑制其天性的都悲伤，而且人们埋怨与欢畅的缘由，没有不是君上的所为而有感的。圣人的内心日夜都不忘怎样去有利于众人，他恩泽的地方实在是很遥远啊！

老子说：人之身体须无为而治，心性静定则身安无事，费心劳神过度使形体疲惫，就会有所损伤，此有为必然损伤无为的涵养，然而内心期望要达到无为，必然在未达无为之时，就会人为地有所要求，有所要求则并非出于自然，不出于自然必然还是有为。所以说：为了无为而要做无为之事，就不能做到真正的无为。反过来说，不能做到无为的人，也就不可能有所作为，就是说既然失去了自己淡泊宁静的心性，怎能去静定明智地治理事物呢？人的精神需要虚寂才能保全，有思虑言语就会伤害无言静定之时的精神，虽然无言，然而视听思虑仍然耗损内在的精神。人的思虑，心情内存于胸中，几乎无时无刻没有不思虑，以此而言，人的精神也无时无刻不因此思虑而有损伤。

文子说：功名可以通过个人的努力去实现。过去南荣畴以为圣贤之道在我这里已经丢失了，觉得羞耻，就去拜访老子，希望能领受一言片语的教诲。后来南荣畴精神爽朗、神思敏捷，所有的困惑都化为乌有，经常辛勤劳动，并不怎么吃饭，后来胃口大开，如同享用珍肴美味一般，抱德怀道心智高超，从此以后他的聪颖明悟远达于四海，名望承传于后代，智慧通达天地万物，明可察于秋毫，全社会都称赞他，直到现在仍然有人谈起他，这就是所谓名望可以通过努力而立的典范。所以说：耕田的人不勤劳则粮仓不能储满，官员不勤于理政则诚心不足而不精于事，文武百官不努力于事务则功业不成，王侯懈怠则后世无名，存诚而强学则修道成而功业就。

具有高深道德修养、超脱世俗并且顺应自然长寿的人，他们常隐居而随社会生活浮沉，譬如雷霆下潜隐而不发，不见其踪迹，得其时而济世利民，积行而累功，进升与退隐，入世与出世，没有些许困扰，万事通于时变，合于物理，应物应时，无所不通。所谓的至人，他们精诚内含，德泽流布四方，遇到对天下有利的事物定然喜而不忘；看到对天下有害的事物，内心不安得如同有所丧失。

俗话说：以百姓的忧虑为忧虑的，百姓也以他的忧虑为忧虑，以百姓的快乐为快乐的，百姓也以他的快乐为快乐。所以说，以天下人的快乐为快乐，以天下人的忧虑为忧虑，如此而不称王于天下的，从来还没有过。至人的处世方法因感以内诚，故始而不可揣测，最后又绝其踪迹，故终而不可及，常处于清心寡欲的状态，故而可立于不倾覆之地。以厚德为宗旨，如同积累粮仓永远不能穷尽，以自足为乐，德流不竭，利于万物而顺于自然，虚怀若谷，上善若水，打开心德之门，不去作为而不可有成，不去寻求而不可苟得，不祛除骄傲盈满就不可能长久，不去身体力行就不可能有回天之功。政简莫不心悦以化，而烦苛之政反此而为。

世人所谓的大丈夫，内心强大而处事明白，内强如天地之自强不息，厚德载物，处明如日月的光耀，天地无所不覆载，日月无所不照明，大人以善心善行昭示民众，不改变他的初衷，不更改他的常态，天下听他号令，如同草木从风一样，风吹而自然草木动，以道而立德则善行可以昭示，因时而顺性则号令可以施行。

持 守

天地尚未有形象之时，恍恍惚惚，昏昏默默，窈窈冥冥，即老子说："道之为物，唯恍唯惚。惚兮恍兮，其中有象。恍兮惚兮，其中有物。窈兮冥兮，其中有精。其精甚真，其中有信。"《黄帝内经》说："太虚寥廓，肇基化元，万物资始，五运中天。"又说："天地氤氲，万物化醇，男女构精，万物化生"。太虚元气寂然清澄，重浊之气下沉而为地，清轻精微之气上浮而为天，天清地浊，天为清阳地为浊阴，天地分判，阴阳化分，气有滞躁，数有终始，故而四时成立。精纯之气化为人类，烦杂之气生为虫兽，所以说天地之间人为至贵，人有至灵之名，而虫兽只为众生之庶类。天地万物都禀受阴阳刚柔相为成制而化生，刚为阳之性，柔为阴之体，二气推迁变化而万物成。

精神原本于天阳之清气，禀轻清者因虚空而通达，筋骨躯体根植于大地，禀重浊者系于沉滞。人的精神为阳之气上行于天，骨骸为重浊的阴质而返还于大地，然而我们将要去哪里呢？自然界中万事万物有生必有死，有死必有生，无穷无尽的生生化化，是天地阴阳变化的自然规律，有生有化是天道的永恒法则，所以万物的滋生由繁茂而茁壮，是因为精神与形体的合一，等到它们蜕化之时则悄然无声，回归于原本，其来也非我所愿，其去也非我所想，那么我的愿望、要求、好恶，凭借什么依托呢？我们来来去去的那个门，就是我们生生化化的路径啊！所以说古代圣明贤智的人，他们的处事方法是效法天地顺应自然规律，为人处事不拘泥于世俗偏见，也不会被世情所迷惑，一切效法于天道自然，与时迁移，应物变化，以顺应上天的生生不息的精神做事，以顺应大地厚德载物的淳朴为人。保养着形体，固守着精神，使它们不至于疲惫，法天阳之空虚至清，体地阴之厚重至德，把阴阳的消长变化作为生活的大纲，以春温夏热秋凉冬寒的四时变化作为生活的经纪，阴阳与四时即是生化之道。

上天之阳气，清静光明，大地安定宁静，这是自然万物赖以生存的所在，若万物违背清静安宁的环境就会过早死亡，顺应这种环境就会永生，天地也是因为有安静的品德而长久的，何况是天地所生的众物呢，能因为躁动不安而求永存吗？所以养生家说，清静恬淡就是保养精神的好办法。老子说：大道无形，生育天地，大道无情，运行日月，大道无名，长养万物。大道是无声、无色、无臭、无味、无形、无象、无名、无姓、无情、无欲、至虚、至无的，然而它却能生育天地，长养万物，运行日月……这就说明了道的久长是源于虚无之中，人若安定虚无内涵，即刻滋养精神，就是在效法上天的清静、淡漠，而人们学道养生的宗旨也在于本心的至虚至无。

人的精神属于阳性的一面，类似于天阳之气，肌肉骨骼属于阴质的一面，禀受着和大地一样的性能，最重要的是形体与精神的合一，阴质和阳气的依存混溶。《道德经》说："道生一，一生二，二生三，三生万物，万物负阴而抱阳，冲气以为和。"意为天地未形之前，即有道生，而道至虚至静，至虚至无，亦为混元一炁，无形无象，无色无味，无声无臭，寂然静默，即为道生之一。随着时间和空间的变化，静极而动，静为阴，动为阳，静极而动，是为物极而返，静动阴阳之化生，即是一生二，是为阴阳二炁。时空的推移是在不停地运化，随着阴阳之炁的堆积，从量变到质变，属于清阳的那些阳炁轻浮上为天，属静阴的那些阴质凝重下降为地，天炁地炁既立，而居于天地中的冲和之炁为人为物，即为三生万物。三才即立，而阴阳布化，四时分判，五行制化，万物化生，品类日新。然而万物既顺生于天地阴阳，就依赖于阴阳，内涵着阴阳，禀受于阴阳，覆载于阴阳，而阴阳之冲和之气，以为生化之本，生化之本就是道之源。

人既然出生于天地阴阳四时五行变化的天地自然中，就一定也是受此变化之气而有此形神合一之体。而人的生成过程是阳精阴血交合结聚之始，第一个月，外形如脂膏；第二个月，血气通行脉络畅达；第三个月，肌肉筋骨内脏未坚实，只是胚胎阶段；第四个月，微有胎形状貌；第五个月，筋膜成，筋骨肉脉相为连属，以通达经气，脉络坚实，肌肉连缀关节；第六个月，精血凝结，而骨髓成实；第七个月，五脏经脉骨筋肉全，九窍已通，是为完人；第八个月，肢体已可自主运动；第九个月，自主运动次数逐渐增加；第十个月，形体充实，内脏完坚，瓜熟蒂落，自然出生。肝的精血滋养眼睛，肝开窍于目；肾的精气通于耳，可使耳聪；脾的营养上输于舌，可使舌知味；肺气上通于鼻窍，可使呼吸顺、辨香臭；胆的精气上灌注于口腔，可使受纳之口正常，这是内在脏腑与外在七窍相通应的情况。外面看到的是表，内在相应的是里，四肢九窍之表与五脏六腑之里息息相关，由里达表，由外知里，这是因为人体的经脉气血为贯注通应相联属的关系。道家修养和《黄帝内经》理论相通，都认为天人合一，天人相应。人身是一个小天地，内合天地之道，与外面自然界的大天地相通应，人的头脑圆形法于天之圆，人的两足方形象于地之方。一年之中分春夏秋冬四个时令，四个时令又与五味、五行、五色、五方……通应，又与八卦九宫、星属分野相合。阴阳流行为三百六十日，人身有四肢和外在九窍，周身三百六十骨节，均象法于天道自然。天有风雨寒暑，人有取与喜怒，风散之雨施之，此为取与之象；寒主杀，暑主和，此为喜怒之象。胆者果敢勇威之象而似云，肺主气，皓素之象，脾者靡动之象而似风，肾者阴泽之象而似雨，肝者将军之官，震怒之象而似雷，人身之官窍一与天地相参应，而心是这一切感受变化的主宰，也类似于天地造化的本根机巧，其他的肢体脏腑都随之有所感应，则天地一理，天人相应的情况，可触类旁通。然而心脉本与舌窍相连属，不受外邪侵害，则始终将无所牵缠，所以心为全身之主宰。

人的耳目似天上的日月之象，人身的气血又似天地间之风雨之象。日月差度不按常规运行则薄蚀昏暗蒙昧无光，风雨不依天地之运化，不按时令而来，就会毁伤五谷致使人畜生灾，人之一身若食饮不节，起居无常，不法阴阳，不合术数，则与天地之灾难无异，结果就可想而知了。

天上的木火土金水五星所布，各有一定分野，天时与人事交互感应，所以各国地区一有失德则天象变现于上，而必然受灾于下，这就是人与天地相应之征验。

前面谈到，人的眼睛与日月相参，血气与风雨相应，气机悖乱则飘风不时，血脉沉滞又如雨至不以期，视听没有节制就如同日月有差度，大概这都是人与自然相应的事情，也都是寻常的道理。

天地自然的阴阳之气，至大至宏，尚且还要有休止有行度，按时节约它们的光华，珍爱它们的无休无竭的能量，人的耳目何以能够长期无休止无节制地视听呢？有限的精神怎么能够长期驰骋而能不疲乏呢？

天地之广大以至于找不到它的边际，日月的光辉无处不照临，尚且还要以特有的亏欠缺蚀不足，节约它的精化，一寒一暑作为永恒不变的规则，岂不也是为了爱其神明，更何况是居住在很有限的地方而精神不及的人类，怎能使用无有节制呢？所以说善于摄养的人，保守内在的精神，而不因为外用而有多大的损失。

人的气血充盈可表现为肌肤的荣化，五脏是储藏精神的，如肝藏魂，肺藏魄，心藏神，脾藏意与智，肾藏精与志，只有内藏的精血充足，外在才能显示出神明之体征来。气血专一内养而不外用，则胸腹内外表里充实，自然嗜欲不生。大凡人的喜怒之情，表现于外在的颜色，勇敢与怯懦变见于喘息之声，均是气血外露损耗的征象，这样对比就容易明了损伤与补益的不同，所以阴血不因为心情志趣而逆乱，则肌肤骨髓充实完坚，阳气不因外物所扰，就可以做到清心寡欲。人们在日常工作和生活中，因情志、饮食、劳动的不同而损伤的脏气也不同，脏气的不足即是因为有所偏嗜，若使它们调节平和，哪里还会有嗜欲呢？能够节制简约，心平气静使嗜欲省却，那么耳目清明则听视聪达。人的嗜欲来源也的确大多源于耳目，如果减少这些视听的爱好，耳目之灵敏自然清明了，清明则耳朵即使再次受到干扰也不会被惑乱，眼睛即使再次遇到美色也不会被其眩迷。人的情欲往往都因外物所致，所以老子说："五色令人目盲，五音令人耳聋，五味令人口爽，驰骋田猎令人心发狂，难得之货令人行妨，是以圣人为腹不为目，故去彼取此。"能够做到精神贯注，聚集在体内，不轻易使其外驰，不为外物所诱惑，不追逐身外的花花世界，那么人们的精神自然能够保持，不仅视听聪明畅达，而且五脏的功能活动常保安和，五脏能与心思无离，使心的君主官能发挥正常的作用，如此心意带动气息，即心息相依，引导气血运行，不会出现差错，不至于走弯路，更不会引发疾病。人的精神内守，精神逐渐保满，精神盛时元气日积而不散。从五脏五行的理念上讲，五脏各有它的功能动态，气质性情，它们内在所藏的神、所禀受的气也各有所不同，只有心是五脏的主宰，可统领百神，能调节全身各个部位，让它们有所归属。然而心之神精也不可过用，过用则心气、心血不足，心的气血不足则心神无所依，使心浮气躁而失藏守之能，所以心要常安静。心如上天的空虚宁谧，不闻是非，不应世事，则可保全心定神明，心气专一，然而人身的情志迸发，往往是因为胆的性情果敢、勇武，肝的性情易于骄傲、激动、悖逆，如果不是有心的制裁，它们怎能安定呢？内在精神充养足备，神明自附，正如老子说："不出户，知天下；不窥牖，见天道；其出弥远，其知弥少。"如此精神内涵，神明智慧用时必然超常，如果用耳听则没有听不到的，如果用目视则没有看不到的，如果需要做事也就没有做不成功的，心意所思所为没有不凑全功的，也正如《清静经》上说："人能常清静，天地悉皆归。"如此一来，患难祸害没有侵害的门路，外邪也自然不能侵袭。不论医道或人事的理论都认为，对于外邪外魔侵害，都是因为自己内在的正气不足，君主之官迷惑不明而招致，如同引狼入室。所以中医认为外界风寒暑湿燥热等邪气侵入的原因，都是人体内在正气不足，所谓"正气存内，邪不可干"。君主明则上下调，脏腑安，阴阳气脉和顺。而外生患难祸害的原因也是因为心机蒙昧不明，七情六欲弛张，障迷自性，六尘染着，所以说心气正者外邪不能侵袭，精神内全的人自然享天年之福，寿假龄之算。所以欲望祈求过多的人，实际所得到的其实很少很少，以为自己见识远大、智慧高超、事业雄厚、能量超强的人，其实他明白的道理极其渺小，他的精神极其微弱。只有安定宁心则所愿有成，五脏精充气足则神明乃见，不自见而明，不自是而张，不行而知，不为而成。

　　人身的五官九窍，假此以通内外气机，它们是精神的门户，人身精神往来出入之机关。君主之心意，气机的升降出入运动，是代表调节五脏六腑的使节，心意气息的调节运动，即心息相依则五脏功能动态正常，五神藏安定，神智明达，福寿可期。反过来说，如果任由耳目视听，淫于声色而无休无止，而相应的脏器摇动而不安宁，必然使气血滔荡不休，精神经常驰骋于外而不能内养守护，精神因形体而拖累，精气神耗损逐日增加，祸兮福所倚，福兮祸所伏，大祸将至却无由觉察，本为祸患却以为福，这是因为不知清静之道，可以鉴别微妙的变化，而过于游乐声色，精神外驰者多被迷惑之故啊！所以圣明贤达的养生家，善于内守，使形神相依，不迷惑于声色娱乐。

　　倘若能使自己耳目精明，听视聪达，而当外物诱惑之时，内心即刻想到身后之事，如此一来就不易被外物所惑，意念和正气没有失去心息相依的状态，常保持至清至静而无嗜欲，如此一来，自然五脏安定精神内守，形体和精神混融合一，不至于外越。诚能具备以上的品德则玄鉴无隐，即使观念已住，而久远之事和未来之事的吉凶祸福，没有不能预见的。

　　能分辨类别，决定命名，明白理数，洞悉滋生缘由，就可以观察事物了。善良纯粹的天性，就可以和观察事物的原本相符合，至虚至无、至静至清之时，精神可以通达天地，进入冥途，则往来无挂碍，出入自在，身外之事在有形迹之前就可觉察，身内之事在有征兆的同时就可明白，过去的事情无论远近都有迹可察，未来的事情虽然没有表现出来有任何征兆，应当稽察它内在动机，大都能审视玄机微妙的表象，就可以明达吉凶福祸，便可趋吉以避凶。所以老子说："其出弥远，其知弥少。"这句话说的就是人的精神是有限的，是不可以过度使用的。使用过度的原因，就是被外物诱惑，而自身又不能自律。

所以老子说："五颜六色的花花世界，使人目眩不明，音声入耳，听杂乃惑，食味过多，乱口而迷失正味，趋舍不定，内心无见，日无恒业，使行飞扬。"所以说：嗜好欲望使人之气多淫，好憎使人之精神劳乏，不赶快改变这些不良情志爱好，就会志念正气日渐消耗，如此下去，人怎能长寿呢？人不能活到天假之年的原因，是他们追求的身外物质生活过多，使自己身心得到了身外极大的物质享受，本为爱生，但所作所为却是损生害生，都是因为随心所欲，厚养生命而最终伤生。只有不把身外之物看重，而反观内守，养精存念，才可以得到长生，正如古人说："忘欢而后乐足，遗生而后身存。"

天地运化，阴阳五行之气交互相通，自然界万物都受沾濡而总为一体，能够知道这样的统一，就没有一样不明白的道理了，即是说万物皆享受一样的气机，同在天地运化之中，所以天地万物之情节就可想而知了，如果不能知道万物均禀受一元之气，那么就没有一样能明白的事了。不究大道的原本，碰到任何事情都会昏昧，我们人类也和万物一样，自身处在天下地上，也是万物之一，而万物也同样是物，大家都同生于天地之间，那么我们的身躯就是万物其中的一物而已，同为万物之一物，物与物之间为何要分出彼此、高下、善恶呢？庄子说过："我和天地万物同时生到这个世界上来，万物和我是一家，是一样的，众生平等，应和谐共生，同沐阳光，同沾雨露，然而世间往往是同类相亲，而不至于分别彼此。"自然界随着岁月时令而使万物自然生、长、壮、老、已，万物的生死不能违背自然而强加，因岁月时令致使万物衰老腐朽而死，也不能违背自然使万物不死，更不因为万物本身厌恶死亡而不死的。既然说万物为一，众生平等，为何又分出物种的高低贵贱，善恶美丑呢？物物皆物，只不过是同类相和，异类相忌，从同类看异类则有高下贵贱美恶……而从同类中仍然有左中右、善恶美丑，即使认为是低贱的也不能去憎恨他，尊贵的也不要去奉承他。生活中并不是喜欢富贵就能得到富贵，厌恶贫贱就能摆脱贫贱，所以一切要遵从自然规律，随方就圆，随遇而安，固守本元，乐天知命，不要有非分之念想，不要超越现实生活，不非分妄想则心和气平、心身愉悦，而生活逍遥快乐。所以说，顺应生活的节奏以及时代的脉搏，与之迁移，应物变化，甘其食，美其服，安其居，乐其俗，则无忧虑，而天年可期。

守 虚
（以不惑其累为虚）

老子说：大家所说的圣贤之人，他们的生活方式是随着当时当地的民俗而安居乐业，他对自己当下的定位也是随着大众，与民共生共事，即因所遇之时，安所处之位，不论世道安宁或动乱，从不担忧他随时隐居之身。看到如此的生活态度，不难想象，圣贤的人不介意环境生活如何改变，都会保持着愉悦的心境，正如孔夫子所说的"乐天知命，故无忧"。

经常喜忧参半、喜怒无常、悲观厌世、哀伤忧愁的人，是因为他们不懂人生，自寻烦恼，没有长远眼光，且为德衰无道。《清静经》所谓："不得真道者，为有妄心，永失真道，常沉苦海，忧苦身心，流浪生死，得悟道者，常清静矣。"常常嗔恨憎恶他人的人，为自身的妄想烦恼而拖累，喜怒不加节制的人，与天道自然背离，不明中和是万物生化之本，和谐是健康的源泉，喜则伤心，怒则伤肝，所以万物的生长是天道自然的运行，万物的死亡同样是天道自然的规律，天道常处在无所作为的状态，而时间和空间也是以此自然而然，清静则万物与阴性合而厚德载物，运动则万物与阳性同道而自强不息。在人体，心是全身的主宰，而精神又是心的灵魂，玄妙灵动智慧和谐是心主所贵、圣人所宝。如果形体劳动，鞠躬尽瘁而不知休息则即刻倾倒，精神过度损耗而不知涵养则精气竭绝。所以善于摄生的人，谨慎地时刻珍爱它，不敢有一点超常，心念常静，心地无私，则能穷理尽性以至于命。以自己虚怀若谷之心，去承载天地万物之实，只有虚静，方能恭敬一切，敬天爱民，与物同化，与人混同，与道合辙，与自然同化。恬淡愉悦，致虚守静，才能回归根本，使生命重获生机，悠游天地间，与造化同体合德。

孟子曰："老吾老以及人之老，幼吾幼以及人之幼。"同样是遵从天道自然之德，众生平等无私博爱，无人我之别，无所疏远，无所亲近，怀抱安和虚静之德，炀和生发之气，以顺应自然天道之规律，与大道为友，与大德为邻，以虚心为念而应事接物的，都是与自然天道同化的人，言行以顺应人性为法则，他的周围都是有品德修养的人。不因为有好事而争先恐后，也不因为有祸患而退避三舍，眼前的福并非是真福，然而安静才是幸福，一些挫折并非是祸患，然而心性不定躁动不安才是祸患，能够在所谓的祸患面前保持平静安宁，不把世俗所谓的幸福看作幸福，因为这样的幸福已然隐藏着祸患。

灾祸与幸福并不在于人的贫穷与富贵，关键在于自心的躁动与淡定，而且最初的心意主导、动作的成败、吉凶福祸生发的原因在于妄动，其指导思想又随着事物的运动变化而变化。所以圣贤的人，本身就不随波逐流，不为人情世故所左右，他们常保持无所作为的资态，因而也就看不到他们有什么祸患、有什么幸福，他们的精神出入往来，仿佛随心所欲一样。即使他们无意之中，有了祸患和富贵的时候，然而并不能看到他们对此有什么悲伤或喜悦之情。死与生的概念也一样对他们的情绪和内心世界没有任何的影响，他们只是一味地把握自然的规律，顺应自然的变化，所以他们的心境时时刻刻都是一样的，也是永恒不变的，也就是说他们未尝把生死放在心上，所以他们虚静的境界可以达到出神入化的地步。所谓的聚精会神就是这个意思，达到无为虚空极静之时，就有精神的显现，精神的显现，可以使人真正感到愉悦快乐和幸福。

虚的理念，就好比屋舍的堂中，堂中需要空阔洁净，尘埃扫尽，杂物不留，所以为摆设物件迎待佳宾之地。《悟真篇》说：道自虚无生一气，便从一气产阴阳，阴阳再合成三体，三体重生万物昌。老子说：道生一，一生二，二生三，三生万物。一即是混沌无始之气，在天地未分、虚无混元之前，就有了道，道化混元虚无一气，混元一气中由静极而生阳，静为阴，阴为静，动静化分即生阴阳二气，阴气重浊下沉为地，阳气轻清上浮而为天，天地开辟，天气地气，又有其中间的冲和之气（又曰运气），有此三气合为一体，从而化出五运之气，生出五行的气质，而万物复又滋生，从此天地间才有此生生不息之气。这些生生不息之气原本都是由虚无中来，它的根源就是大道。人要是想有此生生不息之精神和体质，就要经常回归于大道的至虚至无状态，使身心返还到虚静无为之境。古代修仙的人说：人的先天元气是从虚无中来的，特别要强调明确这一点，虚无就是坚实的基础，反过来说，坚实又是虚无的验证。大概人们所说的大道，它既然是虚无之前就有的，虚无本不可见，那么道也是看不见、听不到、摸不着的，它的本性是无中的无，就是没有中的没有，虚空中的虚空，至无就是极其的虚无，然而极其虚无则无物不被包括，无物不被容纳，所以说修道以心中极其虚静为要点。心中能做到虚静则体内阴阳和顺，气脉运行，食物消化吸收代谢均按秩序进行，人的精神常保持圆满，气血充足，浑然一体，心境平和，处事不会因为内外、上下、左右、前后而滋生烦恼，常保持清静无为，精神在恍惚杳冥之中。所谓的虚，就是指的空寂、无为、心宽、心中无形、无色、无味、无人、无我，修道到达空虚之境，自然就无形无相，无色无味，对于四方上下，五行之气，天地人三元，八方八卦，混然合一，如混沌之中化生的太极，万物万象都浑然一体。所以善于运用虚的人，修养达到虚无的人，可以藐视一切，他的胸怀可以容纳天地宇宙，心里又空如太虚，那样至虚至静，此时他会以为自己的身躯是束缚他的枷锁，他的形体是多余而无用的东西，把身体的四大假合看作灰土一样，把人的眼、耳、鼻、舌、身、意这些能引导人情欲的六门，只看作心身对外的孔窍，把荣华富贵看作眼前的浮云，名利地位等同于寒霜与朝露，把人世间的一切等同于睡梦和幻觉，把七情六欲作为自身的冤家和敌人。有自己的远大志向在心，就不会被这些虚假的物象所迷惑。因为人们自从有了生命的躯体以后，日积月累的习惯和心态填满胸中，没有一事不存，没有一物无有，将本来纯贞洁静的珍宝抛丢于外，心性不定是因事物烦杂而没有一个可以静心的地方。身体也因情欲的所系而疲劳不堪，性情迷乱，生命动摇，和大道的理念越来越远，不只是精神有很大的损伤，而且自身的这个"幻身"（臭皮囊）一样在败坏，所以说为这个"幻身"的保全，必须回到虚静的状态之中。那么什么才是虚呢？除去那些杂念，变化自己的气质禀性，把自有生以来历劫积累的轮回种子挖去，打破一切恩爱牵缠，一切虚假之事不再留意，一切外物概不接受，万事万理不去讨论，四大假合之"幻身"放下，不要被眼、耳、鼻、舌、身、意感染，不要被声、色、香、味、触、法所惑，没有恐惧，不担心烦恼，没有好恶爱憎，不谄媚，不骄傲，不矜持，不诡诈，不狂躁，不妄语，完全没有自己的私心杂念，一切按客观自然规律办事，不固执自己的成见，不自以为是，也不因为有自己的存在而忽视人物，在修道的过程中，只有无我小我，才最终成就有我大我。不去深爱每一种物件，不去受纳些小微尘，有和无的关系不存在于身心，则身心就无从牵累。修道养生的人，如果的确能够如此作为，则大道的厅堂广阔深奥明净，没有一点尘埃。心与太虚同体，自然先天混元之气从虚静无为中来，浑然一气，氤氲不散，自身水火不期望，无安排，无思无虑地让它们既济，它们却又自然而然地相济，肺金与肝木不用预约，它们却又自然相并相合，如此大道岂能不成？所以修道养生者，首先要做到结缘虚空、一尘不染，虚其心则实其腹，弱其志则强其骨，想要虚室生白、慧光自见，先要虚其室、空其心，从一切不着不住处留神下脚，不怕不到深造自得的地步。

守 无

（游万物而不物，则无我无物矣）

老子曰："轻天下即神无累。"就是说不重视名誉金钱地位，则心平气静、无挂无牵，自然灵台无累，也可因此而脱离世间荣华之事，达到清静无为、至虚守静的地步，甚至于把身外之物都看得渺小，心超于物外，就是像那高大的泰山也同样视之如秋毫，看有若无，把大小的事物都放置那里，好似把极其微小的物件遗忘一样，不值得烦劳自心去挂念它，这样一来还有什么能扰乱心思呢？人们如果把生与死等同起来看待，那么心志意念就不因外物而受到震慑，就没有担心害怕的事情挂在心上了，这就好似清醒时的视听言动和在睡梦中的视听言动是一样的。清醒因为睡梦而结束，睡梦又因为清醒而觉悟，死与生、动作与呼吸均在梦昧与觉醒中出现，所以把觉醒中的情况与梦昧中的情况等同起来对待，人生半清醒和半睡眠状态，每时每刻都在生与死、死与生之间出入往来，如此实实在在的生与死现象，有何可惧呢？

《庄子》说："我与天地并生，万物与我为一。"我与天地万物都在这个世界上生活，天地是一大天地，而我虽然微不足道，却是天地派生出且具备天地之象的一个小天地，万物皆和我一样，都是天地之派生，且具天地之象。天地之间的物种都顺应着自然的变化，而有生长壮老已的过程，就是说万物都随着天地阴阳消长变化的自然规律而变化，生生死死，死死生生，这是天道的规律、自然的法则。明此法则，则人们对天地自然现象，自然灾害的无常和人间之事，人身之病，生与死的无常，总会有一定的认识，心中明了则不因此而恐惧眩惑。

品德修养主宰内心而恒常不变，所行之道无往而不通达。只有使自身禀赋内在的精气神不至过于耗竭，常得精气圆满，日用无所亏损，才能效法前贤养生之道，做不死之人，就可以做到为天下之事而未尝劳神，学天下之道而未尝损身，做任何事情都很遂心，无师而学就可以自通，利害善恶对自己没有任何影响，就是有瞬间婉转的祸福，也不足以使人心滋生喜恼。这就是因为人以自然天命为怀，以天地之心为心，以天地之德为德，求自然无为之和气，即使婉转随时、遭受祸福，也只是来则来、去则去，顺受而已，不能迷惑本性，扰乱方寸，招致内患，伤及内心。

古代追求大道的人，既然确定了目标，又在修养上有了一些感悟，他们就会坚持走下去，即使有利或者有害在面前，也持守不移、不改初衷。对于外力来说，也只能以仁爱之心而昭示，却不能强迫他们的行为。可以义正之而不可以利诱之，仁义在心则弃利益，君子可以为了义而身死命亡，却不可以拿富贵去替换它，春秋时伯夷叔齐的故事说的就是这个道理；为了仁义也不可拿死亡去恐吓他，齐大夫陈不占就是这样，又况且修养者本性本身求的是无我无事、无为无心呢？古人犹且遵守一个"义"字，以至于不顾不怕身亡，浩然之气淡然无为无畏，宁可不要外形身体的牵累。无为的人内心常无所挂碍、无所牵累，无挂无牵的人则可自立于天下，立天下而又不妨碍于天下，可同于至人。所谓至人者，积精全神，能至于德，故称至人。他们动静必适中于四时生长收藏之令，参照等同于阴阳寒暑升降之宜，内心远离世俗的纷扰，自身也脱离世俗的感染，故能积精而复神全。《庚桑楚》说："神全之人，不考虑就能明白，不谋划就很得当，精神内照，无使外泄，心志凝静如宇宙天地一样浩渺，如阴阳五行之气相互维系而不失运行的轨道。"又说至人，形体与内心合一，内心与元气相合，元气又与元神相合，元神与虚无之气相合，那还有一点芥蒂俗念呢？只有去体察宇宙自然的天籁之音了，虽然即使远在天际，上入九天，下入九泉，或近在眉睫之间，来找我或与我有关的，或者我心欲念想之者，我必然全都知道怎么回事。能达到如此地步，而不故弄玄虚、不自欺欺人的，才是所谓的神全之人。因他们能保持神全（即精神的饱满），所以就能一时有此发现和感知，这类人如果保持下去就可以增添寿命，但如果过于耗散其原有持满的精神，或有背道之事，必然同样走向衰老，失去至人的神通。

天地自然之道，就好似人们拉弓射箭一样，有余的部分就会自然损掉它，不足的部分就会自然补充它，过高则抑制它下降，过低则抬举它上升。至人依自然之道，不违背自然，不因事累而天下洞然皆通。上观至人修持，可以深刻探究天地之大德和自然之奥妙，下考世俗之所以与至人思想有天渊之别，行为有公私之明，品德有高下之差，不待言说已经明了于心。

凡是学道修养的人，最终都是为了返还到他们的天然纯粹之性，如果不能以天地之心为心、以天地之德为德的，只靠常人的一些学识涵养是达不到、也体会不到道学的思想内涵的。

守 平

（去其所为，道自夷矣）

老子说："高贵地位，丰厚财物，是人们所贪求的，但是比起自身的健康来说，那些又是低贱的了。"所以老子又说："名与身孰亲？身与货孰多？得与亡孰病？甚爱必大费，多藏必厚亡。"

所以说身体需要清静舒适，颐养平安为贵。众人只知道追随权势可以提升自己的地位，丰厚财物可以使生活富裕，而从来不去考虑此两者多有害性伤生的，且生活并非快乐无忧，而以此两者为寇仇，清静无为，顺应自然，"得其时则驾，不得其时则蓬累而行"，内心不重名利就不存在得失，而只以固守本身元气为务，像古代圣坚之人那样，食物足以充实肠胃使气力有余则可，衣服足以遮盖形体以御寒即可，言语足以调节情感即可。食物果腹则内心安定，衣服周身则内心充实，衣食财物过多是身体性命的牵累，所以修养的人都把它们看作身外之物，不去理会，不去贪求，不去积累，内心怡然自得，淡然无为，旷然无思，心平气和。目清而不视美色，耳清而不闻五音，声色不入则气和自静，心清意静闭口而不言，委心而不虑，不言不虑，不妄不动，内心无念，处物不感，自然入定，即可摒弃物我之聪明，返还于空旷虚无之太虚，淳厚朴实，不受耳目声色利害的诱惑，而回归于身体原始的形质状态。休养精神，即使外用也不使驰骋耗伤过多，减去已有的人情世故所带来的烦恼，即使入于内心也不至于惑乱心神，没有什么让他爱好的事情，也没有什么让他厌恶憎恨的东西，这样就进入了与物为一、中和平等的大通境界了。

除却秽恶，卸下负担拖累，不如当初开始做事之前就抱定这样的心志，一心一意，不受外界任何事物的干扰，打定主意，一念不杂，端正身心，下定决心，做一个大智慧大勇敢的人，如此还有什么事情不能成功的，还有什么理想实现不了的？在修养上如果有这样的心志存在，还有什么样的心秽不除、心累不去？累去秽除，自然心境平和矣。所以说养生之士，要保持平和的心境，涵养一团祥和之气，就不可以心念上有利益存在。可得者道义之利，而又在于和，君子求利取之有道，非道而取，必然丧生损命。

自身内外之气相通相合者，更不会因外界之形势而受诱惑，人身的小天地与外界的大天地，已达到相通应合，进入物我两忘、物我合一的境界，内心还能受何干扰、受何诱惑呢？精神与天地万物相往来，天地万物与我合而为一，出入无间，玄妙莫测，物我大同，至大无外，无边无际，至小无内，没有中心，这是修养的至大至贵、至尊至高，能够通晓至大至贵深意的，何时何地不能遂心呢？

守 易
（得自任之理则易也）

老子说：古代修养道学的人，能自然调适情感心性，安定芜乱的意念。譬如说，想要做的事没有机遇，那么就放下来，见机而做，不会为此再去绞尽脑汁，苦思冥想而耗伤精神，浪费情感，伤身损命，不会无目的、无缘由地欢喜或恼怒，这都是因为内心清静平和、澄清而不杂乱的原因。调养以和气，修持以任情。修道之心盛则乐道而忘忧，以养德涵德贵德为务，德气充满而自然内心富足而忘贫。自然天生情性所好，却因此能抑情易性而不欲，不欲则无欲而清静之道显现，清静无欲自然不求有所得，不求有所得则知足、自足矣，然而能自足的人，反而常有所得。

内心因事情而有快乐的，却又不因此而表现出如何快乐，即使是自身之乐也不能显现出快乐的样子来，那么就说明他不把众人所谓的快乐当作快乐，在他的内心里也许就没有快乐可言，或者说他不为此而乐，也就没有乐。然而没有快乐的人，他已经进入无为的境界了，也可以说他不会因为一事一时而乐，他是有久远的心志啊！

人对外界的索取，最终只会对自己的身心造成极大的牵累与负担，应事接物也同样使身心疲惫、精神耗费，多得并非安身立命之本，多欲并非对性情的补益，相反只能劳神损寿而已。《老子》说："甚爱必大费，多藏必厚亡。"不积不欲，清心静意，恬淡虚无，乐天知命，静以修身，俭以养德，清静则大德生。

大道是至清至静、至虚至无的，道生一，一为天地未分之前阴阳未离、虚无混沌、混元一炁的状态。混元一炁由道炁所生，至静至虚，静极而动，无中生有，静为元始，有为物生，物都因静而生，静又是物生之基础，无静便无物生。所以说天地之静则生物，物之动作则生长化收藏，人之静则有生生不息之气，人之动则有生老病死之苦。动与静的结果大有不同，不同的原因是静为和气、生气，动为躁气、乱气，静则清心寡欲，动则欲壑难填，静则益寿延年、吉星高照，动则和因欲乱、戾气丛生。

涵德之人，行为有准则，言语有分寸，生活有节制。纵然对外表露出肆意忘形的举动来，也是在怡情的范畴之内，不会逾越出人情世故之外。所谓量腹而食、制形而衣、容身而居、适情而行，这是古人所说的至人简易的生活态度和方法。他们把多余的财物留给天下人而自己不去拥有，把利益委托于大众而自己不把它当作是利益，这样的人怎么会因为外在富贵或贫贱的地位而不怜惜健康去伤身损命呢？财物和身家性命，自然大不相同，两者不可同日而语，譬如自身和身外的世界是截然不同的地方，物在人非，财物是生不带来，死了也不能随人而去的。如果人们能有这样的见识和体悟，那么就说明已经体会感悟到大道的存在了，已经进入道学的殿堂了。

守 清
（清而不扰，可鉴嗜欲之妄）

老子说：人以天地之气以生身，依照四时之气运而成长，天地覆载，阴阳相和，二气交媾方生为人，人自然禀受天地之中和之气。耳朵吸纳天地之音响而为听，眼睛采收天地的五色而为视，鼻窍能吸收辨别天地间的五味，口舌可以品尝天地间的各种滋味满足自己的嗜好，肌肉肤腠可以感受天地间空气环境的寒、暖、暑、湿、凉爽之气，为自己身体需要而选择。其实人与人，不分地域、种族、信仰、爱好，他们的性情嗜好大都是相同的，有的人因为放纵自己的性情嗜好而丧生，有的人因为有理有节有常度反而能保持健康长寿，有因此失道坏德而为小人，有依礼循规、尊道贵德而为君子，其结果的善恶美丑因人而异，大相径庭，他们人生的结果也大不相同。

人生活在这个繁花似锦的花花世界里，情趣也因这个世界的多彩多姿而心花缭乱、心志荡漾，不能有一刻的安闲宁静。如果身外之事能简约而不过当，内心之虑又能常保持平和，行为随事物的发展规律，内外调适，还可以长享天命；倘若纵情妄为，声色以荡其志，恰似冰炭以加其身，日久精神荡散，形尽将死，悔之晚矣。这样的结果并非是上天不给他寿命，却是因为他自身过于享乐，精神耗损所致啊！

精神充足才能智慧聪明，精神是智慧的根基，精血充足，正气、中气、元气才能旺盛，精气盛才能神旺。相反地说，人的各种思维活动，所谓的万念万虑甚至说有万神在主导。若万神深藏则静，万念俱无，万虑皆消内涵深养，就不费精神气血，那么智慧高深而使用不竭，神清则不为外物所扰，举措明智审详。智慧是心志心神的符契，心有所思，志有所寄，心神智慧内存而使用辨析时，心思中和则用智公平。心猿意马，比喻心的灵动性大。事有千头万绪，心有一定之规。心的遐想空间可大可小，大则无边无际，小如微尘而无中心，任它畅游脑海霎时静如止水，说的是心的使用动作。既然是心的灵动性和不定性是如此活活泼泼，圆圆陀陀，心的智慧也与它的这种气质性情是不可分的。灵动性有多大，智慧谋略就有多么高深。虚怀若谷，清静无为，则心智正思谋当，这就好似人们对于流动着的水不能辨别它的内涵，而对清澄的止水能够一眼看透它的本质一样，就是因为它既清又静的缘故。不受外界的干扰而纯洁，没有杂质故而清澄，倘若用清澄的止水来当镜子照则自然明晰，所以人的智慧思虑也需要生活中有一时的神清意平，就能去感受体会觉察事物形态功能性情，觉察它的情形变化的根本原因只有是心意的清静。正如此说，好事的或事多的总会因事而有遗憾，因事烦劳扰乱心田，反而对谋划处理事物没有信心和主张。人若常保持清静如止水一般，则自然有形可鉴，有物能明，是非可辨。

然而心思谋划，是人们时时刻刻要做的事情，心为君主之官、全身的主宰，外界或体内的任何动静，都会刺激传递到心，由心来审视、分辨、判断，去彼取此，或去此取彼，日有所思而夜有所梦，全是心的作用。心的能量来源于全身的精气神，减少思虑，清心静意，就等于在保养精气神，也等于给心的使用积聚能量。所以说，因为平常要用心工作生活，就必须平时学会给心节能，清心省心，放置而不用，也就是说，如果常使用它，使它过劳，那么要再用它时反而无用了。清澄内心，用时如明镜鉴物，即是说平时不用它，用时反而能发挥大作用。

镜子明光锃亮，即使有尘垢也不能使它沾污，人神清则智明，智明则不失其常性，故身心无所牵缠拖累，所以心想到哪里，心之神就自然随之在那里，心到则神到，意行则神往，意止则神住，这就是清静澄定的意义。

反过来说虚静是养心的好方法，虚是精神的宅舍。心思缜密，智慧聪明，需养吾清虚静意之心气，天空若欲明静，就要"万里无云万里天"，若内心有物事有念想则躁烦气乱，心不清不明，镜不鉴物矣。

古代善于摄生养命的人，他们的精神与万化遨游的首要原因，就是常常保持内心的清纯，如上天之明净，好似一张白纸可写可画、可圈可点，如《清静经》所说："真常需应物，应物则不迷。"《道经》说："心清意静天堂路，意乱神昏地狱门。"这是做到清的最佳状态，所以人们在日常生活中或工作事业中，一定要把清字的功夫做好，它是我们修道养生和处事为人的基础课。

守 真

（适形而安则安而无它，适性而往则所至非妄，然大名大饰亦自此而生）

老子说：古代所谓圣贤之人，常根据自己所处的生活环境和境遇而调适自己的情感，食不过饱，量体而衣，生活比较节减，为人比较淳朴，贪念欲妄之心没有缘由滋生，只是享受生活中最基本的衣食充足而已，所以他们的内心也清洁纯真，而外界的事物也不能污染他，这就是近于圣人的标准。圣贤的人，不会因为拥有天下而拿天下之财物奉己嗜欲，所以能拥有天下的人，必然是以天下为天下，忘却天下故能治之。能有名誉的人，也一定是不修饰不超越自己本分，更不因名而言行狂妄、目中无人、自高自大、自美自誉，反之皆为妄人也。

人有诚信的言行，可以通达性命之情，通性命者，言行举止均符合仁义礼智的法则。

如果人的神态不用掩饰，心念也没有专注或造作于某个方面，而是自然而然，均为平和无事之态，通达内外，淡然寂然，一尘不染，如此这般，权势利益不能诱惑他，声色艳曲也不能感染他，即使是天下第一的能言善辩之士也不能说动他，计谋高深、老奸巨猾、善于算计的人也没办法使他中了圈套、改变他的行为，哪怕是非常善于恐吓，甚至让他处在恐怖的环境之中，也不能使他有惊动惧怕的动作，这就是纯真至静的状态，应该是达到真人的地步了。热爱生活尊重珍爱生命而又看重养生的人，他的心身就像天和地一样不会衰老。能够善于调节自己的性情气质，化去七情六欲等不良情绪而通归于清静安定、纯真虚无，能与天地合其德，与日月合其明，与四时合其序，与鬼神合其吉凶的修养境界，就不会随大自然的变化而一去不复返。这就是说顺应自然者觉察不到它的变化，与大道同体者生命不可穷尽。

不能通达大道的人，即使他的智慧统贯天地自然，明白事物的变化机理如同日月照临大地，辩论分析事物如同轻而易举地解开连环，誉美的言辞像润泽珍贵的金银珠宝，也无益于治理天下。

内以顺应天道，又与自然万物的法则契合，那么天地造化的机理就能够应验，修心尽性以至于延长寿命的道理就能够明白通晓，然后不论你修身齐家、治国平天下，没有不胸有成竹、称心如意、得心应手的，在治理国家方面必用智谋明察、辩论说教、品德恩泽等综合各方因素去制定方针政策，如果只是在某一个单一的方面较突出，这并非全面治理、统筹兼顾的好办法，与达到大治的理想相差遥远。所以圣贤的人，他们无论做什么事都会抓着事物的本质，不会失掉事物生化之原，不需要明察为治之道，而天下百姓自然循规蹈矩地去生活和工作，然而老百姓们都会说：我们原本就是这样自然而然地生活。

守 静
（圣人安此以为生根，德本也）

老子说：清静、沉默、恬淡，就是养生的方法；和谐愉悦，受物以虚，接事以和，这是成德的理念。尽管外面的世界使人眼花缭乱，耳失聪，目失明，口失滋味，心神荡漾，而能做到内收虚静，外力与我似对牛弹琴，心念不动，不受其诱导，不染外尘，这是心性已经得到安定了，声色味触能一并弃去，人之性情才能保全，做到返本还元。内心待人接物，在任何情况下都不失去平和、中和之道，则说明人的品德修养已经到位了。养生是人们终生都要实践的事情，品德的修养又是养生的基础，所以人的品行更应有所超越。人的本性、天性、性情之所以未能保全、有亏缺，主要是后天世界的物欲所牵累，它们常常使人丧失本性、迷失自己，使人们不能在世长年而且留下遗憾，道德的败坏也多因外物的牵累，两者均坏德丧身损命。

外物可伤身，中内而性变，即使你不想受此烦恼都无法挣脱，所以说静心漠然、恬淡虚无乃保生之要，平和愉悦，然后可以自始至终，这是体道、悟道、学道的法则。从人的身体来说，如果能常保持如此的心境则气脉运行畅达，没有阻滞，自然五脏六腑之间也没有瘀积，形体舒和，性情安静，就没有什么患难能动心伤身的。血脉的瘀滞，问题在于对己身的过分溺爱和过于享乐，溺爱则衣食安适唯恐不足，享乐则精气荡散日益益甚，五脏之精气也因随自己的情志喜怒而缺失，使性而动乱和气，这是沽名求福，且反为伤生的大忌。如果身体已经不存在了，那些用来厚养的物品又能起到什么作用呢？静心、宁静、静定，是古代善于摄养的大道理，静久而身内气脉调和则为健康之道。而静与治同，且与乱相反，心一动非静则乱，无名之烦恼一旦出生，则安静之道离乱而养生之道不保，这就好像是人的身体和心态本身符合清静安养状态，然而一时因外物外事的干扰，致使身心离乱而不能保养元和生发之气，那么身心的伤害自然不能够摆脱，又况乎不按静养之道去摄生呢！这就是古代之人长寿与短命的原因。

身心的调摄与保养应循序渐进，官窍的使用也全在于内心管理，比如说：眼睛能看到如毫毛那样细微的东西，耳朵可以不听外面雷动天地的霹雳之声，却能听到调整玉器的声响，分辨它们的五音属性，眼睛不理会高山大川的形势。所以说人本身不能兼顾，五音五色五味，不能同时专注，只能专于一而忘其全，志在小有者必忘乎大有。淫溺于声色者，必然失德丧性之远。若然拿一身之精神去应接万类之事物，即使精神若泉源，也有匮乏竭绝之时，更何况五声五色之类，乱人耳目，耗人精气，以至于精竭而横夭。使人丧神失精的因素数不胜数，如声色之类的诱惑若近在目前，倘若内心能不为所动，有意断绝这个念头，那也非一朝一夕之故，这就好像是用盆盛混浊的水以照物，待水澄清一日半日，才能看到自己的眉目影像，若想让盆水混浊，只要用手搅一下就不能看到什么了。所以说澄心静虑、洞达明了，只有安定清静才能做到，一旦沾染嗜欲妄想忘念，即使祸患像丘陵山岗那样大、那样重，也混然不能自觉。人的精神难以清静而易于混乱，就像一盆水一样啊！

静的方法，如同屋舍的墙壁。墙壁的特性要根本端正、高低相称、无缝无隙，它的作用是要稳定梁柱，使上下坚固。老子说：自然界万事万物的原本都是空虚宁静的，万物也因此在空虚宁静的状态下，才能勃勃生机，生命的本源都是从无到有，最终又回归于无，它们本源都是虚静的，虚静就是生命的原本，虚静也就是生命重返生机的开始。

老子又说：人若能做到经常保持内心清静，那么人心与天心相合，天地自然界的万事万物将全都归附于他。修道若不达到至清至静的地步，先天的智慧就不可能被打开，修养精神的屋舍也不可能起作用。大概到达非常虚无的状态才算进入了清静，清静到了极点的时候才有生机发动，这可以比喻以物极必反、静极必动的理念。在动与静的状态下，就会有先天的慧光发现。所谓的天心就是天地之心，人身是一个小天地，自然界是一个大天地，大小天地相为通应。天地之心与人心相为复合、相为感应，即天地自然万物全都感召，全都归附。有一丝一毫达不到虚静的极点，也是不可能感悟到的。所谓静的理念，即是安定、寂默，身心不动，内心安定，无思无欲，安静不动，心胸宽广，沉寂洁净，风邪不能伤其体，俗念不能扰其心，就像房屋的墙壁一样，坚密则使用的材质将长久如新、永远不坏。所以善于运用清静方法的人，他们往往是得意处也不因此喜悦，失意处也不因此而忧伤，常常是专心致志，对景忘情，身不动心不摇，如明镜如止水。人们的灵性天机智慧，自先天失散，而后又被私心杂念所蒙蔽，为尘缘情志所干扰，终日忙忙碌碌，没有片刻安静。心若不能安宁清静，致使妄念纷纷，所作所为都是以苦为乐、以假为真，甚至真假不分，如此大道怎成？修道者若要想涵养神室，先须习炼人静功夫，如果到了虚静的地步，神室就易养成。虚静的概念，并非说的只是顽固执着的虚空寂灭之学，也并不是指参禅打坐、忘物忘形之说，其实是经常应对事物，应对后仍然是清静的心境，虽然身在事中，而心却在事物之外，这是一般人都能做到的清静。大概真正的清静是一心一意，至诚至清，一念不起，言不乱发，身不妄动，事前不想，事后不计。人有短处己不自知，己有长处也不自觉，时时刻刻心意思念全都顾守着大道，处处在返观内照，不因为饥渴而伤害心情，不因为衣食而败坏修持。是生是死，顺应命运，人与我没有地位贵贱好坏等级分别，不是依照儒家礼的理念去做的事情看都不要看，听也不要听，说也不要说，动也不要动。即使境遇运气不好，有点郁闷烦恼，也不要做暗昧不明之事，来欺神弄鬼。只有妄念除去才会有真念生出来，道心显现了才会凡俗之心消灭，这就是所谓的真静，真静的静，它的原本就和太极一样，不会被天地造化所改变。如果屋舍四面如铁桶相似，风寒暑湿不得而入，虎狼豺豹也就不得而进。

所以修养者，亟须要将聪明才智及情欲名利心放下，返还到婴幼儿的状态，心定神闲，达到至善至德潇洒磊落，作一个世间无事的闲人，打开通往大道的路径，勇往直前，终生将受用无穷。

守　法
（法之上者在乎法天，法天之法未有无所法而同乎大顺者也）

老子说："上圣法天。"上古圣贤的国君效法天地自然之道，与民休息，不教而自化，弃智而功成，盛德日新，所以无治而自治，不教而能，不为而成，且功成而不居功，百姓都说这是自然而然的事，是我们应该做到的，没有人教导，没有人帮助，都是我们自己做的。虽然国富民强，然而百姓并不知道有君主的作为。

老子说："其次尚贤，其下任臣。"这就是说社会一旦到了人们不讲诚信、不讲忠孝、没有礼义廉耻的时候，也就只能树立贤德的人来教化社会了。如果以上的诚信忠孝礼义廉耻都不存在，就只有任用干练的臣下用严刑峻法来约束人民，到了只能任用能臣的时候，就说明国家到了危急存亡的边沿了。崇尚贤能的人，容易使人疑惑，引起竞争攀比，竞争攀比就是混乱的根本。上圣法天就是法天地自然之大道，象天地一样来覆载万物，按自然法则，合阴阳之道，通四时五行之运，把握规律，运用规律，按自然规律办事，上合天道，下顺民意，中傍人情。

天之体虚静为主，虚则无所不受，静则无所不持，万物之纷纷扰扰，只有静才能持能制。只有保持虚静之道，才能依天地之运，四时之序化育，而生、长、壮、老、已，与天地合其德，与四时合共序，与日月合其明，与鬼神合其吉凶，与万物共其始终，与阴阳无尽生化。所以古代圣明的人，对于"治"与"乱"的认识，都以为静则天下为治，动则天下为乱。老子又说"治大国若烹小鲜"，意因于此。养生家以为，一人之身一国之象，人心静则体安，体安则经脉气血运行畅达，受纳、消化、吸收、代谢，正常循环，脏腑筋骨精气充盈。人心静则心性平和，精气充盈则智慧聪明，所以勿扰勿撄，万物将自清，勿惊勿骇，万物将自理，这是遵循天道自然规律，法于虚静的结果。

守 柔

柔的思想理念，就好像是修道的木料，木料的性情质地是可屈可直、可方可圆，受金属克制，随材料大小而用，大则大用，小则小用，无处不宜。锯也受得，斫也受得，打也受得，刻也受得。修养也应同于木性一样随方就圆。《玉枢经》曰：学道之人，应从诚敬而进，以柔为生活处世之运用。《参同契》曰：守弱的人就是体道的验证，守柔的人就是修道的强者。圣贤经书的话，表明了柔弱是进学修道的首要基本功课。人有了生命之后，禀受血气之性，随着对人事社会的认知，环境的影响，性情习惯的日积月累，难免对人情世故的处理有所偏颇，争强好胜，以苦为乐，白天在名利之场，夜入酒色之境，滋生贪图逸乐，痴迷爱河，瞋恨喜好，般般俱全，喜怒哀乐，样样皆有，以假为真，以虚为实，不知回头，罗网陷阱，无处不入。怎晓得石崇富贵如草上之霜，韩信功勋如镜中之花，倒不如范蠡归隐勇于自退，留侯入山早已自知，这是体现柔道的贵处啊！柔的含义是指和顺柔弱，克制自己谦让他人，自己甘受委屈，自我退让，愿意处在卑弱低下之地，凡事无我，不与人争，名誉利益都归他人，没有妄心妄念妄为，淳朴老实本分。善于运用这个柔的人，有能力表现出没有能力，积累原本厚实，表现和普通人一样清虚，即使冒犯了他，他也不会因此和你争竞。他们注重于修养先天大道，返本还原，探究生命的奥妙，祈求与天地合其德，与日月合其明，与四时合其序，与鬼神合其吉凶，与大道同一体性。他们轻视人间社会中的功名利禄、富贵荣华，探求体验修道成道的具体方法，远离世俗的人情世故，只求有平和的心境，虚静无为清心，不与世人竞争。譬如汉代的淮南子、钟离权和晋代的鲍靓、抱朴子、许旌阳以及元初的王重阳等等，他们都身在官府，因为一时对人生的觉悟，即便脱离官场而去，自顾性命，受尽无数的苦难，终久修真成道，他们也都是善于运用柔道的人。另有宋代的毗陵禅师薛式，受到石杏林的点化，传以还丹之诀，弃僧入道，混俗于通都大邑，隐居修持，住在张环如家，潜心苦练，不显己长，不露己能，也是善于用柔的人。又如金元时期的郝大通，大通因事被师兄弟马丹阳、刘长生斥责之后，居住在赵州桥，每日仅食一钵面，不论冬夏坚持赤脚，潜心修炼，人们欺他也不自知，河道水涨也不理会，数年之后，修真成道，也是能够运用柔的人物。柔这个字，它所关联的事情并非小事，一旦使用起来，它的效用是最大的。修养大道的人，如果能够明白那些社会上的尘缘俗事都是假的，甚至能认识到自身的形体也是虚幻，不要在人情世故、儿女情长、生老病死这个大火坑中着急用心，就在这个无色无味、无形无象里返观留意，屈身折节，祈求明师，诚心叩请修真要诀。省察自己，认识自我，发现自己与修养大道相违背的原始本质，化去血性浊气，逐渐增长功行，逐渐损减情欲、外缘，损减了又损减，一直到没有任何性格，没有自己的存在。大概来说柔是顺应自然之道的，即顺应时间又顺应天理，逐渐依次运用做功，即能上顺自然，达于大道，老子所说的后其身而身先，外其身而身存，就是这个意思。若不能做到柔和自然、顺时顺理，难免遇事碰着、撞着，心烦急躁，无名火发，甚至不能自我控制，严重者因忧伤烦恼而伤神损气耗精，全身陷于亚健康状态。体内积累日久的精血被无情懊恼、怒火焚毁殆尽，直至一无所有而终久归于空亡，那还能再去有精神去完成修道吗？老子说：专心如一，达到柔和软弱，能像婴儿那样吗？果然能够做到柔弱得如同婴儿一样，则自然可以万缘放下，到达虚空无为境界。知道自己有强于人的地方，但也要时常保持低调柔和的德性，这种良好的品德，只要能善于持守，就好像是不起眼的小溪，因它的低调不争，并且这样永恒的品德就始终和他在一起，就可以回归到婴儿一样的柔和。虽然自己有光明的前途，也要省察自己的不足，谦和地面对一切，这种品德若能永久地守持，那么他的前途将会永无止境地发展。那么究竟什么才是柔呢？有人打我，我则自然地去承受；有人骂我，我自然地笑脸相迎。即使自己有点小病小灾的，也不用去理会它，是是非非的事情，始终也不能进入内心。谦下待人傲气俱除，不良习气逐渐改变。时时省察自己的过错，处处检点个人的不足，小心谨慎地禁戒那些对眼睛有损害的形形色色的事物，同时警惕那些对听力有伤害的声响。安心于现在所处的地位去做应做的事，不生非分之想。不对外界的事物感兴趣，一切世事人情全都放下，不打听，不关心，不知道，所有的邪思妄想全都扫除净尽。古代有神仙警示世人，卸去两脚，高挂壁间，好久不安在身上，并且久坐一动不动，就是这个意思。如此运用柔字，默默地低头做事，不矜持夸耀，不祈求有多么的与众不同，不狂妄荒诞，不自以为是，怀抱元和之气，守护真一不二法门，行动如同婴儿，举动静止如同死去的人，忘掉事物，忘记形体，心灰意冷，每天自然有受益之处。

守 弱
（居众所不敌之地，故成其大胜之道）

老子说：天子、公侯，以天下一国为家，以万物为畜，怀天下之大，有万物之多，即气逸而志骄，所谓贵不与骄期而骄自至。大者用兵侵小，如古代晋灭虞、楚伐随之类。公侯依仗权势欺凌属下和百姓，如春秋战国时的曹共公、卫献公之类。恃强凌弱，尊高傲慢，唯我是从，奢侈阔绰之心志，譬犹暴风骤雨，这种情况不能长久。强盛之气，天地尚且不能长久，何况是奢化僭越之人呢？所以圣明的人以道的理念震慑它，如老子所说"飘风不终朝，骤雨不终日"，非虚静柔弱之道怎能使它安定、禁止？执守其一，无为清静，则减免暴戾之烦气，达到中冲之和气，退居而勿以外物为己有，收心淡泊去除高傲之心，消狂妄之意，心不妄念，行不妄动，见识要小，心念要弱，见识小自能成其大，守柔弱自能制其刚，内心要效法大江大海，百川汇归，有容乃大，江海虽大而又不自以为大，反而谦和而容物，所以它的功德名望，并不因它所做而无声无息，结果反而因其不居功而自受其教化。人若谦和礼让，也会和水一样百川汇归，能体谅、博爱则万物与我为一，如此一来，不求而名遂，不争而功成。因品行而取得众望所归的，终久可以安宁；因为强力所为，克敌制胜的，终因勉强而众叛亲离。所以善于摄生的人持守柔弱，静以存养精神，以期延年益寿。将欲求学，自立自贵，在世长年，必先以爱身，而以德为基，以道为事，则身可长保，身体康健而又长存者是真富贵。安邦定国以国富民强、社会和谐、百姓安居乐业、人民知法守法为治，任人唯贤，权力和选贤任能极其重要，不可以随意而轻忽它，这和修身一样。所以庄子说："轻用吾身，则亡吾国也。"这句话的意思是岂有不善于摄生保身而能使国家大治的。

修养大道必以积小成大，以少生多。不以跬步无以至千里，合抱之木生于毫末，九层之台起于累土。就像学习一样积少成多，从无到有，从弱到强。所以贤能的有道之士，把道开示于天下的时候，往往在微妙、柔弱、较小的事情上通过言行教化大众，拿勤俭朴素节约损己利人和对事物的短缺处去分析见识，也就是因为从小的方面入手，即能成就其大的功德，从缺短处分析见识就能够成就事物的完善美满。俗话说，道以微妙为大，德以损缺为美。故老子说：天之道，就像是张弓搭箭一样，高了可以抑制它向下，如果低下了就可以随即调整使它抬举起来，损伤它的有余部分，调补它不足的地方，让它始终保持平衡协调和谐的状态。

就如老子说的江海能为百谷之王，因其谦下之故也。江海处在地势低下的地方，然而天下之众流悉皆归之，奉养它。所以古代的圣君和贤明之人，都以孤寡、不聪明自居，行卑下谦让，保守清静，言辞谦逊。这都说明高以下为基，不以强势压小，不妄为，不妄言，常寻自己的不足缺憾，以虚心、谦下、礼让、无为、朴实、柔弱为本，以效法江海之所以博大、之所以众流汇归之故。

人能从最低下、最渺小之处做起，终能达到高明的境界；经常发现和纠正自己的不足、缺憾，就会达到智慧圆通的圣贤之地；内心常怀谦下则品德越发增高，自身常有退让之志，行动作为越发上进。踮着脚跟的人站立不稳。奢侈者虽然富裕而多不知足且心性过于强悍，阳刚之气太旺，则阴阳必然失衡而终至于早亡。自满自诩、自高自大的人，终因此而招致自损而灭亡。大风大雨没有超过一天不停止的，如果是小小的沟坎，注之须臾即充盈满溢。

飘风骤雨之因是行使的强悍阳刚之气，所以不能够长久而终至灭绝；小小的沟坎因处在强悍阳刚之气之下，所以也不得不自夺其归属奉侍之德。明智的人尊奉柔弱谦和的自然法则，摒弃骄傲奢侈之心态，不敢有阳刚强势之气。行阴柔谦和之性，就能永久立于不败之地，反而可以超越，最终因柔弱、谦和的滋养，自己的正阳之气因有阴柔的助长，而取之不尽，用之不竭；又因其保持泰定且不奢侈，不高傲，不妄为，不尊大，所以能够长久。因此道家认为只有遵守雌性的柔弱之德，才能有望立于强健的境界。

老子说：天地的自然是物极必反，盈满则缺损。这是指阴阳之气和日月圆缺的道理。我们可以观察到太阳到了中午之时，很快就向西偏斜，每月十五月圆之后，很快就会亏缺。日中则昃，月圆则亏，这是日月运行的自然规律。所以圣明的人每时每刻保持柔弱谦让和平，还时常自我损毁，不敢与人争强好胜，而冲动之气常抑之，不敢自满，虽然时常保持雌柔和弱的心态，而功德却不因此衰减，这是效法天道的结果。原因是时常以雌柔和弱的心态对待万物，并非自己本身就柔弱，而是以此推仁爱与万物，反而是为了更加容易地驾驭万物、领受万物。自然界阴阳二气始终是按消息升降的法则来调和的，圣明的人能够效法这样的规律，所以他们的圣明功德日益高深。人的性情大都是喜好尊高而厌恶低下，喜欢有所收获而讨厌有所损失，喜欢对自己有利的事情，而躲避不利的事情，喜欢别人奉承，而厌恶他人的砭毁，喜欢接近富贵而厌恶贫贱，大家都这样去做，所以始终也不见有所受益，偏执地期待也终究无所得。万事万物的发展都不是一成不变的，随时随地变化是事物的本性，从长远的道理讲，万物都享受天地阴阳五行之气，其生生化化的内涵是基本均衡的，这就好像人一样，只要生长在这个世界上都有他一定命运造化，不论他富贵贫贱，命运精彩或坎坷，同样有生老病死之苦，即使生活环境有差异，但同为天地间之过客，而这个时候对于喜好的、厌恶的，还有什么分别呢？而那些尊贵的富裕的荣誉和利益更是不可追求，其结果大家在世同样是百十年的寿命，三万天的时间，岂是那些好恶偏执的人能得到的吗？所以明智的人效法天地自然之道，不为外物所诱，顺应把握自然规律，虽然不见其有所作为，却依时而成，没有那么固执地去做，却也自然得到。人们同样有七情六欲，这是天赋之性，每个人都是一样的，只是修养的人，虽与众同情，但与众所从事的事情，以及与众人的喜好和厌恶之心不同，所以他们能够成就长久的功德。上古三皇五帝时期，大家熟知的一个对众臣属的敬戒器皿，它的名字叫宥卮，当这个器皿空虚的时候就端正，一旦它充盈就会倾覆。

自然界和人事的道理是一样的，事物到了极点时必然走向反面，太阳到了午时之后很快就要向西偏移，月亮到了十五圆满之后接下来就是损伤和亏缺了，人事往往是乐到极点时悲伤就跟着来了。所以世间真正聪明智慧的人，都表现出和平常人一样的状态，甚至于比常人还有点愚笨，俗话说：人至察则无徒，水至清则无鱼。匿耀藏辉反是天地间的和气。

即使是多闻博识、高论辩才，也同样要遵守俭约、缄默，若以矜持自大显现则必反招屈辱，常守以谦下柔弱则必无失。又若以勇猛武力坚毅之性，而以畏惧、退守显现，这是说轻视乱人必然失败，运筹帷幄重视对方，常保胜利。既富且贵，事业广大，常守以和，若骄傲盈满，每天都会有危险，谦虚损己利人，每天都会有吉庆。把功德施惠于天下而不自居其功，常守以谦让而就下，这是明白自居其功德、自高自大必然物极必反，有丧身损命的危险，把功绩推让与人，与人和谐相处，才是十全之道。这些道理都是古代圣贤明君能够享有天下的缘故。享有天下的君主是至高无上的，如果在这么极高的位子上，又且享受极大奢侈的私欲，会在顷刻间覆灭。不明白、不遵守这些道理的人怎能够拥有天下呢？懂得这个道理的人，在做任何事情之时，不论有无功德，都不会单独突显个人，不因此而自高自大、自誉自满。只要常保持不自满，以谦虚中和、怀柔的心志，就能改善内心和生活环境，并以此而达到资助品德、修道养生的崭新未来。

老子说：善于摄生的人，效法自然规律，顺应社会潮流，以天地为心，与阴阳相为表里，遇阳则开，遇阴则闭，依时休息，身心合于自然，与天地日月迁移，应物之变化，不以人事之乐为乐，反而背于人事之乐，以至于无乐。然而能达到无乐之时，才能感受到无乐之中的无不乐，即为真乐。此乐在无可无不可之时，名为无乐，实为常乐，此无乐实即乐之极致矣。世间有乐极生悲之叹，即是说乐之所存处哀之所发处，只要忘掉所谓的快乐，何以能达到它的极处呢？悲从何生？就是说以内心之乐来观看外界的事物，而不因为身外事物的缘故影响到内心的世界，也可以说：以内乐外者，我欢快喜悦而对外物有博爱之心，以外乐内者，事物的变化影响到我而乐。所以说，双方同样有过失、有遗憾、有失落的，因两者同病相怜而相为扶持，反而达到失而复得的效果。也有自娱自乐的人，即是说他们的志向远大，以天下为己任，超然于万物之上，他们的可贵之处是以终生的功德来奉于天下之事，做有功于国、有德于民的事情，的确是值得尊重的，这样的原因是因为心里有这个天下。所以为了天下，这个要点不在于别人怎么做、怎么看，而全在于我本人，换句话说，不在于其人的言语如何说话，而在于其身的如何修为。儒家说：修身齐家治国平天下。修身是第一位的，也是最最根本的，身修则一国之象完备，完备则天地万物备矣。道在身中，万物莫不备于我身，则天地万物莫不得，得万物者与之为一，体合天地，天人合一，即人原本之心术，嗜欲好憎，尽为弃物，所以自然就达到上一层心境，即是说没有所谓的喜好，没有所谓的恼怒，没有所谓的快乐，没有所谓的痛苦，心身与万物等同，无是无非。是非本来生于内心的好恶，心与物同，私我之心则无矣，也自然没有收获与遗失，是非自然尽除。如此一来，不用等待权势到来而自然尊贵，不必积累财物而自然富裕，不需要自己有多大的能力而自然强大。不接近财物，不贪图权势名利，不因为显贵才安心，也不因为贫贱而低人一等。

人在生活中，一旦找到自己的位置，有了自己的爱好和追求即刻以沉迷其中，安其处，乐其习，身心安然，外物不能干扰，还有什么需要依托的呢！就好像人的形体，精神气血，心志各居其位，四者相安和平，内心清静，心志柔和，气脉畅达，不会因外物扰心而使之紊乱，这是社会上普普通通的男女都可以做到的事情，更何况是善于养生且有品德的人呢。形体是生命的宅舍，气血是生命的元本，精神是生命的主宰，一旦平衡打乱，则内养失调，三者都会受到损伤。所以形体以精神作为主宰，而形体依赖于精神且得到精神的调节而有所便利。如果以形体为主宰，那么精神依赖于形体，则不知高下深浅，肆意妄为，贪欲充斥胃肠，反而为害。

贪婪多欲之人，依仗权势，追逐利益，贪求名誉，即使有过人的智慧，权利熏天，然而精神因每日的算计而日益消耗，因众多的应酬和爱好而体质日下，外界的诱惑、内在的欲望永不止息，日久则神魂颠倒，迷惑之至，流浪生死，迷途不返。

人的精神志气，需要日常的静养来补充能量，心烦意乱、事务繁多，不得清静，则日见耗散逐渐衰老。所以人的身体需要劳逸结合，人的心思精神也要劳逸结合，心与身、精神与形体就和软件与硬件一样，不可分割，不论脑力或体力劳动都要注重劳逸的结合。然而不论做什么工作，在一天之中，人们往往是心思和精神用得最多，譬如汽车一样，虽然不见它行走，但它只要发动起来，就一样在耗损汽油。人也是一样，真正的清静是无思无虑无为，致虚极守静笃。

善于养生的人，能够恒久持养其精神，和弱其元气，平夷其形体，而且永远与大道自然之性保持一致，如此一来，修养就和天地日月自然混合为一，心身灵动随自然变化而变化，且与自然变化相偶合，与所化而合，与所变而通，则万事之变无不感应也。

守 朴
（不加欲与性命之分，而深乎变化之根谓之朴也）

老子说：所谓的真人，他们的性情与大道相合。《黄帝内经》批注说：真人，谓成道之人也。夫真人之身，隐显莫测，其为小也，入于无间；其为大也，偏于空境；其变化也，出入天地，内外莫见，迹顺至真，以表道成之证。凡如此者，故能提挈天地，把握阴阳也。真人心合于气，气合于神，神合于无，故呼吸精气，独立守神，肌肤若冰雪，绰约若处子。真人之机体与太极同质，体同与道则寿与道同，故能无有终时，而与天地同其长久也。这即是他与大道同生，唯至道生，乃能如是。

真人之性情合于道，大道之性在恍惚杳冥之间，有而若无，实而若虚，虽事物皆实，而真性不知所存。虽然是治其内不治其外，但是未有内已治而外欲者。

太极阴阳自然的运化，是无为之为，无为之为就是自然朴实而体道修真之士，动静之间亦在于虚静空白之域。把握朴实，体元气之本，抱变化之神，居物象之先，是谓游行于天地之根。茫然徜徉于尘垢之外，逍遥乎清静无为之境，性情无有尘垢所污，直以无事为常，机械智巧不载于心，没有世俗的尘缘牵累，不随波逐流。心中本虚静无物，何有患害瑕疵可言？正如禅宗六祖慧能所言："菩提本无树，明镜亦非台，心中本无物，何处惹尘埃。"而性与道合者，又岂能受外物所扰？即使处在是非场中，也只是观察事物的变化发展，却仍然司守其大道的根本宗旨，心身合一，形神化一，心意内守，专气质朴无杂，内外通达偶合于一而不异。老子说："若之得一者，天得一以清，地得一以宁，神得一以灵，谷得一以盈，万物得一以生，侯王得一以为天下贞，其至之一也。天无以清将恐裂，地无以宁将恐发，神无以灵将恐歇，谷无以盈将恐竭，万物无以生将恐灭，侯王无以贵高将恐蹶。"

守朴之人居止虚静而不知有所作为，外出行游似也无甚目的，然而他们却不用学习都能明白，没有意识地观察都能看到，他们能与物同和，与物自见。他们因为顺应自然天道，看似无所作为，其结果却能如愿以偿，虽然平时没有发现他们如何治学和经营，却能随品物类别来区分辨析。他们好似凭感觉而响应，当应则应，当动则动，或者不得不为、不得已之时才前往应事接物，常把握分寸，未尝超出事物萌发之始，他们的动静如光之耀，如影之效，纯粹之体，清而能照，虚而能应，一切遵循道的法则，做任何事情都胸有成竹，有如等待事物的到来一样。朴实内涵使人胸际广廓而虚灵，心神清静而无物，这是心室中藏神的真正本体。与众生同呼吸，与万类为一宗，积精累气而不使之耗伤，精足神旺而不予使用，不使而同可谓至精，不行而通可谓至神，保持质朴浑融，精神则因其无所想象而其寝不梦，其觉无忧，其智慧心境不先于事物而萌生虚幻，他们的动作形象玄妙清静而不可见，他们虚静无为之时心念不会依赖于形体而即刻入静，内心无人无我，无是无非，无外无内，内外为一，混沌氤氲，存而若亡，生而若死，精神与天地混融，随心意之所出入，出入不因山石川泽而有阻碍，可行于秋毫之隙，也可游荡于万里之云天，精神畅达而与道冥合，行住坐卧不离道，日日夜夜和气接物，无有间隙，身合于时，心合于道，精神与鬼神合吉凶，形体同于万物而有衰老之时，精神同与道而长存。

水火五行的性质和相互间的生克关系决定了同性相斥，同性质的不能主宰同类，所以同类之一的化生不能决定所有同类的变化，非同其类的方能有所变化，以不化之体而去应对千变万化的事物，是无始亦无终的事情。万物从出生变化至老死，即是从无生有，又从有回归于无。自然界的万物万事，自滋生之有复归于无形，无形是它的原来面目。老子曰："夫物芸芸，各归其根，归根曰静，静曰复命。"即是说生命的原本是无，是元气，是大道所赋予。不变不化的与天地同其体性，所以天地间滋生养育万物的，从未见到它们有死亡的时候，然而被滋生养育的万物，也从未见到它们能够长久存在的，只是从出生至壮大，至衰老，至死亡的过程。那些使万物能够变化的，它们却从来没有任何的变化，而被它们变化的万物却随时在变化，它的内涵可是到了真人的境界，纯粹是道家清静之道的核心体现。

守 灵

灵的思想理念，就好像是屋舍的主人，有屋无人住，日久必然屋坏而渗漏，精神的宅舍自然颓败。王冲熙先生说：一灵真性玄妙莫测，大千世界因而圆通自在。其实这话原本出自紫阳真人张伯端，过去紫阳张真人得到刘海蟾真人的传授，两人既有高明的见解，也有深刻的认识。紫阳真人抓住机遇灵活变通，心境与世人和光同尘，圆陀陀活泼泼，纵横自在，无拘无束，所以成道，与他人的心志大有不同。在道教历史上紫阳真人成为开创道教修道丹法的南宗初祖。大概对于修道养生来说，思想意识应圆通而没有牵挂阻碍，随事应物，顺应自然，无人我，无方圆，无小大，无高低，无刚柔，否则心性不灵通。不灵通则固执己见，执着于空寂。心性固执，说明内心有滞碍，有留意，有怨有欲，有是有非，有喜有好，有人有我，不能完全放下。如此固执就说明心性不够灵通圆活，此圆活又非是奸诈计谋、聪明机警，此圆活多指内心无碍，心中无物，虚无清静若太空然。若固执则心性必然不通，不通则遇事或修养之时，不是失之太过，就是失之不及，太过不及即是失去了中正平和之道，又怎能入于静定虚无、恍惚杳冥之间？运行火候恰如在无为自然之内，倘若不能如此，必然会在修养之时进退失于节持，分寸把握不定，急缓失于度量，过多过少，过长过短，失于调控，致使自身阴阳错乱，离道反而越来越远了。那么说：什么才叫灵呢？胸有成竹，先于时机，把握时机叫作灵；主意不等到身心发动就提前有意识去迎接就是灵；能追忆摄养先天叫作灵；能分析剖判后天就是灵；能调和性情，做到外圆内方叫作灵；身外披着破衣烂裳，内却怀着美玉的纯洁，能做到放下对外的一切诱惑，而心如死灰，神智慧明却圆陀陀的也叫作灵；虚静无为，返观内视，降心隐秘，省察觉悟，修炼心身等待天机洞开叫作灵；窃取天地自然的造化，从虚无中持守有的动机也叫作灵；对人对事对物，不欺不瞒叫作灵；生活中应事接物，事来则应接，事去则清静，常应常静，常清静叫作灵；有虎狼之凶猛，却有博爱之心而不伤人叫作灵；龙不行云吐雾而归于和谐也叫作灵。丹经书中有："龙从火里出，虎向水边生。"意为水火既济，自然和平，龙东虎西，水北火南，和合四象，自然打成一片，归于一炉，炼性自然与道同化。修道养生的人如果具备以上的任何一个方法，在运用中就可以动，可以静，可以刚，可以柔，诚实信用恰得中和，和谐正气得当，性情身命得于合和完善，自然功德圆满。所以修养之人必要常反省自察，回光返照己身己心，一天十二时辰之中，莫要使自己迷昧不清，还须时刻检点当前，若生活中磕着撞着，必要自醒自悟，心境如同空旷的山谷，呼喊就会立时响应，如同是金石做的钟磬一样，敲击它就立时声鸣，又如同是宝镜照物，照着的东西立时可以看见。身心虽在寂静不动的状态，但虚静之极处则生动，有感动就可以立时气脉灵机通达，这种现象是修养家聪明智慧的人才能体验到的。灵的理念方法，没有具体的火候、尺度，也不像炮制药物那样有火候、斤两，也无始终次序去掌握它，但是只要按以上说的去实行，功夫做到家了，了决性命的办法，就可以按此理去行持解决了。即使这样说，但是真实的灵动性是不容易明白的，也是不容易把握的。不容易明白是说的不可以有心有意地去寻求，也不可以从无心无意中去得到，若有心意去寻求则执着于有为了，无心意去寻求则又停留在无为的状态。不容易把握它的原因，并非是勉强而为，也不是顺应事而去有作为，若勉强地去有为，那么这个灵动性就不真切了，若顺应事物的天然而作为，则这个灵动就不是真正的灵动了。应该要在有为与无为，不拘于形式现象上去把握，逆境顺境两者并用，天机活陀，神智圆通，这样则灵动的方法就得到了。只是唯恐人们不够认真，放弃正确的一面而入于邪径，不是沦落到中下二乘，就是又回归到执着于外相，非但没有什么益处，而且对自己的修持又有害处，难道还不够可叹吗？

守　和

和的理念，就好像是修道的门窗，门窗的作用是光明通透，绝对没有遮盖和阻碍，出入便利，开关有时，防止外来又谨守内在。有人说：礼义的作用，就是以和为贵。《中庸》说："和的大义，是可以让天下人通达和谐的大道理。"大概的意思是，若做不到和就不可能再有礼义，不和就不可能使人与道相通。和的意义不分大小，不分内外，没有边际，没有形色，天得了和就会四时风调雨顺，地得了和就会万物生长，人得了和就会使心性与形体相和。所说的和为通达之道，的确不是虚假之言。所谓的和，就是通畅顺利愉悦、从容舒缓。想修道养生的人，缺少和的理念是不可以的。过去达摩祖师看到中华神州有大乘之象，就来到中国，以传扬佛学，"庄严国土，利乐有情"，这是施行和的理念。六祖慧能，不思虑善念也不思虑恶念，尚且觉得修行不够完善。后来隐居四会，经常和猎人在一起，以扬佛劝善戒杀放生，这也是施行和的方法。还有河上公隐居在田园苗圃之中修行，缘督子隐居在商人之内，王十八隐居在仆人之列，这都是在修行之过程中与众人混俗和光，依然在世间混同于百姓之中，而修行出于世间的办法，也即俗话说的"小隐隐于山，大隐隐于市"。所以说，善于运用和理念的人，不做惊世骇俗的事，不做抛头露面求名利的事，不呆板固执，不会行事偏颇，随方就方，随圆就圆，内有刚正的理念，外有和柔谦让的和气，有高深超凡的智慧却给人以仆实憨厚愚笨的印象，有精明乖巧的技能却给人以木讷笨拙的印象，他们的真实行为在于潜心修持、缜密炼养，没有人能了解他们。假如他们的行事只有自己没有他人，言行举止，固执己见，行为不是失之太过，就是失之不及，想让他们做到窃取天地阴阳的造化，混合自身充实自身的阴阳，从无中炼出个有，从有中又回归于无，对他们来说，就难上加难，难于上青天了。那么什么叫作和呢？礼貌谦虚对人恭敬，谦虚恭敬自然表现出了自己的渺小与不足，心性平静柔和，烦恼暴躁全都没有，忿恨恼怒从不滋生，能大能小，能强能弱，没有人我的差别和时间长短的概念，没有荣华富贵和清贫低贱的区分，变化掉与生俱来的气质禀性，消除对待人物是非的嫉妒之心，言行依理，动静依时，没有喜爱没有厌恶，没有无名之事，没有怪异荒诞不经之事，没有虚伪欺诈，巧言令色。和的方面极其多，只是在于天机智慧活陀精神圆满，因物因事、随时随地而变化罢了。修道养生的人以和为贵，速将人我的分别放倒，急需勤行修持，将以往高傲之心、滞气血性、固执小见、偏性偏识和一切不平不顺不中不正等事一笔勾销，重获一个和乐性情、温柔姿态。返还内照，神明默运，以求先天至真之气，点化后天至浊之体，自然之气混合，动静自如，还我本来良知良能的自然天性，同登圣贤仙人之基。先贤有云：谦虚的人，经常会有所受益，自满的人经常会招致损伤，学道养生的人也要自我勉励啊！

符 言

老子说：道是至高无上、至深无下的，它平如准，直如绳，圆如规，方如矩，包裹着天地却无表里之分，洞达如同有覆盖而无所阻碍。因此，体道的不愤怒、不喜悦，坐下来没有忧虑，睡眠时没有梦幻，见到物类再去命名，事情到来再去应和。

符以显示信誉，言语用以达到真诚。世人有说符命、符玺、金符、玉符的，因其能显示信誉达到真诚，此感彼应，所以名为符言。大道高下没有穷极之处，远近皆能贯通无碍，无形象，无名姓，却有情有信。圣人体道，因没有私心故无喜怒，见物而命名，事至而应接。不用说话的说话，可以符来显示信誉。

老子说：想要自身成就名誉的，必然生出事端，事端滋生就要舍去公平而成全私利，违背大道而听任自己，见美誉而行善，为立名而贤能。这样一来，治道不能顺理，事务不能顺时，治不顺理必然多有责难，事不顺时必然没有功绩。妄自作为倘若要有成就，而功绩不足以受到阻塞责难，事情败坏反而足以泯灭性命。

名誉是杀身的器物，圣人所以要戒除。想要成就自身名誉的，必然违天悖道，舍公济私，要誉立名，生事害众，所以治道不顺理，功绩不能掩盖过失，事败灭身，确实如此啊！

老子说：不要作为名誉的尸骸，不要成为谋略的府库，不要被事物所牵累，不要被智慧所主宰，隐藏于没有形迹之处，行动起来没有停息之时。不因为福而先自妄行，不因为祸而始先退却，开始于无形无象无痕无迹，运动于万不得已之时。想要就福先要避祸，想要私利首先远离伤害。因此说：有作为地要得到安宁的，如果反而有失于所要安宁的条件，就必然危险了；有作为地要达到治理，如果反而有失于所要达到治理的愿望，就混乱了。所以说不要想着做贵重的美玉，还不如从低廉的顽石开始。那些有着美丽纹饰的野兽皮，必然被人剥下来；那些犄角美好的动物，必然被杀死。甘甜的泉水必然被喝干，高耸的直木必然被砍伐，华美的言语后面必有隐情，石中含玉被开凿必然伤害山体，百姓的祸患常因言语不当而招致。

善恶之报，如影随形，作善降下吉祥，作不善必降灾殃，恶行不可以去做，名誉可以寻求吗？寻求安宁的，安宁丧失就有危险；寻求为治之道的，治道丧失必然混乱。这就像有着华丽纹饰的兽皮必定被人剥下来，身上长有犄角的动物也必定被人杀害，没有不是因为自己招致的。

老子说：依时而行，动作就要顺应时代的运行，不通晓道的人，把福看作是祸。以天为盖则无所不覆，以地为车则无所不载，善于运用道的人始终没有穷尽，地为车辆，天为覆盖，善于体道的人始终没有祸害。陈设五行必有胜克，天体的覆盖无不相称。所以说知道的说不知道，这是高尚；不知道的说知道，这是有病。

天为伞盖则万物无所不覆，地为车驾则万物无不被承载，天地对于人的恩惠是无穷大的了。圣人效法天地，顺时而行，有运动必然依从，就好似那五行之间有相生相克的关系。善于体道的人，知道的并不去说知道，这是高尚啊！不知道的却说知道，这是有病啊！

老子说：山中生金，石中生玉，反而因为金玉之故而被开凿，木中生虫，反而又被虫所食，人类滋生事端，反而被事端所害。那些好事的人，没有不被事端所伤损的，而那些争利的没有不因此困穷的。善于游泳的常被淹死，善于骑马的常被摔伤，因为自己的爱好伤了自己。得到在于时运不在于相争，治政在于有道不在于能力。土壤处下，不与他物争高，所以安居而不危险；水流向下，不与他物争速度，所以运动起来并不迟缓。所以圣明的人没有执着的事情，因而就没有过失，没有人为地争强好胜就没有失败。

天地人物相互效法相得益彰而为生养之本，效法得恰到好处的就安定，效法得失去常理的就有祸害，所以说食物既能养人也能害人，百姓能爱戴君主，也能悖逆君主。因此仕宦们立法创业，以便合理使用民力，开始如果有利于业绩，后来没有不因立法而自己伤害自己的。明白了得到在于时运不在于争取，治政在于有道不在于能力和聪明，如此就没有因为相互效法而有损失了。

老子说：一个字是不可穷尽的，二个字就成了天下的宗旨，三个字就可使诸侯称雄，四个字就是天下可与之相当的。信，为一个字，就是不可穷尽的道理；道德，二个字，就是天下的宗旨；举贤德，三个字，就可使诸侯称雄；恶少爱众，四个字，就是拿全天下可与他相当的。

言语虽少而贵重，行为虽少却善于纠正失误，在于行为并不在于言语，掌握了大道普天下之人都来向往他，在于有德并不在于险难。唯有言语好招惹是非，为何不谨慎呢？

老子说：人有三种死法，并非是生命活到尽头了。饮食没有节制，伤害了自身，疾病共同杀死了他；以处事为乐，而且没有休止的时候，刑罚便共同杀死了他；以寡少触犯众怒，以弱小欺凌强大，争战便共同杀死了他。

有生就必然有死，哪个人能避免呢？若不是寿命的定期而死亡，岂不悲哀吗？嗜好欲望大多因病而死，利益的欲望大都因刑律而死，强暴残忍都是因兵祸而死，虽然三种死因不同，但死于非命的原因是一致的。老子说：恩施厚重的，他的报酬也是美好的，积怨广大的，他的祸患也必然加深，微薄的施惠而祈求有厚重的回报，种下怨恨而又想让它不发生祸患的，还从来没有过。观察他所要去的地方，就知道他最终的结果了。

施行果报的道理，很简单分明，世俗所谓种瓜得瓜，种豆得豆，施恩与积怨的报应，道理是一样的。

老子说：探究天命，治正心术，调理好憎，适宜性情，就可以说治政之道已经通达了。探究天命就不会被祸患福惠所迷惑，治正心术就不会妄自激发喜怒，调理好憎就不会贪图无用之物，适宜性情就不会有过度的欲望。不被福祸所迷惑则动静顺应事理，不妄自喜怒则赏罚不因人事所左右，不贪图无用之物则不因欲望有害于性情，欲望不过度则知足，又达到养生的地步。大概这四个方面，不用向外索求，不用使用人情，而是反求于自己就得到了。

天命、心术、好憎、性情，四者若能通达无碍，就如同月亮在水，亏盈圆缺，随月象而见形影。心术邪正，必然是或福或祸在紧随着他。

老子说：不要追求巧诈的行为，不要憎恨别人的非议，自己要修养足以称誉的德行，更不要祈求别人来赞誉自己，不能使祸患不来也不能去寻找祸患，不能使福惠必然来到，也不能因福惠到来而辞让。祸患的到来并非因自己之故而滋生，所以即使是穷困也不忧伤，福惠的到来并非是自己所促成，所以即使自己通达了也没有矜持的心态，因此闲居的时候也快乐，不因作为就达到治理。

即使信任有何可求，非议自己有何可憎？德行是由自己造做，非议由他人论说，因此说：美誉的也不用劝止，毁伤的也不要沮丧，闭居而快乐，治理不用有作为。

老子说：体道的持守他已经拥有的德性，不去寻求他没有得到的东西。如果寻求他尚未得到的外物，那么他原有的德性就要消亡了。如果遵循着他所已有的，那么就会得到他所期望的。治政未必就不混乱，而有为的事情也必然存在着危险。行为未免不可能是没有非议的，然而急于求取名利的也必然会遇到挫折，所以说幸福没有比无有福患更大的了，利益没有比不损失更大的了，因此说事物有时因为崇养它却得到损伤，有时损毁它却受到益处。

体道的不可以劝勉就利，然而可以安神定志避免灾害。所以说常无祸患的却不常有福惠，常无罪咎的却不常有功绩。道是深远冥渺、顺应自然的，无私无欲，无形无象，无始无终，与天同气，无思无虑，没有辅设，没有储存，来的时候不去迎接，去的时候不用送行。人情世故虽然是有东西南北之分，而我却独自地立在中央，所以处事永远不失于正直，虽然与天下人同流却始终不离开道德的领域。不彰显良善，不躲避丑陋，而是遵循天道的自然规律，不先于事物的开始，不主观专断，仍然是遵循自然的道理，不预先计谋，不放弃时机与自然之道契合，不祈求有得，不拒绝福惠，依照自然的法则，内心不求异常的福惠，身外没有畸形的祸害，所以祸福不从自身生出，哪里还有他人残害呢？所以有极致德性的人，言语与人同路，行为与人同福患，即使有尊高的职位，也与人同心同德，没有偏见和分别之心，至于那些道不同的就自然遭退了。广进善言，广行方便，这样百姓就有了行使大道的方向了。

贪得无厌，忘记损失，是众人相同的疾病，没有欲望就能达到清静，这样就可以称为至人了。道理都在天下人心，没有必然的、肯定的事情。持守自己已有的，那么尚未得到的有可能会来到，寻找尚未得到的，那么他原有的或者就会消亡。因此有道的人，内无思外无求，所以内无奇福，外无奇祸。遵守自然的法则，他人岂能残害我吗？

老子说：为善的人就要加以勉励，为不善的就要省察自身有否过失，勉励人就会增益其可贵之处，省察自己就会有忧患之心，所以体道的人不可以进取而求得名声，却可以退让下来而修养身心。因此圣人不因行为而求得名声，不因智慧而求得美誉，治政顺其自然，自己无所授予而作为的，有所不能完成，寻求的有所不能得到，人有穷究而道路却不能通达，这就好比是有智而无所作为与无智同等结果，有能力而无所事事与无能力是同等功德。有智如同是无智，有能如同是无能，道理通晓明白了，而人才就被无辜地泯灭了。普通人与体道者，不会两者兼顾地明白，人若偏爱名誉就不用去体道了，体道的战胜了普通人的名利之心，那么名利之心就自然息灭，倘若体道之心被息灭，那么名利之心必然彰著，这样就危险了。

为善的人不求福惠而福报自然到来，为恶的不求祸患而祸患也会自然地跟着他。遗臭万世和流芳千古，也是有差别的，因此偏爱名利的心重，那么自然心意就不在体道上。体道深厚的，自然不会看重名利，这就是天与人分别有不同的原因。

老子说：让诚信的人分财，还不如确定份额而使用抽筹。为什么呢？有心于财产的人对于公平来说还不如无心的更实在一些，让廉洁之人守护财产，还不如关闭门窗把它全都封闭起来，因为有欲望的人对于廉洁来说，还不如没有欲望的更可靠。被他人指出脸上有斑点，就会怨恨人家，若自己用镜子照出来不以为丑，反以为美。人若能做到应事接物没有好恶之分别，就免于被事物所牵累了。

分割财物，使用抽筹之法，即是说有心还不如无心于财的反而公平；守护财物，使用闭塞门户的方法，即是说有欲望的还是不如无欲的廉洁；指出脸部缺点的就要遭受到怨恨，在别人看来那不是可爱之处，拿镜自照却以丑为美，因为是我自己的就看不到缺点，反而要爱护它。唯有应事接物之中没有私心杂念和人我美丑之分的，因我无心，也就谈不到什么优缺点了。

老子说：大凡侍奉人的，不是使用宝币，就是用谦卑的言辞取悦于人，如果珍贵的宝币用尽而被侍奉的要求还未能满足时，就不免卑躬屈膝和言辞恳求了，倘若凭借论说而交情不能结，即使是誓盟得以约束，但是往往在盟约的前期就会反目背叛。因此君子不在身外修饰仁义，而只是着重于内修道德，治理好国土之内的事务，尽其地方的所有，勉励人民守护土地，坚固城郭，上下一心，建设国家。就是说为民的不征伐无罪的人，为利的不夺取难得之物，这就是保全国家之道，也是利益人民之理。

侍奉人的，拿贵重的宝币去交结人心，如果宝币用尽而期望没能达到，就必然用卑下的谦辞和卑躬屈膝的行为与人相盟约，而这种盟约是不可靠的，往往会在盟约期限的前几日违背誓盟的，所以说：只有内修以道德，使上下一心，才可以守护国土，保卫人民，这样为人之道就完全了。

老子说：圣人的内心是不可以战胜的，普通人的欲望是不可以战胜的；君子行使正气，小人行使邪气。内心适宜于本性，外与义相契合，遵循道理而动，又不因外物所左右的就是正气；根据好恶挑选口味，放纵于声色，喜怒不节，不顾及后果的，就是邪气。邪气与正气相互伤损，欲望与本性两者互害，其势不可共存，必然要兴起一个废除一个，因此圣人除去情欲而顺从本性。眼目好色，耳朵好声，鼻子好香，口舌好味，色声香味合起来使人喜悦，总的说来人们还是不能脱离利害嗜欲。耳目口鼻并不知道所有的欲望都受内心的判别制约，各自都得到色声香味的适宜，从这里观察它们，欲望不可以战胜已经很明显了。

道心与人心，天理与人欲，它们之间是有层次区分的。如果理胜，那么所作所为都是自然而然的事情了，如果欲胜，那么所作所为都是人为的事情了，这又是君子与小人不同的区分。理与欲相克制，邪与正相伤害。君子都不去作为的事情，更何况是圣人呢？

老子说：治身养性的人，起卧有节制，饮食有适宜，喜怒有调和，动静有便利，正气受纳于内，而外邪之气就无法侵入。如果装饰美化外在的感官，就必然使内在的正气受到伤害，扶持放纵情志的，必然要戕害到精神。外表有纹彩的必然是在隐藏他的本质，一时也忘不了自己是贤能的人，必然被自己的心志所制约，百步之内不忘自己容貌的人，必然被他的形象所牵累，所以羽毛丰美的鸟类身体必然受到伤害，枝叶茂盛的草木根干必然受到摧残，内外兼顾两全其美的，天下还没有。

修真体道的人养神，普通百姓养护形体，注重在内的有所受益，注重在外的有所忽视。远声色，薄滋味，这是养形之道；绝思虑，守精气，这是养神之道。治身养性的人要内外兼顾，岂能以声音笑貌来谈论治身吗？

老子说：天有日月的光明，并不担心人民有居处晦暗的时候；地域有财富，并不担心人民有贫困的时候。有极致之道的人，隐居如丘山，巍然不动。行道的人以他们为榜样，端正自己，自食自足，不接受他人的恩赐，也不是为了救济他人，所以能安定而长久。天地是法于自然而然，没有给予所以没有掠夺，没有恩德所以没有怨忧。善于愤怒的人，必然有太多的怨恨，善于给予的人也必定善于侵夺，唯有随从天地一样自然而然，才能战胜这样的理念，所以见到有美誉的时候就必然紧随着诋毁，看到善行的时候就必然有恶言相向的话跟着。利益是祸害的开始，福惠是祸患的先导，不寻求利益就没有祸患，自身得以保全，就是常享富贵的寄托。

圣人的光明普照海内而人民不能昏暗，财富藏于天下而人民不会贫困，顺应天地自然而然，听任万物自生自长，没有私心给予就没有公心夺取，不轻易赏赐就没有惩罚的重刑，看那富贵如同浮云一样，就可以保全人性的天真了。

老子说：圣人不穿奇装异服，没有怪异的行为，服饰没有杂色，出行不显示自己，和普通人一样而不奢华，即使穷困也不猥琐，荣耀而不彰显，隐居而不屈辱，特别而不怪诞，和众人生活相同却无法给他取个名称，这就是所说的大通。

老子说：体道的人，正己而等待时运，时运到来不可迎接又不可失去，时运去的时候既不可追回又不可牵拉，所以圣人不用激进即刻求得，不用谦退即刻礼让。顺从时运三年，时运离去，我仍如以往所行；时运离去三年，时运在我身后。无迎无追，无从无就，独立其中，安处其所，天道无亲无疏，天远无近，唯有德性的人，才能得到福惠的眷顾。福惠的到来并不是需要自己去求取，因而不炫耀功劳，祸患的到来并不是自身所招惹，因而不用后悔自己的行为。内心恬淡，处物不能败坏其德性，以至于情真自信，狗吠不惊，精诚得无非分之念，所以说通晓于道的人不因外物而迷惑，知道天命的人不因得失而忧虑。帝王死后把尸骸潜藏于原野，当要追忆祭祀的时候却在殿堂之内举行仪式，这说明精神比形体尊贵，所以精神制约形体的就适宜通顺，形体制约精神的就穷竭窘困，聪明智慧的运用，一定要返还于守神，即是所谓的大通。

道化天地万物，是天下共同的宗祖。圣人正己等待时运，时运到来，时运离去，不送行不迎接，独立于中央，以安定四方，不炫耀功德，不后悔行为。他的内心恬淡自然，通达于大道，冥合于天命，聪明虽然使用，必然返还到精神中去。

老子说：古代体道养神存性的人，乐德而遗忘卑贱，所以功名不能撼动他的心志，乐道而遗忘贫困，所以利益不能触动他的心性，因此谦和而能快乐，清静而能淡泊。拿几十年的寿命去忧虑天下的祸乱，就如同是在忧虑河水的干涸，想用眼泪补益河水的干涸吗？因而不去忧虑天下的祸乱，而以自身得到治理而快乐的人，可以和他谈论大道了。

道之尊崇，德的可贵，使人内心愉悦，而且养神存性，延年益寿，所以不会因为贫困卑贱而动摇心志，自身得到了治理，那么天下就不足以担忧了，岂能用不到百年的寿命，过度地为天下和身外之事担忧吗？

老子说：人们有三种怨恨，爵位高的，人们嫉妒他；官职大的，主上厌恶他；俸禄厚重的，人们怨恨他。爵位越高的人，越要心中有百姓；官职越大的人，内心越要谦让；俸禄越厚的人，施舍得越要广博。从这三个方面修养，埋怨愤恨就没有了。所以说：尊贵的以低贱为根本，崇高的以低下为基础。爵位尊贵而志气骄慢，人们必然要嫉妒他；官职高大气势强硬，主上必然要厌恶他；俸禄厚重不知博施，人们必然要怨恨他，这就是高与下相互倾覆的道理。唯有谦卑好施，尊贵而不遗忘下贱，崇高而不遗忘低下，才会没有怨恨和忧虑。

老子说：语言是沟通自己与他人，用以交流交际而产生互信的工具，听闻的人也是为了沟通他人与自己之间的交流的。倘若既哑又聋，那么与人交际的道路就被阻滞了，故而有既哑且聋的病人，不知道与人沟通。难道说唯独在形骸里有哑聋之病吗？也有内心被堵塞的，不知道如何开通，这和形骸有哑聋是同类疾病。大道是万物之宗，有形象的都是大道所生养，他们与道都是亲戚关系，饮食谷物，呼吸空气的，都一样地长寿，做了国君的，同样给百姓们带来了恩惠。那些明智的人学习他们，即使做了师长，同样明白这个道理。人们都拿无用的东西伤害有用的东西，故而智慧不能广博而每天都感到有不足之处。在与人下棋的时候询问道理，反而听闻和见识就愈益高深了，如果每天不听不问，就如同是聋哑与常人的区别。

人体受形而有生，这是亲恩之德；餐谷而长寿，这是君恩的施惠；由学习而明理，师长之恩德；长大成人，身躯也是可贵的。言语是内心的发声，是沟通自己与他人的工具，没有语言就不能与人进行沟通，不是语言就不能听闻，语言如神一般重要啊！如果能做到不用私心的语言去妨害公正的语言，不使无用的事物来伤损有用的事物，那么听闻的道理就高深了，而且不是孤陋寡闻的人了。

老子说：人们的情志是内心佩服有德性的人，而不佩服那些只凭借势力的人。有德的人表现在给予人，并不在于向他人索求。因此圣明的人，想要比他人贵重的，就要善于尊重他人；想要别人尊敬自己的，就要先尊敬他人；想要战胜别人的，就要首先战胜自己；想要鄙视别人的，就要首先鄙视自己。故而贵贱尊卑的差别，都要使用道来制约它。古代的圣明君王，用语言对人谦下，把自身放在众人之后，如此天下人民都乐意推崇他们而且不厌烦他们，虽然拥戴他们并不需要敬重他们，这是恩德施惠有余，而民心顺和。所以说他们明白给予就是索取、后其身而身先的道理，这样就差不多接近于大道了。

礼仪贵在先行，语言贵在后发，这是人们的常情，故而只可佩服其德却不可佩服其势力。因此圣明的人，进退有尺度，先后有节制，所以天下人都乐意推崇而且拥戴他们。

老子说：德性缺少而宠爱却多的人，被人讥讽；才能低下而地位尊高的人，常有危机；没有大功而享有厚禄的人，微不足道。因此事物有时增益它反而招致损害，有时损害它却得到增益。众人都知道利益的便宜而不知道疾病的危害，唯有圣明的人知道疾病就是因为利益，利益就是疾病。所以质地结实的树木，它的树根必然遭到伤害，珍藏财物太多的人家，也必然遭受祸殃，享有太多利益的人，反而会招致祸害，这是天道循环的结果啊！

施德不厌广博，职分不可以逾越，水浅而船大的反被胶着不能行，树大而根植浅的易被拨动。人若德薄才浅、胸怀不仁而又据守高位的，很少有不被拨动的。如果知道利益与疾病的关系，没有非常珍爱和太多珍藏的物品，明白义与利的中和之道，又怎么能有此疾病呢？

老子说：小人从事为得利，君子从事为得义。行善的人并不是为了求得好名声，然而好名声却紧随着他，名誉不和利益相约而利益却自然归向他，人们所寻求的相同，然而所得到的结果却是大有区别，所以做有益的事反而有损随之而来，做有损之事的反而有益的随之而来。言语无常对、行为无常宜的，是小人的作风；审察一件事物，通晓一技之能的，是中等人的行为；

才德兼备，智能具有的，技能被才德驱使的才是圣人啊！

头圆正方，含齿戴发，都是人类，禀受的气质却有异，智愚有别。小人苟得，是才利之心战胜了德性；君子苟义，是德性战胜了利益。可上可下的，称为中等之人；至于说天纵多能的，难道不是圣人吗？

老子说：有生是精神假借形体的存在，死亡是精神随形体而回归于自然。所以世道得以治理的时候，就以义来保卫身体，世道混乱的时候就舍弃身体而捍卫大义。死亡的那一天就是形体的终止，所以君子谨慎地持守着这个道而已。因此有生是禀受于自然的，命是遭遇的一个时运，有这样的才能却遭遇不到这样的世运，这是天意；对理想的追求有一定的办法，是否能实现这样的梦想，完全在于时运所决定。君子能行善道，不一定就可以得到福报，不忍心为非作歹而未必能免于祸患，所以君子遇到时运就进身，这是因为得之于义才进身的，有什么值得庆幸呢？不遇时运就隐退，并且以礼谦让，为什么说不幸呢？所以即使身处贫贱，仍然没有后悔的情况，这是得到了养其精神的可贵啊！

禀受于自然，成形为人类，出生有形体的依附，死亡随形体而回归，所遭遇到的时运，或者贫穷或者通达，难道不是自然的时运吗？有如此的才能却不逢时运，天意啊！因此说君子行善事，不一定必然要得到福惠，不为非作歹，祸患却不一定可以避免，所以君子“得其时则驾，不得其时则蓬累而行”，可贵之处在于养吾浩然之气。

老子说：人的顺逆之气都生于心，心治则气顺，心乱则气逆。内心的或治或乱在于体道，得道则心治，失道则心乱。心治就会相互谦让，心乱就会相互争斗。相互谦让就会有德，相互争斗就会生邪。有德就气顺，生邪就气逆。气顺就自我损失而给予他人，气逆就损伤别人来奉养自己，这个气是可以用道来制约的。天之道，就好像是用响来回报声音一样，积德则福惠至，积祸则怨恨至。学业败坏于官多，孝敬衰弱于妻儿，祸患滋生于解放了忧虑，疾病加重于将要痊愈，所以说："慎终如始，则无败事。"

《阴符经》说："五贼在心，施于天。"气顺则治，气逆则乱，气治就相互谦让，气乱就相互争斗。气机逆乱于内心就会使邪气伤害其身，气机逆乱于时运就会危害到国家。唯有以道来制约气机，才能做到损己而利人，即使官多事繁也不能败坏我的修学，妻儿也不能衰弱我的孝敬，哪里还有忧虑解除之后的祸患，将要痊愈的疾病呢？能谨慎地达到有始有终，哪里还有损失呢？

老子说：举荐小人归于君子之列，怎么能不高兴呢？举荐君子归于小人之列，君子却不与之同流合污，虽然君子与小人共同在粉饰墙壁，但是所使用的泥土却完全不同。这就是同行而不同道，即合而不同，和而不流。

老子说：圣人同死生，愚人也同死生。圣人同死生明确分清了利与害的道理，愚人同死生找不到利与害之所在。大道高悬于天宇，万物布散于大地，中和之气在于人为。人主不知和，那么天气不下降，地气不上升，阴阳二气不能调和，风雨寒暑不依时令到来，人民就会滋生疾病饥饿。和的运用是极其广大啊！天得到了和气万象分明，地得到了和气万物滋生，人类得到了和气万种事业都可有成，人主的内心岂能有所失于和气吗？有失于和则天地阴阳不能交通，人民滋生疾病饥饿。圣愚的死生是相同的，其不相同的就在于义与利之间的区别，利是义的和气，和气则生利。圣人明于事理，利也就是行使了义而得到的，愚人不知道利与害的所在，以为义也就是利。

老子说：得到万人之兵，不如听一句恰当的话；得到隋侯的珍珠，还不如得到了解事情缘由的方法；得到和氏之璧，还不如得到处理事物适当的方法。天下虽然广大，但是嗜好用兵战胜的必然首先要灭亡，国家虽然安定，嗜好战斗的必然危险，所以说：小国寡民，即使有利器也不使用。

大禹登上天子之位，就召集军队直言无讳地盟誓，之后撤回军队进行整顿，然而三苗受其震慑，随即归顺大禹。这就是听一句恰当的话，可超过万人之兵。得到隋侯之珠、和氏之璧，还不如得到成就事业的方法和处理事物的适当办法。因此圣人贵重大道，不贵重珍宝，崇尚品德，不崇尚功绩，岂肯用兵把自己置于危险之地？

老子说：能成就霸王功业的，必然是以德战胜了对方；能够战胜敌人的，必然首先是自己强大；能够使自己强大的，必然要使用人力；能够使用人力的，必然是得到人心相助的缘故；能够得到人心相助的，必然是得了道的人。得道多助，失道寡助，得了道的便自然有所得，自有所得的人必然是柔和谦弱之人，柔弱谦和必然受众人拥戴而能战胜不如自己的人，柔弱可以战胜刚强。至于说和自己相当的人，仍然是恪守着柔弱的谦和，必然是同样可以战胜对方，至于说超出我的能力之上，比我势大强硬的，这样的情况就不可以揣度了。所以能从多次不能取胜而最终成就大胜的，唯有是圣人能够做到。

以德去战胜对方的，可以称霸天下，是因为得到了人心。能够战胜敌人的，是自身强大，是因为能得到人力的帮助。然而不得人之心，就不可能使用人之力，这样的话，敌人怎么能战胜，如何自强而称霸？德就是自我有德，自我有德就使用柔弱，即刻以战胜刚强，所以能战胜不如自己的，至于说和自己相当的，也是因和自己的德相当。柔弱可以战胜超出于自己、比自己更加强大的敌人，这样的事情不可以揣度，那么就是他的德又超出我了，德胜于我了，所以说能从众多不胜而最后成就大胜的，只有圣人才可以做到。

道　德

文子询问关于道的理念，老子说：你所学的专业知识如果不够精确微妙，那么对道的理解就必然不能深入。凡是谦虚好学善于用听的人，必将达到圣哲的智慧，也将成就他仁义的行为，也必将使他进一步地做下功德、树立名望。不能做到精确、明白、深邃、广阔，所以形而上之学体道以达智，故上学以神来听；中学好道以成行，故中学以心来听；下学游道以至于名，故下学以耳来听。然而用耳来听的，他的学问浮浅得如同皮肤一般；用心来听的，他的学问深厚得如同肌肉；用神来听的，他的学问深邃得如同骨髓。如此说来，听闻得不够深入则明白得不够透彻，明白得不够透彻则不能够尽得其精妙，不能够尽得其精妙则施行起来就不能够掌握和灵活地运用。大凡闻听道理，必然首先要做到虚心、清静，自损其盛气，无思无虑，眼睛不要乱看，耳朵不要妄听，心身合一，内外不动，聚精会神，专心致志，意无分想，则自然心明理清尽其精妙，外物不能改其志，与时听声写形，精神贯注，不可分离。

大道的来源自然有它的开始，它的原始状态都是柔弱的和气，生成之后的形质性多刚强，大道生生不息，虽然开始寡少，然而最终却是众多的，其资助万物之生长，始而短最终却是长大的。需要十人才能围抱的大树，它的开始也只是一棵一把手的小树而已；高达一百尺的台子，它的开始也是从最低下堆起来的，这就是天道。道就是容纳小以成其大，天也是以配下而为高，观察事物的始终，微末细小的东西都是它们的原本，所以圣明贤达的人效法它们。

谦卑的人自然就会礼贤下士，退让的人自然就会屈居人后，俭朴的人自然就会知足，少思寡欲的人自然对外物不多索取。然而谦卑的人因亲下而自然受到尊重；退让的人因不与人争反而在人之先；俭朴的人因其知足，反而他有用不完的东西；少思寡欲的人因减少自己的私心，成就其德，反而高大。天道亏盈而益谦，圣明贤达的人效法它，反而成就圣贤的所有利益。

所谓的大道，是所说的德的先前之因，因其有了道之体，方成德之用。道又是大的根本，两仪之宗，福禄之门，安静之由，万物因之而生，因之而成，因之而宁。这个道，没有作为，没有形象。它的运用内可以修养身心，外可以治理人事，而且它所济助的事情没有痕迹，全都像是自然而然一样，与天道四季变化生长收藏的始终相近，看似没有作为，实际的收效却有不可思议的成果，预先根本不知道它的精妙在哪里，然而它的精妙却甚是真实，它的当中的确是有物可查的。做天子君王的若有此道即刻使天下归服，永远享有天下。如尧舜有道则天下后世称其至德，汤武有道则建立了不朽功勋，这就是可以称道的大道，难道不是吗？古代的诸侯有了此道，人民和睦，国家就不会轻易失去；士人或庶民有了此道，既可以全身而退又可以保护他的宗亲；国力强大而且有道，不用与人交战就能克敌制胜；国小力弱而且有道的，不用与人争夺自然就能获得，举事顺时应人则功业必见，福报必有。君臣有道则君慧臣忠；父子有道则父慈子孝；士人庶民有道则相互谦让，包容且博爱。所以有道者各自端正自己的性情和生活方式，虽然不同风俗、不同思想，却可以和谐相处。无道的人苟且非分占有，甚则骨肉自虐，何况是有家有国而以道为本的，它的结果就不好说了。由此看来，道对于人来说，没有不适宜的地方。

学习道学，若有小的受益而且去施行它，就会有稍好的贤德和福报；如果有大的受益去施行它，就会有很好的贤德和福报；如果能全面地去施行它，那么天下人就要感念他的圣德，感念就是服从和学习。所以古代称帝称王的人，他们言辞谦逊，亦即归于道德性命之所安，而天下无道无德者不可为帝为王。所以帝王若得不到贤能人之助则不能成为帝王，得到贤能人相助然而又失道坏德，也不能长有天下。所谓的失道是指奢侈浮华而泰然自若，骄纵放肆傲慢无礼，自尊自大只看自己的优点，显示自己的能力，以自我为中心，仗势欺人与人作难，害众结怨挑拨事非，争强好胜妄自尊大，言辞疯狂等等。若是普通人如此行为必然身受灾殃，即使有权势之人如此行为，也必定是侯王失国，卿大夫丧身亡家，稍轻的伤害自身，较重的殃及子孙，所以说：人的罪过没有比胡作非为严重了，人的怨恨没有比没有品行更为深刻了，天地自然之道就是如此啊！老子说：施行大道的人，即使遇到勇猛的人行刺也不能深入，他的弓弩虽然精准，也不能击中。虽然是行刺不能深入，射击不能中的，对我没有任何伤害而攻击我，也必定有使我蒙受羞辱的情况显现。倘若没有敌人，虽然勇猛也不敢行刺，虽然精准也不敢射击，所谓的不敢，并非是没有用意，也不能使他们没有用意，因为没有树敌，何来其意？没有其意的，就是没有使彼之心而反受利于我。不如让天下的男女都欣然归于道，这样的话，不用在任何地方树立君王，也不用官府来处理事务，天下的人没有不以这样安定而认为方便的。所以说：如此一来，勇猛而果敢，善于击刺的，他的心即被他人所杀，经常保持柔弱不争的，因以道的特性而长存世上。

　　文子又询问关于德的理念是什么，老子说：让它自然存在，使它得到自然的养育，使它按其本性发展，使它生长成熟壮大。把他们的优缺点都发挥出来，不要有所选择，依其性情与天地自然相合，这就是所谓的德。人的生存，形体与万物相接触，内心与事物相交流，本来在外事活动中就有损有益。只有内心忘记爱好和厌恶的两个方面，形迹断绝利与害的关系，就能够驾驭众物而且不因此涉足抑制万事万物的变化，苟非此德岂能使物各得其宜，若加以人为阻滞行以暴力，则各失其全然之性情和功能，就与德相背离了。什么是所谓的"仁"？回答说：对上不会矜夸的功德，对下不会因为他的缺陷而感到羞耻。即使有了功德，而对官长也不因此自炫其长，遇到百姓也不因此而贬低他们，这是兼爱没有私心的表现，时间再长也不会衰减，这就是所谓的仁。什么是所谓的"义"呢？回答说：在上位就辅助弱小者，在下位就坚守节操，富贵荣华也不会肆意妄为，饥寒交迫也不会改变自己的操守，做事顺应自然道理，不私自改变阻挠，就是所谓的"义"。什么是所谓的"礼"？回答说：在上位就要端恭严肃，在下位就要谦卑尊敬退让，守持柔弱谦和，此心立于不争不敢不能之地，这就是所谓的"礼"。所以说：修养大德，则他的下属就服从他的命令；修养仁心，他的下属就不会相争；修养义气，他的下属就和平而刚正；修养礼节，他的下属就会尊重别人，相为敬爱。四个方面都有修养，他的国家就会因此而安定。因此使万物滋生的就是大道，使万物盛长的就是德，有爱心的就是仁，顺应正确方向发展的就是义，尊敬互助的就是礼。不滋生，不养育，不能使万物依其性情而盛长；没有悲悯之心，没有爱心，也不能成就别人的心愿；内心不正，不能匡扶正义，也不能日久天长；不尊敬他人，不宠爱自己，就不能被他人看重。所以说：德是被天下百姓所看重的，仁心是民众所必有的自然情怀，义气是民众所畏惧的事情，礼节是民众所敬奉的事情。这四种情态，从语言来讲是顺理成章的，圣贤之人用它们来调理万物万事。如果所谓的君子没有品德就会招致众人怨恨，没有仁心恩惠则众人相争，没有义气、超越侵犯他人即致暴虐，没有礼仪失去秩序即致混乱，仁义礼德四种要点不能树立就是无道，不因此灭亡的还从来没有呢！

　　老子说：达到德治的社会，经商的人便有利于市场，务农的人快乐地耕作，做大夫的安守其职位，学习技能的修习他的专业，百姓们都能安居乐业，所以风雨不能毁折万物，草木不过早枯死，德业感召于万物，故而阴阳二气自然和谐，动物植物各随其性生长。黄河龙马负图而出，洛水神龟背书而现。等到世道衰败，苛捐杂税没有限度，刑罚杀伤没有节制，忠正者杀，贤良者刑，因此而山陵崩塌，川泽涸竭，虫蝗为灾，田园荒芜。烦毒之气蒸人，因下结烦怨之气，此气能逆天而行，成为戾气，滋生灾荒饥馑之变故，所以说世道大治则愚蠢的人就不能够独自扰乱社会，世道大乱则贤明的人也不能够独自得以治理，故而说：圣明的人使人和平愉悦，则生出安宁清静来，他们未尝有忧愁躁动而使本来的天性亏损的。因其能知天命，所以不论是穷困或者发达都很安静，所以人生必须遭受坎坷的命运而后才能有所作为，命运得遇良好的时机而后才能建功立业，总之，必须有清明的政治，而后才有圣人贤才。

文子又询问什么是圣，什么是智。老子回答说：听人说后就了然心中，这就是所谓的圣明，看见之后才弄明白，这就是所谓的智慧。所以圣明的人常常听到产生福祸的因由，就会选择平静安宁，避免那样的事情在自身发生。智慧的人往往看到祸福已经发生，而选择谨言慎行，为的是防微杜渐。圣明的人，通晓天道吉凶祸福的循环规律，故而明白祸福的产生原因；智慧的人，事先已经看到祸福的形成，在其萌芽状态就预先发觉，采取趋避之法，免其陡然而至，故而知道祸福的门径。听到了尚未发生，这是圣明的人；事先看到它是如何成形的，这是智慧的人；不去听说也不愿见到的人，这是愚蠢的人。

老子说：如果喜欢打听外界事物，只是相信当时听说或者看到的表面现象而又听任自己的判断，不去分析事物发生的来龙去脉，只凭感觉思考，事物本身是错综复杂的，而人的智识又较浅薄，以浅显的智识去看待把持事物的内涵，能有这样的事吗？外界的事物千差万别、千变万化，人的智识精神是有限的，所以人们只用智识去判断事物，那么他失去的真知就很多了。多闻博识不一定有真正的技能，争强好胜是一条危险灭亡的道路。爱好多的人就心性不定，不能专一。譬如君上多欲多好而臣下则希冀无穷，如果过多赋敛即与民为仇，少取而多与其情无有，不均于士则庶官怨，重赋于民则士卒怨，由此看来，财力不足以分配，治国之术就可以因此而明白了。

文子询问说：古代的君王以道的理念治理天下，他们是怎样去做的？老子回答说：执守于一个原则，无为而不要任意妄为，按照天地自然规律，遵循民心民情而治，这岂不是因天地之所宜，人心之所向，而与万物同变化吗？天下是一个大的器物，不可以执着地驾驭它，不可以妄自作为，有意改变它的必然会失败，执着地用一个办法去治理它的必然是执一性而失众性。执一又是意为，没有自己丝毫的后天意识、私心之能，谦虚而无私欲，这么说来执守其一是多么的谦虚微小！自心无所思虑而谦和，因事而成事则无所不通，无所不能反而可成其大治。无为就是持守清静，好动则伤物之性，所以要使天下顺理，与时俱进，就要持守清静与自然之大化迁移，如此则万物各有所宜、各得其性，则天下之事自可归正。人常谦和守静，即使有高深的智慧、超常的能力也不因此而骄傲自满，所谓的处满不溢，居高无骄。处满不溢，虽盈而益谦，居上不骄，尊高而不危；虽盈而益谦，所以能够长守富裕，尊高而不危，所以能够长享显贵。能够长享富贵的人，他的福禄必然传其子孙，古代君王治国的理念就是这样的。

老子说：老百姓在有道之国则同行其道，在有法制之国则同守其法制，大家的心性都是仰慕仁义之道而畏惧刑法的。然而总不能拿仁义去安定社会，也不能用威严去安邦定国，老百姓也不能长期用仁义去教化，也不能专一地强加威刑使他们惧怕，所以就必然要有一位君主来专一执守中和之道。君主执守于中和之道则国家大治，如果政令没有常法，总是随时更改变化，国家必然混乱。为君治国之道并非是要有所作为，治道与修道同，贵在于静，怎能事先去治定法律而为，总要因民之所为不当才去教化他们，这样也不是有所作为，仍然是无为之道。聪明智慧的人不要显示自己的能事，勇猛果敢的人不要彰显自己的威势，仁义之人不要把名位施惠于人，具备这三个方面，就是所谓的执守于一了。"清静守一"的意思就是不能更改的大道，是天地万物的根本。若君主常常变改法度，人民必然不堪烦扰，社稷则没有根本，国家也同样会多次更换君主。君主依恃他的地位去满足自己的嗜欲，不约束好恶之性，成就取舍之私心，致使法令滋彰，属下必然歧路盘根错节，不可能去梳理了。所以说君主若失去持守其一的道理，那么出现的乱象比没有国君还要严重。没有君主之时，人们相互交往中以"义"来维护扶持，对那些邪佞作奸犯科的坏人，还可以用威严使他们服从，若不这样不能长久稳固，所以才推立君主，倘若君主反而成为动乱的因素，还不如没有君主，君主必然要"执一"而后就有聚众之心了。

文子询问说：王道有哪些？老子说：得一而已。文子说：古代有以道德仁义称王天下的，有以兵力战胜而称王的，怎么说只有一个呢？回答说：以道德仁义称王的，是有品德；因兵力战胜而称王的，也是因为品德。他们都是内涵道德而外施仁义。用兵有五个方面，有义兵、有应兵、有忿兵、有贪兵、有骄兵。诛暴拯弱谓之义；敌人前来侵犯，不得已而用兵对抗，谓之应；因小事而争论不休，让人心生烦恼，谓之忿；占有别人的土地，侵吞别人的财物，谓之贪；依仗自己是大国，矜持人民众多，想以此彰显国力，让别人看重自己的，谓之骄。仁义之兵合天下民心，所以可以称王天下；应兵因其同仇敌忾，后发制人所以取胜；忿兵因些小事故就不能忍让，所以失败；贪兵贪得无厌不能自律，所以兵死；骄兵骄傲自满，违反天道，必然灭亡，这是天地自然之道。

老子说：放下道而用智慧就危险了，舍弃自然规律这样的常理而用才能就困难了。所以说：持守本分，遵循常理，即使失去的东西也不要因此忧虑，有所收获也不要因此高兴，成功了并非我一定要如此，得到了并非我尽力求来的。得失忧喜全在偶然之间，不要因此触动心机，怀道以容万类，那么即使有接受的东西也并无贪取之心，抱着至德以施与群类，即使有所给予，并没有特别对对方有私心。因为春气温和而生养万物，因为秋气清凉而肃杀万物，生养之时并不因此感恩，肃杀之时也不因此而怨恨，一切因循于自然而然，无有喜怒爱憎就接近于大道了。文子询问说：称王的人得到了百姓的爱戴，会怎么样呢？老子回答说：就如同是大江大海那样罢了，平淡而且无味，并不是凭借他的才智勇力，而是他懂得江海之所以成为百川之王的道理，在于它们善于接纳比自己微小的溪流，所以它们是从低下微小而逐渐成就伟大。也就是说江河所以成就其大，在于它们处下谦下，而使众水汇聚，最终成就其为百川众水之王。因此说：要想成为众人拥戴尊敬的人，必然先要谦让、就下、诚敬、博爱。想要领先超越别人的，必然要让自身诚恳地紧随别人的后面，天下之人也必然效法他的博爱、诚敬，行使他仁爱、仗义，而且社会就没有苛刻的风气。所以圣人即使居于统治地位，而百姓并不感到有负担和压力，在百姓的前面领导，而百姓并不以为有妨碍，所以天下的百姓乐于推崇爱戴却并不厌烦，如此一来，即使是边远地区不同风俗的国家和民族，就是那些飞禽走兽都没有不因此相亲相爱的。所以执守于大道而行，就没有不通达的，就没有不顺利遂愿的，因此大道能被天下看作是珍贵的。江海善于就下而且有胸怀，所以百川汇归于大海，称王的人也就效法江海的胸怀以作为治国之道而容纳富养民众，所以才得到百姓的欢心，而共同乐于推举爱戴，天下向往而归于一统，即使那些草木昆虫也因此而欣喜乐于服从，大道的尊贵可想而知。

老子说：拿着一个时代的法典，用它来非议世代相传的风俗习惯，这好似是用胶水粘着瑟的弦柱来调理音响一样固执，而且不知变通。圣明的人应时而变、因地制宜，时代不同则做事的方法不同，社会在发展，人民在进步，根据时代的需要确立规则，适应时代处理事务。上古的帝王，尊奉的法度是不同的，并不是故意地相反对立，而是时代不同，所行的事务有差异罢了。所以说不要效法那些已经成熟的法典，而是效法古代圣贤用来立法的精神实质，并且与时推移，应物变化。圣人的法典是可以观察到的，他们之所以施行这样的法典，是不可以推究其中的原因的；他们说的话是可以遵从的，他们为什么如此立说，是不可以用语言叙述的。三皇五帝轻视天下重器，仁爱及于万物，把生与死等同，顺应自然，博于恩德，胸怀大道推诚于天下，以明鉴万物的真性情，以大道的理念作为行为指针，修身行道以德化民。现今想学圣人之道，却又不能达到他们清静光明的境界，所以现在的君主如果遵守那个时代的法典，推行他们的法令，一定是不能得到好的效果的。

文子问为政之道，老子说：以道的理念去治理，以德的思想去教化，不用显示你的贤能，不用施加你的威力。去掉所谓的贤能和威力而执守于道德的范畴，使人们没有可以寻求利益的地方，也没有能看到扰乱心思滋生欲妄的地方。为人方正却没有锐利的棱角去割伤他人，为人清正廉洁而处事接物又很厚道，不致于疾恶如仇、苛刻太甚，也没有自恃清高，或以上欺下、以强欺弱的心志。以道的理念去治理国家则民众归附，以德的理念去教化百姓就会服从，不去显示贤能就说明对自己的行为加以约束，生活朴素而百姓富足，不用施加威力就是不敢背离大道而行天道不为之事。谦下去接近百姓，百姓就会聚在你的身边，以德馈赠百姓，百姓就会领受。俭朴可以自全其身，不敢背道可以自然安定。不谦下接近百姓，百姓就会离散而不亲附，不以德来恩养，百姓就会背叛，显示自己的贤能就会引起民众纷争，施加威力则百姓就会怨恨。百姓离散国势自然衰退，百姓背叛则人君无威信，百姓纷争则轻易即为非作歹，百姓怨恨则上位危险，如果这四个方面能诚心修持，就可以算是为政之道了。

老子说：人君的言论是百姓所用的，百姓的语言是人君所用的；人君的言论是不能改变的，百姓的语言是可以权衡的。只有圣明的人才知道权变的道理，说出的话一定要诚信，约定的事情必然要有结果，这是天下高尚的行为。正直的可以证明父亲的不是，诚信的可以因为不失信于女子之约而身死，有谁能看重这样的行为呢？所以圣明的人只考虑事情当时的是非曲直，而他们内涵的得失是无常的。在祭祀的礼仪上巫祝可以直呼人君之名，溺水时儿子可以揪着父亲的头发拯救他，这都是当时的形势必须如此去做。所以说权衡灵活变通，只有圣明的人才可以运用它。事先违背常理而后又合乎事理的称为权变，事先合乎常理而后又违背常理的是不知道权变的用意，不懂权变的人，他们的善行反而变为丑行了。

文子询问说：先生所说的意思是不是没有道德的思想内涵，就没有其他的方法治理天下了？以前的帝王，传宗接代，继承大统，也有无道而且没有德政的，然而他们都能寿终正寝，而无祸患败乱的发生，他们是用什么方法做到的？老子说：上自天子下至百姓，都在社会上各自生活，只是他们的生活地位层次贫富寿夭有所差别，若天下经常有家破国亡的现象，都是没有道德的缘故。有道德的就会小心谨慎，早晚不能放松自己的言行，战战兢兢，时常唯恐危急存亡的到来；没有道德的时候，就要放纵情欲，懈怠懒惰，他们的灭亡已经不远了。假使让夏桀和商纣王修道以行德政，那么商汤和周武王虽然贤能也无建功立业的机会了。道与德的关系是要用它们来相互滋生养育的，也是用它们来相互蓄养生长的，也是使用它们相为关心爱护的，更是用它们相互尊敬珍重的。所以说即使听不到声音的昆虫，虽然愚蠢也不会伤害它所热爱的东西，倘若能使天下的百姓都怀有仁爱之心，祸患灾害还有什么缘由发生呢？即使统治者无道可言，然而国家也并没有祸害发生的必然，这是君王治世的仁爱没有断绝，正义还没有被泯灭啊！仁爱虽然没有断绝，正义也没有被泯灭，然而天下郡国诸侯都已经开始轻视他的君主了，诸侯轻视他们的君王，则朝廷就得不到大家的敬重，政令也不能通行无阻。等到仁爱断绝、正义泯灭的时候，天下诸侯就会背叛，使天下混战、战乱频仍，强大的欺凌弱小的，百姓也加入到攻击的行业，灾害不断祸乱大作，灭亡的日期指日可待，怎么能说无道德没有祸患呢？

老子说：刑法繁多苛刻严酷，人民便生欺诈虚伪之心，人君多事，则臣下以及百姓也就会有太多的规矩、形式禁区，而其治理的效益、取得的成就却极少。因事而生事，又因事而止事，这就好比是把火焰扬起来，而其目的却是不让物体燃烧一样，使用智慧计谋去让它滋生祸患，却又以智慧计谋去防备祸患的发生，这好比是用浇水的办法想求得水的澄清一样。

老子说：人君嗜好仁爱的，即使那些没有功劳的人也受封赏，有罪的人反而获得开释；嗜好刑罚的，即使是有功劳的人也被废除功名，无罪的以及本来没有嗜好和爱憎的人，即使身受株连也不能有所怨恨，受到恩惠也不会因而感恩戴德。若依照法度，遵循规矩，自身没有私心杂念，并不在是非圈子和人情世故中，就像那天和地一样，什么不被覆载呢？契合于天地的大德去覆载生养万物，就是君主的作为区别善恶是非轻重的程度并惩罚纠正它们，就是法制的作用。如果人民接受惩戒而没有任何的怨恨遗憾，这样的情况就是道德的体现了。

老子说：天下的是非标准没有办法去确定它，世俗之人都以自己嗜好习惯为美，而以自己所厌恶的所不好的为丑。所谓寻求是的人，并不是我们说的在寻求道理，只是在寻求能与自己爱好心意相适合的东西罢了。所谓去除邪僻，并不是要除去邪僻不良行为，而是仅仅除去违背自己心意的东西罢了。现在我想选择是而且要守持它，选择非而且要去除它，只是不知道世俗之中是与非的标准是什么。所以说：治理大国如同在烹煎小鱼那样，就是说不要总是搅动它罢了。兴趣相投的人，一旦言语投机、情投意合即更加亲近，而关系疏远或者不熟悉的人，即使两人谋划得当也会产生怀疑。现在我想要放正自己的身心去接受事物，却不知道世人所遵从的规矩和标准是什么，我如果与社会上的风俗走得很近就像是躲雨一样，无论走到哪里都会被淋湿的。想常处在虚静之中，而实际上是做不到虚静的，如果无意于虚静，才能达到自然的虚静，到了此时的境界，他的理想就没有阻碍了。所以通晓于大道的人，就如同车轴一样，自身不转动却可以运行至千里之外，这就是车轴能永远转动的原因。所以说圣明的人体道自然，以其不变而应对于万变，这是因为他虽处在运动变化之中，而自身却与不变的道相合于无为自然之中。

老子说：迫切而又屡次能战胜他国的，这个国家必然要灭亡。多次战争则人民疲惫，多次取胜则君主骄傲，骄傲的君主带领疲惫的人民而国家不灭亡的就很少见了。君主骄傲就会放纵自己，放纵自己必然是穷奢极欲挥霍无度，人民疲惫就生怨恨，产生怨恨便极其忧虑生活，上下其极，物极则变，有此现象而不灭亡的，还从来没有过。所以说：功业有成，自身退让，这是天地自然之道。

楚平王问文子说：我听说你在老聃那里得了道，现在贤明的人虽然有道，却遭遇了荒乱的世道，以一个人的力量却想到要教化久居乱世的人民，有这个可能吗？文子说：道德是用以匡正衰世而为盛世的，是振发乱世而为治世的，是教化淫乱腐败而为淳朴的，淳厚的品德再次复生，天下又一次安宁，它的重要在于一个人。人主是百姓的老师，君上是百姓的表率，君主的言行美好百姓就接受他的领导，君主有道德则百姓就行仁义，百姓行施仁义就没有淫乱腐败的世道了。久积阴德就可以成就王业，久积怨恨就可以使人灭亡；积石可成山，积水可成海，不去积累而能成就大事的还从来没有过。积累道德的人，上天赐福他，大地帮助他，鬼神辅佐他，凤凰在他的庭堂上飞翔，麒麟在他的附近游走，蛟龙在他的池塘里住宿。所以说用道来治理天下，就是给予天下的大德，不用道来治理天下就是天下人的灾难啊！拿一个人的力量跟天下人结仇，虽然想要长治久安，那是不可能做到的。尧舜因为如此而昌盛，桀纣因为如此而灭亡。楚平王说：寡人愿意恭敬地聆听您的教诲。

上　德

老子说：君主是国家的心脏，心脏得到了良好的治理，则国家的各个系统像人的四肢百节一样都可以平安舒适，心脏有了忧患则四肢百节和各个系统都因而混乱，所以说如果身体治理安适无疾，那么四肢百骸都会相互遗忘，国家得到了良好的治理，君臣各个部门系统各司其职、相安无事，反而都忘掉了相互之间的关系了。能生长养育万物的是天地的德，仁爱养育百姓的是君主的德，君主是国家的心脏，君主有德则心胸广阔、形体壮盛、心气不散乱，则身体就能得以治理。治国和治身一样，君明臣贤，君正臣良，君臣上下同心，那么国家岂有不能治理的吗？所以说上德不以为有德而张扬炫耀，就是最真切实际的德，有德的人不会自己标榜显示，所以是有德。

老子向常樅学习的时候，看见舌头就明白守柔的道理，仰视房屋傍的树木就感叹人生的苦短，看那江河之水感叹时光的流逝，观察人的影子就明白持后的真义。所以说圣明的人遵循虚无自然，常居其后而不敢处其前，好比是堆积一些柴草，最后的那些肯定是位居最上面的。

老子说：铃铛因为发声的缘故而自我损毁，蜡烛因为照明的原因而自我煎熬，虎豹因为身上的纹理而招致射杀，猿猴因为身体敏捷而遭遇打击，所以说勇敢的因为强悍而死亡，辩士因为才智而受困，能以智慧明白一些已知的，却不能以智慧明白一些尚未知的。所以又说勇于一种能力，洞察一句话的含义，可以应对一个方面的问题，然而却不可以广泛用于千变万化的事态。人贵有德，并不能以才智为贵，智慧施用得多了，虽然是出于自己而最后反而会伤害到自己。

老子说：道以无形无象、无声无息的虚无为体，观察它都看不到它的形象，聆听它却又听不到它的音声，类似于幽冥一样。幽冥是暗昧无形的意思，而用暗昧无形去解释或论述这个道又不恰当也不确切。所说的道这个东西向内观察它反而自然回来，所以说它不是小觉悟，也不是大迷惑，不是小智慧，也不是大愚昧，不能照鉴在流动的水中而又能在静止的水中照鉴，因其内在的守持可使它停止而不至于向外流荡。月望之后其光亮就会被日所夺，显示出月光逐渐昏暗，这说明阴不可以胜阳的道理；日出之后，天空的星光即刻看不见，这说明它们不可以和日争光；树梢不可以勉强做树根，树枝也不可能大于树干，如果上面太重，下面太轻，轻重颠倒，就很容易倾覆；一个深潭不能有两条蛟龙，一只雌性禽兽不能同时与两只雄性禽兽做配偶，一配一就会安定，一个配两个就会相争相妒；山中有美玉草木就显得润泽，珍珠虽生长在深渊里，然而岸边草木就不会枯萎；蚯蚓没有筋骨的强劲和爪牙的尖锐，却能上食干土、下饮黄泉，在于它用心专一的缘故。

道以虚静空无为体，所以可以并行而不悖，物以形为用，所以不能两者同时存在。虚静空无为体一切可以安定了，有形为用双方就要争斗了。然而小与大有不同，君与臣有分别，人君怀道抱德以治政，还不如我有这个道的博大、有这个德的长久，天下谁敢与此道此德争强呢？

清静就可以达到明亮，一杯水的清静就可以照见眸子，浑浊所致的危害，譬如像流动的河水也照不见泰山。兰草和白芷不会因为人们不佩带它就不芳香，舟船漂浮在江海之上，不会因为人们不去乘坐就要下沉，君子行驶大道不会因为人们不知道就要停下来，这都是本性中所固有的东西。以清静进入混浊里面必然遭受困难和污辱，以混浊进入到清静层面必然遇到倾覆。天上阴阳二气失和就会形成彩虹，地上阴阳二气失和就会使隐藏的昆虫不依时令暴露出来，人的阴阳二气失和就必然会滋生疾病。阴阳二气本来就不能长久保持一个时段，所以我们过了冬季就到了夏季。月亮不知道白天，太阳也不晓得夜晚。水深则鱼大，山高则木长，地广则土德厚重。所以说鱼不可以用无饵的钩去钓，野兽也不可以用无食的器具去捕。山中有猛兽，林中树木不会被砍伐，园中有螫虫，蔬菜也因此不会被采摘，国家有贤臣，便可以拒敌于千里之外。通晓大道的人，如同是车轴转动在毂中，并不因自己而转动，只是与毂配合可运行于千里之遥，始终如此转动着，可以达到无穷无尽无边无际的原野。所以推举歪门邪道的人归于正人君子的行列，歪门邪道的人怎能不高兴呢？若推举正人君子与歪门邪道的人同列，正人君子会坚决不与他们同行的。

水清可以照鉴人影，心清可以分辨事物，这是因清而明的缘故，如果水浊心浊则全然混淆昏聩了。君子和小人本来就势不两立，冬寒夏暑二个时令不能同时发生。如果寒热并行则天灾暴疾即生，君子小人两者同立则内生祸患，虽然是作为君子的人，岂能因为小人在位，大道不能施行而始终不出来匡扶正道吗？

有鸟将要飞来的时候，张开罗网等待它，能捕到鸟的地方，只是罗网中的一个孔而已。现在做一个只有一个孔的罗网，就没有捕到鸟的时候了，所以说有的事情是不可以提前规划的，有的东西也是不可以提前考虑好的，所以圣明的人积累道德等待时运的到来。想要鱼来，必然要先疏通河道，想要让飞鸟来，必然要先种植树木。流水积聚则鱼来，树木茂盛则飞鸟群集，捕到鱼的并不用到深渊里去，猎获猿猴的人并不需要亲自上树，只要给它们一些利益而已。足迹所践踏的地方较少，然而等到他不再践踏而后才能自己行走，内心所明白的道理有偏颇，然而等到他不明白的时候而后才能真正明理。河水断流则山谷枯竭，丘陵夷平则渊水堵塞，缺了口唇牙齿就会感到寒冷，即使河水很深也有山壤在支撑着。水静则清澈，清澈则平静，平静就容易觉察，容易觉察就可以看见事物的形迹，形迹不可以混合，所以可以达到真正的标准。

人们只知道有用的方可以为用，而并不知道无用的用处是不可以言语的。以政令治国的人关键在于一个人，并不是众人就不能治理，想要得到贤能的人，却不先培养人才可以吗？所以圣明的人蓄养道德等待时机，得遇人和就兴旺，没有不为我所用的。

让那些树叶零落的是风的吹动，让水混浊的是有东西搅动它，璧瑗器皿的美好是因为玉质的功劳，镆铘宝剑的锋利是因为锻炼的力量，吸血的蝇虫粘附在千里马上可以行千里之外而自己不用飞翔，不需携带食品也不因此感到饥饿。捕到狡兔后猎犬也同样被烹饪，飞鸟尽被射杀而良好的弓箭却因此收藏不再使用。名声有了，功业遂愿了，自身就要退隐，这是天道的必然结果。愤怒出于不怒之时，作为出于不作为之时，在没有现象之时的视察就得到所见，在无声之时的聆听就得到所闻的，飞鸟返回故乡，兔子跑多远也要回到窟穴，狐狸死后必然头部朝向出生之地，寒蝉依附于树木，万事万物的结果必然是回到它的根本。唯独道可以独自行持，而事情却不可以擅自独断专行。健康的人日行不过百里就疲惫了，如果骑着良马，日行千里可致，这是愤怒出于不怒的缘故，文臣武将可以使天下的百姓安居乐业，这是作为出于不作为的缘故。尧舜之所以无为而治，是为了国家而善于使用贤能的人，谁还不能归附他呢？

水火本不相融，因鼎鬲在其间而使火烧水化，五味得以调和；骨肉本相亲相爱，谗人离间他们，父子的关系就很危险了。猪狗不选择食用器具，身体越是肥壮，越接近死亡。凤凰翱翔于高空，没有它随意落脚的地方。槌子能使百物坚固，而不能自我敲击。目光能看到百步之外的物体，却不能看到自己的眼睑。因为高大成山就安稳而无危险，因为低下成渊鱼鳖就会自然归来，本来就浅而小的池塘遇着大雨则水满而溢出，遭遇干旱就干涸，河海的源头渊深而不会枯竭。聋子如同没有耳朵，然而他的眼睛却不会被蒙蔽，因其精明在眼睛之中；瞎子等于没有眼睛，然而他的耳朵却不会被阻塞，因其精明在听力之中。

人没有永远的正确，物也没有永久的无用。人情气顺则合，气不相投则离，火性炎上，水性润下，因鼎鬲使它们隔物相合，即成就水火既济的效果。父慈子孝，因谗言离间而使彼此对立，虽至亲而不和睦。猪狗体肥就接近于死亡，凤凰高飞不易找到它的落脚之地，清澈的水用以洗帽带，混浊的水唯以洗足不能使自身干净，反而被外物污染，可否反省审视自己呢？

金可以胜木，但是一刀不能残害一片树林；土可以胜水，但是一捧土不能堵塞江河；水可以胜火，但是一勺水不能扑灭一车柴草。冬天时有雷电，夏天时有冰雹，寒暑的时令没有变化，霜雪下得再大，太阳一出即时化为流水。倾斜就容易被颠覆，偏倚就容易被推倒，征兆就容易被铲除，湿润就容易下雨，兰草和白芷虽然芳香却不能遇到霜雪，蟾蜍治疗兵器的伤害而它的寿命只在五月的望日。精神外泄的人，身中正气已经残缺。花果不到季节不能摘食。

自然界里生克制伏固然有它的规律，力量微小而责任过大的没有不反受他物所制的。木胜金，水胜土，火胜水，本来就不是它的本能，冬季雷电，夏季冰雹，固然不是时令，为人还能不时常谨慎吗？人又岂可不自量力？

舌头和牙齿哪个首先败坏呢？绳子和箭头哪个首先折断呢？使影子弯曲的是身体的缘故，使响混浊的是声音的缘故，和死亡同样的疾病良医也难以救治。让乐人吹竽，让工匠按竽窍，即使能合节拍，也不能决定旋律，这是因为内心和形体不一致的原因。耳聋的人不歌唱，以虚无而自乐，目盲的人不观看，以虚无去接物，行走在林中的人不能走直路，走在危险地段的不能循规蹈矩，出自江海的就能有大容量。

居住在不当的地方，依附于不可靠的人，这是很难的事情。牙齿坚硬首先败坏，箭簇刚劲事先折断，得了和死人一样的病的，虽是良医也无能为力，和亡国性质相同的道理，不能称为忠诚的谋略。君主不奉行道德而臣下却勉强施行，谋划出于两个人的心思，功业可以成吗？

不可能同时出来两个太阳，一只雌狐不可能匹配两只雄狐，神龙不成对，猛兽不群出，猛禽不双飞。车盖没有支撑就不能遮挡太阳，车轮没有辐条固定在轴上就不能疾驰，仅有支撑和辐条是不足以起作用的。张开弓而射箭，没有弓弦就不能发射，发箭而射，射中的概率只有十分之一。饥饿的马匹拴在马圈里，漠然而无声，如果在它的身旁投放草料，争夺之心才又产生。器具虽小而无底，即使把天下的财富给它，也不会满足；器具大而且有堵塞的，百斗的财物就可以满足了。依照法度去做事，就不至于有误，用秤去量就不会有差错，参考古法比较时代就可以按照一定的尺度因时而施行。法令适度称为明断，不当而施行称为错乱。

不会同时出来两个太阳，神龙也不会成双行走，猛兽不能群居，更何况人呢？有支撑才能张开伞盖，有车轴和辐条轮子才能转动，这是君臣相为资助，君明臣贤的道理。饥饿的骏马必然争食，赏赐不可以随意不加选择，依照准则办事法度就没有过错，借古代以为今用必然要参考而行。

农夫勤劳，君子养德，愚蠢的人讲话而智慧的人选择，见解明白没有疑虑，处事如玉一般无瑕疵，如果见解理由黯晦不明，必定掺杂留有其间的谋略。一百个星星明亮也抵不上一个月亮的光照，十个窗户都同时打开也不如开一扇门的明亮，蝮蛇不可以再长足，老虎不可以有翅膀。现在有六尺宽的席子，如果把它放倒走过去，对于下才来说也不是难事，如果把它树立起来再走过去，对于上才来说也不是容易的事，这是时势和运用方法不同的缘故。助祭的人可得以品尝祭品，解救博斗的人容易得到伤害，躲避在不祥的树下就会被雷霆所击倒。日月想明亮却被浮云遮挡，河水想澄清却被泥沙污秽，丛兰想长高却被秋风所摧毁，人的本性想平静却被嗜好欲妄所伤害。被沙尘蒙蔽而想眼睛不迷，是不可能的，黄金龟纽是贤士所佩带的，土地广布有能力的可以致富。所以说：给弱者黄金美玉，还不如送给他们一尺的丝绢有用。

车毂空虚而中立三十根辐条全都尽其力，如果让一根辐条单独支持，其他的辐条全都不用，那么无论远近都不能达到了。橘子和柚子都有产地，芦苇丛生，野兽同族的才能同行，禽鸟同类的才能共同飞翔，物以类聚，同声相应，同气相求。想要观察九州的地貌民情，足不能有千里之行，胸无政治教化的深刻思想渊源，却想要做万民之上的统治者，实在太难了。凶恶的猎物最先捕获，明显的目标容易射中，所以说纯白的好像被污染一样，广施仁德好像还有不足。君子以酒而待客，小人打缶以为乐，虽然用不一样的方式，但是取得的结果是相同的。人的本性在平常无事时即着简单的便衣，如果有骑射即披上甲胄，因时而用，以取其便利之故。三十根辐条共同支撑一个车毂，每根辐条各处一孔，不能互换位置，就好像是人臣各司其职。善于用人的如同是蜒虫的脚，虽然众多但是不会互相伤害，又如同是舌头旁边的牙齿，刚强与柔弱相互磨合，却又不会相互危害。石头生来就坚硬，白芷出生就芳香，从小就有长大愈明显。扶持与提携，感谢与谦让，得到与失去，答应与否定，相差有千里之远。

做事有法度，没有不成其事的；为人讲诚信，没有人不帮助的。车毂因每个凿孔分别一支辐条的共同支撑才能行走，官员因各司其职能、各有所职守才能互相协调使政治清明。蜓虫足虽众多而互不加害，因为各有其协同作用，石头坚硬，白芷芳香，各随其性能而使用它们。那么贤能者发挥其明智的决断，愚笨者用力成其功，他们方法不同，但做的功力是一样的。

再次生长的植物，即便是开花也不会结果，开花太早的植物等不到下霜就已衰落。入水之后而憎恨被水浸湿，拿着腐臭的东西寻找芳香的味道，虽然是心灵手巧的人也不能成功。冬天的冰可以折断，夏天的树枝可以打结，时光难得而容易失去，树木茂盛之时，天天采伐它，仍然可以再生，秋风引起的降霜，一夜就会消失。立起靶牌之后箭簇就会密集地射来，树林生长茂密时砍伐的人就要来了，并不是有人招请来的，是当时的情形招致的。哺乳的母犬为了保护幼犬敢与老虎撕咬，孵蛋的母鸡为了养育后代敢与野猫搏斗，这是恩情的驱使，不用掂量自身力量是否可敌。等到有报酬的时候才去做事，那么落水的人也必然因为事先没有预支抢救者酬劳而被溺亡。船能浮能沉，人因利益而生亦因利益而死，愚蠢的人是不知满足的，骏马驱使它是不前进的，然而引导它就可以永远不停止，人君就是这样求道而成就功业的。

水面虽然很平静，也必然会有波纹，秤量虽然平正也必然会有误差，尺子虽然整齐也必然会有倾斜，没有规矩就不能确定方圆，没有准绳就不能端正曲直。使用规矩的人自己心中也有主观的标准，大山虽然高大，若背对着它就无法看见，细如秋毫面对着它就可以观察，竹木可以生火，不钻就不会生烟，土中有水，不挖掘就不会出来。箭簇的快捷射不过二里地，半步不停地行走，即使是瘸腿的鳖也可行至千里，积土不止丘山可成。站在河边想得到鱼，还不如回去织网，弓弦先调好而后再求强劲，骏马先驯服而后再求精良，人们先有诚信而后再求能力。铸造虽巧却不能熔化木材成器，良匠虽好却不能使坚冰成为器皿，君子可以做不能为的事。让人不渡河可以，若让河水无波却不可以，无罪的不被惩罚，蒸饭的器具始终不会坠落到井里去。

河面再平静也不能无波纹，称量的器具再正确也不能没误差，自己的内心岂能不因此谨慎呢？各位贤明君子倡导的礼仪廉耻就好比是工匠的规矩准绳啊！弓弦先调试好而后再求强劲，骏马先驯服之后再求精良，人若不是先以诚信立身，怎么能做到贤能呢？所以说贤能的君子因为他自己的事情本可以做到反而不去做到，他们为什么不去做呢？斥责我言行的人想要与我结交，贬低我财物的人想要和我交易，下一步棋子不足以了解他的才能，弹奏一次琴弦，不足以知道他的悲伤。现在有一块炭在燃烧，把炭火拾起来就会烧烂手指，是因为距离太近的缘故，如果有万块木炭全都燃烧，离他有十步远，却不因此被烧死，这是因为虽然同是炭火，但是接触的远近不同罢了。有荣华的人，必然有愁忧憔悴之事，上有丝绢，下必有粗布，树木高大的其根必然盘曲交错，山体高大的，它的基础来扶持。

忠言逆耳利于行，良药苦口利于病。批评我言行的想和我结交，这是君子循行的道义；贬低财物的想和我交易，这是小人循利的行为。人享受的幸福不可以太过，服饰不必要过于奢侈，树木高大的其根必然是错节，山体高大的其根基必然有扶持，人民富裕则国家必然昌盛。

老子说：鼓不藏声，所以才能有声；镜不设形，所以才能照形；金石可以发声，不敲动不会鸣；管箫可以发音，不吹奏没有声。因此圣人虚无以自守，不为物所先行，事来则应，事去则静。天道运行不已，周而复始，所以能够长久，车轮旋转之时反复不停所以能够致远，天道的运行规律，始终如一没有差错，所以没有过失。天气自上而下，地气自下而上，阴阳二气交相通行，万物和谐共生，君子运用天道去邪扶正，小人无机可乘消遁逃亡。这就是天地之道啊！天气不下降，地气不上升，阴阳二气不相交通，万物就不能荣昌，小人得势，奸邪横行，君子无用武之地，消迹隐遁，农作物也不能丰收，道德内藏而不能彰显。天道衰弱，使多数人的减少，个别人的增加；地道损毁，崇高的反而添补低矮的；鬼神之道是损盈益谦；人之道是多余的不再给予；圣人之道是谦卑而不能高高在上啊！

心中不藏物，故能够应事接物，鼓不藏声故能敲击而应以声响，如果不因叩而自鸣就是怪事了。所以圣人虚怀若谷致虚守静，不因为物而先应物，事来则应对而已。天之阳气地之阴气，两者交相通行，万物齐同生化，这是贤明的君主和忠良的臣子际遇聚会，君子大显宏图的时候啊！一旦不是这样就是小人得势的时候，只有圣明的人虽处高位而听取下情，而且不自高自满，这样就没有超越他的了。天明日明而后才能普照四方，君明臣明疆域之内才能安定，疆域内有此四明就能够长治久安。明白了施用明的人，也就明白了他们的教化了。天道为日月星辰，地道为山川江河，一切为它们所调和，时间为它们所驱使，全都是为了成就万物，可以起个名字叫作道。大道平平坦坦，距离我们并不遥远，身体力行地修持它，天覆万物，施行其中的德性而养育它们，虽然给予帮助却不因此索取，所以精神都归附于天，这种给予了反而不去索取的，就是上德，所以说这是真正有德的表现。崇高没有崇高超过天的，低下没有低下过泽水的，天高泽下，圣人效法它们，使人们尊卑有序，天下百姓就安定了。地承载万物而使其生长发育，既给予了万物复又索取万物，所以最终的骨骸都归附于地，给予了又去索取的是下德，下德的本性是不能不求德，所以下德就是无德。地承载着上天所以才安定宁静，地安定宁静了，万物形体可成，地广大深厚，万物汇聚地定宁无所不载，广大厚重则无所不容纳，地势深厚，水泉进入汇归，地道广大方正，所以能够永久长安，圣人效法天地之道则施以仁德而无所不包容。

君为天道，臣为地道，天尊高而地卑厚，君臣的名分秩序已然确定了，君明臣明也和日月之明一样普照于四方，岂不是像唐尧的光，恩泽于天下百姓那么显著明白吗？所以使天地阴阳二气运化以成就长养万物的就是大道啊！既长养万物，又给予蓄养万物而且不去索取万物的就是上德，给予又去索取的，这个德就要向下行了。

阳胜阴万物昌盛，阴胜阳万物就沉静，万物昌盛就无不养育，万物沉静就无不快乐，万物快乐则各安其处，天下就没有不可治理的了。阴盛而伤害万物，阳便自动屈退，阴进则阳退，小人得势，君子躲避灾害，天道就是这样。阳气运动，万物缓和伸展而各得其所适，所以圣人顺应阳道以理万物。顺应万物的万物也顺应他，悖逆万物的万物也将悖逆于他，所以不要失去万物的自然情性。泄泽盈满，万物逐渐长成，泄泽枯干，万物开花结果，所以说雨水不来，天下充满灾荒死亡，阳气既能上升又能下降，因此能为万物的主宰。阳气依时令而消长，不能长久存在，所以就会终而复始，阳消而再长。这样的消而再长，终而复始地循环往复，就能保持阳气的长久，能长久就可为天下万物之母。阳气蓄养到一定程度，之后就能施与万物，阴气蓄积而后就能变化，阴极必阳，寒极必热，还没有不因为之前的蓄积而后就能有所变化的，所以圣人也必然会慎谨地积累它。阳气灭亡阴气万物肥壮，阴气灭亡阳气万物衰败。所以说王公大臣们崇尚阳道则万物繁衍昌盛，喜欢阴道则天下灭亡。阳气下行而重阴气则万物不能养成，君主不下行重视臣下，则德政的教化不能施行。所以说君主谦下臣子就是聪明，君主不谦下用臣子，就如同哑聋的人一般。

阳主生，阴主杀。所以大凡君子有好生之德，小人有争夺好杀之事。王公大臣崇尚阳道则万物繁衍昌盛，嗜好阴道则天下消亡；阳贵于谦下，所以君主能对臣子谦下就是大聪明，而且国家得以治理；不能对臣子谦下就如同聋哑一般，而且德化政令不能施行。日出于大地万物就繁茂盛长，国君臣子位居百姓之上，用以昌明道德教化，日入于地万物就休养生息，小人奸邪住居百姓之上，万物逃避藏匿，雷声振动万物复苏，雨水滋润万物生长，大人施行德政就有如此的效果。阴阳之动有一定规律，大人之动不能极于物，物极则反。雷声震动大地万物缓慢生长，疾风摇动草木就会败坏，大人除去邪恶使人们向善，人民不会向远处迁徙，所以人民就有了去就的选择，离去的尤其受到伤害严重，留下来的稍有好转。风不吹动，火不出现，大人不说话，小人便无可讲述。火的出现必然要有柴草的点燃，大人的语言必然是言出有信，有诚信而又能真切何事不能成就？河水渊深，支持它的土壤就在两山之间，丘陵高广，向下可入于泉渊。阳气盛极可以转变为阴，阴气盛极可以转化为阳。所以说欲妄不可以过大，快乐也不能达到极点，忿恨原有恶言相加，恼怒没有雨露不悦，这就是心思平和得体。火性上炎，水性下流，圣人之道以类相求，圣人崇尚阳道则使天下大同和谐，重视阴道则荒溺迷沉。

天上的太阳如同人间的君主，日出于大地，王公大臣居于民众之上，万物繁衍茂盛，日入于地，小人位居于民众之上，万物逃避隐藏。阴阳消长有时令节制，所以说一年的季节气候不会错乱，大人的行为不能过极于时令万物的规律，所以说民众就不会迁徙到很远的地方去。物极则变，欲望不可以盈满，阴阳是天地万物变化的道理，治理和纠偏则关系到人事的道理。老子说：积薄可以成厚，积下可以为高，君子每天勤于修道养德日益光辉，小人乘时任意快心，终至困辱。

虽然君子与小人的所为我们不能看见，但是人的本性就是见到善行自感有所不及，身处不善之地如同遭遇不祥。倘若向善，虽有过错也不会怨恨，假若为不善，即使忠正亦可招来恶果，所以说怨恨别人不如怨恨自己的不是，勉强求助于别人还不如求助自己。声誉是自己招致的，选择是自己寻求的，名字是自己确定的，朋友是自己相处的。不行善的人如同是拿利器自刺，拿着快刀自杀，自己毁伤怎能怨恨别人？所以君子谨慎地防微以杜渐。万物负阳而抱阴，阴阳二气混同交通，以致和谐，和气居于中央，因此树木果实出生在心，花草果实出生在花，胎生卵生的动物出生在中央，不卵不胎的出生须要时令季节，土地平坦则水不流动，轻重不均则必自倾斜。事物的生长变化，必然是由阴阳二气相互感应的结果。

阴阳二气相互盛应而成中和之气，所以万物才能生长，君臣和合才能得中正和平之道，所以天下百姓才能安宁。因此说君子志同道合，勤于道德教化和理政爱民，自然祥光善照。小人扰乱天地间的和气，乘时快意任心，终至困辱。所以君子谨慎地做事以防微杜渐，匡正心志，而自求诸己，不怨恨他人。

老子说：峻岭高山是云雨涌起的地方，水泉渊深是蛟龙出生的地方。君子修持道行是德化流行的时候，有阴德善行的人必然也有阳报，有隐行的人必然有昭著的名声。种黍的人不会收获稷，种下怨恨的人并不会回报以德。

行善而不为人知，称为至善（真善）；作恶而不为人知，称为至恶（真恶）。

山高藏云而化为雨露，渊泽藏水而生蛟龙，君子胸怀大道而德泽流行于世。俗人有阴德的必然就有阳报，上天护佑着他呢。有隐行的人必然有昭著名声的时候，是人与人在相互观察着呢，只有成就天德的人全都明白。

微　明

老子说：大道可以弱、可以强、可以柔、可以刚、可以阴、可以阳、可以曲、可以明，可以包裹天地，可以应事而变，显化无方。知道的浅显，不知道的深奥；知道外面的，不知道其内核；知道的粗俗，不知道的精微；知道的才是不知道，不知道的才是知道。谁说知道那个知道就是不知道，说不知道的那个知道就是知道啊！道是不可以说听的，听到的就不是道了；道是不可以看到的，看到的就不是道了；道是不可以言传的，言传的就不是道了。谁知道有形的东西是生于无形之中吗？所以天下之人都知道善的观念而去为善，然而其中就有不善的因素存在了。知道的不会去言谈，言谈的并不知道。

微明就是道啊！看东西不用眼睛，听声音不用耳朵，得之于自然而且昭著于内心，所以能够包裹于天地之间，应变显化适用于各个方面。不可以用智慧去研究，不可以用蛮力去寻找，只可以知道说不知道，有所为有所不为，有所言有所不言，就是已经获得了。

文子问：人可以说隐微不显的语言吗？老子回答说：为什么不可以？谁知道隐微不显的语言的名称和含义呢？知道隐微不显语言的人，是不能用语言来谈论的。争鱼的人衣服必然会被水浸湿，追逐野兽的人必然要跑步行走，并不是他们以此为乐。所以隐微不显的语言不需要言说，达到作为就是要去掉作为而不为，才疏学浅的人不明白这样的道理，他们所争逐的结果其实是舍本而求末。说话有宗旨，做事有目的，正是因为大家不了解道，所以也不了解我。道不可言传，可言传的即是事物，言谈的固然不是道，但是不言谈又不能把隐微不显的问题弄明白。

文子问：人可以谈论隐微不显的语言吗？老子回答说：唯有明白隐微不显的话就可以了，就是说是这个隐微不显的语言而且不用说出来，即不要说隐微不显的话，只是心照不宣就是了。争着捕鱼和追逐野兽，是不明白隐微不显的言论的人坚持说出来的，而且专注于事物，他们所争逐的都是枝末的东西，怎么才能得以去掉不说隐微不显的语言呢？去做这件事的人怎样才能给他说明白呢？

文子问：治理国家也有法规吗？老子回答说：现在拉车的人，走在前面的高喊"嗨哟"的口号，后面拉车的也同样呼应他，这是拉车的人互相鼓劲的歌声，即使是郑卫胡楚等天下诸侯所惯用的音声，也不如拉车的号子声对人的鼓励作用之大啊！治国要有礼仪，并不在华丽的辞藻和言论，法律政令越是繁多显明，盗贼奸邪也越多有。

一个国家就好比是天地一样，天并不发表言论，然而四时八节自然运行；大地并不用说话，然而万物自然生长。文子问治国的办法，老子回答以拉车人的号子声相比喻，前呼后应，也好比圣人"先天弗违，后天奉时"的意思。治国是凭的礼仪，起初并不在于文章华美、能言善辩。不知道治理国家的体制，而一味地滋助彰显其法令的人，恰恰是助长扩大了盗用法令、资助贼寇，给为非作歹的人以可乘之机。

老子说：道无固定的形体，然而却可以因物而异有一个形体。譬如说山林树木可以成为木材，木材并不是山林，而山林却可以成为木材。木材的形体大过山林，山林却大不过云雨，云雨大不过阴阳，阴阳大不过和气，和气大不过道。关于道的理念它是没有像具体事物的形状的那样形状，没有具体事物外象的变化莫测捉摸不透那样的象啊！是无法用语言来表述它的，天地之间虽然看不见、听不到、摸不着、说不明，且又感知不到它的存在，但是天地万物自然，唯有道才可以陶冶变化万物。

道没有一定之形体，事物随着形体而有形体，观察山林之变而至于云雨、阴阳和气，就知道大概是天地之间无形无象的，全都可以陶冶变化。道就是我们说的神吧！

老子说：圣人树立教化，施行政令，必然要观察其始终，显示出其中的功过得失。所以人民知道了书写随即道德废弛，知道了礼仪而仁爱废弛，知道了契约而诚信废弛，知道了机智取巧而朴实废弛。瑟本身不响，而是二十五根琴弦各自响应才发声。车轴本身并不做功，而是三十根辐条各以其力量围绕轴来旋转。琴弦各有缓急高低粗细的声音，然后才能合成一首美妙的乐曲，车轴有劳逸远近迟速，然后才能达到久远。使它发出声响的原本是无声的，使它有转动的原本是没有转动。上下使用治理的方略不同，君臣若不能一致，稍有变化天下就会动乱。位高而且道行大的人，无人顺从他，事大而道行小的人就有凶险。小的恩德伤害义，小的善行伤害道，些小的诡辩伤害治，苛刻忧愁伤害德。良好的政治策略没有风险，所以民众容易被教导；完善的管理是使人民悠闲快乐，所以老百姓没有损失；极其的忠诚是朴实无华，所以百姓没有隐恶诡诈欺骗的行为。

圣人立教施政，并不是让自己得到如何的满足，一定要观察政令落实的始终效果，让政令进行得完满而且没有不当之事而已。知道了书写、礼仪、契约、机巧，是有心有为地去行事。有为则德政仁义、诚信、朴实就自然衰落了。君主指使臣下去治理，就好像是瑟弦能发出声音，车轴辐条能够行驶很远一样，掌握要须使用大方向，就可以达到没有不治的社会了。

老子说：连坐的法令下达，百姓就会怨恨，削减俸禄的条文张布，功臣就会背叛，所以说研究法律条文的人，根本就不知道理乱治世的办法。熟悉于行军布阵的人，根本不知道朝廷的战略意图。圣人预见的福报是在重重蔽障之内，忧虑患难于遥远的未来，愚昧的人被小恩小惠所迷惑而且却忘掉了隐藏着大的灾害，所以事情有时利于小的方面而伤害了大的环境，得到了这个却失去了那个。所以"仁"没有比仁爱更博大的了，智慧没有比了解人更伟大的了，爱人就没有被冤枉的刑事，了解了人就不会有混乱的政治。

治理不可以设立太多的事故，法令不可以经常更改。事故多，法令常变，则百姓怨恨，功臣背叛。政治理乱的根本，朝廷对战争的权衡，圣人深思熟虑省察明白于无形无象之时，这是必然有先见之明的缘由。

老子说：江河虽然大，当它满溢的时候也不能超过三天就减少了，暴风骤雨半天不到很快就能终止。没有积累仁德而又不以此而忧虑的人，马上就会丢失了。所以说人常有忧患意识就会昌盛，快乐欢喜没有长远计划就是灭亡的缘由，所以善于把握机遇的，以柔弱作为刚强的资本，可以扭转祸患而为幸福。大道虽然空虚无物，但是使用起来却能无穷无尽。

国家的苛刻政治横空出世，就好比江河泛滥，疾风暴雨大作，难道还不会很快灭亡吗？只有忧虑没有仁德，而且明白改变方略的，尚且可以转祸为福，从柔弱变为刚强，就是不能骄傲自满。

老子说：清静恬淡和谐是人的本性，仪表规矩是事理的定制。知道了人的本性就可以自我修养而且与事理不相违背，知道了事理的定制则其举动措施就不会混乱。发出一声号令，则流传广布于无边之镜，抓着一点就能找到他的中心，看到根本而已知末梢，手执一端就能应对千变万化，这是做事的方法。闲居的时候知道事情的缘由，施行的时候就知道应该向哪个方向发展，行事的时候就知道凭借什么，行动时知道到什么时候要停止，这就是道理。使得他人尊高贤能，并且反过来称誉自己的，这是心的力量；使他人卑下，并且因此诽谤自己的，这是心的过失。语言出自嘴巴，不可以禁止人们评论；行为发生在身边，不可以禁止其流传到远方。事情难以成功，但是失败却很快；名誉难于建立，但是毁坏却很容易。人们都轻视小的祸害，容易忽略不计，以为都是小事，以至于最终酿成大患。祸患的到来，是人自己造成的，幸福的到来，也是人自己成就的。祸患与幸福同门，有利与有害为邻，自己若不是极其精明的人是不能够分辨的，所以说智慧和忧虑就是祸患和幸福的门户，动和静就是有利与有害的关键，不可以不谨慎地审察它们啊！

天理与人欲同在一个内心，君子与小人缘由自己的行为，两者都是共同出自一个内心，最终却有两个不同的结果。手执一端就能应对千变万化，这叫作术；见到行动而且知道该止息的时候，这就是道。言语出自口，行为发自内心。福祸利害犹如影随形、如响应声，自己若不是极其精明的人，怎么能够分辨呢？怎能不审查自己的行为，而且谨慎内心的变化呢？

老子说：人们都知道治政理乱的关键，却不知道保全生命的办法，因此圣人根据时代的不同而理政议事，推断事物的是非得失而作为行事的谋略。圣人能阴能阳，能柔能刚，能弱能强，随事动静，根据资质的不同而建立功业，看到事物的走向就知道其返回的时机，从一件事物中就可以审察其他事物的变化，事物开始就潜隐着其中的形象，开始运动就有应对的办法，因此终身行使它也不为事物所困。所以说：事物有的可以言语却不可以施行，有的可行而不可以言语，有的开始容易去做最终却难易成功，有的难以完成而且还容易失败。所谓可以去做而不可以言语的，是取舍的缘故；可以言语却不可以行动的，是虚伪奸诈的缘故；开始容易做而最终却难以成功的，是事业；难以成功却容易失败的，是名誉。这四个方面是圣人之所以留心的原因，聪明之人能够独自觉悟其中的道理。

时代有治有乱，政治存在于人的内心，知道治政理乱的关键而不知道保全生命办法，失误在于人本身，并不在那个时代，圣人随着时代的动静观察其中的变化，终身行之而不为事物所困。那个时期秉政的人，怎能自甘堕落，却不知道保全生命的办法呢？

老子说：行道的人见微知著，他们的行为不失时机，怀虚沉静，祸患不生，积累的福惠却有不足，思虑的祸患都可以避过。同一天遇霜能提前遮盖的不受伤害，愚者有所准备与智者有同等的功效，积累仁爱成就福报，积累憎恨成就福患，人们都知道挽救灾患却不知道使灾患不生的方法。使灾患不产生容易，施行救解灾患却艰难，现在的人不去做使灾患不生的事情，而是专心施救于患难，不能防患于未然之前，而只是救疗于患难之后，虽然是神一样的人也不能为他们去谋划。祸患产生的途径一点也没有踪迹可寻，所以圣人深居简事以躲避祸患，虚静沉默以等待时运。小人不知道福祸产生的门径，一旦行动就陷于刑罚之中，虽然多方设法勉力为之，但是仍然不足以保全其身。因此上士先躲避祸患而后才去寻求利益，先远离屈辱而后才去求名声，所以圣人常常从事物没有形迹表现于外的时候去审视，而不留心于已经形成之内的事物，因此祸患没有缘由到来，非誉诽谤不能使自身玷污。

行道的人能够觉察微小，动而不失时机，谨慎开始和源头的事物，愚者有防备与智者同功，人生的祸患不能消除于滋生之前，而只能是求救于祸患之后，即使是神仙中人也不能为他们谋划。因此所谓的上士，以躲避灾患、远离屈辱为先务，而且所谓的名誉和利益放置在避患的最后，至于祸患从什么地方发生，非誉诽谤又是怎样来玷污我们的，就不必去求解了。

老子说：大凡人事之道，心欲小，志欲大；智欲圆，行欲方；能欲多，事欲少。所谓的心小，是忧虑祸患尚未发生所采取的防患于未然的办法，警戒谨小慎微，不敢随心所欲，放任自流；所谓的志大，是兼容囊括万国，使不同的习俗整齐划一，把是非恩怨放在一起来解决；所谓的智圆，始终如循环而没有开端，运转于四方上下，像泉源一样永远没有竭尽之时；所谓的行方，树立正心正行而不屈不弯，清沌洁白而没有污染，困难穷苦也不改变节操，荣华富贵也不肆意用志；所谓的能多，就是文武兼备，动静适宜，举止得当，言行都恰到好处；所谓的事少，就是掌握要领以偶合大众，用简单少许的约定以便于推广，处于虚静以戒躁动。因此心小的人，有细微的禁戒也就够了；志大的人，没有不胸怀远大、抱负宽广的；智圆的人，没有他不考虑不明白的；行方的人，有所为有所不为；能多的人，没有他治理不好的地方；事少的人，约束欲望，持守关键。所以说：圣人对于善行的态度是，莫以小善而不为；对于过错的态度是，莫以小恶而不改。有过必改，行为不用巫婆神汉去护持而鬼神也不敢加害，可以说是极其珍贵了。然而他们却如此小心谨慎、战战兢兢，一天比一天地慎重，因此这就是直到无为而且专一精诚的结果啊！愚人的智慧本来就不多，而且他们所为的事又那么多，因此他们有行动就必然困顿。所以说以正来教化，它的态势容易而且必然成功；以邪来教化，它的态势困难而且必然失败。舍弃容易而且必然成功的，却依从于困难而且必然失败的，这是愚蠢和迷惑所招致的结果。

志欲大而心欲小，智欲圆而行欲方，能欲多而事欲小，这六个方面，每个人都不可以不加以勉励。志向大的人则事物没有他容不下的；心小的人则心思缜密，些小的失误都不能有；智圆的人则百事无不通达；行方的人则正直无偏、不屈不挠；能多的人则做事没有不成功的；事少的人则遵守盟约而有操守。圣人的行为不需要巫婆神汉来护持，然而鬼神也无从妨碍他们，是因为守一至诚罢了。

老子说：福起的时候是连绵不断的，祸产生的时候是纷乱无章的，祸福产生的缘由是细微而不可发现的,圣人发现了它的始终所以说不可不去审察。英明的君主,奖赏和惩罚并不只是为了自己,而是为了国家的长治久安。适合自己而对于国家却是没有益处的,不施行奖赏;对自己不利却便于治理国家的,加以惩罚。所以措施得当就是君子,舍弃得当的措施就是小人。明智而体道的人无为而治,不用勤劳,其次是虽然有劳苦不至于疲惫,其下是筋疲力尽,病患缠身,而且更加辛苦。古代的人体会事理是不会舍弃的,现在的人不但要舍弃,还不去体会事理。殷纣王使用象牙筷子,箕子因为纣王的奢侈而啼哭;鲁国因为用木刻的偶像陪葬,孔子为此而哀叹。看到他的开始,就知道他有什么结果。

祸福的征兆,有它的开始,必然事先不易觉察,赏善罚恶是人君的权柄,并不是为了自己,是为了国家。君子小人在有义举和利益之间徘徊,国家得以治理而又不至疲劳,是理政的最高境界;疲劳而不至于病患,是理政之次;患病而又越发劳苦,是理政最下层次了。箕子因为使用象牙筷子而哭泣,孔子因为用木偶人陪葬而叹息,已经明白国家不能寿终正寝就会过早地灭亡了。

老子说:仁爱的人,人们都仰慕他;正义的人,人们都尊敬他。被人所仰慕和被人所尊敬,有的身死而国亡的,是不合于时运呢,所以说知道仁义而不知道时势的人,是不通晓道的人。五帝以德为贵,三皇施用仁义,五霸凭借武力。如今用三皇五帝的治政方略使用在五霸的时代,这显然不是当今的治国之道了,所以善与不善相同,诽谤和称誉在于社会人心,跑步和行走相等,悖逆和顺应在于时势的变化。知道上天的所为,知道人世的所行,就可以依照这个理念来治理天下了。知道天道而不知道人道,就不知道怎样与社会人心相交接,知道人道而不知道天道,就没有办法与天道同游。顺应意志,任性适情,必然被坚强所伤害,以身来循物,就必然被阴阳所吞没。

道不能施行,我们知道了,是因为时代不同的缘故啊。五帝贵重的是德,三王用义,五霸凭借势力。正当五霸的时代而施行五帝三王时代的治政之道,是不知道时势,不知道时势就是不知道天道,不知道人道啊!用什么办法去经理天道、治理社会呢?

得道之人,外有变化而内心不变化。外在的变化是知道人事,内不变化是要保全身体,因此内心有一定的操守,对外就能与事物屈伸,与时代迁移变化,万变不离其宗旨。以道为贵的人,就贵在他能应物而变化,坚持一定的节操,推行一定的行为准则。虽然有所收获较为满意,尚且还不能拘于轻易得到的小的成就,为此而阻塞了道的旅程。道是寂静淡寞,以虚无为本,并非对万物有所作为,也不以有为对照自己。所以举措谋划顺应道的人,并非是行道者的作为，是道本身在起作用，是道本来就有的变化。

龙虎变化，是大人之道。得道之人，与时迁移，应物变化，处万事而不失其宗旨，因此老子有犹龙的称呼。体道的人虚怀若谷，外在没有事物，内心没有自己，道没有不施与的，天下都是道的教化。

天地之所以覆载，日月之所以照临，阴阳之所以和煦，雨露之所以润泽，道德之所以扶持，都是因为一个和字啊！所以能头戴天空的就能脚立大地，能照见太空的人就能见识广阔，站立于大地之上的就能身处于天地之间，能遨游于高远幽深的大道之中的，就可与日月同光，无形而生育了有形。因此，有道的人把自己的愿望寄托于心灵之中，而且回归到万物培育尚未形成的当初，审视他却什么也看不到，聆听它却又无声无息，冥冥之中尚有亮光，寂寞之中尚有形象。要用它的时候却是不用，不用之后才有可用，它说的知道就是不知道，不知道而后才能够知道它。

和是天下通行不变之道，天覆地载，同是一个和字而已。称王的人顶天立地，处于天地之间而立于大地之上的人能失去和之道吗？有道的真人，回归于万物养育未成形的当初，必然有独到的见解。所以用有时不用而后能用，知道有时不知道而后才能知道，这就是所谓的大和。

道是万物的来源，德是万物所扶持蓄养的，仁是积累恩惠的验证，义是对照自心而适合于常情。道灭亡而德兴起，德衰退而仁义生，所以上古时代以自然规律之道治世而不以德来化民，中古时代厮守着德而内心不怀有德；近世小心谨慎地唯恐丧失仁义。所以君子不讲义就无以为君子，失去了义也就丧失君子的名分了。小人没有利益就无从生活，失去了利益就失去了他们之所以能生活的条件。因此君子惧怕失去仁义，小人惧怕失去利益，观察他们所惧怕担忧的，就可以知道他们的祸福为何不同了。

道德仁义分开断裂，致使发生三皇五帝五霸的不同时代，这是时势变化的结果。道是指引导、带领、导向，德是蓄养、成熟、长育、生覆；仁是仁爱、恩养、扶持、慈悲，义是帮助、护理、增益、应当。上古时期四个时代的治政虽然有本质的不同，而他们的君臣有分别是一样的。只以自然之道的理念治国而不以德教化百姓的是三皇，以德的理念教化百姓而内心却不怀德的是五帝，担心失掉仁义的是五霸。义若失去了应当帮助和增益，那么智巧奸诈虚伪就兴盛起来了。

老子说：或者想做对他有利的事情，恰巧却反而是伤害了他；或者想对他不利结果却反而对他有利。得了温病的人，勉强让他进食，因热病口渴却又勉强让他喝冷饮，这个情况众人以为是养病的办法，然而良医却认为是对病人不利的事。眼睛看到又使内心喜悦的事情，愚笨的人以为是有利的事了，有道的人以为是应该躲避的事。圣明的人先相抵触而后才合同，善通的人是先相合而后又抵触，所以祸福产生的门径、利害的相互转化，是不可以不察的。

老子说：有功而远离仁义的人就被怀疑，有罪而有仁义的就会被信任，所以说仁义是事物常顺的道理，是天下尊贵的爵位，只有谋划得当，忧虑患难解除，事业方能保存。其中有远离仁义的，他的功业必然不能遂愿，虽然言语谋略不符合于筹策，他的计划无益于大业，然而用心却适合于君主，行为合乎仁义，他的身家性命必然可以保全。所以说百言百计常常不适当的人，不如舍弃趋避而审视使用仁义。

仁义是道的孙子辈，是德的儿子吧！仁义道德四字若不相关联，却又未曾分离，所以说仁义是天下尊贵的爵位，把天下看得比自己的身体更珍贵的人，还不舍弃追逐所谓有利无利的事物而专心审视仁义吗？

老子说：教化本于君子，小人享受到教化的恩惠；利益本于小人，君子享受了小人的成果。让君子小人各发挥其长处，各有其事业，那么社会就可以互通有无，生活安逸，而且国政就畅达了。人多欲望就伤义，多忧虑即害心智，所以说太平之国欢乐就可以长存，暴虐之国欢乐就很快灭亡。水向低处流就会越来越广大，君主谦下，做臣子的就能发挥聪明才智，人君不与臣下相争，君明臣贤而治国安邦的道理就能通达。所以说：君主是国家的根本，臣民是国家的枝叶，根本不好而枝叶茂盛的，从来就没有啊！

君子小人都是人，做君子的施行教化，不离开小人，否则有何德接受小人的劳动资养呢？太平之国欢乐而国必存，暴虐之国欢乐而国必亡，君主善于谦下而不与臣子相争则群臣必然进忠，国基坚固，根深叶茂而国泰民安。

老子说：慈父对子女的关爱，并不是求他们有回报，内心是无法解释这种天然本性的。圣明的君主养育他的子民，并不是为了自己有所利用，本性就是这样的情不自禁啊。至于要依仗他的势力，凭借他的功勋，则必然适得其反，而陷于穷困之中。希望子女和百姓能报恩，那么父子、君民的恩情也就自然丧失了。所以说施行众人所喜欢的办法，就会得到众人的力量，提倡众人的爱好，就可以得到众人的心。因此看见事物开始的行为，就知道最终的结果怎么样了。

父子之心是一种天性，父亲爱子女，国君养育百姓，一旦有了期望报恩的心思，原有的恩德就自然丧失了。所以说因势利导，可以得到众人之力，推行众人爱好的就会得到众人之心。如此一来，子女岂能有不孝的，臣民岂能有不忠的？

老子说：人因为义而生爱，党以群体而强大。所以恩德施行得广博，威信所行的地方就遥远；正义加持得薄弱，而武力所控制的地方就会较小。

君主以天下为心，人因正义仁爱而忠孝之风兴起，党因群体强大而奸雄逐鹿开始。这是国家安危所关系的问题，怎能不审察而分辨它们呢？

老子说：取得不义之物，又不去布施于人，祸患到自身，不能为他人又不能为自己。他们愚蠢得如同枭鸟热爱它们的孩子，结果反被其子所害一样，因此说：执着地追求自身更加圆满，还不如看时机谦让而停下来，拿着尖锐的利器使锋芒外露，其结果必然不长久。恩德之中有道义，道义之中有恩德，它的变化不可以极尽，阳中有阴，阴中有阳，万事万物都是如此，不可以全都明白。福到的时候，吉祥的征兆就已存在，祸害到的时候，其中的征兆已先昭示。看到吉祥的征兆才去积善，福惠就不会到来；看到不祥的先兆而行善不止，祸患就不会加害。利益与祸患是同一个门径，祸患与福惠同是邻居，除非是神智和圣明就不能区分。所以说，看似灾祸啊，其中或许是福惠的依存之地；看似福惠啊，其中或许是祸患的藏身之处，谁又能清楚它们的结果呢？福中有祸，祸中有福，祸福相互依存变化无常，如影之随形，如响之应声，财货成倍地进入，也必然加倍地支出。善于积累却不善于使用，就如同枭鸟爱子反被子所害。利益与祸害的关系，天道阴阳循环往复，除非是神明先圣，没有能弄明白的。

人将要生病的时候，必然首先以鱼肉的滋味为甘美，国家将要灭亡的时候，必然首先厌恶忠臣的言语。所以说：患了不治之症的人，良医也不能救治，国家将要灭亡的时候，也不可以尽忠谋划。修养自己的身体，然后才可以治理人民；治理好自己的家庭，然后才可以升迁做官。所以说，修养自己的身躯，他的仁德才是纯真的；修养教育到他的家属，他的仁德是有余的，修养教化至一个国家，他的仁德已经丰满了。人民的日常生活就在于衣服和食物，使人民丰衣足食就有功果，不能使人民丰衣足食就没有功果。做事没有功德就不会有久长的果报。时代有兴废，事物就有成败。随着时运而不成的，不要改变刑罚制度；服从时代而不能成功的，不要变更人们的处事理念。这样一来时运即将复又兴起，这就是行道的纲纪。

国家没有人民不能建立，人民没有食物不能生存，这是亘古不易的道理。所以说：人民衣食丰足才能安定生活，人民衣食不足就没有功果，不能建立功勋则仁德就不能长久。

帝王使他的人民富裕，霸王使他的国土广大，危险之国重敛而使官吏暴富，治理完善的国家表面上看似有所不足，将要灭亡的国家仓库空虚。所以说，人君无所事事，则人民自然富足；人君无所作为，人民自然被顺化。起兵十万，每天费用需要千金，战争之后必然就有凶灾之年，因此说：兵器是不吉祥的东西，并不是君子所行使的法宝。和解大的怨恨，必然还有和解不了的剩余怨恨，怎奈他的行为会有不良善的地方呢！

古代亲近不用语言表达，让远方的人来归附也不发号施令，邻近的人喜悦，远方的人归来诚服。与人民同心则国家祥和，与人民共同持守则国家巩固，与人民同理念的就智慧，得到民力的就富裕，得到人民称赞的就显达。行为可以招致盗寇，言语就能带来祸患，不要先于别人讲话，一定要后于人而言。即使是附耳的秘密之语，也会流传于千里之外，这是语言的祸患。舌就是语言的机关，出言不当，驷马也不能追回来。

古代现在或治或乱，没有一定不变的道理，古今不变的就是我们看到的那些土房子，古今治乱唯有一样的是君与民。帝王使人民富裕，霸王使土地广阔，危险的国家使官吏富裕，治理完善的国家表面看去似有不足，危亡的国家仓库空虚，人民饥寒，因此唐虞时代天下祥和，战国之世没有富民。

过去中黄子说：天有五方东、南、西、北、中，地有五行木、火、金、水、土，声有五音宫、商、角、徵、羽，物有五味酸、苦、辛、咸、甘，色有五章青、红、白、黑、黄，人有五位侯、大夫、卿、公、群。所以天地之间有二十五人，上五种有神人、真人、道人、至人、圣人，次五种有德人、贤人、智人、善人、辨人，中五种有公人、忠人、信人、义人、礼人，次五种有士人、工人、虞人、农人、商人，下五种有众人、奴人、愚人、肉人、小人。最上五种与最下五种人做一比较，就好像是人与牛马一样，上下的差别很大。圣人用眼睛去看，用耳朵去听，用口来言说，用足来行走；真人不看就明白，不听就聪慧，不行动就遵从，不说话就公正。因此圣人能格物致知、德配天地，真人的德能还不曾遇到；贤人仁爱而矫正世俗，圣人也未曾和他观看。由此而看贤人不及圣人，圣人不及真人，虽有品级差别，则只不过是因行道体道的方法不同而已。所谓有道的人，不去分辨前后左右，万物默然不言而与道同，无是无非都暗合于道。

中黄子是古代的真人吧，他如此地把人分为五种类别，每类又有五种等级差别，合起来有二十五种人群，最上的是神人，最下的是小人，所说的上五又与下五相比较犹如人和牛马的不同，就是说小人违逆而悖德，如同是马牛穿着人的衣服。圣人不及真人，贤人不及圣人，只是他们修道体道行道的浅深不同，所以说品级也有不同。

自　然

　　老子说：清虚是天的明鉴，无为是治理国家的常态。去除恩惠，舍弃圣智，离开贤能，废掉仁义，泯灭世故，放下诡辩，禁止奸伪，做这七件事情，那些所谓的贤能与那些低级趣味不可救药的人，都可以画一个等号一同看齐，和大道的理念齐同了。清静就是等同，虚无就是大通，至极之德无为而化，万物皆容纳于虚静之道了。虚静则天长地久，虚静则玄妙莫测，万物往复循环变化，生生化化而并无主宰。

　　自然是天地的理念，不自然是人为的欲望。清虚而明鉴是天的自然，无为而治是人效法天地的自然。自然则贤能与低级趣味没有出息的、品行不端的都可以与大道齐同了。所以圣人心照不宣，聪明睿智，恩泽于天下，然而对事物的发展变化并不去主宰。

　　天地阴阳，每年以十二个月的时令消长变化，周而复始，运行不息。金木水火土，它们之间的关系是相生相克，相刑相害，势均力敌的。生克刑害的关系，使各自处在相互对立、相互统一又相互平衡的状态，所以说严寒伤物，然而无寒又不可以，酷暑伤物，无暑也不可以。因此，可以与不可以都是可以的，所以说大道的内涵没有所谓的不可以。可在于其理数，看见可以并不需要快走，看见不可以也不需要离去，可与不可，相为左右，相为表里，相反而成。大凡事物的关键，必然是从一个方面开始，以时间的变化来发展，自古至今没有变化，就是说的天道在上运行，日月向下照临，大道生育万物、燮理阴阳，变化为四时，区别为五行，各得其所长，与时间消息往来。法度有常规，君臣民一心一意，无地之道无为而自然全备，无求而自然收获。因此知道了无为，就会有很大的利益啊。

　　宇宙天地之间，造化流行而不止息的就是阴阳二气而已，有神明存在吗？没有能够证明让我们得以认识神明形象的。混然一气是造化的开始，运气时令是万物的纲纪，从古至今不能改变，这就是天道的理念。道化生万物，万物生生化化有它的自然规律，仿佛有事物在主宰它们，但是又不能知道是哪个在使它们生化，因此我们认为道至尊而德至贵。道生成万物，德蓄养万物，万物的形态多有所不同，而且扶持协助培育使它们成长，所以万物没有不尊道而贵重德的。道尊德贵就在于道生长万物而不加以干涉，德蓄养万物而不据为己有，不去主宰。

老子说：朴，至大而无形状；道，至大而无以衡量。所以天之圆不能以规来画，地之方不能用距来度量。往古来今称为宙，四方上下称为宇，道就在宇宙之中，却不知道它的所在。所以说见识不够远的人，不可以和他们谈论大；知识不够广博的人，不可以和他们讨论至。秉承道而与万物相通的没有什么不一样的，所以三皇五帝的法令制度在不同时代不同地方，赢得的民心都是没有什么不同的。至于那些规矩勾绳，都是使用技巧的工具而已，而且并不是工具精巧，因此说没有琴弦即使是有乐师和曲谱也不能弹成曲调，若只有琴弦没有乐师，也只能让琴弦独自伤悲，所以琴弦只是伤悲的工具罢了，并不是它非要伤悲不可。等到神情和悦，放纵思绪，宣泄精神，论理辩难，舒怀情志，此时彰显琴弦所发出声调的变化，游行于心手之间。父亲不能把此情此景传授给儿子，儿子也不能从父亲那里继承下来，这就是不能使用言传身教的道理，所以无形的是有形的君主，而寂静冥漠是声音的君主。

朴之大而不能发现它的形体，道之大却无从测定衡量，天圆地方，道就在其中，所以三皇五帝法制规矩方域风俗都有不同，他们能得到民心所向是一样的，至于那些规矩勾绳都是制作技巧而设定的工具。虽然如此，依靠它们并不一定能做出精巧的东西，乐师胸中的文采和琴弦的结合，有与此类似的情况。

老子说：天地之间的道，以德的流布为主。道为万物赋予生命，万物因之以自正性命。极其微妙的道理是重视内在的涵养，而且不看重外在的现象，所以不依恃功劳而立名，也不以有位而尊贵，不等待名声而名声已显，不需要礼仪就庄重，不需要用兵就自然强大，所以道已树立却不用施行教化而教化自然兴起，似明镜高照而不需观察。道已树立而不用教化的意思是，不去剥夺人的才能；明镜高照而不需观察的意思是，不要伤害他人的事情。

古代人质朴，他们的风俗相同，所以不需要去教化；后来的人冷漠刻薄，他们的风俗不同，所以圣人忧虑大道不能彰显，这才把教化立于天下。天地的大道以行德为主，而道是作为万物的生命，万物各正性命，就是遵循于天地自然而已，圣人还需要忧心吗？

教化指导的人，违逆于德的本体，伤害了事物，所以阴阳四时金木水火土，同于道而理不同，万物同情而异形。有智慧的人不相互教导，有才能的人不相互接受，所以圣人立法在于引导人民的思想，让他们都回归于自然。所以说生存的人不歌颂圣人的品德，死去的人也没有怨恨的地方。天地是没有仁慈的，听任万物自然生灭，圣人也是无所谓仁慈的，任由百姓自然生死。那些所谓的慈爱仁义，是近于浮浅狭窄的道理。狭窄的人进入大的环境就迷惑昏乱，浅近的人走得越远越蒙昧不明。圣人的境界，进入大的环境也不迷惑，行走越远越不蒙昧，常常虚无清静自我守持，可以通达开悟极致，这就是自然的品德。

古代教人以道理，今人教人以利益，这就是我们所说的道为什么不能流行的原因啊！圣人典立法规，在于引导百姓之心，使他们各自安守自然的本分，生存的自然生存，死去的自然死去，恩德与怨恨哪里会有呢？

老子说：圣人品德如天覆地载，日月照临，阴阳自然消长变化，四时节气生长收藏，胸怀万物而并不求得统一，类异俗殊却和而不同。没有旧交，没有新友，无亲无疏，无远无近，所以能效法于天地的人就知道天不因一个时令季节而成岁，地不因生一财而成物，人不会只有一事而生活。所以事业多端，追求多方。因此用兵的人，有的轻视，有的重视，有的贪求，有的廉洁，四者的内涵相反，不能混而为一。轻视敌人的想要发兵，重视敌人的想就此罢兵，贪求功业的想要获取，廉洁的不贪求不属于自己的东西。所以勇敢的人可以命令进攻而且战斗，不可以下令坚持不出；重视敌人的可以命令固守，不可以下令进犯；贪求功业的人可以命令攻取，不可以下令分财；廉洁的人可以命令坚守职责，不可以下令进取；诚信的人可以让他持守盟约，不可以让他随机应变。这五个方面，圣人兼顾并因人施行。天地并不是胸怀一种事物，阴阳也不是只产一种品类，所以说大海不推辞百川，就能成就其大；山林不推辞弯曲不材的树木，才成就了它的崇高；圣人不推辞庸俗之人的言论，才成就了他的盛名。如果独守其一而又遗失了万类，取得一物而执弃其余，那么所要得到的就很少，而所要治理的就必然浅近了。

天地之间一气流行，万物感触而化生，虽性殊质异，且随质性变异而品类万殊，不可以使它们整齐划一。圣人宗天而法于道，不因为方域风俗不同而去改变他们，反而还会不间断地保持承载、生养培育他们，对他们都是一视同仁。

老子说：天所覆盖的，地所承载的，日月所照临的，虽然形体不同、性质各异，但是各有所安各有所乐。如果强制他们依从自己，并以自己的快乐为快乐，那么悲伤就会产生了；如果强制他们依从自己，并以自己的安逸为安逸，那么危险就会产生了。所以圣人养育管理人民，让他们各自便宜其本性，安居乐业，做他们所能做的，依从其所适宜的环境，遵从他们所有的爱好，如此一来，万事万物都能相安相乐，无所不通达。天下的事物本来就无贵无贱，因它珍贵而珍贵，则万物没有不珍贵的；因它低贱而低贱，则万物没有不低贱的。所以不崇尚贤能的人，就好比不把游动的鱼类放入树林之中，不把飞鸟沉入深潭之内。

善于管理百姓的人，他们的管理办法不会整齐划一。人的适宜环境和性情有差异，各有所好，各有所适宜的地方，如果违背他们的环境和性情，那么生养的道理就要丧失了。即使如此，庄周所说的《齐物论》的内容，难道是把万物都等同了？齐物是从理论上说的，天生养万物，各因其材质性情不同而确定。

过去尧治理天下的时候，舜作司徒，掌管教化民众；契作司马，掌管军队；禹作司空，掌管建筑；后稷掌管田畴，主农业生产；奚仲为工师，主管手工业制造。他们引导百姓的方法是，居住在水边上的，从事渔业饲养；近居山林的，从事采伐木工作业；在山谷居住的，从事畜牧业生产；在平原居住的，以种田为业。所居之地，适合他们所从事的事业，所从事的事业又适合他们所善于适用的工具，所擅长的工具也适宜于当地就地取材。湖泊沼泽之民宜于织网捕鱼，丘陵山坡之地适宜于耕种田地，如此一来，人民可以拿自己所有的去换取自己所没有的，互通有无，以所长换所短，以精细换粗俗，因此逃离背叛的人就很少，听令跟从的人有很多，就好像是风吹箫管一样，忽然之间就能感到风吹箫响，各自以清浊的音孔而响应，万物没有不就其所便利而避其所不足的。因此，相邻的国家都能相互看到对方，鸡鸣犬吠之声相互都能听到。然而双方百姓的足迹并不因此而相互接触而越过各诸侯国的国境，车辆的轨迹也不会行驶于千里之外，百姓都安心居住以他们的生活为快乐。所以混乱的国家表面上看去像是兴盛，治理好的国家表面上像是空虚，危亡的国家表面上像是不足，能长久的国家表面上却像是富裕。所谓的空虚，并不是没有人，而是在各司其职；所谓的兴盛，并不是有很多的人民，都是在追求枝叶尾末的东西；所谓的有余，并不是财物很多，是想着要节约而去奉养缺少的；所谓不足的，并不是没有货物，而是人民少而赋税太重。所以说：先王所行的法度，并不是要亲自操持，而是用来让大家去遵从的；那些禁止诛戮的法令，并不是一定要去施行它，而是用来让大家防备的，防备并且遵守它，令行而禁止，这就是上德之道啊。

古代君临天下的人，国君安逸，臣下劳动，无为而天下得以治理。唐尧的时代，虞舜是司徒，契是司马，禹为司空，百官分管事务，各自发挥他的能力。只有官位得到那个可以称职的人，人民就能够安心乐居于其处，民安则国安。然后人民生活事业遂心，百姓都说：这是我们自然而然的生活方式，没有人在领导我们啊。

老子说：用道来治理天下，并不是要改变人的本性，而是在其原有的基础上使他们更加条理顺畅。所以说：顺其自然作为就大，有作为的功果就小。古代开渠疏导水流的办法，就是要顺着水流自然走势；种植庄稼的要因田地的适宜，而决定种植的作物；征讨打仗的，要顺应民心，能够顺应民心民意就无敌于天下了。事物必然是先有自然之性为人所用，然后才可以依此去治理人事社会，所以先正所制定的法律制度，顺应人的本性而拟定具体的细节条例，不顺应人之本性，就不可能使人民顺从教化。顺应了人性，没有那样的资质，就不可能使他们遵守自然之道。人的本性具有仁义的资质，如果不是圣人为此拟定法度，就不可能得以规范。顺应人们厌恶的就能禁止奸邪，所以不用刑罚条例，而威严自然行使如神之明；顺从人们的本性即天下人都听从，违背人们的自然本性即使法度大张也不起作用。

圣人依照人的本性而设立教化，观察风俗习惯以治定法度，人民所喜好的宣扬它，人民厌恶的舍弃它，因此民心归向而无敌于天下。

道德是功名的根本，是民心所向往的，民心所向了功名就可以建立。古代善于做君主的，都效法江海，江海无为而接受百川归向，才成就它的浩大，谦下才成就了自己的广阔，所以能够长久。容纳天下的小溪河谷，其中的品德才可以充足，无为故能取得百川归向，不求所以才能得到，不行所以才能达到，因此取得天下是缘自无事，及其有事则不足以取得天下。不自我珍贵就会富有，不自我为是才会明智，不自我骄傲就会长久而有所进步。身处不为自己所有之地，所以才能成为天下人的君王，虽然从不与人争，但会没有人能和他相争。始终不敢妄自称大，所以才能最终成就他的伟大，江海的无私无为已接近于道的范畴，所以能够长久保持着与天地自然相始终。王公修持道德，功德圆满而不据为己有，不据功为己所有，即坚强固密，坚强固密且不因此而欺侮他人。道深即是德深，德深即功成名遂，这就是所说的自然无为的德性，幽深而玄远啊！它与万物一同回归到原本的状态了。

自然无为的道德，并不是沽名钓誉、故弄玄虚的表现，而是真切实际的名声在跟随着它。古代善于做君王的人，持守着与物无为的德性，身处不与争强之地，功果成绩而不据为己有，所以才能够使他们与天地自然共同达到长久。

天下万物有其形成的初始，不能知道其中的道理，只有圣人才能知道它的来源，所以它的初始时期，并不是有雌有雄有牝有牡两相交合而化生的。它们只是生生不已，生而不止，不死不绝。天地使它们生成，阴阳使它们有了具体的形质，万物才得以化生。所以阴和阳相对而言，有圆有方，有短有长，有存有亡，道给了万物生命，幽静深沉而无为，在心来说很微妙，在道来说很恰当，死与生同理，万物变化与道相合。简单生活忘却生死，怎么能不走向长寿？除去琐事以及言语，顺应自然清静无为，持守大道周正而固密，对于万物不予主宰。极其微妙而无有形象，这是天地的元始。万物同出于大道，然而只是形状有所不同，微妙而无有形象，所以能够周备而体恤，极其广大没有边际，所以能够覆盖万物，极其微细没有中心，所以能够为万物所贵。道以存留生命，德以安养形体。至道的准则是去掉好恶，没有奸诈，所以改变思想，平和心境，不与道相违背。天地相合而为一元之气，天地分开而为阴阳二气，阴阳相反而又和合天地仍然不失为一元之气，一元之气分开为阴阳，又分而为五行五运。阴阳五行五运之气，相生相克相制相化，其间化合必然有一定的规矩。道极其亲近不可以疏远，极其邻近不可以远求，去远处求道的，必然还要去而复返。

能够认识了解古代的来历，就可以明白认识道的规律，道难道说是天下的开始吗？没有形象而广大无际，不用表白就诚信，变化的地方没有空缺、不分时空，不能知道其中的道理，只有圣明的人才知道。所以圣人每天日理万机不与道相背离，反而与道相合，以道的准则办事。

老子说：为帝的有名声，却不知道他们的真实情况。为帝的看重的是人的品德，为王的人崇尚仁义，称霸的人通达道理。圣人之道在于对万物没有主宰，道狭窄然后便逞个人智慧，德寡薄然后便任用刑罚，见识浅短然后信任调查。使用智慧的人心混乱，使用刑罚的人上下怨恨，使用调查的人不求有好的结果，而臣下想方设法讨好，反而自己易被蒙蔽，因此说圣人顺应天地的自然变化，他的品德就会有天覆地载那样厚重，依从时令规律去作为，他所养育的就会深厚。深厚地养育国家就会得到大的治理，即使有神明一样的圣人，也不能够替代他。去掉内心的人称为明智，节省那些滥用的刑罚，返淳还朴于清静无为之道，万物就会自然匡正。

天地开辟，万物将生未生之时，那一个是帝？太古三皇治世之时百姓如同婴幼儿一样，呼吸太和之气，无思无虑，无为无事，自然而然。上古三皇治世之时，百姓如同三岁儿童一般，仍然乳哺，骨弱筋柔，只为腹不为目，行无为无所事，无为无事。下古三皇治世之时，百姓犹如蒙昧天真的儿童之时，淳朴而散漫无知，活泼动作为所欲为，饮食不分生熟，天下人都很亲近。五帝看重品德，天下人都称赞他们；三王崇尚仁义，天下人敬畏他们；五霸失去理智，天下人都轻视他们。孔圣人对此也不发表议论，只是记述了那个时期的历史，并以此立言垂教为万世之师表。圣人再次起来论道，没有可以改变他的。

为君之道应当如尸一样严肃静默，居其位而无所为，而天下人都广受其福慧，福及一个人不大，福及万人不小，因此重恩慧，或重处罚，就忤逆自然之道了。为慧就是布施，无功而给予厚赏，无劳而授以高爵，就会使那些守职的人为官懈怠，而无正当职业游手好闲之人就会进前钻营，谋取利益。崇尚暴力的妄自诛杀，无罪而死亡，行使正义的却遭受刑罚，就会使修身养性的人，不再劝人行善，而那些歪门邪道的人就会轻易地犯上作乱。所以重赏就容易生出奸佞，重罚就容易生出祸乱，奸佞祸乱的习气既生就是亡国的风气啊！因此国有遭受诛戮的不因此迁怒于君主，朝廷有奖赏的而与君主的给予无关。诛杀的人不怨恨君主，因为被诛者罪有应当；接受赏赐的不会为君主歌功颂德，因为那是自身功劳所得。人民都知道赏罚的由来，都是由自身的行为所招致，所以都务修功业，不接受别人的恩赐，因此朝廷荒芜、朝政无事，而田地开辟耕种没有荒废，物产兴盛，百姓安居乐业。所以说最好的统治者，人们只知道有他的存在而已。

一年的时令，春生而秋杀，这是天地之道，人主效法天地而行使道义，为臣民的知道所行惩罚劝勉刑赏的由来，都是由自身行为所致，没有不务修功业的，而无侥幸之心，朝廷正而田野百业兴，太上之道风就可以恢复了。

君王之道，在于处无为之事，行不言之教，清静而不动，执守一定而不摇，因循信任臣下，贵于有成而不勤劳，谋划没有失策，行动没有过错，言辞不用华丽，行为有仪表，进退有时候，动静遵循礼法，美丑不好不憎，赏罚不喜不怒，名号自命名，分类自主，事物顺其自然，没有出于自己。如果想要挟持它，其结果就是要离开它；如果要想装饰它，就是要窃取它。天气为魂，地气为魄。两者相反相成，玄妙莫测，各处其位，坚守而不失，上通于太一，太一之精气通达上合于天元之气。天道默默无声无息，无形无象，因为无所以大而不可以穷极，渊深而不可以探测。阴阳二气常与人化合而天人相应，不是因为聪明就能得到的。它的运转没有开端，总是处在无始无终、循环往复之中，而变化的迹象却又如神明一般，视之不见，听之不闻，搏之不得，虚无自然，因循而不变改，经常处于后其身而不事先行动。为君之道，处理政务，常要虚心静意，弱志强骨，神清智明，洞察于微而不昏暗，因此群臣必然像轮子上的辐条一样，都集中在车毂之中，齐心协力共事君主，无论是愚笨的、智慧的、贤能的、不肖的，没有不尽其所能。君主得到所以用臣之道，臣下得到所以事君之法，这就是治国之理所以明了之故。

有了天下的人，不怕不能治理，就怕不能得到善于治理的人，得其人则君王就可以做到在上位而无为，持守无为而不失于无为，上可以效法天元真一之气,使万物自然依时令运转往复循环,顺应万物的生化如有神明主宰一般,群臣都齐心协办,各尽其所能,因此知道国家的治与乱全在于人。

老子说:有智慧而且又不耻下问的人圣明;勇敢而又好学的人战无不胜,利用众人智慧的人,就没有胜任不了的事情;借用众人力量的人,没有战胜不了的敌人;借用众人力量的人,即使像乌获这样的大力士也不足依恃;利用众人势力的人,即使天下之大也不足以用事。没有权衡不可以作为的形势,而又不遵循道理的方式方法,即使是神通广大,聪慧明智的人,也是不能够成功的。所以圣人行事,没有不考虑知彼知己凭借其人的资质而使用的。有一定的功劳就会处在一定的那个位置上,有一定能力的就让他职掌一定的事务,一定要因才能而任用人,使他们各尽其职负其责各胜其任,就不会感到压力了,能力称其职位,做起事来就不感到有困难了。圣人兼顾使用人的长处,所以人尽其事,物尽其才。

智慧、仁爱、勇武,是天下通行不变的道德,勤求好问就有太多的收获,综合众人的智慧,利用众人的力量,天下就没有解决不了的事情。有一项功能的人,就可以安处在一定的职位上,有一定才能的人,就让他负责一定的事务。圣人兼顾使用人的长处,摈弃其短处,所以天下没有可舍弃的人,也没有要舍弃的材物。

老子说:所谓无为的意思并不是说引导他也不来,推动他也不离去,强迫他也不应,感悟他也不动,坚实稳固而不流荡,卷握着不使舒展,就是说人的私心不能进入公理之中,嗜好欲妄不沾染正道,遵循道理而做事,因其所长而建功立业,推求自然而然的形势,曲情假意不得容纳,事成而不自夸自誉,功成而不显名,不居功自傲,就好比渡水用船、沙地、泥地、山地等使用不同的交通工具一样,夏季疏浚渠道,冬季筑墙御寒,因高而为山,因低下而为池泽,并不是由我的主观愿望才能达到的,都是自然造就的。圣人不以身份低贱而耻辱而是担心大道不能施行,不忧虑生命的短暂而是忧虑百姓的困穷,所以常常是虚静而无为,见其本真守其纯朴,不与万事万物混杂。

无为并不是像木石之心一样,质坚而不动摇。圣人应事接物,不先于物而动,因循其自然的趋势,随变而应屈曲委细成就万物,还有其他方法吗?

老子说:古代拥立帝王的人,并不是为了奉养自己的欲望。圣人即位登基并不是他的身心就得以安逸享乐了,是为了天下百姓能安居乐业,国泰民安。不能看着人民生活在以强凌弱、以众欺少,奸诈者欺骗愚笨的,勇武的侵害怯弱的世界。又因为胸怀智慧的不以此去教导民众,积累的财富不因此分配穷苦之人,所以拥立天子,让这些强弱不均的整齐划一。一个人的明见,不能够普遍照于海内，所以又立有三公九卿，以为天子的辅助之臣；又因为边远地区不同的风俗习惯，得不到君王的恩泽，所以又立诸侯，用以教诲他们。因此天地及四时则风调雨顺，没有不相应相和的，百官没有失职的事，国家没有照顾不到的地方，所以饥而食，寒而衣，老弱有养，病残有治，疲劳有休息，无不得其所以。

帝王就是天地的中心吧。土地广大，人民众多，没有君主加以主宰，则必然会以强凌犯弱小，以众暴虐寡少，智慧且奸诈之人欺蒙愚笨之人，人民不能安居乐业，所以要拥立天子，再设三公，作为人民的父母，安抚他们，养育他们。《易经》说：后以财，成天地之道，辅相天地之宜，以左右民，则天地之心可见矣。

神农为民而容颜憔悴，唐尧为政而清癯消瘦，虞舜为治而脸色黧黑，夏禹治水而手脚掌布满老茧，伊尹背鼎而见商汤，吕望摆弄着刀子而入周，百里奚有被转卖的遭遇，管仲曾被绑缚，孔子家里烟囱不黑，墨子没有坐暖席子的时候。这些人各有不良的遭遇，在求道建功立业为民谋福的事业上孜孜以求，不屈不挠，以上德大爱之心，造就非常之功绩，并不是因为他们都贪恋俸禄，仰慕爵位，只不过是为了求得世界的大同，兴起天下的利益，除去不利于万民的祸害。上至天子，下到百姓，心身不去勤于事务，不能殚精竭虑地思考，遇到事情却想求得圆满的，还没有听说过能够实现的。

古代的圣人，耳、目、口、鼻都与常人相同，饥食渴饮与大家相同，其中不同的就是内心的思想境界。为了天下万代生民树立榜样的，大凡被后人认为是在圣人之行列的，没有不曾劳其心志，而后才成其功德，功德成就又不以此据为己有，不为功，不为名，不为禄位，这就是成为圣人的原因。

老子说：所谓的天子，是秉受自然天道以立于天下的，立天下之道，就在于执守一元之气，以得自然之纯真，返还于根本，达到虚静无为，恍恍惚惚隐隐约约没有边际，遥远而无所休止，视之无形无象，听之无音无声，这就是大道的轨迹。

天地是人的父母，凡是有血气的，都是上天所养育之子，而人君是这个团队的首长，是替代上天照顾子民的，所以称为天子。天子观看人民都是婴幼儿一样，不用精心养护自然就能视听聪明，有一个仁爱之心，自然是此感彼应，这就是所说的大道的轨迹。

老子说：所说的道这个东西，体会起来好似圆形的，而使用以后却是方正的，背面为阴，怀抱着阳，左侧用柔而右侧用刚，脚踏在幽暗的地方，而头顶却正大光明，其本性变化无常，而得其本原可应对万方，这就是所说的神明啊！像天圆一样没有终端，所以不能够观察到它的形状，地方而没有边际，所以也不能窥测到它的门径。天化生万物没有形状；地生长万物也没有计划标准。万物有穷尽之时，唯有道却没有穷尽之时。之所以道是无穷无尽的，是因为道没有一个永恒不变的形象显现出来。它的运动无穷无竭，又像日月的运行，又若春秋万物的代谢，日月以及于昼和夜终而复始，明亮而复又晦暗，有形而无形，所以功果可成，支配万物而终不被万物所支配，所以长胜而不穷尽。

道生天地，天地生人，就好似祖生父，而父生子。神气感化形象万端，而道就是那样的专一，道无形而身有形。支配形体的反而无形体，役使万物的却没有万物的形象，这就是神吧。

战事的计划和决策运筹于庙堂之上，而决胜于千里之外的人，可为帝；能出神入化的人可为王。运筹于庙堂之上的取法天道；出神入化的人明鉴于四时，修养政务，虽在国境之内，而远方国民仰望其德政，克敌制胜于未战之时，却让那些诸侯们都内心诚服。古代得了道的人，清静而效法天地，动作而顺应日月，喜怒效法四时而有节制，号令与雷霆可比，音气不违背八风，屈伸不改变五度。顺应人民的欲望，利用人民的力量为他们祛除残贼祸害。那些同为利的人可以甘愿奉献，同为情的人可以相为促成，同行同业者可以相互帮助。如果为了自己而有动作，天下人就会争斗。所以善于用兵的人在于师出有名，用兵的目的还是用兵，不善于用兵的人师出无名，用兵的目的是为了自己的利益。师出有名的用兵为人民谋利益，天下没有不可用的兵；师出无名的为满足自己的欲妄，则天下无一兵可用。

日月被剥夺了光明，就生出月食和日食来，阴阳失去和谐就会因战斗而产生灾害，战斗胜负事物必然会受到伤害。运筹帷幄，决胜千里，为帝者必然是垂衣裳而天下得以治理，出神入化为王者，不用作战而犯上为乱的自然归服。假使夏桀接受修道养德则政治清明、人民乐业，还怎样谈到要顺民意，用民力而违背旧主呢？只是人民因为都有了危亡的心思，因此而不说弑君，反而说是为了祛除残害暴虐之政，真是可悲啊！

下　德

老子说：治理身体，最好的方法是养神，其次是炼养形体，神气清宁意气平和，四肢百节皆得安宁，这是养生的根本。使肌肤肥厚、腹肠充实，满足欲望，这是养生的尾末。治理国家最好的方法是以正道进行教化，使人民返朴还淳、回归自然，其次是理正刑罚奖赏制度，人民互相谦让争处卑下，财物利益争相少得，事情劳动力争去作。逐渐被人君感化而改过迁善，大家却不知道这样的结果是什么原因，这是治理国家的根本。用货利奖赏的办法达到劝善的目的，使百姓畏惧刑罚而不敢为非作歹，法令修政施行于上，百姓服从于下，这是治理国政的微末。上古之世遵行治国的根本，后世从事治国的微末。

下德就是执着固守于施行仁德。最高的养生方法是养护精神，这是养生修持的根本，其次是养护形体，这是养生修持的微末了。最高层次的治国之术是养德以化民，这是治理国家的根本，其次是修正法制，这是治理国家的微末之术了。依此而向下，则又是下德之下的方法了。

老子说：圣明的君主不是每个时代都会出现的，贤能的臣子万人中也不能有一个。不是每个时代都能出现的圣明之君，来求万人之中难得一人的贤能之臣，这就是说达到国家大治之所以千岁都不相同的原因。霸王的功业也不是每个时代都能确立的，顺应他的善意，防备他的邪心，与人民同心同德，则人民就会从善如流，社会风俗就会和谐美好。圣人之所以可贵，并不是他善于依罪而量刑，可贵的地方就在于他明白祸乱动荡所滋生的原因。如果开启矛盾而且顺从它的发展，放纵邪僻淫恶而不予理会，之后再绳之以法，以法施之以刑，如此一来，即使残伤祸害杀尽天下之人，也不能禁止奸邪的产生。

明君良臣风云际会，或许千载一逢。明君不是历世就能出现，良臣万中无一人，以不是历朝历代都能出现的明君而去求得万中无一的良臣，唐尧虞舜之后，就是像成汤遇到伊尹、文王相遇吕公望一样，历代都不多见。又如齐桓公遇到管仲，也不是历世都能确定的，所以说达到治理的时候要少而国家混乱的时候要多，或许是因为君子少而小人多吧。

老子说：身在江湖之上隐迹遁世，心却在魏都繁华的闹市中，向往着富贵的生活。就是为了看重生命，看重生命就要轻视身外的财物和货利了，尚且不能自我控制，而去顺应自己的心情，精神因此不受到伤害吗？不能控制自己的心情，而又去勉强抑制内心的欲望，这就会使得内伤过重，得到重大伤害的人就没有长寿可言了。所以说知道和谐和平的道理就可以说得到了长久之道，知道了什么是长久之道就是聪明。贪生纵欲就会有灾祸，内心的欲望支配了危机的运行就会逞强好胜，所以说要与玄妙的大道理念相同，如果使用了这样的精神就会复返到那样的智慧上来。

人世间有隐居之士，大道没有或屈或伸，身处江湖之上而心在朝廷之中，这就好像是家里有几亩水田也不会忘记的。所以说有道之士，隐居也是为了修此道，任职理事也是在修此道，因时而止则止，因时而行则行，这是学道行道相同的道理，道理相同而行事有异。

老子说：天下最容易的莫过于行善，天下最难的莫过于为不善之事。所谓的行善容易，只要清静无为，适情恬淡，辞去多余的事物，拒绝诱惑，遵循生命，保守天真，不要改变自己的本元之性就可以了，所以说行善容易。所谓的为不善最难，譬如像篡位弑君，骄奢淫逸，躁动不安而又多欲望，这都是违背人的天然本性所为，所以说为不善之事比较难。现在我们认为的大祸患是由于人们无限的贪心所产生的，所以说利害产生的地方，祸与福交际相会，不可以不去审察啊！圣明的人没有这些欲望无须避开它们，有些事情本想要得到它才满足，却恰好相反地失去了，有些事情本想要避开它才内心安定，却恰好相反地得到了。心志有了私情欲望，就会忘记他所从事的事业。因此圣明的人审察动静的变化，适宜取舍揣度之事，梳理好恶爱憎之情，调和欢快与嗔恨的关系，动静得其宜则患难不能侵，接受施与恰当则罪恶不受牵累，梳理爱憎则忧患不能靠近，调和喜怒则怨恨不能触犯。善良与罪恶虽是两条途径，但是同出自一个心思。天下没有比行善最容易了，天下没有比为不善之事最困难的了，祸与福的关系相辅相成，互为条件，互为因果，事有必想要得到的，结果反而失去了，有必要避开的，反而就须从得到了。因此圣人审视动静的变化，调和喜怒尺度，行为处事没有不适宜的，还有什么忧虑怨恨之言呢？

体道之人，不随便获得，不避让祸乱，有而不舍弃，非他自有而不裁制，常常满而不外溢，坚守清虚而易于满足，因此自当以道的理念处事作为，即是说吃饭以充饥，穿衣以御寒，生活足以温饱。七尺的身材，没有道学的自身修养而又祈求尊贵，即使是有国君一样的势力也不足以使他得到快乐，得到天下的财富也不足以使他愉悦。所以圣人内心平和，志趣简易，精神内守，事物不能迷惑。

修身有道，处事有方法。体道的人，守其自然的本性，安其分定的命运，饮食止至于充饥，穿衣止至于御寒，不期望多得，不舍弃所有之缘故，不庆幸能免于祸患，不期望靠近富贵，即使是通达也不因此而骄傲自满，即使是困穷也不随意改变自己的操守，快乐得如同天真烂漫的孩子，如此可与大道同其长久。

老子说：战胜别人是有力量，而能够战胜自己的弱点才是坚强的人。能力强的人必然是利用别人力量的结果，能够善于利用别人力量的人，也必然是得到人心的人，能够得到人心的人，也必然是自有所得的人。没有得到自己而又失去别人的人，也没有得到别人而又失去自己的人，所以治理的根本问题在于安定民心，安民的根本在于物足民用，物足民用的根本在于不夺农时，不夺农时的根本在于简省事物，简省事物的根本在于节约物用，节约物用的根本在于除去骄奢淫逸，除去骄奢淫逸的根本在虚无清静。所以说通晓生命本质之性的人，不会去努力追求对生命本质没有什么好处的东西；通晓命运本原之情的人，不会去努力追求于命运本原无可奈何的事情。眼睛喜爱五颜六色的东西，嘴巴唯以滋味为嗜好，耳朵以五声为快乐。人的七窍如果一天比一天地相互竞争嗜欲，就会伤害本性，一天天地招引嗜欲淫于情志，竭尽本身的自然元和之气，自身况且还不能有所调治，怎能把天下治理好呢？

想要战胜别人，先要战胜自己，从来没有自己不能战胜自己而战胜别人的人。战胜别人的说明有力量，是欲望的战胜，这是一个天理。自己战胜自己的人坚强，这是天理战胜了人欲的结果。天理胜就会得到别人的心，别人将自用其力。欲望的战胜就会利用别人的力量，别人将先离间其心。天理人欲的差距，应该有所不同吧。

所谓得到天下的人，并不是说要脚踏在权力的最高处，百姓称呼他尊号等等。而是说他能够运用天下人的心，得到天下人的力量。即使有国君的名声，却无一人去称赞他，这是已经丧失了天下啊，所以夏桀和商纣王不能称王，并不是商汤和周武王流放他们的结果，而是因为他们失去了民心才丧失了天下。所以说天下有了道德教化而国泰民安，四方边境之国也会为之坚守；天下如果失去了道德教化，只有各地诸侯才为之坚守；诸侯有了道德教化，四方边境为之坚守；诸侯丧失道德教化，只有左右近亲为之坚守。所以没有什么凭借，难道还不能夺取我的地位和势力；有了凭借，就不能夺取我的地位和势力了。行施可以夺取的办法，并非是篡逆弑君的作为，如有篡逆弑君之事，是无益于持有天下的。

拥护我而后又诽谤我、残害我，就会滋生仇怨。圣人运用天下人的心，得到天下人的力量，而使天下大治。就像那夏桀和商纣王也做过国君，有国君之名，却无一个人赞誉他们，这就是商汤和周武王之所以不做他们臣民的原因。天下失了道德，诸侯们为之坚守，这是谁的过失呢？

老子说：善于治理国家的人，不轻易改变原有的东西，不打破固有的常态规矩。愤怒之后行事作为是违背道德的，兵器是暴戾凶恶的东西，争斗是人们之所以混乱的原因，阴险奸诈违背道德而又用嗜好凶恶的利器来治理人民的混乱，可以说这种违背道德的作为已经到了极点了。若不是把祸患强加于人就不能祸及自己，还不如内心都沉淀淡定下来，挫折磨平其中锋芒毕露的锐器，和解其中的纷争，与天下万事万物和光同尘。人们的性情都愿意夸耀自己贤能而又嫉妒不如别人的那些方面，愿意夸耀自己贤能就会生出争强好胜之心，嫉妒不如别人就会有怨恨斗争滋生，怨恨斗争滋生就会使人心情迷乱而气机上逆。所以古代圣明的君王消除斗争与怨恨，争斗怨恨不再产生就会使心志平和而气机顺畅，所以说：不崇尚贤能，使人民不争强好胜。争斗则有所不足，谦让则和谐有余，这是成就别人和自己两全其美的办法。愤怒悖逆道德，兵器是凶恶不善之物，争斗是人们之所以混乱的原因。阴谋奸邪悖逆于道德，好用凶恶之利器来治理人民的混乱，这是悖逆于常理到了极点了。文子把这些话传授给范蠡，越国想要攻打吴国，范蠡因此引用了这句话谏阻，勾践不予理会，最终被夫差打败。这就是为什么说想要祸乱别人的人，最终自己反被别人给祸乱了。贤明的人，能这样做吗？

老子说：治理事物的时候，不用事物的内在情态而用和；治理和的时候，不用和而是用人；治理人的时候，不用人而用君；治君的时候，不用君而用欲；治欲的时候，不用欲而用性；治性的时候，不用性而用德；治德的时候，不用德而用道。以道的理念来衡量人的本性，则本性就没有污秽邪恶，长久沾染于事物就会忘记其本性，忘记本性就合于他性了。衣服、食物、礼节、风俗都是人的本性，是本性所接受外在的东西，所以说：人的本性想要平淡，然而嗜好和欲望反而会伤害它，只有体道的人能够舍弃外物返回到本性上来。用道以自我鉴戒就不会丢失事物原有的情态，不能用道来自我鉴戒，只要有所行动就会被事物所迷惑，不能找回自己的天元之性，都是因为放纵欲望迷失本性，本性迷失行为动作从未有正的时候，从此之后以如此的状态去治生养命则损命失身，以此来治理国家就会立即引发人民的动乱，所以说不能体道的人就不能返回本性。

本性与欲望本来就有所不同，人们都是如此，而唯独国君更加严重。治理事物不用事物而用和的缘故，是要先明白自己的本性而后再明白事物之性，明白了事物的本性之后就可以参悟并赞美天地间万事万物生长变化之道了。

古代的圣人能够得以体察自己的本性，所以可做到有命令施行就即刻禁止自己的不当言行。大凡是要举行事情的，必然事先要平心清神静意，神清意平之后才可以去校正事物。听觉常在是与非之间，视觉常在彩色之中，而又想得到事物的正常状态就很困难了。所以贵在致虚守静，因此生活中我们可以看到激拨水面就起波纹，气机零乱则理智昏聩，智昏就不可以达到平正，有波纹的水面就不可以恢复平静，所以圣明的君王抱持元和之气，专守真一之心，用来治理事物的性情。所谓的一，极其贵重而且无敌于天下，圣明的君王执守其一，把自己托于无所不安适的状态，所以能为天下命主。

古代勤学好问的人，首先要弄清楚自己的立身处世之道，自己立身处世之道确定之后，为他人为社会之道就可以施行，圣人得以反躬自省审时度势。所以清静明智就在于身体力行，他的恩光将无远不烛，感悟体察获得万物的情性与万物和谐统一，政令自然行使于天下。

老子说：阴阳二气消长变化陶冶万物，都是凭借着冲和之气而生，如果上下离心，中和之气就上升，君臣不和谐，五谷不能成熟，春有肃杀之气，秋有阳和之天，冬有雷电，夏有寒霜，都是奸邪阴阳不和之气所造成的后果。天地之间就好比一个人的身躯，上下四方六合之内就是一个人的形体，所以明白人本性的人天地万物也不能胁迫他，能审视体察征兆的人即使是怪诞奇异的事物也不能迷惑他。圣人以近知远见微知著，从万变差异中寻求一同。中和之气熏蒸于天地之间，不用设立礼义廉耻，万民也不因此相互侵害，没有残暴虐待等不良事端的发生，原因是万民受中和之气道性的教化，都处在混沌冥杳淳厚朴实的状态。廉耻欺凌残暴是社会到了没落的末期，使用太多而财富却很少，劳力过度而给养却不足以养民，人民贫穷困苦而纷争产生，因此以仁为贵。人们鄙视不能齐心协力，处处都是结党营私，各推举和自己友好之人，胸怀机巧奸诈之心，因此又以义为贵。男女群居，混杂而且没有分别，因此以礼为贵。人的性情和生命，淫欲过多而不能自已，就使得身体不能和平，因此以乐为贵，以平淡欲望变改风俗、陶冶性情。所以仁义礼乐这些东西是为了解救散乱败坏的心境，并不是通达治世之道。

天地是一个身躯，天下是一个气息，阳变阴化，陶冶万物，都是乘着这一个气息而有生命。圣人博爱养育万民，视天下为一家，所以天下才有和谐平安。如果说花费太多而取得的财货却又很少，尽力劳苦而所得的生活资养却不足，那么人民因贫穷困苦就会有纷争滋生，这并不是通达治政之道啊。

果真能使神明安定于天下，而内心返回到原来的本性，则人民就会心地良善，人民心地良善则天下阴阳和谐而包括其中，所以财物丰足而人民得以赡养，贪婪卑鄙纷争的心思就不再产生了。仁义不使用，而把道德的理念确定于天下，则人民不淫泆于色彩之中。所以说德衰之后就掩饰以仁义，和谐丧失而后协调音声，有礼而淫乱然后修饰仪容。所以说知道了道德，然后知道仁义，然后才明白仁义不足以施行；知道仁义，然后知道礼乐，然后才明白礼乐是不足以修养啊！

圣人诚能以明智之心返回到原来的本性，人民还会回到淳朴良善。人民的本性良善则天地阴阳和谐，依从而包裹着，财物富足人民得以赡养，贪婪邪鄙不能产生，纷争平息，仁义不能使用，而道德就安定于天下了。

老子说：以清静无为的思想治理天下，和谐通顺而寂静恬淡，本质天真而朴实无华，闲适安静而无躁动，在内修合于道，在外行而合同于义，其中的言语简单而且遵循常理，其中的行为快乐而且顺乎人情，其心和平而不虚伪，其应事朴素而不予装饰，不用谋划开始也不用计较结果，心安就留下来，激发而动就离身而去，与天地相通，与阴阳相化，与四时和一，与日月同明。与大道同化的人，自身之中的机巧诈伪不能承载于内心，因此天覆盖以德，地承载以乐，四时不失其时令，风雨不能不按时令而肆虐，日月清静明亮而且辉光照耀，木火土金水五大行星不失其运行的轨道，这是因为清静而带来的光明。

天清地静，所以能够长久，圣人遵循清静作为治国的理念，这是效法于天地之道啊。心清则内合于道，体静则外与人同，所以不用跨出门户而教化已经兴行。

老子说：得以治理的盛世职责容易持守，其中的事务容易处理，其间的礼仪也容易施行，其中的债务也容易偿还。所以世俗之人不兼与官职，官员不兼与事物，士农工商各处其所，乡镇有别于州府。所以农民与农民谈论收获储藏，士人与士人之间谈论道德仁义和人生的行为，工人与工人之间谈论工艺的技巧，商人与商人之间谈论做事的方法和把握时令季节、方域特产。因此士人不丢弃操守，工人不生产假冒伪劣和粗质滥造的东西，农民不荒废农时，商人都是货真价实的物品，人民各安其本性，不见异思迁投机取巧。虽然人们的思想意识形态层次都有所不同，但是各能安逸其事务，而不违背常理，从事他们善于做的事而不混乱，失去所从事的职业就人品低贱，能在所从事的职业中发挥其作为，就会变得高贵。

古代的人，终生司守一个职位，每个职位就是一个固定的事业，所以治世的时代，做臣子的能尽于职守，事情也比较好做。后代官吏都有兼顾的事务，在职的官员益冗而且吏卒益繁，一个政令出自多个衙门，反而危害了治理。

有先知和远见的人，是才能超常的人，然而治理的社会不以此标准来要求人民；博学强记、能言善辩的人，是才智过人的人，而圣明的君主不以此条件要求下面的百姓；蔑视名利、轻贱财物、出尘脱俗的人，是士人之中具有高贵品行的人，然而治理的社会却不以此标准来教化人民。所以高尚不可及的人，不可以把他奉为做人的标准，而那些行为不可及的人，不可以把他们作为国家的习俗来提倡。所以说：人才不能专一使用，只有一个方面的特长也不能拿来衡量所有的人。只有为人之道和行为准则是可以传于后世的，因此国家的法律制度确定好之后，可以交与愚人去持守，而且军队的管理也可以与法治相同一，不必等到类似于古代那些英明君主出现，只要因其所长、量其所能兼而用之就行了。末世的法律，以高标准量刑，不及标准就依律治罪，以量刑过重为能，有不胜任便受到惩罚，因为危险而又艰难，不敢去做的人便遭到诛戮。人民困迫于这三项要求，就会运用才智掩饰是非欺诈君上，作奸犯科而行危履险，即使是严刑峻法也不能禁止奸邪。野兽到了山穷水尽的时候也会反抗相争，飞鸟到了穷途末路的时候就会用喙力啄，人到了无路可走的时候就产生奸诈，说的就是这个道理啊。

才智不可跨越德的界限，言语不可以超过行为。才智远大而有先见之明的人，在治世不以此而要求人民；博闻强识而且能言善辩的人，明智的君主不会因此要求下层民众。傲视贱物、不从流俗的人，要求他人较高而且又难以做到，勉强别人不可能为之事，是穷凶极恶奸诈之人。

老子说：雷霆之声可与钟鼓声相仿效，风雨的变化可用音律来表现。大而可以目睹的东西，就可以度量它；明而可以见到的，就可以人为地蒙蔽地；声音可以听到的，就可以去调和它；颜色可以观察到的，就可以去分别它。极其宏大的东西天地也不能涵盖，极其微小的东西神明也不能领受。至于说建立律历、分别五色、判断清浊、品尝甘苦，此时道就分化而为万物了。立仁义，修礼乐，此时德就分散而为虚伪了。人民巧饰智慧以惊动愚昧，设奸诈以欺骗君上，天下有能够持守它的，而未能有治理好的人。智能越多，而德愈加衰败，因此至人持守淳朴而不涣散。

圣人以极其大的淳朴，效法天地覆载之道，观象以制器，如同雷霆与钟鼓、风雨和音律一样，都是得到外在的表象而制器，至于说像那天地之大、神明之微妙，就有所不能全都穷究的了。只有像圣人那样淳朴而不流散，才可以为万世之师表。

老子说：至人修身，虚无寂静淡漠，看不到有欲望的事情，心与神相处，形体与本性和调，清静而形体和适，动作而与理相通达，遵循着自然之道，随缘不任意而为，漠然无为而天下和谐，淡然无欲而民自朴实，不纷争而财物充足，施与的人不以有德自居，接受的人也不因此谦让，如此一来德性反而回归于淳朴，而且没有恩德施惠之意，一切顺其自然。不用分辨的分辨，不用言语的言语，尽在不言不语中，如此或许与道相通了，称为虚无空旷的天府。获取它而不减少，酌饮它而不枯竭，不知道它从什么地方来，称它为摇光，摇光是资助万物生长的粮食。

北辰是天帝居住的地方，端居在天的中心，而众星向它朝拱。圣人取意效法为治之道，心与神相处，漠然无为而天下和谐。摇光位居北斗之杓，有资粮给万物之意，随天运左旋，一天转运一周。北斗不运，人民没有食物，虞舜观察璇玑以与日月木火土金水七政相调和，知天运四季时令，而天道与民用和同而化。

老子说：天爱其精神，地爱其平和，人爱其性情。天的精神为日月星辰雷霆风雨，地的平和为木火土金水五行，人的性情为思虑聪明喜怒由情感而发。所以关闭耳目心口四个关窍，端正五道，就与道混沦合一了。神明藏于无形之中，精气返回到天真之地，虽目明而不以其视物，虽耳聪不以其听声，虽善谈而不以其言语，心灵通而不以其思虑，委以重任而不作为，智慧明白而不矜持。依顺性命之情趣，奸诈就不能伤害，精气存于目即视力清楚，存于耳即听力聪明，留在口里即言语恰当，集存心中即其思虑通达。所以关闭四个关窍，就会终生没有灾患，四肢及九窍不死不生，永恒不变，这就是真人。大地生养财物的根本，只不过是五行的运动而已，圣人调和五行即治理不荒废。

人有五性，上应于天之五星，下应地之五行，五性动作而七情滋生，身体难道还不知爱护吗？而且神藏于心，精藏于肾，魂藏于肝，魄藏于肺，意藏于脾，神明藏于无形之中，不生不死，就是真人。

老子说：衡量物体对于左右来说，没有轻重的私心，所以才可以把它作为平衡的标准；准绳对于内外来说，没有曲直的私情，所以才可以为正的标志；君主对于法令来说，没有好憎的私欲，所以才可以作为政令施行。德行无所树立，怨忧无所隐遁，这是行道而合乎人心的情况，所以为治的人知道而不可以主观意志强加于人的缘故。水激涌浪急利则破坏船只，木头也可奋击折断车轴，不能怨恨木石而怪罪工匠笨拙，是智慧不能担当啊。所以体道者用智则混乱，行德者有心则危险，心性有眼目外露则眩惑。所以权衡规矩，一旦确定就不能更改，永恒而不偏倾，既然流行就不能停滞，一旦奉行它就要使万代传承它，用无为之为而应用它，抱一就是无为，百王施行它，万世传承它，施行起来就不能改变了。

人有私心，没有不害道的。人主没有私心，所以法令统一而令行禁止。所以德有心则危险，心有眼目则眩惑，知道了权衡规矩，一旦确定就不能改变。因此说，所谓的一，就是无为之为，百王施用它，万世传承它。

老子说：人们谈论说，国家有灭亡而天下却没有灭亡的道，人有可穷究的事而理却没有不通达的时候，所以说无为是道的宗旨，得了道的宗旨就会应事无穷尽了。所以说不顺从道理的自然规律，而是专任一己之能，其离穷困的地步已经不很远了。人君足不出户而且能够知道天下之事的原因，就在于他能因事变化而认知事物的状态，因其人的性情而知人之才能，所以集合众力来共举一物，就没有不能胜任的，汇聚大家的智慧做事，就没有不成功的。千人之众来务农就不会没饭吃，万人之群去做工就不会有废弃的物品，工人没有异常的技巧，士人没有身兼官职，各自持守其职责，不能相互干扰，人们各得其所，事物各得所安，因此器械不坏，职责事务不能怠慢。负债少的容易偿还，职责少的容易持守，任务轻的容易劝勉。君上操持简单极少的职分，臣民行其易为的功效，所以君臣民众也不会相互厌恶的。

上天不是自然之天而是有为之天的，地也不是自然之地而是有为之地的。那个有为的是谁呢？国家有灭亡的时候而天下却没有灭亡的道理，伊尹五次见夏桀，而夏桀并不任用，这是专任一己之能，却不知道因循人才之能力而行事，所以伊尹不能助夏而佐助了商汤，夏桀岂能不灭亡，商汤怎能不兴呢？

老子说：为帝的体会太一，为王的效法阴阳，成霸的仿照四时，为君的使用六律。体会太一的人明白天地的情志，通晓道德的伦常，聪慧明白如同日月，精神通彻于万事万物，动静与阴阳和调，喜怒与四时悠分，隐显皆与道相符，爱憎无私，就连飞禽走兽和小小蠕动的昆虫，没有不仰仗其德而生的，德远播于方域之外，名声传扬于后代。效法阴阳的人，承秉天地的和气，德可与天地等同，光明与日月并照，精神与鬼神齐灵，头顶上天足履大地，循规蹈矩，以道德为行为准则，在内能修治自身，在外能得到人心，发号施令，天下之人如风顺从。仿照四时的人，依四时之气运，春生夏长秋收冬藏，取舍有节制，出入有衡量，喜怒刚柔，不离开道理的范畴，柔而不脆弱，刚而不壮实，宽而不流散，肃而不悖逆，悠闲自得和气自然以养育万物，其德涵盖愚蠢而又包容不肖，没有私心杂念啊。运用六律的人，生与杀，赏与罚，给予夺，除此之外就没有其他的道了，征伐战乱，禁止残暴，兴举贤良，废弃不肖，匡邪归正，攘除危险达到和平，矫曲以为正直，明确施舍开启阻塞，因循时机，顺应潮流，以使万民归服而役使人心。

为帝的人，若不体会太一，阴阳就会相侵；为王的人，若不效法于阴阳，四时就会削减他；为霸的人，若不用四时，六律就会羞辱他；为君的人，若丧失六律，他遵循的法则和准绳就会废弃。所以说以小的智慧而推行大的道理就会困穷阻塞而众人不能亲近，以大的智慧而行使小的道理就会狭隘而且不能被容纳。

不谈论皇而只说帝、说王、说霸、说君，这是为什么呢？是因为尊敬皇啊！为帝的人，失了道之后还有德；为王的人，失了德之后还有仁爱；为霸的人，失了仁爱之后还有正义；为君的人，失了正义之后还有礼义。大智慧的人树立之后，小智慧的人还存在那里，如果小智慧的人树立之后，大智慧的人就不能存在了。

老子说：地域广大人民众多，不足以凭此为强盛；铠甲坚固兵器锐利，不可以依此就能战胜；城墙高厚池水宽深，不足以借此而固守；严刑峻法，不足以凭此立威。为了存国而设立的政治，即使国家再小，也必然生存。为了亡国而设立的政治，即使国家再大，也必然要灭亡。所以说善于坚守的人不需要做防御，善于打仗的人不需要交战，乘借时势顺应民意就取得天下。因此善于为政的人积累品德，善于用兵的人蓄藏愤怒。品德积累则人民就可使用了，愤怒蓄藏而威严就可以树立了，所以积累的品德越深，归向的人越多，施与的德越广博，诚服的人越广。广则威信制服的人越多，多则我强而敌弱。善于用兵的人首先要削弱敌人，而后再去战胜对方，所以费用不够一半而可得到十倍的功果。千乘之国若行使文明之德政，就可以称王；万乘之国如果嗜好用兵，就会灭亡；仁义之师先自胜而后才可以交战；败亡之师首先交战而后才去求取战胜。这是不明白胜败之道啊。

行使文明德政的，国虽小必然保存；好用兵的，国虽大必然灭亡。善于为政的积累德，善于用兵的蓄藏怒。用兵的目的是为了止乱，而并不是为了作乱，如此则人民不能受到伤害，而且国家可以长期存在。

上　仁

老子说：君子之道，清静用以修身，俭朴用以养生。清静则人民不被侵扰，俭朴则人民不生怨恨，人民受到侵扰则政治混乱，人民生怨就说明恩德施与微薄。政治混乱，贤能的人就不再为之谋划；德施微薄，勇武的人就不再为之战斗。昏庸的君主就不是这样，一日据有天下的财富，便一日行使君主的权势，竭尽百姓之力，以供养自己耳目视听的欲望，心志专注于宫殿亭台楼阁、沟池苑囿、珍禽猛兽、奇花异草。贫农饥寒交迫，而虎狼猛兽却厌倦了家畜的血肉；百姓日益困苦，然而宫廷之内仍然穿着华贵的绸缎。君主蓄养这些无用之物，而天下人民已经处在水深火热之中，不能安身立命了。

上仁的人，清静以修持身心，俭朴以蓄养人民，这是作为君子的人应当行为的事情。下扰人民，则德薄民怨、政治混乱，这不是君子所为之事。不做无益以妨害有益，不蓄养无用以蠹害有用。

老子说：非淡泊无以明德，非宁静无以致远，非宽大无以容纳。用天下人的眼睛去观察，用天下人的耳朵去聆听，用天下人的智慧去思考，用天下人的力量去争取，发号施令能够上情下达，而且臣民之心意也可得以上闻，百官各司其职，条理通达，群臣一心。高兴也不是因为有赏赐，愤怒也不是因为有诛罚，法令简明而不苛刻，耳目通达而不昏暗，善言恶语每天陈于前而不混逆，所以贤能的人都尽其智慧，不肖之人竭尽其力量，亲近的人安其性命，远方的怀念其恩德，这就是获得了用人之道啊。

淡漠、宁静、宽大、正平，这是施行仁政的具体条件。用人之道以天下人的眼睛观察、耳朵聆听，则聪明就广大无边；以天下人的智慧去考虑、力量去争取，则功业就博大。所以贤能的人尽其智慧，愚笨的人竭尽其力量，近者怀恩，远者服德，以此而论，可以明了三代圣明君主能够长久持有天下的缘故，所以后世没有能超过他们的。

乘坐车马的人不用劳烦自己行走就可以行致千里之远，乘坐舟船的人不用自己游水就可以渡过江海。假如说的话是正确的，是商人樵夫也不能舍弃啊；假如说的话是错误的，是贵为人君卿相也是不可以听用的。是与非的关系之外，是不可以按身份的贵贱尊卑论处的。其计谋可以使用，不要羞耻于他们的地位；其言语可以施行，就不要求其能言善辩。昏庸的君主就不是这样了，群臣全都诚恳效忠的人很少，因为不用他们的智慧，却亲近善于奉迎的奸诈邪僻之人，如此一来，贤能的人不被任用，地位卑下的人不被疏远，竭力尽忠的人就默默无闻了。善于说话的人，必然穷尽他们的言辞，善于进谏的人，必然获罪而遭到诛杀。如此的行为，想要安定海内，抚存四方，离聪明的想法实在太遥远了。

天下事物，可以借我用的应有尽有，剥夺我们使用的还从没有过，假借给我们使用的内涵太大了啊。车马可以代替行走，舟船可以凭借渡涉江海，千里之远可以不用劳累即至，可以借用可是得其力了。君主用臣下以治理国家，臣下可以借君主以实现抱负，失掉可以借的运用唯独是那些昏庸无德的君主而已，天下只有有德之明君而后足以运用假借之说。

老子说：能够尊重生命、看重养生的人，虽富贵荣华也不会因为过于营养而伤害生命，即使贫贱的人也不会因为利益而劳累形体。现在接受先祖遗留下来的产业，必然不能失，而生命之所由来很久了，如果轻易地失去它，岂不太愚昧了吗？所以说把自己的身躯看得比天下珍贵的人，就可以把天下寄存于他；爱护自己的身躯比天下为重的人，就可以把天下托嘱给他。

人们没有不看重自己生命的，所以说要尊生，尊生的人没有嗜好和欲望，因为那是杀伤身体的祸害。人们传承父祖的恩泽而不去自我保养，持守错误，只是奢求于所得到的资养够不够，以至于丧失身体，到了倾覆败家的祸患，迷惑得实在太重了啊。

文子询问治理国家的根本，老子说：根本在于治身。从未听说过身体得以治理而国家混乱的，或者说身已凌乱而国家能够得到治理的。所以说，修持觉悟自养于一身，他的德才是真实的。道极其微妙的原因，是父亲不能把道拿来教给儿子，儿子也不能从父亲那里直接去领受。所以说，道这个东西虽然可以用言语颂扬它，但是颂扬的东西都不是我们所说的永恒不变的道；名称虽然也可以叫得起来，但是能够叫得起来的也都不是我们所说的永远不改变的。

国家的根本在每个家庭，家庭的根本在每个成员。文子问治国的根本，老子回答其根本在于治身，说的就是身得以治理而后家治，家治而后国治。自身如同国家，而国家犹如一个人的身体一样。《诗》云：手执斧柄，伐木做斧柄，斧柄式样并不远，旧斧柄与新斧柄不完全等同。孔子以此寓意为人之理，斧柄虽是照样制作，斧柄的模样、质地、大小、精细不同，其原则是柄头大小要恰好装在斧眼里。人虽然有千姿百态的不同，但是都要符合为人的行为规范，如斧柄头不合斧眼，即刻削改，人的行为不合规范，即刻改正。

文子说：君主有什么样的德行才能使人民亲近。老子说：依时使用民力并且恭敬谨慎，如临深渊，如履薄冰，不要太过，要恰到好处。天地之间善的东西我就要蓄积它，不善的东西即是我的仇敌。过去夏商两朝的大臣，反而仇恨夏桀和商纣王，而去臣服商汤和周武王；宿沙氏的人民，自己去攻打自己的国君，而后归附神农氏。所以说：别人所害怕的事情，自己也不可不害怕。

虞舜有善行，天下人都仰慕他的为人。文子问：君主有什么样的德行才使人亲近。老子说：依时使用民力，并且要敬重谨慎他们的劳动，善行我就积累它，不善的东西就是我的仇敌，就好比说，国君若将臣下视如犬马，臣下就会视国君如寇敌和仇人。人民如水，国君如舟，水既可以载舟又可以使舟船倾覆，国君对此岂不畏惧吗？

老子说：治理大国，不可以用小道；疆域辽阔的，制度不可以狭隘；位居高位的人，事情不可以繁多；人民众多的国家，教化不可以苛刻。政事繁多就难以治理好，法律苛刻就难以去施行，所求太多就难以满足。一寸一寸地度量，到了一丈之地的时候必然会有差错；一铢一铢地称量，称到一石的时候必然过多。如果直接用石称或者丈量，方法简便直接而且失误很小，用大的器皿较易称量，而且操作方法简便准确。小器皿烦难而且事倍功半，又烦劳民力财力。所以无益于治理，而有益于混乱，这是圣明的人不做的事情；无益于利用，而有益于浪费的事情，智慧的人不去做。所以功业不厌恶简约，政事不厌恶节省，追求不厌恶寡少；功业简约容易完成，政事节省容易治理，追求寡少容易满足。众人诚信就易于成事，所以计较小处就伤害义，因小义而行事就破坏正道，小道治大事必然不能畅通，想要通达必然简约。

度量有宽有狭，智虑有浅有深，地大物博，人民众多，并不是浮浅的智慧、狭窄的度量所能治理的。从小处治理必然有害于大义，因小义而行也必然有害于正道，这是小器量之人所为，君子不为。

黄河因为弯曲所以能够流向远方，泰山也因为有绵延的山岭所以能够显示它的高峻，道因为安闲悠游自得所以能够变化。通晓了一项技能，审视了一件事情，观察了一种能力，只可以辗转委婉地游说，不可以应对全面的问题。调音的人明白，小弦急促，大弦缓慢；立有事业的人知道，卑贱的人勤劳，尊贵的人安闲。用道的语言说：昏昏默默视之不明，看之不清。顺应天的威信，与天同一气息，与道同气的可以为帝，与道同义的可以为王，与道同功业的可以为霸，没有一项与道相同的就危亡了。所以不用言语教化就诚信，不用施舍恩惠就仁爱，不用愤怒就自然有威严，这是与天同心之后而感动万物的人。施舍之后而行仁，说话之后才有诚信，恼怒之后才有威严，这是因受精诚所感化的人。施舍之后而不仁，说话之后仍然没有诚信，恼怒之后仍然没有威严，这是从表面上被感化者的所作所为。所以有道之后再去治理天下，法令虽少，足以得到治理，无道去治理天下，法令虽多，足以使治政混乱。

老子说：鲸鱼脱离了海水，便为蝼蚁、昆虫所控制，人君舍弃了为君之道而与臣下争议事务，便会被有些官吏所制约，仰仗君主为自己谋取私利，守职的大臣就会听从其欲望来取悦于君主，诸多臣下只能隐藏智慧而不能使用，反而把一切事务报由君主专擅处置。做人君的不任用贤能之人而是喜欢独断专行，则智慧日见穷困而且自负其责，对臣下无可奈何而又使政事荒废，行为已经堕落到与君位的仁不符，并且不能行使制约和执持国政。智慧不足以去治理国家，威严不足以行使惩罚，就没有什么东西向天下民众交代了。喜怒之情表露在心迹，嗜好欲望显现于外，那么忠于职守的大臣就舍弃正直而曲意迎合于上，有司官吏枉法而顺从世风，赏赐与功劳不匹配，诛罚与罪行不相应，就会使上下背离而不和谐，君臣相互怨恨，百官不安于职守，且才智不能发挥，互损声誉的现象萌生，正大光明不能得以普照，并非是自己的过失，反过来却要自责。如此一来，人主越辛劳人民越涣散，这样做的结果无异于是代替技艺高超的木工去砍伐树木一般。代替技能高超的木工砍伐树木，很少有不砍伤自己手的啊。

君主失于为治之道，必然受制于大臣，就如同是江海里的大鲸鱼离开了水，结果却被那些蝼蚁小昆虫所制约一样。为君之道在于委托贤能、选择良相而已，得到贤能的良相，百官下臣没有不能匡正的，天下没有不能治理的。一旦失其君主所持守的道，并且与臣下相争贤能，不用等到臣下对他进行制约，他必将会自我被束缚而不能自脱其樊笼。

和快马竞跑，即使累断了筋骨也不能追赶得上，如果乘车手握缰绳御马，即使使马累死几匹，自己也必定安然无恙。倘若让伯乐相马，王良驾车，圣明的君主乘坐，没有驾驭和观察的劳累而能行至千里之远，这是因为善于利用每个人的不同本能罢了。人君之道，无为就有所成就，有所建树而无嗜好。有为即遭非议，有嗜好就有谄媚，非议即刻削弱权势，谄媚就容易被诱惑，因有建树而又被别人所制约的人是不能够治理国家的，所以说善于建立的人坚固而不可以拔取，意思是建立在无形无象之中。神智明彻与道相合的人，没有能战胜他的。中心的欲望不向外释放叫作扃，外在的诱惑不入于内心叫作闭。中心的欲望被扃阻，外在的诱惑被排斥，什么事情不能节制？外闭中扃，什么事情不能成就？所以不使用它就让它作为，如果利用它就让它有所作为，不追究他的语言，不剥夺他的行为，因其名而求其实。由官吏行使职权，以无为清静不知为君道，以禁止烦多苛刻为目的，如此一来，百官所习所行就各有所考证了。

和快马赛跑，就是君主与大臣之间的较量，登上马车驾驭致千里之远，是君主用臣下以成治世之象。君主有为即遭非议，君主有了嗜好就会有臣下奉承。只有神智明彻的君主与道相合，大凡所使用均有节制，使嗜好私欲不能通行，官吏各尽其职，事务均有所考察。

老子说：食物是人民生存的根本，人民是国家兴盛的基石，所以作为人君的人，上应天时之运动，下尽地理之利，中间要使用人的力量，因此众生随即盛长，万物得以蕃茂根植。春季除伐枯槁的草木以利于耕植，夏季收获百木之果，秋季积蓄蔬菜食物，冬季采集柴草，以利于人民生活的资材。出生的没有无用之人，死后没有弃尸不埋的现象。先王的法令：不捕捉正在成长的禽兽，不会使池水干涸而取鱼食用，不会放火焚烧森林而猎取野兽，时令不到深秋不能捕获野兽，时令不到正月不能下网捕鱼，时令未至立秋不能在地上张网捕鸟，草木尚未凋落不得持斧进入山林砍伐树木，昆虫尚未蛰藏不能在田地里烧荒，正在哺乳的禽兽不能打杀，尚未孵化的鸟卵不能拾取，游鱼长不到一尺不能捕取，猪狗长不到一年不得食用，因此万物的生长壮大就像蒸发的热气一样，繁多茂盛。先王之所以这样依时令休养防备就是富国利民之道啊，富国利民之道并不是参看别人已经施行的办法，这是想要利于民生的欲望常常在内心不能忘记的结果，也是人民在日常生活中自我完备的啊。

使国家富裕的是人民，养育人民的是食物，这是最基本的言论。遵循天时，应尽地理之宜，使用人力，这是与天地人三才和合相备的，然后众生随即盛长，万物蕃茂，人民赖以生活，国家赖以富强，岂不是说生长的财物是有大道化育的吗？

老子说：古代的明君从下边的收取是有节制的，自己的物质生活是有限度的，一定要按每年的收获而适当收取，计算人民的积累有多少，知道有余和不足的数量，然后再根据实情收取或者奉送，如此即得以承天之覆、受地之载之德，而使百姓不再罹患于饥寒之苦。人君怜惜百姓，国家有饥民就食不知味，人民有受寒冷的就冬不穿皮衣，和人民同甘苦共患难，则天下就没有悲伤的百姓。昏君就不是这样了，收取人民的财物，从不衡量民力的辛劳，征求民资，不考虑积聚的多少，男耕女织的积累还不足以供给君主的需求，勤苦辛劳而财物尽以奉君，只有劳作没有休息，君主与臣民相互仇视。况且人在日常生活中，一个人翻地耕种，竭尽全力，不能超过十亩；一般的土地收获不超过四石，妻子和儿女以及老年的父母都仰仗这些粮食生活，有时候遇到天灾之年，没有东西供上需求，人主就会可怜他们了。贪求无厌的暴虐之君却要像攫取涸泽的鱼一样对待他的臣民，以满足他无尽的欲望，那么百姓就不能享有天覆和地载之德了。

唐尧为君主的时候，对待人民犹如自己的身体，收取人民的财物有节制，自己生活的奉养有限度，所以人民没有罪恶违逆之事，贤人很多，差不多每个家庭都有可以受到封爵的德行。社会安定，民俗淳朴，因此明君治理国家必然要计算年岁的丰歉，衡量人民生活积累的虚实，然后才决定收取或者奉送，人民没有怨恨，咨询上天也没有受到谴责吧。

老子说：天地阴阳之气，没有大于冲和之气的，冲和之气可以使阴阳调和，日夜得以区分。所以万物依时令到春分之时而出生，秋分之时才成熟，从出生以至于成熟，必然要得到冲和之精气，才能善始善终。所以说如果只积聚阴气就不能生长，只积累阳气也不能变化成熟，只有阴阳相互交接和谐就能达到成为冲和，因此圣人之道宽容而且谨慎，严厉而且温和，柔弱而且刚直，勇猛而且仁爱。太过于刚则易于折断，太过于柔则容易卷曲，道正好在于刚与柔的中间。准绳是用以量度长短的，可以卷起来揣在怀里，需要的时候再拿来伸开，可以挺直地摆布它，长的时候不使用横，短而没有穷尽，直而不刚强，所以圣人能度量它。推行恩惠就显得软弱，软弱就不能威猛，推行严厉就显得威猛，威猛就不能和谐，推行仁爱就显得放纵，放纵之后就不能严令，推行刑罚就有伤害，伤害就没有亲爱，因此圣人之道以和为贵，效法天之间的冲和之气。

气以和为贵，天地阴阳之气和平而万象光明，阴阳二气和平则万物化生，君臣和谐则朝廷国家得以治理，父子和谐则家道已成，上下和谐而人事既济，荣卫和谐则身康体宁，和谐的深义实在是太大了啊。

老子说：国家之所以能够长久存在是因为得了治世之道，之所以灭亡的原因是大道之理念被阻塞了，所以圣人从变化中就可以观察到或存或亡的征兆。德有昌盛的时候，有衰败的时候，从社会风气就可以观察到存亡的萌芽，所以说得以存在的，必然是有道之邦，国家虽弱小，必然会强大。有了灭亡征兆的国家虽然治理有成，但是其终必然败亡。国家将要灭亡了，即使是大国也不足以为依恃。有道而施行的国家即使小国也不可以轻视，所以能够存在得道而治，不在于国家的大小，灭亡在于失道，并不在于国家的强大。所以动乱国家的主要原因是只顾念于开疆拓土，使疆域辽阔而并不顾念专注于行使仁爱正义，而是专注于高官厚禄，更不修养道德，这是舍弃了其所以存国的根本，却造就了其所以灭亡的原因。如果在上扰乱日月星三光的明亮，在下又丧失了万民之心，如此这般的君主还有谁不能承继大统呢？所以审视自己了解自己的人，就不会随便责备别人。

天下通行不变的称为道，古今不可以改易的称为理，所以道理最大。自古以来有了国家的人，得到了治世之道的就会昌盛，丢失了治世道理的国家就会灭亡。那些只是谋取高位、扩大疆域而不务仁义道德的人，就好比树木没有根本，已经到了枯槁仆倒的程度了。

古代作为君主的人，敦厚而行的叫作道德，浅显而行的叫作仁义，微薄而行的叫作礼智，这六个方面是维系国家的纲常。深入推行道德的，得到的福报就厚重，浅显而推行仁义的，得到的福报就微薄，全都推行的则必然使天下人归服。古代修养道德，就可以匡正天下；修养仁义，只是能够匡正一个国家；修养礼智，也只能够匡正一个乡里。修养道德厚重的人福报大，修养道德肤浅的人福报小，所以有道不用雄壮威武而立，不用坚固强大去争胜，不因为贪图竞争而获得。能够立于君位的，就在于天下推举了自己；能够强胜的，在于天下的自然归服；获得在于天下的给予，并不在于自己的争取。所以低下的容易确立，显示柔弱的就容易获胜，行施仁义的就容易有所得，不与人争的就没有人能和他相争，所以道在天下，就如同江海一样涵宏广大。

道德仁义礼智根植于内心的人，一个人实行它就有浅深，推广它就有厚薄。名誉是从实际的行为树立的，六个方面是有区分的，虽然都是说的善行，然而君主为善则臣民没有敢不善的。后代不修养道德，专以巩固势力作为治政的根本，如此一来国家就危险了。

天地自然之道，根本在于无为，有为则必然败坏，过于执着就会失去它。要想得到天下大治而去有所作为，这样是不能够达到目的的，即使勉强达到了目的，也是不能保持长久的。名声是不可以谋略追求并获得的，要在于天下人给予他名与实相符才能相称，天下人给予他必然天下人归附他，使天下人所归附的就是有了德的缘故。所以说具有上德的人，天下之人都归附他；具有上仁的人，四海之内的人都归附他；具有上义的人，一个国家的人都归附他；具有上礼的人，一个乡的人都归附他。不具有四个方面之一的人，百姓是不会归附他的，百姓不归附就会用兵强制他们归附，用兵强制归附就是走进了危亡之道了。所以说，兵器是不吉祥的东西，只是在万不得已的情况下才能使用它。使用它就要杀人伤人，即使战胜了，也不是什么美事。所以说死伤人的地方，荆棘丛生，荒芜人烟，侥幸活着的人还时常为之悲伤哀泣。即使是打了胜仗，仍然是依丧礼的形式去处理。因此君子修道德，并不重视使用兵器。

天道自然而无为，有为则失道。名声必须与实际相符合，名与实相合的重要性莫如为君。君主有德政则名声不需要特地追求，而且是天下人给予他的，给予他名声必然会归附他。从这里可以看出，上古五帝三王之所以优秀，而五霸七雄之所以低劣的原因，是五霸七雄不修道德，只关心用兵器争夺天下，他们脱离自然无为的天道太遥远了。

文子询问说：仁义礼智，为什么比道德要薄弱呢？老子说：行使仁的人，必然是以悲天悯人的姿态和给人带来的快乐来论证仁的优点；行使义的人，必然以自己力争取得又施舍帮助他人理解义的好处。普天之下，哀悯和欢乐不能遍及，就是竭尽府库的资财也不足以施与万民，所以用尽心思也不如修道而行德；顺应天地自然之性，万物必将自然归正而且天下万民便自给自足，仁义也就自然依附在里面了。因此大丈夫立身处世以淳厚朴实无为自然，不居于寡德刻薄之地作为操守。礼是道德仁义最细微、末节的修饰文字，仁是行使恩惠的出发点，所以礼是因人情世故而制定的，不能超过人情的实际情况。仁不能出于恩惠之外，悲痛和哀伤在于人情之常，如送别死亡称为仁。

养生不勉强人所不能及之事，不断绝人所不能停止的行为，而是要度量不失其适当，这样是非恩怨就没有缘由产生了。所以即使限制欢乐也足以使内心愉悦，而且不出于和的范畴。明白了死与生的分别，就通晓了奢侈与节俭所要求的标准。末世的时代就不是这样了，言语与行为互相违背，内心与外形不一，礼节装饰烦多，欢乐扰动且淫乱，风俗混浊于世故，是非恩怨聚集在朝廷，所以贤能的人被废置而不用。想要与骏马赛跑，人不可能超过骏马，而如果人坐在车上，骏马就会被人驾驭。所以善于使用道的人，利用人的资质以建功立业，以人自己之所能为来补偿其所不能为之事情。君主依时使用民力，人民就回报君主以财富；君主以礼接待人民，人民回报君主以身死。所以常有危亡之国却没有安定之君，有忧虑之主而没有快乐之臣，德行超过其位的人尊贵，俸禄超过其德行的人凶险。德行的尊贵不分高低，义获取的不会太多。圣人安于贫困仍然以奉守道义为本，不因为欲望而伤害生命，不因为利益牵累自己，所以不违背义而妄自索取。

天下人谈论养生的道理已经很久很久了，能真正得到养生内涵的，他的生命力就旺盛了。所以贤明的君主，不勉强他人做那些不能做到的事情，也不会断绝人所不能改变的事情。人民均得其养育，因此安于贫困而且又以守道为快乐，不因为欲望伤害养生，不违背义而索取，难道这是多欲吗？

古代的人没有德行则不能尊贵，没有能力则不能做官，没有功劳则不受封赏，没有罪行则不被诛杀，选拔官吏以礼，辞退官吏以义。小人持世的时代，选拔有德才的人做官比登天还难，辞退官吏就好像直接被打入深渊。谈论古代意在非议现代啊。相马的人嫌马瘦，选士的人嫌士贫，小猪肥壮只能充实厨房，骨瘦如柴的人不能做官，君子审察实际情况，不会相信谗言。国君有过失而不进谏不是忠臣，劝谏而不听就是国君不明智，人民沉溺在贫困疾苦之中而不忧虑就不是贤明之君，所以说持守节操，为国赴难而死，就是尽人臣的职责。寒而给衣服穿，饥而给食物吃，这是慈祥父亲的恩德。以尊大来侍奉卑小叫作变人，以卑小冒犯尊大叫作逆天。前期虽然已登入天，后来一定会跌入深渊。所以乡里按年龄分别对待老弱和贫困不会遗弃他们，朝廷依据爵位高低尊卑有所差别。

选拔官吏的办法，譬如德行、言语、政事、文学，若有一个方面合格就可以入仕为官；四个方面一个没有，那就是遇到奇迹了。古代的人，无德不能尊贵，无能不可以为官，无功不可以显贵，无罪不被诛杀。所以官不失贤能之人，人不失可用之人。

尊崇显贵的人，因为他接近国君；尊敬老者，因为他接近亲属；敬爱长者，因为他接近兄长。出生在显贵家庭的人骄傲，出生在富有家庭的人奢侈，所以富贵不能明道而自我鉴戒，而能不为非作歹的人就很少了。喜欢学习而且不知满足，这是要治身的缘故，教导而且不知疲倦，这是要治理国家的缘故。有良师益友却要舍弃他们而去为非作歹的人，那是极少的了。能知道人的贤能的人有智，能爱惜贤能的人就是仁，崇尚贤能的人就是义，尊敬贤能的人就是礼，喜欢贤能的人就是乐。

父子主恩，君臣主义，知道恩义而忠孝就可以树立，能够崇贵、尊老、敬长，可以说是知道根本了。能够知贤、爱贤、尊贤、敬贤、乐贤，那么求贤、养贤、用贤之道就可以得到了。

古代善于治理天下的人，无为而无所不为，所以能得到天下的容纳，无所作为而有功业。不能得到天下的容纳，只要动作必然凶险。能为天下容纳的人，其审慎好像冬天过江，谨守好像畏惧四邻，恭敬严肃如同作客，流散洒脱如同冰雪消融，纯朴得好像未经雕琢，豁达得好像高山空谷，敦厚得好像浑浊不清，这就是为天下容纳的人。审慎好像冬天过江，是不敢前行啊！谨守好像畏惧四邻，是害怕自己受到伤害呀！恭敬严肃如同作客，是谨慎恭敬啊！流散洒脱如同冰雪消融，是不敢积累储藏啊！纯朴得好像未经雕琢，是不敢速取成功啊！敦厚得好像浑浊不清，是不敢清彻明白啊！豁达得好像高山空谷，是不敢茂盛盈满啊！不敢向前进取的人，是后退而不敢争先的人；害怕自己受到伤害的人，是持守柔弱而不敢矜夸的人；谨慎恭敬的人，是自处卑下而且尊敬别人的人；不敢积累贮藏的人，是自我损弊不敢坚持己见的人；不敢速求成功的人，是自我亏缺而且不敢自是的人；不敢清彻明白的人，是自处混浊屈辱而且不敢弃旧换新的人；不敢茂盛盈满的人，是能发现自己的不足而且不敢自认贤能的人。道这个东西，退后才能为先，守着柔弱才能矜持，自处卑下才能高于人，自我损弊才能坚实，自我亏缺才能保全充盛，自处混浊屈辱才能新鲜，发现不足才能贤明。道是无为而无所不为的，大德的形态是由道所决定的。古代善于治理天下的人，无为而无所不为，天下之大，人民和万物众多，没有天下不能容纳的，这就是无为之功之所以大，而天下的百姓之所以爱戴天地而并不重视它的缘故。

上　义

老子说：凡是学者，都能明白天与人的层次分别，通晓治与乱的根本。澄澈心境，清静意念，把它储存在心里，明见其始终，返回到虚空无为之境，可以说是通达之人了。治世的根本是推行仁义，它的末端就是法律制度。人的生命之中精气神是根本，不养精气神而养形是末端，根本与末端原本就是一个整体，也就是说精神与形体合一，两者都爱护是人的自然本性。先根本后末端，先养精神后养形体，就叫作君子；先末端后根本，即先养形体后养精神，就叫作小人。法度的产生是为了辅助义的推行，重视法度而舍弃义，就是贵重帽子和鞋子，却不知帽子是戴在头上，鞋子是要穿在脚上的。仁义是广泛而且崇高的，不增益其厚度而且扩大其广度的，就是损毁；不扩张并加强其坚固基础，而只是增加其高度的，就有倾覆的危险，所以不做大的栋梁就会有不堪于承载重量的可能，承载重量没有比栋梁有力了。维系国家的长治久安没有比德更有效了，君主之所以有人民的拥戴，就如同城墙的坚固是由于根基坚实一样。树木有根本，根植愈深则根木愈固，墙基愈厚实则基上愈安定。所以行事不以道德为根本是不可能成功的，言论不符合古代先贤思想是不可以行道的，即便是凑巧成就了一种德行，行使了一种功果，也只不过是权变之术，并不是天下通行之道啊。

上义，说的是明白天与人高低层次职分的差别，通达于治与乱的根本。治理有根本有末端，知道了根本与末端的孰先孰后，就接近于体悟道德了。只是使用权术，难道就可以治理天下吗？

老子说：治人之道，就好比造父驾着四匹马拉的车子一样，使四匹马的缰绳和嚼子整齐一致，做到心中有个衡量的尺度，使内心的尺度和四匹马的性情特点融合在一起，所以就能够做到无论道路的平坦或者崎岖，都可以致远，并且不费气力，进退得心应手，这是真正掌握了驾驭的技术啊。现在所说的有权有势的人，就好比君主的车子，朝廷大臣就是君主驾车的马匹，君主的身体不可以离开车马的安适，手不可以丢失驾驭马匹的缰绳和嚼子，做到心手缰马齐心合力，才能致远。所以说四匹马如果不协调，造父就不能取道驾驭；君臣如果不和谐，即便是圣明的贤君也不能治理好国家。拿着道来驾驭臣民，就是普通的才能也会尽心竭力；明确职责分工，把权力下放给他们，奸邪就可以阻滞而不再产生；事情到来之后再去观察其变化，就会有应对的办法；自身及周围不乱，那么远方和他人就得以治理了。如果运用适宜恰当的教化，就可以获得自然而然之道，那么就是有万件措施也不会有所闪失。

老子说：凡是修道的人，都堵塞邪路，防患于未然，不以自以为是为贵，而看重的是不使自己为非作歹。所以说，不要使人有可欲之念，因为本来就没有一个不追求的；不要使人有巧取豪夺的心思，因为人们没有一日不相争的。如此一来，则人们的欲望就自然放下了，而公理正当的大道就通行了。如果有余的人停止在量度里，不足的人劳作在使用上，那么天下人民就可以一致了。放下职事就容易听到非议，舍弃功劳而任朋党就会使奇妙的技能离散，持守职责的人不能进用，民间风俗混乱于国政，功臣在朝堂上互争。所以君主有道则驾驭人，无道则反为人所制。

　　良医不只是治已经生成的病，而且还能治疗未被发现、尚未形成的病。修道的人堵塞邪路，防患于未然，这不就是良医的作为吗？所以不以自以为是为贵，而是不以为非作歹为贵，那么就没有可欲可以追求，无可夺之争了。所以说君主有道就可以御人，无道则反被人所制。

　　老子说：治国有常规而以利民为根本，政治和教化如果以道为准绳则政令的施行就会得到尊重。如果有利于人民，就不必效法古人；如果有利于事情的完善，就不必遵循民俗。所以圣明的人，制定的法令随时代的变化而变化，礼仪也随民俗的变化而变化，衣服器械各自随其便利使用为原则，法律制度、行政命令各自因其时地和风俗的改变而有所不同。所以改变古制不可非议，而且遵循民俗也未必过多地称赞。阅读先王的书籍，不如听先王说的话，听先王说的话，还不如得到先王之所以如此说的根本内涵，得到先王之所以如此之说的根本内涵，也就是说到了不能再说的无为地步了。所以可以说出来的道，就不是永恒不变的道了；名字可以命名的东西，就不是可以永恒不改变的名字。所以圣明的人，把事物的缘由称为道。道就像用金石制作的钟磬一样，音调一旦调好就不可以再去更改了。事物就像琴瑟一样，弹奏一曲之后，如果再弹下一曲就可以依音律不同而随时改调。法制和礼乐是治国的工具，并不是治国的根本法则，所以不可以和孤陋寡闻的人讨论极其微妙的大道，这是因为他们已根深蒂固地被世俗熏染，而又被政教所束缚而不能解脱。

　　老子说：天下难道有长久不变的法规吗？只要与世间之事不相违背，合于人理，顺应自然之道与鬼神之事祥和，就可以作为正确法规使用了。古代的时候，三皇没有制度法规而人民顺从，五帝有制度法规而没有刑罚，夏后氏不违背诺言，殷商之人用誓言来约束人民，周人遵照盟约治理天下。到了世情衰落的末期，人们忍受垢污而轻视耻辱，贪得无厌而寡廉不知羞愧。所以法规制度政令是用来制约民俗的偏正并调节其缓急轻重的，器械则是因时因地的变化而适其所宜。被法规制约的人，不可以和他讨论很远的事情；拘泥礼法的人，不可以和他探究适应变化的事情；必定有独立见解之明、独自闻听的聪明才智，然后才有专擅独行于道的能力。知道法规是从哪里产生的人，就会适应时代的变化；不知道治世之道来源的人，虽然暂且遵循治世之道，但是最终必然混乱。现在这些研究学问的人，遵循先人的事业，紧握着先人的书籍文章，持守着已成文的法规条文，想要用这些条文来治理天下，这就好比用一个方形的东西去与一个圆形的孔窍对接，想要两者适合、得其所宜实在是太难了。如果要把危难之国保存下来，把混乱的秩序治理好，没有才智是不可能做到的；仍然要遵循古代先圣之道，那么即使是比较愚蠢的人在治政上也是富富有余的。所以无用的法规，圣人也不会去施行它；没有效果的语言，明智的君主是不听从的。

圣人立法，原本是为了禁止奸邪凶恶，平息怨恨，仰仗这些法规保民安居乐业。三皇没有法制政令而人民乐于服从，五帝以后所立的制度、法令、赏罚，每个时代都不尽相同，那是因为随着时代的不同变化而有所变化的缘故。圣明的君主岂能不研究它？

文子询问说：法规是怎样产生的？老子说：法规产生于正义，正义产生于大众都可以适宜的。大众都可以适宜的就能够合乎人心，这是治理的根本。法规并不是从天上掉下来的，也不是从地里生长出来的，而是起始于天地、发端于人间，是根据人的本性特质、人与人之间应有的人际关系以及人们应尽遵守的责任和义务来制定的，并反过来用法制手段约束人们并使人们归正，这是真正通达了法制的本质，也不能使法制本身混乱。知道了法制的要点，就不会有疑惑的地方了。自己有不是的地方，就不要去非议别人；自己没有触犯法律，也不要责备那些立法的人。对于普通百姓进行约行的法律条文也同样适用于国君，不能只是禁止民众而不禁止国君，正己才能正人，所以国君制定的法律首先要以自身作为检验和施行法律条文的模范，因此只要国君自身受到法制的约束，那么人民就自然能够令行禁止而且使法律得到普遍响应和拥护。

法律是天下人的行为准则，也是国君行使职权的权衡标准。颁布法令是惩罚那些不遵纪守法之人的，法规制定以后行为符合规定标准的就要奖赏，违反规定标准的就要处罚。即使是尊贵的人守法也不能轻易奖赏，卑贱的人犯法也不能加重处罚；但是触犯法律的人即使贤能也必须惩诛，合乎规定标准的即使不肖之人也不能强加有罪，所以公道可行而私欲就被阻塞了。古代设置官吏衙门，是用来禁戒人民恣意妄为的；拥立的君主，就是用来制约官吏独行专断的。法律制度和思想教化，是用来禁止国君横行独断，民众不得恣意妄为，那么道理就可以战胜一切。得之于道理，就可以回归于无为。无为并不是什么都不动不做不行，而是说人人都从法制的角度去要求自己。

法是国君展示衡量作为天下人的行为准则的，法律确定之后就不能有第二种法律条文了。触犯法律的，即使尊贵也必须惩诛；合乎法律规定的，即使身份卑贱的人也是无罪的，如此一来私欲被堵塞而公正之道就通行了。古代设置各级官吏、拥立人君、制定礼法三个方面如果都不荒废，天下就没有冤枉的人民，社会可以返璞归真，法令制度岂不又显得很庸俗了吗？

老子说：善于使用奖赏的人，所费用的财物很少，而得到劝勉的人就很多；

善于处罚的人，反而减省了刑罚，而且奸邪得以禁戒；善于给予的人，节约了用度，而且施行了仁德；善于获取的人，收入较多而且被收的人没有怨恨。所以圣人顺应人民所喜好的，以此而劝勉为善；顺应人民所憎恶的，以此而禁戒奸佞。赞赏一个人而使得天下之人都来归附，处罚一个人而使天下之人都能畏服。因此极致的赞赏不需破费，极致的刑罚不会滥施，圣人持守的简约而得得治理的却广大，说的就是如此啊。

春生、夏长、秋杀、冬藏，这是天地自然之道；赞赏、处罚、获取、给予，这是为人之道。圣人在上效法于天道，在下顺应民心，以此作为太平社会治政之本。有天下的人，如果能够品味把握这四个方面，每当临事必然会尽善尽美，所以才能够做到一旦赞赏一个人就能使天下之人来归附，一旦处罚一个人就能使天下之人都畏服。

老子说：为臣之道，议论是非，处置恰当，做事首先要倡导明确分工，谨守职责，以建立并成就功业。所以君臣所行使的道不同，就会得到治理（君主无为，臣下有为），君臣所行使的道相同，就会动乱。如果君臣在各自位置上各得其所宜，处置恰得其分，上下的关系就自然顺畅了。所以说树枝不能大于树干，枝末不能坚强于根本。谈论轻重大小，就是为了说明他们之间相互制约的关系啊。具有威力和权势的人，所持有的东西很少，所担当的责任却很大；所能守着的法度很简约，所制裁的范围却很广。十围粗的树木，要支持千钧之屋的重量，所依赖的是它的势力；五寸长的门闩，能够限制门户的开关，这是因为它居处在重要位置上。民众必须要执行的命令，顺从的人就有利益，违背的人就有危害，天下之人就没有不听从的了。必然执行的政令一旦发布必须做到令行禁止，这是拿民众来彰显君主的权势啊。君主倡导义，并不能让天下百姓都得到利益，然而若能使一个人得到利益而天下百姓就都可以顺从了；使用暴力的人，并不能把四海之内的人民全都祸害了，然而只祸害到一人而天下百姓全都背叛他了。所以说一切举措的废除和建立，不可不谨慎啊！

国君依赖于臣下的拥立，臣下依赖国君而行使职能，君主在上行无为之道，大臣在下行有为之道。议论是非，处置得当，明确分工，守职尽责，这是臣下的事务。君臣各得其所宜，上下关系自然得以顺畅和谐，小大本末有相互制衡之地，所以说君臣各守其职能，君守以无为，臣行于有为，国家就会得到治理。一切举措、废除和建置，事理关于国家治乱，为君的人不能不去谨慎思考啊。

老子说：弯曲的只有一寸，而伸直的却有一尺，有小的歪斜却有大的正直，即使圣人也不能尽善尽美。现在国君评论臣下，不计算他们大的功德，只总结那些微末的言行，而去求证些小的善功，这是失掉了贤能之道啊。所以说：人有淳厚的品德，就不要过问其他些小的气节；人有大的名誉，就不要再挑剔那些小的毛病了。为人的情态没有无亏缺之处的，只要是成就了他远大的志向就算是正确的了，即使有些小的过错也不足以影响和牵累大的事业。有人以为成就其远大的理想是错误的，只在邻居乡间推行，还认为不要太多。所以谨小慎微的人是不会成功的，吹毛求疵的人不能容纳大众，识大体的人不挑剔别人的小节，从长远处去看问题的人美誉远播，这是评论臣下之道。

世上有全能才干的人是难以得到的，自古以来都是如此。木工师傅要求得到栋梁之材，如果能在选材用人方面不拘于小节，那么大的材质就可以得到。 人主评论臣下辅佐的才能，若能知道弯曲一寸而伸直一尺的道理，那么才德俱佳的大贤臣就可以得到了。大概来说，人没有十全的人，做事也没有做到尽善尽美的，舍弃小的不足，取其大的有益，还有什么样的功德不能完成？舍弃人的短处，顺应人的长处，还有什么事情不能相济？

老子说：从古代直到现在，还没有一个人能对他的行为做到十全十美的评价，所以君子不会因此而责备一个人不能尽善尽美。为人方正，但却没有锐利的棱角割伤他人，别人即使有一些小过小错，也不要去有意伤害他的心灵。为人清正廉洁，在处事方面又很厚道，不会疾人太严、苛刻太甚；为人直率，但也不能直率得有些放肆，表达看法，要首先考虑对方是否可以接受，再进行评议，博达而又不使人以为恣纵狂谤，道德文章、文治武功不苛求于人力所不及，以道来自我修持，而不去向别人求责，就容易得来赞赏了，以道来自我修持就没有疾病了。即使是夏后氏的美玉也不可能没有瑕疵，如明月一样光明的珠宝也不可能没有不被污秽的，然而天下之人仍视它们为珍宝，并不会因为有点小的缺憾而妨碍到它们的大美好。现在的人常记住别人的短处，却忘记了别人的长处，而又想要在天下求得贤能的人，实在是太困难了啊！大家只看见那些人地位低下、身体轻贱、行事污浊，却不知道他们的总体情况。所以评论人的方法，显贵的人首先观察他的言行举止，富有的人要观察他所布施的对象，贫穷的人就观察他所不接受的东西，低贱的人就观察他所不愿做的事情；看他处在困难之时的情形来观察他勇武的程度，用欢喜和快乐来观察他的操守，把财物委托给他来观察他的仁义，用恐惧震惊他来观察他的气节，这样审视观察就必然能得到人的真实性情了。

自己易愤怒的人，不善于改变过错；责难人的，人们不会全都和他交往。君子不责备于人，因为君子知道，人们都不是尧舜，不能做到每件事情都做得那么尽善尽美。有大才能的人，怎么可以因为一个小过节而放弃不用呢？

老子说：委屈自己的人是为了求得伸展，冤枉的人是为了求得正直，委屈一寸而要伸展一尺，小的冤枉而要求得大的正直，君子是依此而行的。百川汇流，如果不流注大海就不能成为川谷，奔走追求不同方向而不归于善行的人就不能说是君子。善意的言论贵在可以施行，善意的行为贵在仁爱和正义。君子的过失，好比不常见的日食和月食一样，并不伤害到日月原本的光明。所以说：明智的人不妄自作为，勇敢的人也不妄自伤害事物，选择正确的去遵照执行，从礼仪的要求去为人处事，所以事业完成而足以依恃功果，即使身死之后名声也足以传扬后世。虽然有智慧和才能，必然要以仁爱和正义为本，而后才能立身处世，智慧和才能同行。圣人的言行，一切以仁爱正义为准则，合乎仁爱和正义标准的就称为君子，不合乎仁爱和正义标准的就称为小人。君子即使死亡之后，他的名字也不会被泯灭；小人虽然得势一时，但是他的罪行始终不能消除。左手拿着囊括天下的地图，右手却要割断自己的脖子，即使是愚蠢的人也不会如此这样做，因为无论是贵贱聪明愚笨的人，都知道自己的生命比得到天下还要贵重啊。如果是为君主和父母而死，就可以做到视死如归，是因为忠孝两全，仁义的力量比自身的生命还要珍重啊。所以天下是最大的利益，但和自己的身体相比，还是很渺小；身体是贵重的，但若与仁义相比还是很轻，这就是把仁义作为行为准则的原因啊。

屈与伸相互感应的道理，君子的行为是有小的弯曲就有大的伸直，就好比龙与蛇的蛰藏。用善意的言论、善意的行为润泽群生，都是从屈身养德中奋发出来的。圣人以仁义作为人生的行为准则，知道身体重于天下、仁义重于身体，所以能够为国君和父亲之难而死，因此君子即使身死而名声却永不泯灭消亡。

老子说：关于道德的论述，就好比日月一样清楚明白，虽然是地处偏远、没有知识、比较落后的百姓，也不能改变其中的指趋。取舍在自己，非誉在于别人，思想行为在自己，穷困通达在于时运。事情与世势相同就可以功成，行为合于时代就可以立名。因此树立功名的人，对生活的需求都过于简单而且谨慎地对待日期，日期到来的时候，短促得好像只容许有喘息的一瞬间。古代用兵的人并不是贪求他国的土地和财宝，只不过是为了国家的存亡而平定动乱和为民除害罢了。而那些贪婪多欲之人，为私心而残害天下，使得万民动荡不安，生存没有保障；此时此刻，就有圣人愤然起来，讨伐强暴平定乱世，为天下百姓除害，把混浊的世界澄清，使得人民生活转危为安，所以不得不中断一个朝代而又重新打造一个新的时代。

赤帝纵火而常有火灾为殃，所以黄帝擒住他，再不使他危害百姓。共工氏治水不力，常闹水患，所以颛顼诛杀了他，使他再不能为害。以道的思想理念去教化，以德的行为方式去引导，如果都不能听从，就以威严的武力去震慑，这样的震慑仍然不能使他服从就用兵器杀伤来惩戒。如果杀戮无罪的人民，养育没有仁义的君主，危害没有如此大的。竭尽天下的财富，去奉养一个人的欲望，祸患没有如此深重的；放纵一个人的欲望而滋生出天下的祸患，这是天道伦理所不能允许的。之所以要拥立君主，就是为了禁止、戒免暴动和混乱。现在凭借万民的力量，却又反过来残害万民，这是为虎添翼、助纣为虐，为什么还不铲除他呢？那些养鱼的人必然要清除水獭，养禽兽的人必然要除尽豺狼，又更何况是养育人民呢！兵革战斗之所以要兴起就是如此啊！

古代以五德终始学说论述朝代更替的缘故。五德即是五行的生克制化学说，这种学说起源很久。赤帝为火运，若国君失其德政，火运就会生灾。共工行水运，国君行水运而失其德政，水运必致灾害。以此而知人民失德，随其所处的五行属性而灾，也就说明了兵革兴起的原因。大凡是行有土运之君，若失其德政而致的灾难，难道说还不能警醒、使人觉悟吗？

老子说：治国之道，国君没有苛刻的行政命令，官吏没有烦琐的规定，士人没有弄虚作假的行径，工人没有超越本分的乖巧，做事有序而不凌乱，器物完备而不装饰。混乱的世俗就不是这样了，行使仁义的人相互揭露以显示自己的高尚；行使礼仪的人相为矜持以掩盖他们的虚伪，车辆极尽雕琢装扮，器物使用精于刻镂；追求货物利益的人，争逐难得罕见之物以为珍宝；撰文诽谤的人，追逐排比骈文的烦挠以应急。事情大都以虚伪巧辩论处，长久考核稽查而不能得以解决，对治理没有任何益处，天长日久反而有利于混乱。工人为了制作奇巧难得的器物，经历多年劳作才能完成，然而仍是供不应求。

神农氏治理天下的时候，成年的男人不去耕种，天下就有因此而遭受饥饿的人，妇女正当盛年不去织布，天下就有因此而遭受寒冷的人，所以神农氏自己亲自参加耕种，他的妻子也亲自织布，两人身体力行作为天下百姓的模范。他劝导人民的方法是：不看重难以得到的稀奇器物，没有任何使用价值的东西不重视，因此耕种的人如果不强力劳动，就没有作为养育生命的资财，织布的人如果不勤力就没有遮裹形体的衣服。世上富裕或者不足的人，都是自身是否勤劳的结果。人民衣食丰足富裕，奸谋邪伪就不能滋生，人民安居乐业和睦相处，天下无事平安，即使是智慧的人也没有施展其计谋策略的地方，勇武的人也没有施展其威力的地方。

古代和今天，治理国家的方法有所不同是风俗改变的缘故。古代之人淳朴厚重，国君没有苛刻的法令，官吏也无烦琐的制度，士人也没有虚伪巧诈的言行，工人也没有怪异超常的装饰，因此人心易于满足，治理国政并不困难。后来因世俗风气变化，上行而下效，奢侈之风相互仿效，贪得无厌，因此人心难以满足，治理就不很容易了。

老子说：称霸天下的道理是要以思谋计划去考虑它，以运筹策略去图取它，怀揣着仁义而后去行动，不是为了图取生存，而是为了使将以灭亡的国家仍然存在。所以一旦听说敌国的国君有残害其人民的，即刻就起兵而临其国境，谴责国君的不仁义，用尖利讥刺的言语惩治他的过失。军队行进他的效外，传令军队的统帅说：不要砍伐树木，不要挖掘坟墓，不要损毁五谷，不要焚烧府库，不要抓捕人民充作军役，不要捕获六畜。然后又发号施令说：这个国家的君主，违背天地生养之道，侮慢鬼神，决断诉讼不公平，杀伤无罪，上天都要诛伐他，人民对他已同仇敌忾。兴兵前来的目的是废除那些不仁义的东西，而且要授以道德，有胆敢违背天道好生之德，而成为祸乱人民之贼的人，必将使他身死而家族绝灭。因此全家人都听从号令的，全家人都享有俸禄，带领一里的百姓都听从号令的，就赏赐他一里的人口和土地，带领一乡的百姓都听从号令的，就封他做一乡之长。攻克他的国家并不伤害他的人民，废掉他的国君改变不利的国政，尊重其国中德才兼备之士，使得贤良之人发挥作用，赈济孤寡，抚恤贫困，放出被监禁的人，奖赏有功之人。如此这般，百姓欢欣，主动开门迎接大军，淘米做饭以候，还唯恐大军不能到来。正义之兵到了边境，不用作战就已经功果完成。不义之兵到了之后，伏尸千里，血流成河，仍然和当初一样顽强抵抗。为了争夺土地而战的人，不能成就他的王道之业，为了自身求取名利而战的人不能够建立功业。举事是为了人民谋取幸福平安的人，众人会帮助他的；举事是为了自私自利的人，众人就会离他而去。有众人的帮助，当初虽弱，最终必然强大；众人都离去的，当初虽然强大，结果必然灭亡。

老子说：上义的人，理政于国家，处事于境内，行使仁义，布化德政，施舍恩惠，树立正确的法度，杜绝歪门邪道，群臣亲近归附，百姓和睦礼让，上下一心，群臣同力。诸侯服其威势，四方念其恩德，修理政事在庙堂之上，折服冲和于千里之外，发出号召，人民众多，君主贤明，将领良能，国家富裕，军队强大，用信义约束号令严明，两军对敌，尚未交兵厮杀，兵刀未接而敌军已奔跑逃亡，这是行使上义一般的情况。知道土地所适宜种植有收成，习惯于在险要的地方作为有利的地理形势，明白奇巧与正当的变化，洞察行军布阵之事，白刃相接，流矢如雨，人仰马翻，伤残伏尸。流血千里，尸骨暴露于原野，这是行使上义最差的情况了。用兵的胜败全在于政治的得失。政治清明，人民就会亲近人君，兵力就能强大；政治昏暗，人民就会背叛人君，兵力就会薄弱。正义足以怀柔天下的百姓，事业足以阻挡天下的危急，选举是以获得天下贤士之心，谋虑足以决断轻重的极变，这是上义的道理啊。

用兵的方法是，首先进行出其不意攻击的为主，仓促应敌的为客。关于用兵的话，有这样的言论说：我不敢先为主，而只能是之后为宾客。这句话的意思是不可以轻易使用军队，万不得已的情况下使用了军队，若是行使了正义之举，可为上策；威慑使敌人奔散逃跑的，可为中策；两军对敌交战的，可为下策。

老子说：国家之所以强大，是因为百姓都抱着为国献身的决心，之所以要为国献身，必然是正义之心所驱使的结果。正义之所以能够奉行，是因为人民敬畏它，因此用文字描述它，用威武备齐它。这就是说必然要取得威武和正义并行不悖，这才叫作强大。两军白刃交接，箭簇如雨，而战士仍然争先恐后奋勇杀敌，是因为奖赏有信用，处罚定明确。国君视百姓如子女，百姓侍奉国君如父母；国君视百姓如弟兄，百姓侍奉国君如兄长。国君视百姓如子女，必然可以称王于天下；百姓视国君如父母，必然能匡正天下；国君视百姓如弟，就没有难为百姓之事而鞠躬尽瘁，死而后已；百姓侍奉国君如兄长，就必然能够为赴国难而死亡。所以说是父子兄弟的共同敌人，那么这样的敌人就不可以和他们争斗了。因此上义的国君，内修国政以积累德行，外杜邪伪以明形势，详察民众劳逸以知饥饱状况，战争时间有定期而战士都能视死如归，这是因为恩情深远啊。

以道治理天下国家，还用得上军队战争吗？兵器是不吉祥的物品，不得已的情况下才使用它。国家富强的兵士都能视死如归，是因为义的作用在迫使他们如此赴难啊，然而有道的君主岂能忍受人民为强国而置民众之生死于不顾吗？国君视百姓如子女，百姓侍奉国君如同父母，因此行使义的国君，修理国政积累德义，国家必然强大，历史上早已有此先例。

上　礼

老子说：上古修真之人，呼吸吐纳，燮理阴阳，群生无不仰慕其盛德，以遵从而和谐顺应。正当这个时候，没有不因此领悟道理，隐秘而不显现，自然成就纯朴，纯朴不散而万物悠闲自得。等到世情衰败之时，至伏羲氏时代，蒙蒙昧昧，万物茂盛，人们思想都脱离这样的童蒙天真之心态，而且要觉察领悟于天地之间的运行规律，此时的德行逐渐烦多而有所不同。等到了神农、黄帝治理天下的时代，以春、夏、秋、冬四时为纲纪而和调于阴阳，于是万民没有不立身处地而思考，恭敬地视听，所以天下虽已治理，但是上下已不能和谐一致。到了夏、殷的时代，嗜好和欲望连接着万物，听视被外物所诱惑，性命失去了本然的天真。乃至于到了周代，淳朴之风已经涣散浮薄，人们离道愈来愈远，反而以虚伪处世；阴险的德行流行天下，奸邪巧诈萌生，弄虚作假，像猿猴学人一样来模拟圣贤，用溢美之言来胁迫欺瞒众人，雕琢粉饰诗词文章，用来沽名钓誉，人人都想以智巧诡诈混融于一身而通行于世，然而却丧失了为人处事的根本，所以世道衰败，性命的本元天真渐衰。因此体道之人的学风，想要返还本性于空无，游心行于虚静之途。世俗的学问则是有意显耀德行，拔取性情，以至于内里扭曲五脏，暴露其行藏，故弄玄虚，企图超越众智，用以在世上攫取名声，这是体道之人不会做的事情。显耀德行就是自我表现，拔取本性就是断绝生命。至于说体道之人，判定生与死的路径，通晓荣耀与耻辱的道理，即使全社会的人都称赞他们，他们并不因此对自己加以劝勉，即使全社会的人都起来诽谤他们，他们同样也不会因此而感到多么的沮丧失落，这是因为他们获得了至道的要领啊。

老子说：古代的人都披散着头发而且没有卷起衣领，服饰都很随意，能够称王天下的原因，就在于他们有好生之德而不嗜杀，给予之后不再掠夺。天下之人不诽谤他的征服，反而共同感念其盛德。正当此时，阴阳和平，万物繁茂生长，飞鸟的巢穴可以低头去探取，走兽可以牵着跟人同行。到了道德衰落的时候，鸟兽虫蛇都被人们伤害，所以铸造铁器、冶炼刀具，用来抵御人们自身遭遇的危难。人民为了免除其祸患而各自寻求其便利的办法，因其遭受不同的祸患，造制不同的器械予以防备，发挥各自的智慧来消除预想不到的伤害，趋其所利。固守的常例不必遵循，器械也不可以因循守旧，因此说先王的法度是有所变化修改的。所以说名字能被叫出来的，并不是永久存在而不改变的名字。五帝治理天下的方法并不一样，却都是以德来使天下人归附；三王处事不同而名立于后世，他们都因循着时代的变化而变化。譬如师旷调和五音一样，他所推敲移动之时，上下定位并没有常规，然而他所确定的尺寸度量没有不恰当的。所以精通音律之情的人，能确定音阶的标准，他自然胸有成竹。而且知道规矩尺度准绳的人能够统治人民，所以先王的制度有不适宜的就必然被废弃。末世的事情，善意的就彰显它，所以圣人制定礼乐，不被礼乐所制约；制定事物的人，不被事物所制约；制定法律的人，不会被法律所制约。所以说可以说得出来的道，就不是永恒不能改变的道了。

老子说：往昔的时候，圣明的君主，仰头取象于天文，俯身取法于地理，中间依人类自身的情况，调阴阳之气和四时之节；考察山陵陆地水泽肥沃贫瘠土地高下适宜的地方，用以创立事业生产财富，消除饥饿寒冷的灾患，避免疾病疫病的发生；还可以接受学问传经布道，制定礼乐行施仁义之道，用来治理人伦次序；根据五行金木水火土的性质，用以建立父子、夫妇、君臣的亲疏关系，而成立家庭、建立事业、处理人事。聆听五音宫、商、羽、角、徵的清浊，六律黄钟、太簇、姑洗、蕤宾、夷则、无射六阳律与大吕、夹钟、仲吕、林钟、南吕、应钟六阴律之间的相生之数，以确立君臣之义而成立国家体制；考察四时春、夏、秋、冬和每一个时令的孟月、仲月、季月之次序，以建立长幼老少尊卑之节次而成立官吏体制；列分地域，以成州、县、乡之分属以便治理有序；建立大学用以教导学生以继国家社会所用，这是治理国家的纲纪啊。得其道则兴盛，失其道则败落，事物从来就没有紧张而不松弛的时候，也从来没有过只成功而不失败的，也只有圣人成功而不衰落。

人身同于天地，天地一元之理，即是人身一生之理，知道生命之始，亦即天地开物之初，知道出生之前的状态就知道同于天地开物之前的状态。人身从幼年到壮年，即是从元至会而时远；从壮年到老年，即是由运而到世的过程。知道从少变化为壮，从壮变化至老，从老变化至死，那么开物之后的事情就可想而知了。至于说从化生到变化直至永恒不变的情况，只有圣人能知晓啊。

圣人当初制作礼乐，是用来使精神回归、杜绝淫乱的，让人们返回天真的本性去。到了世风日下、人心不古的时候，流荡散落的本性不能回归于自然的天真，淫乱而且好色，不顾念正道法制的约束，流行到后代，直接导致国家灭亡。圣人撰著书籍，用以领悟理解世间百事，使愚昧的人不要忘记，明智的人作为儆戒。等到世道衰败的时候人们都变得虚伪奸诈，以开释罪责，不惜伤害无辜。圣人修建苑囿、畜养禽兽是为了供奉宗庙祭祀之用，精选简练士卒是为了警戒意外的发生。等到世道衰落的时候，战马不是驰骋于疆场，反而策马射猎，以剥夺人民而且破坏疲惫民力。圣人崇尚贤能之人，用来调和教化，公正地决断诉讼刑狱之事，使那些具有贤良的人在其适当的位置，有能力的人恪守职责，恩泽施于百姓，万民感怀其德。等到衰败的时候，拉帮结派，朋比为奸，人人都推举自己的朋党，废公肥私，内外相应互为抬举，奸邪之人在位，贤能的人隐居不仕。

文子《通玄真经》可为万世的宝典，儆戒后世的龟鉴。圣人建立事业之初，心意乐适则精神归位，而杜绝淫逸之思，记事撰文以领理百事，修苑囿蓄禽兽以供宗庙之祀，崇尚贤良以平调教化，公正狱讼的情状；到了世道衰落的时候，快乐则淫乱色情，书文则奸诈虚伪，苑囿则捕杀殆尽，朝堂则结党营私、奸邪在位，贤良的人只好隐退不再显露了。

天地之道是物极必反、多益则损，所以圣人治理弊病而改革制度，事情终结则变更办法，其完美在于和谐，其过失在于权衡。圣人之道的说法是不修养礼义廉耻之心就不能树立，百姓没有廉耻就没有办法去管理，不知道礼义法治就不会公正，不崇尚善良、废除丑恶就不能向往礼义，没有法制就达不到治平的目的。不知礼义就不可以行使法治，法律能诛杀不孝之人却不能使人尽孝，能够惩罚盗窃的人却不能使人廉洁。圣明的君主位居在上，明确善恶的标准以昭示人民，区别诽谤和赞誉以引导人民，亲近贤能并提拔重用他们，使那些轻贱不肖的人退下来，刑罚放置而不再使用，如此这般礼义得以修养而贤能才德得以任用。所以说天下贤德最高的可任命为三公，一州贤德最高的可任命为九卿，一个国家贤德最高的可任命为二十七大夫，一个乡里贤德最高的可任命为八十一元士。

天下之博大，没有人则不能建立；帝王的尊贵，没有人民谁来拥戴；四方的民众，没有礼义廉耻就达不到治理。因此圣人革除时弊、更新制度，必须施用礼义廉耻来教化民众，天下贤能之人都尽职尽责使礼义得以修养，而那些刑罚就搁置不再使用了。

智慧超过万人的叫人英，超过千人的叫人俊，超过百人的叫人杰，超过十人的叫人豪。能够明察天地之道、通晓人情之理，胸怀之大足以容纳一切，恩惠仁德足以使远方感怀，智慧足以明悟权变，这就是所谓的人英。德行足以教化别人，行为足以隐含仁义，诚信足以得到众人的信任，光明足以照耀天下，这就是所谓的人俊。行动可以作为礼仪的表率，智慧足以决断嫌疑，诚信可以遵守盟约，廉洁可以分配、掌管财物，做事可以效法，出言就可以施行，这就是所谓的人杰。持守职责始终不懈怠，遇到仁义不徇私情，看见灾难不随便躲避，看见利益不用不正当的方式获得，这就是所谓的人豪。英、俊、豪、杰之士各以其贤才大小居其职位，由原本到枝末，以重制轻，上唱下和，四海之内，一心同归，背离贪鄙，向往仁义。用他们教化民众，如同风吹小草一般，顺风而有应。假若让不肖之人临治贤德之人，虽然施用严刑也不能禁止其奸伪，这是因为小善不能制约大恶，弱小的贤德不能指挥强大的奸伪，这是天地自然的本性啊。所以圣人推举贤德就能够建功立业，不肖的君主推举他的同类。观察他们不同的举荐，治与乱就已经分明了，考察他们的同党，贤能与不肖就可以得出结论了。

古代选拔考察士人的方法，以道德涵养为上，仁义礼乐为次，文章数量法度又次之，英、俊、豪、杰之士，又加以考察他们自身的才智来选择录用，岂能按争战国家的法度来决定呢。天下的道理，是小的不足以制约大的，弱的不足以制约强的，这是纵横捭阖的策略。虽然施行严刑峻法，也不能禁止其奸邪。

老子说：说到礼这个东西，它善于修饰人的本性、矫正辅弱人的情志，眼睛虽然想要看却要人为限制其不可过度，心里即使喜爱的也要有礼节的约束，取舍应酬，卑躬屈膝，肉凉不能食，酒淡不能饮，在外的形体受到束缚，在内的情志不能抒发，钳制阴阳冲和之气，而又压迫身心性命的情趣，所以这样一来，终生成为哀伤之人啊。人们为什么不寻找产生欲望的根本，却要一味地禁止欲望呢？不追究产生快乐的原因，却要防止其所要的快乐？这种办法就好像用围墙圈养禽兽而又不堵着可能逃走的出口、禁止它们的野心，想断绝江海的流水却用手去壅塞一样。因此说：打开欲望的闸门，放纵身心的妄想，就可能带来终身的痛苦而不可挽救。所以礼这个东西，遏制则封闭情欲，用义来自我防治，虽然身心受到束缚，行为不能自主，使人郁闷不堪，形体性情饥渴，不得已还要自我强制，这样下去，人们都不能活到上天给予我们人类的自然寿命。然而礼这个东西，从本质上来说，它并不能让人们改变自然的欲望，而只是去禁止欲望。乐这个东西，并不能让人不去快乐，也只能是防止罢了。

礼是检验自身的模式、防止邪僻的工具，这是天下通行的道理。如颜子讲到的视听言动，用礼的思想存留在心中，作为行为的准则，那么那些行非礼之事的人，自然就不能受到他们的影响了。礼的运用以和为贵，君子的心中充满了礼的仪规，礼仪诚实于心中，形体表达于外，而自然的和气洋溢于天地之间，人们的感情因此而融洽，阴阳二气得此而调和，万物因此而得以养育。

如果让天下的人都因畏惧刑罚而不敢行盗窃之事，还不如让他们都没有盗窃之心更好啊。所以知道这些东西没有任何可用之处，即使是贪得无厌的人也都会推辞而不予理会它；如果不知道它们没有什么可用之处，即使是廉洁自律之人，也不会谦让而给予他人。国君之所以失掉了社稷，身死在别人手里，又被天下人民所耻笑，就是说他们未尝没有欲望啊。如果知道冬天的扇子、夏天的裘衣对自己都毫无使用价值，那么天下万物都将变为尘垢一样的垃圾了。所以说：扬起滚开的汤水想要止住沸腾，只会使沸腾的开水更加沸腾；知道沸腾根本的人，釜底抽薪去掉火源，沸水可以自然平息。

老子说：遵循人的自然本性去做事就是道，得到天地阴阳的自然天性就是德。本性丧失然后贵重仁爱，道丧失然后贵重仁义，仁义确立之后道德荒废，纯真朴实散失之后礼乐又被装饰起来，是非善恶形成之后百姓目眩心惑，珠宝美玉的贵重使得天下争相逐利。然而礼只是用来分别尊卑贵贱的，义只是在于调和君臣、父子、兄弟、夫妇，用来交际人事关系的。世道没落之后的礼，恭敬谨慎地相互交往，而行使义的人，通过布施给予别人恩惠而得到义，君臣因此而互相非议，骨肉父子因此而产生怨恨。所以水积成池，就会滋生相互吞食的昆虫，土积成丘山，就会产生自相残杀的野兽，粉饰礼乐就会出现奸诈虚伪的现象。

事物的运用，没有因时间太久而不产生弊病的，虽然道之可以遵循，德之可以得到，倘若时机不当，也是不能施行的。君臣尚义，还不免于上下相互诽议；父子主恩，有时还免不了寄生怨恨，这难道是人的本心固然就有的吗？

败落时代的治世之道，不注意积累养生的方法，丧失了天下原本的淳厚朴实之风，猾乱了万民的精神意识，把清纯当作混浊，使人们心性与形体离散飞扬，全都因情欲而迷惑，天真与诚信和污秽同流，人们失去了原本的天性，法律与情义相背离，德行与利益相反，贫与富相互倾覆，人君与奴仆之间更不足以讨论了。世间之事大都是有余则礼让，不足则争夺，礼让则礼仪就产生了。争夺则暴乱就兴起了，所以人们有太多的欲望就不可能有省心的事情，如果追求满足就会争夺而不能休止。因此世道得以治理，那么小人就自然守持正道，即使利益也不能诱惑他们；世道混乱，即使是君子也会作奸犯科，而且法律也不能禁止。

人以食物为生命的根本，一日不食就饥饿难耐，三日不食就生病，七日不食就死亡。古代国家有十年的储备粮，所以能够抵挡连续九年的水涝、七年的干旱，而且民众不至于被饿死。败落时代的治世之道，不积累养育生命的东西，大概都是因为人主的欲望过多，不能简省节约。

朝廷的财物不足以奉养就必然索取于百姓，百姓如果得不到财物的滋养就必然要争得四季时令，充分利用土地的收获。财物是如此重要啊。

老子说：衰败时代的君主，开凿山石以寻找金玉，雕琢金玉珍玩，剖蚌求珠，熔铁铸器，而万物受到破坏不能生长；屠杀正在孕育的禽兽，焚烧草木，倾覆鸟巢，摔碎鸟卵，凤凰因此不见飞翔，麒麟于是不再悠游。构筑木台，焚林而猎，竭泽而渔。积土成丘而居住在上，掘地打井而取水饮用，疏通水道而为护城河，筑造城墙加固防御，拘禁野兽以蓄养赏玩。如此一来，阴阳二气颠倒错乱，四时节气次序失调，雷霆毁折万物，冰雹雪霜为害，万物因旱涝不时而败亡，灾情超过大半，草木在夏季就干枯，河道堵塞而且断流。划分山川小溪山谷使地域有土地界线，统计人口的多少以为征收赋税的数目标准，设置关隘险阻、制作兵器以利于军事防备，制定服装颜色以区别等级贵贱，根据贤良与不肖之人的差别推行赏罚。这样一来，纷争产生而且战争兴起，虐杀无辜之人，诛罚无罪百姓，于是天下就自然动乱起来了。

充盈之后而不知道停止的人，即使是鬼神也会共同谴责他。如果到了阴阳二气颠倒错乱、四时节气次序失调的时候，雷霆毁折万物，冰雹雪霜为害，万物因旱涝而夭折，河道堵塞断流，这都是因为盈满而带来的阴阳不和，使万物受到危害亏缺变化所致。如果不能反省自察、消愆解罪，那么就必然人道恶盈、祸患生起，的确是很可畏惧的事情啊。

老子说：世道将要灭亡的时候，就好像人的性命被一团浓重的阴气包裹一样，君主昏暗而不能彰明，大道废弃而不能施行，仁德灭绝而不能弘扬，做事违背天道，发出的号令与四时次序相反，春秋的和气不能生长，天地的厚德除去不用，人君居上而不能安定，大夫隐退逃避而不进言，群臣推测君上之意而又破坏常规，疏远父子之情而求得自己的容身之地，奸诈之人迎合讨好而阴谋自遂，人人都阿谀奉承着他们骄傲的君主而且随君之心意，把社会秩序打乱以成就他们的事业。因此君臣背离相互不能信任，父子疏远而不亲附，田地没有禾苗，路无慢行之人，黄金积累已打折廉价，美玉的买卖也没有赢利，龟甲已经用尽，卜筮每天都在进行，天下四分五列，各为一家之主，诸侯制订不同的法律，背离拔除其根而舍弃其本，造作五刑制度，务求刻苛严酬，追逐刀枪的尖利，斩杀无辜百姓超过大半之数。随意举兵发难、攻城略地、滥杀无辜，颠覆政治危害安定，战车庞大堡垒高筑，整治军备决一死战，攻击强敌，百人中有一生还，名声一旦盛大，便兼并别国有了土地。死亡数十万的士兵，可见尸横遍野，因老弱饥寒而死亡的数不胜数。从此以后，天下再不会得到性命的安宁和欢快的风俗了。

天地之间阳气生长，阴气肃杀，阴阳二气相互更迭，阴盛阳衰，物极必反。国运兴衰固然有数，然而六运交相终结之时，一阴之气肇始发生，洪水泛滥，昭示九年灾害，倘若不是有尧、舜、禹这样的三位圣人出现，活着的人类就要灭绝了。因此说兴旺与衰败有定数，而治理动乱完全由人自主。

贤能的圣人勃然兴起，坚守道德理念，辅助以仁爱正义，亲近的人进献才智，远方的人感怀其德而依附，天下因此而混为一统，贤德子孙世代相为辅佐，驱除邪佞之肇端，息灭无知肤浅的邪说，除去苛刻严酷之法令，废弃烦琐暴戾之事，屏蔽流言的踪迹，堵塞结党营私的门径，消灭奸诈巧伪，遵循常规大道，超脱形体的拘执，免于智巧的束缚，使心身不受外物干扰，心死神活形神合一，使精神与混冥贯通，致虚守静，万物将要同归到根本。圣人并非能够选择出生的时机，只是时机到了而不丧失时机罢了，因此圣人治世得以绵延不绝。

老子说：酆水不被尘垢污染，金石在水中，它们的外形状态在岸上清晰可见，并不是水不够深，而是因为水澄清的缘故，游鱼龟鳖和蛟龙等水族动物都不敢在这里生活。石头上不生五谷，草木不生的秃山不会看到悠闲的麋鹿，是因为它们没有隐蔽休养的地方。所以说为政者以苛刻钳制的方法来显示出明察秋毫，以急切严厉为明断，以对待下属严酷峻厉为尽忠，以计谋做事多的为功绩，如此的做法就好像把皮革勉强扩大拉大，大是大了，然而皮革必然破裂不能使用，所以这是使事物完全破败的手段。治世之道宽厚自然浑沌，人民淳朴忠诚，政治清晰严谨。

水太清的地方，鱼鳖不能进入，恐惧遭遇捕获之害；光山秃岭草木不生，麋鹿不能去游走，因为丧失了遮蔽的安全；石上不能生长五谷，因为没有扎根的土壤。没落时代的政治以苛刻为明察，以急切严峻为明断，以苛刻对待下属为尽忠，以算计的多少作为功绩，这都是不足以取法的啊。

老子说：以正道治理国家，以出奇制胜的方法用兵。事先成为不可战胜的政治，而后再求取战胜敌人的方法，用没有条理的政治制度去攻击敌人的乱政，这好比以火烧的办法应对火烧，用水淹的办法去应付水淹，相同的东西是不能相互制约的。所以要以异常而又奇正相反的奇特，譬如沉静为躁动的奇特，治世为乱世的奇特，饱暖为饥饿寒冷的奇特，安逸为劳烦的奇特，两者都有奇正相反的道理，如同水与火、金与木五行之间相克相攻伐的道理，明白了这些道理，还有什么不能战胜的？所以仁德均衡的时候，众多的必然胜过寡少的；势均力敌的时候，智者必然胜过愚者；才智相同的时候，则是有术者必然擒获无术者。

文子的文章，前篇以三皇五帝发起论说，后篇以五霸结束。这就是讲为皇为帝、为王为霸的书籍。"以正治国，以奇用兵"，这是古往今来的通行论断。称霸的人就不是这样了，他们用兵以奇胜，治国也同样以奇来治理，那就是把正常的行为当作怪异的事情处理，把善意的举动看作邪恶的行径，如同把治国的大事当作杂耍的戏剧一般，岂不是丧失政治之道了吗？而常以奇巧做事，偷奸要滑的人，还有什么值得你为他算计谋划的呢？

第四篇

南华新传

逍遥游

道，无方向，没有形状；寂静湛然，冥通运化，而无形象器物的牵累。唯有那至人才能体道而没有自我，没有自我就无心，无心就不把事物当作事物，更不会在事事物物中打转，而将自身放置在自己应处的场所，而且遨游于广阔天地之中，这就是得到了逍遥之乐啊。至于说像那鲲鹏潜隐在北方安居，飞行就迁徙到南方去，展翅飞翔上至九万里，还必须乘着六月的大风才能达到目的。而那些渺小的蝉、小鸠，只能在树木草丛之间跳跃着短暂地飞跑，如果用力过度又达不到想象中的目的，不小心还会被地上的器物碰到，它们都是有方向有事物做依托啊！有方向有事物就会被造化所制约、被阴阳所拘执，还不免于形象器物所牵累，这岂能叫作逍遥吗？郭象说：物听任其本性，事得称其本能，都能恰到好处地当其职任。这也是逍遥的一种说法，但只能是知道事物在外的职守和表面的现象，而且还未明白庄子所谈的关于逍遥乐趣的内涵。

鹏虽然体形很大，但飞行不能超过九万里，还必须乘着六月的大风，这是拘束于阴阳的变化，并不是真实的逍遥。鹏飞行的前提是等到大风扬起的尘埃相拥而起，如果没有卷起的尘埃和风气相拥，那么鹏的大翅膀就不能举起来。这就说明了事物即使很大，也必然要有所依赖而后才能施行，并不是自然而然的行为，虽然很大也不免有所牵累。

到远的地方去就要多带食物，要前往较近的地方带的食物就较少，这是自然的常理。所以鲲鹏的庞大，飞起来就必然行至九万里；蝉和小鸠的渺小，飞起来不能超过两树之间，也是自然的道理。只要能明白它们之间玄妙的道理，而且不因为多与少和小与大的情况有所拖累，也就自然知足了。

天下的人与物，小的智慧不及于大的智慧，小的年限不及于大的年限。所以朝生暮死的虫类，不如春生夏死的蟪蛄年长。神木冥灵以五百年为一个春季，五百年为一个秋季，但也不如上古时代的一个大椿树年纪更长，其以八千年一个春季，八千年一个秋季。少年夭折的孩子更不如八百岁的彭祖年长，这是很明白的事情。然而如果从无小无大、不生不死的道理去观察它们之间的共同性，那么都是因有形有像的牵累所致，在它们之间哪还有不及不如的说法呢！除非天下的达观之人，谁还能和他们保持一样的心态呢？

鲲鹏要飞到南方去，斥鷃还讥笑它。斥鷃腾跃在蓬蒿之间，自己以为已经是很满足了，这是小与大之间的差别。然而鲲鹏斥鴳都因为有它们的身躯，所以身躯的拖累并不使它们有逍遥的舒适感。所谓的逍遥，还要脱离本体吗？只是要各自去掉极端奢望，就剩下逍遥了。如果牵累到本体则均为困苦了，所以逍遥还是困苦，就在于人们了却羁绊，还是优柔寡断在其间徘徊呢。

况且全社会的人都来赞誉他也不加以勉励自己，全社会的人都来指责他的过失而不加以悔改，这就是《淮南子》所谓的自信的人，不会被诽谤和赞誉所改变啊！自信的人重视内心的修持而轻视外在的形式，自身的荣显要重于外在的屈辱，不能失去本性，而且要达到快然逍遥的地步。所以说区别分明内外的不同，判断荣显和屈辱的境遇差别，这已是修持的一个阶段了。所谓修持的一个阶段，就是说的尽性的话。尽性则人道已毕，然而只是尚未达到"至命"的地步。

顺应天地自然之正气，而又驾驭着五运六气的变化以遨游于无穷之野的，这是圣人之所能。圣人进入虚无之道，达到精神的玄妙，与万物不相背离，唯有改变所不适宜的方面。他要去的地方看似不快，其结果却很疾速。他要来的时候，虽然看不到他在行走，但是已经来到了。圆通周流无所滞碍，了却牵累逍遥快乐，哪还有什么依赖呢？所以说他们还有什么可期待的呢？这是庄子所谓的逍遥而佛氏所谓的"身偏法界"。若不是圣人的智慧能够达到，谁还可以达到如此的地步呢。因此说：至人知道内冥其诸多心思，淡然自得而不牵累于事物，所以说至人无已；神人进道而无有所屈成，顺应万物而妙用深藏，所以说神人无功；圣人体道寂寞无为，神化荡荡而不可揣测，所以说圣人无名。

"大而化之之谓圣"，圣人的境界不可以揣测，到了与神明同步的境界了。圣则与天下百姓同其患难，而神则不与圣人同其忧患。唐尧当初治理天下的时候，把天下和人民放在一起，天下的忧患与快乐与人民共同分享，即所谓有为的时代。等到天下得以治理，人民生活生产有所改变，自然鼓动万事万物，不知不觉地顺应时令生产而运行，人民安居乐业，君主无所作为，即所谓无为的时代。无为是从有为来的，而无为的极致就已经入于神圣的境界了。圣人的功劳依赖于精神而立，而功果既然到了极其神明的境地，本来就应该收敛保全这种精神，这是唐尧之所以让天下给许由的缘故。功力即已达到出神入化不能超越的地步，而不能及时收敛，那么这个精神因此就会亏缺了。这就是唐尧之所以说：日月已经出来了，而篝火还不熄灭，要与日月比光，岂不很难吗？及时雨已经下来了，还在那里挑水灌溉，对于润泽禾苗岂不是徒劳吗？拿这些比喻说明他要辞让的理由。

老子说：大成若缺。大成就是还没有真正的完成，是有欠缺，所以说大成如同是有缺憾。

许由是古代无为之士，既然是无为之士，那么他岂能有心于天下？这就是许由不替代唐尧治理天下的缘故。有为与无为均是极其玄妙的，两者无所分别，如果一定要以有为为少德，而以无为为至德，社会就会失去其所以无为的前提，进而导致名与实交相攻击、宾与主相为分离，大道就背离了。因此，就可以明白许由以宾主之礼来推辞的原因。

鹪鹩在树林中筑巢，只不过需要一个树枝；偃鼠在河里饮水，也只需满腹之水也就够了。这一点就能满足它们极大的欲望，这就说明了有为的事情虽然较小，但是能无牵累于心，这已经是天下极其微妙之事了，不必再羡慕无为的博大。以此而看，许由岂能有心于治理天下吗？

圣人之功要等待聚精会神才能树立，功极致于神则不与圣人同忧，不与圣人同其忧患，哪还能把天下之事当作事呢？所以许由说：请你回去吧，我要天下何用呢？

事物各有职分所属，职分中各有所司守，庖厨之人以宰割烹饪为功，而主持祭祀的人以清静为职守，这是他们职守所在啊！厨师若不治理庖厨，主祭的人岂能越职而替代他吗？代替他就混乱了分管的职守了，分管的职守一旦混乱，就难免受到牵累了。所以唐尧既然已经到了治理的极致高度，许由岂能再去超越职分而代替唐尧，代替唐尧就免不了受此牵累，免不了牵累就不足以达到逍遥的境界，这就是许由之所以又以庖与祝的比喻而自我开脱啊。

肩吾是任我自然的人，连叔是不能融通不能施行而且非难事物的长者，接舆是绵绵若存而又有所包容的人。这是庄子寄言语于三人之身，而以此阐明道的极致之处，所以道到了这个地步就不可以言谈了，言谈了不可以认识，认识了又不是世俗之人所能知道的。姑射山在北海之中，这里说的是归根的意思；汾水在中国的东北，这是复命的意思；乘云气，取意于虚空之意；御飞龙，取其变化之意；游四海之外，取其不受形象器物所限；时汝，取其应物而自然，这都是阐明道的极致之处。道极致就玄妙，玄妙就神明，神明就可以无为罢了。所以尧极致于无为而忘记有天下之事，所以要让给许由，因此尧去见四子而窅然丧天下。这是庄子以寓言的形式论述道的极致之处，不是浅见之人可以明白其中真意的。

事物各有体积，体积各有所用，所用适当其材质就是精妙的运用。所以惠子得了一个大葫芦却以为无所作用，是笨拙在不善于因材而使用啊！不善于因材而使用的人，是因为他的内心尚未通达彻悟啊！所以说他还仍然有茅塞不通之心啊。

　　不能使手冻裂的药物，有人用它为人浣洗衣服，使手不被冻伤，有人却用它得以裂地封侯。这是说明事物虽然都是一样的，如果在使用它的时候，能因材而使用得当，就能免于事物的牵累。这是穷理尽性的意思。

　　道无小大之分，之所以为小大的本体，虽无所用，又所以为众用之祖，只有圣人可以全性命之根本，而体道以为用。所以就拿一棵长得臃肿而粗大的树木来比喻不合乎规矩，以阐明无用之用。所谓的"樗"就是根深而枝叶滋生无状，生命就是要巩固其根本才可万事兴起，只有能深根固本而不以小大内外为累，就达到逍遥了。把这棵畸形粗大无用之树木，植于无何有之乡、广漠虚无之原野。在其侧无为彷徨，寝卧逍遥于其下，无论动静，从不担心斧斤和人物的伤害，因无所可用，也无所困苦，这就是庄子说的逍遥之极致的概念。

齐物论

　　万物禀受阴阳二气而生，我们也禀受阴阳二气而生，禀赋形象虽有差异，但所生长的环境及其根本都是相同的。只有能够知道万物与我共同禀受的根本就不会有自我，没有自我就没有万物，没有万物就没有牵累，这是庄子之所以论述齐物的原因。

　　圣人体道而无我之想，无我则无天下之虑。南郭子綦因丧其配偶而长叹，所说的偶就是与自己匹配的人。万物没有无匹配的伴侣，只有大道神奇玄妙而无匹配，无匹配最终还是归于一致而忘记彼我，这就是万物之所以齐于一的道理。所以形体可使它如同槁木，心可使它如死灰一般。

　　生命是天地的委和之气，有生命的都受此委和之气，只有南郭子綦能知道天地与万物之间的缘故，所以他能做到断绝牵累、忘却形骸，而且只是觉得我丧失了我的形体。我和万物是同等的，而世间愚笨的人不知道其所以然，以为形体与质地有差殊，小与大极不相同，所以才有彼我、小大的争论，这是他们不免于牵累的缘故。

　　无论是天籁、地籁、人籁，无非是它们的关窍不同罢了。虽然众窍都不相同，但是它们同时受风之吹而成声响，也就是说万物虽然各有不同，但是均是因委气以成就形体。窍因风而吹响，物因造化而被役使，所遭遇的有所不同，而同归于一个方向，这是万物与我不得不一致啊。然而风不能使无窍的东西有声，而造化不能改变没有的事物，如果能摆脱形骸的牵累，而且忘记那些妄想的情志，了然明达，而我非我拥有，则入于神明玄妙，而且造化也不能有所制约了。

大知小知，大言小言，大恐小恐，或寝或觉，这都是有形体的牵累啊！有形质就必然为造化所驱使，驱使于造化的事物就必然会有动有止的不同，这是它们不免于牵累的缘故。倘若它本来就没有形质，那么造化还如何役使它们呢？若不是神而明之就不能颖悟到如此地步。

声隐于无声，形隐于无形，这是造化的自然现象。等到它鸣响之后才成为声音，对比之后才成于有形。所以说：乐声从虚器中发出来，菌类由地气的蒸发产生。

白昼去了之后，黑夜即将来临，黑夜去了之后，白昼又相承而来，相互更替，而没有终了的时候，这是道的妙用。而天下之人都没办法知道当初是昼在前，还是黑夜在前。所以说：日夜相互更替，不知道它们当初萌生之时的情况。

无论是白天还是黑夜，它们的运行都是自然而然的，若有主宰万物的"真宰"，也是依凭着万物自然而然的，我为万物之一也是自然而然。然而没有真宰我就不能生存，没有我的存在真宰就没有任何作用，我就是真宰所差使的，在真宰的主宰之下每天生活而不自觉悟，难道说我和万物还有什么分别吗？这就是与物相齐的意思啊。所以说算了吧，算了吧，白天和夜晚得到它们相互替代的缘由，以此而相互滋生，没有白天就没有黑夜。也就是说没有它就没有我，没有我其他的就无从呈现，因此两者是相近的，然而不知道它们是如何被真宰指使的。而真宰是至道的玄妙，是主宰造化的，因其自然而然所以称为真，又因为其为造化的制约者所以称为宰。它对于事物来说，不在阴阳变化之内，也不在阴阳变化之外，只可以心领神会而不可以拿一个事物来比喻。所以说：彷徨有它的存在，却又得不到它的征兆，众生都能感知它的情义，却不能看到它的形象。

手足耳目，心脊肺肠，虽然名称和形状都不相同，这些东西我一个人全都具备，都归属于我个人，我若能做到无我，那么这些东西没有一件是我值得去爱护的。如果有可以亲近爱护的，就不可能有一个私心，却全都对它们具有同样的亲近和爱护，这样的结果，足以丧失自己的元真之性啊。真宰看似是有为的，自己的元真本性看似是无为的。臣与妾有上下之分，上下地位虽有差异，而相同的是这个真性，所以说其中有真性存在。人们的生命都是有真性的，所以被事物牵累背道而驰却不能自悟，反而丧失了自己的元真之性了。如果能寻求而得到它，知道自己固有的真性如此，就是对这个元真之性没有亏欠了。所以说：求得其情与不得其情，对元真之性是没有损益的。

造物者对万物的造作变化无穷无尽，只是偶尔有了我罢了。人们都不自然明白，而只是以为有我的存在，有我之心则物与物、事与事相互损害，摩擦争斗，互为役使，困苦不堪，而且得不到休息之时，这就是他们内在的本性不存的缘故啊。真性之不存，其结果不也很可悲吗？

天下之人不知道物与我同根植于天地之间，而又不能和它们整齐划一，所以在外被事物所役使，在内又丧失其真性，质虽然存在而形体、精神早已灭亡，尚且还不知道何时该停止，不也可哀吗？然而庄子之前谈到可悲，此处谈到可哀，是悲尚未达到哀的程度，而哀伤是又比悲更加深重的程度。说到哀又说到这样的人生，若不死，能有什么益处呢？人形体逐渐衰朽而人的精神又被困缚其中，以至于灭亡，这是多么的可哀啊，所以把哀放在后头来谈，进一步深陷其中。形体是天的委气，心性是人的真君，心在内而形体在外，形体万种变化而无常态，心性一定而不灭亡，通达的人如此看待人生，世上迷惑的人被形体役使其心性，而且又丧失其元真，此所以尤可哀之故也。

人生有形，天覆而地载，天地备于我，万物同于我，岂能无知？只是不能自我醒悟而愈迷愈惑，所以入于无知之境，岂非天下之人都是如此吗？也有通达之人在其中。所以说：人之一生，本来就是如此暗昧不明，并不是我独自迷茫、暗昧不明，而是其他的人和我同样迷惑啊！心是人身的真君，人们能不丧失其真君之真性，就可称为诚心。诚心既然内存，而且我以诚心为师，就可以说与道冥然会合了，而且与神明默契，不必知道阴阳代谢，然后就可以说是得道了。愚昧的人不能知道有真君（真性）而存养它，只是白白地劳役形体而求道，这是他们迷惑的原因，所以即使是终其一生去寻求，也不知道它的真谛。

圣人坚固他的诚心，而且无是无非，并以是与非为环节，得其中正平和，作为是的标准。众人丧其诚心而有是有非，这就好比今天到越国去，而往昔仿佛已经到过了，这样莫名其妙的感觉。

神明的大禹行走在治水的路上，他所为所行没有是与非的概念，没有是与非的评论，就说明他内心没有迷惑；现在的人不能保存其诚心而迷惑于是与非之中，神明的大禹尚且不能知道，我还有什么办法呢？没有标新立异的成见，就是大道。没有浮华的言辞，就是至真之语。然而有真伪是非的，是因为道隐藏在小有的成就里而不能彰显出来，而且言辞隐藏在华美动听的语句之中，不能表现出它的真实情况。道隐藏在小有的成就里就不能完全，言辞隐藏在华美动听的语句中就不会真实，所以就会出现儒家与墨家的是与非的辩论。

圣人内冥其心性，而不理会那些涂抹是非的人，而是听任其自然而然，因此无是无非，不应和他们，而是依照自然法则，遵循事物的本性。

大道同出一宗，是亦非，非亦是，是与非同为一气。忘记彼与我的不同就可以兴起，忘记对方的是与非就会运转而无有穷尽。所以说：彼之是如果没有得到它的对立面，谓之道的枢纽。

彼手指与此手指，彼马与此马，其中不相同的是形体而其所相同的是本质，怎么说能有什么不齐？天地万物虽形象各有不同，而同出于道之化，万物虽然形象殊异，但是也出自于道之化。但是天地不同的是高与下的形象，万物不同的是小与大的形体，它们所与生俱来的本质是相同的，又怎么说有所不一致呢？所以说：从事物相同的观点来说天地就是一"指"，万物就是一"马"。然而庄子以天地比喻"一指"，以万物比喻"一马"的原因是：天地之道，静而得了道的形体；而万物之道，动而得了道的功用。大道无形无象，无色无味，圆陀陀活泼泼，无可与不可、无然与不然、无成与不成、无美与不美，浑然为一而莫不顺其自然。然而人们不能体悟大道之生化，而妄情自见，然后又分出可与不可，然与不然，成与不成，美与不美，所以自己招致疑惑，受此禁锢，牵累心身。所以庄子说：明智通达的人，能够融通自然万物而为一致的理念。

不偏见，不滞碍，晓然洞彻而且冥通于深邃道理的人，就是庄子所谓的达者。虽然不废万物的成与毁，而只是守其常用而不自专有，所以说包涵着诸种功用，功用则济天下之用，无所往而不通，无所往而不通则所以为得道。所以说：通就是有得，适才有所得就与道有所接近，有所接近只是临近尚未达到那样的状态。

朝四而暮三与朝三而暮四有什么不同呢？然而众猴却为此而喜怒，表现大有不同，众猴因数字的先后而迷惑于其间。那么天下之人迷惑之时与众猴能有多大差别呢？

因此圣人忘却是与非，听任自然而然，万物万事万法一视同仁而无高与下之分，这就是说可以使万物整齐划一。所以说：圣人不讨论是非，而是顺应事理的自然均衡，这就是所谓的"两行"。

昭文的弹琴、师旷的打击乐、惠子的演说唱和，这三个人啊，不知道大道是无形无象的、大音是无声无息的，只是与至深至妙的道理冥合为一，然后就可以有所收获了。何必要劳动形体、耗尽脑汁而去苦苦寻求呢？这就是他们三人终身无所成就的原因。

隐晦是指胸中惑乱而不能果决，胸中惑乱而不果决，则白白地眩明于外而光耀大众了，这不是穷理尽性的人。唯有圣人不抛弃一切而寓于诸多所用之中，以大的觉悟来彰显那些觉悟者。所以说迷惑扰乱世人的光耀，圣人也会图取它，为此而不使用，只寓寄于诸多运用之中，这可以称作"以明"。

秋毫之末与泰山之大，殇子之夭与彭祖之寿，天地之与万物俱为有形，有形之物可以忘形而整齐和谐。知道的人不死不生，所以天地可与他并生，知道的人无方位无形体，所以万物和他为一。万物既然和他为一体了，就不必有言语了。因此说：既然都是一体了，一定要有不同的话说吗？有言语就有相对回应的话，所以一旦与对方言语就可分为二了，二又与一相对而言，则又所以生于万物了，这就是道被分散的缘故。

大道浑然而无方无隅，至言寂然而无辩无论，道散失而后有分有域，言语一出而后就有了是与非，唯有圣人明察事物之性分而不议不辩，所以能够明达融通它们的极致。所以说：六合之外圣人存而不论，六合之内圣人论而不议。《春秋经世》里说：圣人议论而不辩解。

大道寂静淡然，难以给它强加名称，大辩沉默而逐渐清晰，不需要分辩判别，大仁博爱而没有偏私，大廉无私公正而不增加不减损，大勇本于仁义，岂有杀伤损害之说？大道如果自我明辩就不是大道了，所以说：道自昭彰而非道。用语言争辩则是非就有彰著，所以说：言论争辩就有所不及。只是对一物施行仁，这种仁就有所亏缺，所以说：仁常守持一处就不成为仁。廉若张扬其清纯就成为伪诈了，廉若扬清就不能诚信了，勇而嗜好杀伤则勇就亏缺了，勇怀害意就不成为勇，这五个方面如果能再挫其锋锐，就几乎接近于玄妙的道术了，因此说：五者如果能够运用娴熟就几乎近道了。

不言之辩就是大辩，不用说出来的道就是大道；大辩无物不能容纳，而大道则无物不由此而化生。

圣人不重视自我而万物没有不和顺的，倘若有不和顺的就不得不惩罚使之和顺，这就是有"用兵者有言"之章句，而庄子有尧惩罚宗脍胥敖的话之缘故。所谓的无我，就是与万物齐谐一致，万物若不与我齐一，就不和谐了。不和谐了圣人之心岂能安然？这就是尧南面而不能释然之缘故啊。

物物皆同一理，即为齐物之理，虽然要尝试谈论这个道理，大概是不得已而说的。谈到这个话题并不是想去辩论它们，万物都是同一根本，大家都能明白。然而世间之人，往往是以为自己知道就说知道，其实说知道的人并不是真知道；以为自己不知道的人说不知道，其实他们才是研究比较深入的。所以说：那些以为知道的人，反而是不知道啊！

人和万物各自有自己的生活习惯、性情、功用、标准，没有一个统一的正确标准。所谓正确的标准，不是取决于它所能处的位置而去决定它们的正确性的；所谓正确的滋味，也不是取决于它喜欢吃什么东西、嗜好什么口味，就决定它们的正确性了；所谓正确的颜色，也不是取决它自身的爱好、审视美丑的角度和正确性，来决定它们就是世上统一的审美标准。

保全大道就不会有仁义之说，舍去智慧聪明就没有是非之别，大道废弛之后就有人谈起了仁义啊！智慧显现而后才有是非之别啊！所以说像那王倪，得了道的全部，就不再使用智慧了，由此可见仁义的滋生、是非的涂抹是社会人心混乱的开始啊。

《庄子》所谓的至人，山林焚烧而不能使他们感到炎热，江河冻结不能使他们感到寒冷，雷电撼山岳、狂风激海浪而不能使他们惊惧，他们常常怡然自得地乘云气、骑日月，顺应自然，遨游于四海之外。生死的变化对他们没有影响，更何况那些所谓的些小利害观念呢？

至人没有自己，与万物为一，而万物不敢侵犯，所以水火不能伤害，寒暑不能挫伤，风雷不能扰动，因此他们可以蹑行于空虚之境，驾驭阴阳的变化，出入于形器内外，而且始终没有任何改变，忧虑和快乐岂能够牵累到他们的内心？所以寒热震惊、忧乐利害无动于其心身，始终不改变他们的操守。圣人体道，恬淡无为，动作不被外物所役使，安处而不躲避患难，万物在他面前都完备无缺，然而他并不因此而乐于向外索求，因为极致之道和他相融为一，岂能假借缘行，把无能说成有能，有能作为无能。圣人居于清静的极致之地，污秽纷乱是不能涂抹颠覆他的。所以说圣人不从于事务，不接近利益，也不免除祸害，不处心积虑地求取什么。不求有行道之迹，说好也罢，说坏也罢，说了话又好像没有说，而自身却游行于尘垢世界之外；拿着日月说话，就是一昼夜的时间，抱着宇宙谈论，就是齐同于远近的道理。

众人有物与我之区分，遇到事物就自然被事物所役使，圣人无我，不把事物当作事物看待，反而与事物合而为一。《庄子》齐物之论，开始谈到无彼无我，无是无非，无成无败，无多无少，无大无小，如此这些都是齐同合一的道理罢了。及其谈到年岁长短互参，生死一致，昏梦与觉醒相同，千变万化始终归于一致，这是所谓的明白通达而且没有阻碍的思想。天下的事物有齐一的，也有所相同的方面，这是明显能发现的。庄子能从根本上明白它们之间有齐同一致的道理，这是觉悟了天下人尚未觉悟到的精神内涵。然而我与物相齐是可以的，就好像白天的所作所为与夜晚所做的梦境是一致的。然而白天觉醒，夜晚梦寐，还是稍有不同的。从时日的长远来看，那么白天所作所为和夜晚所有的梦寐使人茫然无法分别。庄子能从它们大致相同的方面去认识相同的地方，反复说到方梦、占梦，大觉悟、大梦幻的奥妙，综述为天下事物皆尽其齐一之意，又恐世人未能尽信其言，复又用寓言故事讲到其自身梦中化为蝴蝶，又说他不知道庄周梦中变为蝴蝶，还是蝴蝶做梦化为庄周，极尽其齐同万物之意。若不是神智通达的人，岂能知道庄子所言的内涵呢？

养生主

与物而齐则必然无自我，无自我则必无生命之累，无生命之累所以又为养生之主，而且这也是生命保存的原因。

生长是天地的和气，天地之和气与人平素恰如其分地结合，而且不超过它的极限，所以我们的生命是有长短的、局限的，是有边际的。被富贵所役使而悦于荣宠，为此而思虑交萌，而且妄情无限，所以这就是所谓：滋生的智慧是没有边际的，以有边际的生命去追随没有边际的智慧，那么这个生命就会不存在了。生命已经不存在了，还怎能谈到免于人生的困苦之累呢？所以思虑营营必然使人倦怠疲惫，身心不堪于困苦之累。

善于养生的人，内则充实其极处，而且听任其自然而然，忘却善与恶，所以通达于刑罚和名誉，即是说心中无刑名之累。不善于养生的人，思虑内萌，则以善行为善行，以恶行为恶行，所以他们的心思接近于刑罚和名誉，在善恶相对应的刑名里徘徊，心身牵累而不能解脱。因此说通达于刑名的人，他们的生命可以保全，近于刑名而不能自拔的人，他们的生命路程是丧失的原因。沿着人身任、督这两条居于中间的经脉去运行，取于中庸之道，就像古代至人那样的养生方法，不被物所役使，不耗丧其元真，不特别选择地方，不戕害本性而已，所以说不被外物役使就可以保身安，不耗丧真元就可以全生，不选择地方就可侍奉双亲，不残害本性就可以活到最终的年龄，这都是因自我的行为而已。

生命必然有它们生存的条件，而生存条件又出于性命的必需，能顺应这样的条件生命才能兴起，才能知道保全生命的奥妙。这就像庖丁解牛一样，能熟悉牛的自然生理结构，当他宰牛时，眼中就看不到一个整体活动的全牛，所以才能那么熟练剖解牛。然而庖丁的故事只是寓言，把握养生的方法和目无全牛是一样的道理。三年之前不够熟悉，没有进入佳境，三年之后已经目无全牛，且游刃有余。一把刀用十九年，如同新磨砺不曾使用过一般，好似说庖丁解牛只是善用刀罢了。善用刀就可以保全刀的锋利如韬光养晦，所以善用刀而珍藏起来，更何况善于养生的人，必然保全其生命的全部而且收藏起来，这就是老子所谓的"全而归之"的意思。因此文惠君从庖丁的话觉悟到养生的道理，就是近于有道了。

野鸡在野外饮水啄食，就自然忘却形体而快乐地生活着，如果把它蓄养在笼中，即使长得很肥壮，也必然伤害它的生机。快乐无忧地生活，精神因此能保全，若只是养育它的形体，它的生机就会因此而沮丧。生机丧失未免不是因为忧虑和牵累，所以说这是对生命不良善的行为。

至人以有生为暂时的到来，以死亡为暂时的离去，有生之时不因此而欢喜他的成就，死后也不悲伤他的毁誉。然而老聃死后秦失悼念他，只有三次哀号之声，并不是哀伤他已离去之故，大概是因为没有人能做到独自与众人不同吧。

至人忘却情志保全本真，漫不经心却自然有得，生死利害未尝放在心中，所以该来的时候自然应时而来，该去的时候自然应时而去，不因为顺利而快乐，也不因为坎坷困苦而哀伤，这样的生活态度是生生不息而且没有丧失的原因。顺应时令而安居所处，哀伤与快乐都不能使他怎么样。

上天给予人生命，人们接受了命运的安排是不可能逃遁的，逃遁自身的命运则必然累及人生的趋向，自然就会招致忧患的侵扰。所以说逃遁等于遭受上天的惩罚，帝王也和普通人一样不能逃遁。如果生活中没有所系累的，那么什么样的忧患也不能牵累到他的生活之中。所以养生的人，一定要通达其中的奥妙啊。

柴草燃烧后，接着继续不断地给火上加柴草，火不能熄灭，知道生生不息的道理之后去养生，那么生命就不会断绝；柴草不灭则火就可以继续传接下去，生命不绝则生命就可以长久，没有穷尽的时候。庄子之论养生，开始说人生有尽头的时候，而最终又说道不能穷尽的理念，因性命禀赋自有天分，若能不牵累于荣辱利害，那么生命就不会丧失而且无有边际。所以庄子最终告诫养生的道理及不能穷尽的原因，不是明白通达的人，谁能做到如此呢？

人间世

天下之事，千变万化，没有任何事是一成不变的。如此多事，不是明白通达世事人心的人，是不能够去应对的。所谓通达之人处在无我的境界之中，无我就没有自私的思想，只保持无为的心志，那么祸福就不能危及他们。无我则自己的见解就没有对立面，就可以应对天下的至变，即使处天下之至难，仍然寂静淡然不动而自己不受丝毫的牵累。

然而克己与无我有所不同，克己未达到无我的地步。克己则有思有为，有思猝然至于无思，有为猝然至于无为。也就是说，有思有为最终至于无思无为，有思有为仍然是以无思无为为起始点的。庄子之意，在于道不能事杂，事杂则多繁，多繁则扰乱，扰乱则忧心，心忧则不能挽救。

大道的原始状态是集于虚无而生于一，一是道的玄妙根本，若能抱一以求道，则免于惑乱繁多扰心之累，所以圣人持守于一，怀抱于一，足以作为体道的法则。所以说：体道不能事杂，若不能抱元守一，则支离杂乱、百端生事。也就是说：杂则多有迷惑，事生百端则心不能休止，也可以说多事则扰乱心思，心神不能得以休养，又未免被事务牵累。所以说：受到干扰、则心生忧患，内心不能免于忧患的牵累，那么又怎么能够去帮助他人解脱忧患的牵累呢？忧患不能解救，都是有思有为的牵累所致啊。

圣人不求名，所以无为；不用智，所以无所得。然而无为则万物莫不依归，无所得则万物莫不竞相给予。常人好名用智因而有为有得，有所为则万物不相从服，有所得则万物必然和他竞争，所以说为名的人相互倾轧，是竞争之中最下之器。用眼睛去审视，即所谓眸子的虚光是不能看清楚的；用色彩去遮盖比和的，即所谓色彩被混淆不明；用话语去经营，即所谓夸夸其谈、故弄玄虚、随口之说罢了；用形容去取悦的，即所谓以表情言讲取悦于人；用心暂且去成就的，即所谓改变自己依从于事物。

名称、形式与实际内容都是空虚的器物，圣人岂能有心去寻求它们？所以圣人寂寞淡然无为，声誉与形迹全都泯除丧失，那些所谓的凶灾福患就不可以殃及了，这就是唐尧大禹能安处于天下的原因。愚昧的人不知道名与实的利害关系，而去深入祈求那些名与实，名与实已经确立而凶灾祸患相继而至。圣人忘却名实，名实既忘因而无自我，那么天下万物岂能牵累于我？假使圣人不能忘却名与实，则名与实确立而且有自我之心，那么天下万物交相继至而为万物所累，圣人岂能应付它们？所以说名与实圣人尚且不能应付，更何况是常人呢？

至人外无我而内无心，人身与太虚相合，而不从有得用心，所以能使万物俱为其所化。如果只是效法自然和上古的淳朴之风，则必然不能与太虚相合，又怎么能使万物自化呢？所以无心于物则物莫不相从，有心于化则化未必能及。颜回想度化卫国国君，尚且是有心之化，所以孔子说他是有心理打算。

专心致志，抱元守一，则心间自定而思虑澄清，廓然空虚而至道自然内集，所以心斋必然要一心一志，心中空虚无物而道法自然相集，并非由外学而知识，而是由内空虚所得，所以庄子心斋是不用耳听外之音声，而是由心之内听，心既有所得于道果，然后以气而得到感知。因而又说：无听于心，而听之于气，如此而至道集于己内，然后可以用其余绪化于他人。然而至道不可以用感情去追求，必然要先使体道者耳目精明，所以说：“听止于耳。”耳是身体的一部分，身体既然已经入于至道，则自然有合于心；心既然得道了，则自然又合于气机，所以气止于符信。气是空虚的，而且万物无所不被它容纳，唯有体道的人专心集神于空虚之境。空虚无物就是所谓的心斋。

斋，人们容易把它理解为斋戒，以祭祀神明彰显其德。一般的斋是有所思想或是有所作为的。心斋以虚空为要，然而虚要做到一心一态。斋的要点是静，一心一志则足以应酬万变，静定则足以制约群物，如此则可以化人。而心斋本于无我无心，以忘我无物为要，达到身、心、耳、息合一。

达到至虚至无玄妙境界的人，虽然身处于天地之间却泯然断绝外界的声音，所以说：如果进入世间，游其常人之樊笼，而且并不对名与实有所感受，那么就是说对名实无有感觉而进入冲漠空寂之地了。做到物来然后去应事接物，不来则自然不自动，就好比人受到外物则有所反应，物止则停息。至虚抱一，安处而无心于物，物来则应，万不得已之时然后应事接物，这是体道之人应具有的心态。

泯除世情，淡然无为，高出于世俗而又绝迹于世俗，这是圣人体道容易的原因。既要超然于物外，又要有为于世情，经历世俗而无有祸患，这是圣人体道艰难的原因。

人是相互依从的状态，我为人，人为我，天地是纯粹效法于自然而然的；人相互依从，就可以有欺瞒的行为，而自然而然的天地却是不可以欺诈的。所以说：与人交往就容易有欺诈，与天地交流就不会有虚伪。

室内空虚所以生白，心内空虚所以白静，若能常静则性命之情不会衰退，然后吉祥景象就会前来居住了。所以说只要关闭了思虑出行的门径，自然就内心空灵，自性生光，所谓知止而后定，达到定的境界便得吉祥住止。心不虚则不能定止，不止则自然不定，不定则偏满法界，役使万物而不能止息，形体虽然端坐而内心实驰骋万里，所以人们常常是身不动，而心思却外游不能止息。

耳目多关注于身外之事，心智则由内感而发，只有忘我的人才能超然而自得。耳目并非一定要关注于外，心智也并非只发自于内，形体与造化相合，而道理就与精神契合，更何况是人世间那些事，还有什么不能被造物者所化的呢？所以说，即使耳目收视返听，厮守于内，而心智仍然能够外知阴阳鬼神的情状，常人的心智岂有不窥测的呢？

心身合于至虚则可知万物之所化，无论有为无为，均可达到玄妙，至此而与大道浑然相合而不会分解散失。圣人始终在其玄妙浑然相合之间，而与道混然相合达于至妙，虽然有离有散但仍然于精神之中得其混合，足以在万事万物之中任其遨游而自化，即使有散亦可使之入于所化。

经世济民之道，必然先要忘记自身，其次在于信命。所以忘记自身便可至于无我，信命就会任其自然，如此则忧患不足以牵累其身心。

有天地然后有父子，有父子然后有君臣，父子君臣之道立则万事兴起，万事兴起之后就不可以不谨慎。所以说：天下有两种大戒，其一是命运，其二是仁义。父子是内在的血缘关系，君臣是在外处事立身的关系；在内的由命所主导，在外的由义所主导，命因此没有间隔，而义因此树立自我。没有间隔就不会间隔亲与疏的关系，树立自我则必然可以树立君的主导关系。亲人不可以违背所以说不可以脱离于内心，君不可以回避所以说没有合适的就不是君了。内事于父而外事于君是有诸多自身罢了，有诸多自身必然就有诸多事情，不可能全都放下一下子隐遁而去，所以是不可以逃脱于天地之间的，这是自然而然的事情，然而只要能顺应其自然，就自然免于忧患的牵累了。

不选择工作和生活环境而能安居乐业的人是所谓安贫乐道、不受地域限制的人，不选择事业而能安心工作的是所谓不回避困难安守于本分而有爱心的人。不回避困难故能有诚敬，有爱必然有孝，有诚敬必然有忠心，这是为臣子之道，能做到如此的，是孝敬的极致、忠诚的盛大之事、极致次于盛大，而盛大是广泛的极致。

做儿子的孝养双亲，知道是他的使命；做臣子的侍奉君主，知道是他的正义所在。如果发自内心而又顺应自然之道，那么悲伤和喜悦的事情就不足以动摇他。所以说自然安守其心的人，哀伤和快乐不容易在他的面前施展。哀伤和快乐本来是不存在人的内心的，只是因为外物的触动而招致，如果能持守其内心的恬淡虚无，忘记哀伤和快乐，就会通达正义和使命的极致，而且对于死与生也是平淡安然的，所以说这又是德的本体。

作为属臣和儿子的侍奉君主和双亲，若能安守他的使命就会忘却自身，忘却自身则生与死就不会放在心中，所以更谈不到对生命的喜悦和对死亡的厌恶了。

喜悦是出自原本的不喜悦，愤怒是出自原本的不愤怒，如此的话全都是诚恳之言。喜悦出自原本的喜悦，而愤怒出自原本的愤怒，这样的话并非是诚恳之言。诚恳之言有法度而非诚恳之言有太多过于溢美之词，过于溢美之言传承下去并不容易。所以又说：传承流行两种喜悦和两种愤怒之言是天下最难实现的事情。

两种喜悦必然多为溢美之言，两种愤怒必然多为溢恶之言，大凡过于美化或过于羞辱之类的言语都为虚妄，虚妄的言语其可信度没有，没有可信度的言语再去传播它必然有灾殃。所以按照常规说，要传播它的常情，不传播过誉之言，其中的缘故就好像是说：以巧取斗力的人，开始以正常状态比拼，而常常终于用阴损的方法获胜；以礼节饮酒的人，开始的时候有秩序，而最终常常出现混乱状态，这都是到了过激的程度。所以说泰然处之，则多为奇异巧妙，多为不寻常的快乐，这是圣贤不去作为的事情罢了。

孔子说："我想不说话。"圣人岂能勉强自己说话？不说话，外物就不能干扰，而一旦说话，外物就发生相应变化。有应则不能保持清静。所以说：说话是风波兴起的开始。没有行为痕迹就被隐藏了，有了行为则痕迹就显现。痕迹显现于外则本元之真消亡于内。所以说，行为是实际丧失的标志。不能安静就会渐变为躁动，元真消亡则难以久安。所以说：风波会变为躁动，真实丧失会变为危险。

安处内心于寂静淡然无事之境地，则和谐之声内蕴而且阴气自存，通达于性命之理而动静自然正顺。若猝然之间处于纷繁忧患之际则天真混乱而阴气不存，忤逆于性命之理而举措乖乱。

至人隐藏天真之性，掩蔽心术，不刻意作为而自然有为，不主动有应而自然有应；静时与万物和同，而动时都与吉祥相会。倘若炫耀聪明，刻意于精审明察，用心太过，则举措有不当之累，而导致祸患不期而至还不知从哪里招惹的，而且还不知它的终极在何处。所以说苛刻太过则必然出现不肖之心，而且不知道它出现的原因。如果始终不知道它是怎样产生的，又怎能知道它的终极呢。至人无心，假借万物之心为心，来去没有阻碍，而不居守于一，也就是所谓的游心者。既然假借万物之心以为心，就是无为了。如果是有为则是不得已的有为，是不得已而后应对。然而不得已而后有应，又能去除自己的太过而存守于中和，就是这样来保全道了。

因为是天生的贤智之人，所以才要辅佐不贤不智的人。如果贤智的人炫耀他们的贤智，那么不贤不智的人也要起来充当贤智，反被不贤不智的人牵累。只有内藏着贤智而外与事物和同，才足以免除当世的患难。

枉曲自己见解的人，未有能使他人正的。如果想要使他人正，必然要先使自己正直，自己正直之后则他人也就自然正直。

形体是天假之质，心是人身中的君主。天假之形质不可以不保全，所以说形质已安，君主不可以不和谐。所以又说：心若不和，形质虽全也不可以曲就依从于一物；心和的，不可以虑发而昭示于外。所以说：形质安不要沉滞，心气和心思不要外出。所谓君子外顺而内正，不独自去做与别人不同的事情，因此能顺时以应变，而且与万物没有违背，大概是因为他们能通达于道，而且不给自己树立小的荣誉以显示自己的清高，大概的要点是以没有瑕疵为美啊。所以说通达于道的人没有瑕疵。

螳螂以臂来阻挡车轮，虽然才力可以称道，然而却不胜它的强敌啊！猛虎不敢伤害饲养他的人，虽然本性凶恶，然而却不敢冒犯驯养它的人。

仁心的人爱物，没有丧失爱的时候。委曲成全其爱物之心，有违常理，又轻率地使他顺从，然而仁爱之人却始终不能忘记他的仁爱。岂能因为有过错的爱反伤损他的仁爱吗？因爱而伤，则是以人之力而灭绝天理啊。所以说：意图有所到之处，仁爱就有所灭失之处，岂能不慎重？

万物的生长是因为得其自然的本性而生长，如果修剪砍伐就是要失掉它们的本性。得顺其本性就是荣，失掉其本性就是屈辱；荣必然有所美誉，辱则必有所毁伤。齐国的大栎树，因其大而不能做器材，岂能失掉本性再求得荣誉？此处明指世间体道之人，体道而放任其性情以致忘却自己，虽然齐于物而对于毁誉却不能正确面对。

至人能内收精神，自度自己而不缺于用。内收精神，自度自己的精神富足有余，大概是达到了保全性命的境地了。生命是万事的根本，而且没有比生命更大的了，所以庄子每每以大树为比喻。树木的作用，只要使用就要伤害到它们的根本；如果不使用，它们的枝叶就繁茂生长。所以树木保生方法是以不能使用的材质为材质，以没有用处的用处为用，如此行事就能保全而且不能受到伤害。老子说深根固蒂之道，大概就是说生命的重要性啊。而南伯子綦看见商丘的大木而嗟叹其神，人中不成材的，以此看就可以知道，这也是保全性命的方法啊。假使聪慧如神的人，因其才而被见用，就不能保全他的生命了，这与宋国荆氏之地的楸树、柏树、桑树有什么不同呢？只是那些楸树、柏树、桑树因材可用而先夭折，因其小有材质就如此过早地夭亡，所以小有才而不能明白道的人，以至于生命不能保全，恰恰是自己伤害了自己，所以说这是材质可用的祸患啊。

白额的牛、鼻孔上翻的猪，是动物中不能成材、不堪大用的。人生了痔病，是人之中不能成材的。巫祝祭祀河神都不用这样的牛、猪、人为祭品，以为三者是不吉祥而不堪为用的。因为不用所以其生命就自然保全，生命保全就自然能活到天假之年，能活到天假之年的，吉祥没有如此大的了。所以说：

这是神仙中人以为大吉祥的事情。然而庄子话说这些的缘故，大概是说生活在人世间的，不能够使道不明而又忘了自己，而且每多经理玄虚、炫耀才能，用以夸耀于众人，众人虽然企盼仰慕，然而最终反自伤其生命。还不如隐藏有道以忘有己，掩蔽材质以保全生命，而免除经历世事的祸患呢！庄子之所以要反复谈论，而且用寓言比喻，这是在敲警钟啊！

支离疏是一个形体生长不端正的人，虽然外形不端正，而内心实在端正，因其外形不正人们不用他，所以可以保命他自己的性命，足以活到天假之年。然而形体支离尚且能保全其生命，何况是支离其德呢？自然是外不炫耀其美好，内不亏缺真实的自己，又岂能不保全其生命又免于人间的牵累？所以说更何况支离其德，"上德不德，是以有德"。

大圣之人，与世迁移，应物变化，而不凝滞于物，与物无忤，物也不能伤到他们。孔子之心，不曾以经国济世为事，其思想主张被推行的原因，一直以来是随着时代佐助世事而已。所以时代可以推行就可以成就他的功业，时代可以停止就保全他的生命，淡然没有滞碍，而且盛衰也不因为他有什么先知先觉，原来圣人之心是如此的。所以庄子描述接舆者所唱之歌，在寓意圣人之心，而庄子在此引用以最终比喻经国济世之道，并且也是感叹他生不逢时。

庄子所说的祸福，并不是世间之人所谓的祸福。把能全其性命的人叫作有福，忘掉自身性命的人称为有祸。全其性命的人他的道微妙，所以说福轻于羽毛。然而因其极其微小，所以不能自我运行它。所以说不知道可有所承载之地。忘记自身性命的人，其中的道理比较显著，所以说他们的祸患重于大地。然而因其极其显著，所以不能自我察觉从而躲避它。所以说没有可躲避的地方。这是庄子所以感叹世间之人，不能全都明白保全性命的方法。

桂子可以作为食品，所以被摘取；漆可以使用，所以漆树被人们刀割。这是所说的小有作用的材质，尚且不能自我得以保全，也是因为能有所用的材质带来的灾患啊！哪里知道圣人将不能成材的称为神奇，而又把无用作为玄妙呢？知道它不是可用之材，明白它们无用，那么经国济世之道就极其完善了。这是庄子最终以"人皆知有用之用，而莫知无用之用也"作为结束之语的用意啊。

德充符

身处人间，历经世态变化，能免于忧患之累的人，是能保全其性命的人。性命全则自然有所得，自然有所得则德有充，德有充于内就不必期待于身外，不求与物相合而物自来相合。这是庄子作《德充符》之篇而在《人间世》之后的缘故。

圣人能成为圣人的原因，是他们能内全其神而外忘其形体，一下子丢掉聪明才智而与造化为一。若能忘形而又去掉智慧与造化合而为一，那么他们所感受到的就比较广泛而且被教化的就比较多，所以德充实的人就具备了大的美德，归向他的就众多，这就是所谓"大而化之"之意，也是仲尼称为圣人的原因。而圣人之心除非是圣人才能明白，这是庄子以此假借他人之口询问仲尼的缘由。

天下的事情没有比生与死更重要的了，然而生与死是事物始终变化的结果。只有圣人能了脱生与死而能达到不生不死的境地，也就不会与变化一起变化了。所以说生与死也很大了，然而不得不和它一起变化。如果了脱于不生不死的境地，那么就寂静淡然地忘却形体而与变化合而为一；即使是天地都崩塌了，也不会有遗憾沮丧的。所以说：即便天翻地覆，也不会改变他的心境，就是说穷尽至理的妙处了。至于说不停息地观察，而仍然是不与他物迁移，不随波逐流，即所谓彻底洞明人类的心身和自然本性；从自然规律中找寻到改变人类命运的宗旨，和谐平衡，生生不息，所谓至于性命的本源，这也是德性充裕的缘故。

物与我形态不同，这是基本的差异；而物与我同受天地之气，这是都相同的地方。从大体的差异来看，万物的形质全都不同；从它们相同的地方去观察，那么它们的根本都是没有差别的。若忘记形体而通达性命的根本，内全其真而外合于万物，把它们统一起来，若非德之所充实的，那么还有什么做到如此呢？所以说：从它们有差异的地方去观察，其差异就像肝与胆、楚国与越国的不同一样；从它们相同的地方去观察，那么天下万物都是统一的。

用耳去听就能听到要听到的声音，然而却听不到哪些靠耳朵无法听到的声音；用眼睛看就能看到当要看到的东西，却看不到哪些靠眼睛无法看到的东西，这是任用智慧的牵累啊。唯有圣人内充懿德而外黜聪明，所听到的不只用耳朵，所看到的不只是用眼睛，虽然世事纷扰，然而并不比我的所闻所见要多，怎么会有拘累我的视听的事情呢？因此漫不经心地游心于自我所得、恬淡自处的场所，而且平和漠然，居止在内想不出、外想不入的状态。所以说达到这个状态的不知道耳目的用途，而是全心身地游行于德的和气。德充的人与造化一体，天下受其教化而忘其形体，知道了他所要得到的，自然就遗弃了他应该丧失掉的东西。德充的人，即使是外在形体不全，天下之人也能忘其不全的形体，而自然仰慕其德，并不是不见其形体不全，而是因其德充之大而形体不全者小，所以人们喜悦其德之大如同观赏美玉，忘其小如同遗弃土石。圣人使万物喜悦的原因，是以德之大而化之；万物之所以从就圣人者，同样是因圣人之德而化之。

水流动就不能看到须发，水止就可以鉴别天地万物；德亡则万物不能依从，德充则万物所以来合，这是道理的必然结果；所以人们知道用止水去鉴别，而万物所要化合的必然要与盛德相合。天下万物之性，生来没有不安静的，安静的就正确，正确的就镇定，正确而又镇定的性天下都是相同的。只是因为为情所役使，为外物所干扰，所以正确的就不正了，而镇定的就不镇定了。然而不正确不镇定的，因其内无所主宰，所以内显空无则不能止，不能止就不能止其所当止。只有圣人内以德为主而外忘万物所役使，所以根本能正确镇定就能安止，天下众人因其所当止而止，因其所当动则动，所以能自止。所以说，只有止才能止著于众止，这是庄子伤感于时代人性的流放，而又寓意仲尼之言："唯止能止众止。"

木受命于地，人受命于天，地并非是偏私于松柏而使它们独自青青，上天也并非是偏私于虞舜而让他独自端正。大概因为松柏至坚之性不变，而虞舜能坚守其正性。所以说受命于地唯松柏冬夏青青，受命于天唯虞舜独正。天下之人本不知道舜能守其正，然而却都称他为圣人。这岂是自己的感悟？或者他侥幸地生活在那个时代，本性就正？抑或是自我的约束而达到的正？只要能知道他原本的正而坚守它，就可以端正于众人了，哪能只有圣人才能正呢？所以说侥幸地能端正人生，就可以用来端正众生。

圣人体道而用无为以应对天下，所以天地虽然广大都相信并归其统治，万物虽然众多而任由其庇护阴佑，不用考虑生与死，把形体如同寄存在他那里一样，不用视听而耳目所期待的影像如似储存一般。务实于知道德之所充，而且能以不生为生，以不生为生则可以恰当地去来我，这是人们特别关切的事情，岂能因为外物而受到牵累？所以说：何况管辖天地、府藏万物，把头身四肢百骸当作寄居的处所，把耳目视听皆当作幻象，因守一而有所知，何况心思始终没有停止过啊！怎么能再以他物为事呢？至人忘却自己而外与万物同其生化，即内同其性命而外忘其形骸，德充而忘形，此其所以与世人有差异。

圣人和贤能的人，士人和普通百姓，他们所不同的就是职守的区分，而所相同的都是生命。通达的人去观察，只不过都是人类罢了，怎么可能有差别呢？

颜回跟随孔子，当初就说要克己，到后来却说还从来没有我颜回呢。所以他做到黜聪明、堕肢体，从没有犯过二次错误。子产跟随伯昏无人，他们都不能做到克己，而且行事想与物争先，又厌恶那些所谓的德充之人，反而又招致过失，这也是子产之所以不同于颜回了。

孟子说：羿教人射箭，一定要强调中靶子，跟他学习的人，也必然是志在箭靶之中。箭靶是弓和箭簇所要射中的地方。上天生育人类，人们都不能脱离荣辱、利害、贵贱、生死的范畴，其中之所以能有荣、有利、有贵、有生的人，就好像是发箭而中靶一样；其中之所以有或辱、或害、或贱、或死的人，就好像是发箭却不能中靶一样啊。中或者不中都是命运所致，怎么能够超越其自然之道理呢？只有圣人无我而且无心于万物，所以荣辱才不能牵累到他们，利害也不能强加给他们，贵贱也不能役使他们，了却于不生不死之境，而且独自处于自得的场所，所谓的穷尽于性命之理罢了，中与不中顺其自然，为何要去预想它呢？

羞耻于形体不全的人是平常的人，愧疚于盛德不充的人是圣贤之人。申徒嘉内务其德全而外忘形体，子产不取其德之充而厌恶其形体之不全，这是他被称为太过的原因。因此说：今天我与你游心于形骸之内，你却寻找我于形骸之外，难道说不过分吗？

天地无心于万物，所以天之覆地之载，无私无为；圣人同样无私心于万物，万物之生化来去都不会受到阻滞。天地岂能因为万物的形体不够完备而不去覆载它们？圣人岂能责难人的身体不与大众同形而不和他们相和？所以说：天地没有不覆载的地方。我把夫子当作天地，怎么能知道夫子也是这样的？孔子说：我孔丘是个粗俗之人啊。然而仲尼并非一定要责备别人不够谨慎，这是庄子高调论述尽心于道的玄妙之处，学习的人应该吸取其中的意义。

圣人内守其正性而外循其常德，恬淡自然，心无挂碍而外物不能牵累，所以即使是生与死这样的大事，或者在可与不可之间徘徊的情况，都不会在胸中停留一下，岂能对于天下齐一的理念还有所思索？假使让圣人有意留心于生与死同一和可与不可的道理，就是让圣人不能忘记所应当忘记的，而且忘记了他所不能忘记的了。如此一来，岂不就远离了常德而逃避了上天的法则和上天的厌恶，成全了圣人之名？常德不可以远离，法则不可以逃避，唯有圣者能完备上天的法则，而且始终不能忘，所以说上天的法则怎么可以懈怠呢？

上天生养人类，均是委积的元气，而且同等地赋予生命，并非有私心于圣贤而厌恶平常的人，大概是因为圣贤能保全天地赋予人的混元的先天德气，端正其应当端正的元始性灵，所以命运能够达到而且德气能够充实；平常的人不知道其中的缘故，而且怀疑圣贤有异于常人是因为圣贤有不同的特质禀赋。

德充的人，并不是要求合于万物，然而万物自然来与他相合。万物之所以来与他相合，并不是喜爱他的形象，而是因为崇敬他的德。所以说有了敬爱也可以改变他的形象。

至人之所以成为至人，是因为他们才智完全。这里说的才是指性命的玄妙至理，唯有圣人能以不完全而使它们完全，完全之后再达到尽善尽美。完全尽善尽美于性命的道理，那么对于死生、存亡、穷达、贫富的变化，在心中全然明白，就不再使人迷惑扰乱。阴阳的更替运行，昼夜的迭兴迁移，恍惚淡漠而不揣度他的始终，事物变化也不足以转移他的和气，忧愁喜乐也不足以动摇他的精神，愉悦舒和而达到日夜忘却造化迁变的到来，所以与万物感应而通达，这是所谓的才智完备罢了。才智完备的人，性命的道理就对他没有亏缺的了，性命的道理既然已不亏缺，那么德就充足了。德充的人并非内心有意地使德充，如同积水的地方，并不是积水有意地使地方因停水而显得平坦，所以说平的原因是水积聚盛大的意思，德之所以充是万物自以为最盛大的了。而水因为是平的，人们拿它作为法度。然而德之所充的人内心有他们所持守的，而且身外没有他所不能搁置的，寂静默然，没有踪迹，然而万物所以归向，内得而持之外不荡散放纵。又说：德不形成的人，事物就不能远离他们。这是极其玄妙的道理，若不是圣人就不能知道其中的道理，即使知道也不能说出来。

忘形则没有踪迹，忘形则忘我，忘智则无知。没有踪迹的人则在世上完全消失净尽，无我的人则浑浑然与万物共生，无知的人则恬淡无欲无为，所以德能充实啊。

所谓的德充之人，并不是他们与常人有什么不同，大概是因为能全其所应当全的，忘却其中所应当忘的；当全当忘之外，虽然有役使心性之物，但也不足以被它们所牵累了。又说：德有所长，则外形有所当忘。

形体是天地所赋予的，德是自我所获得的。大概天地所赋予的，是一气的暂时积聚；自我所得的，万物也不能改变它。岂能爱惜一气的暂时积聚而忘却万物不能役使的玄妙之处吗？唯有至人，内心不忘他不应当忘的，而外忘却他所当忘的，所以才智完全的其德就因而不能形成。所以说：人们不能忘其所当忘，然而却忘记其所不忘，这就是所说的真实的忘记。

圣人有所悠游自适，即所谓驾驭事物以游赏心境。驾驭事物以游赏心境即其身心处在无为之境而听任其自然而然之理；虽然知道用智为灾孽，誓约是胶执，市惠为交接的手段，工于机巧是商贾的行径，这都不是我所有的，而且我还厌恶使用它们呢。

然而我厌恶使用这四个方面的行为，它们却又全是自然所赋予人们又是养育于人的东西，我怎么可以废除它们呢？若废除了就是灭绝天意了。既不废除它又不可增益它，增益它们就等于助长了这样的自然了。灭绝天意则必然招致牵累，助长天意则又反生祸害，如此的话天与人怎么能得到和同呢？唯有圣人听任自然，不废不益。所以说：即便接受了自然天道所赋予的，但是也只能顺其自然，既不灭绝又不增益地为人们使用。

有人的形体的，都是具体真切的同类；无人之情的，都处在寂静淡漠无为之境。同类的，所以能群体而不能有差异；无为的，即所以无是而又无非。所以说：有人之形体，无人之性情。有人之形体就能和人群体生活；无人之性情的，是非就不能侵扰于身。所以形体虽然渺小而能看到的都是看到别人，德已充就不亏损其形体性情的全部了。所以又说：渺小啊！因此它才属于人。伟大啊！唯独它称其为天。

人的情感易于伤害本性。人身有了生命，外貌出于自然规律，形体禀受于元和之气，都是源于正常的自然罢了。唯有情志能戕害其正常的生命状态，致使人们禀受的这种正常的自然生命状态变为不正常的状态。惠子不知道其中的缘故，然而却以为作为人如果没有情感，怎么还能算作人呢？所以庄子回答惠子说：不因为喜好和厌恶而伤害自身，常要遵循自然之道而且不刻意去增补有益于身体的福惠。又说：喜好和厌恶，滋生于情志而且有害于身体，有了喜好和厌恶的分别那么就会有对生命不满足的地方，而想到让自身有过度增益的追求，过度地增益享受就会被外物所役使，被外物所役使就会使用精神，精神如果大用就会疲困，疲困就会有所感触损伤，感触损伤不能休止就会使得自身精神昏沉蒙昧了，如此下去就会被造化所役使，而且再不能与万物合而为一了。圣人要守其正当的本性，而又保全他应当保全的精神，不任意用智慧，不过于使用精神，广阔虚无与造化同一体性，而以万物相为一体，怎么能措置他的情志呢？庄子所谓无情是说人要不因为好恶而内伤其身，常因循自然而不要对后天的身心有过多的充养。

大宗师

德充就能入于大道，而天下万物没有不遵循道的。虽然天地极其广大，万物极其众多，都是与道同归于相一致的行列。所以德充之后有大宗师以冠之。

天与人都出自道的自然化生，而且走进道的范畴的人，能知道天与人的所作所为。天之所为就是无为，人之所为就是有为。无为的就清静，清静的就可以重启生命之源。有为的就运动，运动的就有义。能知道公正适宜，是生命道理的极致，就是万物所以要以它为宗师了。

知道天与人道理的人，是因循于不用智学而知道的，因循于不用智学而能知道天的道理的人，就可以通达于无为的玄妙之理了，而且生命就可以达到极致了。因循于不用智学而能知道人的道理的，就诠释了有所为的极致，而且使事物有显著的特性。理解了生命的极致，那么生活就能做到自然而然；事物的显著特性出现了，就可以效法天地的规律。然而人的所作所为，都是以务求知识为目的，而且那些不求上进的，只能算是任用智慧意识罢了。任用智慧，所求知的事物出现的过错就大了。所以说这是知道太多的缘故，而任用智慧又过多地所谓"知道"，反而伤害了生命。所以说：即使如此也有祸患。

天体是一气之所凝，人体也是一气之所聚。庄子心胸开朗、见解通达并因而知道天体与人体一样具备，人体也与天体一样相合相应，天体与人体大致相同而有所分别。所以说：怎么能不知道我之所谓天体不与人体相合呢？怎能不知道所谓人体不与天体相应呢？

古代所谓的真人，与造化合而为一，真切实际出自本性而不假饰于外物的完善。因其性是如此之真切，所表现出来的内涵，就不是人为造作的虚伪表象了。所以又说：况且先有真人而后才有真知，所谓真知并不是人们知道的东西。然而真人之所以成为真人，是依恃着他们通达的自然之道以对待那些少许的身外之事，保守着他们雌柔恬淡的本性，还仿佛有所短缺，不去营谋，不用招致，而士人自然前来相合。所以说：不忤逆寡少的，不坚持己见，不求得别人信任。真人如此行事，哪里还有什么过错呢？倘若有所过错也不因得失而记挂于心，不记挂于心则无心于外物，无心于物就与外物不相违背，而且外物也没有能伤害他的。所以说：如此这样有了过错和得失也不会懊悔，即使恰当也不因此而自得其乐。如此这般地行持，登高而不战栗，入水不被浸湿，入火不觉烧灼。像这样的人，若不是真人，也是有奇特异能的人，全都是因为有真知而入于道了啊。所以又说：他们能够如此的缘由，是效法了道啊。庄子说：古代成为真人的人，他们睡觉不做梦，清醒的时候没有忧喜之情，对于饮食也没有特别的嗜好，只是他们平素有异于人的是呼吸的时间深远绵长。这是因为真人断绝一切牵累，内心无忧喜而忘却对外物之情，所以他们睡眠时就不会做梦了；快乐地享受着大自然的时光，而且知道生命价值取向，工作与生活时随遇而安、随方就圆，所以也不以饮食的滋味为甘美；自身进入清静自然而然，静之又静，虚无恍惚，所以他们的呼吸深沉绵长。庄子说：真人的呼吸直达脚跟，普通人的呼吸只是停留在咽喉部位。议论无言以对的时候，喉头吞吐如同阻滞一般，凡是嗜好欲望深的人，他的天然悟性就比较浅显。脚跟不是气管，喉部是导气出入之径路，人的根本不可以使它动摇，气息不可以长久阻塞不通。真人之呼吸能达于脚跟，大概是因其能归于沉静；普通人的气息在咽喉部，因其嗜欲之深阻滞了气息之出入，若能绝念断想归于沉静，他的气息必然长久而深沉不衰。阻滞气息之出入，其呼吸必不能长久。气息能长久的人，必然是因忘却嗜欲念想；不能长久的人，缘其嗜欲深而不能自我解脱。

庄子说：古时的真人，不知道以有生而喜悦，不知道有死亡而害怕，出生不欣喜，入死不拒绝，无拘无束地去了，无拘无束地来了而已。不忘记他自己的来源，也不追求他自己的归宿，事物来了欣然接受，事物过去任其复归自然，这就是所说的不用心智去损伤道，不以人为的力量去帮助天然的东西，这就是真人。如此这般，他的心里忘却了一切，他的内心宁静寂虚而安闲，他的额头宽阔广大，静肃得像秋天一般，温和得像春天一般，喜怒言语像四季一样自然和谐，好像与万事万物都相适宜而无法测知他的底蕴。真人以身首四肢为其居所，以耳目作为与外界通达的关窍，安于四时，身处和顺，悲哀与快乐都不能进入他的内心，所以真人不知道以生为快乐，以死为悲哀，所作所为无不应心，所去所来无不自有所得。所以说：出入应事接物自然而然。无拘无束地去，是游心于形象器物之外；无拘无束地来，是自心也不在形象器物之内。入于妙道而不忘其根本，与造化暗合而不求其结果，所以必然不忘记自己的本来面目，也不祈求自己的归宿，自己似有所得而没有怨忧。所以又说：高兴地去接受它，忘却自己达到归根而恢复生命。如此则放纵真心之所得而不离开道，任物之自然而不过于增益其真，这个真就是真切实际的，这就是所谓的不因用心而损伤于道，不因人为之力而助于天然的本性，就是所说的真人。真人之所以要如此这般，因其真性之君安处于泰然而且无有忧虑啊，真人的形态外貌广大自然而无所撼动，真人的形象朴素自然而无所修饰。不怒而自然有威，显不出仁心而自然有爱，他的行为与四时自然合其秩序，处于万物之中没有他不适当的地方，谁能够揣测他的底蕴呢？

真人以存真我而丧失假我，以效法道而安身立命；不改变内在本性，不随从于身外之物；役使于物却不被外物所役使，适宜于本性却不被人性所适宜。若不能丧失假我就会丧失真我，若不能因循于道就会被时运忧患所因循，所以被物所役使而不能役使于物，适宜于人性却不能适宜于本性，这就是不能安身立命，与道冥合的缘故啊。所以说被人役使的适合于为人之道，而不是自我天性的所当适宜之适宜啊。

古时候的真人，神情巍然而不畏缩，有似不足而无所承受，淡然不群并非另类，心胸广阔却不浮华，畅怀自适而怡悦，举止行动似不得已，心实而面貌可亲，德厚而人自归依，精神豪迈于天地之间，超然物外而不拘礼法，沉静如无视无知，绝虑忘忧而沉默无言。

真人无心于好恶，所以万事万物都可归为一致。真人抱元守一，一样的事物和不一样的事物，看起来是同等感觉。无心而视万物都是一致的，就会听任自然而然，所以说就可以和自然同类了。抱元守一而与之相为同类，或者有心地分别它们，就是和人同类了。把自然和人看作不是相互对立分别的，就是真人了。

诋毁和赞誉是世间人情的变化，圣人虽然因此而有所感应，但内心实际没有。遗弃世间人情而特意把诋毁和赞誉全都忘记，是庄子之所遗弃的，然而世间的愚昧儒生反而要以此而非难庄子。事物不迁移变化，说明事物有它们的自然常性；事物必然有所往返，说明事物有它的自然变化的本性。性是不可以改变的，变化迁转是不可以留止的，所以庄子有藏舟于壑、藏山于泽之论。之所以如此比喻，是因为舟船取其泛泛然无有定所之意，山势取其确定耸立不能动摇之意。壑沟取其水深，泽取其大，舟船没有定所因而藏之于深壑，山不动因而藏之于大泽，况且其中的事物不能止而使它们停止，事物有不坚固的而使它们坚固。事物既已止固，还担心被造化变动迁移吗？造化是在不知不觉中运作的，难以观察，以看不见、摸不着、听不到的方式自然变迁。庄子哀叹世人不能明白省悟，唯有真人能与造化同体，与万物合而为一，生死荣谢，全都付诸自然，隐藏玄妙的大运用于无形无象之中，运行至玄至妙的大道，常存抱元守一，致虚守静。所以说就好像是把天下之事态纷纭隐藏于天下之中，而且得所遂所愿，这是事物永恒不变的最大情态。

有生就有死，有死就有生，生的未必不死，死的未必不生，世间万物生生死死、终始往复，始终没有穷尽的时候，就像人的形体外貌千变万化而始终没有极致之时。如果不生而使它的生命又一次生发，这是事物快乐无有穷极的时候啊，所以它的快乐怎么能够去测算呢？万物有始必然有终，有成必然有毁，这些都被造化所役使而始终不能逃脱造化的掌控。唯有圣人进入道妙而心中无我，顺应万物之和气以游心于物，阴阳变化不能迁移，造化炉冶不能役使，没有看到他们有什么损伤的。所以说圣人之心常游于万物之中，不用隐遁而都可保存。

天的职能是生长覆盖万物，地的职能是育形承载。生长覆盖的未必能育形承载，而育形承载的未必能生成，这是万物不能单一地依赖和归依于一个方面的原因。唯有圣人能成天地的功德，合同万物而为一统，这就是事物维系而效法他的原因，更何况那造化的根源，万物之所依赖呢？

道是真切实际的、信验的，没有作为又没有形迹可寻，可以心传而不可以口受，可以心得而不可以眼见。它自然是万物的本、万化之根，在天地未生之前固然已经存在，它产生了神鬼和上帝，生化了天和地，它在太极之上却并不算作高，在六极之下而并不算深，虽然是先于天地而生却并不算作久，生长于上古而并不算作老。豨韦氏、盘古氏得到它而开天辟地，伏羲氏得到它而承袭元气，北斗星座得到它而始终不改变方位，日月得到它而永远运行不息，堪坏山神得到它而掌管昆仑，冯夷河神得到它而游行于大川，肩吾山神得到它而分处大山，黄帝得到它而登云天，颛顼得到它而有圣德处居玄宫，禺强北海神得到它而确定于北极，西王母得到它而安座于少广之地，没有人知道它始终的来历。彭祖得到它，而年岁上自有虞的时代，下及于五伯的时代；傅说得到它而成为武丁的宰相，执掌着天下的兴衰，有功德且秉承着道，天年之后成为天上的列宿，乘着东维星，又骑着箕尾星而与众星并列。

道极其玄妙，而又无形无象，没有踪迹，无处不在，万物无不以它为宗而似有情意，万物由它而生而似有信誉。寂静淡然默默运化所以称为无为，深沉幽远真切空虚所以称为无形，可以用意识领会而难以用感情追求。所以又说可以传而又不可以领授，可以内心感悟而知却难以按常理去观察，所以又说可得而不可以看见，因混然形成，先于天地而生。所以又说：自己造就了自己的根源本质，亘古不变且往来万世而绵绵常存。所以又说自从远古已经固然存在。道既如此玄妙，所以广大无方。鬼神得到它就有灵感，帝王得到它就有神变，天地因它而生化，然而却并非是因天地之后才有了它，它的高远上不可以度量，它的深下不可以揣测，对它来说没有新生和衰败之说，远自豨韦氏而直到傅说等等，得到它的本体和运用就可以使得天下之事归正，所以他们的名字灿烂如星宿并列而光耀不朽。

道是圣人的形体，才是圣人的运用。有了形体而没有运用尚未称得上是完全，有了运用而没有形体尚未称得上是极致，有形体有运用才是得了道的全真，而且其中没有私我的成分。没有私我之心就没有对生死的贪欲，不对生死过于资助贪欲就可以内心明彻，可以把生死置之度外，而后明悟通达，心境沉静清明就可以看到感知到，见所未见，闻所未闻。而后才可以能发觉或独自见到他人所能达到的见解，也称得上万世之视见。所以又称为洞见独立无待的道，而后才能进入无古无今，如此就可以了却不生不死。所以只有进入没有时间空间的限制，才能达到不受死生观念拘束的精神境界，对于道的诠释若能如此，那么天下事事物物的纷繁现象就可以齐一而大通，它们的死即所以不死，物的生发即所以生而不生。所以又说：使生命泯灭的其所以不死，使生命生长的其所以不生。生与死都是道的，道是不朽而永恒的，事物没有不依恃于道的，却并不见其踪迹。所以说没有不送行的，事物没有不逆而动的，即所谓"反者道之动"，然而却并不见其头面及开始，即所谓"迎之不见其首"、"随之不见其后"，所以说没有迎接和送行。事物由它们自然地凋谢，所以说没有不损毁的。事物得到它就能生成，所以说事物没有不成其为事物的。事物维系着它而后可以安定，其名即为在扰乱中保持的安宁，即名叫撄宁。维系着它然后就可以得到显著，所以说撄宁就是撄而之后才可以有成。这是入道修持的次序，不到真人的境界不能达到这样的地步。

具有修养的至人，能明了本真空无的妙趣，通达无为中的真理，万物不可改变他的志向，造化不能拘禁他的躯体，从我的自身找不足，形骸岂能牵累我？人若能明了于本真空无，通达于无为之境，不知道生死存亡的变化，就已经修养到了具有至人身份的地步了。即使形体有任何的缺陷，也并不放在心上而有所牵累。天地万物全都在我自身具备，而我又能明了它们，我就可以驾驭它们而遨游于形骸之外，并且出入于生死的疆域，岂能停止休息之后再次驾驭？所以说：与造化冥通而运行啊。

人有所得，是因为占有时运，即所谓闲适而自然地前来的样子；人有所失，就是无意顺便的样子，即所谓闲适而自然地失去一样。前来的事情不可以抵御，失去的事情同样不可以使它停止；安闲自然地由它前来，而且闲适顺便地由它失去，忧愁和喜乐又怎能左右我的情志？大概是因为不论得与失，都能做到顺其自然，内心对此无所牵累而已。所以庄子说：安时而处顺，哀乐不能扰乱内心，这是古人所说的解除束缚，即是说在困境中得救之意。既然心无所系累，就进入了本真的空无之境；一旦有了妄想，万象交至而相为迷惑，就进入了不能自我解脱的又仿佛事物有意交结一样的境地。人心似上天，而事物是人的牵累。我如果能坚固此心、断绝所累，那么万物岂能与我为敌？所以说：事物不能战胜上天，这是必然的事情，我又为何厌恶呢？这是至人忘却自己的原因。

有意地去为人处事，则未必能至适当，往往是有意被无意者所烦恼，有心被无心者所厌恶，这是不能听任自然而然的结果。唯有至人能与自然造化同体，与万物合其一致，而未尝分别彼我的不同，所得到的结果无不可、无不适，就好像是以天地为火炉子，以造化为大冶炼，到哪里去不都是一样吗？所以酣然睡去和自然醒来一样，瘄痳自如，宁静安适，不以生死为累。

做到相交而出于无心，就是合于天人而又不以人力助天，相助而又不着于形迹，就是说事物与事物、彼此与彼此之间没有区别，超然于物外，即所谓如列子乘虚而御风，行于无极之中，即是精神遍满法界，忘却生死，而没有穷尽，这都是说的无我而后之所能。既然无有自我，则必然外有所生，外有生就不可以知道它的穷极之尽处，所以说"相忘以生，无所终穷"，这是通达无碍的精神境界啊。

普通人以死亡为丧失了本性真元，所以表现出悲伤哀痛来；具有高深修养的至人，以死亡为返还本性真元，所以没有表现出悲伤哀痛来。不但无悲伤哀痛，还要编出词曲鼓琴唱和来为此庆贺，庄子亡妻鼓盆而歌就不足为奇了。庄子认为：观察她的开始原来就没有出生，不但是没有出生，而且原本也没有形体，不只是没有形体，而且原本也没有她的气像，掺杂于恍惚冥杳之间，变化而有了气，气又变化而有了形象，有了形象才有了生命，现在又变化归还于死，这是又回到自然界春夏秋冬四时运行的状态了。人们暂且安然寝卧于自然界这个巨大的室内，我却嗷嗷然随此而哭泣她的死亡，这么想来不是我自己不通晓生命自然态性吗？

老子说：礼对于忠诚信誉来说是比较薄弱的，它是束缚平常人的手铐脚镣，平常人还拘谨依恃着它，仍然以此相互夸赞而崇尚它，所以说他们只是得到了人情薄弱的方面，而不可能得到人情淳厚的地方，只知道表面的虚伪外像，却不知道其内在的真实意图。有高深修养的至人对人情通达明了而且能做到屈伸动静，居处于淳厚之地，话语默想、言谈欢笑知道其真实用意，岂能被那些不屑的礼仪所拘执？所以厌恶知道礼的用意。

至人与造化同行，而静默地运行于天地之间，以生为身外之物，以死为恢复元真。生时不寻求其开始的状态，而死也不知道其终极之处；变化异常之物并非我所变异，而我也并不是变化异常之物的特殊之物。豁然通晓，两者俱忘，而都非我所有，内心存有形体而外有耳目观象，洞达周流无有穷极，不知原本与始终，超然于六虚之外，寂静淡然于真空之内，岂能去拘执于那些礼法而惊骇于常人的视听呢！所以有高深修养的人，岂能因为世俗的礼法而又以众人的耳目为标准，怕人谈论礼的是非呢！至人不拘于礼，是因为通达于性命之理，而不需要有所依附啊。孔子以为自然界杀戮人民，我和大家都是一样地承受它。所谓自然界杀戮人民，就是安守于自然的天命，以礼法遵从它，自我有所约束，就是尽于本性了。安于自然的天命就可以达到自然赋予的寿命了。

道是无处不在的，而且没有所拘执，倘若适于道的理念，那么生命就可以自我掌握了。鱼儿在池塘里也可以生存，又何必要到大海里去游泳才可以生存呢？所以说：效法于道的可以因无事而生静定。然而水是鱼儿所适宜的，道是人们所依从的，鱼儿适宜于水而又能忘记水的存在，它的本性就可以保存，人们依从于道又能忘记道，人们的生命就可以生生不息了。所以说：鱼儿相忘于江湖之中，人们则相忘于自身修养之中。

圣人无我而与万物平等和谐安然，唯独应合于天。方外之士坚定执着地超出于世俗而与他物不耦合，因而唯独应合于上天。而独自应合于自然的就是人间的君子，即所谓应合于自然之道的是天之小人，却又是人中之君子；反过来说，人中之君子即是上天之小人。

至人忘记生死之事，通达聚散之理，生而不以此为快乐，死而不为此为悲哀。所以亲人去世，哭而无涕泣，其心并无哀伤，有丧而不哀伤，达到了返真归本的状态，所以不忧愁不悲哀。能明达返真之理念，大概来说就趋合于道了，能趋合于道的就一下子可以放下自我。而且我并非是我，属于我所有，其生死、先后、变化与不变化，不知道其中之所以然，可与造化者俱往俱来。

有形骸牵累的人，所谓见别人哭泣自己也哭泣；没有损毁本性的，所谓不因外物而忧愁，不因外事而悲哀；有时光概念的，所谓以形体的生、长、壮、老、死为在旅途的暂时寄存罢了；没有因死而有所情感的，即所谓不顺从适意而去的人。如果是这样，那么事物并非因我而有不同，身形也非我所独有。所以说：怎么知道我就是我了呢？

梦到鸟的必然飞行，梦到鱼的必然潜于水中，这是理念趋势的自然现象。这么说来梦中与觉醒、生命与死亡混然一致，并且都是在真实的虚空，哪里值得我们在其间有哀伤和快乐的情感呢？所以说：不明白现在说的话的人，他们是觉悟者呢，还是梦中之人呢？

忽然间达到适意的境界，来不及笑出来，而发自内心的笑是来不及事先安排的。所以忽然间达到适宜的并不是努力勤劳做出来的，发自内心而笑的并不是因为自己快乐然后才笑出来。笑是因为有使他发笑的事情的前提，事先安排则脱离了自然，并非真切实际就是出于勉强。所以来不及笑出来就已经停止了。所以说：忽然间达到适意的境界，还来不及笑出来，若非因快乐而笑就是出自于勉强，所以笑声还没有消失就自己停止了。

任由自然的安排而顺应变化，就可以进入寥廓冥渺的纯一世界了。人们都安于暂时的离去，忘了已经发生的变化，适意于高深远大，应合于自然，明达于一致。生死的变化极其远大，而通达的人若明了它就不以为大，当其有生就是有它的时候，当其离去之时就能顺应变化。幽静深远啊！并没有意愿在其中啊。这是至人之所为，不是圣人就不能知道这种意境啊。

没有用心意想，没有用心思作，以没有的意愿面对没有的作为，对于道来说是已经得到了。仁义是道的足迹，是非是智慧的开端。浑然无思无虑，内心无念，都不出道的内涵；分散开来，向外彰显，就未免能免受其牵累。所以说仁义是非都是散失的道而又着于牵累的东西，又像是游走在逍遥放荡恣情纵欲，转变轨道的境地了。能称为大宗师的是调和万物却不以为义，泽及万世而不以为仁，这是行使道而使他们浑然一体了。长于上古却不为老，这是它的初始，总归于无极。覆地载天，雕刻事物的形象结构却不显露技巧，这是造化不涉及作为的不彰显功绩的足迹，全都是无所用心之所致。做到了无心就可以乘顺万物以游心于虚无之境而无所不到、无所不能，这就是庄子所谓的大宗师。

仲尼是无私我的人，颜回是克制己我的人。以克制己我而去师无私之我，那么他们的进步最终将行至没有自我的境地。这是庄子说颜回开始忘却仁义，又接着忘掉礼乐，而终至于达到坐忘的缘故。所谓坐忘就是要遗忘自己的形体，抛弃自己的聪明，离开本体又忘却智慧，最终和大道融通为一。孔子说：和万物同一就没有好坏美丑的偏心了，与万物同其变化就没有常人的偏执了。坐忘的意境内涵是因为无有私我之心而无所不忘。无我就是天地万物的宗师。

至人一切委托于自然命运，却不牵累于事物，所以人生的富贵贫贱生死的变化全然尽忘，并不放在心里。庄子作《大宗师》，开始说到知道自然，其次说到知道人生，最终说到委身于命，大概是阐明能够知道自然天命就是所谓的穷理，能够知道人生就是所谓的尽性，能委身于命就是所谓的至命，穷理尽性而至于命，就是称为大宗师的缘故。

应帝王

天法于道，天又出于德而入于道，入于道而尽于妙，这是万物同归而以其为宗师之故。事物殊途能同归则必然应，可以为帝王。所以大宗师之后，以次又有应帝王之论。

帝王之道在于无为，无为则无有踪迹，无有踪迹则不可以言传。无为在于任其自然，任其自然万物则齐同和谐，而无彼我异同的分别，所以可以做到睡时安适舒缓，醒来逍遥自在，任由别人把自己称为马，任由别人把自己称为牛，不知不闻，任其自然，人们相互信任，自有所得，因而内心正直。所以说他们的知见信实，他们的德性朴诚，嗜好和厌恶全都没有，而且超出了是非的境界，所以从来没有受外物的牵累。

帝王之道以无为为本，而以有为为末。无为与有为都是极其玄妙的，使用有为或无为，各自看当时情况，既要知本也要知末，知无知有。圣人是先正己而后化人，任人而各尽其所能。鸟儿尚且知道高飞以躲避弓箭罗网之害，鼠类也知道深藏于神坛洞穴以避烟熏挖掘之害。鸟是自然法则，鼠类是时势造就，自然的是无为之道，时势造就是有为之法，即使是有为也不能出于高飞与洞穴之外，这就是本与末的关系。

道生天地万物，是为天地之根；无名天地之始，有名万物之母。我正要与造物者出游，和他乘着莽眇之鸟，轻松愉悦，飞出天地之外，无拘无束，而游行于无何有之乡，进入本真虚无的空间；处在广阔无际的旷野，居于没有尽头的世外。这就是无为无心而天下自然治理了，所以说你又为何拿治理天下的话来扰乱我的心呢。

有为无为的运用是有时空的差异的，也有因果的关系。知道无为的，也不能不明白理解或内涵以有为的因素；知道有为的运用，也不能不明白或内涵以无为的因素。所谓无为就是游心于恬淡之境，本性心性沉寂，与自然混然一气于茫漠之乡，顺着事物自然的本性而不因于私心杂念，天下即可以治理了，即为放下心来，淡然自得而复归于至静，其息深深而归于至虚，虚静无为而与民物不忤，且不背于公正，这是天下自然达到治理的前提。所以无为者顺应物之自然本性而不掺杂自己的私心，则天下即得以治理。

古代所谓的明君圣王之治，功绩成果广及天下而自身并不因此而居功，教化普及于万事万物而人民并不觉得有所依赖，处于极其高远的位置、功德广被却不能彰显它，而是任乎自然，使万物各得其所，而自处于无为无声无名之地，这就是所说的明君圣王之道。

应合于天地自然，理同于造化，这是帝王之道。帝王之道出于无为之际，运用于心术之间，其中的玄妙可以入于变化无方的神明，其行路可以出于至虚之域，明达于内心而忘却身外，潜藏其精神而又丧失其形体，千变万化而不可揣测，原本于无为，实用而无方，处于虚静杳冥寂寞而忘于外丧于形，即使是沟通于神明的巫觋也不能看出，所谓人知其神而不神，人不知其神而入神。庄子言帝王之道，入于神则方可达到玄妙，如此的无为玄妙方可为帝王。

无名利则任其自然而名正，无出于智谋则寂然不动而无思无虑，没有任事的作为则淡然无所牵累而不被外物所役使；无用于智巧之事则隐藏其天性本真的内心涵养不使于有为，体悟涵弘着无有穷尽的大道，并不求其始终的成果，常游心于寂然虚无无迹的境域，感受着自然的玄妙，达到空明调达辽阔无际的心境，无得无失，只是为道而集虚，虚而可以依恃于外物而已。至人达到至虚则极致于真空，物来则应事以接物，事至则变理，所以胜于物而物不能伤。所以至人用心如同照镜子，任由物来去而不加以迎送，应酬而不隐藏，故能胜物而不被物伤，帝王之道极尽玄妙之能如此。

无处不存在，没有不可以达到的，体会它却并不见其形象，使用起来也并不见它的运用，天下万物却效法它，然而又不能够知道它的就是道啊。道是没有方法的，没有体形的，没有作为的，没有个性的。说有方法就有形体，有作为就有名姓，名姓确定之后，道就不能完全。

道不能分离疏散，分离疏散就不能完全，即使再复混合亦不能完全。只有道合而致一，得其玄妙，足以逍遥，足以齐物，足以养生，足以经世，足以充德，足以为宗师，而冥通混融使之无方无体。至于说足以为帝王则是道之所以散而有为有名，有为有名之后道岂能再复合而浑然一体吗？

天　道

普天之下的世俗之人，大都效法曾、史、杨、墨的所作所为，然而内心却丧失了自然的正性，正性丧失就不能做到无为而安定宁静了。庄子因而论天道的自然观并加以说明。

运用无为去行事动作称为自然；详细审视没有虚妄，而德合于天地的称为帝；使美德发扬光大，进入让人感化的境界称为圣，这都出于道所以可以通达。所以天道无为而健运不息，万物才可以生生化化，又所以说天道运行而无所蓄积而天下归于圣。大道自然化育而贯通万物，民心因此怡悦舒怀，所以说圣人之道运行而无所蓄积，而四海之内诚服。明通于自然之道的人知道自然的法则，内通于圣道的人入于圣人之域；知道自然法则的人可以达到无为，入于圣域的人则听任自然，如此则了达于帝王之德而其所为寂静恬淡，然而万物没有不满足的。所以说：明理于自然，通达于圣域，以及于上下四方和春秋四时，具于帝王之德的，就是进入无为的状态了，没有做不到清静的。

圣人的清静，不只是说做到静而已，是因为内心的和善才静，万物不足以扰动内心才静。水静则明鉴须眉，平合于准绳，则为大匠取法。水静时尤其明澈，何况是人的精神呢？圣人的内心清静，可作为天地万物的明鉴。所以虚静恬淡、寂寞无为是天地的准绳，而且是道德的极致，所以帝王圣人便停留在这个境界里。停留在这里就可以达到虚静，虚静到极致则得以充实，充实了便得以完善。虚就会达到静，静极则生动，生动则有所收获，静就会达到无为，做到了无为，即使担任职务也自然会各尽其责。无为便安逸，安逸于生活的人不会被忧患所困扰，寿命必然长久。虚静恬淡，寂寞无为，是万物的根本。明白这个道理来做国君，就是如唐尧一样的为君之道；明白这个道理来做人臣，就是如虞舜一样的为臣之道；用这个道理居处于上位，就是如帝王天子一样的德性；用这个道理来居下位，就是玄素圣王的法则；用这个道理来隐居闲游，就是江湖山林之士也遵从；用这个道理来进身作为去匡扶世运，则必然功业大增而名声显扬并进而使天下归一。清静以至于圣贤，德行以至于称王，这是奉行无为而且遵行朴素的缘故。所以说：虚静恬淡寂寞无为，天下没有能与之相争胜的。

圣人并非有心于清静，因为清静可使精神回归到根本上来，所以要静。精神回归到根本上来的静是清静的极致，清静到极致之时人的嗜欲自然就忘却而且天然的灵机就深厚了，外在事物的搅扰怎能使他动摇呢？所以说万物没有能足以扰乱其心的，就是因为做到了静。因而当圣人达到极致的清静时就超越了水所达到的静，水静可以明见毫发，它的平面可与大匠的准绳合法；圣人心静则精神完备回复而洞明清彻，即使是天地一样的广大、万物一样的众多，都不可以逃离其所照知的范围。所以圣人之心可以做天地之鉴、万物之镜。至虚才可以达到所谓空阔如同山谷，至静才可以做到所谓呼吸深沉，恬淡才可以达到所谓虚寂玄妙的境界，寂寞才可以达到所谓缄默的地步，无为才可以做到所谓自然的状态，这都是真空妙有的极致。即便是天地道德也不出于其中的含义，帝王圣人也因此要居处于此、停留于此。所以说虚静、恬淡、寂寞、无为是天地的准绳、道德的极致，故而帝王圣人都停留于此。

帝王圣人既居处于此而止心，心止于此则虚，虚则静，静则可至无为，无为则快然而自有所得。然而虚则未尝没有实，有实则极尽天下之道理，所以又说至虚可充实，充实就完备了；至静则未尝不能动，一旦动就没有一件事物有所失误。所以说静极则动，有动则有所得；无为则未尝是一事不为，一旦作为则无有不当。所以说无为就是担任事物各负其责的前提，担任事物各负其责则自有所得，自有所得则悲伤哀怨不能有所深入，而且形体不曾衰老，故言无为则安逸，经常内心安适闲逸的人忧患不能和他相外，年寿自然长久。

明白了天地之德，便可遵循这个大根本、大宗师，便是与自然冥合；所以均调天下，便是与人冥合。与人相合的称为人乐，与天相合的称为天乐。庄子说：我的大宗师啊！我的大宗师啊！调和万物都不以此为义，泽及万世却不以此为仁，生长自上古却不算老，覆天载地刻雕众形却不算巧，这就是以天为乐，以自然为乐。所以说：知道自然乐趣的，他的生活也随其自然而然，他死亡也和万物融化为一。清静之时与阴气同休止，动作的时候与阳气同波荡。所以知道自然乐趣的人不怨天，不忧人，无物牵累，无鬼神责难。所以说：他们的运动如天之明光，他们静止如地之厚载，一旦心定而天地自正，形体无病，精神不衰，一心静定而万物归附。这就是说：达到虚静可以推及天地自然之道，沟通万物万事，这就叫作天乐，也是自然的乐趣。所谓天乐就是圣人以心省察到的乐趣，是用来蓄养天下的。

帝王的品德以天地自然为宗旨，以道德为主导，以无为为恒常。以无为的方法运用于治天下则天下治理有余，以有为的方法治理天下则天下治理不足，所以古代的人贵重于使用无为。君上无为，臣庶也无为，就是君臣民上下同德，上与下同德就不分君臣民了。臣民有为，君上也有为，这是上与下同一道理，上与下同一道理就没有君主。应物自然则万物富足完备而不绝，所以说使用无为治理天下而有余。如果轻物而役使它们，那么万物相为役使就用力不能完全，所以说有为被天下所用而有不足，这并非帝王之道。

君主必然无为而运用天下，臣民必然有为而为天下所用，这是不能改变的道理。君主代表的是自然的天道，臣民代表的是人的道理，自然的天不能不无为，人不得不有为，无为所以无心于天下，然而天下却归其所役使，有为所以有心于天下，而天下随从他的役使。归从他役使的常常安逸，随从他役使的常常劳作，这是万世不变的道理。所以说君上必然要无为而使用天下，臣民必然有为而为有天下者所用，这是不能改易的道理。

所以说古代称王天下的人，智慧即使可以超越天地自然，也不用为自己谋划，辩论即使可以雕琢万物，也不用自己去言说，能力即使穷尽海内之人，也不用自己去作为。天不用生产而万物自然生化,地不用生长而万物自然培育,帝王无为而天下自有功果。所以说没有比天还要神奇的,没有比地还要富裕的,没有比帝王还要大的人。所以说帝王之德可配于天地,这是效法于天地,沿袭于万物,而是用人之道啊。

根本在于上,枝末在于下;大要在于君主,详细在于臣下。如三军五兵之道,是德的枝末;赏罚利害,五刑的弊病,是教化的枝末;礼法度数,方式方法,是治政的枝末;钟鼓之音,羽旄阵容,是娱乐的枝末;哭泣悲痛,披麻戴孝,是哀伤的枝末。这五种微末的东西,尚须劳费精神的运用、心思的动作,然后顺从它就可以了。

枝末的学问,古代就已有之,并非我们创造的。君先而臣顺从,父先而子顺从,兄先而弟顺从,长先而少顺从,男先而女顺从,夫先而妇顺从。尊卑先后的秩序,也是天地运行的规律,所以圣人取法它。天尊,地卑,犹如神明的座次,春夏先、秋冬后,是四时的顺序。万物变化生长,萌芽形状,盛极而衰,这是变化流行的结果。天高地厚,天阳地阴,而有尊卑先后之次序,何况是人道呢?宗庙崇尚亲属血缘关系,朝廷崇尚尊卑君臣之道,乡村崇尚年龄长幼有序,行事作为崇尚显而易见,这是大众有秩序的道理。谈论道理而没有次序的,那就不是道理了,谈论道理而没有道理可言的,怎么能取法它呢?

因此古代明白大道的人,首先明白自然的天而以道德具后,道德已经明白而仁义在后,仁义已经明白而职分操守具后,职分操守已经明白而事物的内容和名称在后,事物的内容和名称已经明白而因材授任具后,因材授任已经明白而宽恕免罪具后,宽恕免罪已经明白而是非善恶具后,是非善恶已经明白而赏善罚恶具后,赏善罚恶已经明白而愚昧聪明相处适宜。尊贵与低贱安守其位,仁爱贤能不肖沿袭之情,必然分判其能,必然因由其名。因此以侍上,以此以安下,因此以治物,以此以修身,聪明机谋不用,必然汇归于自然,这种境界称为太平,是治政的极致了。

所以《书》中说:"有形有名。"形名是指事物的内容名称,或称方式方法,古人有此一说,并非事先意造之名。古人谈论大道的,三次辩论而内容和名称就可以列举,九次辩论赏罚就可以明白了。骤然谈论事物的内容和名称的,是不知道其中的根本;骤然谈论赏罚的,是不知道它们的开端。颠倒顺序而言,背离法则而说的人,是用人之有为而治,怎能治理人呢?骤然而谈论事物的内容和名称赏罚的,这只是说有治政的方法,并不是知道治政之道,可以施行天下,而不可以使用于天下,这就是和辩论之士异曲同工的人。礼法制度内容与外延比类详细，古人有之，这是属下之所以侍上，并非上之所以培养属下啊。

万物所依赖而后能生存的就是自然天道，没有不是因道而生生不息的。道体现在自我的就是德，用德的理念达到博爱的就是仁，仁爱而适宜的就是义，仁爱有先后，义有上下称为分别。先前的不欺凌后来者，在下的不侵犯在上者称为操守。刑律是调整人事情态而已，名称是因此命名而已，所说的事物是指的什么呢？尊贵、卑贱、亲近、疏远。所以为此表述只是装饰而已，是因事物本身的位次不同罢了。所说的命名因此而已，是指的什么呢？尊贵、卑贱、亲近、疏远。所以为此而表达的称号不同罢了，只是命名的名称不同而已。事物也因此而有贵贱，是各自的形容差异罢了，命名这些名称，只是亲近、疏远各自有它们的称号的不同罢了。根据亲疏贵贱而任用人事，各得其所适宜的事情，就称为因任。因能力而任用他们，让他们各自有所适宜的事情，必据其情而省察其事、宽恕勉励，这就是所谓的原省。原省已明而后就可以辨别是非，是非已明而后就可以实行赏罚。所以说先明白自然天道而把道德的说教放在后边，道德已然明白之后再讲仁义，仁义已明而后再论职分操守，职分操守已明而后再谈刑名，刑名已明而后再论因材任用之事，因材任用已明而后再设宽恕勉励，宽恕勉励已明而后再判别是非，是非已明而后再论赏罚。以这九种变法治政处事，古代的人谁不遵循呢？到了后代就不是这样子了。仰望之后说：苍苍茫茫那么高远广大的是什么呀？他们离开我们不知道有几千万里远了，如此能对我们怎么样呢？我们只是为了自己的所为才如此而已，怎么能取法他们的成见呢？于是抛弃道德，脱离仁义，忽略职分操守，怠慢刑律名实，忽视因材授任，而且淡忘宽恕勉励，只相信自己的是非标准，并且以此强加于人来施行赏罚。从此以后天下开始大乱，而寡少弱小的只能哀号无处诉告，圣人隐身不显，那些想有所作为的学者们在等待时机，而且言辞出于偏见，议论道德的话题以至于杳冥而不可以考证，希望一生有所作为的人认为不足以和他们谈论。职守刑名而循名责实、慎赏明罚的人维持原状，不想改变以至于到老，而且怀疑道德，他们都忘记了自己的本性，为什么不回头看看呢？然而却安然地以为所谓圣人也不过是如此罢了。可悲啊！所以说遵守五种办法，循名责实、慎赏明罚就可以施行；遵守九种办法，赏罚就可以立信。谈论法则和自然规律而不按秩序，怎么能取得效果呢？

孔子准备把自己的著作珍藏在周天子的藏书室里。子路建议说：我听说周天子征藏图书的史官，有位叫老聃的，离职在家休息，老师想要藏书可以找他帮忙。孔子说：好吧。就去见老聃。老聃听了却不同意。于是，孔子引述自己撰著的文意，想以此说服老聃。老聃打断他的话说：你说的太散漫了，希望听听要点。孔子说：要点在于"仁义"二字。老聃说：请问仁义是人的本性吗？孔子说：是的，君子不仁便不能成长，不义便不能生存，仁义的确是人的本性啊！还有什么比仁义更有意义的？老聃说：请你说说什么才算是仁义。孔子说：正心处物使人安乐，而且兼爱无私，这是仁义的实际情形。老聃说：噫，几近于堕落啊！尤其是后面的话，论兼爱，岂不是在绕弯子吗？谈无私的，怎能没有私心？先生想让天下人失去养育吗？天地本来就有常规，日月本来就有明暗，星辰本来就有秩序，禽兽本来就群居，树木本来就是丛生直立的。先生应该依德的理念而行，遵道的法则去做，就可以达到理想了。又何必急急忙忙地去标榜仁义，这好像敲锣打鼓去寻找丢失的孩子一样，迷茫啊！先生在扰乱人的本性啊。士成绮见了老子说：久闻先生是圣人，我不辞辛苦远道前来拜见您，行走百日，脚长厚茧也不敢停步。现在我看您并不像是什么圣人的样子。鼠穴里有被遗弃剩余的食物，这是不仁；生熟用不完堆积面前，还聚敛不止。老子淡然处之却不回答。第二天士成绮再次拜见老子，说：昨天我的话讥讽了您，现在我内心已经端正平和了，这是为什么呢？老子说：机巧聪慧神明圣智的人，我自以为不是那样的人。过去你喊我为牛，我便称为牛；你喊我为马，我便称为马。倘若是有其实际内涵，人们给我起名而不接受，再受到人们的讥讽，这样我是无话可说的。我接受人们给予的名称常常是顺其自然，我并不是为了让人们满意才去接受。士成绮轻轻地侧身走过去，立即上前请教如何修身。老子说：你的容貌伟岸，你的眼睛鼓突外露，你的额头高大显耀，你的口舌眩惑，你的状态独立；好像被拴着的奔马，随时待机而动，明察审视而周详，内心智巧外现安泰。这都不是真实的本性，这和边境上有一种名叫"取巧"的人一样。

老子说：道对于任何大的东西都不能穷尽，对于任何小的东西都不会遗漏，所以万物全都备具于道中。广大啊！无所不容纳；高深啊！无法去测量。外见德育仁爱正义那只是精神的枝末，若不是至人谁能去确定它。至人有天下，责任不也很大吗？然而天下却不足以牵累他，天下纷争，权利却不能使它心动，身处事物之中心却不为利迁；穷究事物的真性，能持守着它的根本，所以能洁身天地之外，内心不沾染万物，而精神未尝有困扰的时候。通达于道，内合于德，辞退仁义，拼弃礼乐，如此完善至人的内心，已经有所确定了。

世人所珍贵道的内涵，都记载于书中。书不过是用语言阐述的，语言是有可贵之处的，语言所贵之处就是它自身所表述的意义，意义是有所指的。意义所指的又是不可以用语言完全去表达阐述的，而世人因看重语言才用书记载使它流传。世人虽然以书记载为可贵，但是我以为它还不足以珍贵，把记载书中的意义作为珍贵的，并不是真正意义上的珍贵。所以视之可以看到的，就是形象和色彩；听之可以闻到的，就是名字和声音。可悲啊！世人把形象、色彩、名字、声音，作为足可以得到事物的真实性情，倘若形象、色彩、名字、声音，果然不足以得到事物的真实性情，那么世间之人往往是知道的人不说，而喜欢谈论的人并不知道，然而世人岂能认识了解它吗？

桓公在堂上读书，轮扁在堂下修车轮。轮扁放下工具走上堂前，问桓公说：请问，您读的是什么书啊？桓公说：是圣人说的话。又问：圣人还在吗？桓公说：圣人已经死了啊。轮扁说：那么说，国君所读的书只不过是古人的糟粕罢了。桓公说：寡人读书做轮子的怎么能随便议论呢？如果说的有道理就罢了，说的没道理就是死罪。轮扁说：臣下也以臣下所从事的工作来观察。斫车轮的时候，慢了就疏松而不能坚固，快了就阻滞而不能深入。如果不快不慢，做到得心应手，虽然口里不用说出来，而心里是有斤两分寸的。我不能把这种技巧告诉我儿子，我的儿子也不能从我这里继承过去，因此我七十岁了还在斫轮。古代的人和他不可传授的都已经消失了，这么说来，国君你所读的书，就是古代之人所留下来的糟粕啊！

道是无处不存的，即使是天地之大，也是道所化生。蜩鸒那样的小形动物也是因道所化成，所以从大的方面去观察，它也的确不小，从小的方面去看，它也的确不大，要说它有多大，我们就不可能知道它的终极。所以说：形容它的大没有尽头，寻找它有多小却看不见摸不着。所以说：其小却不能遗漏，大到不知道它的终极。小到看不见触摸不着，然而万物所需用的没有不完备的，也就是说万物完备无不被道所涵盖包容，包容了万物而且道的广大渊深也没有边际。大道是如此玄妙，若不是至人，谁能去体察运用呢？所以体道的至人，天下虽然广大，事物虽然繁多，却并不能使他们累心；即使身处名利是非善恶之地、职场之中也不能受事物的役使而丧失本性。至人既已如此，那么天地万物也不足以牵累到他们的性命，人情世故也不会拘泥其中。所以圣人身心康泰、快乐逍遥，虽执掌天地万物而精神不曾有所困扰，无为而自得。抑制虚假之仁义，抛弃因仁心败乱而制定的礼乐，心君本性沉静而不动，所以至人对于道德也要辞退掉，礼乐更要摈弃，如此一来至人之心才有所安定。

老子说：道是看不见的，听不到的，摸不着的，也不可以用智慧去揣度，也不可以用感情去寻求。它仿佛是玄妙之中的玄妙，精神之中的精神。只有圣人才能体道，用心才可以感知得到。圣人只能是心领神会，因为道神妙玄微而广泛，后世之人是不能够知道的。所以说从古代书籍的言语中是不能学到道的本意的，只有读取书中之书，再身体力行地去体察才能有所觉悟领受。

天　运

无为是天的玄妙之道，天道止于无为，它的内涵之道所以无所不为。精神只要能达到无为的境地，道的玄妙就如同有神一般。

天地阴阳运化，日月循环往复，云行雨施，春夏秋冬，四季回环不息，都是无为自然的结果。万物处在六合之内、五行之中，无为自然而生生化化，繁衍不息。

日月云雨风气都是天的运用，天有这样的运用却以不运用作为运用，而是让它自然地运用，因此天的运用不会停息。唯圣人效法天道而且运用它以宽待天下，因此功德不会亏缺，而正道也因而要曲中求全。幽深偏远，恩德没有不普照知惠的，而得以民心推举爱戴，且存守其本真的天性，所以说帝王效法顺应了自然无为的天道则天下大治，如果违背它就有凶险。

最为普通的仁就是父子亲情，而最大的仁德是没有单一的亲情的，所以说最大的仁德是没有亲情的。这么说，是没有爱吗？没有爱心就没有孝心了，那么说来，最大的仁德就是不孝吗？其实不然，最大的仁德是具有高尚的情操的，一般的孝心是不能和它相提并论的。用敬来行孝容易，用爱来行孝就难；用爱来行孝容易而忘记亲情就难，忘记亲情容易而让亲情忘记自我难；让亲情忘记自我容易而我兼忘天下就难，我兼忘天下容易而让天下兼忘我就难。

最大的仁德不及于大仁，正是由于出于专一的自私亲情而已。所以说最大的仁德没有亲情，只是没有自私的亲情，而有对万物一样博大的亲爱。不把自己当作私我看待而已，自己就不只是自己的了。所以说，让亲情忘记我容易，亲情忘记了我，那么我就停留在所谓的对亲情无心的境地，难道说是无心于天下吗？所以兼忘天下难。天下是我身外的一个物品罢了，我岂能因为它而系挂我的内心，也可以忘掉它。所以又说兼忘天下容易，然而天下虽然为我身外之一物，而万物对待我可谓照顾得已经很充足了，所以又说使天下兼忘我就难。这就是说最大的仁德没有兼忘的事物，唯有所谓的大仁，听任其自然而然，付出自我的行为，所以要兼忘罢了。兼忘就可以入于真空妙有之中了。

德遗留在尧舜那里，后人却不去仿效，其中的利益恩惠泽及万世，而天下之人却并不知道，岂是对人们的仁爱孝敬而感叹吗？孝、悌、仁、义、忠、信、贞、廉，这都要人们自我勉励，以有为的心志去役使人的德性，这是远远不够的。所以说：极其尊贵的国家爵位也可以弃之不顾，极其富有的国家财富也可以放下不理，极大的愿景、再好的名誉也可以不去理睬，这对他修道来说哪里有增加和损失的地方呢？只有道是永恒不变的。天下极其玄妙的大道，正当它浑然本体的时候，天人阴阳万物细致而详尽，无所不有，无所不在；等到它流散开来的时候，天地分位，阴阳气殊，万物各自为一体，没有不任由它本性的。因此黄帝得此道并因而完备天地万物之音律。道浑然则所以有其全体，道流散则所以有其所用，所用则所以为有为，然而有为则群生遂愿，那么其中的音律岂能有声音吗？只不过是大自然的和声，视之而不见，听之而不闻。视之不见是说没有形体的形体，听之而不闻是说它的本质是无音声的。这说明从有为终至于无为，而无为就可以回归到生命的本源而返还其真性，所以最终可称为"愚人之心"啊！所以道的法则可寻、可承载而且可与它同一体性。

孔子五十一岁了还没有理解道，于是到南方去见老聃。老聃说：你来了！我听说你是北方的贤人，你得道了吗？孔子说：还没有得到。老子说：你是怎么寻求的呢？孔子说：我从规则度数去寻求，五年还没有得到。老子说：你又从哪些方面寻求呢？孔子说：我从阴阳的消长往复来寻求，十二年也没有得到。

老子说：是啊！假使道可以奉献，那么人们没有不把它奉献给君主的；假使道可以进贡，那么人们没有不把它进贡给双亲的；假使道可以告诉别人，那么人们没有不把它告诉给兄弟的；假使道可以给予人，那么人们没有不把它给予自己子孙的。然而这是不可能的，没有其他的原因，内心没有觉悟则道不能停留，身外没有印证则道不能施行。从内心觉悟出来的，没有受到身外事物相为印证，圣人便不会出来告知；由身外进入的而心中不能领悟，圣人也不能使它停留。名是天下人公共的器皿，不可以多取；仁义是先王的旅舍，只可以住一宿而不可以长久居处。名誉彰显便多遭责难。

古时候所谓的至人，借助仁来宏道，又托言行使义，以云游在逍遥的境界，生活在自然简陋的田野，立身于自食其力的园圃，这样的生活必然逍遥快乐，无为自在，简略而容易满足，不用施与、没有耗费，古时候称这样的生活是探求内心真实的旅行。以追求财富为目的，便不会谦让利禄；以追求荣显为目的，便不会辞让名誉；嗜好权势，便不会给人权柄，操持它便战栗，舍弃它便悲伤。这样的人心中没有明鉴，反观他汲汲于所追逐的事物，仿佛在受着自然的刑罚一般。怨、恩、取、与、谏、教、生、杀，这八个方面是纠正人的正能量，只有遵循着自然之道的变化而不被物欲所淹滞的人，才能有所作为。所以说：自我端正的才能与物同正，他的内心不能做到这样，他的心理因素就不能通达。

道集于虚，只有内心虚空才能容纳道，虚才能守一，它的运行则无所不通。所以不虚就不能使道有所集，内心无有所主而道就不能留止；不能守一则不能通达，外无正也不能施行。道集于内必然行使于外，由内而出于外，就不会自外而领受了。这就是说圣人要固守于一，行于外者固已集于内，所谓由外而入，由外而入岂是因为不虚而集，这是说圣人内外兼行。一定的行为，由有为到无为，无为而无不为。所以圣人由外而入于内者，因中无主。圣人不回避，事来则应，事去则静。这是老聃谈论的入于大道，以至于运用的始终。

孔子见老聃而谈论仁义。老聃说：秕糠粉尘进入眼睛，天地四方就看着纷乱颠倒了；蚊虫叮咬皮肤，通宵就难以入睡；仁义扰乱人的内心，它的毒害就不知道能有多大的了。你如果想使天下人不丧失掉他们的淳朴，你可以顺应自然而行，把握着德而立身罢了，又何必急急忙忙地标榜仁义，就好像是敲锣打鼓寻找自己迷失的孩子一般。你看那白鹤不用天天给它洗浴自然就是白的，乌鸦不用天天染黑它自然就是黑的，黑白的质朴不值得为它辩论，名誉的虚设不值得为它炫耀。水泉干涸了，鱼儿相拥一处困在湿地上，因有湿气而相互嘘吸，用吐沫相互濡润，还不如自由自在地游行于江湖中把彼此全都忘掉。孔子见了老聃，回去之后三天不说话。弟子询问他说：老师见了老聃，有什么规劝他呢？孔子说：我现在才知道见到了龙！龙，合起来可以成为一体，分散开来可以成为纹彩，乘云驾雾而遨游于阴阳之间。我只是张着嘴巴不能够合拢，说得我哑口无言，我又怎么能够规劝老聃呢？子贡说：然而人本来就有安然不动和兴高采烈、雷声震天和沉静缄默，发动起来如同天地之崩塌一般吗？请让我也去一睹他的容颜吧！于是以孔子的名义去拜见老聃。老聃正坐在堂屋里，小声回应他说：我一年比一年老了，你有什么要对我说的吗？子贡说：三皇五帝治理天下的方法固然不同，他们所取得的名声却是一样的。然而先生独自以为他们都不是圣人，为什么呢？老聃说：年轻人，走上前来，你为什么说不同呢？子贡回答说：尧传位于舜，舜传位于禹，禹使用苦力而汤使用武力，文王顺从纣王而不敢违背他，武王违背纣王而不肯顺从，所以说有不同。老聃说：年轻人，再往前来，我告诉你关于三皇五帝治理天下的情况吧。黄帝治理天下，使民心淳朴归一，有人死了亲人而不哭泣，别人并不非议；尧治天下的时候，使百姓内心相互亲近，有人为了亲近亲人就不顾旧礼制的限制，而别人并不非议他；舜治理天下的时候，使民心相互竞争，孕妇十月生子，孩子生出五个月就能说话，不等到长成儿童就开始区分人我，人开始有短命的了；禹治理天下的时候，使民心多变，人们各怀私心，而且以用兵制逆为自然的正事，认为杀死盗窃的不算是故意杀人。自我独尊而奴役天下人，因此天下震动。儒家和墨家言论兴起，开始还有些理论秩序，现在却变成这般言语了，你有什么话呢？我告诉你三皇五帝治理天下的情况，名义上是得到天下大治，实际他们的弊乱没有再大的了。三皇的智慧在上悖逆了日月的光明，在下违犯了山川的精华，在中毁坏了四时的常规；他们的内心毒如蛇蝎，很小的动物都不能有安养性命之情，还自以为是圣人，不觉得可耻吗？他们是如此可耻啊！子贡内心慌乱，坐立不安。

孔子对老聃说：我编著的《诗》《书》《易》《礼》《乐》《春秋》六部经书，自以为起自上古，是很久远的了，哪里知道其中的缘故呢？我总结了上古七十二个国君的言行政绩，用来论述先王治政的道理，又明晰周公、召公的治政轨迹，竟然没有一个国君愿意有所取用，实在是太难了。是人的心思难以说服呢，还是道理难以发扬呢？老子说：幸运啊，正好你没有遇到治世之君啊！所谓的六经都是先王走过的陈旧足迹，哪里有足迹的根源呢？现在你所说的话好似足迹之后的足迹，所谓的足迹就是鞋子踩过的痕迹，然而足迹又岂能是鞋子吗？白鹛相互对视，定睛凝视就能生育；有的虫类，雄的在上风鸣叫，雌的在下风相应，就会生育；有一种叫"类"的动物，身兼雌雄两性，自己可以生育。本性不可以更改，命运不可以变化，时间不可以停留，道不可以壅堵，如果得了道怎么都可以施行，如果失了道怎么都不可以施行。

孔子不出门，三个月之后又去见老聃说：我已经得道了，乌鸦喜鹊孵化而生育，鱼类相濡以沫而生育，蜂类是变化而生，弟弟出生则哥哥因担心失去母爱而啼哭。已经很久了，我孔丘不和造化为友了，不和造化为友的怎么能去度化人呢？老子说：可以了，孔丘已经得道了。

有为必然就有陈迹，所以庄子用寓言故事讥诮孔子拿这些陈迹当宝贝来治政。然而六经是承载道学的书籍，书是记述道的粗线条，由粗线条可以觉悟研读达到精细，精细之后就没有什么内涵了，这就是最终孔子哀叹不与造化为友的原因。不与造化为友的就是自我在变化，自我变化以至达到无为了。所以孔子说：不与造化为友的，怎么能去化人呢？

刻　意

虚静寂寞之道不存在了，那么矫情造化、讥讽刻薄怪癖、奇异的妄行就会趁机兴起来，这是因为世俗的虚妄以至于无所不为而灭失了自然天道。

刻意崇尚品行，心志超脱不与世俗同流合污，高谈阔论，愤世嫉俗，只是表现得极度高傲而已。这是刻意地自我勉励，又能牺牲自我的山谷中的隐士、愤世的人所喜好的。谈论仁义忠信恭俭推让，为的是洁身自好而已，这是平常处世之士施行的教诲罢了，正是那些游行设教讲学的所喜好的。一开口就说要建立大功业，树立好名声，维护君臣的秩序，匡正上下规矩，这是追求治政之道而已，这是朝廷之士尊重国君、加强国力的人，致力于开疆拓土、建功立业的人所喜好的。身处山泽栖身旷野，闲居钓鱼，自得其乐而已，这是泛游江海、避开世事、清闲隐居的人所喜好的。吹呴呼吸吐故纳新，如熊伸颈，如鸟展翅，为了延长寿命而已，这是善于导引、护养形体、想要达到像彭祖一样寿命的人所喜好的。

如果有不砥砺心志而高远，不谈论仁义而身修，不祈求功名而去治世，没有江海之好而闲游，不用导引就能长寿，没有所不忘怀的，没有所不拥有的，恬淡无为而众多的美好如影随形，这就是天地自然之道，圣人所具有的品德啊！

那些身居山谷与平常世俗之士，以及建功立业，避开世人隐身休闲，注重于养护形体的人，都是因为心中存有自我而已。只要有自我就有私心，有了私心就未免会被外物所迷惑。所以说尽管他们的表现方式有所不同，但其结果却是异曲同工的。所以身居于山水之间而快乐的人，去到了那里就不想再回到世俗喧嚣的环境中；在朝廷里谋划的人，进去了就不能出来了；安心于教诲后生的人，只能屈身于教化而不能审时度势；沉溺于护养形体的人，只会培补躯体而不能使内心淡忘平静。这是因为本性嗜好是与非分明的结果，也是矫情造作砥砺其志意的结果，岂能和圣人之心相同？圣人只是不会有自我之心罢了。圣人没有私心，外事外物就不能使其受到迷惑，因此可以忘记形体而且能够通晓明白万事万物，所以升华到至道，然后进入辽阔的天地与自然合一，岂能因为砥砺才进一步升华到如此高度？恩济万物泽被世人，并不是执着于施行教化，灌输思想打造一定的规矩，难道只是行施仁义而修身所能做到的吗？如果道德崇高、恩泽博大而又宽宥天下百姓，难道只有建立功名才可以使国家得到治理？涵宏广大，沉默清静，而又逍遥于自得其乐的场所，难道只有身处江湖才心身悠闲自在吗？内气柔和、真精保全而形体未免衰弱，难道只有致力于导引才能长寿的吗？自以为存在并没有存在，自以为没有的并不是没有。不追求它的结果而至道自然凝集，这都是因为达到无为的妙处，然而只有圣人才能够有所收获。所以说：不因砥砺而崇高，不因行施仁义而有修为，不因为建立功名而能治理，不用游历江海就清闲自得，不因为常做导引而有寿。只有当身心全都放下，对处事外物全都淡忘的时候，才能什么都有了。恬淡虚无而太多的愉悦从此就依从而来，这就是天地自然之道，即是圣人所具有的品德。

所以说：恬淡寂寞虚无清静无为，就是天地自然的法则而且是道德的本质。所以圣人因循此法则而宽缓气和平淡神怡，平淡神怡就自然恬淡了，恬淡平易忧患就不能侵入，外邪之气也不能乘袭，所以他的德性完全而精神不亏缺。因此说：圣人存在的时候与自然同行，圣人死亡的时候又和万物同化，静的时候与阴性之物同德，动的时候与阳性之物同波，不做福慧的先导，不做祸患的诱因；有所感受而后再反应，有所急迫而后再动作，不得已而后兴起，去掉智慧和故作的姿态，遵循自然的常理。所以说：没有自然不测的灾难，没有外物所牵累，没有他人的非难，没有鬼神的责罚，不因为事物忧思考虑，也不用因事而预先计谋。即使有光亮而并不耀眼，有信誉而并不用契约。他们睡着的时候并不做梦，醒来的时候也没有忧愁；他们在生命存在的时候如同在泛游，死亡之时犹如在休息。精神纯粹，魂魄不疲，虚无恬淡而又与天地之德相合。所以说：悲伤与快乐是德的邪僻，喜悦与恼怒是道的过错，嗜好与厌恶是本性的迷失，所以内心没有忧虑和快乐才算达到德的境地了，专守于一而没有改变就是到了清静的境地了，没有烦恼背离常情的事情就是达到了虚无的境地了，不与事物交流就是达到恬淡的境界了，没有所忤逆的事物就是达到了纯粹的境地了。

所谓的平易就是无滞碍，所谓的恬淡就是无思虑，所谓的忧患不能入就是哀伤与快乐都不能干扰他，所谓的邪气不能侵袭就是喜悦与愤怒都不能感触他，如此一来精神内涵自得其乐，自然康寿了。所以说：德全则精神不能缺损，精神不缺损的人把生生死死作为往来循环的生命时间现象，所以圣人对于存在来说就是自然的到来，对于死亡来说就是与万物一同变化去了。生死是人生的大事，然而把它比喻为往来循环的生命时间现象，那么对于福祸来说就是显得极其微小了，难道说福祸还能牵累我吗？所以说：不预先为自己制造福慧，也不在开始就留心于趋避祸患，有感触而后才有回应的，就是因为德的充实而又合乎于道啊！急迫而后才有动作的就是事情已经到来了，此时而有对应，不得已而后才兴起的就是不预先去计谋，不用智慧机巧有所作为，不因为什么缘故而泯灭自然常理，这就是执守着自然而然的真理啊。抛弃智慧机巧遵循自然常理，就没有意想不到的自然灾害，因为与天合其德、遵循天之理，天不能无缘故地降灾；与万物和谐齐同不被万物所役使，则自然不能有所牵累；内心超越于非议人的境地而明慧不能离散，则自然无人非议。与鬼神的凶吉祸福达到相通相合的境地，而无所不能护佑，则鬼神无所责难，这样的境界要不是圣人谁能够达到呢？

形体过于劳动而不休息则精神凋敝，精气使用而没有终结的时候就疲劳，疲劳就导致精气衰竭。水的本性不混杂就清澈，不运动就平衡，淤闭不能流通也不能清澈，这是自然的现象。所以说：纯粹而不混杂，平静而不变化，恬淡而无为，遵循自然法则运行，就是养护精神的道理。就像吴越的宝剑干将莫邪被珍藏在剑匣里，不敢轻易使用它，珍重到极致了。精神通达流荡无所不到，上穷于天，下极于地，化育万物看不到形象，它的功用如同天地，纯粹朴素的大道只有持守精神，持守而不丧失和精神凝结为一，凝结为一与精神相通，与天地之理相合。民间俗话说："普通之人看重的是利益，廉洁之士看重的是名誉，贤能的人崇尚的是志气，圣明的人看重的是自己的精神。"所以说朴素的概念就是它不与任何事物相混杂，纯粹的概念就是不亏缺它自己的精神，能够体现出纯粹朴素的人就是真人。

圣人之心，忧喜不能触动而自得其乐，所以不因事物而影响快乐，这是德所至的缘故。持守真一，遵循常理而外物不能干扰。所以守一而不移，清静的境界就到了，无论是对是错都无所牵累，而心境豁达善于应对。所以说没有所忤逆虚假的现象，外能役使于事物而洞达清明。所以不用与物相互交流，这是淡泊到了极致之地，与万物齐同平和顺应而致于清澈纯粹。所以说没有所违背的，这是纯粹不杂的极致了，圣人之心已经达到了如此这般的境界了。圣人之心如同精神的宅舍，只有圣人能够保养其精神而不轻易使用，犹如高深的韬略和珍藏的利器，而不敢妄自使用，就像干将莫邪一样的宝剑，珍藏在匣子里不敢使用，是珍藏宝物的极致了。所以圣人保养精神到了如此地步。然而正因如此地保养精神，才可以使精神通达无所不至，而它的奥妙与天地相通流行。万物造化是不能用眼目所能看到的，人们只是感到自然界变化而已。所以精神的流行无所不到极处，上达于天，下至于地，万物的化育是不可以看见的，这是自然而然之道。

众人重利，利所以与义相和，只是众人看重而已；名誉是实际的宾客，只是廉洁之士看重罢了；意志是心里愿望理想所要求达到的，只是贤能之人崇尚它而已；精神是纯粹不杂的道理，只有圣人看重它罢了。所以利益不及于名誉，名誉不及于意志，意志不及于精神。

没有杂质谓之纯，质朴无华谓之素，素可达到纯，纯可达到粹，粹可以达到精，精可达到神。所以纯粹之道唯有神来守持，若能持守而又能自得其乐，就与神没有分别了。所以持守它勿要丧失，就可以与神合而为一。所谓的一就是道的玄妙本质，而最终归结于自然无为之道。

缮　性

矫情刻薄邪僻怪异的行为，若不是出于人的天然本性，就是滋生于社会世俗的虚伪巧诈之心中；虚伪巧诈之心如果使用，那么正信正行正性就要失去；正信正行正性丧失的缘故若不自觉悟，就会仍然以虚伪的面目去作为。

用世俗的学问来修正本性以求回复到本初，用世俗的思想来调整情欲以求达到明智，这样的人称为闭塞愚昧的人。古代修道的人以恬淡涵养智慧，智慧滋生之后而又不以智慧去行事作为，称为用智慧涵养恬淡；智慧与恬淡相互涵养而和的理念便从智慧本性中流露出来了。德，原本是和；道，原本是理。德无所不容纳，内涵有仁的本性；道无所不论理，内涵有义的本质；义理明慧而与物相亲，内涵有忠的性质；中心纯粹质朴而返归于性情，内涵有乐的特质；诚信而行，宽裕汪汪而合乎节仪，内涵有礼的本质，如果礼乐遍行则天下就混乱了。如果彼正而又收敛自己的德性，那么德性就不会显现出来；如果德性轻易地显现出来，那么事物就必然会失掉它原本的天性了。

自然赋予人的天性，根本在于清静而已。清静则明慧，明慧则无所不通达。世俗之人同样禀受自然的天性，但清静之后必然有动，以为清静并不能体现出它的好处来；明慧若不彰显出来，那么明慧就不足以照耀众人。因此向外追逐异样的学问，而寻求达到清静的方法；内在又以思虑念想为务，想使其明慧增加。即使得到异样的学问，其想要达到的清静反而愈加不能，思虑愈精密而其要达到的明慧愈加显得暗晦，因其欲静反动而所要修正的本性又必然复归于静，因其愈晦而役使思虑又必然归复于明慧，这莫不是自寻烦恼之士吗？所以称为暗昧蒙蔽的人。

恬淡就是清静，智慧就是运动。清静出于恬淡，就是所谓的善于用静；运动出于智慧，就是所谓的善于运筹。动必然复归于静，静又必然要归于动。因恬淡而清静则万物没有能干扰的，因智慧而运动的道理如同是出自于本性。所以说智慧与恬淡交相涵养而和气的道理出于它的本性。

德是得到的意思，自我有得则和气不能外出，所以德又为和气；道是道理法则，可以论述的道必然有它的道理，所以道就是理，自我有得而又能容纳就是兼爱博爱了。所以德无所不容纳就是仁爱，可以论述的道理而顺应常理必然恰当；所以道没有不能通达的理，因为义在其中。义恰当就得到中正而事物依附，所以说义理明达而事物相亲，因为忠在其中；中正纯粹质朴而反归于性情，因为乐在其中，所以说快乐是发自内心的。诚信而行宽裕大度而顺乎常情，因为礼在其中，所以说礼是从外观上造作出来的。礼与乐是道德的残余部分，圣人并不专以使用它而治理天下，所以礼乐如果普遍施行则天下混乱。这是庄子不崇尚礼乐的原因。

古代的人在浑沦茫昧之中，举世都淡漠而无所求。在那个时代阴阳之气和平宁静，鬼神不干扰，四时气候有序，万物不被伤害，众生没有早亡的，人们即使有智慧也没有使用的地方，这时称为清静纯一的时代。正当这个时期，不需有所作为，而是一切顺应于自然。

等到德性衰落，直至燧人氏、伏羲氏开始治理天下，只能顺应民心的自然却不能回到清静纯一的时代。德性又继续衰落，又赶上神农氏、轩辕氏开始治理天下，只能让民心安定却不能使民心顺意。德性再次衰落，又赶上唐尧、虞舜开始治理天下，大兴教化而质朴离散、淳厚微薄，背离道去作为，淹没了德去行事，然后又抛弃本性而任心纵情，心与心在斗智，如此一来却不能使天下安定，然后又附以纹饰，增益博学技巧。纹饰毁灭质朴，博物掩溺心思，然后人民开始迷惑混乱，再没有办法返回到恬淡的本性而回他们原本纯一的当初。

由此看来，是时代丧失了道呢，还是道丧失了时代呢？时代与道交相沦丧了，有道的人怎样才能在世上兴起呢？世上又怎样使道兴起呢？大道没有办法兴起于人世，人世也没有办法兴起大道，即使圣人不在山林之中，而他的德性也已经隐藏了。

燧人氏、伏羲氏可以说是朴素无化的时代，庄子以为还不及于混茫的时代，而说他们已经是德性下衰了。神农氏、轩辕氏可以称为达到了极其平和的时代，庄子以为还不及于燧人氏、伏羲氏的时代，而且又说他们的德性又再次下衰了。唐尧、虞舜之时，可以说是治理的最佳时代，庄子以为不及于神农氏、轩辕氏的时代，而且又说他们的德性继续在下衰。所以说燧人氏、伏羲氏、神农氏、轩辕氏以及唐尧、虞舜，庄子以为都不可取，可取的是古代浑沦茫昧的初始时代，因为浑沦茫昧的当初，人们自我持守其本真天性，凡事听任其自然而然，哪里知道还有仁、义、礼、乐的起因，哪里有高洁之士出众之行，哪里还要砥砺自己、修正本性去效法他们呢？庄子所取的就是以可取来警诫世俗人心。

隐蔽，往往不是自己要隐藏的。古代所谓隐士并不是埋伏身躯而不让人看见，并不是闭口什么也不说出来，也不是隐藏着他的智慧而不轻易暴露，而是时机与命运大相径庭啊。正当时机与命运大行于天下的时候，就返回到纯一没有踪迹的境界了。而不能逢着时机与命运切合的时候，就穷困于天下，只能深沉宁静缄默以待，这就是存养身体的道理。

隐居山林的人，并不是自己想藏匿身体，并不是自己要闭口不言语，也不是自己要隐藏起智慧，只是出于不得已罢了。所以说时机与命运出现了大的误差，因此正当身体盛壮、智慧施行的时候反而不合时宜，只能抱元守一，处于恬淡宁静寂寞无为之中，所谓"得其时则驾，不得其时则蓬累而行"。因此当时机与命运该大行于天下的时候，却又反而回归到纯一无有踪迹之境，虽然处于穷困却又不受到损伤。所以深藏而归根，坚固本元还返于道，也就是命不逢时、穷困于天下之时，就要固护根本，处于安静无为以等待时运，如此可保重形体，全活生命，为存身之道。

古代所谓存身的人，不用辩论来文饰自己的智慧聪明，不用智慧来穷究天下之事，不用心思来彰显自己的德性，独处而善养其身，并回归其本性而已，又有什么要做的呢！道本来不需要那些小的行为，德本来不需要些小的见识，然而些小的见识反而有伤于德性，些小的行为反而有伤于正道，所以说修正自己就是了，乐全天性就是通达自适。

古代所谓得志的人，并不是指荣华富贵，而是说自己有无可比拟的快乐愉悦感受而已。现在所谓得志的人，是指具有了高官厚禄。高官厚禄在身，并不是自身本来就具备的，是外因一时偶然碰到而已，如同临时寄放，寄放的东西来到的时候不可抵挡，离开的时候也不可阻止，所以不可为高官厚禄放纵志向，不要因穷困简朴而趋炎附势。因得志而取得高官厚禄的人和平常穷困简朴的人的快乐心志相同，所以他们都没有什么可忧虑的。现在的寄放，一旦失去就不快乐，如此看来，即使有过快乐，何尝不是内心对道的疏漏、荒废呢？所以说：因外物而丧失自己，为世俗而迷失本性的人，称为本来就是颠倒的人。

乐全天性的人，就是乐天知命而本性不亏缺。乐全天性的人知道自然、顺应自然。知命的人就是所谓可以穷究生命意义的人，知天则听任其自然，至命则外物不能役使它，如此则修正天性才能完全。修正天性完全则自有所得，自有所得则心志无有不得，所以说乐全天性就可以通达自适，通达自适的人对于死生、忧患、富贵、穷达都不会牵累，更何况高官厚禄那么微不足道的身外之物呢？

秋　水

　　世间之人修治性情，不效法圣人的正道，而是只追逐诸子所著的世俗之学。世俗的学问虽然有些汗浸泛滥，也可以观赏，怎么知道它的根源呢？

　　圣人之道浑然相合而归于一体，其深度不可探测，其广度不可以穷尽，使用起来始终不能枯竭，积累起来永远不能盈满。而且其中多余出来的部分，还可以用它来滋润、救济天下众生；其中微末流散出来的一点，可以用它来治理国家。没有它不包容的，没有它不能达到的，这就是圣人之道。等到了道已散失而不能运用它来兴旺人世，人世衰落也不能使道兴起，诸子百家泛滥而起如浩荡流散的风波，这就是庄子之所以有河伯欣欣然之言。河伯如同诸子，因喜悦他们的言论得以流行，诸子百家虽然对其道能行于世而欣悦，哪能知道还有圣人之道留存于世？这就是庄子以河伯东行到大海的寓言比喻的原因。然而圣人之道，天下人没有不效法的，万事万物没有不从它而出的，充实它却始终不能盈满，使用它却不能够知道它。自从远古就已经坚固地存在，然而对于世道治与乱的方法却是一成不变的，它超越诸子的道理已经是很高远的了，然而圣人也不曾自我炫耀，其中的广深幽妙最多，这就是其始终能用之无穷的缘故。所以说天下之水没有大过海的，因为万条川流汇归，不知道何时能够休止，然而却不能盈满，好似尾闾外泄一样，不知道何时能够停下，然而却并不因此空虚，春秋看不到它的变化，水旱并不知道它是否干涝，这是因为它已经超过了江河的容量，是不可以预测的。而我们也曾经说像这样自然能达到这么多容量的原因，是自己的胸怀与天地同其量，而且又禀受于阴阳二气；我们在天地之间，好似小石块小树林长在大山一样，本来存有的就不多，又哪里会自然增加呢。

　　四海在天地之间，不就像蚁穴在大泽里吗？中国在四海之内，不也像小米在粮仓里吗？物类名称数目超过万数，而人类只是万中之一。人们聚集在九州吃饭需要谷物，出行需要舟车，一个人所处的一点地方，拿一个和万物相比，就好像马身上的一根毫毛一样。古代凡是五帝所运筹的，三王所争夺的，仁人所忧虑的，能士所操劳的，不过如此而已。伯夷辞谢成就了名声，仲尼谈论好似渊博，这是他们自己所夸耀显示多能的方面，不就像河伯不知有大海而自夸河流如何之大一样吗？

　　河伯说：这么说来，我以天地为大，以毫末为小，可以吗？北海之神说：

不可以啊！物类的量是没有穷尽的，它们的变化是没有休止的，天分是没有恒定的，始终是没有不变的。所以说：大智慧的人观察远近，因而小的不以为小，大的不以为多，这是因为物量是没有穷尽的；知道古今都是一样的，所以遥远的期待并不觉得苦闷，近前的事物并不急于索求，就是因为知道时间是没有止期的。明察事物得失的道理，所以得到了并不喜悦，失去了并不忧愁。事物变化没有常态，明白了生与死是人必要走的平坦大道，所以生时并不因此而欢乐，死时也不会把它当作祸患，这是因为知道始终是没有不变的。计算人们所知道的，比不上人们所不知道的。人有生时的时间节律，不如没有生时的时间节律。使用极其微小的生命，去追求极其无穷大的智慧领域，必然造成迷乱而始终没有所得。由此看来，怎么知道毫末标准，又如何能确定极其细小的量度呢？又怎么知道天地足以穷尽极其远大的地域呢？

河伯说：世俗的议论里都说，极其精细的东西是没有形体的，而极其广大的东西是不可以围拢的，这是实际的情况吗？

北海神说：从最细微处去观察庞大的物体，是不能看到全部的；从最庞大的物体去看微小的部分，是看不明白的。用明晰的眼光去审视秋毫，反而被秋毫所蒙蔽；望着丘山就不能观察它的全部，注目观察丘山就会被丘山所迷惑，然而再去观察秋毫就不能分明了。所以从小的方面去看大问题是看不尽的，从大的方面去找小问题是不能明白的，这都是因为见到了他们所见到的，然而他们所见到的又有所不到之处；看到了他们所要看到的，然而他们所看到的又有所遗漏。还不如隐藏起他们的眼目，如果这样，那么万物就可以了然于心中如同眼见一样。所谓的精，就是极其微小中的微小；所谓垺，就是极其广大之外的广大；所谓精粗，就是针对有形体的东西而言的；所谓无形，就是在数量上不可揣测不可再分的；所谓不可合围的，在广度数量上是不能穷尽的。可以用语言议论的，都是事物粗略的方面；只能意会的，都是事物精细的方面；至于说用语言也不能议论的，用心意也不能体会感悟的，那就不再局限于它的精细粗大的内涵了。

精是粗中之细，粗是精的形迹，缘由是都没脱离于形质，所以精粗是指可期于有形的东西。只有那些无形质的，即使智慧高明的人也不能算计；只有那些不可以合围的东西，就是极其聪明的人也不能度量。寂静渊深玄妙而内心感悟到的，就会把精细与粗大两者都忘记了，这就是北海神谈论关于道的极其至妙的话了。所以无形质的即使计算它也不能分化它，是不可以合围的；数算是不能够穷尽的，又说用言语也不能议论，用内心也不能觉察。有道的人是不分别精细与粗大的。

因此说，德行高尚的人，没有害人之心，也见不到他行施多么大的仁爱恩惠，行为不为利益所驱使，不轻看低贱的人，不与人相争货财，也不会有太多的辞让，不求助于人，不多占有劳动的成果，不欺贫困的人，行为有别于普通人，没有过多的邪僻怪异，行为完全在于随从众人，不轻视巧言谄媚之人，世间的地位与金钱不能动摇他们，杀戮耻辱不足以使他屈服。知道是非是不可以区分的，精细与粗大是不可以界限的。听人们这样说过"有道的人不听人言，有德的人无所可得，德行高尚的人没有自我意识"。

河伯说：那么从事物的外面或者事物的内面，从哪里开始区分贵贱呢？又从哪里去区分小大呢？

北海神说：从道的观点来说，事物没有贵贱之分，从事物本身来观察，都是自我高贵而相互轻贱对方，从世俗的观点来说，贵与贱并不在自己。从事物的等极差别来说，顺从事物所大的一面去观察它就是大的，那么万物就没有不是大的了；顺着事物所小的一面去观察它就是小的，那么万物就没有不是小的了。知道了天地如同一粒小米一样，知道了毫末就像一座丘山一般，那么事物相差的数量就可以看出来了。

天下世俗之人迷惑于诸子百家之言，以自我为中心，有我就有他人之分，从小与大上去互为分辩，而不能做到齐同和谐。庄子假托北海神之言，而寓意齐同和谐的本义。天下万物都同出于道，而所谓不相同的就是从形质小大上的分别。所以天地大于丘山，丘山大于毫末。从道的观点来说，全都是一物罢了，怎么知道丘山不大于天地，毫末不大于丘山呢？又何必要比较事物的形质的小大，而又发起分别你我小大的辩论呢？

从事物的功用上观察，如果因循着事物所需求的一个方面来满足事物的需求，那么事物就没有不需求的了；如果因循着事物不需求的一个方面来看，那么事物就没有所求了。知道东西两方相互对立又依存，而又不可以缺少任何一方，那么就可以确定事物的位置和功用了。

从事物的取向上来看，因循事物适宜的一面，顺应其自然，那么事物没有不适宜的；因循事物不适宜的一面而否定它，那么事物没有不被否定的了。知道唐尧和夏桀的自然结果，而又相互非议，就可以看出事物的取向和操持了。

过去唐尧、虞舜互相谦让而为帝，燕王哙却因禅让而灭绝；商汤和周武因争夺而成为王，白公胜却因争夺而灭绝。这样看来，争夺与谦让的礼仪、唐尧与夏桀的行为，其中的贵贱取舍是有时限的，不可以把它作为不变的体制。栋梁的材质可以用它筑城，而不可以堵塞小洞穴，因为器具的使用不同。骐骥骅骝这样的良马，一天都能跑到千里之远，但是捕起老鼠来还不如猫和黄鼠狼，这是因为技能有所不同。猫头鹰在夜里可以捕捉跳蚤，明察秋毫，白天即使瞪大眼目也看不见丘山，这是因为各有特殊的性能啊。常有人说：为什么人们不取法正确的而抛弃错误的，取法于治理的而抛弃变化的呢？这种说法是不明白天地自然的道理和万物各自的情态罢了，就好像只取法于天而不取法于地，只取法于阴而不取法于阳，这个说法明显是行不通的。然而说这话的人却始终不断，不是愚昧就是故意胡说了。

帝王的禅让有别，三代的继承不同，不符合时代又与世俗相违背的，称为篡逆，与时相当、顺应世俗的称为正义的人。无言了吧，河伯？你怎么知道贵贱的路径和大小的缘故？

河伯说：是啊，我该做什么，不该做什么呢？我对于辞让取舍到底应该怎么做呢？北海神说：从道的观点去分析，无所谓贵贱，贵贱是反复无常的，不要拘束了你的心志，使其与道相背离；无所谓多少，多少是此消彼长的，不要祈求一概而论，这样会偏离大道的。要严正得像国君一般，没有私心施与德政；超脱得如同领受祭祀的社神一般，没有私自施与福患。要宽缓大度似是行驶在四方没有边际的地方，没有彼此的疆域，虚怀若谷，兼容并蓄，谁能承载它呢？没有偏私，万物都是整齐划一的，无所谓短与长。大道是没有始没有终的，万物却是有死有生的，不因为一时之成就以为有所依恃。万物有时空虚有时盈满，它的形体也不是永恒不变的。风月不可暂留，时运不可以停止，四季时令的消息盈虚，终而复始。这就是要谈天地大法则的方向，论述万物变化的道理的原因。万物的出生，如同奔腾和飞驰，没有动作不在变化之中，没有时刻不在改变之中，哪些可为，哪些不可为呢？它们本来是要自我变化的。

河伯说：这么说来，道有什么可贵的吗？北海神说：明白道的人，必然通达事理；通达事理的人，必然明于权变。明于权变的人不会因为外物而伤害自己。

对事物无所不通达的就是明道的人，明道而又不脱离于道的人，就是通达事理的人。有脱离于道而又能应变的人，就是明于权变的人。能应变又岂能因为事物而被牵累？所以形体身心就能保持常有的圆满。所以说，明于道的人必然通达于事理，通达于事理的人必然明于权变，明于权变的人不因为外物而伤害自己；道所以为事理权变之形体，而权变又所以为事理法则的运用，如果不能相须就不能相济。

有高深修养的人，火不能烧他，水不能淹他，寒暑也不能伤害他，即使是猛禽野兽也不能偷袭他。并不是接近它们而不被损伤，而是说他善于洞察安危，宁静地权变祸患和幸福之地，谨慎地决定离去与停留的时机，因此就不会受到伤害。

有高深修养的人，就是所谓的至人。至人与事物没有忤逆的地方，所以万物不能伤及他。水火寒暑禽兽又怎么能加害他呢？所以说有高深修养的人，处于虚无之中，听任自然而不轻易违背自然，事来则不回避，事去则不留恋，待物以诚，能洞察于安危，淡然处于生死之地，安然权变在祸患与福慧之中，并且与祸福同其出入而又不违背事理，所以能谨慎地决定离去与停留。

所以说：自然法则藏在心内，人事情态在外显露，至德在于自然。知道人的行为本于自然，处于自得之中，进退屈伸与道相合而达到理的极致。

河伯说：什么称为天，什么称为人？北海神说：牛马生来有四足，这就是天然；用绳索网络着马头，用铁环穿在牛鼻上，这就是人为。所以说，不要因人事而毁灭天然，不要因缘故而毁灭性命，不要因贪得而求名。谨慎地持守着道而切勿有失，这就是返回到了原有的天然本性了。

独脚兽羡慕多足虫蚿，蚿羡慕无足而行的蛇，蛇羡慕风的自由自在，风羡慕眼睛可以随意观看，眼睛又羡慕心的想象丰富。独脚兽对蚿说：我用一只足跳着行走，再没有比我更如意的了，现在你却使用万只脚行走，怎么个走法呢？蚿说：不是这样啊！你没见过吐唾沫吗，打个喷嚏，喷吐出来大的如同珍珠，小的如同细雾，濛濛大小混杂落下的不可以数清楚。现在我只是运用我的本能，也不知道为什么会是这样子。蚿对蛇说：我拿我全部的足来行走，还赶不上你的无足行走，这是怎么回事呢？蛇说：天然的本能在运动，怎么能改变它呢？我哪里还需要足呢。蛇对风说：我运动我的脊椎和两胁而行走，好像有脚似的，现在你蓬蓬地从北海刮起来，呼呼地顺行而直到南海，却又好像没有形迹一样。风说：是这样，我蓬蓬地从北海刮起而行至南海，然而人们只要用手来指我就能胜过我，用脚踢我也能胜我。虽然如此，但是折断大树、毁坏房屋，也只有我能够做到。所以以众多的小不胜而求得大的胜利。成就大胜的，只有圣人才能做到啊。

孔子周游到匡的地方，宋国人把他重重地围困着，然而孔子却悠闲自得地弹奏歌唱，欣悦而不停息。子路进见说，为什么先生还这么快乐呢？孔子说：你过来，我告诉你。我倡导的道理已经很久了，然而还是免不了命运的捉弄；我祈求道理的通达已经很久了，然而仍然得不到施行的时运。正当尧舜的时代，天下没有不通达不得志的人，并不是他们的智慧恰到好处；正当桀纣的时代，天下没有通达和得志的人，并不是他们不聪明无智慧，这都是时机运势所造就的。在水中行走而不躲避蛟龙的，这是渔夫的勇敢行为；在陆地上行走而不躲避猛兽的，这是打猎人的勇敢行为；明晃晃的刀抢剑戟打斗在面前，把死亡看作和活着一样的状态，这是壮烈之士的勇敢啊！知道穷困是由于命运不济，知道通达是有时机的，身临大的困境而自己并不惧怕的，这是圣人的勇敢啊。仲由，你过去歇歇吧！我的命运是受到限制了。没有多久，有个带着兵器的军官进来道歉地说：我们把你当作阳虎了，所以围困你，现在才知道你不是阳虎，所以撤走了围困的兵士向你道歉。

公孔龙询问魏牟说：我年轻时学习先王之道，长大之后就明白了仁爱礼义的行为。事物的相合与差异都可以合而为一，把事物的坚硬与白色分离辨别出来，把是说成非、可以说成不可以，困窘了百家的智慧，穷尽了众人的口舌，我自以为达到明辩的极致了。刚听到了庄子说的话，我才感到迷茫而无所适从，不知道我的辩论不及他，还是我的知识不如他广博，直到现在我还没有弄明白，敢请问您这是什么缘故呢？魏牟听了之后，身体紧挨着茶几长叹一声，仰望着苍天，笑着说：你没有听说过井里蛤蟆的故事吗？蛤蟆面对东海的大鳖说：我很快乐啊！我可以随意地跳跃于井栏之上，累的时候就在断缺的砖缝里休息，跳到水里就可以漂浮着，架着我的两腋，托着两腮，跳到泥里淹没我的两足，直到脚背。回头看那些小小的虫子、螃蟹和蝌蚪，没有比我更快乐的了。而且我独自占据着一坑水，一口浅井的乐趣，也是我最快乐的生活了，先生你不妨随时进来看看呢。东海的大鳖左足尚未伸进去，右膝就被东西绊着了，于是大鳖从容地慢慢退却，告诉蛤蟆关于大海的情形说：上千里路程的遥远也不足以说明它的广大，上千尺的深度也不足以说明它的深渊。大禹的时代，十年有九年水灾，而大海里的水也不见得有增加。商汤之时，八年有七年干旱，而海岸的水面并不见有减低，大海之水不会因为时间的长久而有所移动，也不会因为自然界的旱涝而有所升降进退，这也就是居住在东海的大乐趣啊。浅井的蛤蟆听了这些话之后，惊恐失色，茫然不知所措。更何况你的智慧不足以弄清是与非的境界，还想要去观察庄子的言论，这就好比让蚊虻背负大山，让马蚿这样的虫子游水，必然是不能够胜任的啊。那些智慧不足以论述极其玄妙的言语，而只是凭一时占有的好运气得以满足，这不就像浅井里的蛤蟆吗？况且庄子的言论，贯通于天地，不用去分辨东西南北、四方上下，涣然冰释玄妙莫测，开始于渺冥，反过来又得以通彻。你却想用浅陋拘泥的办法去寻求观察，索取他思辩的机巧，这就好像是使用竹管去观察天的大小，使用锥子丈量土地的博大，岂不是太小气了吗？你去吧，你就没有听说过寿陵人的小儿子年少时到邯郸学步的故事吗？他不但没有学会赵国人行走的步法，反而把自己在本国原有的行走步法也给丢失了，后来就只能爬着回去了。你现在若不赶快离去，就要忘了你本有的智谋，丧失你自己的事业了。公孙龙惊呆地张着口以至于一时不能合拢，舌头上举而一时不能下来，于是悄悄地逃跑了。

庄子在濮水的河边钓鱼，楚王派了两位大夫前往问候，说：我王希望把国内的政事委托于先生。庄子手拿鱼竿并不回顾看他们，说：我听说楚国有一只神龟，已经死亡三千年了。楚王用竹盒盛着，用布帛包着，把它珍藏在庙堂之上供着。你们说说这只神龟是愿意死去，把骨头留着珍藏呢？还是愿意快乐自在地活着，拖曳着尾巴在泥水里爬行呢？二位大夫都说：还是愿意活着，拖曳着尾巴在泥水里爬行。庄子说：你们回去吧，我就是要拖曳着尾巴，在泥水里爬行。

惠施做了梁惠王的宰相，庄子去看他。有人对惠施说：庄子此来是为了替代你做梁国的宰相吧？于是惠施感到很恐慌，就派人在国内搜寻庄子，连续搜寻了三日三夜也没有找到。这时庄子就直接去看他，说：南方有一种鸟，它的名字叫鹓雏，你听说过吗？鹓雏往往从南海出发，要飞行到北海，不遇到梧桐树它不休息，不是竹实它不吃，不是甘甜的泉水它不饮。此时有一只猫头鹰，得到一只腐烂的老鼠，鹓雏刚好经过，猫头鹰仰起头来怒视着鹓雏说：吓！现在你想用你的梁国来吓我呢？

庄子与惠施漫步在濠水的桥上，庄子说：小鱼儿悠闲从容地游出来，这是鱼儿的快乐啊！惠施说：你不是鱼儿，你怎么知道鱼儿的快乐呢？庄子说：你也不是我，你怎么知道我不知道鱼儿的快乐呢？惠施说：我不是你，当然不知道了；你本来就不是鱼儿，你不知道鱼儿的快乐是很明显的了。庄子说：咱们请把话题从头说起。你说："你怎么知道鱼儿的快乐？"这句话就是说你已经知道我知道鱼儿的快乐了，又来询问我为什么，我告诉你，我是在濠水的桥上知道的。

至 乐

若能祛除邪异之学，持守着正常的本性，忘却有私己而与万物齐同和谐，那么自身所处的生死、富贵、穷困、通达、长寿或夭折，都不能占据胸中，而是怡然自得地逍遥天地之间。这是庄子作《至乐》之篇的本意。

天下有没有致极的快乐呢？有没有可以使身心快活的方法呢？如果有的话，那么现在要怎么做？依靠什么？避免什么？处理什么？从就什么？舍去什么？乐于什么？厌恶什么？

　　天下人所尊崇的是富有、贵重、长寿、善名，所享乐的是身体的安适、珍馐的美味、华丽的服饰、美好的颜色、动听的声音，所卑下的就是贫穷、低贱、夭折、恶名，所苦恼的就是自身不能得到安闲逸乐，饮食不能得到美味，形体不能穿上华丽的服饰，眼睛不能看到美好的颜色，耳朵不能听到动听的音乐。如果得不到就会有大的忧愁恐惧。人的身心有如此的忧患，不也很愚昧吗？富有的人因为辛苦勤劳而身患疾病，虽然聚财却又不能全都使用，如此养护自己的形体岂不是和身体的健康相背离吗？尊贵的人，夜以继日，朝思暮想，忧虑着自己的职位，以这样的方式来关爱自己，岂不是也一样有所偏离疏远吗？人从出生之后，就始终与忧患一起滋长，即使长寿的人也时常处在其中。日久忧虑彷徨，是何等的辛苦啊！这样一来对于养护自己的形体，岂不是同样遥远吗？壮烈之士被天下人所称道，尚且未足以保全性命。我还不知道这样的善行，的确是应该称道的善行呢，还是不够完善的呢？如果把它作为善行的话，那么它的行为不足以保全性命；如果说是不够完善的话，却又足以保全别人的生命。所以俗话说"忠诚的进谏如果不听，就停止，顺其自然不要再争"。过去子胥谏争而遭到形体的残害，如果不谏争，他也不能成就名声。这么说究竟是有良善，还是没有良善呢？现今世俗之人所追求的快乐，我又不知道他们所谓的快乐，果真是快乐呢，果真是不快乐呢？我观察到世俗之人所谓的快乐，不论什么情况都是蜂拥而至，又都很认真地、似是迫不得已地必须要这么做。然而众人都说这样快乐，我尚未感觉到这样有什么乐趣，也不知道不快乐。果真是有快乐还是没有快乐呢？我一直以来都把无为淡泊当作真实的快乐了，这对于世俗之人来说就是极大的困苦啊。

　　自身之外的万事万物都不足以使我们忧虑，就达到了至乐。至乐的境界并不是因为外环境之美好而入于内心引发的快乐，也不是由于感受到美妙动听的音律而从内心生出来的，它是出于本然的忘却自我，达到无为清静的状态，这是天下人不能够知道的精神内涵。所以询问说：天下有至乐没有呢？唯有能够忘却自我，达到无为的境界，那么至乐自然就有了，有了至乐就可以保全自身，身体保全了岂会没有快乐吗？所以说：有可以使身体长寿的没有呢？然而天下的世俗之人，不知道至乐从哪里寻找到，只是看到人世间的富贵、寿善、衣食、声色的全都具备，以为可作为人生的快乐。所以他们一旦得到了，也已经是到了形体疲惫、生机丧失的时候了。可他们却仍然嗜好而不知省悟。因为失去还招致伤生损命，所以追求而不能停止，这就是所说的极大的迷惑啊。他们怎么能知道至乐所带来的快乐呢？发自内心的快乐才是真实的快乐，真实的快乐也不外乎如此。

　　这是庄子为人们身心健康而论证的，应该愚笨一些，应该少些外心，应该疏于交往，应该远离是非等等的言论。

　　至乐就是没有世俗之人那种因外而感触的快乐，至极的荣誉也同样没有因外而领受的，天下的是与非果真是不能确定的。虽然无为可以确定是与非，至乐可以使身心充满生机，如果没有无为作为前提它们就不可能存在。请让我试着说明它的关系：天因为无为而清新，地因为无为而安宁，所以天地都无为，两者相合而使得自然界的万物生生化化，茫茫昧昧并不知道从哪里出来，昧昧茫茫并没有任何迹象，万物繁茂都是从无为的现象中生发养育培植，所以说：天地虽然是处于无为状态，行于无为之事，其结果却是无所不能为，谁还不去行无为之道呢？

　　至乐源于无为，无为并不一定要有什么乐趣，所以说至乐无乐，至极的荣誉出于难以用名号称誉的事情，难以用名号称誉的事情就不是只作为有荣誉而言了，所以至誉无誉。然而无为的境界符合天地运行的法则，天地无为听任万物的自然生成，怎么会有劳烦苦恼的困难呢？这就成为快乐的极致了。人若能做到无为就可以达到快乐的极致，怎么才能做到无为呢？天无为才得以清新虚空，地无为才得以安宁，而两无为相为结合，万物才得以生化。这么说来哪个人才能做到无为呢？这是庄子讥讽世俗的缘故。

　　庄子的妻子死了，惠施去吊丧，庄子正在那里坐着，敲击着盆子歌唱。惠施说：你和妻子相处居住这么久了，她为你生儿育女，现今老而身死，你不哭也就罢了，反而敲着盆子在歌唱，岂不是太过分了吗？庄子回答说：不是这样啊，在她刚死的时候，我怎么不悲伤呢？观察她的当初本来就没有生命，不但只是没有生命，而且原本就没有形体；不仅仅是没有形体，而且原本就没有气息。掺杂在恍惚杳冥之间，变化而有气息，气息再变化而有形象，形象再变化而有生命。现在又变化而到死去。这种生死的变化就像一年四季春夏秋冬的运行一样，人家安静地寝卧于天地之间，而我却在此嗷嗷啼哭，我自以为这样是不通晓生命的道理，所以就不为她的离去而哭泣了。

　　修养高深的人，把生与死作为来与去那样自然而然，所以出生并不因此欢喜有了成长的身躯，而对于死亡也不哀伤它的毁灭。庄子的妻子死了，却并不哭泣，反而坐下来敲盆而歌，大概就是因为庄子了达生死之道，而且达到了至极的通彻达观境界。

　　支离叔与滑介叔到冥伯的山丘、昆仑的荒野去观赏游玩，这里是黄帝曾经休息的地方。不大一会，滑介叔左肘生出了一个肿块，他感到很不舒适，为此而非常烦恼。支离叔说：你厌恶它吗？滑介叔说：不是的，我为什么厌恶它呢？人的身体本来就是外在物质假借合和而成的，外在物质假借合和而成就生命现象。这个生命体质也同尘垢一般，死与生就好比白天与夜晚的循环。我和你来观察万物的变化，现在万物的变化已经变化涉及我了，我为什么厌恶它呢？

支离叔是指那些形体不当的人，滑介叔是指那些心智愚昧的人，庄子以两人之名寓意深刻。形体不当的人，能忘却形象；心智不通而愚昧的人，能忘却智慧。忘却形体、忘却智慧就能坦然放下形体死生了，所以两位能一同游玩观看冥伯的山丘、昆仑的原野、黄帝曾经休息的地方，在那里观察大自然变化的妙趣。观察变化的人，通达乐观，淡然于生死的变化。能通达生死变化的人，外界事物怎么能去牵累他呢？虽然病生在滑介叔的左肘上，然而他并不因此厌恶它。如这两位的心态，可以说万物不能够使他们忧虑，而且内心能做到完全达到至极的快乐。

庄子到楚国的路上，看见一个骷髅，虽然枯槁而骨节完全，于是用马鞭去敲敲，顺便询问枯骨说：先生是因为贪生而失正理以至于死亡的呢？或者是因为国家灭亡，遭到斧钺的诛杀而死于兵祸呢？抑或是你做了不良善的行为，因为丑恶而愧对父母妻子，以至于自杀的呢？或者是你遭受极大的饥饿寒冷的灾害，以至于死亡的呢？话说完后，顺手拿着骷髅当作枕头睡觉，半夜之时骷髅出现在梦昧之中说：你的谈吐好像是辩士，你所预测的那些话，都是生活着的人们所要担心忧虑牵累的事情，死了之后就没有这些烦恼了。你想听听死后的情形吗？庄子说：好的。骷髅说：死后的世界没有君主在上，没有臣民在下，也没有春夏秋冬四季时令的变化，而是从从容容地与天地同其长久，即使是南面称王，快乐也不能超过我这里。庄子不相信他的话，反而说：我如果让职掌生死的司命之神，重新复原你的形体，给你骨肉肌肤，再让你的父母妻子邻居回到你的身边，把你原有的知识重新赋予给你，你还想要得到他们吗？骷髅听了之后，眉头紧锁着说：我怎么能够舍弃超过南面称王的快乐，再回返到人间去受劳苦呢！

人之有生命，就是一时气体暂且集聚，死亡之后就是一时气体的暂时离散，生时未必是无所作为，死后未必一定是有所作为，未必无所作为的就是至乐的境界，缺少未必有所作为的，也是致极之乐。这就是庄子为什么拿骷髅作比喻。

人身肢体骨骼肌肉生时随气体而暂且一世集聚成形，死后则又随气体而暂且离散。集聚与离散并非我个人所专有，我又为什么自然就有而有了我呢？自然就有而有我，就不能忘却形体了，不能忘却形体就是有为了，有为就与万物相摩擦，相背离，相刑伤，那么至极的快乐怎么能内守完全呢？这就是骷髅不想再复为人形重受人间苦恼的缘故。

颜渊要到东方的齐国，孔子面容忧虑，子贡离开座位询问说：学生请问，颜渊去东方的齐国，先生面容忧虑，这是为什么呢？孔子说：你问得很好啊！过去管子有句话，我很赞成。他说，包裹小的，不能够装下大的物件；绳索短的，不可以汲到深井里的水。如此说来，认为生命各有它所成就的道理，而且形体各有所适当的地方，这是不可以让他们增减的。我恐怕颜渊向齐侯谈论尧舜黄帝为政之道，而又重提燧人氏、神农氏的言论。如果齐侯听了他的话，就会在自身寻找不可能得到的东西，不能得到就使人迷惑，齐侯迷惑，颜渊就危险了。你难道没有听到过吗？往昔有一只海鸟在鲁国的郊外停留，鲁侯亲自把它迎请到太庙，送酒食给它，演奏《九韶》的乐章使它快乐，设御膳款待它。海鸟却目眩心悲，却不敢吃一块肉，不敢饮一口酒，三天之后死了。这是用养人的方法去养鸟，并不是用养鸟的方法去养鸟。如果用养鸟的方法去养鸟，就要把鸟放归山林，在深林里栖息，在陆地上飞翔，在江湖上泛游，让它们自己去寻找可食之物，随鸟群而止息，听任它们的习性去生活。鸟最怕听到人的声音，而人们却又弄得喧杂之声震耳欲聋。即使在荒漠的野外演奏美妙动听的音律，鸟听到仍然要飞去，野兽听了也会逃跑，鱼儿听到也会下沉；只有人听到了才会马上过来围着观察。鱼儿在水里生活，人在水里就会死亡，人和鱼儿的禀赋属性不同，而各有其所适宜的地方。所以先古圣贤，不寻求人的才能一致，不寻求处事相同，而是名与实相符，行事恰到好处。这就是说，事理通达了福惠就可永远拥有。

古圣贤如燧人氏、神农氏、黄帝、尧舜的为政之道，不是圣贤之人，就不能和他们讨论。齐侯只不过是一位中等材质的国君，怎么能和他谈论圣贤之道呢？所以颜渊到齐，孔子所以会有忧虑之容。迷惑的人容易使生命丧失。如果顺应他的材质，而告以中庸之道，就不会惑乱而生命保全，生命完全则快乐就从而完全，所以孔子以养鸟之道来喻之。

列子旅行，在路边吃饭，看见一具百年的骷髅。列子拔开蒿草，指着他说：只有我和你知道人本来就没有死亡也没有生存的道理，你果真困苦吗？我果真欢乐吗？万物之中有一种叫几的东西，它得到水的滋养之后就成为著的草类，有了水和土的生活环境就变化成为青苔一样的植物，生长在稍高的地上就变为车前草，车前草得到适宜的粪土就变为乌足草，乌足草的根部就变为蛴螬，叶片就变为蝴蝶，蝴蝶还可以变化为虫，生长在灶台之下，它的形状好像脱化的皮壳一样，它的名字叫鸲掇。鸲掇过了千日就变成鸟，它的名字乾余骨，乾余骨的唾沫变为斯弥，斯弥又变成蠛蠓。颐辂虫又是蠛蠓所生，黄轵是九猷虫所生，瞀芮虫是萤火虫所生。羊奚草与不长笋的老竹相合而生出青宁虫，青宁虫又生赤足，赤虫又生出马，马又生出人，人又返回到自然的玄机。万物都是出自自然的玄机，而又进入自然的玄机之中。

至人的修持暗合于生死玄机，而以生为不生，以死为不死。不生之生所以长生，不死之死所以长存。这就是列子之所以见骷髅，而有我与你都未尝有死、未尝有生的言语。所以未尝有生的就能够使生命力永恒，未尝有死的就能够使变化而变化，所以继续论述万物变化生成无始无终的道理，然而万物生成变化的无始无终，其中的出入运行皆由于自然的玄机。所谓的玄机，就是道的玄妙根本，而万物遵循于道，怎能由万物之名而名呢？所以说这其中的缘由就是万物皆出于玄机之中，又皆入于玄机之中。万物的出入皆由于玄机，它们的生成岂不快乐吗？

达　生

不关注形体骨骸，忘却人我关系，保全在没有乐趣的至极之乐中，就可以达到对于生命的本然性情，臻于尽善尽美的境界了。

通达生命道理的人，不追求生命中不必要的东西；通达命运道理的人，不追求自身无可奈何的事情。保养形体首先必然要有物资来滋养，物资有余而形体却没有得到滋养的大有其人。有了生命本质首先必然不能离开形体，形体没有和生命本质相脱离，然而生命却就此灭亡的也大有其人。生命的到来不能推却，生命的离去也不能留止，可悲啊！世上的人都以为保养形体就足以使生命永存，然而保养形体果真是不足以使生命永存的。这么说来，世人怎么做才能养生呢？虽然有些事情不值得去做，而又不可以不去做。这样说来，不值得做的也不能不做了。想要免于形体的牵累，没有比舍弃尘世来得更彻底，舍弃尘世就没有牵累，没有牵累正气就会平和，正气平和就会与大自然变化互生，与大自然变化互生就几乎与道相合了。

出生是时运的暂时到来，享受生命的时运是有边际局限的，生命的运行路程是自然所赋予的，这是不可以寻找缘由的。知道生命的暂且到来，就是所谓的通达生命的道理了。知道生命是自然所赋予的，就是所谓的通达了命运的道理了。知道生命是有尽头的，就不要用身外之物再去伤害它，即是说不要追求生命中那些不必要的东西；知道生命的里程是没有间隙停歇的时候，就不要再使用智慧巧诈，而是要多一些韬光养晦，即不做那些自身本能以外无可奈何的事情。为什么呢？要知道生命必然有形体,形体也必然要有所滋养,裁撤掉那些不必要的东西,平心正气地保养生命。所谓养护形体必然先要有物来滋养,如果养护形体役使物资而且没有节制,把物资全都用于赡养形体,最终必然使形体丧失。所以说用物来资养的人,物资有余而形体不能得到所养的大有人在。形体是生命的寄托和屋舍,并不是我自己所具有的。我因为有而不能自己忘掉它,即所谓有了生命,首先必然是没有脱离形体。形体既然不能忘记而自我拥有,那么资助形体则形体愈亏损,而且生命必然过早丧失。所以说形体没有脱离而生命已经消亡的大有人在。只有能忘记生命而又能忘记形体的人,才会自然地乘着时运而来,而又自然地乘着时运而离去,必然通达顺利啊。所以说,生命之来不能推却,当它离去的时候也不能使它留下来。

世俗之事完全可以舍弃,而生命的道理能够遗忘吗?舍弃世俗之事则形体不受劳累,遗忘生命的本能则精神不会亏损,形体完全、精神复归就会与自然合而为一。天地就是万物的父母,万物与天地相合就成为一个整体,如果分散开来就成为一个事物的开始。形体精神如果没有亏损,就是所说的能够变移精神,而又可以使精神返回于自然之中。

人生之俗事是无穷尽的,而人的生命运程是有局限性的;以有限的生命运程应接无穷无尽的世俗事务,那么力量就不能保证,而且生命就要疲惫了。唯有弃俗事而听任自然,忘记有生而处于无为,才可以达到逍遥而自得其乐,并且精神还可以旺盛起来。所以说舍弃俗事则形体不受劳累,遗忘生命则精神不能亏损。形体不得过度劳累,形体就可以保全;精神不能亏损,精神就可望回复;全就要返回到本真,复就要回归到清静。如此一来,就与自然之体没有区别了。所以形体完全、精神回返,就可以与自然合为一体;与自然合为一体,就是万物之中最高贵的了。所以说天地是万物的父母,作为万物的父母,就能生养万物。所以说相合为一成为一体,分散开来成为一物之始。始就是说的出生,体就是说的万物的生成,生成万物而不劳伤形体、损伤精神,而且与造化暗合运行,精神回归于自然而然。所以又说:形体精神不亏损就能改移精神,而且又使精神回返于自然之中。

列子问关尹说:至人潜水而行不会被窒息,脚踏在火上行走也不觉得热,行走在万物之上也不会惧怕,请问什么原因呢?关尹说:这是保养纯和之气的缘故啊!不是智慧、巧妙、果断、勇敢所能做到的。你坐下,我告诉你:凡是有面貌形象声音色彩的,都是物,物与物之间为什么差别那么大呢?为什么有些物能超越在其他的先前呢?同样都是具有形体和声色的东西,然而就拿人来说,至人能达到没有形迹、超出造化的局限,并停留在永不变化的境界。能达到如此境界而又能穷究其本源的，万物怎么能够阻止他呢？至人常处于不过当的限度里，而把本身隐藏于循环往返的变化之中，精神遨游于与万物相始终的境地。

至人虚心应物而无所不通达，所以能潜入水里而不能窒塞；对待万物用诚恳之心而万物没有办法伤害他，所以脚踏火上而不觉有热；精神返回到自然而心里无所牵累，所以行走于万物之上而不恐惧。然而至人能达到此等境地，是因为精神没有亏损之处，并不是依靠智慧勇敢所能达到的。所以说是善于保养纯和之气的缘故，并非智慧、巧妙、果断、勇敢所为。

专一持守它的本性，保养它的精气，使其与天地自然之德相合，以与自然万物造化相通。如果能够如此去做，其天性就完备，其精神就没有亏损，外物岂能自然侵入呢？

专一持守本性就是不支离根本，保养精气在于不脱离纯和之气。与天地之德相合，持守着自然的德性。不支离本性就端正，端正就所以永存，不离于和则本真精纯。所以完全持守于有所得，则过失可以忘记。如此一来则心性本真虚无清静而明慧，与万物相始终，可通达万物造化之机。至人如果能这样，他的道行即可曲而完全，他所达到的玄妙即不可以揣测，万物又怎能扰动役使他呢？所以说，他的精神圆满，外物岂能自然侵入？因酒醉而坠车的人，即使车行很快也不会被摔死。骨节是和普通人都一样的，而受到的伤害却与人不同。这是因为他的精神保持得完全，乘车时不知道，坠下也不知道，死生恐惧也没有进入他的心中，因此触碰外物轻重并不惊怕。那些因醉酒不省人事的人都是这样，更何况是保全得自然精神的人呢。圣人隐藏在自然之中，所以外物不能伤害到他。

孔子到楚国去，走在树林中，看见一位驼背老人在粘蝉，动作从容不迫，就像捡取东西一样轻松。孔子说：你是有技巧呢，还是有道呢？回答说：我是有道啊。我曾经用五六个月的时间，在竹竿头上累叠两个丸子而不会掉下来，失手的机会就不多了；累叠三个丸子而不会掉下来，失手的机会仅占十分之一；累叠五个丸子而不掉下来，就好像随意拾取的一样了。我安定身心，就像一根树桩；我使用臂膀拿杆，如同枯槁树木的枯枝。虽然天地如此之大，万物如此之多，我只用心在蝉翼的上面，我心无二念，不回头不观测，不会因为其他事物而改变我专注蝉翼之心，怎么会得不到它呢？孔子回头对弟子说：用心专一而不分散精神，就是凝聚了精神，其中的道理就是驼背老人的言行啊。

颜渊问孔子说：我曾经在觞深渊这个地方乘船过渡，摆渡的人操舟如神一般。我就咨询他说："操舟可以学习吗？"说："可以学习，善于游泳的人很快就学会了；如果是潜水的人，即使没有见过船，也一定会操持它。"我又问，他不愿再告诉我。请问先生：这是什么缘故呢？孔子说：善于游泳的人很快就忘记了水的存在，这是他与水合而为一的缘故；而像那深暗潜水的人，即使没有看见过船，他也能完全地操持它，这是说潜水的人，行走在深渊中如同丘陵一般，把船倾覆犹如在路上倒车一样。倾覆或者倒退的万种现象放在眼前，也不会侵入他的内心，什么样的险象他都不顾及，而是从容应对。用砖瓦做赌注的人，心思灵巧；用带钩做赌注的人，内心恐畏；用黄金做赌注的人，心情昏乱。其中的灵性巧妙都是一样的，而有所怜惜就把心思放在外物之上了，大凡是重视外物的人，其内心必然笨拙。

粘蝉操船，这是微末的技能了，缘自用心专一而达到精妙，精妙到几乎有神明相助一般，何况于保全生命的道理呢？生命的健康永远是极其伟大的事情，人们如果用心专一而使精神保全，就可以入于玄妙的境界，世俗之人不能心志专一地使它保全。这就是为什么庄子以此为寓言，仲尼感叹粘蝉，颜渊赞美操舟。

田开之见到周威公，威公说：我听说祝肾学习养生，你又和祝肾一同游学，你也曾听到过什么吗？田开之说：我只是拿着扫帚在门庭里扫地，哪里能听到先生的言论呢？威公说：田先生不要谦虚了，我想听你说说。开之说：听先生说过，善于养生的人，如同放牧羊群一样，看到落在后面的就给它一鞭。威公说：这是为什么呢？田开之说：鲁国有一位叫单豹的人，在山间岩穴居住，只以饮水为生，不和世间百姓争利，到了七十多岁，还有如同婴儿一般的容颜，很不幸遇到了饥饿的老虎，结果被饿虎吃掉了。另外有一位叫张毅的人，不论是高门大户，或是贫寒百姓，没有他不走动往来的，四十岁时得了内热之病死了。单豹涵养他的内在精神，却被老虎吃了他的形体；张毅涵养他的外表，而疾病却攻击他内在的精神。这两个人都是不能鞭策自己不足的一面啊！

人之生命必有形象，形象必有体质，体质因而可分为内外。保全生命的说法，都是内与外兼养，那么内与外就可以两相保全，而生命可以永存。如果只是专注于涵养其内在，而忘忽其外在，那么他的外在就会与事物相违背，而不免于受到牵累，这就是单豹身死被虎所食的缘故。如果专注于涵养外表，而遗忘了其内在的精神，那么内在的精神必被焚毁了纯和之气，而不免受到生命的牵累，这就是张毅为什么被内损而发热的疾病夺去了生命。这两位都不完全合乎于道，所以最终罹难于祸害，这是田开之用牧羊做比喻的缘故。

孔子说：不要有意隐藏，也不要故作张扬，而像柴木一样无心树立于中央。三个方面如果都能得其本质，必然到达一定境界。如果路途中有劫贼，十个人劫杀一人，那么父子兄弟都会相互诫免，必然要求大家多结伙伴一同出行，不也很智慧吗？其实人们所应当吸取畏恐的禁戒是在于日常生活中男女之欢、饮食劳逸等所致的疾病，大家都不知道要禁戒它们，以至于有了过失而罹患病难。

祭祀的官员穿着黑色的礼服，端庄地来到猪圈围栏旁，对猪说：你怎么能怕死呢？我要喂养你三个月，我还要十天戒、三天斋，铺上白茅草，把你的肩臀放在铺板上，这样你愿意吗？为了猪自身的打算，还是不如用糟糠来喂养它，而放置在猪圈之中快活。如果为自己打算，在当初出生之后就有荣华富贵的尊崇，死后可以放在雕刻的灵车之上，有装饰的棺椁之中，就可以了。如果为了猪打算就把白茅铺板去掉，为自己打算就争取尊崇和灵车，其中有什么不同呢！

齐桓公在野外山泽里打猎，管仲驾车，看见了鬼。桓公握着管仲的手说：仲父，看见什么了？管仲回答说：我没有看见什么。桓公回到住处，因受惊吓而生病，多日不出门。齐国有一位士人叫皇子告敖的，说：国君是自己受伤，鬼岂能伤害国君。若是因愤懑而有郁结之气，流散而不返，就会中气不足；只上升而不下降，就会使人易于发怒；只下降而不上升，就会让人易于忘事；如果不上不下，正当身躯中心，就会生病。桓公说：这么说是否有鬼呢？回答说：有，低下处有履神，灶有髻神，门户积聚尘土处有雷霆之神居住；东北方墙角下，有陪阿、鲑蠪神居住，西北方墙角下，有泆神居住。水中有罔象神潜居，丘陵有莘神，山有夔神，野外有彷徨神，水泽地有委蛇神。桓公说：请问委蛇神的形状怎么样？皇子说：委蛇神的形状，大小如同车毂，长度如车辕，身穿紫衣，头戴红冠。这种东西，怕听到雷车的声音，听到这种声音就捧着头站立，看到的人要成为霸主。桓公开怀地笑着说：这就是我见到的鬼神啊！于是重整衣冠和皇子座谈，不到一天时间，桓公的病就无影无踪了。

纪渻子给周宣王饲养斗鸡。十天就询问鸡可以斗了吗，回答说：不行，还骄傲地昂头恃气呢。过了十天，又问，回答说：不行，尚且对声响影像敏感。过了十天又问，回答说：不行，还怒视而且气盛。过了十天又问，回答说：差不多了，别的鸡即使有鸣叫，它已经不为所动，看着像一只木鸡一般，它的德性已经完全。其他的鸡不敢和它对应，反而都逃走了。

孔子在吕梁观赏山水，瀑布悬挂三十丈，流沫飞溅四十里长，鼋鼍鱼鳖都不能向上游走。这时看见一位成年男子在游水，以为是有什么痛苦想要淹死自己，急忙让弟子们顺水去拯救他。那位男子游了几百步就浮出水面，披着头发，一路吟歌游到岸下。孔子走过去问他说："我以为你是水鬼，看清楚之后才知道是个人。请问游水也有道吗？"回答说："没有，我自己也没有异能，我开始很普通，时间长了有了技巧，成熟之后就是顺其自然，与流水一起进入，和汹涌一起浮出，顺从流水起伏并不由自己主宰，这就是我游水之道。"孔子说：为什么说开始很普通，时间长有了技巧，成熟之后就是顺应自然？回答说："我出生在丘陵地带，而安居在丘陵地带，这就是开始很普通；长在水边又安心在水边生活，因为常游水而有了技巧；成熟之后，也不知道我游水有什么道理，只是顺应于自然罢了。"

有一位叫庆的木工，削木做了一个镰，做成之后，看到的人都惊奇地以为是鬼神制作出来的。鲁侯看到之后问他：你是凭什么技巧制作的呢？回答说：我只不过是一位木工，没有其他的技巧，可是有一点值得说说，在我即将要制作镰的时候，不敢因为要做镰而再耗费精神，一定要斋戒求得安定心神。斋戒三天，不敢怀有奢望能获得奖赏的念头；斋戒到第七天，忽然忘记我有四肢形体。正当这个时候，忘记了国家，用心专一而外在的干扰消失。然后进入山林，观察树木的自然材质，达到了极致，然后一个制作成的镰仿佛就浮现在我的眼前。于是进行手工制作，不能达到这个境界就不能制作出来。这样以我自身的自然与自然界之自然相合，所以能够制作如鬼斧神工一样的巧妙，就是这个缘故啊。

东野稷因为善于驾车被鲁庄公召见，进退往返行走得如绳一般笔直，而且左右旋转如用规画出一样圆。庄公以为即使画图也不过如此，要求他旋转一百次。此时颜阖遇到东野稷在旋转，就进去见庄公说："东野稷的马已经疲惫了。"庄公默然不说话，不大一会儿，果然疲惫而返。庄公说："你怎么知道呢？"回答说："我看到他的马力竭尽了，可是仍然要求行走，所以知道要疲惫。"

工倕用于旋转出来的效果超过了用规矩画出来的效果。手指和物件合化为一，而且不依赖心思计量，所以他们的心灵专一而没有窒碍。如果忘了脚，就说明鞋子是舒适的，忘了腰说明带子是舒适的，内心里忘了是非就是心灵得到了安适。内心不变，外不从事，是身处环境的安适。本性安适始终没有不安适的，就是忘了安适的安适。

山 木

能通达生命的道理就可以做到无为，无为就可以回归于虚静寂寞，而使材质保全，材质保全就有的使用了。庄子因而有《山木》之篇。

庄子行走在山中，看见一棵极大的树木，枝叶茂盛。砍伐树木的人到树下观赏之后，也不去砍取它。庄子走上前去询问伐木人不砍它的缘故，回答说："树木虽庞大，却没有可用之处。"庄子说："这棵树木因没有可用之材，最终能享受到自然所赋予的寿命！"

庄子从山里出来，在朋友的家里休息，朋友非常高兴，叫童仆杀一只鹅宴请他，童仆询问主人说："一只鹅会叫，另一只不会叫，请问杀哪一只？"主人说："杀不会叫的那一只。"

第二天，学生询问庄子说："昨天山中的那棵大树木因为不成材质而能得享自然的寿命，现在这家主人的鹅因为不能鸣叫而被杀死，请问先生将要怎么自处呢？"

庄子笑着回答说："庄周我将要居处在材与不材之间，材与不材之间似乎适当，其实不然，因为还是免不了受到牵累。如果秉承天地之性而浮游于自然之道，就不是这个样子了。既没有赞誉也没有诋毁，如龙之显化，如蛇之隐藏，与时代同行，而不因自己喜好偏执呆板专为，上下内外以通达和谐自然为目的。

遨游于自然万物的本源，把握万物而不被万物所役使，这样怎么会受到事物的牵累呢？这就是神农和黄帝处世养生的法则啊。如果依照万物的情态、人事伦理的承传，就不是这个样子了。有相合就有离散，有成功就有败坏，有谦贞就有挫伤，尊高就受诽议，有所为就有亏损，贤能的被谋算，不肖的被欺负，怎么才能居处适当呢？可悲啊！弟子记下了，凡事都要遵循自然而然啊！生命表现在材质的外在形式上，材质是生命的运用，材质有小大的差别，而运用分有用与无用。圣人之材质是较大的材质，材质大就是材质完全而已，材质全的就可以其无用为用，即可以成就保全养生之道。这就是为什么山中的那棵大树因为不成材而得以享受自然的寿命。世俗的材质多为小材，材质小因为材质亏缺不能完全而已。材质亏缺也是可以做到以无用为用，但是反而丧失生命。这就像那只山中人家饲养的鹅一样，因为不能鸣叫而被主人烹杀享用。鹅不能鸣叫，也像山中大树不成材质，好像没有达到成为全材，所以不能免于祸患。所以材与不材之间，似是而非，因此又免不了受到牵累。

市南宜僚去见鲁侯，鲁侯有忧愁的容色，市南宜僚说："国君有忧愁的容色，为什么呢？"鲁侯说：我在学习先王的治国之道，治理先君的事业。我敬鬼神，尊重贤能，身体力行，没有休息的时候，然而还是免不了有患难。我因此忧愁。市南宜僚说："国君消除患难的办法很浅陋啊！好比说毛发丰美的狐狸和长着文采的豹子，栖息在山林里，隐藏在岩洞中，应该很安静了，夜里出来行走觅食，白天深居不出，这是在警戒被外袭啊。即使饥饿难耐，但是还是要到较远的江湖之上去寻求食物，这是它们的一定规律，然而总是免不了网罗机关的祸患，它们有什么过错呢？这是它们自己的皮毛惹出来的灾害啊。现在的鲁国难道不是国君您的外皮吗？我希望国君您能够剥离外形、去掉外皮，清心寡欲，而游心于没有人情世故的旷野。南越有个城邑，名叫建德之国，当地的百姓单纯而朴实，没有私心而且缺少欲望，只知道工作创造财富，却不知道积累储藏。给予他人而不求回报，不知道怎么做才合乎义，不知道礼从那里显现出来，任性而为，反而都合乎自然。他们都生活得很快乐，他们死之后都得以安葬。我希望国君您舍弃国事俗务与道相合而行。"鲁侯说："你说的那条路遥远而且艰险，又有江山相隔，我没有这样的舟船车辆怎么办呢？"市南宜僚说："你不要把自身看得很重要，不要留恋身外之物，这就是你通往大道的车船。"鲁侯说："那条道路幽深偏远而且无人行走，谁和我作伴同行呢？我既没有粮草，我也没有地方吃饭，怎么能够到达那里呢？"市南宜僚说："减少您的消费，节制您的欲望，即使没有食粮也足够您到达目的地了。您跋涉于江湖之上，向远方看不到路途的尽头，越向前越找不到它的边际，为您送行的人到江湖岸边就都回去了，您从此越走越远了。所以使用人的就被人所牵累，被人所使用的就免不了忧患。所以唐尧并不使用他人，也不被人使用。我希望能够去掉国君的牵累，消除国君的忧患，只与道遨游于大漠之间，把舟船合拢起来渡河，若有人前来触碰，即使遇到性急的人也不生气。如果船上有一人，为此高呼，躲开，回去。喊一声而不见回应，再喊一声又不见回应，稍等会儿，又喊第三声，若再不回应，就必然会恶声恶气地随即开骂了。当初还有忍耐之心而不怒，而至今却又忍不住要怒骂了，当初能心中空虚待人，而今却心中充满不能容物。人能虚怀若谷，以此待人处物，那么谁还能去伤害他呢？"

　　材质完全的所以就能知天命，知道天命的所以就没有忧患。鲁侯的材质不够完全，就不能知道天命，所以就有忧患的意识而表现在气色上。忧患就是滋生于外物的牵累，鲁侯的外物就是他的鲁国，而他所拥有的鲁国就是他的牵累。这就是市南宜僚要引出毛发丰美的狐狸和长着文采的豹皮，作为具有祸患象征意义的比喻的原因。人如果想使他的国家不能牵累自己，莫若无心于外物而听任其自然而然，不去勉强民力而作为，而是听任其人民自然而然地变化。泛然而遨游于自有所得之境，而又身心处置于至虚至静的旷野，那么他的材质就可以自然完全，而他的作用则归之于无用之地，就进入了辽阔无边的自然之中，这样谁还能做到呢。所以说："如此一来，就遥远了。"

又说：虚怀若谷，心中无物，精神遨游，谁能祸害他呢。这就是市南宜僚告诉鲁侯应遵循深根固蒂、无为清静之道的缘故。

北宫奢给卫灵公收取钱物用来铸钟，在城门之外开始筑坛，三个月就完成了上下两层的制钟坛。王子庆忌见到之后，询问他说："你用的是什么方法？"北宫奢说："一心一意，不敢有其他的想法。我听说，既已雕，既已琢，又要使它回归到质朴。质朴得好似没有知识的样子，又好像存着很多疑问似的。汇聚起来，茫然无视，或者迎来，或者送往。来的不要去禁止，往的也不要去留住。由他自去，曲意少给的随他自便，完全听任自愿。所以天天从早到晚地收取而百姓的心愿丝毫也没有受到损伤，况且还有大智慧的人呢？"

道是由专一所达到的，因为致一而使事物不可以不改变，即使改变而又复归于真一。天生万物而听任其自然生长，成长的事物也听任它自然成长。不增加不减少而与万物没有违背的地方，奉行无为之为、无用之用，就不知道它的终极了。这都是至极之道的玄妙体验，如果得到它的玄妙之处就足以完全生命。这就是北宫奢拿筑坛铸钟这个话题谈论其中的道理的原因。所以说其所谓的大涂即是大道、自然法则、人世情态以及大智慧。

孔子被围困在陈国与蔡国的交界处，七天没有吃到烧煮的热饭了。太公任去慰问他说："你快要死了吧？"孔子回答说："是的。"太公任说："你怕死吗？"孔子回答说："是的。"太公任说：让我尝试谈谈不死的方法。东海有只鸟，名叫意怠。这只鸟呢，迟迟缓缓的，好像没有能力带动身躯飞翔一样。如果成群栖息就夹在群鸟之中，如果一起飞行，行进时不敢飞在众鸟之前，退回时不敢落在众鸟之后，饮食时不敢在众鸟面前争先品尝，一定是吃那些剩下的饮食，所以它在众鸟群中不被排斥，外人也始终不能伤害它，因此能免于祸患。笔直的树木，首先被人砍伐；甘甜的井水，首先被人喝干。你有意装饰才智，用来警世愚俗；修养自己的品行，以显明他人的污浊；光芒万丈，好像高举着太阳和月亮行走，所以就不免于遭到这样的祸患了。过去我曾经听到有大成就的人说：自我夸耀的人没有功果，功果成就而不辞退的就会毁败，名誉显扬的就会有亏缺，谁能够去掉功果与名誉而还给大家呢？使大道流行而又以不显物自居，有德行而又不以荣誉自处，纯纯朴朴，平平常常，同比于世人的愚狂，消形潜迹，弃势捐名，不为功名。因此不求于别人，别人也不求于我。至仁不求声名，你为什么喜欢呢？孔子说：你说得好啊！即刻辞去与他交游的人，离别众位弟子，跑到山水之间，身穿粗布衣裳，饥食野果，走入野兽群中，野兽并不慌乱，走入鸟群之中，鸟群也不乱飞，鸟兽都不厌恶了，何况是人呢？孔子询问子桑雽说：我两次被鲁国驱逐，曾经在宋国被砍伐掉为我遮阳的树木，到卫国不允许居留，在商周之地穷困潦倒，在陈蔡两国交界之处又被围困。我经历这么多的患难，亲朋好友更加疏远了，弟子旧交大都离散，这是为什么呢？子桑雽说：你没有听说过假人逃亡的故事吗？林回舍弃价值千金的玉璧，背着婴儿逃走。有人说：为了财物吗？婴儿的价值极其少啊！为了舍去牵累吗？婴儿的牵累可就太多了。那么，舍弃价值千金的玉璧，而背负着婴儿逃走，为什么呢？林回说：玉璧与人是以利益相结合，婴儿与我是以天性相关联。以利益相结合的遭受到窘迫穷困、祸患利害的时候就互相遗弃了；以天性相关联的，遇到窘迫穷困、祸患利害的时候，就相互收纳对方了。互相遗弃与相互收纳的概念之间相差得很远啊。况且君子之交淡如水，小人之交甘若醴；君子的淡泊却是亲切，小人的甘甜却最易断绝。所以那些没有缘故而结合的，就会没有缘故而离散。孔子说：我诚敬地领受你的教诲！于是轻松缓慢地迈着步子回去了，停止学习，离开书籍，弟子无须再到老师面前揖拜，然而弟子对老师的敬爱愈益增进了。

有一天，子桑雽又说：虞舜快要死的时候，就告诉大禹说：你要警惕啊！形体不如因循自然，性情不如率直而真切。因循自然就不会离失，率直真切就不会疲劳。不离失不疲劳，就不用祈求虚假的纹饰来装扮外形；不祈求纹饰来装扮外形，就必然不再祈求外在的事物了。

庄子身穿一件修补过的粗布衣服，用麻绳捆着破鞋子去见魏王。魏王说：先生为何这样窘困呢？庄子说：我是因为穷，并不是窘困。读书人有才能却没有施展抱负之处，这是窘困；破衣烂鞋，这是贫穷，并不是窘困，这就是所谓的生不逢时啊！你没有见过跳跃的猿猴吗？当它攀爬在楠、梓、豫、樟等大树之上的时候，手揽着树枝藤蔓，在其间快乐得如同做了王，即使有羿和逢蒙这样的神射手，也不能拿它怎样。倘若它们到了柘、棘、枳、枸这些丛生多刺的树木之间，行走就会谨慎小心，内心还恐惧战栗不已，这并不是因为筋骨受到束缚而不灵活了，这是身处在对自己不利的情况下，不能够施展它们的才能啊！现在处在昏君乱相的时代，而要想没有窘困，怎么能做到呢？比干被剖心就是个显著的例子啊。

孔子被围困在陈国与蔡国的交界处，七天吃不到烧煮的热饭了，左边靠着枯槁的树木，右手敲打着枯树枝，歌唱着神农时代社会的风尚，只是有敲击的器具却没有音韵的旋律，他歌唱的声音而又不合于声律。然而敲击之声与人的歌声悠然得使人心舒适。颜回端敬地拱立着，回过头来看着老师，孔子唯恐他显耀自己而夸大其能，或者爱惜自己而陷于哀伤，于是说：颜回，不受到自然的损伤容易，不受到别人的关爱却很难。没有所谓的开始也没有所谓的终结，人与自然规律是一致的。那么，现在唱歌的是谁呢？颜回说：请问先生，怎样才能不受自然的损伤？孔子回答说：饥渴、寒暑、穷困、时运不通，这都是自然界的正常规律，是万物的自然生化，也就是与万物共同的变化。做人臣的都能遵守这样的法则，执守为臣之道的人尤其如此，更何况对待自然的法则呢？颜回又问：什么是不接受别人的好处就难呢？孔子说：开始使用就很顺心，爵位俸禄全都到来而没有穷尽，这是身外之物，所具有的利益并不是原有的，这只是我命运之中在外所遇到的罢了。君子不做盗劫之事，贤人不做窃取之事，我为什么要取得这些呢？所以说：飞鸟中没有比燕子更聪明的了，看到有不适宜的地方，就不再看第二眼，即使是掉落了口中的食物，也必然弃之不顾地飞走。它虽然畏惧人，可是又在人们居住的室内构置居舍生存。颜回又问：什么是无所谓开始也无所谓终结？孔子说：变化的万物却不知道谁是它的替代者，怎么能知道它的终结，怎么能知道它的开始？顺着自然而然的变化去对待它就罢了。颜回又说：什么是人与自然的一致呢？孔子说：人是出于自然的，自然中的万物也同样地出于自然。人之所以不能保全自然的天性，是因为人受后天情欲的影响太深。圣人倒是可以安然地顺应于自然而与自然终结。

庄周在雕陵的园林中游玩，看到一只怪异的鹊从南方飞来，翅膀有七尺宽广，眼目有一寸多长，触碰到庄周的额头而飞落到栗树林中。庄周说：这是什么鸟啊？翅膀虽然庞大却飞不远，眼睛虽然较大却看不清楚。于是庄周提着衣裳轻快地跑过去，手执着弹弓窥测留心它的动静。这时看到一只蝉，正得意地在枝叶的荫蔽之下而忘情于自身所处的环境，有只螳螂正隐藏蝉的背后准备搏取它，螳螂因为有所得，也忘记了自身的形体所处的环境。而那只怪异的鹊乘机抓着螳螂，鹊也因为看到有利可图而忘记了本来的真性。庄周惊叹地说：噫！万物本来相互牵累而致其受到祸害，这就是两种物种因利相互招引所致啊。于是扔下弹弓，反而走开了。看园子的人以为他在偷果子，追逐着责骂他。庄周回去，三天都闷闷不乐。弟子蔺且于是询问他：先生是怎么了，这几天很不愉快吗？庄周说：我守着形骸却忘了自己，眼观着浊水却对清渊迷惑了。况且我听老子说，到一个风俗不同的地方，就要顺应那里不同的风俗习惯。现在我游行到了雕陵却忘记了我自己的身躯，怪异的鹊触及我的额头，降落到栗林之中却因利而失去了本真，栗林的看园之人却又因此辱骂我，我因此很不愉快啊。

外形体质是自然所给予的，是生命所牵累的东西，唯有能忘却外形才足以忘却外物，忘却外物才足以保全生命，生命完全就才以保全有生。唯其不能忘形就不能忘记外物，不能忘记外物就不能保全生命，不能保全生命就不能保全有生。这就是庄周寓言中所说弹弓、鹊、蝉、螳螂的故事。手执弹弓弹鹊，而忘记栗林中的危险，这是被外物所役使而不能做到忘形。螳螂捕蝉而忘了鹊的突袭，这是看到有利可图却不能因利而保全生命。不能做到忘记外形而保全生命，都是不能避免出现忧患的，怎么能够把有生完全呢？所以庄周自省而不出门户，心中不悦是在反省内察啊。

阳子到宋国去，住在旅舍里。开旅舍的人有两个小妾，其中一人美丽，另一人丑陋，丑陋的那一位被宠爱，美丽的那一位受冷落。阳子询问其中的缘故，旅舍的伙计回答说：那位美丽的自以为她美丽，但我不觉得她有多么美丽；那位丑陋的自以为她丑陋，但我并不觉得她有多么的丑陋。阳子说：弟子们记住，行为良善而又能去除自以为良善的行为，到哪里去能不受到人们的欢喜呢。

田子方

田子方在魏文侯旁边陪坐，多次称赞谿工。文侯说：谿工是你老师吗？子方说：不是的，他是我的同乡。他所倡导的往往都很正确，所以我称赞他。文侯说：那么，你没有老师吗？子方说：我有老师。文侯问：你的老师是谁呀？子方说：东郭顺子就是我的老师。文侯说：那么先生为什么未曾称赞老师呢？子方说：他为人纯真，普通人的容貌而内心与自然契合，顺应自然而保持天真，清正而能容物。若遇着无道之人，就会正色开悟他，使人的歪心邪思消除，我哪里配得上称赞他。子方走后，文侯惆怅不已，整天不说话，招呼面前站立的下臣，告诉他们说：深远啊！全德的君子，开启我使用圣智的言论、仁义的行为，想着已经是可以了。我听了子方谈论他的老师，我们的形体好像已经被冷冻而不能活动，嘴巴被钳着却不能说话，我之前所有的学问只不过是粗糙不堪的剩物罢了，看来魏国真是我的累赘啊！

真人内心纯真而不假借于外物，处事具体而又任其自然无为，所以虽是平常人容貌而能与自然契合，清静而不失去正性，所以顺应于自然而能保持真性，清正而足以容纳事物，即使邪僻冒犯，则昭示出淡然无为，以本真自然为宗而使其自行消灭。所以说遇着无道之人则正色以开悟他，使他的邪心妄念自行消除，这都是合乎于道的无名，而无名为天地之始，无名岂能强加名称？所以田子方说：我岂能配得上称赞我的老师呢！子方的老师是如此心境，万物怎么能牵累他呢？这就是文侯自我嗟叹他所学的并不是大道，而魏国却是他最大的负担。

温伯雪子去往齐国，住在鲁国的旅舍里，鲁国有人想要见他。温伯雪子说：不可以，我听说中国的君子，明白礼仪却缺少解人的内心，我不想见他。到了齐国，返程中又歇足在鲁国，这个人再次请求见他。温伯雪子说：上次求见我，这次又求见我，一定是有什么话要对我说吧。出去见了客人，回来却在叹息。第二天，再次会见客人，回来之后还是叹息。他的仆人说：每次见了客人，一定叹息，为什么呢？回答说：我已经告诉过你们了，中国的百姓都明白礼仪，而短于了解人的内心。刚才求见我的那个人，进退言行全都合乎规矩礼仪，从容不迫犹如龙行虎步。他进谏我时，如同儿子孝敬父亲；他教导我时，好像父亲训诫儿子。因此而叹息。

孔子见了面却不说话，子路说：我们想见温伯雪子很久了，见到他了却不说话，为什么呢？孔子说：像这样的人啊，眼睛所到之处就是道存在的地方，已经不需要用语言再说出来了。

所谓的真人，敦厚而朴实，胸襟旷达如同山谷，深奥玄妙得如同万物的原始状态，不可以用智慧聪明去揣测度量，也不可以用语言去交流。温伯雪子如此的言行，致使孔子见面之后不能再用话语来言谈了。孔子见面却不能言谈是因为有了心得，有了心得就不必要再用语言交流了。

颜回询问孔子说：先生慢步走我也慢步走，先生快走我也快走，先生飞奔我也飞奔，可是等到先生狂奔飘逸而断绝风尘的时候，我却只能瞪眼睛落在你的后边了。孔子说：颜回这是怎么说呢？

孔子进入道的境界了，颜回只是明白了道的人。进入道的境界的人，已经达到真性空灵，这就是为什么说狂奔飘逸断绝风尘而使众人不可以达到。明白道的人，尚未达到真性空灵，这就是快步奔跑而瞪目结舌，似乎落在后边的缘故。不可以达到就是独自为圣人，瞪目结舌似乎落在了后边，就可以继圣人之后。这就是孔子之所以为万世之师表，而颜回之所以为亚圣。

先生不用说就能取得信任，不用比较就很圆满，没有地位而人民就蜂拥在他的面前，却不知道这到底是为什么。孔子说：你为什么不去观察呢？没有比心死更大的悲哀了，而人身体的死亡都是次要的。太阳出于东方而又落于西方，遥远的天际，万物没有不顺应这个方位的。有眼有脚的人，看到太阳出来就行事作为，太阳出来就生活，太阳落山就休息。万物也是一样，有的自然而死，有的自然而生。

孔子对待人物因其诚信可嘉，所以有不言而信任；因为他忠实，所以不用比较就处事圆满；即使无地位而民心仍然所向，这就是圣人的所为。

我一直传授你实际的东西，你却不能彻悟其中的道理，只是相互比较去做，这样的话就是日夜不停息地学习也不知道事物内在的真谛。你只看到表面有形的事物，却又不能把它们放在眼前细看。我因此每天告诉你即使我全身心地教导你，一旦有不到之处，岂不留下遗憾吗？你对此怠慢了吗？所以我要彰显它。他们都以为没什么可学了，而你却仍然寻求它的存在，这就好像是在空旷的集市上寻求马一样，我心中的你很快就被遗忘了，你心中的我也很快就被遗忘了，即使这样你有什么忧患吗？虽然忘了过去的我，我还有不被人忘记的存在。

自然界造就万物，我也因此禀受它而有形体，而反过来我又依赖于自然界而生存。禀受它而成其形体，并不可以随心改变，等待事物的终极而后才能停止，这样就未足以免于忧患牵累了。所以圣人胸襟豁达乐观，而且忘其形体的牵累，所以要达到无我无为的境界了。

孔子去见老聃，老聃刚洗完头发，正披散头发等待着晾干，凝神不动好像木头人一样。孔子就到外边等待他，过了不久见了面，说：我是眼睛花了呢，还是真的呢？刚才先生形体矗立不动，如同槁木，又好似遗世而独立于物外的人。老聃说：我游心于万物的本始。孔子说：为什么这样说呢？回答说：内心困惑而不能明白，口关闭而不能言语，试着给你说个大概吧。

万物的初始是没有的、虚无的，虚无就是道的真实体现，而与万物却并不关联，老聃所以可以游心适宜了。孔子称老聃形体如槁木，又似遗世独立而超然物外、离尘弃世之人。离尘弃世之人，是出于非人的境界了。立于独立之处，进入了与自然合一的状态，这就是老聃的神妙之处。

至阴寒冷，至阳炎热；寒冷生于天，炎热出于地。至阴与至阳相互交流成为和气而万物化生；或者是万物遵循的规律，却看不到这种规律的形象。消减与增长，盈满与亏虚，一时隐晦一时圆明，每天更改，每月变化，每天有所作为却不见它的功德。生发有所始萌，死亡有所依归。开始与终结虽然相反，却又是没有开端的循环往复，没有人知道它所穷尽之地。如果不是这样的话，那么谁是它的开端呢？

一阴一阳之谓道，道生阴阳，阴阳化分而道被彰显。然而独阴是不可以有所成的，独阳是不可以有所生的，必然阴阳的交通融合，然后万物才可以生成。所以说至阴是寒冷的，至阳是炎热的；寒冷的主阳出于天气，炎热的至阳出于地气，两者互为交通成为和气则万物化生。天为阳，地为阴；寒冷出于天，炎热出于地，以此可见阴阳相为交通的道理了。

孔子说：请问游心于此的境界。老聃说：能游心于此是至美至乐的事情，体会至美而又游心于至乐的称为至人。能完全领悟道的，能完全保养生命，能全命的人则可谓快乐莫大于此了，老聃因而有至美至乐的语言。道就是天下极其美好的了，生命是万事之中最为快乐的了。极其美好的出于道，然而人们却视之不见；最为快乐的是生命，然而人们却听之不闻。能入于道的人，就可以全命，只有能够体会到美好的，才可以快乐。两者若不是圣人就不能兼得而完备，所以得到至美则可以游心于至乐，非至人则不可。

孔子说：希望听到关于它们的方法。回答说：吃草的兽类不急于变换草泽，水中的昆虫不急于变换水地，行为稍有变化却不失去根本的常规。喜怒哀乐的正常疏解是不会进入胸中的。天地是万物统一依赖而生存的环境，得到这个万物同为依赖的一，那么自身的四肢百骸将化为尘垢。而且死与生、终与始，必将被看作昼夜阴阳的变化，而没有万物能脱离它的，更何况得与失、祸与福，还能介于胸怀吗？舍弃得失祸福如同舍弃泥土，知道自身的安危比得失祸福更加可贵，可贵之处在我自身却不会因为变换而有所丧失，况且万物的变化是始终没有穷尽的。谁能让你内心产生忧患呢？只有修道的人才能够解释它。

天下万物同为道所化生，而同得于一道。人若能明白得一的玄妙就可以做到无为。无为就是无我，无我则形体骨骸如同遗弃的粪土，把死与生看作往与来，都不能成为牵累我的负担，难道说得与失、利与害还可以侵入我的内心吗？所以说：天下是万物共同所依赖生存的一个环境，是万物所共同需要得到的一个环境，得到这个一，四肢骨骸又可看作尘垢，而死生终始也将被看成昼夜往来的变化，万物却不能脱离这个变化，更何况是得失祸福，还有什么值得介怀呢。孔子说：先生德配天地，还用至言让我修心，古代的君子，哪个能配得上谈论他们呢。老聃说：不是这样啊，水到涌流的程度，也是出于无为自然。至人的德，不需要修饰而万物自然不会脱离它，就好像天自然地高上，地自然地厚重，日月自然地明照，它们有什么修饰呢？孔子出来告诉颜回说：我孔丘对于道啊，就好像腌咸菜瓮中的小飞虫，若不是先生启发我的蒙昧，我哪里知道天地的大全呢。

庄子去见鲁哀公，哀公说：鲁国儒士很多，很少有学先生方术的。庄子说：鲁国儒士很少。哀公说：鲁国全都身穿儒士之服装，怎么能说儒士少呢？庄子说：我庄周听说，儒士中戴圆帽的人，知道天时；穿方鞋的人，知道地形；腰中用五色丝带系有玉佩的，有事可以临机决断。君子有这种方术，未必都要身穿这种服饰；身穿这种服饰的人，未必知道这种方术。你若不以为然，为何不号令全国之人，说：没有这种方术而又身穿这种服饰的人，以死罪论处。于是哀公即刻颁布政令，五日之后鲁国之内没有人再敢身穿儒士服饰了。只有一个男子，身穿儒服站立在哀公居住的宫门之外，哀公即刻召见，向他询问一些国事，千转万变而对答不能穷尽。庄子说：你们鲁国只有一个儒士而已，可以说多吗？

百里奚不把爵位俸禄放在心里，所以养牛而牛肥，使得秦穆公忘了他出身卑贱，而将国家政事给他。有虞氏不把死生放在心里，所以能激发触动他人。

宋元君想要画图，各位画师全都到来，受命之后揖拜而站立，润笔调墨，在外面没有进来的还有一半。有一位国师后到，安闲缓和的样子，并不急于凑上去，虽然受命并不揖拜主人，随即返回宿舍。国君派人去看他干什么，只见他解开衣服，盘腿坐着。国君说：可以啊，他就是真正的画师啊。

文王在臧这个地方，看见一位老人在钓鱼，然而他钓鱼的情态又不是为了钓鱼，他不是执掌着钓竿在钓，只是把钓竿拿在手里，有钓鱼者的正常形象罢了。文王想把国家的政务都授予他管理，又恐怕引起众位大臣和父兄们的内心不安，后来又想放下这个心意，而又不忍心看到黎民百姓不能安居乐业。于是第二天清晨就嘱咐大夫们说：昨晚我梦到一位贤良的人，面容稍黑，长着胡须，骑着杂色的马，马蹄的一侧是红色的，号令我说：把你的政务交与那位臧地的老人，这样或许百姓的灾难可以得到挽救。诸位大夫皱着眉头，恍然醒悟地说：那是国君的父亲啊。文王说：那么就占卜看看吉凶。诸位大夫说：国君父亲的命令，不要有所疑虑了，又何必再占卜呢？于是迎请臧地钓鱼的老人，把国家的政务全都托付于他。典法政令不更改，偏颇的律令不再发布。三年之后，文王视察全国，看到列士不培植朋党，官吏不彰显个人功德，商旅没有欺瞒之心。列士不培植朋党，便是崇尚同心协力；官吏不彰显个人功德，便是同心同德；境外度量衡不进入边境，便是诸侯没有二心。文王于是拜他为太师，面北站立，向他请问说：政务可以推行到天下吗？臧地老人沉默而不回应，漫不经心地把朝政使命都辞退了，当晚就隐遁找不到人了，之后再没有他的音讯。

颜回问孔子说：文王还不能让众臣信服吗？又何必假托是梦呢？孔子说：保持安静，你不要说话，文王已经很尽心了，你又何必拿话讥讽他呢？他只不过是顺着众人的情绪，做了一时的调节而已。

所谓鲁国多儒士、周邦多能臣，等到作为的时候，得到的只有一位儒士、一位老人家而已。所以鲁国得到一儒士，而哀公咨询国事千转万变而应对不能穷尽；周得到一位老人家，而文王把国家政务授予他处置，致使国境、诸侯没有二心。就是这两人，内心修养充实了，实际运用起来就可以富富有余了。所谓才智完全而施德于无形之中。

列御寇给伯昏无人表演射箭，拉满了弓之后，又在肘臂上放一杯水，刚发出一支箭，接着又发一支箭，第二支箭刚发出去，紧接着又一支箭已搭在了弦上。列子在这个时候，神志就好像木偶人一般。伯昏无人说：这是有心之射，并不是无心之射。我想和你登上高山，站到危险的石头上，身临百丈深渊，你还能这样射箭吗？于是伯昏无人就登上高山，踏在危险的石头上，身临百丈深渊，并且背对着百丈山崖向后退步，脚的三分之二悬空在山崖边上，揖请御寇到他身边来，御寇跪伏在地上，冷汗直流到脚跟。伯昏无人说：所谓的至人，上可以窥测青天，下可以潜藏于黄泉，遨游八极，神气不变，现在你却惊惧地目眩心跳，你射中的机会就不多了。

至人潜隐而不窒塞，所以都可以满足；放浪形骸于天地之外，而不执着进入形器之内；忘却了危险，哪里还有惊慌失措的情形呢？这就是伯昏无人说至人可以窥测青天、潜藏深渊、遨游八极而神情气色不改的原因。

肩吾问孙叔敖说：你三次做了令尹却并不以此为荣耀，三次离开此职也没有忧虑之色。我开始还怀疑你，现在看你的眉目之间欣然有得的样子，你是怎么做到的？孙叔敖说：我有什么过人之处呢？我以为爵位的到来不可以推辞，爵位的离去也不可以使它停止。我认为得到和失去并不是因为我，所以没有忧虑之色而已，我有什么过人之处呢？况且还不知道是令尹的原因呢，还是我可贵的原因；如果是在于令尹就和我无关，在于我的话就和令尹无关。我身心愉悦环顾四周，哪里还讲究人世间的贵贱呢？孔子听到之后说：古时候的真人，有智慧的人也不能说动他，美人也不能使他淫乱，强盗也不打劫他，伏羲、黄帝也不能和他成为朋友。死生虽然是人生的大事，也不能使他改变什么，何况是爵位俸禄这样的身外之物呢？像这样的人，他的精神经历大山而没有阻隔，进入深渊黄泉而不能被浸濡，身处卑下微细而不会疲惫，精神充满于天地之间；他越是给予人，自己收获的越多。

楚王和凡君同坐，不大一会儿，楚王身边的人三次说：凡国灭亡了。凡君说：凡国的灭亡，还不足以丧失我的存在。如果凡国的灭亡还不足以丧失我的存在，那么楚国的存在还不足以使它存在。从这个方面看，就是说凡国还没有灭亡，而楚国也没有存在。

至人是把形体骸骨作为暂时寓存寄放在世上的，把生与死作为来住世间的一个标记，何况是身外的爵禄轩冕之类的东西呢？这就是孙叔敖有三次入仕、三次辞职，而始终没有因为失去荣华富贵而有忧虑之色的缘故。荣华富贵是身躯的微末寄托罢了，当它来的时候不可以推辞，当它离去的时候也不要阻止，来去都在于荣华富贵本身而不在于我们自身。所以说我没有把得与失放在心上。得与失既然不是我所求，那么我又为何在得与失之间有忧患与喜悦呢？所以说没有为此而忧色的。这就是孙叔敖能忘掉身外之物，孔子引用古代的真人而称赞他的原因。

知北游

恍惚窈冥，寂寞希夷微妙，是至道的真体。真体固然不可以用情去求得，也不可以用智慧去窥测，只有用无为无识无知才可以得到，庄子因而有《知北游》。

知，向北游历到玄水的高处，登临隐弅的丘山，此时恰好遇到无为谓。知对无为谓说：我想向你问些问题，怎样思想、怎样考虑才能明白道？怎样处世、怎样保身才安心于道？用什么方法、由什么途径才可以得道？三次询问，无为谓都不回答，不是不回答，而是不知道如何回答。

知得不到回答，又反方向去白水的南边，登临狐阒山之上，看到了狂屈。知又以同样的问题询问狂屈，狂屈说：唉！我知道应该怎么回答你，正要想告诉你，却又忘了要想说的话了。知又得不到回答，回到了帝宫，去见黄帝，向他询问。黄帝说：不要思想，不要考虑，才开始明白道；不用处事，不要保身，才可以安心于道；不用方法，不要途径，就可以得道。知又问黄帝说：我和你知道，他们和他们不知道，那么是谁正确呢？黄帝说：那么无为谓是真正对的，狂屈还差不多，我和你终究还不近于道。知道的不会言说，言说的并不知道。所以圣人施行不用言语的教化。道是不可以招之即来的，德是不可以轻易达到的，仁是可以有所作为的，义是可以有亏缺的，礼是内涵虚伪的。所以说：失去了道而后才使用德，失去了德而后才使用仁，失去了仁而后才使用义，失去了义而后才使用礼，然而所谓的礼，却是道的外衣而且是祸乱的开端。所以说：一心向道的人，每天都在减损欲望，减损了又减损，以至于达到无为，达到了无为的境界之后就可以无所不为了，没有事情不能为了。现在我们都是道的派生物了，想要复归于根本不就困难了吗？如果说容易，也只有是得道的大人吧。生是死亡的继续，死是生命的开始，谁知道其中的规律呢？人之有生，是气的凝聚，气聚就成为有形的生命，气散失就是生命的死亡。如果死与生是相互连属的，我还有什么忧患呢？所以万物是一致的。就是把那些美好的称为神奇，把那些丑恶的作为臭腐，臭腐也可以再次变化为神奇，神奇也可以再次变化为臭腐。所以说天下就是由一气通贯的，圣人因而珍惜这个一。知对黄帝说：我询问无为谓，无为谓不回答我，并不是不回答我，而是不知道回答我。我询问狂屈，狂屈心里想告诉我而不告诉我，并不是不告诉我，而是心里想告诉我，却又忘了要告诉我了。现在我想向你请问，你知道回答了我，却又何故说与道不够接近呢？黄帝说：无为谓是真正的知道，原因就是他不知道怎样回答你；狂屈差不多相似，原因是他想说出来却又忘了怎么说。我和你终究不接近于道，就是因为所谓的知道勉强地给以解释。狂屈听说之后，认为黄帝是知道才如此说的。

智慧的人常以聪明阳光而彰显他的明白。北方的位置说的是阴寒水居之地，就是说明那个地方的晦暗。若能不使用明达而自我隐晦不显，就进入了至道的玄妙之境了，所以知向北游历于玄水的丘山，到了隐弅的山陵，才遇到无为谓。所说的无为，也未能免于有为，未免于有为就不足以知道，这就是他之所以不回答自己本就知道的问题。知因为无为谓不回答，又急于使自己阳光明亮，而且要进一步想弄清楚他的问题，所以又返回到白水的南边，登临狐阒山之上，而看到了狂屈。白水之南，就是阳光普照大地明亮之域，狐阒山之上，是指心中疑虑而不能有所果决，狂是说的有所取，屈是说的有所伸，也没有达到无为的境界，没有达到无为的境界就不足以对道有所了解。知因为二位都不知道道，以为不是圣人就不可能明白，所以又到了帝宫而请问黄帝。黄帝是公认的圣人，足以明白知所谓的至道了。所谓何思何虑就是没有心思没有考虑，何处何服就是没有外在的形体，何从何道就是没有方法没有途径。没有心思就可以达到至虚，没有形体就可以达到真空，没有方法就可以达到至妙，至虚而道所以聚集，所以说就明白道了。真空则道所以可以留存，所以可以安于道，至妙就是道所在之处，所以说可以得道。这三种内涵，不是圣人就不能解释它。所以黄帝说：我和你知道他们不知道。无为谓、狂屈都是庄子以名字来寓意的。

天地有大美好而不言语，四时有明显的规律而不议论，万物有生成的道理而不游说。圣人体察天地的大美而通达万物的情理。因此说至人顺应于自然，圣人不妄自造作，这是因为他们都效法于天地。天地神明莫测，精纯无比，万物因它而变化不已。或死或生或方或圆，都不知道它们的根本。生生化化而万物自古就一直存在。上下四方六合是巨大的，还没有脱离它的范围。秋毫虽然微小，同样依赖它而具形体。天下万物没有不因它而沉浮变化，却又不是终身不变的。阴阳四时的运行，都各自有它们的秩序。仿佛是没有却又是存在的。自然造化没有形体却又很神奇，万物受到蓄养却浑然不知。这就是万物的原始根本，以此可以观察自然之道了。

知道的人不因此而言语，言语的人也不一定知道。所以天地依自然之道而生化，然而并不曾晓谕人们有天覆地载的功绩。四时顺应道而运行，然而并不曾告诉人们有寒冷暑热的日期。万物由于道而生出，也并不曾给人们说有生长成熟的道理。所谓圣人可与天地的德相合，可与四时的秩序相合，通达周遍万物之情而且与道暗合，也不曾谆谆教导以谕示人们。所以圣人体察天地的大美，而又通达万物的道理。因此至人无为，而听任自然而且无所不为。大圣之人之不执意地造作，而是依照自然而然，付之于自然而成，自己并没有什么可运作的。这就是至人、圣人合于天地的不言语，所以说他们是观察顺应于天地生生之道的。

嚙缺向被衣问道，被衣说：如果端正你的形体，专一你的视觉，自然的和气就要到来；收摄你的智慧，专一你的揣度，精神聪明就要居住，德性将要为你完美，道气将要为你安居。你幼稚纯粹得如新生的小牛犊而不求其中缘故。话还没有说完，嚙缺就睡着了，被衣非常高兴，边走边唱就离去了，歌中说："形体如同枯槁的树木，内心如同熄灭的灰烬。他的确觉悟到了道的真实，不再执守成见，恍惚冥渺的状态，没有心机而不可以和他谋划，他是什么人呢？"

端正你的形体，就是说使你的形体免于过度劳累；专一你的视觉，就是使视觉不再成为滋生欲妄的地方。不要劳动你的形体，就可以使得形体完全；不见身外可以生欲妄的事物，精神就可以复元。形体完全精神复元，就与自然合而为一了。所以说自然的和气就要到来，收摄你的智慧聪明，达到无思无为；专一你的揣度，使之做到不增益、不损伤，无思无为就可以返朴还淳了；不增益、不损伤就可以完全纯真了。反朴而全纯，精神就不亏缺了。所以说精神即将来住舍，德性将要为你而完美，是因为要邀游于自得其乐的场所，道气将要因你而安居，就是可处于至虚的境域。你纯粹天真得如同新生的小牛犊而无求于人情世故，即所谓复归于元始之初，这都是入道的真理。所以嚙缺马上领悟而内心有所得，话未说完就在睡眠之中了。

舜询问丞说：道可以获得而拥有吗？回答说：你的身体并不是自己所拥有的，你从哪里获得而拥有道呢？舜：我的身体并非是我自己拥有，谁能拥有它呢？回答说：这是天地所委托而赋予你的形体；生命并非你自己所有，这是天地所委托而赋予你的和气；性命也并非是你所拥有，这是天地所委托顺应于自然罢了；子孙也并非是你所拥有，这是天地所委托而蜕化的结果。所以说：行为不知道往哪里去，处所不知道如何依恃，饮食不知道有什么滋味，只有天地之间气的运行，又怎么能够得到而拥有呢？

孔子请问老聃说：今天比较清闲，想请教您什么是最高尚的道。老聃说：

你要斋戒，然后就可以疏通你的心灵，洗涤你的精神，去除你的智慧。

道是晦涩而难以言说的啊，我只能给你说个边际大略而已。光明显耀生于暗昧阴冥，有轮廓的东西是从没有形象中生出来的，精神是从道生出来的，有形质的东西是从精气中生出来的，而万物都是从分类而别有的形象中产生出来，所以说：九窍的物种属于胎生，八窍的物种属于卵生。它们出生时没有踪迹，它们离去时也没有时限，没有门路，没有留止，四面而皇皇通达。顺应这个道就四肢强健，思虑明达，耳目聪明。它的用心不会劳累，它适应于万物而应化无方。天不得不高远，地不得不广大，明不得不运行，万物不得不昌盛，这就是我说的道啊。

学问广博不一定有真知，善于论辩不一定是真智慧。圣人已经断然抛弃这些了。倘若增加了却看不出有所增加，亏损了却不知道亏损，这是圣人所要保持的。道渊深得像大海一样，巍峨得似大山，从终极又回到了开端，运行万物而始终不疲惫。然而君子之道只能呈现于外吗？万物都因它资助而不匮乏，这就是道啊！

中国有这样的人，不偏于阴，也不偏于阳，身处于天地之间，率直地为人，将要返回到宗本。从其根本来观看，生命都是由气暗自凝聚而成为一个物种，虽然有长寿和短命的，能有多大的差别呢？与自然相比都是顷刻之间而已，哪能还去分别尧与桀的是与非呢？瓜果也有它的道理，人世伦理虽然较难，还是可以分出秩序的。圣人遇到人情世故也不会违背，有了过失也不会拘守。调和而顺应便是德，相机适应便是道。帝就是因它而兴，王就是因它而起。

人生于天地之间，如同是小白马在细小的缝隙飞驰而过一样，忽然而已。万物蓬勃茂盛没有不生长的，枯萎衰败没有不死去的。已然变化而生长，再次变化而死亡。生物因此而哀伤，人类感念而悲痛。解脱自然的束缚，而又坠落于自然的怀里。千变万化，形神即离，魂魄将归，身体随着不存，这岂不是大的返本吗？因无形而变为有形，又因有形化为无形，这是人们知道的，并不是求道的人所作所为，这是人们共同议论的话题。得了道的人就不议论了，议论的人往往是达不到的。明显的见解并无价值，议论反而不如沉默。道是不可以闻说的，闻说反而不如闭塞而不闻，这就是称为对道大的获得。

老聃本来就是神形俱化之人，其中的玄妙所以无与伦比，而其中的内涵所以不可揣测。和孔子谈论道的要妙，自精辟处而至于世俗人粗俗的言论，从无中而谈论到有，所以开始就讲光明彰显生于晦冥阴暗，这是所谓寓意天地生于混然一气有成像的开始。有天地然后才有人伦，有人伦然后才有万物，而后君臣帝王之道没有不具备的，这是大道生成之后的结果。然而道是不可辩论的，辩论它不如不辩论，所以辩论不如沉默持守；道是不可以听闻的，听闻反而不如不听闻，所以听闻还不如闭塞听闻。不辩论不听闻就达到了无为，做到了无就有心得了，这就是最大的获得。老君与孔子谈论道，而始终的秩序观点是这样的。

东郭子问庄子说：所谓的道在哪里呢？庄子说：道无所不在。东郭子说：具体在哪里呢？庄子说：蝼蚁里。询问说：为何这么低下呢？庄子说：在野草里面。询问说：为何愈发低下了？庄子说：在破砖烂瓦里面。询问说：为何愈来愈低下了？庄子说：在屎溺里面。东郭子不说话了。庄子说：先生的问话，本来就没有触及本质。正如有个名获的人，询问监督市场的官吏，脚愈往下踩愈知道猪的肥瘦一样。除非你不明确具体事物，至道是不能脱离事物的。道是如此，伟大的语言也是如此。"周""遍""咸"这三个字，虽然字与音不同，其实质所指是一样的。尝试着一同遨游于无何有的地方，共同合议而辩论，道是没有终止穷尽的。尝试着一同达到无为、自然的境界吧！清静而恬淡吧！恍然而虚空吧！全和而舒适吧！我的胸怀广大，没有我不能容纳，而又不知道它要到哪里去，去了又来却不知道它要停在哪里。我往往来来却不知道它的终点。遨游于至虚之境，即刻进入大智之中而不知道它的穷极。使用物的与物没有界限，而与物有界限的就是所谓事物是有界限的；没有界限的界限，就是有界限之中的没有界限。说道盈虚，也就是说道使事物有盈虚，而道自身却没有盈虚；道使事物有衰杀，而自身并没有衰杀；道使事物有本末，而自身却并没有本末；道使事物有积散，而自身却并没有积散。

妸荷甘与神农同时向老龙吉求学。神农大白天关着房门靠在几案上睡觉，妸荷甘中午时分推房门进来说："老龙死了。"神农离开几案拄着拐杖起来，突然放下拐杖笑着说：先生知道我僻陋散漫，所以丢下我就死了啊！先生没有留下启发我的名言就死了吗？弇堈吊听了说：能体现出道的人是当今天下君子所归向的。现在老龙传给我们的道，只是秋毫末端的百分之一，还没有得道，就是珍藏在老龙心中的名言也没有留下一句，老龙就死了，更何况是那些体道的人呢？道这个东西，看它却没有形象，听它却没有音声，和人谈论道的都说它是恍惚杳冥晦涩难懂，是说不清楚的，所以论道的并非道。

道是万物所遵循的法则，在体而为体，在用而为用，无名姓、无踪迹而无处不存在。从有的观点去看，就足以知道它的关窍；从无的观点去看，就足以知道它的玄妙。虚空宁静、辽廓遥远而且没有终点和开始，这是道极其玄妙的道理。东郭子不知道它的缘由，而询问道具体在什么地方，所谓被蒙蔽在一些小的方面了，蒙蔽在一处就不能知道得更加深远了。所以庄子回答说，道无所不在。

泰清问无穷说：你知道吗？无穷说：我不知。又询问无为，无为说：我知道。又问：你所知的道也有数量吗？回答说：有。又问：它的数量如何？无为说：我所知的道可以尊贵，可以卑贱，可以收束，可以开散，这就是我所知道的数量。泰清又拿这些话题询问无始，说：如果是这样，那么无穷说的不知，和无为所说的知，哪个是正确的，那个是错误的？无始说：说不知道的，他的内涵就深了；说知道的，他的内涵就粗浅了。说不知道的，他本身已内存着道了；说知道的，都是在道的表面。于是泰清以为此话中肯，而又叹息说：不知道就是知道，知道的就是不知道，谁能知道不知道之中的知道呢。

道是无所不在的，天地万物因道而后有所成，只是不可以言传，不可以拿出来看看罢了。所以圣人知道而不言论，得到它而不拘执于己见，这是无穷回答泰清不知道的原因。不知道就是深刻地知道，深刻地知道就是内心已经得道，这是无始之所以有不知道的话之深意。不知就是因为内已知的言语，然而泰清以为无穷真不知道，所以又再次向无为请问，无为就未免于有所作为，因此回答泰清说：我知的道，可以贵尊，可以低贱，可以集聚，可以离散。所谓知道的，都是知得比较浅显而已，知得浅显是因为得之于身外，这是无始所以说知道的浅显啊，知道的都是身外之事的言语。然而所谓的无穷就是没有它的穷极之地，无始就是没有它的开端，这两位能知道关于道的话题，所以泰清能觉悟而且高兴地相与欢悦。

无始说：道不可以听闻，听闻的都不是道；道也不可以看见，看见的也不是道；道不可以言传，言传的也不是道。知道有形的事物是来自无形的吗？道不应当有名称。

道，若想听是不能闻其声的，看它也不能见，抚摸它也不可以得到。因此若可以听闻，就不是我们所说的道，可以看到的也不是我们所说的道，可以说出来的也不是我们所说的道。不可以闻听，不可以看见，就是没有形象中的形象，所以说有形中的形象是生于无形之中。不可以言传，就是没有名姓的名姓，所以说道不应有名，有名者非道也，故老子强名曰道。

无始说：有人询问道，而回答的人，是不知道的表现，即使那些询问道的人，也同样没有听说过什么是道。道是不能问的，问了也不能回应。本来不能询问的问题却要询问它，这是无益的询问；本来不能回答的问话却一定要回答它，这是没有内涵的回答。用没有内涵的问题来对待无益的询问，外面不能洞察宇宙，内在不能知道本初，因此他的修养不能超过昆仑，不能遨游于太虚。

道极其玄妙，不可以询问，没有形象而不可以言传。道既不可以询问而勉强询问，就是他所询问的问题有最终的结论；既然不能回答而勉强回答，就是所回答的问题是道之外象而已。所以不能回答却要回答是无内涵，无内涵就是所知不深；有最终的结论，说明所有见识不广博。如此这般，岂能通达于无穷无尽的自然，而明了于无始本初之初，逍遥于广漠之原野，放纵于无何有之乡呢？所以说：用没有内涵去对待可以终穷之言，它的结果是外不能观宇宙，内不能知本初。他的修养是不能超越至高，不能洞达明彻而放浪于形骸之外的。

光曜问无有说：先生您是有呢，还是没有呢？光曜得不到无有的回答，就仔细地审视无有的形态表情，期待了好一会儿，在无有身上好似空无一物的样子，整天看着他也没有任何发现，期待听他说什么却始终不说话，又想用手抚动他，而始终又没有下手。光曜说：达到最高的境界了，难道有谁还能达到如此好的境界吗？我已经有无的概念了，却不能做到使心中的无进一步到实际的空无之境，等到了无的境界之中，又生出了有来，又从哪里再达到无的境界呢？

大司马家有一位捶制钩带的工匠，年纪已经八十岁了，制作的钩带没有丝毫的错误。大司马说：你的巧妙就如同有道啊。回答说：我是讲究规则的，我二十岁的时候就喜欢捶制钩带，不关心其他的事物，不是钩带就不去观察。我因为心无旁骛，专心致志，不在其他方面分心，才做到这个程度。以我的所长而得其所运用，更何况是无为而无所运用的呢？万物谁不资助他呢？

光曜是喻意明智，无有是喻意真空。以明智的状态而求得真空，只能是可以达到知的精浅微小的程度。然而知其粗必能达到精，知其微必能达到玄妙。而达到精妙，则自然知道他的学问仍然有所不足。只有到心中之无，而不能做到实际的空无。真空的玄妙道理，都是从虚静空无得到的，并不是因为后天的学问而得到的。

冉求问孔子说：天地没有生成的时候，可以知道吗？孔子说：可以，古时候和现在是一样的。冉求的问题没有明确答复，便退了回来。第二天，再次见孔子说：昨天我问先生，天地没有生成的时候，可以知道吗，先生说：可以，古时候和现在是一样的。昨天我明白，今天我却糊涂了。请问这是为什么呢？孔子说：昨天的明白，是因为心神在领受；现在的糊涂，是在为具体形象而求问的。倘若说，没有古代，没有现在，没有开始，没有终点，没有子孙之前已有了子孙，可以这么说吗？冉求没有应对。孔子说：好了，不要回答了。不要因为有生而厚生却至于死，不要因为有死而忘死却至于生。死与生是有期待的吗？死生都是一个整体，有先于天地而生的物种吗？使物种化生的并不是物种，物种的出生不能先于道，是道化生了天地万物。道化生了天地万物却并不彰显自己。圣人爱人也始终不彰显自己，也是取法于道生育天地万物的法则。

昨天的明白就是与道的暗合，所以称为心神领受，现在的糊涂是欲求得形象的结果。道的妙体就是无古无今、无始无终，通达道的妙体，就进入不生不死的境界，这就是为什么孔子不求得冉求的回答，而直接说："不以生生死，不以死死生。"

颜渊询问孔子：我曾经听先生说："不要有所送，不要有所迎。"请问其中的道理。孔子说：古时候的人们亲切而内心凝静，现在的人们内心不定而外表冷漠。应接事物的变化，内心专一凝静而不变，化与不化都能安然顺应，相与变化的也必然不随意加多。稀韦氏的苑囿、黄帝的苗圃、有虞氏的宫殿、汤武的居室、君子一样的人、儒墨的师长，还要用是非的言辞相互攻击，更何况是现在的人呢？圣人与物相处而不伤害物，不伤害物的，物也不能伤害他。唯有无所伤害的人，才能与他人相为迎送往来。山林啊！原野啊！使我欣喜而快乐啊！快乐还没有结束，哀伤又继之而来，哀伤和快乐的到来我不能抵御，它们的离去也不能阻止。悲叹啊，世上的人都只不过是把自然界当作临时的客舍而已。知道所遇到的却不知道所遇不到的，知道能力能够做到的却不能够知道所不能够做到的。有的不知有的不能，本来就是人们所不可免的，如果一定要避免于人们所不能避免的事情，岂不可悲吗！

外在变化而内在凝静不变的，心得于道，而形神自然与道冥合；内心不定而外表冷漠的，心务于求道，而形神不能顺应。与万物相应的，内心凝静不动，大概能与万物整齐同心，而且抱元守一，诚实不变。有化有不化的，听任其自然的变化而不要勉强其变化。与自然相应而变化的，无心于外物，而且不与外物相忤。与物相应而化不加多的，只求于自然安适而不求其有余。

至极的言语是无言，极致的作为是不为，若想要让人们的知识都相同一，那么这样的知识就比较浅显了。

庚桑楚

能达到极致玄妙之道的，就要处于无为之事，听任于自然法则，不用期待万物的变化而万物将自然变化。

老聃的弟子中有个叫庚桑楚的人，唯有他得了老聃之道，在北方的畏垒山居住。他的佣人中有炫耀自己智慧的，即被辞去；他的侍女中有标榜仁义的，即时使她远离。敦朴的则和他同住,勤劳的被他役使。过了三年,畏垒庄稼丰收,畏垒的人民相互说:庚桑子当初来的时候,我对他感到惊奇而有异。现在我以时日来看他却显得有不足,而以岁月来看他却是有余。他差不多就是圣人了吧? 为什么不一起推举他为主,敬奉他的为人呢? 庚桑子听到让他南面做君主,他却很不愉快。

老子之道以真空为体,以妙有为用,若不是至人,谁能心领神会呢? 庚桑子可以称为至人而能达到真空妙有的情趣。得到真空就可以做到至虚,达到妙有就可以做到至静。虚静无为,就可以与天地同其流行,阴阳同其和气,于物不迁,而所处之地皆可同化,这就是畏垒有大丰收之故。然而所谓至人,并不是他的需求与人不同,而人们自以为有与人不同之处。这就是畏垒之民自以为庚桑子有特异。有作为而不依恃其作为,功绩有成而不居功自傲,见到有恩宠而惊异,听到有美誉而惧怕,受到畏垒之民的敬重而心有不悦。

然而,这个样子处世,让弟子们觉得很奇怪。庚桑子说:有什么奇怪的呢? 春气萌发而百草丛生,正当秋收则万物成熟。春生与秋收,岂能没有所得吗? 这是自然之道的运行啊。我听说至人安处在狭小的居室之中,而百姓随心所欲,安居乐业,自得其乐。现在畏垒的人民有心把我供奉在贤人之间,我岂是要引人注目吗? 我因此对老聃的教诲感到不安。至人隐藏着自然的真性,遗忘掉自然的机遇,罢黜聪明,摒弃智慧思虑,一下子忘掉了所作所为而听任于自然。即使居住在只能容身的室内,他们也不与外物有所交接,而外物也不知其作为。

弟子说:不是这样啊! 像那平常的水沟,大鱼无法转动身躯,而小鱼就可以随心所欲了;几步就上去的小丘陵,大型的野兽无法隐藏它的身躯,然而孽狐却得吉祥。况且尊贤授能,先行善施利,古代明君尧舜就是如此,何况是对于畏垒的人民呢! 先生就听任他们的意愿吧。

庚桑子说:小子你过来。即使口能含车的巨兽,坦然地离开大山,就免不了有被罗网的祸患;能口吞舟船的大鱼,倘若离开海水,那么小蚂蚁就可以让它痛苦不堪。所以说鸟兽不怕高山,鱼鳖不怕水深。那些保全形神而养生的人,隐藏他的身躯,也是不厌于深远罢了。像尧舜这两个人,有什么好称赞的呢? 像他们这样区别分辨贤能善利,就是妄自开凿垣墙而种植蓬蒿,选择头发来梳理,清点米粒来做饭,如此谨慎的样子又怎能来济世呢。推举贤能就会使百姓互相倾轧,任用智慧就会使人民相为谋盗,这些方法不能够使人民淳厚。人民求利迫切,致使儿子有杀父母的,臣民有杀君主的。白天抢盗,正午挖墙。我告诉你吧,大乱的根源,必然是滋生在尧舜的时代,而它的弊病必然留存于千年之后，其间一定有人吃人的现象。

鱼属于阴类，兽为阳物，阴性隐而阳性显，这是物种的自然现象。庚桑子的弟子说到巨鱼与巨兽，而告诉庚桑子隐与显的道理，然而隐者自隐，显者自显，各自持守它们的天性而不至于有所牵累。隐藏超过了它的极限就会被显所制，显若超过了它的极限就会被隐所拘，这也是形势的自然法则。因此庚桑子回答野兽离开大山便遭遇祸患，鱼儿脱离水源便被蝼蚁所苦，还不如各自持守自然的天地而退藏于深远的地方。以此而知，至人为什么能冥心于极致，而所以保全形体啊。

南荣趎愕然地端坐那里，说：你我的年纪已经算是大的了，要怎么学习才能达到你说的境界呢？庚桑子说：保全你的形体，养护你的生命，不要使你的思虑忧伤，像这样做，三年就可以达到我说的境界了。南荣趎说：眼睛与形体，我不知道它们有什么不同，而盲人却不能看到；耳朵与形体，我不知道有什么不同，而聋的人却不能听到；心与形体，我不知道它们有什么不同，而狂妄的人却不能自得其乐。形体与形体之间都相互通畅，然而或许有邪欲在其中间隔着它们，使两者相求而不能互通有得。现在你却对我说：保全你的形体，养护你的生命，不要使你的思虑萦绕忧伤。我努力求道，只能听在耳朵里！庚桑子说：我能说的话已经说完了。细腰土蜂不能孵化出豆子里的大青虫，越地产的鸡不能孵出天鹅卵，鲁地产的鸡就可以。鸡与鸡之间，天性没有什么不同，而有能与不能的差别，只能说它们的才能有大有小。现在我的才能，不足以来教导你，你为什么不到南方去拜见老子呢？

南荣趎准备了干粮，走了七天七夜，到达老子的住所。老子说：你从庚桑楚的住处来吗？南荣趎说：是的。老子说：你为什么和这么多人一起来呢？南荣趎惊诧地回头看着后面。老子说：你不知道我所说的含义吗？南荣趎先是低身而有愧色，后又仰头而叹息说：现在我忘了我要回答的话了，因而丢掉了我要问的问题了。老子说：怎么说呢？南荣趎说：说不知道吧，人们说我愚昧；说我知道吧，反而有害自身。不行仁则伤害他人，行仁反而有害自身；不行义则伤害别人，行义则反而有害于自己。我怎样才可以避免这些伤害呢？这三个方面是我所忧虑的，希望因为庚桑楚的引见，请给予赐教。老子说：刚才我见到你眉目之间的神情，便知道了你的来意，现在通过你的问话证明了这一点。你漠然有失的样子好像没有了父母，又好似拿着竹竿去探求大海的渊深一样。你是失落流亡的人吗？迷惘啊！你想返回你原本的情性，却没有办法，可怜啊！南荣趎请求进入馆舍受学，取其所好，去其所恶。十天后又自惆怅，再去见老子。老子说：你自己在洗涤，为什么又忧郁不安呢？

是否心中还有诉说不清的恶念呢？外物的束缚不可因此烦忧而影响到内心的不安，要内心淡定；内心的困扰不可被情性执拘，要断绝外在的诱因；内外都受束缚的人，即使具有道德修养的人也不能自我依恃，更何况是放任自然而自我行持的人呢？南荣趎说：同乡的人有病，邻里之人问候他，有病的人能说出他的病情，然而他已经把病当作病了，也就没有什么病了。就好像我要求学道，也譬如吃药加重了病情，我只希望听听养生之道也就足够了。老子说：养生的道理，能做到形神混融抱元守一吗？精神能不损失吗？能不用占卜就知道吉凶祸福吗？能停止分外之事吗？能把身心都放下来吗？能舍弃外求而反观内察吗？能无牵无挂放浪于形骸之外吗？能天性纯粹吗？能如婴儿一般吗？婴儿每天哭号而咽喉却不沙哑，这是精气和平的缘故；整天紧握拳头而始终不松开，这是精神内守的缘故。整天视物而眼珠并不常转动，这是心不在外的缘故。行动时随心所愿，安居时任性所为，顺物自然与水同波，这就是养生的道理罢了。

南荣趎说：那么说这就是至人所达到的境界了吗？回答说：不是的，这只是执着之心得以化解而已。所谓至人，和他交往你就会踏实，虽然是生活在地上却似是快乐在天上。不因为人物的利害而受到扰动，没有怪诞之事，没有谋虑之心，没有是非之别，如清风而去，如明月而来，这也是养生的道理啊。南荣趎说：若是这样就达到最高境界了吗？回答说：还没有。我原来告诉过你说：能如婴儿吗？婴儿动作不知道干什么，行为不知道去哪里。身躯如同枯槁树木的干枝，而内心已经是熄灭的灰烬。像这样子，祸患不能到来，福慧也不能降临，祸患、福惠都跟他没有关系了，哪里还有人为的灾难呢？

保全形体，即所谓不能亏损形体；怀抱生命，即所谓善于摄养生命；不要使你思虑萦绕，即所谓对物无心。这三个方面如果不是至人，就不能完全做到。

耳目是指外物的影响，心智是指内心的修养。如果耳目常行于外，心智必然荡散于内；心智荡于内，那么耳目就使用于外。用于外的，即使有所收获而心知依从就难以治理了。这都是因为有私我之故，唯有至人没有我，而外可舍弃耳目，内则遗忘心智，进入真空自得的境界，返回上古就已经存在的元真之地。这就是老子之论至人的道理。

卫生，就是保卫完全生命的道理。保卫完全其生命，那么生命就得以常存。保全生命之道，必先于使得，不摇动精气，所以说：能够使形神混融抱元守一吗？不摇动精气则精气自然充满，所以说：能够没有损失吗？有所自得则能明察祸福之故，所以说：不用占卜就可以知道吉凶吗？明察祸福就不会被外物所役使，所以说：能停止吗？不被外物所役使则了然通达，所以又说：能放下吗？了然通达，便忘却有彼我之别而保全形体了。所以说：能舍弃外因而反观内求吗？形神保全，那么死生聚散就不能挂碍于心中，就如复归于婴儿，返其有识至无识，使生命复归于元初，专气致柔，整日哭号而声音不沙哑，此精气之和也。即使整日攥拳，并非有所得到，所以握而手始终不松脱。眼睛即使整日观看，并非是有所求，所以眼睛始终不因而疲惫。足虽然欲行，并非有所追逐，身体虽然止于地上，而并非有所动作，所以行不知所为，居不知所之，与物齐同而和谐，这就是所谓的保全生命的道理。也就是说：与物自然而同其浮沉，是保卫生命的路径。

至人与物合一，而不与人有异，安居而乐业，乐天而知命，虚心而善应，事物不能牵累，无意于物而物莫能动。无思无虑，哪里还有什么谋略？无心无为，哪里还有什么事务？往来没有挂碍，而且自在圆通，自有所得，这就是至人保全生命永久常存的道理，所以说是保卫生命的路径。

心境安泰宁静的，焕发出自然的光辉，焕发出自然光辉的人，即刻显现出自然的为人。有修为的人，就有恒常的品德，有恒常品德的人，人们依附他，自然护助他。人们所依附的人，称为天之民；自然护助的人，称为天之子。要学习的人，是学习他所不能够学到的；实行的人，是实行他所不能实行的；辩论的人，是辩论他所不能够辩论的；求知的人，使知识停止在他所不能达到的知识之地。如果不能这样的话，自然赋予的本能就要遭受败坏。完备的物质以奉养形体，内涵无虑以养心，持守和气以处物，如果这样做却仍然有凶恶灾难到来，就是自然而不是人为所致，也不足以影响到已经形成的品行，更不可以使内心受纳它。心灵是有所操持的，如果不知道要操持什么，就不要有所操持了。没有已成的见解就贸然向外发挥，而每次发挥都不恰当，外物侵入内心却不能抛舍，每次都有丧失，难道是行为有不善吗？明目张胆作恶的，人人遇到都可以阻止他，这是行为不善良啊！暗中作恶的，良心永远受到谴责。能够明明白白地为人，无愧于良心的，就可以独行于天地之间。唯务于内实的人，行为不因为名利；唯务于外物的人，心志在于得到费用。行为不因名利的，只希望发光发热；志在于费用的，只有商人如此。看到了他跂行，还表现出安稳的样子。

至人回归于婴儿的状态，精气完全而神气旺盛，志向远大而真气充实。精气完全而神气旺盛的，就自然达到天人合一了；志向广大而真气充实，内在的明慧就自然普照。所以说心宇间泰然安定宁静的人，必然显现出天然的光辉。心宇就是精神志气所居舍之地，至人的精神志气难道有游移变化的吗？

所以称为泰定。因为泰定，就自然明慧普照，所以称为天然的光辉。

保全生命的道理，是学习的人不能够通过勤学而获得的，也是实行的人所不能实行的，又是辩论的人所不能去辩论的，更是有智慧的人所不能够知道的。只有停止学问，没有追求，舍去辩论，丢掉智慧，应物于自然，才可以得到。所以说：学习的人，要学其中不能够学到的；实行的人，实行其中不能实行的；辩论的人，辩论其中不能辩论的；把所知道的知识，停止在所不能知道的境界里。如果不能达到如此，而是勉强想要企求达到，就不只是伤害生命，而自然的性命也丧失了，看似自然所致，实际上是其自身行为使他败伤的。

与物始终相应的，外物也会依附；与物不和谐的，他自身就不能相容，还怎么能容别人呢？不能容人的人没有亲近之人，没有亲近的人就没有人缘。兵器不比心志更锐利，莫邪一样的利剑还在其下；贼寇没有比阴阳更能伤人的了，在天地间的事物都无可逃遁。并不是阴阳来伤害他，而是内心的驱使所致。道是通贯于天地自然的，万物有分散就有凝聚，有成长就有毁灭。厌恶分散的，它分散的目的是为了更加完备；厌恶完备的，是为了求得更加的完备。所以心神外出而不能复返，因精气外泄，如同死期临近的视物如鬼。心神外出似有所收益，可谓入于死地了。绝灭了本性而徒有形体，就和鬼是同类了。如果用有形体和生命去效法无形象的道，那就自然安定了。

保全生命之道，一定要首先虚心，虚心就足以有包容之胸怀。有包容则外物来而不拒，不虚心就不能包容事物，不能包容事物就不能使自身与物混融。不能使自身与物混融，那么还能容下他人吗？不能容物，怎能容他人呢？不能包容他人，就会分出你我彼此，彼我分别就使人心疏离而不能依附。那么人都为自己，所以不能包容人的人没有亲近的人，没有亲近之人就使自己孤立于天地之间了，这就是不能做到内虚其心的缘故。心不能内虚，心志就会妄自行为，而且戕害其性命，所以说，心志比利器还要尖锐。心志妄行而内气也随从而混乱。这样说来，发自内心的喜属于和柔的阳气，发自内心的怒属于暴戾的阴气，怒的祸害尤其严重啊！怎么才能逃出形体事物之外呢？伤害人的没有比阴阳更大的了，因为它在天地之间，万物都无法逃遁。然而伤害人性命更甚的不是阴阳之所为，是由于心不能虚静而喜怒不依时而妄自暴发，所以并不是阴阳的伤害，是心意所指使的。

出生没有源本，消亡不见踪影。有实际而无与相处，有成长而没有始终。有源本所出而没有关窍的实际存在，有实际存在而没有处所的是宇，有成长而没有始终的就是宙。有生有死，有出有入。入出不见其形象的就是自然之门。

自然之门就是从无到有。万物是从无生有。有不能以有再成为有，有必然出于从无到有、无中生有，一切都是从无到有的。圣人明彻这个道理。

古代的人，他们的智慧有一定的局限。有什么局限呢？有人认为未曾形成万物的时候，就是天地的开始，便是元气的起点，就不能够再往前推进了。另有人认为万物形成之后，把生长作为丧失，把死亡作为回归，这已经是有分歧了。还有人认为，开始时什么也没有，不久就有了生命，有了生命又即刻死亡。以从无中生出的有作为生命的开始，以生命的过程为躯体，以死亡之后留下的骸骨为终末。有谁知道死与生是一体的，我就和他做朋友。这三个方面，虽然说法不同，却同为道之所化生。譬如：昭氏景氏以职务而称著，甲氏以封地而称著。姓名不一，却为同族。有生命乃是气猝然间的凝聚，又辩说是移动不定的气象，又说都不是的。虽然是这样，但是却不容易详察。而在祭祀时用的牺牲品、祭品可以分割散列，而供祭品的陈设不可分割散列。又如同参观宫室的人，周游于寝殿庙堂之间而至于便厕，这都是同一体而局部名异，却像是是与非的游移不定。请让我说游移不定的是是非非。说的是以生为源本，以智慧为标准，因而假言是非。如果有名与实划分，就参照自身所感悟到的为主，使人们以为自己就是如此，就有以死来证明是与非的。像这样的，以有所用为智慧，以无所用为愚笨，以明彻为名誉，以穷困为耻辱。游移不定的是与非是现代人的标准，这是如蝉与小鸠一般的认识啊！

生命是从无到有的过程，所以说出生的源本是无；死亡是从有而入于无的过程，所以说死亡的消失是没有官窍的。没有源本没有官窍，那么怎能有了其中的形象呢？所以没有缘由、没有始终地看到他的形象，看不到他的形象的始终，那么他就是自然而然地有出生有消失，这就是自然的门径。自然的门径出于自然，岂能有形象？所以自然的门径是由无到有。所以从无到有，无中生有，就是道的真体。而万物没有不由此路径而生生化化的，所以万物出于无中生有。无中之有，岂能以有为先导而有生有？这是万物必由之路。所以有却不能因有而为有，必然是出于无而方有。道即是由无生有，而方能抱元守一。无生有，就是圣人所以藏其有用，而又听任于无为之道。所以说：从无到有，全然是无中生有，圣人以此而处世养生。

踩了集市人的脚就道歉说自己放肆，兄弟踩了就会安慰，最亲近的人踩了就无须赔罪。所以说：至礼是没有人我之分的，至义是没有人物之别的，至知是不用谋略的，至仁是不分善恶的，至信是没有价值的。

至礼没有形体，所以说，至礼没有人我之分；至义无所不宜，所以说，至义没有人物之别；至智无所不知，所以说，至智不用谋略；至仁无所不爱，所以说，至仁不分善恶亲疏；至信不用物质做抵押，所以说，至信没有价值。这五个方面，都以无为体，它们与大道之妙相合。

撤除意志的悖乱，化解心中的谬误，去掉德性的牵累，通达大道的阻塞。尊贵、富有、显赫、威势、名誉、利禄，这六个方面是悖乱意志的。姿容、举动、颜色、理论、气概、情意，这六个方面是谬误心神的。憎恶、欲妄、喜悦、愤怒、哀伤、快乐，这六个方面是牵累德性的。去舍、就顺、取得、给予、知识、能力，这六个方面是阻塞大道的。这四项六个方面，不在胸中激荡，就能达到正气平和，正气平和就可以安静，安静就能明通，明通就能虚无自然，虚无自然就能达到无为而且没有什么不可为的。

撤除意志的悖乱，就达到意志的专一，化解心中的谬误，就可以做到心中虚静；去掉德性的牵累就自得其乐，通达大道的阻塞就不被蒙蔽。意志专一，荣贵、富有也难以役使，显赫、严厉也难以威振，利禄、名誉也难以诱动。内心虚静，姿容、举动，自然安定；颜色、理论，自然顺畅；气概、情意，自然调适。自得其乐，憎恶、欲妄不能滋生，喜悦、愤怒不出自内心，哀伤、快乐不能自外侵入。不被蒙蔽，去舍、就顺必然谨慎，取得、给予必然适宜，知识、能力必然得当。这一切若不能悖乱意志、谬误心神、牵累德性、阻塞大道，那么胸中就能正气平和、安静、明通、虚无，即可达到无为而无所不能为的境界。

道是德所欲敬的，生是德的光辉，性是生的本质。性的运动称为"为"，"为"的虚伪称为失。知识是与外界的接触而获得的，智是内心的思虑，智慧如果有所不知，就如同斜视一方所见有限。举动因为不得已就是德，举动不由我的主观意志而是自然所致就是治，两者名相反而实相顺。

羿的技巧能射中微小的物体而拙笨地做不到使人们不称誉自己，圣人巧于与大自然的契合而拙于应合人物。既善于契合于大自然而又善于应合人物，唯有完全的人能够做到。只有虫兽能安心于虫兽的生活，只有虫兽能够契合于自然，完全的人哪里知道自然，背道的人怎能达到自然？更何况我们还要分判天人呢！一只麻雀恰好飞向羿，羿必然射中它，这是羿的能力。如果把天下当作笼子，那么麻雀就无处可逃。因此商汤用善于做饭的人来笼络伊尹，秦穆公用五张羊皮来笼络百里奚。所以若不是因为他们有这样的爱好，却想要得到他们，那是不可能的。

独足的人，不拘法度，不把毁誉放在心上；服劳役的人登高而不畏惧，超脱于死生之外。受到威胁危险不反顾，能超然忘却人物之分，忘却人物之牵累，就达到了天人合一的境界了。所以即使尊敬他，也不因此喜悦，侮辱他，也不因此而愤怒。只有契合于自然的和气的人，才能够做到这样。出现了愤怒却又不呈现怒的征象的，这样的愤怒不是出于内心发出的愤怒；出现了作为却又是在无心之中的作为，这样的作为也就是出于无心的无为状态了。要想安静就要气息平和，要想有神就要平顺心意，有所为就要想到恰当，就要缘于不得已而为之，不得已的情况就是圣人之道。

羿巧于射中微小的物体，却拙于使人对他不产生赞誉，即所谓使人忘我困难。圣人巧于契合自然，而拙于应人，即所谓使天下兼忘我就难了。至于像那精神凝聚的人，则是常与天道契合，与人事有利，鼓动挥舞于万物之中而不与圣人同其忧患，即所谓可以兼忘于人物了。所以说：巧于契合自然而又应于人事的人，只有完全的人能够做到。

气的宅舍根于安静，神的汇聚在于心灵的沉潜。平和之气是适宜于安静的，所以想要安静，则必然平心和气，顺畅心意的结果也必然达到精神的凝聚而有神。能平气顺心，那么动则并非为妄动，其中的感念而后则有所应。感而后有应，岂能是有心于万物，若不是圣人谁能够达到此种境界呢？所以圣人之道在于"不得已而为之"。

徐无鬼

能平心顺气以道为务，而忘于贫困卑贱、穷竭、通达，就入于至人的境域了。

徐无鬼因为女商的推荐而见魏武侯，武侯用慰问的语气说：先生辛苦了。先生是因为在山林隐居生活的困苦，才肯来见我的吧？徐无鬼说：我是前来慰问国君的，国君有什么可以慰问我的呢？你若是充满了嗜欲，助长了好恶，那么性命的情趣就要病困了。你若是拒绝嗜欲，去除好恶，那么耳目的听视愉悦也可使你病困。我是来慰问国君的，国君有什么可慰问我的呢？武侯愕然而不能应对。过了一会儿，徐无鬼说：给你说说我的相狗技能吧。下等品质的狗，让它吃饱就可以了，这是狸猫的德性；中等品质的狗，昂扬豪迈，有高远的目标；上等品质的狗，就像是把自己给忘掉了，表现得那么专一。我相狗的技能还不如我相马的技能好呢。我在观察马的时候，可以按直的合于绳索、屈曲的合于钩环、方正的合于矩、圆的合于规这些特征来相马，这是国马的特征，但还不是天下名马的特征。天下的名马有天生的材质，似有似无，若亡若失，好像没有了自己，像这样的马，必然是超然绝尘，奔腾不知所终。武侯因此很高兴地笑了。徐无鬼离开武侯，女商说：先生是怎样让我们国君如此高兴的呢？我所以取悦我们国君的，横说用诗书礼乐，纵说用古代兵战之法，而运用的语言大有功效的不可胜数，然而我们国君从来就没有笑过。

老子说：道是万物生化的奥妙，善人就把它奉为至宝。善人之所以把道作为至宝，并且对外忘却他们的形体，对内虚静他们的心思，罢黜嗜欲，忘却好恶，安守于性命的情态，就是在于把道作为至宝而保全它。不善之人就不是这样子了，他们对道的态度是：好像存在，好像消亡，似有非有，似是而非，在有与无、信与不信之间徘徊。对于自身来说，外不能保全其形体，内又不能虚静身心，并且充满了嗜欲，专务于好恶，决裂于性命的情态。然而对于道来说，岂能把它当作至宝？这就是魏武侯听了徐无鬼之言而愕然不能应对的原因。况且以武侯的本性，也只是中等材质而已，不可以猝然间告诉他高深的大道，而是应该首先试探，看他的喜好。这就是徐无鬼有相狗相马言辞的缘由。然而徐无鬼并非真有相狗相马的技能，所以用寓言的方式比喻入道之意境，就似不同品质的狗马一样。用上等品质的狗就表现出自身的不存在，而专注在其一；而天下的良马则自居材质，又所谓表现出自身的不存在，而专注在其一。这是因为它们形体完全、精神旺盛而能达到忘其自身。所谓具有自然材质的，因为其德性，胸宇安泰静定而不亏损其本真。若能忘其自身就可以达到无为，不亏损其本真就无所不用，无为无所不用就能入于大道了。这是徐无鬼寓意的目的，而武侯不能知道他的用意，只是随意喜悦他的语言而已。

徐无鬼告诉女商说：我只是告诉他我相狗相马的技能罢了。女商说：是这样吗？回答说：你没有听说过越国的流放人吗？在离开自己的国家几天之后，看到他认识的人就高兴；离开自己的国家一个月左右，看见他在自己国家里曾经见过的东西就高兴；等到离开自己的国家快一年的时候，看见似曾相识的人就喜欢。不就是说离开亲人愈久思念亲人愈深吗？逃逸在虚静空谷的人，因杂草阻塞了鼪鼬的路径，人自迷茫。而长久居住在虚静原野的人，听到有人的脚步声就会高兴起来，更何况是自己的兄弟亲戚朋友们在一起说笑呢？已经很久没有人用纯真的语言在我们国君面前谈笑了。徐无鬼去见魏武侯，武侯说：先生居住在山林里，食松栗，吃葱韭，已经离开我很久了。如今老了吗？想要享用酒肉的滋味了吗？我的国家已经富裕了吗？徐无鬼说：我出生在贫苦低贱的家庭，未尝想要国君的饮食厚味。我是前来慰问国君的。国君说：为什么呢？怎样慰问我？回答说：慰问你的精神和形体。武侯说：为什么这样说呢？徐无鬼说：天地的奉养是一样的。登临高处不可以为尊长，居在下位不可以为短小。国君唯独为天下之主，劳苦一个国家的百姓，以奉养耳目鼻口的嗜好。精神不是自己随意使用的，精神原本是喜好和平而厌恶奸伪，而奸伪就是疾病，所以只是来慰问你的疾病。武侯说：想见先生已经很久了。

天地间万物禀受于性命，性命均受于天地的奉养，至于万物所受到的奉养也都是均等的，天地岂能分尊卑长幼呢？所以天地的奉养是一致的。魏武侯不知所以然，惮尽天下之财物以养护形体，不足以尽情而又劳其精神营谋，所以精神愈加劳伤而不能旺盛，形体愈得到奉养愈不能保全，还不如捐弃形骸、忘却嗜欲，游心于逍遥自然无为之域。这样一来，形神岂有不能完全的吗？

我想关爱民生而行仁义，停止用兵，可以吗？徐无鬼说：不可以，爱民就是害民的开始，为行仁义而停止用兵，这也是造成用兵的本源。你从这两个方面去作为，大概都不会成功。凡是成就美名的，都是做恶的工具。你虽然在彰显仁义，又恰似在欺诈虚伪。有形迹的东西，本来就内含着造作和虚伪。有成就固然就有矜持，有变化固然就会有外应。你可不要盛大地检阅兵备，不要无缘无故地在宫坛之间集结军队，不要违背常理去求得，不要以巧伪胜人，不要用谋略胜人，不要用战争胜人。如果杀害人民兼并他国的土地，用来养护自己的私欲而在内心里得到满足，这种战争不可取。究竟是谁善谁恶呢？你如果停止杀伐，修养内心的真诚以顺应天地自然的情态，而且不去搅扰百姓，人民都能免于疾苦和死亡，哪里还用得上养兵呢？

道是无为而朴素的，兵是有为的工具。圣人常怀无为而民心自化，所谓兵器就搁置而不使用。武侯不能做到无为，而想行仁义，休兵以爱民，这就是徐无鬼回答他不可以的缘故。圣人以百姓为刍狗，并不需要因此彰显出关爱来作为爱护百姓的手段。

然而其民又怎样去遂其生活所愿呢？如果以关爱的形迹彰显出爱来，那么这样的爱必然有不足不及之处，而民心就不能淳厚了。如此的做法恰是有害于民。所以说：爱民就是害民的开始。以仁义为形迹，而以不为为之，而外物之所以顺从。如果以可为而为之，那么处事有不当而外物必有不顺从的了，如此一来又必然要用兵作战了。所以为义而休兵却是创造用兵的本源。如果必要仁爱，必要作为，那么治政之道，怎么能够完全呢？

黄帝将要到具茨山去见大隗。方明驾车，昌寓为副车，张若、谐朋为前车，昆阍、滑稽为后车。走到襄城的郊野，七位圣人都迷失了，没有办法问路。正好遇到牧马的童子，问：你知道具茨山吗？回答说：是的。又问：你知道大隗在哪里吗？回答说：是的。黄帝说：奇怪啊，小童不但知道具茨山在哪里，又知道大隗的所在。请问怎样治理天下？小童说：治理天下也和这牧马是一样的，还能有什么办法呢？我小的时候就自己游行于六合之内。我当时有目眩病，有位年长者教我说：你乘坐日车游走在襄城的郊野。现在我的疾病稍愈，我又一次游行在六合之外。至于治理天下也只不过是如此而已，我还要做什么事呢？黄帝说：治理天下的人就要诚恳，这并不是你的事情。即使这样，请问你怎样治理天下？小童不回答。黄帝又询问，小童说：治理天下的办法，难道说和牧马有什么不同吗？也就是去掉那些有害的马罢了。黄帝再次拜谢，稽首礼敬，称他为天师，就辞别了。

智谋之士如果没有心思熟虑的辩解，就不会快乐；能言善辩之士如果没有形成谈说的程序，就不会快乐；审察之士如果没有凌碎的事端，就不会快乐，他们都是被外物所拘执啊。招摇于世的人往来于朝中，普通的人以官禄为荣，筋力强劲的人以克服困难自矜，勇敢之士遇患祸奋发，兵革之士以打伏为乐，修养之士重视名誉，法律之士推崇法治，礼乐之士重视仪容，仁义之士看重交际。农民如果没有种植的事情就会不快乐，商贾如果没有贸易之事就会不安心，普通人有早晚的工作就会勤勉，百家工匠有器械的技巧就发奋。钱财不能积聚，那么贪得无厌的人就忧虑；权势不能满足，那么狂徒就会悲伤；痴迷于权势财物的人，喜欢变乱；遇到时机就有所运用，这样的人是不会无所作为的。这都是一些顺时而投机取巧，不以事物难易论说的人，劳其身心，沉迷于外物，终生不能觉悟，可悲啊！

庄子说：射箭的人不以事先的期约而中靶就称为善射之人，那么天下之人都是羿了，可以这样说吗？惠施说：可以。庄子说：天下就没有公理了吗？那么各自都说自己的正确，天下都是尧了，可以这样说吗？惠施说：可以。庄子说：那么说儒、墨、杨、公孙龙四家和先生一共五家，究竟谁是谁非呢？或者说如同鲁遽一样吗？鲁遽的弟子说：我得了先生之道了，我能够做到寒冬焚鼎，炎夏造冰。鲁遽说：这只是以阳气招引阳气，以阴气招引阴气，并不是我所说的。我给你们展示我所说的道吧。于是就开始调琴瑟，放一张在堂上，放一张在室中。鼓动一张的宫音，另一张的宫音也动，鼓动一张的角音，另一张的角音也动，这两张琴瑟的音律是相同的。如果把一张琴瑟的弦改了调，和五音的基调不相当，鼓动起来二十五个弦都动，始终没有与声调不同，而只是以音为主罢了。你们都是这样的吗？惠施说：现在如果儒、墨、杨、公孙龙四家在和我辩论，用言辞相互攻击，用声音相为压制，然而未尝是我的错误，那么如何与他们相当呢？庄子说：齐国有人把他的儿子安置在宋国，让他像残疾人一样去看守门户，而对于他心爱的小钟却谨慎地包裹着，唯恐破损。有人寻找丢失的小孩却不走出他居住的地域去寻找，这种情况是和那些辩论者同一种风格。楚国有个寄居的住客，无事而贬低看门的人，夜半人静的时候又和船工争斗，船还没有离岸，已经造成十足的怨仇了。

所谓大隗就是大道，具茨之山就是大道之体。表现出道体的无为而寂静淡然，岂是有所作为的君主所能求得的？所以这里说七圣全都迷茫了。唯有能够放下心来，专心一气反复归于婴儿无知无欲的境界，然后才可以心有所得而知道，所以用牧马童子来比喻。又说：不但知道具茨之山，还知道大隗的所在。倘若知道大道的真体，就必然任心于无为自然而已。这里回答了黄帝治理天下的办法，反而又说：还要做什么事呢？就是无为虚静而且放心于自得之场，一切有所安适而已。所以治理天下的人，难道与此牧马不同吗？也只是去掉害马而已，这都是极致的自然现象，然而天地万物，都来效法遵从以此为宗师，所以黄帝称之为"天师"。

庄子送葬，经过惠施的坟墓时，回顾和他同行的人说：有一个郢地人，不小心把白色土泥抛撒到自己的鼻尖上，大小厚薄好像是苍蝇的翅膀一样，请求石匠把它去掉。石匠挥动大斧头呼呼生风，即刻削去鼻尖上的泥点。只见泥点全被削去而鼻子并没有任何损伤，而且那位郢地人始终面不改色。宋元君听说这样的事情，就召请石匠说：请你尝试为我也试试看。石匠说：我之前曾经做到过，可是我的对手早已经死了。自从先生去世之后，我没有这样的对手了，也没有可以言谈的人了。

管仲有病，齐桓公看望他说：仲父的疾病很重了吗？可以不忌讳地说吗？如果病危，那么我把国政托付给谁才可以呢？管仲说：你想交给谁呢？桓公说：鲍叔牙。回答说：不可以。他的为人，属于廉洁的善人。他对于不如自己的人就不去理会，而且听到别人的过错，终生都不能忘记。如果让他治理国家，对上要约束国君，对下要违背民意。他一旦得罪于国君，就不会长久了。桓公说：这么说，谁可以呢？回答说：一定要选择，那么隰朋可以。他的为人，在上位的人相忘，而在下位的人又不远不近，内心自愧不如黄帝而又同情不如自己的人。施人以德称为圣，施人以财称之为贤。用贤来小看别人的，没有能够得到人心的；用贤良谦虚对人的，没有不得到人心的。他对于国事有所不预过问的；对于家事，有所不预察看的。如果一定要选择继承我的人，那么，隰朋就可以。

吴王泛舟于江上，登临狝猴山。群猴看到他，惊恐地夺路逃走，直至逃到杂草丛生的荆棘之中。有一只猴子，曲折腾跃，攀爬取拿，在吴王面前显示它的巧捷。吴王用箭射它，反而让它敏捷地接住箭簇。吴王就命同行的人向它一齐射箭，狝猴因为执着而被射死。这时吴王回头对他的朋友颜不疑说：这只猴子啊，凭借它的灵巧，依恃它的敏捷，来傲视我们，以至于到了极点，要引以为戒呀！悲哀啊！不要用你的气色在人前骄傲啊！颜不疑回去即拜董梧为师，以帮助改去自己的骄态，去掉淫乐，辞退荣显，三年之后国人都称颂他。

南郭子綦依着几案坐着，抬起头来嘘口气，颜成子进来看见说：先生的形象好大啊！形体固然可以使它变为枯槁的骨骸，心思固然可以使它变为死灰一般。回答说：我曾经隐居在山穴之中，正当那个时候，田禾一旦来看我，齐国的人民三番五次地祝贺他。我必然先有声望，他才能知道我，必然使自己显扬，他才能找得到我。假若我没有名声，他怎么能够得知我呢？如果我没有扬名，他岂能找我？唉！我悲伤人们的自我迷失，我又悲伤那些悲伤人的人，我又悲伤那些因悲伤人而悲伤的人。从此以后就一天天地远离了人事，而达到淡泊无为的自然境界。

孔子到楚国，楚王宴请他，孙叔敖端着酒器一旁站立，市南宜僚取来酒祝祷说：是古代的人吗？怎么在这里讲话呢？孔子回他说：我孔丘听了不用言语的言论，还没有和人们说过，就在这里说说吧。市南宜僚善于化解是非，而使两家的危难得以解除；孙叔敖酣寝执扇，就使得郢人放下兵器。我愿意嘴长吗？市南宜僚和孙叔敖，他们可谓不用言讲之道，我孔丘只可以称谓不用言语的辩解。所以德是总汇道的一切，而语言只能停留在知识有所不知的境地就到头了。道所总汇的一切，德是有所不能相同的。知识所不能知道的，思辩是不能举出的，像儒墨那样为名就凶险了。所以大海不拒绝向东的流水，是大海博大极致的缘故。圣人之胸怀涵容天地，恩泽及于天下万类，然而人民却不知道他的姓氏。所以生前没有爵位，死后没有谥号，财物不积，名誉不立，这就是大人。狗不因为善于叫就以为是好的，人不因为善于言谈就以为是贤能的，更何况是要有大的作为呢？有心成就大的作为的人，就不一定能成就大的作为，更何况是成就人的德性呢？具备最大的形象没有比天地更大的了，然而还有什么可求的呢？已经具备最大的形象了。知道大已具备的，反而无所祈求，无所损失，无所抛弃，不因为外物而改变自己，反求诸己而不能穷尽，遵循远古而不修饰，这就是大人的真诚。

子綦有八个儿子，都站在前面，请来九方歅，说：给我八个儿子相相面，看看谁最有福。九方歅说：梱最有福。子綦惊喜地说：怎么说就是梱呢？回答说：梱将要和国君一同饮食，并且可以终其一生。子綦暗自伤感地流涕说：我的儿子为什么会达到如此的极端呢？九方歅说：和国君一同饮食，恩泽及于三族，何况是父母呢？你现在听到这话就流涕，是拒绝福惠吗？儿子有福了，父亲就没福吗？子綦说：歅，你凭什么说梱有福呢？只不过是尽情把酒肉放在口鼻罢了，你怎么知道他的缘故呢？我未曾放牧而西南屋却生出羊来，未曾狩猎而东北屋却生出鹌鹑来，你不觉得奇怪吗？我和我的儿子们所遨游的地方，是遨游于天地之间。我和他们相邀而乐于天，我和他们相邀而乐于地，我不和他们求俸禄，不和他们求谋略，不和他们求怪异。我和他们顺着天地之情，而不受于外物的牵累和侵扰，我和他们与天地同一而不使他们因循事物所宜。现在却有了世俗一样的奖赏啊！凡是有怪异征兆的，也必然会有怪异的行迹，危险啊！这并不是我和我儿子们的罪责呀！是自然给予的啊！我因此而流涕。没过多久，国君就派梱出使燕国，强盗在路途中劫持他。完整地把他卖掉颇为困难，还不如砍断脚容易卖掉，于是把梱砍掉了脚卖到了齐国，恰好给渠公守门，从此可以吃肉而终其一生。

　　契缺遇见许由说：你要到哪里去？回答说：我要躲避尧。又问：怎么说呢？回答说：尧踌躇满志地行仁，我恐怕他被天下人所讥笑，到了后世岂不要人人相食吗？民心并不难以聚积，爱护他们便亲近，有利于他们就到来，称赞他们即便勤勉，使他们有所厌恶就会离散。爱护利益都出于仁义，摒弃仁义的人很少，有利于仁义的人就多。仁义的运行，只能造成没有诚信，不但虚假还可以成为贪求的手段。这是以一个人的裁断来制约取利于天下，好像是眨眼之间啊！尧知道贤人有利于天下治理，而不知贤人可以残贼天下。只有不把贤人当作贤人的人才知道啊。

　　有自以为是的，有自鸣得意的，有自寻劳苦的。

　　所谓自以为是的，只学了一位先生的言论，就自以为是地以此私说为公理，还自以为满足了。他并不知道自己始终没有什么学问，这就是所说的自以为是之类的人。

　　所谓自鸣得意的，他们像猪身上的寄生虫，选择猪身上皮毛疏离、粗长的地方，自以为那里是广宫大院，在蹄膀胯下、乳间股脚，自以为是安稳便利之处，不知道一旦屠夫举刀布草，操持烟火，自己和猪全被火烧焦。这就是随着环境而进、随着环境而退的生活方式，就是所谓自鸣得意的一类的人。

　　自寻劳苦的，就是像虞舜一样的人。羊肉不羡慕蚂蚁，而蚂蚁羡慕羊肉，因为羊肉有膻味。虞舜有膻味一样的行为，百姓们都喜欢他，所以三次迁都，到郑地的原野，而且聚集了十多万家庭。尧听说舜的贤能，从荒芜的土地里选他出来，说是希望他把恩泽带过来。舜从荒芜的土地里被选拔出来，年纪已经大了，思虑已经迟顿了，却不能及时退休归家，这就是所谓的自寻劳苦的人啊。

　　所谓的大人，就是德性极为充实的人，德性极为充实的人即使身处于高位也不以此而珍贵它，功业成就却不据为己有，看够了万物却不知道他要使用什么，恩泽遍及天下，自己却无所得、无可称道。这里说的大人之道就是如此的。所以生前没有爵禄，死后没有谥号，财物不积聚，名誉不树立，这就是所谓的大人。爵禄、谥号都是身外之物，名誉与财物也都是天下人的虚假器物，大人岂能有心于这四个方面？庄子所以有无立之言语。

因此神人厌恶众人的到来，众人到来就有矛盾是非，有了矛盾是非就有了不利的因素存在。这里的神人说的是其中的道行。神人鼓荡舞动万物而又不与圣人同于忧患，万物所以自然依归，并不是因为喜好而来到的。所以说：神人厌恶众人。

所以没有过于亲近的，也没有过于疏远的，怀抱德性的温熙和气以顺应天下，这就是所谓的真人。真人，是说人的天真之性。真人不与万物相亲近，也不与万物相疏远，任于自然的收获而又持守着纯和之气，岂能有违逆于天下的地方？然而真人不及神人，所以把真人的位次排在神人之后。真人类似蚂蚁的智慧都要抛弃，像鱼那样悠闲自得，如果有羊一样的意念都要放弃。

类似蚂蚁的智慧都要抛弃，是不知道有膻味的喜悦和爱好；如鱼那样悠闲自得，就是退藏深远冥渺之地以活身；有羊一样的意念要放弃，就是无心使外物前来羡慕。用眼睛看眼睛所能看到的，用耳朵听耳朵所能听到的，用心意省察内心所能觉悟的。像这样子，他的内心如平静的止水，他的变化也是自然地顺应。

用眼睛看眼睛所能看到的，就是用明显去阐发不明显的；用耳朵听耳朵所能听到的，就是用聪慧去觉察不聪慧的；用心意省察内心所能觉悟的，就是用内心的宁静去镇守那些不能宁静的因素。如此一来，所要求的平静就所以如止水、如直绳，他所有的变化，自然就可以正了。若不是真人，哪一个可以做到如此呢？

古时候的真人，以自然去迎合人事，不因为人事去干犯自然。古时候的真人，得失生死听凭自然，以有所得为死，以有所失为生。譬如药材，乌头、桔梗、鸡头根、猪苓之类，用到的时候就贵重了。事物的贵贱因时而已，岂能说得完全？

真人的禀性内纯粹而且不受外物的羁绊，本于自然对待万物，不以有心的作为而扰乱其无为之守。他们应时而来，顺时而去。来的时候必然知道何时就要离去，去的时候也必然知道何时还可以再来。心中明了，通达于情理而始终没有牵累。所以真人以自然之道对待人事，不因为人事而违背自然。所以真人得于自然则生，失去自然则死；得到常人的情欲则死，失去常人的情欲就生。

　　勾践用披甲执楯的三千兵士驻守在会稽，只有文种能知道败亡之中求生存的方法，也只有文种不知道他自身到来的祸患。所以说：猫头鹰的眼睛有所适用之处，鹤的腿胫也有所适宜之处，把它裁断了就悲伤。所以说：风吹过河也有损失，阳光掠过河水也有损失。如果清风和阳光共同来守护河水，而河水却以为不曾有什么损失，这是因为河水依恃着水源无休止地流动。

　　至人知道自己而不知道别人，自有见识而不能见识别人，所以祸福吉凶不能牵累到他。像大夫文种就不是这样了，他知道别人，却不了解自己，只看到别人而不能发现自己，这就是忧愁祸患足以使他受到牵累的缘故。

　　所以水守着了土地就没有损失，影守着了人就不离分，事物守着了事物就融合；所以眼睛过于求明就会危殆，耳朵过于求聪同样会危险，心思过于思虑就会损伤。大凡是智虑能力隐藏在内心的就会疲困危险，危殆的形成就赶不上自我的更改。

　　水从土地生出而不能离开土地，影滋生于形体而不脱离于形体，万物出于造物主而又不脱离造物主。然而土并无意于水而水亲近于土，形体并无意于影子，而影子因形体而有生，造物主并无意于万物而万物因造物主而有成。三者都是因为无意却又相须而成，世俗之人岂能有与三者行为相似的？所以用目、耳、心必然有过之而无不及，也必然使之损伤而致危殆。必期望于明的是有意于明，必期望于聪的是有意于聪，必期望于追逐外物的是有意于追逐外物。有意于聪明与追逐外物的就必然致于危殆的牵累，岂是相为滋生依从的道理？

　　祸患的滋长有太多的缘故，若要返还于本性就要有修养之功，修养的成果全凭天长日久的积累，然而人们却把耳目心思的智能作为自己的财宝去使用，岂不可悲？所以就有亡国杀人诸种祸患始终没有停止，所以邻近的土地要被践踏，即使要践踏还要依恃那些不被践踏的土地，而后才达到遥远广博的地域。人们所知道的知识很少，虽然是很少，还要依恃所不知道的，而后才能知道自然界啊。

　　古代的至人，以多知为招致祸端的本源，虽然智慧却又不曾因知而丧失智慧，所以祸患不能牵累到至人身上。天下世俗之人，不能抛弃智慧还自矜其智，这就是祸端滋生漫延的缘故。然而祸患开始滋生，伏藏于福慧之中，并与功业成就相顺应。大夫文种成就保存越国的功业，最后因为功业而受到牵累，必然不是一朝一夕所能达到的结果。文种最终免不了招致杀身之祸，都是用智所招致的恶果。世俗之人不知道其中的道理，反以为智慧是自身的至宝，为何他们如此蒙昧呢？这就是庄子悲伤的原因。人们把智慧当作至宝，岂不可悲?

知道"大一",知道"大阴",知道"大目",知道"大均",知道"大方",知道"大信",知道"大定",就已经达到最佳境界了。"大一",可以通达;"大阴",可以释解;"大目",可以觉照;"大均",可以平和;"大方",可以体会;"大信",可以稽疑;"大定",可以持守。

大一就是大道的流通,大阴就是妙用无穷,大目就是极致的光明,大均就是元本的天性,大方就是原本的天分,大信就是不用言语的信誉,大定就是身心不妄动。大道没有事物不因此所由出,而道无所不在。所以说:通达万物,妙用或晦或藏,而且无有不可用,释解而极其光明,看见了似有所不见,不见而似有所见,觉照其本性,领受而各有极致,然而无不顺应。所以缘由的均和天性,获得而各有所限量,而无有不持守的。所以说:体会不言之言就没有局限的期约,却又必然可以达到。所以稽考而不动,没有变化,只是固执地依恃。所以说持守它不变。这七个方面是极致的妙道,不是圣人就不能达到这个地步。

极尽之中有自然,变化之中有觉照,杳冥之中有枢机,元始之中有彼此。在如此的自然循环之中,似有给我们释解的情态,又仿佛不曾给予释解一样。而那些所谓知道其中缘由的,又好像并不曾知道一样,不是有意的知而后才可以做到知之。如果询问起来,不可以有限制,而又不可以无限制。

极于自然之妙就是达到无为之境,自然明白的道理在于反观觉照,晦暗不明的事物同样出于自然。太初之始,自无生有。至于说能释解而又似不能释解的,就好像说知道的其实是不知道一样。询问他不可以有限制,只是心虚无识,在于穷于应付而已,不可以没有限制地应事接物。

万物纷纭各有其实际,古与今未尝改变,不生不化而无所不成,这岂不是在显扬自然之道的妙理吗?何不也问问这其中的道理,为何疑惑呢?以不疑惑来解释疑惑,就可以回归不疑惑的境界里,这是崇尚大不惑啊。

无智的人就无所疑惑,有智的人就有疑惑。道本不可以询问,却要去询问,这就是疑惑;不可以应对却要去应对,这是以疑惑去疑惑。若能不用智慧就没有疑惑了,所以返回不疑惑就没有疑问、没有应对,而且又回到自我有得之境。

则 阳

则阳游历到楚国，夷节举荐给楚王，楚王没有接见他，夷节就回去了。彭阳见了王果说：先生为何不在国王面前提起我？王果说：我不如公阅休。彭阳说：公阅休是干什么呢？回答说：冬天在江里捉鳖，夏天在山里休养。凡是过路的都要问他，他都会说：这是我的住宅。夷节都不能说动大王，更何况是我呢？我又不如夷节。夷节的处事为人，德性不足却有智慧，虽不自我夸耀，只是把他的全部精神用在交结上，因而早早地沉迷在富贵场中。对于他的德性没有帮助反而有损，就像被冻的人期盼着加衣和春暖来临，如同受到暑热的人祈求返回寒冷的冬季和得到凉风一样。楚王的为人，形体尊贵而威严，对于罪犯行如猛虎，绝不宽赦。若不是能言善辩和正德君子，谁能说动他呢！

至人是安守于性命的情态，而又远离于利益祸害之地，看到有恩宠就惊慌，听说有声誉就惧怕，岂能有心于富贵利禄的职场中？则阳不能如此操持，却违心地求取进伸之地。因此，王果说公阅休的所作所为，就是为了抑制他的妄心。冬天捉鳖、夏天休养就是顺应自然去养生，全其自然而快乐。顺应自然而养生，那么使人动欲的因素就不能扰乱；自然地快乐完全，那么万物就不能对他有所干扰，岂能再因为宠辱富贵而牵累于心？这就是公阅休如此的缘故，他可以入于至人的境界了。

所以说关于圣人，当他贫穷的时候，能使得家人忘记贫穷；当他通达的时候，能使王公们忘记他有爵禄，并且处于谦卑之地；他对于事物来说，只是和事物共为娱乐而已；他对于人情来说，以通顺快乐而不失己之本性。因此不言之教而引人以和谐，和人同等而使人自化。父子的情谊彼此各安其处，而一切都顺应自然的施化。他对于人心的操持已经如此遥不可及了，所以说要等待公阅休。

圣人穷理而尽性，乐天而知命。当他穷困的时候，放心于自得的场所，而进行于自食其力之地，可以做到使家人发自内心地快乐而淡忘贫困；当他通达的时候，即使身处于无敌的贵显，而且操持着利势的尊崇，仍然可以做到使王公们忘却自己的显贵利势而放下尊高，与万物和谐齐同；他的快乐能完全与人没有间隙而他的本真得以保存，不用言语而使人们的操守纯正，没有自我而使人心自化，秩序分明，操持纯正而不失其所宜，淡泊清静，平和仁惠，这就是圣人行为心性如此，已入于自然无为之道了。圣人通达于纷繁的事物，与万物合为一体了，却并不知道其所以然，这是圣人的本性。返还于生命的本能作为，法于自然之道，人们就依此之故而称呼他为圣人。忧心于耗损智虑而所作的行为不能长久，时常有停止不能为，拿它怎么办呢？出生就是美好的，人们给他镜子，如果不广而告之就不知道他比别人美好。好像知道，又好像不知道；听说过，又似是没有听说过。这样子，他的欣喜就始终没有尽头，人们的爱好也是没有止境的，这是人的本性啊。

圣人通达于烦乱纷繁的事物之理，即所谓达到了玄通微妙的境界了。圣人周遍万物与物无忤，把万物与自己看作一个整体，与万物和谐齐同而化为一致。无智无心，禀于自然无为，不知其然，也不知其所以然，这是圣者之本性。本性是不以情去求得的。性为天然所生，合于玄妙之本源。返还原本的生命情态，就是回归于虚静。以自然为宗主，人依此而命名为圣人，即是非常之命名。

圣人的爱人，人们给予他名称，不告诉他就不知道。他爱人的状态像是知道，又像是不知道，仿佛听说过又仿佛没有听说过。他爱人的状态是没有止境的。人们因圣人而安居乐业的情态也是无止境的，这也是出于本性。

自己的祖国和故乡，看到之后心里就畅快，即使荒山丘陵草木丛生，掩蔽了十有八九，仍然心中畅快，更何况是已然亲身见闻过了呢？好像是十丈高的楼台放置在众人之间那样清楚明白啊。冉相氏身处于圆环的中心，清静而无为，应物而成事，与外物契合而无始无终，无机巧无时日，与物相应而变化，内心却不随物变化。何曾离舍于虚静之中，有心效法自然却内心不能达到自然的状态，效法自然而与外物相追逐？这对于为事来说是怎样的呢？

圣人岂能有心思来专爱人？是能以不爱的情态来爱人，即是所谓的博爱、大爱，他的爱所以能周遍。爱用得周遍，那么外物就会称道，他爱人的名声就会兴起。所以圣人爱人，人们给予他名声，怎能有闻听而不相互告知呢？如果不相互告知就不知道，圣人爱人是如此自然。然而圣人爱物却不自以为有仁心，恩泽于物而不自以为有正义。他的爱不曾表现出有爱的痕迹，万物却因此自然遂心。他的爱在于有无之间，却又无法寻找终点。所以好像是知道，又好像是不知道；似曾听说，又似曾没有听说。他爱人始终没有止境。

圣人心中不曾存在着天然，也不曾存在着人事；不曾存在着开始，不曾存在着物我。与时代同行而不更改，他的行为完备而不消沉。圣人是如何契合自然之道呢？汤得到了司御，门尹登恒作为他的师父，随从师父而无囿于成见，并得以顺势而为司御。容成氏说：去掉日期就没有了岁月，没有了内就没有了外。

圣人不刻意探究何为自然，所以说不曾存在着天然；不因为人事而使其自然有变，所以说不曾存在着人事；不寻求事物的始终状态，所以说不曾有开始的概念；能淡忘于物我之场，所以不曾有物我的概念；与世推移，应物变化，不曾更改操守，所以与世俱行而不更改；他所适宜的都会到来，而不曾有所不通达的方面，所以他的行为完备而志意不消沉；不祈求与物契合而万物自然来与之契合，这都是圣人所能达到的境界。

魏惠王与田侯牟相约，田侯牟违背誓约，魏惠王愤怒，想要派人刺杀他。公孙衍将军听说后以为可耻，说：国君是万乘之国的君主，却用匹夫的手段去寻仇。我请求领受甲士二十万，为国君攻打他，俘虏他的人民，捕获他的牛马，让他的国君因内热而病发于项背，然后再灭了他的国家。迫使田忌因此逃亡，然后鞭打他的背，折断他的脊骨。季子听到后也以为可耻，说：筑造十仞的城墙，城墙已经达到十仞高了，又毁掉它，这是劳役所苦恼的事情。现今战乱不起已经有七年了，这就是大王建立功业的基础。公孙衍是制造祸乱的人，不可以听他的话。华子听说后以为丑陋，说：巧于言论，述说要攻打齐国的，是祸乱之人啊！巧于言论述说不能攻打的，同样是祸乱之人；说讨伐齐国与不讨伐齐国是祸乱之人，是在两说之外的又一种祸乱之人。国君说：那么怎么才可以呢？回答说：国君寻求其中的道理就可以了。惠子听说之后，引见戴晋人。戴晋人说：有一种名为蜗牛的小动物，国君知道吗？回答说：知道。戴晋人说：有一个国家在蜗牛的左角上，名叫触氏，有一个国家在蜗牛的右角上，名叫蛮氏，经常因为相互争夺土地而发动战争，兵士死亡数万，追逐到北方十五天之后才又回来。国君说：嘻嘻，你说的不是真话吧？回答说：臣请为国君证实它。国君以为你所处的四方上下有穷尽吗？国君说：没有穷尽。回答说：知道游心于无穷无尽的地域，而又返回到国度，好像是若有若无吗？国君说：是这样的。回答说：四面通达之中有魏，在魏之中有梁，在梁之中有君王，君王和蛮氏有区别吗？国君说：没有区别。客人辞别出来，国君却怅然若有所失，客人走之后，惠子进见。国君说：客人真是伟大啊！圣人也不足以和他相当。惠子说：吹箫管的，仍然有箫管的音声；吹剑环的，只是有些许的音响而已。尧与舜是人们共同赞誉的圣君，在戴晋人面前述说尧舜就好比些许的音响罢了。

孔子到楚国，住宿在蚁丘卖浆人的家里。他的邻居有夫妻仆人和小妾，都爬到屋顶观望。子路说：这里拥挤着几个人，要做什么呢？孔子说：这都是圣人的仆从啊，他们是自己淹没在民间，是自己隐藏于田野啊。他们名声销匿，却志向无穷，他们虽然有些言论，而内心却虚静而未曾言语。正要和世俗违逆，而内心却不与世俗同流合污。是世间的隐士呢，还是那个市南宜僚呢？子路要求去召请他们。孔子说：算了吧，他知道我孔丘了解他，知道我孔丘到楚国了，以为我一定要求楚王招聘他。他还以为我孔丘是佞人。如果是这样的话，他既然羞于听到佞人的言论，也必然不愿亲自见到佞人，你又怎么能知道他就在哪里呢？子路就去邻居看他们，房中却空无一人。

圣人用无为的方式体道，用虚静的方法去应事接物。所以有心的感悟是源于没有心。有事而源于无事，天下不足以牵累他，万事不足以干扰他，攻克讨伐战争斗夺岂能流行？他们只是听任于自然而自得其乐罢了。魏惠王不能通达于道，行有为之事于一时，用信誉来相约人，相信别人而别人并不能诚信对待，这就是田侯牟违背誓约的原因。田侯牟违背誓约，是因为人们相信信誉是出于诚信。魏惠王没有自知之明，不善于觉察却又恼怒，这是因为恼怒是出于自心有为的争气斗狠，而人们并不受此震慑。魏惠王既然如此恼怒，而公孙将军又想请求带领甲兵攻打他，这就是因为受到有国家的牵累而行克战讨伐争斗之事，万物从此能不混乱吗？而最为适宜的是华子的观点，放下心来，虚静内省以求证至道，自然而然地无为虚怀以求证至道就能明道，明于至道然后就能进入道的境界之中。而进入道的境界之中，也必然听任于无为。听任于无为，天下之大犹且可以丧失了，更何况是一个国家的小地域，岂能使我受此牵累？这就是惠子有蜗牛之角的比喻的原因。

长梧封人对子牢说：你施政不要鲁莽，管理人民不要任性。过去我种植、耕种都草率，所以最后的粮食收获也一样以草率回报我以不足；除草时粗心草率，而最后粮食收获也一样以草率回报我以不足。我第二年改变方法，深耕而细作，禾苗繁茂滋荣，粮食一年都吃不完。庄子听到之后说：现在的人们治理形体，修养心神，很多人像封人所说的那样，脱离于自然，决裂其本性，灭绝其情志，消亡其精神，与俗情同患。所以对本性鲁莽的情欲爱恶而反为有害，就好像芦苇一样遮蔽了我的形体，渐渐干扰我的本性。于是溃漏并发，无缘故地暴出，痈脓疥疽，内热淋膏，全身都是毛病。

柏矩在老聃那里求学，说：我请求游历天下。老聃说：算了吧，天下和这里都一个样。柏矩再次请求，老聃说：你先要到哪里去？回答说：先到齐国去。到了齐国，看到因受刑而死亡的人，尸体仍然捆绑在柱子上，就强力推倒使他们躺下，并脱下朝服覆盖着，仰天哭号着说：先生啊！先生啊！天下有祸患，你们却首先遭难，说再不要为盗，再不要杀人。

首脑不敢不正，施政却不可不顺应民意；施政以民为本，民是施政的根基；

为政不可粗率任性，而治理民本不可以轻薄。这就是长梧封人所以有鲁莽轻率言语的原因。施政为民就必然要有正确的道理，耕种田禾也是有一定道理的。同出于道理而所作所为只是有些小的差异，这就是封人以耕植来晓谕子牢的原因。岂能只是说说施政理民等同于耕耘，以至于说修身养性也是和耕耘具有相同的道理而已？能修养其身形就可以保全其身形，能养其心就可以使其心保持虚静，形体完全精神就可以旺盛，内心虚静，气机就可以达到和柔，如此一来，本性生命之本就可以根深蒂固地保存了。天下世俗就不是这样子了。他们脱离了自然赋予的本质，去除了极致元真的本性，把原本性命相合为一的情志决裂开，损毁消亡其旺盛的精神，被外物所役使，行有为之事。这与鲁莽绝灭轻率任性有什么不同呢？这是因为他们的内心本性形体不能完全的原因。所以说脱离于自然，决裂了本性，灭绝了情意，消亡了精神，和众人的作为一样。

有了荣辱，然后就可以看出它的弊病来；积聚货财，然后就可以看出它的争让来。现在要确立人的弊病，积聚人们所要争让的，穷困人们的身心而使之无有休息的时候，要想不这样能做到吗？古时候的人君，把功业成就归于人民，把失误归于自己，认为正确的作为在于人民，妄为的因素全在自己，所以一旦有一人伤害了生命，就会退下来自我责罚。现在就不是这样了，隐匿事物反而说百姓不明智，下面运作困难却责罚臣民不敢为，加重负担却惩罚臣民不能胜任，路途遥远却又诛戮那些不能达到的，人民智穷力竭就用虚伪的办法愚弄他们。人君多有虚伪之事，士民怎能不效法虚伪呢？能力不足就会造假，智慧不足就会欺诈，财物不足就会盗窃，盗窃的流行，要责难谁才对呢？

蘧伯玉年龄六十岁，而六十年与时间俱化，也不曾想当初的行为是否是正确的，而到最后才感伤它的不是啊！也不知道现在所为是的，还是认为五十九岁之前的行为不是的。

有极致德性的时代，君上如同一个形象，百姓如同原野生存的麋鹿，自然生态，天人合一，不崇尚贤能，不看重难以得到的财货，所以愚笨和聪明就没有分别，爵禄职位阶层没有区分差别。不看重难以得到的财货，就会抛弃金玉到深山，隐藏珠宝至深渊，天下之人并不知道有荣辱富贵。等到了后世，自然的和气已经离散，天然的德性既已丧失，尊贵崇尚的并不是贤良，而且所贵重的没有不是财货的。天下之人都知道荣辱富贵，却丧失了本性，绝灭了生命，并因此相为争斗。这就是柏矩看见齐国刑场示众之人，为他所哭号的缘故。所以说：荣辱树立之后，就可以看到它的弊病了；货财一旦积聚之后，就可以看到因它而诱发的是非、争夺和谦让。

万物有它出生的现象，却看不到它的本根；有它的出处，却看不到它的门径。人们都看重凭智慧所能知道的知识，却不能知道凭借智慧所不知道的，去认识智慧所不知道的而后达到知道的程度，这岂不是人们所面临的大疑问吗？算了算了，那一个能达到如此境界呢！这样说对吗？是对的吗？

孔子询问太史大弢、伯常骞、狶韦，说：卫灵公饮酒作乐，不过问国家的政务，打猎避战，不参与诸侯的会盟，他死后的谥号怎么会称为灵公？这是为什么？大弢说：就是因为这样。伯常骞说：灵公有三位妻子，四个人在同一个浴盆里洗澡。史鱼奉召走进国君的住所，灵公让人接过他的东西，并且要求扶着他。灵公平时的散漫是那样的不堪，而见到贤良的人是如此的尊敬啊！这是他被称为灵公的原因啊！狶韦说：灵公死之后，占卜葬于祖先的墓地不吉利，占卜葬在沙丘却吉利。掘地几仞之后发现一个石墩，洗净后看到有铭文，说：不需要子孙制作棺墩，灵公可取此地掩埋。灵公的谥号灵字由此而来，已经很久了，他们两人能知道这个缘故吗？

少知询问太公调说：什么称为"丘里之言"？太公调说：所谓丘里就是聚合大约十个姓氏上百人口，形成一种风俗。聚合差异以成为同一，离散开同一便形成差异。现今专指马的上百个部位却不能称为马，而能称为马的就是前面所说的合异以为同一，聚合其百体的总称才可以为马。因此丘山聚合了卑小才成为高尚，江河汇合到一起才成为大，尊重人合并到一起才成为公。因此自外而进入内心的事物，即使有主见也不会固执己见；由内心发出的，虽经内心校正却也不排斥他人。四时气候不同，上天并不有私，所以年岁自成。五官职守不同，国君并不偏心，所以国政自治；文武大臣各司其守，没有私心，所以德性俱备；万物的数理不同，道无偏私，所以都不以名显。无名就可以达到无为之境，达到了无为之境就可以无所不为。

太公调是在讨论道学，所说的就是从粗俗到精纯，所以先说到同异的聚合离散、山河的积聚汇合、大人的合与并、内外的出入、四时气候的不同、五官职司不同、文武的各异、万物滋生法理不同，然后达到无为而无不为，这岂不是自粗而至于精吗？大人并合而成为公，因他混合风俗而无私心，混合为一的大道，显然体现出人的本性，人们知道所以归向而不拘谨于物。所以说：自外而进入内心的事物，即使有主见也不会固执，所要归向的道内心有所知，且能守其正而不违逆。所以说：由内心发出的，胸有正定却也不排拒他人。四时出于自然而并非上天所恩赐，所以四时气候不同，天不能有恩赐私心因此岁月成立；五官以国家公务任能，而并非国君用私之地，所以说五官职司不同，国君无私，国政得以治理；文能治国，武能安邦，文官昭明，武官威武，莫不是大人驾驭得如此吗？所以说，文武大人虽然职分不同，因无私而德性俱备。万物生成的法理不同，并不是因为道有所偏私。所以说万物不需要命名，就能彰显出来。无名是天地开辟之前的元始状态，天地的元始就是没有，什么都没有，哪来的有为呢？所以说无名就是无为的状态。然而无为并不是不作为，是作为而看不到其作为。所以无为而无不为。

时运有始终，世事有变化。祸福的到来，有所阻滞也有所适宜。各自所求的方面不同，既有正当的也有差池的。比如山林大泽，各种木材都有它适宜的地方，观看大山木林与石头同体，这就是那丘里之言。

少知说：那么称它为道，可以吗？太公调说：不是的，现在计算物类的种数，不止有万类，而约称为万物的原因是因为数目多才以此命名并称呼它。因此说天地是形体中最大的了，阴阳是气体中最大的了，道是总汇一切的了。因为它的大以此命名并称呼它，是可以的。已经有了道的名称了，还有什么和它相比呢？如果要以此来分辨比较，那就相差得太遥远了。少知说：四方之内，六合之中，万物从哪里滋生长起呢？太公调说：阴阳相应，相消相长；四时更替，相生相杀。欲恶去就，于是突然而起；雌雄交合，于是常有新生命诞生。安危相变易，祸福相更生。缓急相交会，聚散常形成。这些个名称与实际是可以察觉的，即使精细微小也是可以识别的，依据时序顺理而为，五行运转得如桔槔一样，物穷则复返，事终而后始，这是事物所具有的现象。言论所表述的已穷尽，智慧达到了极点，只是极尽事物而已。体道的人，不追寻事物的消失，不探究事物的起源，这是言论的终止。

少知说：季真所说的"莫为"，接子所谓的"或使"，他们两人的言论，哪一个合乎人情，哪一个偏于正理？太公调说：鸡鸣狗叫，都是人们所知道的。即使有大智慧也不能用言语说明它们鸣叫的缘故，人们也不能用心意推测它们将要做出什么来。由此而分析，精妙以至于无所比拟，博大以至于不可以围抱。或者有所使用，却无所作为，未免在物用上言说，而终究以为有过之而无不及。"或使"的说法在实用上有些牵强，"莫为"的主张过于虚空。有名有实是体现事物的全部，无名无实是空虚无物的状态。可以言传，可以意会，然而言说愈多含义信誉愈加稀疏。未出生的不可以禁止，已然死去的不可以阻止。死与生相距并不遥远，而其中的道理却不能看到。或者有所使命，而又无所作为，都是造成人们疑虑的假设。

天地阴阳由道而生，道首先化育天地阴阳，天地阴阳岂可比拟？所以天地阴阳只可与道相比拟，天地就是形体物象中最大的了，以阴阳来比拟道，那么阴阳就是气象中最大的了，道超出于气象形体之外，而与万物无私，道之大可以用事物来比拟，所以因为道的博大无以比拟而强为命名曰"道"。

我观察它的本源，它的以往无穷；我寻求它的微末，它的未来没有尽头。无穷无尽是说的虚无，与万物有相同的道理。"或使"、"莫为"是言论的根本，与事物相始终，道不可以有为，有为不可以不达到无为。

道体渊深玄妙，动而愈出，所以我观察它的本源，它的以往无穷，妙用无际，恍然若存；所以我寻求它的微末，它的未来没有尽头。无穷就不曾有极限，无止就不曾有消息，都是与万物生成之理相同，所以说：无穷无止，在言语上是如此说的，然无也与事物的变化同理，这是庄子论道的方式。

道的名字，是有所假借而言的。"或使"、"莫为"的言论，仅在于事物的一个侧面，怎么能成为大道之论？言论充足就整天言语，不能穷尽就近于大道。言论不能充足，那么整天言语的全是事物；道与物的极致，言论与沉默都不足以记载，既不言语又不沉默，即使议论也有所偏极之处，看它却看不见。所以说：道不可以持有，生成不可以揣测，所以持有时又不可以执着于无。道是万物，之所以称道，因为它可以称道，所以才命名为道。所以道之有名，是假借而称的。道之体极其玄妙，言论和沉默都不足以完全地尽心觉悟它，因此说道是事物的极致，言论和沉默都不足以承载它。不用言语不用沉默而用心觉悟可以得到它，然后才可以达到道的玄妙本根，所以说：不用言语不用沉默，议论都有其局限。

外 物

大道离散而万事滋起，万事滋起而祸福荣辱的事端交相来临，而又不可议论它们的必然性，这是庄子作《外物》篇之意。

身外的事物没有一定规律，所以有龙逢遭诛，比干被杀，箕子装作疯狂，恶来因勇力而身死，夏桀、商纣终灭亡。君主没有不希望他的臣下忠心的，然而有忠诚之心却未必能取得信任，故而伍员身死，顺流于江水之中；苌弘在蜀地自杀，他的血液藏了三年却化为碧玉。父母没有不希望儿女尽孝的，然而尽孝却未必能得到爱护，所以尽孝的人也有忧伤，曾参因而悲愁。木与木相互摩擦就能燃烧，金与火相互厮守就会熔化。阴阳二气错综运行，天地之间就会发生大的变动，于是就出现雷霆，雨中有电，就能焚烧大树。有人过于忧伤，身心的疾困无所逃避，惊惧不定而无所有成。内心好像悬挂在天地之间，蒙昧昏沉，利害相摩，心烦意乱。众人因自身利害而焚毁和气，清气不胜燥热，于是就会因正气颓疲而原则丧尽。

祸福荣辱的到来，都是有其缘由因果的。所以行善的必有福报，为恶的一定会遇到灾祸，这是道理趋势的必然结果。然而龙逄、比干都是正直之臣，突然而遇到被诛杀的灾祸；伍员、苌弘都是忠诚之士，反而承受流离屈死之辱；孝子曾参奉养双亲，也难以避免有悲伤忧虑的牵累；恶来、桀纣都是暴虐之人，反而得享长寿福禄的荣显，这岂能道理趋势必然的结果？所以说身外之事物不是一成不变的，世俗之人不知道身外之事物不可能一成不变，痴心妄想而焚烧和气，这是人生不能完美的因由啊！唯有至人知道不可能有一定不变的事物，所以做到虚心而淡忘私己，因此福祸不能伤及他，荣辱不能强加他，哀乐不能入于内心，身心不动而自有所得，而且生命可以完全啊。

庄周因家里贫寒，所以前去向监河侯借米。监河侯说：好吧，我就要得到税金子，然后会借给你三百金，可以吗？庄周愤怒地变了脸色说：庄周昨天来的时候，在半路上听到有呼唤之声，回头看到车辙低陷的地方有一条鲫鱼。我问它说：鲫鱼过来，你在这里干什么呢？回答说：我是东海的水官，你能有斗升的水来救活我吗？庄周说：好啊，我就要南游吴越之地，引进西江的水来迎救你，可以吗？那条鲫鱼气得变了脸色说：我失去了水，我没有容身之处。我有斗升之水就能活命了，你却如此说话，还不如早一点到卖干鱼的集市去寻找我呢！

财货不足的，依赖于精神上的富裕；财货有余的，大都是精神上有所不足。这也是道理和趋势的必然。庄周因贫穷而向监河侯借米，他所要借贷的一定要得到，否则有性命之忧。而监河侯告诉他要到年终收取税金时方可借贷，这是不一定能得到的。外物因为什么是必然的呢？这是庄子有鲫鱼之喻的寓意。

任公子做了一个巨大的钓鱼钩，用粗壮的绳索拴着它，又用五十头牛做钓饵，蹲守在会稽山上，把鱼竿投放在东海里，天天在那里守候，一年都没能钓到鱼。后来大鱼来吞饵，牵动巨大的钓钩沉没于水下，大鱼翻滚而振奋激荡，白波涌起如山，大海之水因而震动，声似鬼神，惊慑千里之远。任公子捕获了这条大鱼，把它分割并做成腊鱼干，从他居住的浙江以东到苍梧以北，没有不分享这条鱼吃的。

后来民间小才，善于讥讽论说的那些人，都震惊而奔走相告。至于拿着小竹竿系着丝线，去到小水沟里，钓那些小鲫鱼，是很容易的，如果要想得到大鱼就很困难了。粉饰浅见的说教以求得名声，那么和大智明达相比岂不是很遥远。任氏这样的人不能与世俗同日而语，因为其间相差很远。

儒生引用《诗》《礼》来盗掘坟墓，大儒传话说：太阳已经出来了，事情进行得怎么样了？小儒回答说：尚未解开脱去裙襦，口中含有珠子。大儒说：古代的诗里有这样的句子说：青青的麦子，生在陵陂。生时不施舍，死后为何要含珠？按着他的鬓发，抓着他的胡须，用铁锤敲击他的下巴，慢慢地分开他的两颊，不要损坏口中的珠子。举着竹竿下垂着的钓饵，世俗之人期望着能钓得上鱼，而任公子的做法是希望得到大鱼。删《诗》《立》《礼》，先王要以此来劝化天下之人，而儒生们却拿它去挖掘冢墓，这也说明事物没有必然性。天下万事的来龙去脉怎能靠揣度呢？不是通达乐观之人，不可以和他们议论此事。老莱子的弟子外出打柴草，遇到孔子，回来就报告说：有一个人在那边，上身修长，下身较短，弯腰背背，耳朵偏后，看东西仿佛张目四望，不知道他是哪里的人。老莱子说：这是孔丘啊，召请他过来。孔子到了，老莱子说：孔丘啊！去掉你既谦恭又矜持的行为和你表现出来的机智，这样就可以成为君子了。孔子作揖而后退，惊恐地改变了神情并且询问说：我修德业是否进步了？老莱子说：不忍心一世的伤害，却要给万世带来祸患，是必然的鄙陋呢，还是智慧的衰减而筹略有所不及呢？因施惠而得到他人的欢心而傲慢，这岂不是终身的丑陋？只算得上中等人的行为罢了。因名声相引接，因隐私相结识。与其说美誉尧而非议桀，还不如做到两者全都忘记，避免那些所美誉和所非议的。违反事物的本性必然有伤害，扰动心灵的因素无非都是邪念。圣人谨言慎行以免兴起事端，以求有所成功，为什么你常要保持着这种矜持姿态呢？

孔子的行为可以说已达到了他的极致，倡导仁君圣贤的极大理念而不居有功，以使得人们身心的凝聚而没有自我，岂能有矜持巧饰奸智的虚伪隐藏在他身心的内外？可以说是达到了天之君子的境界了。老莱子仍然告诫他，要他除去躬谨矜持和装饰容颜巧智，然后就可以称得上是君子了。这是说孔子尚有矜持的气象，还没有做到君子。老莱子的话也未必是如此。然而圣人倡导仁义，足以泽及后世而调和万物。所以昌明道理于天下，岂能怕后世奸人窃取而成为祸患？这也不可以说是一定的事情。所以说：不能忍受一世的伤害就会给万世带来祸患。

宋元君半夜里梦见有人披发从一扇小门窥视，说：我从窄路的深渊里来，我是清江使者，要到河伯的住所，捕鱼的渔夫叫余且的捉到了我。元君醒后，让人给他占卜，卜者说：这是神龟在托梦。元君问说：有叫余且的渔夫吗？左右的人回答说：有。元君说：命余且赴朝拜会。第二天，余且朝见。国君说：你捕到什么了？回答说：我网到了一只龟，它的周长有五尺。国君说：把你的龟献来。龟送到之后，国君一再想要杀死它，又一再要想养活它。心思不定，让人占卜，回答说：杀龟用来卜卦，吉利。于是决定刳龟卜卦。占卜了七十八卦，没有不准确的。

孔子说：神龟能托梦给元君，却不能躲避余且的网罟；智慧能使人占卜七十二卦而无有不验，却又不能避免自身的刳肠之患。如此看来，智慧也有终尽的时候，即使神明也有达不到的地方。即使有极其高深的智慧，也离不开万人的谋划。鱼并不知道畏惧网罗却知道畏惧鹈鹕，舍去小知而大智才可以昌明，扬弃人为之善就会出现自然之善。婴儿生下来没有大师的教导，自然就能说话，这是他和善于说话的人相处的缘故。

神龟托梦于宋元君，原以为一定会摆脱渔夫之手，怎能料到元君反而把它刳肠用于占卜，所以托梦还不如不托梦呢！这都是没有必然的道理。既号称神龟，必智慧神明，然而其神其智有时也不可以妄用。所以说：智慧有时也可被困，神明也有不可及处。

小的智慧却以知为智，大的智慧却以智为不知。如说以知为智，那么知就有所不能及处；不以知为智，就无所不知了。众人的智只是知之而已，他们的智是有所不及的；圣人的知就是不知，圣人的智就是无所不知。然而说无所可知，大概就是能舍去小知。所以说：舍去小知，大智就能通明。为善是人们可望的欲念。有可望的欲念，那么为善就是人为而彰显出来的。如果没有这个可望的欲念，那么这个为善就是发自内心的纯粹的善念。所以说：舍去自为的善，自然而然的善就可以显现了。

惠子对庄子说：你的言论没有用处。庄子说：知道什么是无用的，才可以和他谈论有用的。地域并不是不广大，人们所能使用的只不过是容下双脚的地方罢了。然而如果把容下双脚以外的地方都深挖到黄泉，人们所能容下的双脚的这个小地方还能有用吗？惠子说：没有用。庄子说：这么说来，无用的作用就很明显了。庄子说：人若能游心自适，哪能不游心而自得其乐呢？人若不能游心自适，哪里能悠闲自得呢？世间那些游荡遁隐心志的人，和那些坚定决绝行为的人，噫！这都不是高深智慧和德性纯厚之人的行为。即使倾覆坠落而不回头，心急火燎勇猛直前而不顾，虽然相互移位，时为君，时为臣，只是一时之争罢了。随着时代的变化，再都不能把人看低了。

所以说至人没有固执的行为。说到有用的事物，或许始终都不能得以使用；说到无用的事物，或许最终被人们利用。有用之用，用起来并不神奇；无用之用，用起来才可以达到至妙。惠子把庄子的话视为无用，惠子是不知道无用之用啊！故而庄子寓言以无用之地挖至黄泉作为比喻，以昌明无用不可以说是必然的无用。

尊重古学，鄙视当今，这是学者的流陋。就以豨韦氏之流观看当今之世，谁能不被波荡呢？只有至人才能游心于世而不会偏僻，既顺应人而又不迷失自己。他们的教导不值得我们学习，只是承受其意并不认同而已。

眼目通彻是明，耳朵通彻是聪，鼻窍通彻是颤，口舌通彻是甘，心灵通彻是知，智慧通彻是德。凡是有道就不能壅堵，壅堵就被梗阻，梗阻不能休止就出现祸患，有了祸患就滋生众害。有知之物依赖于气息，气息不充实，不是自然的过失。自然的气息贯通毛窍，日夜无休，人们往往因情欲而梗塞灵窍，胞膜都有重重空缺之地。

至人的行为圆通自然，而与造化合一，他的本性融合明达而与时迁移，不曾有凝结阻滞的牵累。所以说至人没有固执不化的行为。所谓至人没有固执不化的行为，大概是说至人能顺时应物而又不陈腐，所以游心于安适而不偏避；与人违逆而能坐忘没有损失，所以顺应人事而不迷失自己。人性端正却并非因为学习而来，所以他们的教导不用学，只是承受其意而又遗忘他们，不与苟同。目光没有遮蔽而能看到所不能看到的一面，所谓眼目通彻是明；耳朵没被堵塞而能听到所不能听到的声音，所谓耳朵通彻是聪；鼻窍没有壅阻而能闻到所不能闻到的气味，所谓鼻窍通彻是颤；口舌没被滋扰而能尝到所不能尝到的滋味，所谓口舌通彻是甘甜；心灵没被梗塞而能知道所不能知道的事物，所谓心灵通彻是知；智慧不被惑乱就必然有所自得，所谓智慧通彻是德。如果人的内外相为交通而没有壅蔽之累，这是他能自我有得之故。所以把德性放在最后言说，这是至人所要达到的结果罢了。

心灵要与自然共游，没有虚空无用的地方。婆媳尚且不能同心，心灵不与自然共游，那么六窍就会相互干扰。大林丘山之所以适宜于人，就是因为精神不胜舒适的缘故。

德外溢就是声名，名外溢就是显扬。谋略出于急难，明智出于争论。闭塞出于执守，官事决于众人所宜。春雨依时来临，草木因之发生，除草的工具于是得以使用。然而草木倒生的份额有过半，却不知道是什么原因。内心清静可以调补疾病，按摩与导引可以预防衰老，安宁可以止躁。虽然是这样，但这是劳动的人所要做的，而安逸的人却不曾过问。

心是人身的君主，居住在极其空虚的地方，而且心内潜藏着至妙的神明。它常保持着无为的境界，却不可以因事物而牵着。所以说：心要与自然共游，一旦有事物系着，必然是六根交相混乱而被外物所役使。所以又说：心若不与自然共游，那么关窍就必然相互干扰。圣人能惊动于天下的事情，神人是不曾过问的；贤人能惊动世人的事情，圣人是不曾过问的；君子能惊动国家的事情，贤人是不曾过问的；小人能合乎时宜而投机取巧，君子是不曾过问的。

演门有一个死了至亲的人，因为以毁容表示哀伤而被封为官师，他的同乡因效法毁容而死亡的过于半数。尧把天下国家让与许由，许由却逃跑了；商汤把天下国家让给务光，务光却很生气；纪他听到之后，带着弟子隐居在窾水，诸侯都去慰问他。三年之后，申徒狄因此而跳河溺亡。

筌是用来捕鱼的，捕到了鱼就忘记了筌；蹄是用于捉兔的，捉到了兔子便遗忘了蹄；语言是为了表达心意的，得到了本意就忘却了语言。我怎样才能找到忘言的人和他谈论呢！

知道的人不说，说的人不知道。圣人之道唯有虚无清静，然后才心有所得，心有所得便足以和他人言谈了。这是庄子想得到同道之人而和他探讨其中的道理，所以他说：我怎么才能找到忘言的人和他谈论呢？以此可见庄子是为了行不言之教，并不是自己有所收获而要与人谈论。

寓 言

天下世俗之人都被怪异和异域学说所迷惑，却不明白圣人流传的大道，必须假借言辞而做比喻，以使惑者通达明了，所以庄子作《寓言》篇。

书中寓言占有十分之九，其中重言占有十分之七，至于说无心之言，就像东方日出一样不能穷尽，每天都有新的感悟，而契合于自然之道。

寓言是假借他人之口来讨论。亲生父亲不给他儿子做媒。亲生父亲称赞他，不如其他人来称赞的好。这不是我自寻的过失，是普通人以为的过失。和自己意识相同的就会应和，不和自己意识相同的就要反对；和自己意识相同的就肯定它，不和自己意识相同的就要否定它。

重言是为了不再进行讨论，因为都是前辈的言论。年龄虽然较大，却无经天纬地的本领，都是事物本然的知识，也只是称为前辈罢了，只不过是比当时的人先生而已。做人如果没有品德学问，就没有为人之道，为人如果没有为人之道，就称为陈旧之人。

无心之言，如日出东方，与大自然契合，流衍散漫，层出不穷，所以受益终生。

孔子说：我想不说话。孟子说：我岂是好辩之人？这就是说圣贤原本也是行不言之教的。然而一定要说明，一定要经过辩论的，都是出自不得已罢了，所以庄子所言论的，同样是出于不得已，只不过是为了祛除天下人的迷惑，而回归于性命之学的轨道上来。然而庄子的言论方式不一样，故而有寓言、有重言、有无心之言。所谓寓言就是特别彰明大道的本真虚空无为自然，因为世俗之人必定认为是怪诞不经之论，所以寄托于他人之言来说明本意，能得到十分之九的信任。所以说：寓言占十分之九。又说假借别人的谈论为重言的，是论述了先古流传下来的正信之道，可以使世俗之人乐于听闻而不致于厌烦。故而又托嘱这是前辈长者之言，为了加以重视，能达到的可信度为十分之七，所以说重言十分之七。又说这是作为言论的最终结论。所谓无心之言，不一定要铺设一个话题去议论出新颖的思想来。即如器物倾覆或仰起不能整齐划一，所以契合于自然的道理只是为了让世俗之人明知其中玄妙本源的内涵来。这三个方面相互而周遍，所以运用寓言而成此章节，从这三个方面来体察庄周所有的言论，就能得到庄周所有言论的用意了。

没有言论就与事物的自然理性齐同，本然与物齐同又加以个人的言论就不同了，自己的言论附加在本然的齐同上，就不能齐同了。所以说：要说没有主观臆断的话。如果说没有主观臆断的言语，那么即使终身都在说话，好像还没有他不说话的时候；即使他终生不说话，却也不曾不再说话。有他的缘故吗？的确有他的缘故吗？还是有他不是的缘故呢？还是确实有他不是的缘故呢？还是有他自己的道理呢？的确是不是，不是有不是的道理，是就是是，不是就是不是，怎么是可，怎么是不可，可有可的道理，不可有不可的道理。事物本来就有是，事物本来就有可，没有任何事物不是，没有任何事物不可。若不是无心之言，如同东方日出，没有穷尽，契合于自然之道，有谁能那么长久？万物都是一个种类，以不同的形态相交流，始终如同循环，找不到起点，这是自然均平的道理，自然的均平就是自然之道。

万物与我同根于天地，我不用言语万物自然与我为一体，所以不用言语就与万物齐同。本来是与万物齐同的，而有了言语万物与我就又分离了。所以说：齐同又加以言语就不齐同了。因为不能齐同，此时停止言语，就再次齐同了。所以说：无言不言而自然齐同，物与我自然均等，这就是自然的均平，自然均等就持守于自然的界定了。所以说：自然的均平就是自然之道，无心之言就是如此的不能一致。

庄子对惠子说：孔子生活到六十，而六十年的光阴与时俱化。开始以为是正确的，最终又否决了它。也不知道现在所谓的是对的，还是要否定之前五十九年都不是的。惠子说：孔子志向勤劳，用智慧吗？庄子说：孔子已经放下智慧了，而且从未多说话。孔子常说：禀受才质于自然，伏藏灵性而有生。发出的声音合乎言律，说出的话来应有法度。利义陈设于前，而好恶是非只不过是降服人的口舌而已。要想使人心服而不敢违逆，就要制定出天下人遵从的定律。不说了，不说了，我还不及他呢！

圣人进入道的玄妙，与造化合而为一，时代的变化也和他同步，怎能会凝结阻滞的牵累呢？这就是庄子为什么要寓言孔子行年六十才能达到与时俱化，所谓"六十而耳顺"。与时代同步唯有改变所适合的，有着现在与未来不同的理念。所以说：之前所作所为，现在想起来大都是错误的；现在的所作所为，就是之前认为错误的。大概因为材质完全就能达到生命的极致，所以智慧圆融以至于此。惠子不知道圣人的行为如此，还以为圣人志于勤恳而善于用智，之后才觉悟到如此。庄子之所以有禀受自然的材质而又虚心受教的话，是因为人的材质是性命的根本，虚心是精神的宅舍。圣人能通达性命的根本、保全性命的宅舍。虚心对待事物，万物到来就能发声。不曾有言语，若有言语必定合于道理。譬如同一音律，同气相入就能共鸣；气息一致，可使天下人内心诚服而自然安定。所以发声就合乎言律，言论就合乎法度。又说：说动人们就要使他们内心诚服，就可以安定天下所要安定的事情。这是圣人与时俱化而达到了如此的境界。

曾子再次为官而心境再次变化。曾子说：父母在的时候，我做官俸禄只有三釜，然而心情快乐；后来再次做官，俸禄长到三千钟，还不及之前能够奉养双亲之时，我心里很悲伤。弟子询问孔子说：像曾参这样，可以说是没有因负担的关系而有所过错吧？孔子说：他已是有所系累了，无所系累的能有哀伤吗？如果没有因此而系累，他看到那三釜、三千钟，就好似观看麻雀、蚊虻在面前飞过一样。

君子并非有意去做官，然而有时顺应自然而去做官，大都是为了双亲。为了双亲而去做官，俸禄虽然微薄，只要足以奉养双亲，他的内心就极其快乐。所以曾子当初为官时，虽有三釜之薄俸，而能养及双亲，他的内心无比快乐。为官并不是为了双亲，俸禄虽厚而不及有双亲，所以他的心情并不快乐。这就是为什么曾子之后做官时，虽有三千钟的厚禄而不及有双亲，他的心情悲伤啊。曾子的心是一样的，他做官也是一样的，然而有悲有乐的不同，是因为他的双亲的存亡，所以曾子再次做官而内心再次发生变化。曾子把双亲的奉养放在重要位置上，他岂能因外物而系累于内心？双亲离世，俸禄厚重却不快乐，这就是孔子之所以有蚊虻飞过眼前的比喻。

颜成子游对东郭子綦说：自从我听了你讲道，一年之后就回归于自然，二年就顺事应人，三年就通达无滞，四年就与物同化，五年而万物来聚，六年而鬼神自入，七年与自然相合，八年不忧虑生与死的变化，九年而通达于玄妙的境界。生时妄为，必然招致早亡。奉劝各位，人的生死是有缘故的；人的生活是阳气的变化，是不能自己选择的。真的是这样吗？哪里是你所适意的地方？哪里又是你所不适意的地方？天是有规律可循的，地有生杀的凭据，我不用去寻求它们，不知道它们的终点，怎么能说它们没有命运呢？不知道它们的开始，怎么能说它们是有命运的呢？万物都有与它们相应的现象，怎么就能说它们不受鬼神制约呢？万物没有与它们相应的现象，怎么能说它们有鬼神制约呢？

圣人之道，深奥玄妙，纯真虚空，却不可以猝然悉知，只能通过天长日久体悟方能得以知晓。这就是为什么颜成子游听了子綦的言论，而到了第九个年头方才通达玄妙之境。一年而挫其锐，解其纷，和其光，而返还于朴实；二年而同其尘劳而不迕逆于世俗；三年而随时迁变，不迷惑、不蒙蔽；四年而与万物齐谐，无彼我之分；五年而来者皆有所适，自有所得；六年而通达于幽玄深奥而与精神契合；七年而听任于自然，无所有亏；八年而了于不生不死的情趣之中；九年达到了真空妙有的境界了。入道修持若未达到大通大妙，还不能说有心得体悟。颜成子游九年之后，就达到了玄妙之境，即可谓心有所得了。

魍魉问影子说：你刚才俯身而现在仰身，你刚才束发而现在又披发；你刚才坐着而现在站起；你刚才在行走，而现在却停止。这是为什么呢？影子说：这点小事，你何必问呢！我心里似有事，却不知道为什么。我的形体像是蝉蜕吗？像是蛇皮吗？仿佛相似却又不是。有太阳和火光，我就显现；阴暗和夜晚我就隐匿。太阳和火光是我所依恃的，更何况那些无所依恃的事物？它来我就和它一同而来，它去的时候我就和它一同离去，它活动的时候我便随它一起活动。这只不过是活动而已，你又何必要问呢？

阳子居到南方的沛地，老聃西游到秦地。两人相邀到郊外会面，到了梁地却遇见了老子。老子在半路上就仰天长叹说：当初我以为你可以教导，现在知道你不行啊！阳子居不回答。到了旅舍，他急忙侍奉老子梳洗，之后把鞋脱在门外，跪着前行说：刚才弟子想请教先生，先生没有空闲，所以不敢向您请教，现在您有空了，请指责我的过错。老子说：你的姿态傲慢，谁和你相处呢？最洁白的好像是被玷污的，盛满的德性又好像是还有不足。阳子居惭愧地变了脸色说：敬请先生赐教了。当阳子居来的时候，客舍的人前去迎接他，客舍主人安排座位，女主人侍奉他梳洗，先来的人都避席让位，烧饭的人都避开灶门。他回去的时候，客舍的人就无所顾忌地争席位了。

影子是形体所生成，形体是自己所具有的，影子虽然是形体所生，却要无时无刻依赖于形体；形体虽然是自己所具有，却不完全有隶属关系。所以影子所依恃的是火光和太阳，而形体所依恃的是朴素；火光和太阳明亮，影子就能汇聚，朴素完全形体就能够遗忘。这是庄子之所以有罔两问影和老子教导阳子的言语。罔两代表了幽阴的事物，阳子代表了阳明之人。处于幽阴的就不能询问它的影子，居住在阳明的就不可以掩饰他的形象，所以应该两者俱忘。如果明暗两个方面全都忘却，就可以达到冥渺的极致之境。所以庄子在寓言篇终言之。

让 王

帝王是道外的虚幻称谓，天下是身外的一个事物。至人通达而乐观，对此两者没有心情，庄子因而有《让王》之论。

尧要把天下让给许由，许由不接受。又再次让给子州支父，子州支父说：让我做天子，也是可以的，但我正患着深重的忧郁之病，正在治疗，没有时间治理天下。天下的尊位是极其贵重的，而他们却不因为位尊权重而伤害到自己的生命，而又何况是其他事物呢！只有认为天下对自己是所用的人，才可以把天下托付给他。

舜把天下让给子州支伯。子州支伯说：我患有较为严重的忧虑病，正在治疗，无暇治理天下。所以说：天下之位是一个极大的器物，却不能因此大位而换取生命。这是有道之人和世俗之人不同的原因。

舜把天下让给善卷，善卷说：我站立在天地之中，冬天穿皮毛，夏天穿粗布。春天耕种时形体还足以劳动，秋季收获时饭量还足够大。起居有规律，所以日出时起来去工作，日落后就依时而休息，逍遥快乐于天地之间，而且内心适意自有所得。我要天下之位干什么呢？可悲啊！你是不了解我呀！始终不肯接受。于是善卷离开居住地，进入深山隐居，没有人知道他的住处。

舜把天下让给他的好友石户之农。石户之农说：勤劳啊，你的为人，你是劳碌之士啊！认为舜的德性还不够，于是丈夫背负行囊，妻子拿着细软，带着子女，去到海岛居住，终生没有回来。

尧舜是圣人之中有所作为的，从有所作为到最终至于无为，达到无为的境界就神明而玄妙了，这就是他们都要让天下的原因。所以尧让天下给子州支父，舜让天下于子州支伯而没让成，于是又让给善卷和万户之农。被让的这几个人都是与至人同类的人物，都能把形骸置之度外，遗忘生死，以身外的牵累为忧患，以恩宠为羞辱，又岂能让天下的尊位来干扰内心？因此都推辞而不予接受。所以子州支父就以天下至重而我正在生病，不能去治理天下为言辞谢。子州支伯就说天下这个大器物，怎能让我这个有病的人去治理呢？善卷说出了一个普通人生活中的乐趣，以穿皮毛，穿粗布，日出而作，日入而息的自然，逍遥于天地之间的心境，道出了这样舒适安闲清静恬淡快乐的生活常态，再不能分心担负治理天下的重任了。石户之农看到舜为天下而劳心劳力，却让他代舜之劳苦，因此也推辞说不能治理天下。这几位贤者，都巧饰言辞而拒绝，岂能有意于天下的尊位？他们把天下的尊位看得与被遗弃的粪土一样，因此善卷隐居山中不回来，石户游走海上终生不还，是为了保全天然逍遥的妙趣。这就是庄子要取法的原因。

大王亶父居住在邠地，狄人攻打他。大王亶父进献兽皮、财帛侍奉，狄人不接受；进献犬马牲畜侍奉，狄人还不领受；又进献珠宝美玉侍奉，狄人仍不领受，狄人想要的是土地。大王亶父说：和别人的哥哥居住却让他的弟弟去寻死，和别人的父母居住却让他的儿女去寻死，我是不能忍受的。你们都勉力寻找居处吧！做我的臣下与做狄人的臣下有什么不同呢？况且我听说：不要拿养育人民的土地再去伤害所养育的人民。因此大王亶父扶着拐杖离开了那里，他属下的人民都扶老携幼，跟着他一起走，于是在岐山之下成立国家。大王亶父可以说是能够尊重生命了。能尊重生命的人，即使尊贵富有也不因为厚生而伤害身体，即使贫穷低贱也不因为利益拖累形体。当今之世位居高官、职称尊贵、爵禄丰厚的，都因为过于厚爱形体却又使形体遭受不必要的损失。看到有利可图，就不管不顾，以致伤损灭亡他的身躯，岂不是迷惑吗？

大王亶父之所以离开邠地，是因为能谨慎地对待去就的利害关系。天地自然生养人物，性情不同而生命是均等的，岂能让外界事物的利害关系而伤害他们的性命？大王亶父能知道自然所付与的生命可贵，而不能攻打狄人，生怕伤害人的性命，因此委屈地离开国土，这是因为大王亶父知道上天有好生之德。所以知道天地自然的所作所为就能与天地合而为一，和天地合而为一，万物就汇萃而茂盛，因此邠地的人和他同行离去。所以说人民扶老携幼跟随大王亶父，于是在岐山之下成立国家。

越国人接连杀了三代国君，王子搜担心祸患降临到他头上，就逃到丹穴这个地方。越国没有了国君，找不到王子搜，跟踪到丹穴之洞中。王子搜不肯出来，越国人用艾草薰他出来，让他乘坐国君的专车，王子搜手拉车绳上了车，仰头对天呼喊着说：国君啊！国君啊！唯独不可以放过我吗？王子搜并不是厌恶做国君，而是厌恶做国君的祸患。像王子搜这样的人，可以说是不因为国君的地位而伤害生命了，这也是越国人让他做国君的原因。

韩国和魏国相互争夺土地。子华子为此见昭僖侯，昭僖侯正愁眉不展。子华子说：现在让天下人在你面前写下盟约，盟约中说：用左手拿到它就把右手砍掉，右手拿到它就把左手砍掉，但是拿到它的一定会拥有天下，您还愿意去拿到它吗？昭僖侯说：我不去拿了。子华子说：很好啊！由此看来，两个手臂的利害，有重于天下啊！身躯又比两臂重要。韩国比天下轻多了，现在所争夺的土地，又比韩国轻得太多了。你就不必为了不可能得到的东西再忧愁伤害自身了。昭僖侯说：好啊！开导我的人多了，还没有听到你这样的言论。子华子可以说是知道轻重的人。

国家的土地，是一个虚拟的器物，被蒙蔽的人不知道因而伤害生命去争夺，这是越国连续三代国君被杀害的原因。只有通达明慧的人知道这个道理，而对君国大位没有心思。这就是王子搜要逃往丹穴，保全自己生命的缘故。但是王子搜即使逃跑而越国人仍然立他为国君，所谓逼迫而后起身。逼迫而后起身就是不得已而为之，这就是王子搜仰天长叹的原因。像王子搜这样的，也可谓是至人一类的了。

鲁君听说颜阖是个得道的人，先让人带去币帛礼品问候他。颜阖住在简陋的巷子里，穿着粗布衣服正在喂牛。鲁君的使者到了之后，颜阖自己出面应对他。使者问：这是颜阖的家吗？颜阖回答说：这是颜阖的家。使者拿出币帛礼物来，颜阖却说：恐怕听错了而让你受到责备，不如详细察问明白。使者就回去了。详察明白之后，又回来寻找颜阖，却再也寻不到了。所以像颜阖这样的人，的确是厌恶富贵的人了。

颜阖这样的人，可以说是通达于道而且没有瑕疵，身处贫贱之中却甘守贫贱，看那些富有显贵并不认为有多好。鲁君送给他币帛礼物而不去理会，却诳使者说他找错人了，岂能再因傥来之物而悦心？这就是庄子取法这个故事的原因。所以说像颜阖这样的人，是真正厌恶富贵的人。

所以说：大道的本真是用来治理身体的，剩余部分是治理国家的，糟粕是用来治理天下的。由此看，所谓帝王的功业，就是圣人所抛弃的东西，并不是所谓的完全身心而修养生命的。

道的本真在于治身，是以身为入道的根本。如果自身进入道的境域了，那么运用它剩余的一些就可以齐家而治国，推崇它的微末就可以治理天下。剩余的那些可以治理国家，糟粕可以治理天下，然而为家国治天下，一定成就功业，成就功业的却不是作为道的本真。所以说：帝王的功业是圣人所行的剩余之事。故而功勋就是兴事造业的称呼，兴事造业就要役使形体而使用精神。所以说：成就功业，并不是完全身心而修养生命的事情。

现在世俗所谓的君子，大都做危身弃生而追逐物欲的事情，难道说不可悲吗？凡是圣人的行为，一定会注重观察事物的因果和应该的作为。现在有人在此用隋侯的宝珠去弹射千仞之高的麻雀，世人必然要取笑他，这是为什么呢？就是因为他所使用所付出的东西很贵重，而最后所得所收获的极其微不足道。人的生命岂能与身外之物的隋侯之珠比贵重？

子列子家里贫寒困穷，看上去常有饥饿气色。有位客人和郑子阳说：列御寇大概是有道之士，居住在你们国家却甘受穷困，不是因为你们不重视学者吧？郑子阳立即命令官府送粮食给他。子列子见到使者之后，多次称谢，但并不接受，使者回去了。子列子走进屋里，他的妻子埋怨他并手抚心胸说：我听说成为有道之人的妻子，都能得以安闲快乐，现在我们却天天吃不饱饭而面带饥色，相国派人送来粮食，你却不肯接受，这不是命该如此吗？子列子笑着回答说：相国并不是自己了解我，而是听了别人一句话，就送给我粮食，以后也可能因为听了别人的一句话，就拿我问罪，这就是我现在不能接受的原因。后来，人民果然造反而杀了子阳。

楚昭王失去了国都，屠羊说跟着昭王出走。昭王后来回到国都执掌国政，就要赏赐跟随他出走的人。到了屠羊说，屠羊说说：大王失去了国都，说失去了屠羊；大王返回国都，说也返回到屠羊。我的爵位俸禄已经恢复了，又何必要赏赐呢？昭王强迫他接受。屠羊说说：大王失去国家，并不是因为我的过错，因而不该我来接受惩罚；大王又返回国家，并不是我的功劳，所以不应该我来接受赏赐。昭王说：过来见我。屠羊说说：楚国的法令，一定是重赏建立大功勋的人，才能进见君王。现在我的智慧还不足以保存国家，而且勇力也不足以杀死贼寇。吴国的军队侵入郢都，我畏惧战难而躲避贼寇，并不是有意追随大王的。现在大王想要见我却不顾忌楚国的法律制度，这并不是我所愿意因我而让它传闻天下的事情。昭王对司马子綦说：屠羊说地位卑微，然而陈述议论很高远，烦你为我延请他做三公的职位。屠羊说说：三公的职位，我知道它比我的职业显贵；万钟的俸禄，我知道它比我现在的利益丰厚。但是我怎么可以贪图这样的爵禄而使我的国君留下妄自施舍官职的名声呢？我实在不敢接受，希望保有我现有的职业里去。仍然不予接受。

生活是性命的根本，财物是养生的器具，生命为重而财物为轻。通达的人保全贵重的，而遗忘那些轻微的，他的生命就有了生命的本源而生生不息。世俗之人往往是遗忘了那些应该重视的却去追求那些轻贱低微的，他们的生命所以不能长存。所以庄子有用隋侯之珠弹射千仞之雀的比喻，来寓言生命的重要。

原宪居住在鲁国，居室狭小简陋，茅茨不剪，杂草丛生，蓬草编织的门户还不够完善，用桑条作为门枢，用破瓮做成两个窗子，以粗布衣隔成两间屋子，屋子漏雨，堂内潮湿，他却快乐自得地坐着弹弦唱歌。

子贡骑着高头大马，身着素白的外衣，显露出紫红色的内里。巷子容不下他坐的这辆马车，他只能步行去见原宪。原宪穿戴着破烂不堪的鞋帽，手持藜杖来迎接寻访者。子贡说：嘻！先生得了什么病？原宪回应他说：我听说，没有财产称为贫困，学道而不能行道称为疾病。现在的我是贫困，不是什么病。子贡进退两难，有愧悔之色。原宪笑着说：如果希求炫世而行，朋比为友，学习为了显扬于人，教育为了自己声名，仁义里隐藏着邪恶，和这车马的装饰一样，都是我原宪所不忍心去做的。

曾子住在卫国，穿着破烂且露出棉絮的衣服，面部浮肿，手足长满老茧。三天不生火做饭，十年不添置新衣，戴的帽子端正却没有帽带，只要手拉衣襟肘部就会露出来，穿着破鞋子脚跟常在外面。拖着破鞋歌唱高颂，声音洪亮，充满天地，如同出自金石乐器的旋律。天子不能得到他这样的臣子，诸侯也不能得到他这样的朋友。所以养志的人遗忘了形体，养形的人遗忘了利益，诚恳求道的人遗忘了心机。

富贵是人们所喜好的，贫贱是人们所厌恶的。所喜好的或者所厌恶的事情都是生于有心，只有做到无心，喜好和厌恶才可以被遗忘。喜好都遗忘了，即使身处富贵之中也不知是富贵，身处贫贱之中也不知道是贫贱。无意间心中就有所收获，因而逍遥于天地自然之境，就像是原宪、曾子这样的心境，他们称得上是无心之人了。从原宪的居处和自身的装束，曾子的面容和穿戴鞋帽上看，他们是社会最底层的人。这两人不曾厌恶贫困，也没有忘记修道，所以有时弹弦而歌，忘却形体而自有所得，他们岂能去追逐物欲而伤害生命？这就是他们和世俗不同的原因，所以说："致道者忘心。"

孔子对颜回说：颜回，过来！你家里贫穷地位卑微，怎么不去做官呢？颜回回答说：不愿做官。我城外有田地五十亩，足够喝稀粥；城内有田地十亩，足够织麻；弹琴足可以自娱，先生教我所学的道理足以自乐了。因此我不愿做官。孔子不由动容，说：回呀！你有个好心态啊！我听说知道满足的人，不会因为利益自受伤害；内心自得的人，有了损失也不会担心；行为修养于内的，没有爵位也不烦恼。我心里这样默念已经很久了，现在在你身上体现出来，这是我孔丘的收获啊！

中山公子牟对瞻子说：身处江湖海岛之地，心里常惦记着宫廷里富贵荣华的生活，怎么办呢？瞻子说：看重生命，看重生命就轻视利禄。中山公子牟说：虽然知道这个道理，只是不能自我战胜这样的念想。瞻子说：不能自我战胜就顺其自然吧，这样精神就不会厌恶了。如果不能战胜自己的欲念，却又勉强不顺从，就会使自己受到双重的伤害。受了双重伤害的人，就不会有寿限了。

魏牟是有着万乘兵车国家的公子，他隐居在岩穴之中，要比普通百姓困难得多了，虽然没有达到道的境界，但也可以说是尽心尽力了。

不再追求身外之物，已经到了极限的人，内心就自然适意，内心适意的人没有忧虑，颜回称得上能舍去身外之物的人。有六十亩薄田，就不愿再做官，所以内心适意而弹琴自娱自乐。不做官的人，自我满足；自己娱乐的人，没有忧虑。没有忧虑就是极致的快乐，自乐能够完全，就是自我有所收获了。因此孔子知道了这样的事情，很满意地说：是我有所收获啊！所谓是我有所收获，是圣人有感触而体会到的收获。

孔子被围困在陈国与蔡国相接壤的地方，已经七天没有吃到烧煮的饭食了。每天喝着没有米粒的野菜汤，精神疲惫，却仍然在室内弹奏歌唱。颜回正在选择野菜，子路、子贡一同对颜回说：先生两次被鲁国驱逐，到卫国不许居住，在宋国被砍掉遮荫的树，去周都却受到冷落，这次又被围困在陈蔡之地。要杀先生的人没有被判有罪过，欺辱先生的人没有受到禁止。孔子一直在弹奏歌唱，音声不曾断绝，君子的不知耻辱竟到了这种地步！颜回面对他俩的问话无可回答，就到室内告诉孔子，孔子放下琴，感叹地说：子路和子贡是见识粗浅的人啊！把他俩叫过来，我和他们说说。子路、子贡走进室内。子路说：像我们现在的处境，可以说是穷困了吗？孔子说：你说的是什么话，君子能通达于道的才叫作通，不能了解道的才叫作穷。现在我胸怀着仁义之道，却遭受到乱世的祸患，怎么说是穷困了呢？故而内心省察而没有脱离于道，身临困难而不丧失其德性。寒冷将至，霜雪已降，我因此才知道松柏在冷霜冰冻之时更加茂盛。陈蔡这样的小困难，对于我们来说不是幸事吗？孔子神态洒然地又回去拿起琴来，弹奏歌唱。子路振奋，拿起盾来威武地舞蹈。子贡说：我不知道天有多高，地有多深。古代得道的人，穷困时快乐，通达时也快乐。他们所快乐的并不是穷困通达，只要居身于道德之中，那么穷困和通达就好像是一年寒暑风雨四季的有序变化一样。故而许由在颍阳自娱自乐，共伯在丘首得遂心愿。

舜把天下让给他的好朋友北人无择。北人无择说：舜的为人奇怪呀！自身处在田亩之中劳作，却能游走在尧的门下。不仅如此，他还想用他那羞辱人的伎俩来欺瞒于我，我羞于见他。于是自己跳进清澈冰冷的深渊里。

圣人能够保全他天然的快乐，天然的乐趣保全了，万物就不足以去干扰他。这就是孔子身处陈蔡的困境之中，却能够保持平和心境而弹琴唱歌不止的原因。子路、子贡不知道圣人乐天知命、没有忧虑，认为君子没有耻辱。这是孔子不得不说的关于穷通的道理。穷并不是穷在道上，通并不是遇到好时机；不知道、不明理才称为穷，能够通达于大道才可称为通。圣人行道不休，遭遇的只是时运罢了。这是圣人自我有得而如此不改变他的快乐。乐趣不能改变，利害荣辱就不能渗透到心中，任由外物的变化而已。所以子贡觉悟之后，说出"古代"得道的人，穷困时也快乐，通达时也快乐的话，又说：胸怀道德的人，在任何处境中都会把穷通的理念，作为寒暑风雨一年四季有序变化一样看待。

商汤要攻打夏桀，找到卞随谋划。卞随说：这不是我的事情。商汤说：哪位可以？回答说：我不知道。商汤又找务光谋划。务光说：这不关我的事。商汤说：哪位可以？回答说：我不知道。商汤说：伊尹怎么样？回答说：有能力忍辱负重，其他我就不知道了。于是商汤就和伊尹谋划攻打夏桀。商汤把夏桀打败了，想让位给卞随。卞随推辞说：汤要攻打夏桀的时候，想和我谋划，必然以为我是残忍的人；如今战胜了夏桀却把职位让给我，必然以为我是贪得无厌的人。我生活在乱世，而有无道的人两次来羞辱我，我忍受不了多次的搅扰。于是自己跳到椆水淹死了。商汤又要让位给务光，说：智慧的人谋划它，勇武的人完成心愿，仁爱的人占住它，这是古老的道理啊！我的先生你为何不即位呢？务光推辞说：废除君上不是义；残杀人民不是仁；人们经受艰难，我来坐享利益，不是廉。我听说：不是用义得来的，不接受利禄；没有道行的社会，不践踏国土。何况是要以我为至尊呢！我忍受不了长时间地看着他们。于是背负石块，自沉于庐水。

过去周朝即将兴起，有两位贤士，住在孤竹这个地方，他们的名字叫伯夷、叔齐。两人商量说：我们听说西方有人，好像是得道的人，去看看他怎样。到了岐阳之地，武王听说了，派叔旦前去看他们二人，和二人结盟说：加禄二等，任官一级，又把盟书用牲畜的血涂上掩埋在地下。两人看后都笑着说：嘻，奇怪呀，这不是我们所说的道啊！过去神农治理天下的时候，依时祭祀十分恭敬，却不为自己求福；对于人民诚信职守为民尽力，却不为自己索取。乐于管理政务的人就让他管理政务，不因为别人的毁败而自显有成功，不因为别人的卑微而自视高大，不因为遭遇时机而自图利益。现在周王看见殷商的混乱，即便夺得政权，崇尚谋略而图取货财，依恃兵力而求得威权，割牲盟誓作为凭信，弘扬行为争取群众，残杀攻伐取得利益，这是推行祸乱而代替残暴的行为。我听说古代的贤士，遇到治世不逃避他的责任，遇到乱世不苟且偷生。现在天下黑暗，周德已经衰败，岂能和周并存，把我们的身体浑污呢！还不如避开它使得我们的行为清洁。两位向北行走到首阳山，就饿死在那里了。像伯夷、叔齐这样的人，对于富贵来说，即使能得到也必然不会依赖它。他们具有高尚的节操、与众不同的行为，唯独以自己的志向为快乐，不依附于世俗。这是二位贤者的节操。

商汤代替夏桀，武王攻打纣王，是应天而顺人的事情。应天，可以说是知道天道的规律；顺人，可以说是知道社会人心。能知道天下之间要怎么样，这就是商汤和武王被称为圣君的原因。所以说务光、卞随、伯夷、叔齐不知道商汤和武王要干什么，却又共同地非议他们，又不忍听闻他们的事情，而自投于江流湖水之中，饿死在首阳山上，可以说是不该不偏之士了。以仁爱的名义而行贼盗之事的称为贼，以义士之名而行贼盗之事的称为残。仁义之名可以彰著道德却又能成为残贼人民的根源，大道因此而愈加废弛了。大道废弛，天下性命的性情就不能匡正了。汤武之所以一定要讨伐桀纣，就是为了复反匡正性命的正路。这几个人，不能通达事物的玄妙道理，却又白白地被那一点分寸蒙蔽着，怎么能够称得上是该偏之士呢？庄子写作这篇寓言，就是为了叙述至人的行为，而明辩无心的玄妙道理，他说的言论都是有次序的。符合天下人心愿而称帝，就是人民所快乐的事情，所以篇首即言尧舜不把天下重位放在心里而行相让之事。其次又议论到大王、子搜不因为邠、越之事牵累心意，却逃了去。贫贱是人们所厌恶的，所以谈到颜阖、列子、原宪、曾子、颜回不把身处贫贱当回事。文章的最后，说到孔子困在陈蔡，汤武除去桀纣，是为了彰明无心的道理。孔子在陈蔡被围困，哪里还思想忧患之事呢？所以能弹琴歌唱，不绝于耳，是因为他心安而自我适宜。汤武除去桀纣，哪里就想到一定能得到天下呢？只不过为了除去残贼人民的祸患而匡正大道而已。庄子能知道古代人的心意，才谈到这里，也是为了让天下被蒙蔽的世俗人心觉醒。

盗 跖

孔子和柳下季是朋友，柳下季的弟弟名叫盗跖。盗跖拥有九千之众的属下，他们横行天下，侵扰诸侯；入室盗窃，夺人牛马，掳人妇女；贪得无厌，不顾父母兄弟，不祭祀先祖；所到之处，大国坚守城池，小国进入堡垒，天下万民为此而苦恼。孔子对柳下季说：做父亲的，必能教诲他的儿子；做兄长的，必能教导他的弟弟。如果做父亲的不能教诲他的儿子，做兄长的不能教导他的弟弟，那么父子、兄弟的亲情就没有什么可贵的了。现在先生你是当世的才俊之士，弟弟却是盗跖，成为天下人的祸患，你却不能教导他，我私下里为先生羞愧！我请求为先生前去游说你弟弟。柳下季说：先生说做人父的必然能够教诲他的儿子，做人兄长的必然能够教导他的弟弟。如果儿子执意不听从父亲的教诲，弟弟不接受兄长的教导，即便先生是当今的辩论家却又奈何呢？况且跖的为人，心思似涌泉不竭，意识似飘风不定，强悍足以抗拒敌人，辩论足以掩饰错误。顺应他心思的就高兴，违背他心思的就恼怒，容易用语言羞辱人。先生一定不要去。

孔子不听柳下季的劝诫，让颜回驾车，子贡坐在车右，去见盗跖。盗跖正好和属下在泰山的南面休息，吃着切细的人肝。孔子下车向前走去，看见传话的说：鲁国人孔丘听说将军高义，尊敬地前来拜见。再次拜托传话的人，传话的人进去通报。盗跖听说之后大发雷霆之怒，双眼因怒而鼓如朗星，怒而使发上冲冠，说：这家伙不就是鲁国那位奸诈虚伪的孔丘吗？把我的话告诉他，巧诈言语，妄称文武，戴着像树枝一样的帽子，系着牛皮做的腰带，言辞多谬，不耕种有饭吃，不织布有衣穿，摇动唇舌，制造是非，来迷惑天下的君主，使天下的读书人不知道自身的根本，假托孝悌之名，想侥幸地求得封侯富贵。你的罪恶极重，赶快回去，不然我就要用你的肝做午餐。孔子再次请求传话说：我有幸认识柳下季，希望到帐幕下谒见。传话的再次通达，盗跖说：让他到前面来。孔子快步向前，避开正席，倒退几步，再次拜见盗跖。盗跖大怒，展开两足按剑怒目，出声似乳虎，说：孔丘到前面来，你所说的顺从我的心意，你就可以生存，违背我的心思就得死。孔子说：我听说天下的人有三种美德。出生之后长大美好，无与伦比，不论年少年长富贵贫贱看见的人都喜欢他，这是具有上德的人；智慧通达天地，能够分辨万物，这是具有中德的人；勇悍果敢，聚众率兵，这是具备下德的人。大凡有以上一种品德的人，足以面南而坐称孤道寡而为君主了。现在我看将军是兼有以上三种美德的人，你身高八尺二寸，面目有光泽，口唇如同鲜红的丹砂，牙齿犹如编织的珠贝，音声合于中宫黄钟，却名叫盗跖，我私下里替将军感到羞耻，觉得不可取。将军如果有意听我的建议，我愿意向南方出使吴越，向北方出使齐鲁，向东方出使宋卫，向西方出使晋楚，给将军建造一座方圆数百里的大城，设立数十万户的都邑，推崇将军成为诸侯，和普天之下的人有一个新的开始，休息停战，收养兄弟，祭祀先祖。这是圣贤之人、才俊之士的行为，并且是天下人的愿望。盗跖大怒说：孔丘上前来！可以用利益来规劝，可以用语言去进谏的，都是那些愚蠢低俗的平民罢了。现在我长大美好，人人看见都喜欢，这是我父母遗传给我的德性，你孔丘即使不赞誉我，我难道不知道吗？况且我听说善于当面赞誉人的，也善于在背后诋毁人。现在你孔丘告诉我建造一座大城，汇集众民的都邑，是想用利益来诱导我，而使平民养育我，这样怎么能够长久呢？最大的都城能大过天下吗？尧舜拥有天下，而他们的子孙却无立锥之地，汤武被确立做了天子，可他们的后代子孙遭到绝灭。并不是他们的利益大了就可以保平安。而且我听说过，古代天下禽兽多而人民少，于是人民都在树上像鸟巢那样居住，来躲避禽兽的侵犯，白天捡拾橡栗，夜晚栖息树上，所以那个时期称为有巢氏之民；古代人民不知道身穿衣服，夏天积累很多木材，冬天用来烧火取暖，所以那个时期称为知生之民；神农的时代，睡眠安静，起身舒缓，人民只知道母亲，不知道父亲，和麋鹿禽兽相处，耕种自食，织布制衣，相互之间没有伤害的心思，这是德性兴盛的时代；然而到了黄帝时代，却不能达到德性兴盛，而与蚩尤在涿鹿的原野上交战，百里流血；尧舜时代，设立群臣；商汤革命，流放他们的君主，武王杀害纣王，从此以后，以强势欺凌弱小，以众多暴殄寡少。商汤周武王以来，都是祸乱天下的人物，现在你修习文王武王之道，掌握着天下的言论，用以教化后世，看你那缝补的衣襟、低贱的腰带，却又以巧言善辩还有虚假的行为来迷惑天下的君主，从中求得富贵荣华。强盗里面没有大于你的，天下人为何不称你是盗丘，却要叫我为盗跖呢？你用甜言蜜语说动子路而让他跟从你，使子路脱去高冠，解下长剑，接受你的教诲。天下人都说孔丘能止暴禁非，结果子路要杀卫君而没有成功，自己却在卫国东门之上被剁成肉酱，这是你教导得不够啊！你自称才俊之士、圣贤之人，这么说你为何再次被鲁君逐出，到卫国不许居住，在齐国无处立身，又被困在陈蔡之间？天下之大都不能使你容身，你教导子路却遭受到被剁成肉酱的祸患。你的道理上不能保身，下不能为人，哪里有可贵之处呢？

世人所推崇的人，没有超过黄帝的，黄帝尚且不能做到完全的德性而交战在涿鹿的原野，血流百里。尧不仁慈，舜不孝敬，禹顽固不化，商汤把他的君主流放，武王讨伐纣王，文王被拘禁在羑里。这六个人都是世人所推崇的，总的来说都是因为利益惑乱了本真，却又因为强势违背了情性，他们的行为是很可耻的。世人所谓的贤士，像伯夷、叔齐这样的人，辞谢孤竹的君位，却要饿死在首阳山上，身躯不能埋葬。鲍焦巧饰言行，非议当世，紧抱树木而死。申徒狄谏诤而不被采纳，背石自投于黄河，被鱼鳖所食。介子推极其忠心，自割股肉给文公吃，后来文公背离他，子推愤怒离去，抱着树木被烧死。尾生和女子约定在桥下相会，女子没有来，大水来时他不走，抱着桥柱被淹死。这几个故事，无异于被屠杀的狗、流水里的猪、拿着瓢的乞丐，都是重视名节而轻视死亡，不珍惜生命的人。世人所谓的忠臣，没有像王子比干、伍子胥的，子胥沉入江中，比干剖心而死，这两个人都是世人公认的忠臣，可是最终被天下人耻笑。从以上的情况来看，子胥、比干都不必要显贵。你孔丘来游说我的，如果要告诉我鬼神的事情，那是我不能知道的；如果告诉我人间之事，只不过都是如此而已，都是我所听到看到的。现在我告诉你关于人的情感，眼睛要看颜色，耳朵要听音声，口舌想要辨别滋味，志意想要满足。人的一生，上寿可活到百岁，中寿八十，下寿六十，除了疾病、瘦弱、死丧、忧患之外，其中能开口欢笑的时间，一个月之中也不过四五天而已。天地在时空中是无穷无尽的，人的生死是有一定时限的。拿着有时限的生命而寄托于无穷无尽的天地之间，其快捷无异于飞驰的骏马过小缝隙一样。如果在有生之年不能使其志意适意，修养寿命的都不是通达于道的人。你的言论都是我要抛弃的，赶快走开，再不要说了。你的道理都是钻营索取、诈巧虚伪的事情，是不可以保全自身本真的，哪里值得议论它呢？

孔子拜了又拜，急忙走出门去，上了车手中的缰绳竟然掉落了三次，眼睛茫然不知所见，脸色如同死灰，扶着车轼低下头来，不能出气。回去走到鲁国都城东门外，恰巧遇到柳下季。柳下季说：现在突然遇到你，我们好几天没有见面了，车马有外出的样子，你是不是私自去见跖了？孔子仰头叹息说：是的。柳下季说：跖是不是如我之前说的违背了你的意愿了？孔子说：是的。我孔丘就是别人所说的，本来没病却自己用艾灸烧灼，急急忙忙地去拨弄虎头、摸虎须，几乎不能免于落入虎口啊！

建造大城，汇集人口，崇高的职位，厚重的俸禄，都是偶然意外或者非分得来的财货。傥来之物就拖累形体，拖累形体就会伤害生命，岂能任有限的生命被傥来之物所无限地役使？如果这样，性命的正体就不复存在了。何况人生活在天地之间，寿限难以达百年的期限，而且在百年之中疾病、忧患就已经把生命的正体减少一半了，其中能做到安闲而自我适宜的时间已经很少了，岂能再被外物所役使而有伤于生命？这就是跖不乐意做诸侯，却要让天然本性自我适宜的原因。所以说天与地的运行是无穷无尽的，人的生死是有一定时限的，拿着有限的生命而寄托在无穷无尽的空间，它的快捷就像是忽然之间骏马飞驰过一个小缝隙一样。所以庄子托跖的话以寓言生命的可贵、时光的疾驰，人生宜体道养生为要。

　　子张问满苟得说：为什么不修养德行？没有德行，就不能取信于人；不能取信于人，就不能被人所任用；不被人所任用，就不能有利益。所以从名誉看，从利益算，仁义才是重要的。如果抛弃名利，反观内心，那么读书人的行为，也不可一日不行仁义啊！满苟得说：无耻的人富有，有太多信誉的人显达，名利最大的几乎都在无耻和多信誉的人之间。所以从名誉看，从利益算，信誉才是重要的。如果抛弃名利，反观内心，那么读书人的行为，也只能怀抱自然的本性了。子张说：过去夏桀、商纣都贵为天子，富有天下，现在如果对仆人、小吏、百姓说你的行为如同夏桀、商纣，他们就会有愧悔之色，有不服气的样子，因为桀纣是被小人物们所鄙视的。孔子、墨翟两人都是贫穷的百姓，现在对宰相说你的行为如同孔子墨翟，他们就会改变容颜气色，说自己还不足以和他们相比。读书人的确可贵呀！所以以权势勇力成为天子的未必可贵，贫穷的百姓未必低贱，贵与贱的区分在于行为的美好与丑恶。满苟得说：小盗被拘捕，大盗成为诸侯，诸侯的门下，仁义都存在。过去齐桓公小白杀害哥哥娶了嫂嫂，而管仲还做了他的大臣；田成子常杀害君主窃取国政，而孔子反而接受他的钱财。议论起来往往会贬低他们，实行起来自己也会这样去做。就是说言语与行为的情势，往往是在心里交战，不也很违背吗？所以书上说：谁坏谁好，成功的就是好，没有成功的就是坏。子张说：你若不讲究行为，就会使得亲疏没有伦常，贵贱没有道义，长幼没有秩序，五纪六位将要如何区别呢？满苟得说：尧杀了长子，舜流放母弟，亲疏能有伦常吗？商汤流放夏桀，武王杀害纣王，贵贱有情义吗？王季为了适宜而僭越嫡位，周公杀害兄长，长幼有秩序吗？儒生善于虚伪的言辞，墨者主张兼爱，所谓的五纪六位，哪里能有区别呢？况且你正在求名，我正在求利。名利的实质不顺应理，也不兼于道。我以前和你在无约面前争论说：小人因财物而毁，君子因名而毁。他们要改变情态，更易本性，即是有所不同；如果他们要抛弃所为的，而追寻他们不应为的东西，两者的结果却是一样的。所以说：不要追逐小人的行为，反观你自己的天性；不要追逐君子的行为，顺从自然的道理。或曲或直，全依自然，顺应四方，与时变化。或是或非，执守你的天真，独自成就你的本意。与道同游，不要僵化你的行为，不要成就你的仁义，否则你将会失去你的本性。不要追赶富裕，不要急于成功，否则你将会舍弃你的天真。比干被剖心，子胥被挖眼，这是尽忠的祸患；直躬揭发父亲，尾生被水淹死，这是信誉的祸患；鲍子抱树被烧死，申子投河而死，这是廉洁的危害；孔子不见母亲，匡子不见父亲，这是仁义的缺失。这都是前世的传闻，后世人们在述说的事情，以为读书的人要端正言语，一定要言行一致，所以遇到这样的灾殃，遭受如此的祸患。

无足问知和说：人们始终没有不对名利感兴趣的。富裕了人们就归向他，归向他就对他谦下，谦下会使人们更尊重他。受人谦下尊重的人达到长生、安体、快乐之道，现在你却没有这样的意念，是智慧不够吗？还是心里明白而力量达不到，故意推求正道而念念不忘呢？

知和说：现在有这样一个人，以为与自己同时代而生，同一个乡里相处，就认为他是一个断绝世俗而超然世外的人。其实是一个内心没有主见，只会浏览古今时代人物，议论是非的标准，与世俗同化而已。世人往往舍去极其重要的生命，抛弃至尊的大道，认为他所祈求的名利重要，以此来讨论长生安体快乐之道，不很遥远吗？惨痛的病疾，恬愉的安适，不能从形体观察出来；惊怕的恐惧，欢欣的喜悦，不能从内心表现出来。知道这样做而去做，却不知道为什么要这样做。因此即使尊贵为天子、富有天下，却不免于有祸患。

无足说：财富对于人来说，没有什么不利的。享尽天下的美善与气势，至人是得不到的，贤人是不能及的。依仗别人的勇力而作为自己的威势，拿着别人的智慧谋略以为自己明察，凭借他人的德性以为自己贤良，并没有享受一国的土地，却严肃得如同君父。何况声色、滋味、权势对于人心来说，不用学习就乐于接受，身体不用模仿就安于依从，情欲、厌恶、避免、从就，本来就不用老师教导就会，这是人的性情。天下人虽然非议我的话，谁能推辞不要富贵美色滋味呢？

知和说：智者的行为，凡事以百姓的需要而动，不违背人民的意愿，因此大众知足而不相争，顺应自然而乐天无忧。如果不去争求就有不足，因此四处争求而不以为自己贪得，有了富裕才有辞让，抛弃天下的财物却不自以为廉洁。廉洁和贪得的实质，并不是由外物所强迫的，而是内在的本性所致。威势如天子却不因为尊贵骄人，富有天下而不以财物自夸于人。揣度祸患，反复估量，以为有害于本性，所以推辞而不予接受，并不是博取炫耀名誉。尧舜做帝王时要推辞，并不是对天下仁慈，而是不因为尊高而有害于生命；善卷、许由得到帝王的禅让却不接受，并不是虚心假意的推让，而是不能因为事务有害于自己。趋就他们有利的，辞去对他们有害的，而天下称赞他们贤明。他们就是为了避害，并不是博取名誉。

无足说：如果一定要保持名节，使形体苦劳，断绝甘美，简约奉养以保持生命的存活，就只能处在长久病困而不至于死亡的境地罢了。

知和说：平和是福，有余是害，事物没有不是这样的，而财货尤其为甚。现在的富人，耳朵萦绕在钟鼓管箫的声音里，嘴巴里品尝着牛羊美酒的滋味，用来感触他们的情意，如果遗忘了他们的嗜好，可就迷乱了。沉溺在盛气凌人的状态中就像是背负重物走上坡路一样，可以说是很辛苦了。贪取货财而招致怨恨，贪图权势而精神损伤，闲居而心思沉弱，身体健康而仪态傲慢，可以说都是疾病啊！为了富裕而追逐利益，即使积财高过墙头也不知足，并且贪得而不知施舍，可以说是要自取其辱了。积财而无所用，营利而不施舍，满心筹谋，祈求更多收益而不能休止，可以说是有忧患了。在家里疑心有盗窃之贼，到外面又担心有强人打劫之害，家里楼房四周紧闭，在外不敢独自行走，可以说是畏惧了。这六个方面，都是天下人的大害，人们都把它们遗忘而不知道省察，等到祸患到来的时候，即使用尽心思、竭尽财物，只寻求一日的清闲无事，其结果也是不可能得到的。所以观名而不可见，求利而不可得，萦绕心意，舍弃躯体去争求，这岂不迷惑吗？

满苟得寓意着那些苟得外物而充满情欲的人，无足是寓意被外物所役使却不曾满足的人。这是庄子假借二人的名义，寓意子张贤明。以仁义之道足以治身、足以立名，岂能一定要求得外物而损伤生命？这是子张挫败满苟得锐气的论点。然而满苟得迷惑于所得的外物，却因此改变了本性，并非顾及仁义之道的不建立，所以始终不依从子张的言论。知和也是假借的人名，以中和之道足以治心，足以完善自己的行为，岂是一定要被财货权势所役使而伤害生命？这是知和用语言阻滞无足所说的情欲。但是无足心里永不满足，因不满足而殚精竭虑，并不顾及中和之道存不存在。这也是他始终不能听信知和言语的缘故。庄子假借二位的迷惑，用以讥讽世俗迷失本性。

说 剑

天下国家就是圣人的利器，它的运用就在于善于隐藏，而且权势不可以展示与人。

过去赵文王喜欢剑术，剑士在他门下聚集的就有三千多人，不分日夜地在他面前相互击剑较量剑术，一年因之死伤的就有一百多人，但文王仍然喜好而不知厌倦。如此这样，三年之后，国力衰弱，诸侯图谋攻伐赵国。太子悝为此忧心忡忡，召请属下的人说：谁能劝说国王使他停止招募剑士，赏千金。属下人说：庄子应当能够胜任。太子于是就派人带着千金奉送给庄子。庄子不接受千金，但却和使者一起去见太子，说：太子有什么指教，为何赏给我千金？太子说：听说先生明达圣贤，谨以诚敬之心奉上千金，赠与先生的随从，先生却不接受，我怎敢再说话。庄子说：听说太子想用我庄周，是为了断绝国王的喜好。假使我向上劝说大王，却违背了大王的心意，向下又不合太子的用意，这样就会遭到刑戮而死，我怎么再拿到那些黄金呢？假使我上能说服大王，下又合太子用意，我再向赵国要什么东西不能得到呢？太子说：是这个道理，我们大王心里只有那些剑士了。庄子说：好的，我善于用剑。太子说：可是我们国王所接待的剑士都是蓬头突发，帽子下垂，系着粗大的冠缨，身着后身较短的上衣，怒目而视，说起话来相互责难，我们国王就喜欢这样的剑士。现在先生一定要穿着儒生的服饰去见我们国王，事情必然有大的不同。庄子说：请给我准备剑士的服装。准备好剑士的服装三天之后，又去见了太子，太子就引领他去会见国王，国王抽出宝剑亮出白刃等待他。庄子进入殿门并不快走，看见国王也不下拜。赵王说：你有什么可以教我的，却让太子先作引见？庄子说：我听说大王喜欢剑术，所以带着剑见大王。赵王说：你的剑术怎样禁制对手？回答说：我的剑术，十步杀一人，一去千里没有对手。赵王非常高兴，说：你的剑术天下无敌了。庄子说：用剑之道，先展示出自己的虚弱之处，给对方以可乘之机，随即发动在后，争先出击。希望比试一番。

赵王说：先生到馆舍休息，等我安排好之后再请先生。于是赵王挑选剑术好的人比试了七天，死伤了六十多人，选拔出五六个人，让他们带剑在殿外等候，这时候才召请庄子。赵王说：今天请你和剑士比试。庄子说：我期待很久了。赵王说：先生使用的剑，长短怎样？回答说：我所使用的剑非常合适。可是我有三种剑，任听大王使用，请先说出来，然后再比试。赵王说：希望听听这三种剑。回答说：其中有天子之剑，有诸侯之剑，有庶人之剑。

退藏身处在幽阴的密室，而又操纵着极致的权势，并以独立的姿态而斡旋着万物的变化，其情不可揣测。力能旋转天地，而世人却不能看见，他的健运威势可振服海内而人们并不以武力称赞他，这就是圣人善于运用利器的缘故。岂能暴露神明心机，而使百姓去评议他们？因此庄子以《说剑》的比喻来揭示出这样的道理。处于虚弱之地诱导对方有利可图，随后见机而发，再争先下手以制服对方。先昭示对方自己的虚弱之处，就是要退藏身处于幽隐之地；诱导对方有利可图，就是所谓斡旋万物的变化；随后见机而发，就是力能旋转天地，争先下手以制服对方，就是所谓威势振服于海内。所以身处幽隐秘密百姓日用而不知，斡旋万物变化，万物得以丰足养育。旋转天地就与自然造化冥合运行，共生齐同，海内服应就以神道设教而教化不论方域。这是庄周为天下国家之道寓言在《说剑》之中，但是赵文王不能体悟到其中的言语，还让庄周回到馆舍等待比试剑术。为什么他如此愚昧啊！

赵王说：天子之剑怎么样？回答说：天子之剑，以燕谿石城做剑端，齐国泰山做剑刃，晋国卫国做剑背，周地宋国做剑镡，韩国魏国做剑把。用东西南北四方夷人包着，用春夏秋冬四时裹着，用渤海缠绕，以恒山为带。用五行来制约，用德刑来论断，以阴阳来开合，以春夏为依恃，以秋冬为实行。这样的剑，直行便没有东西在它之前；抬举起来，便没有东西在它之上；按着便没有东西在它之下；运动起来便没有东西在它身旁。在上可对决浮云，在下可断绝地脉，这样的剑一旦使用，可以匡正诸侯，使天下臣服，这就是天子之剑。赵王听后恍惚茫然有所失神，说：诸侯之剑怎么样呢？回答说：诸侯之剑，以智慧勇猛之士作为剑端，以清正廉洁之士作为剑刃，以贤良方正之士作为剑背，以忠诚厚重之士作为剑镡，以豪杰仁义之士作为剑把。这样的剑，直行也没有东西在它之前，抬举起来也没有东西在它之上，按着也没有东西在它之下，运用起来也没有东西在它身旁。在上效法混元的上天以顺应日月星三光，在下效法方域地理以顺应春夏秋冬四时，在中可知民意以安定四乡。这样的剑一旦使用，就如同雷霆霹雳震响天地，四方之内，没有不归向臣服而听从国君命令的，这就是诸侯之剑。赵王说：庶人之剑怎么样呢？回答说：庶人之剑，蓬头突发，帽子低垂，系着粗实的冠缨，穿着后身短的上衣，怒目而视互相责难，在人前相互博击打斗，上斩人颈项，下刺人肺肝，这就是庶人之剑，和斗鸡无异。一旦打斗就会损命伤身，对于国家政事没有一点用处。现在大王居天子之尊位，却又嗜好庶人之剑，我私下里感到大王不值得。于是，赵王手牵着庄子走上殿去，厨子端上食物，赵王绕着走了三圈。庄子说：大王安心坐下，平定气息，关于剑的事情我已经向你上奏完了。于是，文王三个月不出宫门，剑士们都因怨愤失望而自杀在那里了。

　　天子之剑，指的是天下的利器；诸侯之剑，指的是国家的利器；庶人之剑，指的是有为之器具。天下之利器不可以勉强作为，勉强作为必然遭到失败的厄运。善于无为而隐藏它的运用，那么天下万物就自然感化，所以说：达到天下的归向。国家的利器不可以妄自使用，如果使用也必然遭到损失，也需要无为而且隐藏它的运用，这样一来，四境就自然得以治理。所以说：四方之内，无不归向臣服。有为之器不可以妄动，如果使用它必然悔恨滋生了，如果不能偃武修文而是乐于使用武力，国家政事自然就荒废了。这三剑的言论是庄子在辨证帝王、诸侯行无为有为之道。赵王马上领悟到庄周所指，并向庄子致敬，所以让厨师上饭菜，赵王环绕以尽礼仪，可以说是近于不再迷惑了。

渔 父

　　能做到忘却忧患、保持天真，脱却世俗的拘系而以江海之游为快乐，唯有渔父这样的人。

　　孔子在幽暗茂密如帷幕的树林游玩，坐在杏坛上休息。弟子们都在读书，孔子弹琴唱歌。曲子弹奏不到一半，有位渔父停下船走过来，胡须眉毛全然洁白，披散头发，挥着衣袖，顺着岸边向上行走，到陆地才停步坐下来，左手扶着膝盖，右手托着下颏在听歌。歌曲结束便招呼子贡、子路，两人都回应他。渔父指着孔子说：他是干什么的？子路回答说：是鲁国的君子。渔父又问起他的姓氏，子路回答说：孔氏。渔父说：孔氏修习什么？子路没有回答，子贡应答说：孔氏这个人，性好忠信，体行仁义，制定礼乐，调正人伦。对上忠诚世代君主，对下教化平民百姓，做的都是有利于天下的事情，这就是孔氏所修习的。又问说：是有土地的君主吗？子贡说：不是。又问说：是诸侯的佐辅吗？子贡说：不是。渔父笑着往回走着说道：说仁义也算得上仁义了，但恐怕避免不了自身的艰辛，劳苦心身而危害本真，哎呀！孔氏的修习离本真太遥远了，他与道是有区分的。子贡回来报告孔子，孔子离开琴起来说：他是圣人啊！就走下去寻找他，到了湖畔，渔父正要将船撑起离开，回头看见孔子，转身相对站立。孔子反而后退，接连参拜于前。渔父说：你有什么要求？孔子说：刚才先生的话没有说完就离去了，我比较迟钝，不知道其中的含义。我恭敬地在这里侍奉，希望听闻你随意的指点以便最终有助于我。渔父说：嘻，太好了，你是好学的人啊。孔子再次拜谢之后站起来说：我孔丘从少年就开始修习学问，一直到现在六十九岁了，还没有听到大的道理，怎敢不虚心呢！渔父说：万物的本性，是同类的都相互依从，同声的都相互应和，这是自然的常理。我愿意把我所知道的都告诉你，希望能帮助你现在所从事的。你所从事的都是人世间的事情，天子、诸侯、大夫、庶人，这四类人如果各司其职，就是治道的完美；这四类人如果脱离本位，就会引起莫大的祸乱。官吏各尽其职守，人民思考自己应有的事务，相互之间就没有矛盾。田园荒芜，居室破漏，衣食不能满足，微薄的赋税不能交纳，妻妾不和睦，年长年少没有秩序，这是普通百姓所忧虑的；能力不能胜任，官事不能办好，行为不能清白，属下轻慢懈怠，功劳没有，爵禄不保，这是大夫所忧虑的；朝廷没有忠臣，国家政治混乱，做工技术不精巧，官吏衙属不完善，春秋行为颠倒，不顺应天子，这是诸侯所忧虑的；阴阳二气不和谐，寒暑不按时令而伤害苗稼，诸侯爆发战乱，擅自相为欺扰攻伐，把人民的生命看得很轻贱，礼乐不加节制，财物穷困匮乏，人伦不能整治，百姓混乱，这是天子所忧虑的。现在你在上既无君主诸侯的权势，在下又无大臣职事的官衔，却要擅自修饰礼乐，调正人伦，用以教化百姓，岂不太多事了吗？而且人有八种疾病，事情有四种祸患，不可以不明察。不是他该做的事情却要去做，称为"总"；没有人理会的事情他却要进言，称为"佞"；迎合心意而引导他的言论，称为"谄"；不选择是与非而发言，称为"谀"；喜欢说别人的坏话，称为"谗"；破坏交情，离间亲友，称为"贼"；用欺诈虚伪的赞誉去诋毁他人，称为"慝"；不分别善恶，两者兼容而适意，暗自另有所图称为"险"。这八种疾病对外可以扰乱他人，对内伤害自身。君子不和他交朋友，明君不用他为臣下。

所谓的四种祸患是：喜欢经理大事，更改常规常情，以求功名，称为"叨"；专断擅自行事，侵犯他人，自以为是，称为"贪"；有过错不加改正，听人劝说过错尤甚，称为"很"；别人的意见和自己相同就可以，不和自己的意见相同，即使是好意见也以为不好，称为"矜"，这是四种忧患。能够去掉八种疾病，不行四种忧患，才可以教导了。孔子惭愧地叹息，拜了又拜，站起来说：我两次被鲁国驱逐，到卫国不让居住，在宋国被伐掉遮阳的树，被围困在陈蔡之间，我不知道因为什么过失，而遇到这四次侮辱。渔父怜惜地变了脸色说：困难啊！你很不容易觉悟啊！有人害怕自己的影子，厌恶自己的足迹，想因此抛弃它们而行走，走得越快而足迹越多，走得越急而影子始终不能离开身躯，还以为自己走得太慢，于是跑起步来不休息，终因气绝力竭而死。却不知道身处幽暗之地影子自然消失，静止不动自然没有足迹，愚昧之甚啊！审视仁义之间，体察同异的分别，观看动静的变化，调适授与的尺度，梳理好恶的情态，和平喜怒的节制，你就很少不免于灾祸了。谨慎地修养你的心身，慎重地守护着你的本真，回归到自然的状态，就没有什么可以使你受牵累的了。现在你拿自己的标准去责备不修身的人，不是很外行吗？

创造万物的去造物，都是禀受物种各自的自然生命本质而各有其自然天分。只有人类一旦接受成其形体就不能改变，直到生命的终止，所以忧患跟随着以此羁绊为累。这就是渔父有四忧、八病、四患的言论的原因。心里意识强的人，必然有自我的情感在内。有了自我的情盛在内就不能与身外的世界冥合为一了，身外不能冥合为一，那么人生的衣食不足，爵禄不保，职位不好，财货匮乏，都是所要忧虑的事情。忧虑既然生出，必然就要营谋外物以解忧，所以"总"、"佞"、"谄"、"谀"、"谗"、"贼"、"险"、"慝"八种疾病，也就依时而生。八种疾病滋生之后"贪"、"叨"、"矜"、"狠"四患又随从而生。这都是因为有心有我，不能与人我内外冥合为一所致。只有庶人、大夫、诸侯、天子如果能做到冥合人我、内外为一，而且无心无我，那么衣食、爵禄、供职、财货都成了身外之物了，怎么能再牵累我而有忧患之心呢？所以就没有忧患了。没有忧患就自得其乐，自得其乐就没有疾病了。八种疾病、四种忧患，又从哪里看到它们相互滋生呢？这就是庄子假渔父之口，用以论述冥合为一的道理的原因，庄周所说的话岂不是有修养己身的内涵吗？

孔子神色严肃而又不得其解地说：请问什么才是本真？渔父说：本真就是精诚的极致，不精不诚不能触动人。所以勉强哭泣的人，即使有悲伤的表情，却并不能显示出哀痛来；勉强忿怒的人，虽有严肃不可冒犯的气象，却并不能彰显出威势来；勉强与人亲近的人，虽有欢声笑语却并不完全与人契和。真实悲伤的人，虽然没有出声，却有哀痛的真实表现；真实忿怒的人，即使没有发出忿怒的表情，却有彰显忿怒的威势出现；真实的与人亲近，没有欢笑就和谐；真实在内的人，精神就会运动于外。这就是要看重本真的原因。把它运用在人事情理上，侍奉双亲就能慈孝，侍奉国君就能忠贞，饮酒交友就欢乐，身处死丧就悲哀。忠贞表现在以功名为主，饮酒表现在以快乐和谐为主，身处死丧表现在以哀伤为主，侍奉双亲表现在以适意为主。功绩成就得完美，不拘于一定的轨迹。侍奉双亲以适意为主，不讨论原因；饮酒只是怡乐，不挑选器具；身处死丧，以尽哀痛之意，不讲究礼义。礼是世俗之人的行为，本真是大自然的赐予，自然给予的不可以改变它。所以圣明的人，效法自然之道，以本真为贵，不拘于世俗的常理。愚昧的人恰好与此相反，不能够效法于自然而体恤人，不知道本真的可贵却庸庸碌碌地接受着世俗的改变，所以就有不足。可惜呀！你过早地沾染了人的虚伪一面，却又太晚听闻大道了。孔子再一次拜了又拜，站起来说：今天我得遇先生，很幸运呢！先生不以遇到我为你的羞辱，却把我当弟子一样看待，这么用心地教导我，请问你的住所在哪里？请让我因此受业而进学大道。渔父说：我听说，可以传授给向往道的人，以至于玄妙之道；不能向往的，不明白其中道理的，不要传授给他，自身就没有过失。你自我勉励吧，我要离开你了，我要离开你了。于是渔父撑船而去，沿着河边的芦苇行驶。颜渊掉转车子，子路把驾车的绳子交给孔子，孔子并不回头看。一直等到水面波纹稳定了，听不到摇船的声音，才敢乘车离去。子路在车旁问说：我做你的学生已经很久了，还不曾看见先生对遇到人，有这样尊敬的。就是那万乘的君主、千乘的国君，先生从来没有不平起平坐的，先生对他们还有高傲的态度。现在只是一位渔父拿着船竿在你对面，然而先生却弯腰鞠躬，说话先行再拜之礼而后才回应，这样岂不是太过分了吗？门下学生都在怪先生了，一个渔父而已，怎么值得如此对他呢？孔子手扶车轼感叹地说：子由真是难以教化啊！沉湎于礼义之中有一段时间了，然而粗俗的心态至今还没有除去。过来，我告诉你。遇到长者不尊敬，就是失礼；看见贤者不恭谨，就是不仁。他若不是至人，就不能使人对他谦下，对人谦下不能精诚，就不能体现纯真，所以常常会伤害自己。可惜呀！不仁对于人来说，祸患没有比这更大的了，而子由就是这样的人。大道是万物的本源，万物失去它就死亡，得到它就生存，做事违背它就失败，顺应它就成功，所以道所在之处，就是圣人遵从之处。现在渔父对于道来说，可以说已有道了，我岂敢不尊重么？

内心正直而不凭借于外物的人，就是纯真的人。内心正直的人，根本在于精诚。不凭借于外物的人，出自内在的精诚，所以说本真就是精诚的极致。所以体道的人精诚完全与自然合而为一。诚到了就可以感应于天，这样的话岂能不感动人？不精不诚就不能效法于天，而且不能感应于天，也不能感化于人，所以说"不精不诚不能动人"。

列御寇

列御寇要到齐国去，走到半路又回来了，遇到了伯昏瞀人。伯昏瞀人说：为什么正走着呢又回来了？回答说：我感到害怕。又问说：为什么害怕？回答说：我曾在十家卖浆店吃饭，却有五家卖浆店都先馈送我。伯昏瞀人说：就是这样，那你为什么害怕呢？回答说：内在的妄想不放下，形体举动就有所表露，以外在的形象来打动人心，使人们轻于尊老而重于照顾我，唯恐因此招致祸患。卖浆的人只是做些食饮的小本生计，赢利不多，所得到的利益也微薄，他们的权势也不大，还这样送给我食饮，更何况是那万乘的君主呢？身体为国劳累而智慧因事务被耗尽，他还要我担任职事而且希望我能够成就功业，我因此害怕了。伯昏瞀人说：你真善于观察呀！你安心休息吧，人们将要归向你了。没过多久，他门外的鞋子都放满了。伯昏瞀人面向北站立，扶着拐杖低着头，站了一会儿，没说话就走了。接待来宾的人告诉了列子，列子提着鞋，光着双脚跑出来，到了门口说：先生既然来了，还不赐予良言吗？回答说：没有了，我已经告诉过你，人们将要归向你，现在果然已经归向你了，并不是你能使人们归向，而是你不能使人们不归向，你又何必让人感到欣慰而表现得不一样呢？一定是有什么触动了你的本性，这岂不是无所谓的事？

至人，内心保存着他的纯真，对外与万物光芒和谐。保存纯真，根本坚固，妄心欲念泯灭，堕肢体，黜聪明，通达于大道。光和就是与万物没有差别。所以不论身处何地，也不会让人尊重自己，所有的行为反而使人不可测知，和世俗契合而内心自得其乐，这就是至人所行之道。至于列御寇就不是这样了，虽然说顺应自然、调适性情，不能达到放浪形骸、与物齐同的境界，表露于外的却是矜持巧饰的形态，因此而有五家浆店先馈赠给他食饮。先送给他食饮，说明这个人表现得极其恭谨，对人极其恭谨就让人生出喜悦羡慕之心，喜悦羡慕之心一旦生出，必然使众人归从，以至于归向他，这样一来，反而是有为之道，完全违背了万物的自然之道，这又岂能与至人之道相提并论呢？所以伯昏瞀人有人们即将归向的话。

和你在一起的又不告诉你，他们那些小言语，全是毒害人的话。不能觉悟，怎么相互了解呢？有技能的人劳累而用心智的人忧虑，不用智能的人无所求，饱食而遨游，漂荡起来如同没有绳索的舟船，这是心中虚静的遨游啊！

技能灵巧的人，愈来愈专注于"巧"，所以他的形体常常辛劳。用智的人，常要思虑着得失，他的心思常常会忧虑。这都是矜于能力被外物所役使而受到的牵累，只有圣人才能淳厚朴实却不曾看到他的能力，寂静无心而又不曾看到他的追求，逍遥遨游于天地之间，如同是空虚的舟船没有绳索而悠游自得一般。所以说：无能者无所求，虚其心实其腹，漂荡如同不系绳索的舟船，因为在虚静地遨游。

有个郑国人名叫缓，在裘氏这个地方读书，只读了三年便成了儒士，方圆九里都受其惠顾滋润，恩泽惠及三族。让他的弟弟翟学习墨学，儒墨之间相互争辩，他的父亲帮助翟。十年之后缓却自杀了。他的父亲梦见了他，说：让你的儿子成为墨者的人是我，为什么不去看我的坟地呢？旁边种的秋柏已经结果子了。造物者给予人的不是给予的人为，而是给予人的自然本性。他原本就是这样的人，他的行为也必然是这样。缓以为自己有与别人不同的智能而轻视他的父亲，这就好像是齐人挖井饮水，结果导致相互扭打争夺一样。所以说：现在的世间都是类似于缓一样的人。自以为自己的作为是正确的，有德性的人认为是不明智的，更何况是有道人的看法呢？古代的人认为这是遭到了自然的惩罚。

郑国人缓成为儒士，他的弟弟翟成为墨士，是他们各自的禀性所必然导致的。性是自然所赋予的，人们禀受自然的赋性而他们的才能却各有所不同，顺着各自的喜好而习以为常，就和自然相统一了。所以缓因其才能禀性和从事的学问，最终成为儒士。翟的才能禀性只爱好节俭，最终所以成为墨士，所以说：造物者给予人的不是给予的人为，而是给予人的自然本性。给予人自然本性，就是说使人成为习惯而禀同于自然而然。缓不明其中的道理，却因为弟弟是自己帮助的，反而比自己强，因感触激起怒愤，以至于伤害了自己的生命，可以说是极大的迷惑了。所以庄子讥讽他的迷惑。

圣人安守于自然而然的生活氛围，不安于人为造作的空气；众人安守于人为造作的空气，却不安于自然而然的生活氛围。

庄子说：知道容易，不把道说出来就困难了。知道而不予言传，这是合乎自然的；知道就说出来，这是合乎人为的。上古时候，人们效法自然而不以人为行事。

道像大路一般，知道是很容易的，知道了大道而不去言传就很困难了。知道之后隐晦沉默，就是清静无为，自然而然；知道之后言传臆说，就成了有心有为了。只有像圣人那样心中得道而行无为之事，体涵至道而不以有为有，天人合一，法于自然，才是真正的得道。

朱泙漫向支离益学习屠龙的技术，耗费千金的家产，三年才把技术学成，却又没有地方使用他的技巧。圣人把必然的事情看作不必然，所以没有争斗；众人把不必然的事情看作是必然的，所以多有争斗。顺应这样的争斗就会出现贪求的行为；依恃着争斗，最终就会消亡。

道是无为而纯朴的，兵器是有为的工具。圣人体道无为，顺应万物之情，所以就没有兵器争斗，所以圣人把必然的看作是不必然的，就没有争斗；众人丢失了道而行有为之事，而又违背万物的性情，所以多有争斗，所以众人把不必然的当作必然，多有争斗，就会顺应争斗而向外求利。然而兵器是圣人在不得已的情况下使用的，岂能依恃它而乐于运用它呢？依恃它就很难保存自己，所以《老子》有"兵强则灭，木强则折"之说，依恃它就必然遭到灭亡。

天下百姓，把前人遗留下来的经验之谈作为生活之道，而又以粗浅的知识作为人生的智慧，依此而劳动形体，损伤劳累精神，以泽及世人而教化万物，这是因为他们自以为掌握了玄妙无为的至道，而暗合于太初的真理，即所谓内心迷惑而力量又不能达到目的，怎么能知道至人的所作所为呢？至人进入道的至妙之处，游心于太初的元和之气，寝卧于无穷无尽的疆域。而他的行为所以不窒塞，他的运用所以没有边际，恩泽世人、爕理万物而天下却不知他有什么作为，岂能像世俗那样地作为？所以至人的精神回归于无始之始，而自甘冥合于无何有之乡，水流于无形，发泄于太清。

宋国有位叫曹商的人，替宋王出使秦国。他出发的时候获得了几辆车，秦王喜欢他，又给他配够一百辆车子。回到宋国之后，去见庄子，说：住在破烂不堪的巷子里，穷困潦倒地靠修补布鞋生活，样子枯瘦如柴，这是我曹商的短处。一旦我会见了万乘的君主随行的车辆就有上百乘之多，这是我曹商的长处。庄子说：秦王生病，召请来医生说，能够使痈疽溃散的可以获得到一乘车，舐痔疮的可获得五乘车。所治病的方法愈低下，获得的车乘就愈多。你难道给秦王治痔疮了，为什么获得这么多车呢？你走吧！

鲁哀公询问颜阖说：我把孔子当作柱石，国家还能有救吗？回答说：岌岌可危啊！孔子只是善于修饰刻画，从事华丽文辞，把枝末当作主旨，强忍着性情给百姓做示范，而不知道自己并不聪明，并不诚信，这样地受制于心，牵挂着精神，怎么能领导人民呢？他适合你吗？让他来安养人民吗？他只不过会误导民众罢了。现在却要使人民脱离朴实学习虚伪，这样并不能教化于民，为了后代考虑不如算了，难以达到治理。惠施与人交而不忘人之功德，这不是自然的恩泽，经商的人都小看他，可是有时偶然因事情谈论起来，善于内养精神的人却不小看他。

圣人与天地的德性相契合，与阴阳消长变化同其功用，不显露他的精神而与万物自然化合，不显露他的足迹而使人们自相仰慕，深远啊！无所作为而复又回归于朴素自然，又岂能想为臣下获名利于当时？这就是鲁哀公想用孔子，而颜阖告诉他是岌岌可危的事情。深奥玄妙虚静，就是圣人所行之道；窈冥昏默隐显莫测，就是圣人的足迹。道不可以用智揣测，而迹不可以用目来观看。现在在鲁国用作辅臣，就是道可以用智而迹可以目见。天下之人，必然崇尚华饰，巧用文辞而多修饰造作虚伪。如此一来，圣人不得不行有为之事，而天下人民不得不丧失纯真了，这并非要达到治世的道理。颜阖能知道圣人"无用之用"。

身外的刑罚就是刀枪和刑具，内心的刑罚就是纠结和懊悔。小人经受外刑的，使用刀枪刑具来定罪；经受内心刑罚的，阴阳消长变化侵蚀他。能够避免内外刑罚的，只有真人。

愚昧之人就是有私我、有心思。有私我就不会与事物齐同和谐，有心思就与事物相纷争，这就是分出内外的刑伤。和事物不能齐同和谐，是由于自我拘执而伤害生命，所以经受外刑的用刀枪刑具来定罪。与事物相互摩擦纷争的，毁灭中和之性而伤害生命。所以说经受内心刑罚的，有阴阳消长变化侵蚀他。这岂不是愚昧之人的作为吗？只有真人无我无心而万物不能使他们受到牵累，怎能有伤害生命的祸患呢？

孔子说：大凡人心的险恶大于山川，却又比上天难知。天尚且有春夏秋冬早晚的时期，人却是容貌淳厚而心情深藏。所以有面貌严谨淳厚而行为骄慢，有形似长者风度而内实品行不端，有外貌圆滑而内心正直，有外像坚实而内心轻慢，有看似缓和而内心暴躁。所以看他趋就正义似若饥渴的，当他要舍弃正义时也如同躲避炎热一般。所以君子在远离他时就观看他的忠信，接近他时观察他的诚敬，让他处在纷繁的地方而观察他的才能，突然间向他提出问题来观察他的智慧，给他短暂的时间来观察他的信誉，委托财物来观察他的廉洁，告诉他危险来观察他的节守，饮酒致醉来观察他持守的原则，相处混杂来观察他的色心。这九种征象出来，不肖的人自然就现形了。

人的心思处在极其空虚的地方，而且居住在杳冥幽深寂静的分际，不可以用智慧去揣度它，所以说人心比山川险恶，比了解上天还难。天因为有它循物的规律，可以观察知道；人心虽然也有它使用的征象，却是不可以加以揣度的。春夏秋冬早晚的时刻是天的期度、天的运用；情志、容貌、圆滑、正直、缓和、暴躁的不同，是内心的运用。天的运用所具有的期度，必然依时刻而到来，是可以明白地知道的；心的运用、所作所为难以预先揣度，是不可以知道的，这就是孔子为此而深深地叹息的缘故。

趋就正义如同饥渴的人，见义而为，如口渴遇到甘泉；舍去正义如同避热的人，见义而不为，必然心中炽热难耐。这都是行有为之事罢了，怎能如不为之为呢，除了至人谁能达到这样的境界呢？

君子这样的人，端庄且虚怀若谷，勤勉而始终如一，内心正直而外不为物所役使。所以他的忠心足以使君主仰慕，他的诚敬足以侍奉君上，他的才能足以除去繁乱，他的智慧足以应对变化，他的信实足以不用约契，他的仁爱足以兼济天下，他的节操足以拯救危困。醉酒不足以扰乱他的精神，色欲不足以使他的内心喜悦。这就是君子所具备的如此德性。而挫败锐气，解释纷争而与事物没有不同，小人想要和君子具备相同的德性就很难了。然而一定要知道君子的所为，这就是庄子为什么说"远使之以观其忠，近使之以观其敬，烦使之而观其能，卒然问焉而观其知，急与之期而观其信，委之以财而观其仁，告之危而观其节，醉之以酒而观其则，杂之以处而观其色"。这里所说的忠、敬、智、能、仁、信、节、则、色，都是君子所具有的，并且在君子身上能体现出来的内涵，观察他们却不虚伪。小人本来就与君子有明显区别。所以这九种征象出现，品行不端的人就可以区分出来了。

正考父第一次被任命为士，就低着头走路；第二次被任命为大夫，行走时弯着腰；第三次被任命为卿，就俯下身子，沿着墙根走路。像这样的为人谦恭，还有谁不效法他呢？如果是普通人的话，第一次任命为士就会趾高气扬了；第二次被任命为大夫，就会在车驾上手舞足蹈起来了；第三次被任命为卿，就会让人称呼他为叔伯了。谁又能做到像唐尧、许由那样谦逊呢？

曾子第二次入仕而内心再次改变，正考父经过三次任命而内心愈加恭让。大概曾子以为俸禄品阶虽然厚重也不足以凭借它来彰显可贵之处，考父知道职位俸禄都是傥来之物，而不怎么以此为荣显。曾子可称为内心的变化，而考父可称为形体的变化。如果不是这样有德性的两个人，庄子岂能拿他俩来讨论？

最坏的事莫过于有心为德，而心思再长有眼目，等到心思再长有眼目就会多思多虑，内心多思多虑精神就败坏了。

不用思想就能得到，即所谓无心之德；有求而后有德，即所谓有心之德。有心之德必然害性，所以有心之德是最坏的事情。有心就被外物所干扰，仿佛心有眼目。有眼目的心就不能反观内视，只能自内观外而丧失真性。所以等到心长了眼目，就只能由内视外，由内视外必然精神败坏了。

凶德有五种，中德为首，什么才是中德？中德就是自己以为是好的，而抵触他自己所不为的。穷困有八种极端，通达有三项必然，形体有六个腑脏。美、髯、长、大、壮、丽、勇、敢，这八种都超过众人，因受外物的拘执而穷困。顺应自然，随人心愿，守柔谦和，这三个方面都可以通达。智慧外露，勇敢而多招怨恨，仁义而多受责难。

穷困有八种极端，通达有三项必然，形体有六个腑脏，都是因为有私我之故。只要无我，八种极端就不足以累及于我，三项必然也不足以为物所役使，六腑也不足以伤害生命，除非是至人，谁能达到如此境界呢！

通达生命之情的人，心胸豁达；通于心智的人，内心狭小；通达天地大命的人，顺应万物之自然；通于自身小命的人，随遇而安。

通达于生命就是没有生命，通于心智就是没有心智，通达于命运就是顺应命运。没有生命，形体回归于自然无为，所以说：通达生命之情的人，心胸豁达。没有心智，内心就无所牵系，所以说：通达于心智的人，内心狭小。顺应命运，就会听任其生命的长寿或者夭折，所以说：通达大命的人，顺应万物之自然，通于自身小命的人，随遇而安。然而通达生命的即是所谓穷理；通达心性的，即所谓尽性；通达命运的，即是所谓至命。

有人见了宋王，宋王赐给他十辆车子，他用这十辆车子在庄子面前夸耀。庄子说：河边有一户贫困的人家，依靠给人编织芦苇生活，他的儿子潜入深水里，得到一颗价值千金的珠子。他的父亲对他儿子说：拿石头来砸碎它。价值千金的珠子，一定在九重的深渊骊龙颔下，你能拿到这颗珠子，必然是遇到骊龙打瞌睡，假使骊龙醒来，你就要被吞食无遗留了。现在宋国之深，岂止是九重之渊；宋王的凶猛，岂止是骊龙。你能得到车子，必然是遇到他在睡觉的时候；假使宋王醒来，你早已经成了粉末了。有人聘请庄子，庄子回应使者说：你看到祭祀的牛吗？身上披着有纹饰的绸缎，又用大豆刍草饲养它，等到把它牵入太庙里，要想做一头孤单的小牛，能如愿吗？

庄子这个人，可以说是对身外之物无心了。之前楚人请他，就援引在笥之龟以自比，受其束缚且性命不保。之后又有人下聘，就用被牵入太庙的牺牲以做比喻，说明富贵不能牵累心思。富贵不牵累心思，那么死生就不足以扰动了。

庄子即将死去，弟子们准备厚葬他。庄子说：我把天地当作棺椁，把日月作为双璧，星辰作为珠玑，万物作为我的陪葬，我下葬的器具还不完备吗？为什么还要增加呢？弟子说：恐怕乌鸦老鹰吃了你啊！庄子说：在地上被乌鸦老鹰吃，在地下被蚂蚁吃，夺取乌鸦老鹰的食物来喂养蚂蚁，为什么这样偏心呢？以不平均的方式来达到平均，它的平均仍然是不能平均；用不是征验的事物来取得征验，它的征验也同样是不能作为征验的。

死亡的人，是时空已离他而去了，气机暂时散失；离去必有他到来的时候，而散失也必有他积聚的时候。至人知道这个道理，岂能顾念形体骸骨葬与不葬呢？所以庄子有"我把天地当作棺椁，把日月当作双璧，星辰为珠玑，万物为陪葬，我下葬的器具能不完备吗？为什么还要增加"这样的话，以说明不下葬的安葬。不下葬的安葬即所谓返还于天然的纯真了。弟子们尚且有疑惑而恐被乌鸦老鹰吃掉，并不知道庄子通达乐观的思想。自以为聪明的人，只能被人所役使，神全的人可以有征验。自以为聪明的人，超不过神全的人已经很久了，而愚昧的人依恃他的所有见识来应对人事，他的结果往往有所失误，不也可悲吗？

即神且明的，就是仙佛的境界了。大神即大明，大神没有方域，大明有征验，大明不能超过神，运用有所差别。神之所用在于"见独"，明之所用在于"见有"。"见独"入于天，"见有"入于人。入于人就不免于迷惑了。所以说，愚昧的人，恃其所见所闻应对于人事，他的功效必然有所失误，不也可悲吗？

天　下

天下研习方术的已经有很多了，都认为自己所研习的是大有可为而且是无与伦比的。古代所说的道术，它们都在哪里呢？回答说：无所不在。又询问说：玄妙莫测的精神从哪里降下？聪明智慧从哪里出生？圣人的生长、王业的成就，都是起源于这个一。

圣人之道流散而百家之学兴盛，他们的主张流传于天下而思想不统一，各自因其学说主张穷究道理，无以复加而排斥异己，不能再增加他人的思想。所以说天下研习方术的人已经很多了，都以为自己的学说无与伦比、无以复加。怎么说大道理不能只有一个方面呢？所以说：古代所谓道术，究竟在哪里呢？回答说：无处不在。道无处不在，它的玄妙之所以称为神，而它的征兆之所以称为明，内修之所以可以为圣，而外用之所以为王，都是出自玄妙的根本，其源本于一。所以说：玄妙莫测的精神从哪里降下？聪明智慧从哪里出生，圣人生长、王业的成就，都是起源于一。

不脱离这个本源之脉的称为天人；不脱离这个精微灵妙的称为神人；不脱离纯粹真一的称为至人；以自然为本源，以德性为根本，以大道为门径，征兆于变化规律的称为圣人；以仁爱来施行恩惠，以正义为行为规范，以礼节为行动标准，以音律来调节性情，彰显慈心与仁爱的称为君子。以律法为分际，以名称为表象，以参考为检验，以稽察为决断，就像一二三四那样明白。百官以这样的标准分列秩序，以事务的分工为常态，以百姓的丰衣足食为主业，使人民得以安居乐业，不论老弱孤寡都使他们满意，都是有益于安养百姓的道理。

源本宗脉，就是大道的起源根本。大道的原本出于自然，所以说：不脱离于宗脉，称为天人；精气是尚未脱离于阳气，尚未脱离于阳气的就是自然德性的极致，所以说不脱离于精气的称为神人；真就是内心正直纯真而不假借于外物，所以说不脱离于纯真的称为至人；天就是自然之道，德就是自我有得，道就是无为。听任于自然而自我有所得于无为，就是与造化相契合而为一。所以以自然为宗脉，以德性为根本，以大道为门径，征兆于变化规律的称为圣人；仁即是爱，义即是适宜，礼即是步履，乐即是和谐，这些都是出于道的流散，以至于到了很遥远的程度了。所以说：以仁爱来彰显恩惠，以义来表现行为规范，以礼节为行动标准，以音律来调和性情，彰显出慈心仁爱的称为君子。这样看来，君子、至人还赶不上天人、神人、圣人。

古代的圣人不是很完备吗？与自然的神奇灵明相契合，效法于天地养育着万物，和调天下，恩泽遍及百姓，通达于大道的原本，关系着自然的法度，六气通畅，四时有序，大小精粗，它的运动变化无所不在。古代的方术大都在礼法制度上显明，并且在古旧法律世代相传的史记上保存有很多。其中存在于《诗》《书》《礼》《乐》中的，邹鲁的士人们、绅士先生们，大多能够明白。

圣人之道的玄妙没有界际，恩养及于万物，精诚纯粹等同于天地，生养功成周遍于万物，恩泽惠施沾及于天下而全于生民。因为他们保全着自然玄妙的根本，与万物齐同和谐，大道被推行发扬，大小精粗，无所不至，无处不在，这就是圣人之道。圣人之道，其精诚之处本于至妙，也是唯一的见识，粗末之处存在于法律制度之中，使众人行为有所标准。因此儒生、绅士能明白其中的道理，这是庄子意在阐明孔子之道。

《诗》用以表达志向情趣，《书》用以叙述事务，《礼》用以表达行为规范，《乐》用以调和性情，《易》用以阐明阴阳变化的奥秘，《春秋》用以记述名位称号的秩序。其中的内涵散布于天下，成为诸子百家的学说，时常有人提起和介绍。

天下大乱的时候，圣贤的主张不能彰显于世，对于道德论述的标准也不能达到统一，天下人都凭借一管之见就自以为是了。譬如耳、目、口、鼻各自有不同的功能，却不能相互沟通。就像是百家各自有各自的技能，各有所长，依时代变化的不同各有所适宜之处。即使如此，不能做到不偏不倚，完全周遍，也只能是一些偏执一见的人。他们剖判了天地间的完美，分离了万物和谐统一的道理，审视古代圣人完美统一和谐自然的全部，很少能够完备于天地自然之美，和玄妙莫测的精神世界与明达觉悟相称。

庄子论述的德，是不因为万物而干扰他的内心，能够精纯对于道的修养。他并不是不知道仁义，只是以为仁义微小不足以去施行；他并不是不知道礼乐，只是以为礼乐过于薄弱，而不足以教化天下百姓。所以老子说：自然之道丧失了之后才讨论德性，人的德性丧失之后才讨论仁爱，仁爱有了损失之后才讨论正义，正义丧失之后才讨论礼节。由此知道庄子并不是不通达仁义礼乐的道理，只不过他以为仁义礼乐是道的枝末而已，故而对仁义礼乐就比较轻视了。那些儒生、绅士、先生们都说如何如何好，然而他们也从不研究庄子的思想实质精神。而喜好庄子言论的人，必然知道阅读庄子的书籍，然而也不曾深究庄子的精神实质。往昔从上古先王法自然之道恩泽及于百姓，至庄子之时代，道德已然沦丧，天下之人奸巧诡诈大行于世，淳厚质朴全然散失，即使是世间的学者、士大夫，也没有人明白看重自己的生命比看重身外之财物更重要的了。于是基本礼义的尾末部分被抛弃断绝，在利益与祸害之间争来夺去不能休止，趋向利益而不甘受到屈辱，即使伤生害命亡身也不因此有悔怨，逐渐沉溺于利益之中，终至不可挽救。庄子认为这是人生社会的弊病，想用他的思想阐释教化天下人民，纠弊而归于正思正行。庄子通过深思熟虑，认为仁义礼乐都不足以匡复天下之正。所以他的学说的精神实质在于天下所说的是与非是等同的，社会之中的人与我也是齐同的，世间的利益与祸害也是由于相互之间变化而形成的，其根源是一致的。所以是非、人我、利害，也只不过是满足了一时的内心需求以为有所收获而已。这样类似的言论，就是为了矫正天下之弊病，并不惧怕后来学者来阻滞诋毁他的学说。说什么都不足以彰显自然纯真和古人行道的大概，于是庄子寄心于此篇，以求得自我的解释，所以篇内说：《诗》用以言人的志向和情趣，《书》用以叙述事务，《礼》用以表达行为规范，《乐》用以调和人的性情，《易》用以阐明阴阳变化的奥妙，《春秋》用以记述名位称号的秩序。由此看来，庄子岂能不知圣人之道？又说譬如耳、目、鼻、口都各自有其不同的功能作用，可是它们之间却不能相互交通。就像是诸子百家，各有自己的技能，都有各自的长处，到各自所适宜的时候就可以发挥作用，运用是彰明圣人之道，是否能发挥作用完全在于人民是否能接受，并不在于作者自己。这其中也罗列有宋骍、慎到、墨翟、老聃之流的书籍，他们都是不偏执于一端的人，大概是想以此阐明庄子的言论，都是有为而作，并不是大道的全貌。然而观庄子之言，岂能不有意于教化天下的弊病，而保存圣人之道？伯夷的清贫，柳下惠的和弱，都有矫正天下的意图，庄子的用心和二位贤人的用心是一样的。

因此内圣外王的道理，隐晦而不明朗，瘀滞而不通达，天下人为此都急切地追求他们的所好，把这种道理当作他们实现目的的方术，可悲啊！百家学者都向往而不能归返正道，必然不能契合于古人的方术。后代的学者不幸不能见到自然的纯真之美和古人体道的全貌，这样必然使得道术被诸子百家所撕裂。

道术藏于内心就可以为圣人，显明于外就可以王于天下。百家的方术竞相兴起，就使得人们的视听杂乱，大道所以隐晦而不能彰显。所以内圣外王的道理，隐晦而不显明，淤滞而不通达。自然之道既然不能彰显而又不能通达，世俗之人又怎能看到它纯真的全貌呢？又说后世的学者，看不到它全然纯真之美，这是大道被消亡撕裂，而诸子百家之言论交相兴起的缘故。所以再一次预言道术即将被天下分割而破碎，继而又说诸子的怪诞之术，这是庄子为了语言上有始终相序的缘故。

使后世不奢侈，使万物不靡费，不使各自的差别过于明显，就必然用规矩准则矫正约束自己，以完备社会的急需，古时的道术确实有这样的情况。如墨翟、禽滑厘，听到这样的遗风就喜欢这方面的活动，做起事情来却又那么过分，他们提出什么"非乐"、"节用"，说什么生时不作乐，死后无服饰。墨子主张"泛爱"、"兼利"、"非斗"，他的学说不使人们争斗，而且又倡导好学博览，不标新立异，不与先前帝王相同，却又诋毁古代的礼乐制度。古代乐章，黄帝时有《咸池》，唐尧时有《大章》，虞舜时有《大韶》，夏禹时有《大夏》，商汤时有《大濩》，周文王有《辟雍》之乐，武王周公作《武》乐。古代的丧葬礼仪，贵贱有规矩，上下有差别，天子的内棺和外椁共有七层，诸侯的有五层，大夫是三层，士人两层。现在墨子却独自提出，生时不唱歌，死后不厚葬，只用桐木做棺材，还不能超过三寸，并且不用外椁，还把这样的标准作为法度和规矩。用这样的主张教导人，恐怕不能表达出爱人的理念来；用这样的办法来要求自己，当然也不是爱自己的表现。即使这样，也并不影响墨家的学说。需要歌唱的时候却一味地反对歌唱，需要哭泣时却一味地反对哭泣，需要娱乐时却一味地反对娱乐，这样做果真合乎人情吗？他生时勤劳，他死后淡薄，墨子的主张太刻薄了；使人为他担忧，也使人伤悲，施行起来也难以做到。恐怕这样不能算作圣人之道，违背了天下人的心愿，天下人必然不堪忍受。

墨子即使能够独自去施行他的主张，又怎能奈何天下百姓呢？他不能与天下人心契合，距离天下百姓一心归向的大同世界就很遥远了。

墨子称赞说：往昔的时候，夏禹治理大水，疏通江河，通贯四夷九州之地，经过修理的大川有三百多条，分支河流也有三千多条，较小的溪流不计其数。夏禹亲自挖掘抬筐，最终使天下九州的河流汇归于大海。而夏禹却因劳累奔波，腿肚没了肉，小腿磨光了毛，雨水沐浴，强风梳发，使天下百姓安居乐业。夏禹是大圣人啊！为了天下百姓却如此辛劳，以至于后代的墨家人士都用羊皮粗布做衣裳，用木屐草绳做鞋子，日夜工作不休息，以苦自己为目的，说："如果不能做到这样，就不是夏禹之道，不可以称为墨者。"

相里勤的弟子，五侯的门徒，南方的墨者有苦获、己齿、邓陵子一类的人，都诵读墨经。他们之间却有分歧和矛盾，不能等同，并且相互攻击对方为"别墨"，用"坚白"、"同异"的论点相互诋毁，用奇偶不同的言辞针锋相对。把钜子当作圣人，都愿意奉他为师，寄希望于他的后世人丁兴旺，直到现在纷争仍然不能停息。墨翟、禽滑厘的用意是好的，然而他们的做法的确过分了，这样必将使后世的墨者，一定要劳苦自己直到腿肚子上没了肉，小腿上磨去了毛，以此求得进步罢了，这是扰乱天下的为多，治理天下的为少。虽然如此，墨子可以说是天下真正完善的人了，这样的人实在是求之不得，他即使把自己弄得形容枯槁也从不放弃自己的主张，的确是济世的才能之士啊！不受世俗所牵累，不用外物作掩饰，不轻率地苛求于人，不违背众人的意愿，希望天下得以安宁，以使人民自由地生活，人我的安养丰足就够了，以这样的理念去表白自己，古代的方术有和这相同的吗？宋钘、尹文听到这样的风尚就很高兴，特地制作了一项形似华山的帽子，以表示提倡人类生活的平等，应接万物以无隔阂为念。说出内心的承受，就是心的行为，以柔和的内心来迎合他人，以至于使海内事物和调，并求得众人以怀柔容纳万物为行为的准则。遇见欺侮并不以为羞辱，拯救民众的争斗，预防矛盾，罢兵休战，不放弃解救世俗之战，以这样的理念周遍施行于天下，对上劝说君主，对下教化百姓，虽然天下之人并不取法他的主张，但他仍然坚持不懈去施行。所以说：上上下下的人们都为此厌烦他，然而他并不气馁，虽然他为别人做得很多，却为自己打算得太少。他们会说：给我们准备五升米的饭就够了。先生们恐怕还吃不饱，弟子们即使面有饥色，仍然不忘天下人，他们夜以继日地为天下人民，有时也会说：我们也必须要活下去呀！的确是伟大的救世之士啊！他们还说：君子不做苛刻精察的事情，不使自身被外物所役。认为这样都是无益于自身无益于天下的，若要弄明白还不如罢了吧。他们主张禁防攻战，罢兵而与民休息，作为对外宣传的口号，使人们做到寡少情欲作为内在修养。他们学说中内涵的小大精粗及其所主张的思想行为如此而已。

　　行事公正而不结党，与人方便而无私心，行为果决而不须谋虑，趋物变化而不分歧，面对人情世故不去思虑，不求得明白，对世间的美丑善恶不予选择，与物齐谐而同行，古代的道术有属于这方面的。彭蒙、田骈、慎到听到这种风尚就喜悦。齐同于万物作为首要的理想，他们说：天能够覆盖万物而不能承载万物，地能够承载万物而不能覆盖万物，大道能够包容万物而不能分辨万物，知道万物都有它可以的一个方面，也都有它不可以的一方面。所以说选择就有所偏，教化就有所不到，按自然之道去作为就没有遗漏了。因此慎到抛弃智慧，去除自我心理，而顺着不得已的事情听任于物，顺着物的道理去作为，说：想知道那些不知道的，因为将要强迫自己知道，而后就有所损伤了，顺应事物而不任性，就可以讥笑天下那些崇尚贤能的人了。纵横洒脱没有行迹，而非议天下所谓的大圣，顺应潮流，应物变化，舍去是非，还可以免去牵累，不运用聪明巧妙，不用思前想后，泰然安定罢了。推动而后施行，拖拉而后回还，如同飘风的往返，犹如羽毛的旋转，又似磨石的遂意，完善而没有是非，动静而无过不及，不曾有罪咎，这是为什么呢？即是说没有知虑的事物，就没有设立自己的忧患，没有受到聪明的牵累，动静不脱离既定的道理，因此终生没有毁誉。所以说：做到了像是没有智虑的东西罢了，不需要圣贤，即使土块也不失于有道。豪杰们相互讥笑说：慎到的道理，不是活人的行为，而是人死之后的道理，的确使人们觉得奇怪了。田骈也是这样的人，跟彭蒙学习，学到了不用言语的教诲。彭蒙的老师说：古代学道的人，只是达到了不论是、不论非的境界罢了。他们的风尚寂然无形，怎么可以用语言表达呢！行为也常违反世人之意，并不被人们称道，而不免在人事之中打转转。他们所说的道并不是大道，而所说的是却不免于非。彭蒙、田骈、慎到并不明白大道，可是他们都曾经听闻过关于大道的大要。

以根本为道的精微，以执着于外物为粗俗，以有积聚为不足，恬淡虚无地独自与造化居处，古代道术有属于这方面的，关尹、老聃听到这种风尚就喜悦。建立常有常无的学说，以"太一"为宗主，以柔弱谦下为外形，以虚静空无不毁誉万物为内在实质。关尹说：自己虚静无心，形象与事物自然显著。其动如流水，其静如明镜，其回应如声响，恍惚似没有，寂寞若清虚。相同的就和谐，取得的就损失，不曾与人争先而却常常随人之后。老聃说：知道了雄壮强势，就持守着和柔雌弱，只作为滋润着天下事物的小溪，知道了光亮的明耀，就持守着隐晦蒙昧不能彰显的一面，成为空谷来容纳天下。人们都急于争取先进，唯独自己取法落后。他们说：承受天下人的辱垢。人们都取得实际的东西，唯独自己守着空虚，没有储藏反而富富有余。泰定而有余，而与立身处世，缓和而不耗费。无所作为却又讥笑他人的巧妙，人们都祈求幸福，唯独自己委曲求全。他们说：但求避免祸患，以深髓为根本，以简约为纲纪。又说：坚强的就容易毁坏了，锐利的就容易挫折了。常常以宽容和平的姿态待人接物，对人不刻薄，可以说达到了极致。关尹、老聃啊，他们可是古来的博大真人呀！

恍惚杳冥而没有形象，运动变化而没有常规，死死生生与天地并存，与造化同行，杳冥恍惚去哪里才合适，包罗万物哪里足以安身？古来道术有属于这方面的，庄周听到这种风尚就非常喜悦。以荒谬而又意味悠远的学说、豁达的言论、没有边际的辞语，洒脱放荡而不拘执，不依恃自己的独见。认为天下沉迷昏浊，不可以和他们讨论庄严的话，只能用无心之言来推衍。使用重言让人感受他的真实，运用寓言来加以推广，阐释出独自与天地精神相往来的道理，而又不傲视万物，不议论是非，以便于和世俗之人相处。他的书虽然环节较多，却相连属，回旋而无伤道理；他的言辞虽然参差不齐却特异可观；他的内容充实不可以言表，上可以与造物者同游，下可以与遗忘死生，把生命看作没有终始的人为友。他对于根本的理解，弘大而开阔，深远而无方；他对于道的宗旨，可以说是调节适宜而直达境界了。因为这样，他可以应物变化而又脱离了外物的束缚。他的道理不能穷尽，他的来源不脱变，恍惚杳冥蒙昧，不能达到穷尽。

惠施的学问博大而学术众多，他的书籍超过五车之多，他讲的道理驳杂而不循人情，说话言辞不中听，在观察事物的道理时说：极其远大以至于没有边际的称谓"大一"，微小得以至于没有中心的称为"小一"。没有厚度，又不可以累积，当它扩大的时候可致千里。天和地都低下，山和泽一样平。太阳正在中午即刻就要偏斜，万物正在生长即刻就要面临死亡。大同而与小同有差异，这个就是"小同异"；万物全都相同全都不同，这个就是"大同异"。南方没有穷尽却有穷尽，今天刚到越地而往昔已经来到。连环可以解开。我知道天下的中央，就是今天燕国的北部和越国的南部。博爱万物，因为天地是一个整体。惠施以为这是大道，观察天下诸子而晓喻那些辩论者，天下善于辩论的人也都喜欢他的学说。卵内有毛，鸡有三只脚，郢都有天下之物，狗可以是羊，马有卵生，蛤蟆有尾巴，火焰是不发热的，山是有出口的，车轮是不碾压在地上的，眼睛是看不见东西的，手指是不能触摸物体的——即使触摸到也不能决断物体的本质。乌龟比蛇还要长，矩不方，规不可以做圆，凿不围绕着木柄开孔，飞鸟的影子不曾移动，箭簇快速却有不前进不停止的时候。狗不是犬，黄马骊牛是三个，白狗是黑的，孤驹不曾有母。一尺长的木棍，一天削去它的一半，直到万世都取不尽。辩论的人，拿这样的话题和惠施对应，终生都没有结果。

桓团和公孙龙都是善于辩论的人，他们掩饰人的心思，改变人的意愿，其结果只能是战胜人们的口舌，却不能让人心服，这是辩论的局限。惠施每天用他的巧智和人们辩论，特地与天下那些能言善辩的人创造奇谈怪论。这就是他们大概的情形。

然而惠施却自以为他的言论最精练，说：伟大的天地啊！我只有雄心却是没有道术的人啊！南方有个奇人，名叫黄缭，向惠施询问天地为什么不坠不陷，风雨雷霆是怎么生成的。惠施不用推敲就立即回应，不用思考就对答。论说万事万物，说起来没完没了，太多的论证不能穷尽，还以为不够多，又加上一些怪诞的道理。他把违反人的常情作为实证，只是想要胜过别人以求声名。因此他和众人都不和谐，其原因是弱于德性的修养，强于对事物的分辨，他走的路是艰辛的。

从自然之道来审视惠施的才能，他就好像是天地之间的一只蚊虫一样徒劳，他的学说对于研究事物有什么用呢？只是作为一方面的技能尚且可以，如果说他能进一步尊重大道就差不多了。惠施不能因此自安，心思分散于辩论万物而不知厌倦，终于成就了他善辩的名声。可惜了，惠施的才能啊！放荡而不得复返，追逐事物而不能回头，这是用声音来阻挡鸣响，形体与身影竞相追逐，可悲啊！

第五篇

大道论

至 道

　　道是极其虚无，极其寂静的，内涵纯粹真性、纯真常态，通贯五气而广播三才，布化真一而生出万象，离散混合无边无际，天地有宗源，超出于神明，弥散概括于意象之外。没有名字，没有姓氏，有运动有常态；脱离四句（即有一句，无一句，亦有亦无一句，以及非有非无一句）六因（即相应因、俱有因、同类因、遍行因、异熟因、能作因），断绝名言比喻。《南华真经》说：在太虚的边际表面，并不因此而崇高；在六极的最下，并不因此而深远。人世万物有生灭，而道却没有生灭，万物有变化差异，道却没有变化差异《易经》说：道是虚无的称号，因其虚无而通达于事物，所以称为道无有不通达。万物没有不因道而化生的，又说道为母，德为子。《无惑宝经》说：道通达于万物，以无为义旨，德不失于有而为功绩。《西升经》说：大道渊深甚为玄奥。又说：至道深妙。知道的不说，若是火水，焚毁激荡，没有遗留，而我大道却是真常不动；等到天地纲纪隤列，而我大道湛然寂静凝聚巍然。庄生考证计算，历经五年不能穷究它，推步阴阳十二年都不能有所收获，所以说称为至道。

至 德

　　道有通达生命的德性，所以称为"至德"。圣人说：因其通达生命所以名字叫"道"，包容含养所以又称为"大"。又解释"虚无"说是玄妙的本体，并不是内涵有物的缘故。自然是玄妙本体的元性，并不是创造制作的缘故。道是玄妙本体的功用，所以称为通达生命的道。一虚无，二自然，三道，都是玄妙本体真性之义，确立的法则唯有一而已。弥纶天地播散大朴而统御九州，播洒元精而轮排万象，元始祖气敞发，天地人三才俱分，春夏秋冬四序肇兴，五行迭次旺盛，天地之大啊！执掌着覆载之功，日月职司照临，风雨散发滋润万物，云雷布达鼓舞。人兽区分清浊，海洋山岳深高错落，万物分类聚集群居，聪明与凡愚享受有别。舨向于道的，登真而证达圣域；背离道的，趋向死亡沉滞有生。大道是通达生命的至德之域。庄生说：德，就是获得万物，得到它就有生命，称之为德。德又是道的运用，道是德的本体，通达于生命万象，万物造化有所为有所不为。至德就是无为而无不为。《老君道纪》云："通于一而万事毕"，"无心得而鬼神服"。通达于天地的就是德，行施于万物的就是道，天下极其通达的万物是它所生。德是资助其生，不用万物作为就能生，不用彰显德性的作为就能有生。《太平记》云：德，正气相助之谓德；成，就是成既济之功。不丧不失，具有以上三个方面的意义。又说：德，是天地秉承，阴阳依赖，五行得到它就相互滋生，四时得到它就有次序，王侯依理教化，师友训导遵从，以至于圣人、真人、仙人、鬼神、异类、动植物，都依赖至德的玄妙运用。对于道来说就是有情有信的，可以称为至德。

垂　教

上古时期没有教化，教化始自三皇五帝以来。教的意思是告诫，有言语、有理论、有主义、有传授、有承袭。言语就是宣讲，教化就是告诫。因言语觉悟教化，因教化而明理义，道理明晰就不需言语宣讲，既有能够被教化的接受教化，须有能够所师从的被众人师从。这样就有了自然而然潜移默化的教化，还有不被人们明白的神明幽阴的教化，这两种教化都没有师资可言。神明的教义论说似有根据，按道理就没有。正真的教化、三皇五帝的教化，返俗的教化、训世的教化，应该分出权变和实际，具有这五教的，起始于纯粹真一。自然的教化，始于元气之前，淳厚朴实的尚未离散，杳冥寂静，浩渺空旷洞达无际，没有老师述说教法，没有资质承受传播，没有始没有终，没有义规没有言语。元气得之而变化，神明得之而造作，天地得之而覆载，日月得之而照临。上古的君主得之而无为，这是没有教化的教化。神明的教化，是因淳朴离散而成为神明器具，没有比天地大的了，权力没有比神明大的了。混合元气而使四季周运，至道行而裁成万物，整肃圆廓清虚而天得以树立，制定方正重浊而地始成，博结灵性通达万化而世界类分，驾驭和气而成就人情伦理。阴阳不能揣测它的兴亡，鬼神不能知道它的变化。正真的教化，天上虚皇作为老师，元始天尊传授，始于玄元纯一，秘于九天正化，敷扬于历代圣贤，在天上就有天尊于三清众天，大弘真乘开异仙阶；在人间就有伏羲承受国祚，轩辕接受符图，高辛氏接受天经，夏禹接受洛书，四位圣人秉承神明，五位老人出现在河岸，所以就有三坟五典真常之道的教化。返俗的教化，玄元大圣帝舜时期，理国理家，灵文真诀大布于人世间，金简玉章广弘于天上，切实地想使天上天下，还淳返朴，复畅和风。训世的教化，就是损伤道德、丧失仁义而施行的教化，世俗用礼仪使人明智以救混乱，就使得原有的淳厚之风愈来愈遥远了，浮华浇薄的风气就成形了。教化原本出自圣人救世愍物之心，事物的内涵如有所悟，教化就与圣人之心合同，与圣人之心同，权变与实际都可以消亡，言语诠释全然泯灭，这时就契合于不言之教了，内心想象根本就不存在了。

绝 义

大道对修行的人来说：没有姓氏，没有祖先，没有名字，没有自我。有生长之德隐而不显，不知体性，但字而不名。如地处于谦下而不自尊高，为臣位尊道贵德而不自卑。并不是因为五色的缘故，所以不可以去审视；并不是因为五音的缘故，所以不可以去聆听。没有怪僻失误的，不可以毁伤；没有怜悯博爱的，不可以赞誉。没有所欲而不可以利用，顺应万物而无害。不随波逐流，又与物无忤，无是无非，违背世俗而不顺应，顺应天道而不叛逆。以地德之厚重载物所以谦下而不贵高，效法天德的覆盖所以尚高而不低下。持守秋毫而不妄自尊大，胸怀天地而不自小嘘。有用之物情不空无，无为之虚寂不空有，不矜持功绩而顺应自然。命不尊贵，处于天地之先前而不低贱；抱朴无智，含德无愚；无始故不先，无终故不后；众德发生不静，类聚群分不乱；外无一物不得，内含真性不失；无恶故不憎，无好故不爱；无形无象故无所向，同道同德故无所背；不矜持功德而不可宠，无骄逸慢怠而不可辱；无边无际不可以方论，隔无形质而不可以圆视；如同暗昧即是不明之称，在上而不曒，在下而不昧；无初始就无新可言，无终末就无旧可论；不进即着空，不退即着有，上士不为而进，下士不为而退。

分 别

情识意知，都从道中妄自确立。道外无心，心外无道，即有是心，即有是道。其中的情识意知也是如此。放下悟道之心，剪断认道之识，去掉证道之知，除去得道之智，堵塞了道之意，就能够达到忘知、忘意、忘智、忘识、忘心，自然就没有求道、趋道、学道的心念行为，这样一来反而就可以得道了。这是为了去除修道的人固守执着于一种行为，即是真切的得道，是真实的得于一处。如果固执于修道的专一和行道的守一，那么离道就愈来愈远了。如果能做到忘道忘一，必然可以得道得一了。心、身、意有异，性与命的生机不同，有自形体中观照形体的，这是大道的本性。有因为形体中的形体而作为的，这是大道与万象相为依附的。有仿象中之体，如同体会道性修行以达到无为之境。生有二种意义，有能使生命生长的，这是道生万物的生；有依从生长而生的，这是万物从道而化生之意。觉悟到了的修行，修行必然可以达到圣人的境界，迷惑的人不去修习它，他们只是凡人罢了。不使圣凡相滞塞的，已然有所觉悟；使圣凡相互滞塞的，已经是迷惑之人了。明白了迷惑和觉悟，就是虚空。通达了圣与凡，内心全然泯灭了，因此就跳出了色与空。权变与实际、言语与教化相为对待，形象区分有无等等的樊笼，是真实的得道了。道并非一定要用言语和智识去修学，只不过是假借言语和智识而达到自然；德并非是有为，只不过是凭借有为而彰显真用罢了。所以要开启二十四门，并关门五户。二十四门一一分说如下。澄照深静门：道体虚极，湛然清冷，鉴物无私，隐奥玄应。天圣无心门：天地无私，覆载万物，生长不失其时，圣人无私，化理黎庶，乐在清平。虚应贯通门：大道无心，贯通万有，自然清静，离有离无。如神不竭门：妙有清静，应物无方，未曾暂体，如神之妙。深静生长门：万物自道而生长，资禀于自然之化。谦柔济物门：修道之人柔弱以德，精持济物无倦。专一无知门：抱守冲和一气，未解分别尘事。有无相资门：虚无假于形质，形质假于虚无，有用无因，所以称相资，天地人物万象谓之形质，这是说有道之用是虚无。迷真逐境门：世人但贪俗学，执着有为，迷失真源，沉埋声色。含容守固门：抱着冲和，宽裕雌静，如婴儿守固，若溪谷含容。形残不晓门：矜巧炫功，何异形残，迷执暗中，故云不晓。四法同喻门：经云，修道之人若涉川畏邻，似容如冰，洁净闲默。不为王宰门：上古帝王淳化无私，天下来朝，帝王不矜，炫道德执我能为。不彰权智门：帝王治国权法不可示人，非人得权，为矫诈恣行残害，自招殃祸。不矜器用门：古帝王不矜人耀武，不自尊高，体冥至道，心合无为。处中不尚门：不在无不在有，不居尘境，不去顽空，不求边徼。深固根性门：深守本性，自得长生，神气不荒，自无嗜欲。化理无挠门：刑法多则民散，守一致则民淳，散为乱本，淳为理原，故经云，烹鲜而不挠。指物显德门：动作有为不如静归无事，驷马珪璧不如大宝神器。从微积著门：渐修至道，必见成功，久视长生，高升仙界。谦下成大门：理国卑下，万民乐推，万姓归之以成大业。修身宝德门：经云，慈悲俭约谦逊为理身修德之源，贪毒谄谀为招祸灭身之本，故以德为宝。巧匠无伤门：君王行刑不如天道，春夏秋冬之令若代天之杀，必虑过伤天巧而不拙，故无误焉。天道平普门：天道抑高而举下，抚弱而遏强，祸淫而福谦，减多而补少。所谓的关闭五户，即是说智、仁、义、巧、利，谨慎防守，舍弃消除这些不利于修至道的行为。

远　近

　　圣人要立言彰显义理,所以有性质的区分。然而圣人之言都是实际的言语,凡人之言大多涉及虚妄,所以就有进退疑虑,决断特别不同。大道之体本来没有迷惑与觉悟,直到觉悟到无可觉悟,笑到不可笑,进取未必有所获得,退守未必有所失损,心中没有了上中下三士的区分了,就是真正达到了上士。近有近知,变迷成悟,亲近修学。有知近而不近,常说无为之教,不修无为之行,是知近而不近。有近而不知近,沉迷于境遇的惑乱,不去觉悟真源,不知尘缘而有玄妙的极处。有远而不知远,悟到深远不著于深远,深远不适情而不知远。有远而知远,悟到深远已知众生,有深远之性而见于自身,演道应化利人合同于深远。有行而不到,虽然日久修习而心上固执已行,固执已行则情性未达于虚极。有不知施行,不去觉悟教法,修行无导师指示,不知要达到的目的,不知道造化极致之门,没有办法进入,所以不知要去到哪里。有不行而到达的,不见自己有行为,不见自己所要达到的目的,法于自然,却冥合于玄妙的根本,所以不行而到。达到而自然冥化,得到真寂,玄德内明,不教不言而自然淳化。

用　道

　　用道就减少人事,道的运用在于寻找玄妙的根本。道理遗忘,他的德性就进入无为了。忘却虚无就是造化的极致。德性的获得如同得到人的恩德。人们若要仿效道德必然契合自然的运用。人生禀受于大道元气,极其精纯地授受灵性,天地人合气凝神,五行粹取结聚,既禀有精之质;又做无用之功。草叶虽小也没有物种阻止它的生长,内心持守着无形无象而有形之物都在生化之列。等同于道德的人固守柔弱如同婴儿,处于玄牝通达奥妙心境与道合一不能区分,与万物生死齐同,与天地自然顺应,都在阴阳动静之中。上古用道的国君,虚心利物,体道化民,虽职守四方而普惠周遍百姓,使天地四方通达无碍而独守于中。杜绝视听,罢黜聪明,不拘执于教化阻滞言语,不凝结情志屈着于物,植三一之宗本,因生长于真原,剪四六之苗根,绝蔓延于灵府,不矜持大功业的机巧,岂能营务小成的思辨。《经》云:"清静为天下正。"《南华经》云:"大道有情有信,无为无形,可传而不可受,可得而不可见。"所以豨韦氏得到它，用以契合天地；伏羲氏得到它，用以承袭元始的祖气；黄帝得到它，就登上云天；颛顼得到它，身处于玄元一气的宫阙；以至于维斗、堪坏、禺强、彭祖，都因为得道用道而登上圣人的果位。因此知道圣人、神人、仙人、鬼神、天地、日月、星辰、万物，如果不能得道用道，就不能灵通轻举飞升、隐藏玄奥、覆载万物、照临世界、生长万类。道与天的法则是覆盖，与地的法则是承载，与日月的法则是照临，凡有用之物都是大道使它们有用。又说：道给予天的是清，给予地的是宁，给予谷的是盈，给予万物的是生长，所以使用的名称都是道的派生之物。所以说：人效法于地，地效法于天，天效法于道，道效法于自然。

二 学

假如以俗学为损立论，就是说俗说执着于现实之物，阻滞言论，不能进入真景，无益于修道，所以说有损。以真学为益而论，是说心冥合于至道，体入于重玄之中，无外物扰心，所以为有益于修道。或者说真学为损，若渐修道行，而又舍弃除去染着的情欲，所以说就有损，而此损是损伤后天情欲之意。或者俗学为益，因从俗世之教化渐入修真的教化，得道悟真，而从俗入于真境，所以说为益。或者自损而他益，即是说，自入玄境，得出世之法，他人见了也以此而修，修之而得道，所以说他人也受益。或他损而自益，即是说，见修者得道，自己也勤于修习，功行既满，悟契玄道，所以称自益。从有归于无很难，没有的入于无容易。无为的教化，大益于修道的人，内心存无而忘却有，还不如损益两者都忘，有与无全然泯灭，依道理需要得到大道的宗旨，得到宗旨不居功而内心大通明，可以成就大的造化。

二 病

假设问修道之人有病无病，知空则性不滞，性空则不病，不执着于空与有就无病。若知空而性滞，性空而病，即是说无性虽空，因俗情而病，是先天既空而后天愚昧之故。不知道性空而病，即是说拿着有空的情性，所以才有病了。知道性要空而不修习，因空而病，有意而无行，这也是病了。知道性空而修空，进入虚空之境就不病了，这是说心意与行动皆有，因此而无病。因修而不着于空，一悟了空，二偏修空，修到不修处，等到不着于空处。修道的人病了，有病的深浅不同，停滞于虚空的病与执着于有病之病，就病得深沉了。知道性空而不修空，其中的病就浅显了。譬如上等根基之人，修空而不执着于空，他的病就轻浅；中等根基的人，修空而执着于空，他的病就深重。沉溺于虚空，停滞于寂静，而行济世之法，虽然执着于有，或者悟空而不执着于空，而可以拯救世人的迷惑了，有这两种本性。所以不能确定不能等同，一旦执着于性空，就属于中等根基了。

师　资

《道经》上说：善人是不善人的老师，不善之人是善人的资本。做老师的，要有法可执、有行可则，可以用道德礼乐四种根本的理念预先得到君、父、师三者的极其肯定，才能成为有道、有德、有智、有仁四者完善的人。人有道就通达正路，有德就神智清静，有智慧就善于观察机巧，有仁心就悯物，这就是师父的作为啊！为师的人就是长辈，就是人生思想的主宰者，若进行修道就可成真做仙。岂能只是以教授的姿态，还可以是治理国与家的才能之士。奇特啊，这是所说的善人啊！不善之人指的是有邪惑、迷乱、嗜欲、无慈四种不良的行为的人。不接近正教，而只是从事怪异典章之说，称为邪惑；不是斥责至人，就是和昏昧愚蠢的人结觉，称为迷乱；耽嗜恣情于色、声、香、味、触、法五尘，等同于人的眼、耳、鼻、舌、身、意所内涵的六种尘境，色、声、香、味、触、法六贼，称为嗜欲；没有使人安定生活抚慰事物的心胸，却有毒蛇猛兽枭鸩的性情，称为无慈，这可以说都是善人的资本啊。然而岂可知教化的废兴、对学识认知的难易？喜好安静而乐于交友，不固执己见而又宗法师学，内心怀着施行的忧虑，担当着勤劳忧苦，如果达到空静的极致，就可以做到遗弃和爱护两者都忘，内心的尘境就可以泯灭，不用言传的教化又岂能遥远？自从有一团元气在阴阳二象之前，天地杳冥幽静虚空而无物可寻；分化天、地、人之后，五方五气五行确立，言语声音的教化渐趋流行。复又朴实而归还淳厚，乐于无为的教化，本于修登元真实证圣贤，悠游而达到至极的玄妙之境。天尊传道于群仙，老君开言于万国，运达苍生至于寿域，使国土之民添享福河之乐。有人询问说：自古的帝王得道而又施行此道，是出于自然，还是宗法可以为师呢？我回答他说：上古三皇以玄中大法师为师，中三皇以有古先生为师，下三皇以金阙帝君为师，伏羲以郁化子为师，神农以大成子为师，祝融以广寿子为师，黄帝以广成子为师，颛顼以赤精子为师，帝喾以录图子为师，帝尧以务成子为师，帝舜以尹寿子为师，夏禹以真行子为师，殷汤以锡则子为师，周文王以燮邑子为师，武王以育成子为师，成王以务光子为师，康王以郭叔子为师，孔仲尼以老子为师。向上直到纯朴的时代，下行及于世情浮薄之风，纵达九天，横贯八极。三皇五帝、三王五霸以来，如果没有圣人、真人、仙人，凭着宗师的规范，假借极致的教导去修炼陶冶，就没有脱离世俗登真而成道的了。《广义》里说：老君即将要彰显大教，布化万方，于是说：行道不可以没有老师，尊崇教化不可以没有宗脉之主。老君就以太上玉晨大道君为师长，而且大道君与五亿天主、亿万圣君同以元始天尊为师。况且老君形体广大无边，智慧博大无边，神力无边，说教无边，道贯无边，寿命亿劫，尚且禀受宗师而证真利物，世人岂可以不求寻师，依教导而修行，希冀姓名隶属仙籍之中，超拔九玄七祖于三清之上呢？

仁 义

五行，人们禀受它为仁、义、礼、智、信五常之性，帝王把它作为五种品德。仁之性禀受木气，同于春天万物发生之德性；礼之性禀受火气，同于夏天万物长养之德性；义之性禀受金气，同于秋天万物肃杀之德性；智之性禀受水气，同于冬天万物伏藏之德性。掌握这几种常真性，深契伏羲神农的教化。体合至道自然仁义之风尚，怀抱和气内含神明灵性，以天之阳、地之阴相合而成就性质，质是形性的区分。吴子说：扬雄、班固之类的人物，以为道家轻视仁义、淡薄礼智，而是专心于清静虚无，大概世间儒士不能通达玄门圣人深厚的意旨。而生活中讲仁的就有偏爱的倾向，说义的就要裁彻非类。如此一来，世风日下，大道的教化日益薄弱。《天运》里说：古代追求仁的人，假借行道而立仁，托名安养以有义，只是暂且得以安居，并不祈求久远，把仁义当作至高尊崇的公德，却没有再超越它的了。《上经》说：大道荒废的时候，就有了仁义。又说：断绝圣贤，抛弃智慧。孔子询问渔父：什么才是真？渔父说：所谓的真就是精诚的极致了，不精不诚不能感动于人，所以真就是内心极致的诚恳。孔子把仁义作为立教的根本，用礼乐去开化人事，这不是真。庄子说：至礼没有人我之分，至义没有物我之分，至智是不用谋略的，至仁是不表露亲情的，至信是不用金钱做期约的。道隐可以有小的成就，言语隐就内涵有虚浮伪巧。何况是道德为修养之上品，仁义为修养之枝末，三军五兵战阵是德政的枝末，赏罚五刑是教化的枝末，礼法刑名是治理的枝末，钟鼓羽旄是礼乐的枝末，因战乱残杀而身着丧服是哀伤的枝末。混乱的世道看重枝末而轻视本质。如果人们都任情天性，不失于常理，废除礼义而心志自然恬淡融和，停止礼乐而内心就不会淫溢荡慢，除去仁心而爱憎之心泯灭，削掉义识而是非皆忘，可以达到虚心承受古代淳厚的风尚，抑制挫去末学之路的思维方式，居处本性前识之地，铲除民风浮薄的首要，心系大道废弛丧失之后，寻思紊乱之源，仁义似人身的骈指赘生，又似疣赘招致的祸殃，使古代淳朴之风残伤，人心不古，岂能责怪圣人吗！

失　道

玄妙的本源在于自然，体现出本性的虚静无为，就不会有得有失，若从人本身上说能秉承和气，内含道性就可以成就人生。追溯上古之人本性纯粹质地淳朴，三皇五帝以来，丧失了朴素纯真之性，帝王行有为之事，人民性质变更，道德沦丧，之后又行施仁义礼智，追逐权势。况且从天地的动静上看，天若不动，运行就无法安排，日月星辰、五行四季的秩序都是天覆育之德；地若不宁静，就不能行厚载之功，生长动植万物山川等等都是依附于大地厚载之德，大概都是禀受大道自然的生化。《易经》云：太极生两仪，两仪生三才，三才生万物。造化生成应用育养，都是大道的作用。道存则生养，道去则死亡，道不可以脱离，可以脱离的都不是道。人生需要清静，这是效法天地的本性。本性都是清静的，若驰骋在声色香味触法六尘之中，奔波身口意三业，内心灵台就不能得以培养，天光不能灵明，而本性失真，而又沉沦于生死之苦，是因为不善于彰显明达。作为人来说他的过咎在于不善于隐幽晦暗，鬼魅的过咎在于有失于大道。因此说天失其道就有阳性的蓬勃，地失其道就有阴性的外泄，神明失其道普施的恩慧就会休绝，空谷有失其道贯注流行必然竭涸，万物失其道就没有生长，天子失其道必然丧失天下，侯王失其道就会丧失国土，人失其道就会伤害自身生命。大道的使用在于淡泊平和，气和而冲虚，所以成为道的运用。冲和而处于中，无失于冲和之性。

心　行

人心有四种情况，即所谓迷心、悟心、修心、证心。迷心有十种解释，即指迷事、迷理、迷教、迷境、迷气、迷身、迷神、迷仙、迷真、迷圣。迷事指的是一切有作为的事情，或善或恶都不能分别了达，而且滋生出颠倒阻滞惑乱之心，说明没有智慧只是在行为上任意使性地取舍拣择，本源真性在轮回生死中仍然不能达到一定境界。《西升经》云：大道甚是深奥，在虚静空无之渊。《老子》说：渊远啊！好似万物的宗本。

　　迷理指的是在虚极玄妙形体实性上，没有听闻看见觉悟修证有成的，所以说是迷理之心。所谓迷教心，是说圣人想使众生反俗归真，逆而成顺。注解的人说：道尚于无为，人尚有为；道本于无情无欲，人尚于有欲有情。就是说不遇明师和知道的朋友引导开悟智心，启发指示三乘玉清、灵宝、洞神的教法。纵然遇见圣人教法的妙义也不生爱乐，自然勤求修习，观察诠释义理，求出离世俗之心，至于若存若亡，恍惚杳冥。老子说：道法本于自然。施行的人能够得遇，听闻的人能够用语言述说。而言讲的人并不知道圣人处无为之事，行不言之教。所谓迷境心，有二迷，其一为真境心迷，其二是妄境心迷。真境就是大道玄妙的本体、自然的体性，然而被妄念隔断真源，尘世沾染断绝。《上经》云：常无欲以观其妙，常有欲以观其徼。妄心就是因为烦恼六根三业十不善行，虚妄分别驰逐于有为。《经》云：不见可欲，使民心不乱。《西升经》云：积恶者恶气至，积善者善气至。积善之人，神明辅助他成功，天道犹且护佑于善行之人。所谓迷气心，就是说人禀受中和之气，而其气有清有浊，禀受清气的是聪慧明智的人，禀受浊气的是愚昧笨拙的人。《定观经》云：延寿至数千岁名为仙人，炼形为气名为真人，炼气成神名为神人，炼神合道名为圣人。人们迷失了元和正性而不能养神爱气，所以《广义》里说：道就是无，形就是有，有就有逝去的时候，无就可以长久永存。世人修道，在外固念其形体，以珍重他自身所有的。内存其神，以宗法他的无，契无而合于大道，以达到长生。把形视为阴魄，把神视为阳魂。大概人存有少阳之气在，就不至于死亡；存有少阴气在，就不至于成神仙；阴气若灭，即证仙品，仙就是纯阳之气；阳气灭绝，即刻成为鬼物，鬼就是纯阴之气。《经》云："专气致柔，能如婴儿乎。"内在阳气充实，持守于一就有德性，有德性必然有身国，有身国必能有道，有道必能以理教化，以理教化必能安民，民安身国就安，身国安定自然就泰平了。《经》云："爱民理国，能无为乎。"所谓迷身，就是不知道身中有气、有神、有识。可以修炼仙行得仙果，炼真行得真果，炼圣行得圣果。《西升经》云：圣人常常安和，与天地同体安和，而与鬼神通达。众人都安定，有时安定有时不安定，还是不够安定。又论迷身者说：身心虚无，万物达心的虚处而和气归于身心。善于摄养身心的，隐藏身心于身心之中而不外出，隐藏人于人之中而不见，因此圣人后其身而身先，外其身而身存。不知道身心为祸患的本源，所以称为迷身。所谓迷神：关于神的解释有"阴阳不测"、"妙用无方"、"隐显变通，不可穷极"，称为神。在天称为神，在地称为祇，在人称为鬼。众生身内的精神智识灵明，不能通过炼神合道而登上圣人果位。庄子说：万物顺应自然而各自得到它生命所需。所谓迷仙，就是不修仙行；所谓迷真，就是不修真行；所谓迷圣，就是不修圣行。所谓悟心，就是悟道之心；所谓修心，就是修道之心；所谓证心，就是证道之心。心绝不考虑缘分，意绝妄念不生，智绝无分无别，从此元真发现。元真见则无所不见，见所不能见的事物；元真听闻，无所不能听闻，听闻所不能听闻的声音；元真觉悟，无所不能觉悟，觉悟所不能觉悟到的事物；元真知识，无所不能知识，知识不能知识的事物。如果真与邪全都泯灭，智与觉两者皆忘，就通达到忘心、忘境的地步了。心与境俱忘，就与大道冥然契合了《内观经》说：人的心不青不赤，不白不黄，不长不短，不圆不方，大可以包罗天地，细微可入于毫芒；控制它就停止，放任它就猖狂；清静就得以生养，混浊躁动就消亡；明达可以普照八方，昏暗可以迷惑一方。人难以静伏，只是因为有心。所以说教导人们修道就是要修心，教导人们修心就是在修道。心思不可以息灭，心里有道就可以息灭；心想不可看见，因为修道就可以使内心明达。善与恶的两种趋向，一切的世俗法则，因为心而灭亡，因为心而滋生。修习学道之士，灭毁心念就与道契合；世俗之人，放纵心思就危害到自身；心生就混乱，心灭就理明。所以天子设官僚、立法度、置刑赏、明吉凶，以此来劝诫人事，都是因为人心难以治理。无心就是让他没有此心意，定心就是使内心不惑乱，息心就是使内心不作为，制心就是使内心不混乱，正心就是使内心不邪佞，净心就是使内心不染尘，虚心就是使内心不执着于事物。明知此七心的人，可以和他谈论大道，可以和他说修心的事宜了。

修　道

人若有道，如同山谷有响声，修道的必然要得到响声的应和。如果急急而修习，响声就急急应和，比喻上士勤修苦炼；声若缓缓，响应也缓缓，比喻中士时进时退，若存若亡；如果声音断绝而响声不应和，比喻下士不修，不修道就愈来愈远了。因此圣人取舍有度，虚其心，实其腹，有自知自爱之明。去其妄视妄见，舍其浮华微薄，以及自见自赏。空谷之有响声，比喻精神的妙用能量无穷无竭，也比喻长生久视。所以说："谷神不死，是谓玄牝。"勤于修道之士，若以阴液炼阳气，所有的行为和目的是使阴气充盛，阳气沉藏，和气沦丧，妖邪来舍，以至于衰老，疾病苦痛死亡立时可到。还不如以阳气炼阴精，自老年返还到少儿、婴儿；从迷途回到觉悟，从邪佞归于正道，从无知到有知，大要在于寻找明师，修习学业，听从教导，勤劳修行，静处山林，滋味淡泊，沉静玄默，洞达元真，直至纯粹，以至于吐纳导引，劳苦身心，直达仙圣的最高果位。

保　生

气和而生神识，神识随形而有生死，其中精神元性本实而无生死。所谓的生死只不过是承载精神的形体，形体与精神凝聚就有生，形体与精神离散就有死亡。《庄子》说：有乎生，有乎死，有乎出，有乎入，出入看不见，其中的形象就仿佛是天的门户。有外养，有内养；内养可以创造延长生与死的致极之境，外养就是综合万物之长，成为品物万类的宗师。外养依赖于他人，内养完全在于自己。要契合于不生不死，除非做到恢宏天地、囊括宇宙，成为大养之才质。有形质的生长之物，气机离散就会死亡，气机凝聚就能生存。然而气有聚有散的不同，神明没有生与灭的差别。因此说，因有神而能使用气机，因有气机也能资助精神，气机凝聚则形神同成，气机离散则形神各自运化。《庄子·知北游》篇丞回答舜说：身体并非你自己所有，它是天地微缩的小形体罢了。人生并非你自己所有，它是天地微缩的和气罢了。性命并非你自己所有，它是天地微缩顺应于自然的产物而已。天地凝结精气而化生，气有上下微缩顺应罢了。觉悟身躯，觉悟人生，觉悟性命，就可以了解知道天地自然所赋予的形体、和气、顺应。因此知道天地气聚就有生命诞生，天地气散就有物种死亡，凭借气机的聚散而有死生，生生死死只是确定的虚假分际而已，而且都从没有形体而来，没有形体就是本真长久的，所以说没有生灭。现在说到保生，只是制御本性情欲的养生。若生情欲就会壅塞本真长久的元性，保生是这样，治理国家也是如此。如果滥用智谋，广拓疆土，广聚财货，广充宫室，放纵情欲，奢侈虚伪，巧诈多端，就丢失了清静的真性。真性既已丢失，变化纯真就不能进行。狂佞之邪气入心，自然不能归入正道，有失权衡之意。失却权衡之意，那么邪佞诌毁得以运用，不只是淡忘保生的理念，就是国家也不能永保久长之道。如果身心没有虚幻的牵累，寿命可享久远，宗庙也可绵延，社稷永固。保生之人犹如保国，修道之人就是保护生命。大概是先淡泊是非，舍去骄傲，戒除嗜欲，遗忘名利，然后再防御五色，攻却于无色之色，无声之声，无味之味。不要在六尘之中驰骋，不要在三世之中奔波。即使这样，还要使耳目无所闻见，心念断绝思虑，气机通达和畅，精神不离开形体，形体不离开神识，神识与形体相互厮守，长生仙道已然有成了，保生的道理已然遂愿了。通达声色的本性虚空，觉悟到形体本非我有，使神清志静、德厚道高，就不会沦没于生死之地了。《西升经》云："爱人不如爱身，爱身不如爱神，爱神不如含神，含神不如守真，守真长久长存也。"又说："神爱人，人不爱神，因此老君教人养神养气，这就是保生之方术。"

理 国

治理天下，治理国家，或者治家治身，不用道德就不能得到匡扶既济的治理。国家以无为自然的法则治理就事情简明，以有为治理就事情繁杂没有头绪；事情简明内心就淳朴，事情繁杂民心就混乱。内心淳朴国家就安定，民心混乱国家就危困。舍去危困，趋就安定，安定清静就是大道，因此圣人"抱一为天下式"。又说：知其白，守其黑，为天下式。效法天地的覆载之功德，而又忘记功绩、忘记有形，不可以自尊高贵而看轻天下。《经》云："贵以身为天下，若可寄天下，爱以身为天下，若可托天下。"又说："圣人不为大，故能成其大，为而不恃，功成不处。""受国之垢，是谓社稷主，受国不祥，是为天下王。"然后以百姓之心为心，治大国若烹小鲜。不尚贤能，不贵难得之货。高以下为基，不穷兵黩武，轻徭薄赋，不骄不矜，无奢淫嗜欲，重农桑，戒奇珍异兽，无使民力疲惫。因此说不崇尚道德，国家就不能得以治理。不用治理，不用教化，以还淳返朴的方法去适应天下已有治理的地方和即将萌生混乱的地方。《太平经》云：清静是体道的原本和开始。天真皇人对黄帝说：没有听说自身得到治理而国家却不能治理的。一人之身就是一个国家的形象，胸腹的部位犹如君主居住的宫室一般，四肢的分别如同四郊和边境之地，骨节的区分如同百官一样，神明就是君主一般，气机如同人民，知道治理身体就知道治理国家。爱护人民就能使国家安定，珍惜气息就可以保全身躯。消亡的不可以保存，死伤的不可以永生，所以至人消除尚未生起的祸患，治理尚未滋生的疾病。元气难以生养而容易缺失，人民难以聚集而容易离散，在事情没有发生之前就想到治理，事情既已发生就不要再急于追回。

二 法

二法指的是粗细二法。神细而气粗，气细而形粗。炼形修真，祈求达到至道。炼形和同于气，炼气和同于神，炼神和同于道。修神而不修气，气一旦泯灭，形体就即时败坏；修养元气不修精神，只是延缓衰老而离道就遥远了。若吸纳元气以炼心性，冲和元融本真精粹，导引吐纳，静以太和，神气通流，心灵莹润圆廓，内丹之景湛寂凝聚，即使凡躯返回为真体，或由凡而通达圣域，或可以由小中大三乘，依次升阶轮转，因粗至细，或可以三清历其粗细，或可以九天历其粗细，或可以五气历其粗细，或可以三才历其粗细，或可以观门径历其粗细，或可以根源境界，知识三分其粗细，或可以魂魄分其粗细，或可把有形分为粗，无形分为细，或可以道德为细，仁义为粗。《经》云："大象无形。"《西升经》说："天下柔弱莫若于气，气莫柔于道，道无为之体；气，阴阳而成，道则包裹天地，贯通万法。"《南华经》说："包罗无外，妙入细微。"

观　修

　　观则观幻梦之身，修则修道德之行。忘身忘修自入玄通之境。牵挂形体，关注言行，沦落为死生之源。观是用智识的，以智来观理，理与智冥合，自然契符于中和之道。《本际经》说："具一切智，成无上道。"用眼睛看东西就是观，用精神来揣测鉴别也是观。对外祛除万象，内心息灭众缘，用心修持众多心理行为称为观，修持方且渐入于妙境的阶梯，这是圣贤施行修习的路径。《业报经》说："众苦所恼，常为有身，生死轮回，不能自出，以何方便，妄想得除。"太上说：妄想颠倒皆从心起，强生分别，系会我身，触境生迷，举心皆妄，以此流浪，论乎生死。但当定志观身，尽皆虚假，既知虚假，妄想渐除，妄想既除，内外清静。自悟其道，谓之忘身，既忘其身，幻累自灭。《庄子》说：安时处顺，衰乐不入。这是通达之人的忘身之法。从凡夫到圣贤，不要超越见、修、成、利四大法门。见有二说，其一为恰遇善友，讲解真经，或者自己阅览经文教法，进趣相合。其二见，内心见识玄虚微妙，既清且静，以至于达到玄妙的极致。修的说法有三，其一为小乘，其二为中乘，其三为大乘。成的说法也有三，即仙果、真果、圣果。利的说法也有三，即以上三果之人，各各演绎教法引导群品，利物济时。这四种方法出自无等等之法，入于无等等之法，为的是利济众生，所以有四法。混归于玄妙之境，其中的玄妙唯有其一，其一若非是正，观虚无以修其正。

第六篇

玄纲论

道　德

　　道是什么呢？虚无之系，造化之根，神明之本，天地之源。其大无外，其小无内，浩渺空旷无端倪，杳杳冥冥不可观察，偏察极其幽深，而大明重光普照，极其寂静以是无心而品物罗列。混沌广漠而无形，寂静寥廓而无声，万象因此而化生，五音因此而有成。化生的有终极，成就的必亏缺，生生成成，古今不能改移，这就是所说的道。德是什么呢？天地所禀受，阴阳所资助，以五行为经，以四时为纬，君主来主宰，师长来训教，幽暗明亮动物植物都畅达适宜，恩泽流行没有穷尽，草木不知道凋谢，恩慧施加没有边际，百姓不知道有赖其力，这就是所说的德。然而通达万物生命生长的称为道，道固然是没有名姓的；蓄养而完成它的称为德，德固然是没有称呼的。这样看来，天地人物、灵仙鬼神，不是道就无以化生，不是德就无以完成。化生的，不知道它之所以有了开始；成就的，不能看见它的终点。探测奥妙求索隐秘，不能窥测其中的源宗。进入已有之末，出于无有之先，不要探究它的征兆，这是自然。自然就是道德的常态、天地的纲纪。

元　气

　　太虚之先，寂寥无有，极其精纯，激发动感，而元真纯一化生。元真纯一，运动灵性，而元气自然生化。元气，就是无中的有、有中的无，空旷不可以称量，细微而不可以观察，氤氲逐渐胶着，混沌茫漠没有头绪，万象没有端倪，征兆呈现于此时。于是清静通彻澄朗之气浮升而为天，混沌滞塞烦昧之气积而为地，平和柔顺之气结聚而为人，错谬刚戾之气散而为杂类。自一气之所化育，播散万殊而种类悠分，既涉造化之先机，迁移变化没有穷尽。然而化生天地人物形象的是元气，授予天地人物之灵性的是神明。所以说：乾坤统摄天地，精魂制御人物。气有阴阳之分，神无寒暑之变。虽然变化纷纭，不可思议，灭而复生，终而复始。道德之体，神明变化，应感不穷，未尝在运动使用上疲劳停滞。

真　精

天地不能自己生化，有天地是太极的变化；太极不能自己运动，运动太极的是纯真的精气。纯真的精气来于自然，唯精化为神才能明彻。有皇名为虚皇，高居九清之上，职司玄元气化，总御万象灵气；乾因之以动，坤因之以宁，寂默无为，万物化成。空洞之前，至虚莫测，元和澄清，自以有物而植，自然独化。丹台琼琳，可游可息；卧云餐霞，或饮或食；动不以心，翔不用翼；听不以耳，闻之无穷；视不以目，洞察无际。这都是无祖无宗，不始不终；含和蕴慈，悯俗哀蒙；清浊体异，凡真不同；降气分光，诞生人中；贤明博达，周济为功；为君为长，卑尊咸通；炼胎易质，革秽除腐；神形合契，气化神精。所谓返回我乡，归于我常，与道无疆。

天　禀

道本无动静，而阴阳化生；气本无清浊，而天地应形。纯阳赫赫在上，九天之上无阴浊；纯阴冥冥处下，九地之下无清阳。阴阳混合蒸腾而化生万有，滋生万有的，正在天地之间。所以气象变通，晦明有分。阳以明为正，其精为真灵；阴以晦为邪，其精为魔魅。禀受阳灵而生的为睿哲，有资阴魅而育的为顽凶。睿哲惠风和畅，阳有好生之德；顽凶悖逆气戾，阴有杀伐之气。或良善或邪恶，二气平均混合而生中人。三者各有所禀受，而教化怎么施行呢？教化的施行大都是在中人罢了，为什么呢？睿哲不用教导就自然知道，顽凶即使教化也不能改变，这都是禀受阴阳纯正之气所致。也比如火只可以扑灭，却不能使之寒冷；冰可以消融，却不能使它发热，道理是必然的。中人为善就和气生，为不善就集聚害气。所以积善有余庆，积恶有余殃。因为有吉庆、有余殃，所以教化就可以树立。

性　情

生我的是道，我秉持的是精神，而我的寿夭逝去存留，并非由我自己做主，为什么呢？因为心性的运动化生为情感，情感是违反道的，违反道就被造化的机制所运用，不能自我把持。如果要超越于存亡的地域，栖心于自得其乐的故乡，道可以做老师，精神可以为朋友，什么还能改变你呢？大道与精神，无为而气自化，无虑而品物自然有成，身躯入于品汇之中，精神出于生死之分际。所以君子罢黜嗜欲，抛弃聪明智慧，目视无色，耳听无声，恬淡纯粹，体和神清，虚无忘身，契合至精。这就是所谓返还我的宗本，复合于大道气同。与大道气同，造化不能迁移，鬼神不能知道，而且何况是修持的人呢。

超动静

大道极其虚无，而生育天地。天体运动，而北辰始终不移，含气不亏；地体宁静而向东水流不停，兴云布雨不能止竭。所以宁静是天地的中心，运动是天地的气机。心静气动，所以覆盖承载而不穷极。因此通达于大道的人，即使翱翔于宇宙之外，而内心常常宁静。虽然只是休息在毫厘之间，而气机自然运动。所以说内心不能宁静就无以和道同气，气机不能运动就无以在形体内存留，气存形体与道相同，这是天地运化之德。所以说运动时不知道它的运动，超越了运动的状态；宁静时不知道它的宁静，这是出乎寻常的宁静啊。所以超越了运动状态的运动，是不可以得到阳气的推动的；出乎寻常的宁静，是不可以得到阴气的变移的。阴阳都不能改变它们，更何况是阴阳消长变化下的万物呢！所以不能被外物所诱惑的，是达到了极其宁静的状态，极其宁静然后能契合于极其虚空。虚到极致时就生明，明到极致时就莹润，莹润极致时就通彻。通彻之时，天地之广大、万物之殷盛，都不能逃脱其方寸的鉴别。

同有无

道包亿万之数而不以为大，贯彻秋毫细末而不以为小；先前在虚无之时而不以为开始，后生天地之时而不以为终止；升发积阳而不以为明亮，沉沦重阴而不以为晦冥。原本是没有神明的，因虚极而神明自生；原本是无气的，神明运动而气自生化。气原本是没有质的，凝结积聚而成有形。有形之物原本是没有情的，因运动使用而亏久了本性。有形已成，本性运动，离道愈远。所以沉溺于生死之海，迁变于阴阳之化，不能把握自己，并不是大道永存而自身有死亡之时。大道能从无而生有，难道还不能使这个有回到无吗？有回归到无，生命就没有熄灭的时候。所以说生我的是道，灭亡我的是情志。倘若忘掉情志，就保全了本性。本性完全形体就能完全，形体完全元气就完全，元气完全精神就完全，精神完全道气就完全，道气完全神明就旺盛，神明旺盛气机就灵明，气机灵明形神就超越，形神超越本性就通彻，本性通彻返还复又流行通达无所滞碍，与大道合而为一。可以使有回归到无，可以使虚空变为真实，即将与造化为友，死生岂能牵累我呢。

化时俗

道德是天地的祖宗，天地是万物父母，帝王是三才的主宰。然而道德、天地、帝王三者是统一的，只是有古今浇薄与淳厚的不同，唐尧夏桀治与乱的差别，为什么呢？道德没有兴盛与衰败之说，人事伦常有否塞有泰和，古与今没有变化更改，而性情因社会的治与乱而迁变推移。所以说世运将要泰和的时候，至阳真精下降而为主宰，贤良辅佐而奸邪安伏；世运将要否塞的时候，太阴纯精上升而为君主，奸邪辅佐而贤良隐藏。天地之道，阴阳消长，所以有治乱的差别。所以说古代之人淳厚，当今之人浇薄，也就好比人幼年愚笨，长大之后聪慧一样。婴儿未知人事，就等同于上古之人内含纯粹；逐渐有所分辨，就等同于中古之人崇仁义；长成童子可以学习之时，就等同于下古之人，崇尚礼智；壮年多欲，就如同季世之人竞相浮夸虚伪。变化的道理，世时风俗的便宜，所以有浇薄、淳厚的不同。探究其中的缘由，子女因修习学问而性有迁移，人因随时变迁而质朴散失。虽然说为父的不能不教导儿子，为君的不可不治理人民，但是教育子女在于方法，治理人民在于倡导道德。一旦义有失，做师做友的就不可以训诫了，道德沦丧礼乐就不可以理会了。即使加以刑罚，那些奸臣贼子也难以制止了。因此展示给儿童的没有欺诳，就可保持忠信；教化时俗行以朴素，就能安守天下之和气。所以不拿道德能安抚人的，尚未听闻其中的极致之理呢。

明本末

仁义礼智是帝王政治的大纲，而只有道家遗弃仁义，轻薄礼智，为什么呢？道所崇尚的在于保全本质，所以至仁合于天地之德，至义合于天地之宜，至礼合于天地之容，至智合于天地之辨，都是禀于自然之道，并不是人为造作可及。有意地仿效，必然成为虚伪了。虚伪就萌生万种巧诈，是法治所不能处理的。所以贵重淳厚的古代而轻贱浇薄的季世，内用道德而外施仁义，先前朴素而后礼智，只是勉力于它的根本，又用以坚固持守它的枝末。就好像根深才能叶茂，源头疏浚才能流行长远，并非要抛弃仁义、轻视礼智。所以道丧失了还有德，德衰了还有仁，仁亏了还有义，义缺了还有礼，礼若坏了，接下来就要混乱了，而此时使用智谋才恰好足以凭此而据有天下了。所以礼智是辅佐制止混乱的大方，道德是安抚混乱的宏纲，然而道德为礼之根本，礼智为道的枝末。执守根本的容易而完固，执着于枝末的艰难而危险，所以君主以行道为中心，以施德为形体，以仁义为车驾服饰，以礼智为冠戴，这样一来，只是端坐拱手、清简为政天下就被教化了。如果崇尚礼智而遗忘道德，即所谓有形容装饰而无内心灵魂，虽然兢兢业业，慎终如始、而天下事情却已经蔽塞了。所以三皇以道来教化百姓，五帝以德来抚慰人民，三王以仁义来治理人民，五伯悖性以礼智来教化。所以三皇时期为治道之至极，五伯已到天下大乱的时代了，因此舍弃道德而专用礼智，并非君主南面之术。所以说先彰明道德，道德彰明之后礼智自然就不值得一提了。老子说：所谓的礼，就是对忠信来说最为薄弱的，并且是天下大乱的开始。用智谋来治国就是国家的贼寇，不用智谋治理国家就是国家的福慧，这就是说礼亏欠了就混乱，智谋有变化就出现了巧诈。所以堵塞着祸乱的根源，断绝那巧诈的端倪。然而像那扬雄、班固之流，都以为道家轻仁义、薄礼智，而且专心于清静虚无之道，其实是世间儒生不通晓玄门圣人的深刻意旨啊！

虚明合元

阳胜则仙。阳气与阴精合并，即刻生人。魂为阳神，魄为阴灵，结胎运气，育体构形。然而阴阳之情势不能独自完全，完全就会各自返回到它的根本上来。所以阴气过胜阳气竭绝，人即有死亡之事；阳气过胜阴气消尽，返老还童，得道成仙。柔和慈善，贞洁清纯，是阳的作用；刚狠嫉妒，丑恶浑浊，是阴的作用。心志淡泊而虚静，阳和之气承袭其善；烦躁而嗜欲无穷，阴气进入明慧蒙昧。这二个方面的趋向完全受到自我的制约，阳气胜于阴气伏藏是渐趋长生之路。所谓的渐，是长寿之道的开始，不老不死的阶梯。

修道的人不能有欲妄之心，有欲妄之心真元之气就不能集聚；又不能勉强地苦苦追求忘记有心，追求忘心就会有外邪来入舍。不能有欲妄之心，就在于平和恬淡，澄静精微，虚静明彻合于元真，如此一来，有感必应。有应也不要索取追求，如此真假虚伪自然分晓。所以我的内心不偏倾，那么万物就没有不端正的了。动念若有所分属，事物就没有不偏邪的了。邪与正的到来也全在于自我的作为罢了，即使善于虚静淡漠遗弃形骸而能思虑。若不是精诚感悟通达彻悟，就不能通达玄妙直改本真。所以修学之上士，在存念上能止息的，是阴尸之气偏胜，而善听而不厌的，是阳和之神偏胜。必须要天长日久勤于修习，可以达到阴尸之气销解而阳和之神旺盛。神旺称为阳胜，阳胜就接近于有道了。

以阳炼阴

阳性属火，阴性属水，仿佛冰炭不能放在一个器皿里，或胜或负各有所归止。修道与世俗情志相反，人们各自有所修炼，众人都以阴炼阳，修道者则以阳炼阴。阴炼阳的结果是自壮而至老，自老而至衰，自衰而至老耄，自老耄而得疾病，自疾病而至死亡。阳炼阴的结果是，自老而返还至婴幼，自混浊而返回至清彻，自衰而返为旺盛，自昏聩而返还精明，自疾病而返回到体和，自夭殃而返回长寿，逐渐契合于真道而得至仙人。因此有纤毫的阳气不能用尽的，就不至于死亡；有点滴的阴气不能熄灭的，就不能达到仙界。所谓的仙，就是超越了至阳而又契合于真道；所说的死亡，就是沉沦于太阴而成为鬼魂，这就是各从其类。所以内含元和，怀抱淳一，吐故纳新，屈伸导引，精思静默，潇洒无欲的，务要以阳灵炼去阴滞之气，使表里虚白，洞合至真。若久于其事上下功夫，神仙岂能遥远？

形动心静

形体运动而内心平静，精神凝聚而足迹游移的，是无为的状态；形体闲居而心神被扰，恭敬沉默而思虑飞驰的，是有为的作用。无为就有条理，有为就混乱。虽然是无为至易，不是至明的人，是不可以达到的。天地昼夜都无为，昼夜的无为是一样的，然而条理与混乱是有差别的，为什么呢？昼无为而光明，所以众阳发现而阴气伏藏；夜无为而晦暗，所以众阴行而众阳止息。因此君主光明而无为的，那么忠良进用，奸佞隐匿，天下得以治理。君主晦暗而无为的，忠良隐退，奸佞进用，天下必然混乱了。所以通达的人无为而明慧，蒙昧的人无为而昏暗；明慧的与大道相通，昏暗的与事物同类。道与物都是无为，怎么可能一样呢？所以至人即使贵重无为，而不可不观察无为真相。观察后知其无为的，是真实可称道的无为。

神清意平

修养上学之人，常有远大理想，忘情于自得之境，以为真仙可至，环宇可升，这是精神旺盛之故。虽然是神旺，犹且恐怕阳和之气发泄，阴邪之气乘袭。此时可以入静室平和心气，抑制所起心念，专一静默，精神不至于离散，而阳灵之元性可保全。谨慎不要恣情于快乐放纵之地，以至于招致阴邪，即古人所谓乐去而哀来，阳衰而阴生。有时烦躁而悖逆心志，是形体中各种阴魄为阳灵之气所炼。阴尸积滞将散，而搅扰于绛宫（灵台）的真性。可以入静室，洗心涤虑，存一握固，激荡其滓浊。只候神清气平，然后反省悔过，务令自新纠正，即刻转合于虚静之归途。这也是洗心的一个诀窍。

行清心贞

行迹宜于清纯，心境宜于贞洁；语言不要越过行为，行为不要有愧于内心，如此一来就可以游行于四方通达的大道。四方通达的大道，就是跋涉在通往道的陆地上。施行起来不停止，天地覆载而爱护他，神明庇佑他，凶灾横祸没有缘由加害他，鬼神也不能干扰他。如果语言清纯而行为污浊，名誉贞洁而行迹秽污，虽然是丑陋被外像蒙蔽，而且内心暂趋内安，也只是内心暂时安定于内，天地也会斥责他，神明也会干扰他，即使强力于修道，也是不可以达到的。所以说：宁受人之毁，无招天之谴。人们的毁誉还可以弥补，若招致天谴就不可以复返了。

真人为俦

修道最大的忌讳是内心阴暗恶毒，这反而是容易戒除的。至于说些小的喜怒、是非、可否，为人之常情，却很难戒慎。都不能有纤芥丝毫之事储存在方寸之地，虚静则神闲，邪气不能进入，我的心志不能干扰，即与真人并列。喜好美誉而厌恶诋毁，即使是贤良明达之人也在所不免。然而审视自己并无善行，而又获得美誉的，不是吉祥之事。省察自身并无瑕疵而又获得诽谤的，又有什么损伤呢？从这个道理来说，得与失在于自己，哪里是因为别人呢？所以内心安泰，忘却性情，美好与丑恶并不能使内心波动的人，就是至人啊！

仁明贞静

仁爱聪慧而纯真宁静，博物明达而英气俊秀的人，都是具有天人合一的气质，一生的职责多为济时利物，积累的济世利物功德完备，道成而仙界有名。天然纯真的本元之气密运于上玄，正真之气集聚于关窍，自然使魄阴得炼而尸浊消灭，神气凝聚而身体轻清，阴浊滓渣销散，形神相合而轻举有日。所以古代的仙家，他们原本莫不是天上之人吗？假使行尸走肉和他们有相同的嗜好，不是很难吗？也有积功累行全在修持却不能获得飞升成道的，为什么呢？是前期的功德尚未有着落呀。也有不因为修习而自然得成仙道的，他们必然是以往的功行充实了。功德没有虚构的，善行没有白施的。

立功改过

行功要行阴功，过失多为阳过，阴功就能保全，阳过就可以消灭。阴功不全，阳过不灭。名列仙籍并不是写出来的，长生并不只是理想。阴功不在于有多大，遇事物就施行起来；阳过不在于有多小，知道是过失即刻改正。也不必要完全用心在立功、奔波于改过上，过在于改正之后不再重犯，立功在于使内心不倦怠，这就是所谓："日新其德，自天佑之。"如果是这样，何必要三元八节，言说功行，忏悔过失呢？即使神真明察，本来就是时常的事情。

委心任运

眼目以妖艳为华美，内心以声名为贵重，身体嗜好轻盈鲜艳的衣饰，口腹想珍奇的滋味，耳朵喜欢美妙的音声，鼻子怡悦芳馨之气，这六个官窍都是败德伤性，称为戕伐人的灵性元根的六害。所以有了它们的即刻远离，没有它们的不去追求。唯有衣与食物是人所必需的，然而应当委心任运，没有不供其所用的。况且天地间的禽兽，还有羽毛使它们得以覆盖，供给它们食用的虫粒之物，更何况是人呢？必然在于忘记多欲之所趋，听任于自然而然。

析凝滞凡

有人询问说：人的心思，日久任其思虑就浩荡而忘记返还，一时的止栖就会跳跃无边，放任它就会蒙蔽自然的天性，停下来就劳动自己的精神，怎能使修道的得以清静呢？我回答他说：性本来是极其凝滞的，处物有感才动，修习感动时间已久，哪能一下子安宁？若习惯于动就播散迁移，而修习宁静就恬淡晏然。所以善于习静的人寂寞而有余，不善于习静的人烦乱而无结果。因此即将躁动之时制之以宁静，即将邪佞之时以闲适恬淡纯真牵着，即将索求之时以舍弃来抑止它，即将混浊之时以清洁来澄之。幽静啊！闲适啊！没有欲望不去营谋，然后以玄远虚无为境域，以淡漠为城阙，以太和为宫观，以寂照为日月。唯其精纯，唯其微妙，不荒废不超越，行为如此，止息如此，处世在此，逍遥在此。修习日久的，处物不在眼里，精神却明鉴于内。不思静而已然入静，不求安泰而自然安泰，即可动与寂两者俱忘，而天理自然相会了。所以履霜就是坚冰的开始，习静为契合入道的阶梯。古人岂不是说："积习生常。"其中的意味就是如此啊。

有人问说：人有善恶之行，天地神明岂能都知道？我回应他说：这是什么话呀？这是什么话呀？人心是神灵的府地，精神止栖在其间。倘若内心谋求它，精神即刻知道它。精神知道它，天地神明就都知道它。没有不为善为恶而谋求在心的，即已谋求于心，神道所观察，不能逃出毫厘之分。不能逃出毫厘之分，那么福善、祸恶岂能有错误？又问说：为什么有夭折、疾病、长寿、富贵……呢？我回应他说：天道遥远，人道近临，报应的结果，迟速难以估量。所以君子命运多舛，小人较有幸运，然而吉凶纵横牵缠，岂能止于一种形态？所以《经》说："天网恢恢，疏而不失。"又说："其事好还。"报应的道理可以明白了，何必一切事物都要验证在眼前呢？

有人问说：神主导清静，却使心思有所欲望，为什么呢？我回答说：神是无形无象中极其灵性的，神禀合于道，静而又与性相合，人们观察有神在动中与情相合。所以只是保持本性就使神气凝聚，为情所困，神就被干扰，神气凝聚日久则神止其所当止之地，干扰其极致神气就返还回来，神止就有生，神气迁变就死亡，都是因为人情的迁移所致，并不是神气所指使的。

又说：然而改变人性反而成为情的，是哪个起了作用？回答说：在内就是自身的阴尸之气所悖逆，在外就是声色之情态所诱导，积习日久，放浪形骸，不能自止，内心不宁并非神自身想动所致。

有人问说：人情之中所谓至爱的，都是道家所极其忌讳的，为什么呢？回答说：幸福与长寿，是人们所喜好的；灾祸与夭折，是人们所厌恶的。不知道至爱的能招致祸患夭折，没有欲望的反而幸福永寿，如果因此过于祈求至爱，反而自害，为何迷惑得那么深呢？况且燕赵之国的艳丽美色，是人性的冤家；郑卫之国的靡靡之音，有伤神损寿之谊；美酒佳宴，可使内心昏沉；冠冕职司，可使躯体劳烦。这四个方面，舍弃它们就安静，取得它们就烦扰，遗忘它们就长寿，耽嗜它们就夭折，所以成为道家的至忌。

有人问说：古代学习仙道的人极其多，而得证仙道的人又极其少，为什么呢？回答说：好比常人学道的有一个，而知道的只有一个；知道的上千，而有志于修道的只有一个；有志于修道的上千，而专心精诚于修道的只有一个；专心精诚于修道的上千，而勤奋持久的只有一个。因此说学习的人很多，而有成的人极其寡少。如果知道之后能断绝俗事，断绝俗事的人又能立下大志，立下大志的又能专心精诚，专心精诚的又能勤奋持久，这样的话，没有因为学道而不得道的。又问说：然而处理世俗事务的，就断然无望成仙了吗？回答说：不是的。如果特别地禀受真气，大积阴功，庇护众生的人，就无妨于在世理世。如果中等人好道修学，志向仰慕轻举成道，必定栖身于闲适。所以有"太昊袭气母，轩辕升云轺，颛顼处玄宫，文命游紫府"之说，他们都是造福世俗而得道的人。另有"玄元寄柱史，南华吏漆园，王乔莅叶县，方朔登金门"之说，他们都是佐助时代而得道的人。又且修仙就要隐秘，行道贵在无名，或者昭著他的行踪，或者隐幽他的足迹，不可以从一个方面去观察，不可以拿一个理由去推敲。按《真诰》及抱朴子《元始上仙记》都说：自古至忠至孝，至真至廉，有大功德福及万物的人，都有所获得，与常人不同。尧、舜、周公、孔子、伊尹、吕尚，往昔诸圣先贤，都有仙职，即所谓"死而不亡者寿"

有人问说：道的大宗旨，没有领先于老庄的，老庄的话不崇尚仙道，而先生为何独自贵重成仙呢？回答说：怎么说他们不崇尚呢？又问《老子》云："死而不亡者寿。"又说："子孙祭祀不辍。"《庄子》说："谁能把死与生看作是一回事呢？"又说："圣人把形骸当作违逆人生旅途的东西。"这就是老庄崇尚仙道的证言吗？回答说：玄门圣人立下言语，都是针对那些中等智慧的人，中等智慧的人入于道门，不一定都能成仙。因此教导他们，首先理顺他们的性情，理顺其性情，必然要平和心思，心平神和，学道可以有所希冀，所以死生对于人们来说是最大的事情。谁人能无情呢？人情有动，本性既亏，即为速死之路。如果使人当生之时而不愉悦，将死之时而不恐惧，恬淡自适，忧虑与快乐两者俱忘，如此则人情泯灭而本性即在。虽形体沉殁而精神永存，犹如形体本性两者都亡，所以有齐同于死生之说，怎么说老庄不崇尚仙道呢？人有死亡，就是形体的死亡；其中不死亡的，就是本元之性。圣人之所以不崇尚形骸，因为它只是精神的宅舍、本性的器具，所贵重的是精神和本性罢了。如果因为死亡而恐惧，形骸作为人的本真，这只是修身之道，并不是修真的玄妙。

老子说："深根固蒂，长生久视之道。"又说："谷神不死。"庄子说："千岁厌世，去而上仙，乘彼白云，至于帝乡。"又说："所以我修身一千二百岁，而至今形神合一，不曾有衰老的感觉。"又说："乘着云气，驾驭着飞龙，而遨游在四海之外。"又说："人们都已死亡，而只有我独自存活。"又说："神常守护形体，形体就能长生。"这就是老庄所谈论的长生不死、神仙之道，已经很明白了，为何说没有呢？又《道德经》《南华经》大多明哲道学以训导世俗，敦实原本以清静枝末，神仙的玄奥暂且存而不论。其中隐幽深的章节书籍，炼真道妙，都隐藏在三洞经籍之中，不是贤者不能传授。所以轻易泄漏的必获罪于天，钦敬崇尚的纪名在玄门录籍之中，灾殃吉庆都可及于九祖，升迁沉降关于一身，怎么可以使行尸走肉一般的人全都闻见呢。

有人问说：万物源自大道的生化，大道没有抛弃万物的，为何就说："得道的聪明长寿，失道的灭绝消亡"呢？回答说：龙和鱼，都由水来养育它们；光明与黑暗，都由大道生出。龙可以兴云施雨，出入往来似有似无之间；鱼儿生活在水藻之中就快乐，失去水泉就干枯而死；龙得到水的玄妙，却能使自身与水合化；鱼儿不能得到水的玄妙，而不能与水合化。上士可以栖神炼气，逸乐在云霄广宇之上；下士的情志是伐性而损寿，沉沦于低下幽暗的土壤之下。上士得了道的奥妙，而且能与道合化；下士不能得道的奥妙，而且不能与道合化。所以说：鱼儿不知水能生养自己，却抛弃水而不顾念，并不是水要舍弃鱼儿。人们不知大道是生养自己的，却抛弃大道而不顾念，并不是大道要舍弃人类啊！

有人说：龙与鱼儿性质不同，光明与黑暗禀受有殊，怎么能使鱼儿化于水中，凡躯化于道中呢？回答说：如果鱼儿能下潜于深渊，藏匿在幽隐的洞穴，不贪图饵食，等到长大了，就可以奋游鳞甲，拍动翅膀，超越吕梁之山变化而为龙了。人们若能游往崆峒，止于淡泊，断绝嗜欲，等到他们达到这种状态，就可以含虚契微，行走在修真的境界而与仙人为伴了。所悔恨的是藏身之处不深密，保神不够坚固，然而水和大道岂有负于鱼儿和人类？

有人问说：仙是人们所追求的最美好的境界，死亡是人们所惧怕的最为厌恶的结果。然而历代的人们无论贤愚岂能有所不知，其结果随从于世俗生活的人至多，而修习仙道的人至少，为什么呢？回答说：这里有两种道理。第一，所禀受的气质不高，即所希望的志向难以达到，所以沉溺于近身的事务，遗忘了高远的识见，被名声所累，被嗜欲所伤，终归沉浮在世间罗网里，无法行走到真域。第二，虽然禀受气质潇洒闲暇，神情秀迈，然而济世利物的功劳尚未具备，登仙之路遥远，因此迟于人爵，人爵不足，天爵远之。如果平时积功累行已然昭著，名册入于丹台紫府，自然可以超迹绝尘，事物不能牵累。

又问说：修仙必然有仙骨，无仙骨不可以学仙，怎么办呢？回答说：工匠必然要依据不同的材质去施展他们的巧妙，学习的人必然就有这样的骨气才有志于修道。所以说冰块不可以雕琢，愚蠢的人不可能成仙，这是自然而然的道理。所以神识不清、骨骼不峻秀的，都不是禀受阳灵之气的人。不是禀受阳灵之气的人，必然没有仰慕仙道的心思。假使有仰慕仙道之心的人，没有不平素就具仙风道骨的。又问：如果有仙风道骨，不去修炼，可否成仙呢？回答说：有仙骨而不修习的人，也如同有其材质而无工匠使用。所以真金隐藏于矿山，不开凿仍然是顽石；道在于人修，不炼修仍然是凡人。虽然说无仙骨不能成仙，也不可以依恃有仙骨而不行修炼，却幻想期待着轻举飞升。有人问说：道本来没有形象，仙贵重的是有形象，以有形象契合于无形象，道理难以长久。哪能获得本性遗弃形骸的妙处呢？回答说：大道极其虚无，然而道可合神运气，自无而生有，所以空洞杳冥，就是大道没有形象中的形象，天地日月是大道有形象中的形象。以无关系着有，以有契合着无，所以天地永远存在，而且修习成仙的圣人永不泯灭。所以生育是天地的大恩德。我们看到的上下四方六合的广阔天际，日月星三光的明亮，是我们称为有形象的东西。如果一旦随从造化沉沦变化，天地万物全都非我所能有知、有感，即是说死亡是人间伦常循环的毒害。因此炼凡躯以至于成仙，炼仙以至于成真，炼真契合于玄妙，契合于玄妙等同于有神，神又与大道契合，即道成为我自身。所以升上玉京，游历金阙，能变为有，能化为无，没有终止，没有死亡，为何说道理难以长久呢？如果只是以得到本性作为炼养的玄妙之处，不知道炼形的重要，即成了所谓清灵善爽的鬼魂，哪里可以与高仙相比较呢？

道

人们要做天地间第一等美事，莫如读书；要做读书中第一等高人，莫如学道。朱子说：读书的目的为了将来求得大道，不然的话读它何用？至于学业，那是本分以外的事情，只可惜害了多少人。《道德经》说：尊贵如天子，俸禄比三公，即使家财万贯，有豪华的车辆出行，还是不如安下心来，增长道的内涵。古代的帝王都按君道和师道的尊贵、庄严作为基本理念和统治权术。至于像孔子那样说的，这个道并不在君主那里了，而是在社会普通的士人那里。现在难道说没有士人了吗？怎么能看到或知道他们在谈道抑或是学道呢？有哪位听说过吗？所谓的道就好比大路，难道说还不容易明白吗？只是人们不去寻求罢了，去寻求自然就得到了。天子得道就能保有天下，诸侯得道就能保其国家的安定，卿大夫得道就能保佑他家族的安宁，士农工商普通百姓得道就能保其自身的安定。才能技术为人所使用，然而很少能有终结的，品德是人们自身的修养，可以成就名望，道是无名无象的，然而施用起来却无穷无尽，所以说：世上的君子，只有专心学道，心无旁骛，功名富贵都看得如天上虚无缥缈的浮云一般，任由它们来来去去，而且漠然无心，不因为功名富贵的来去而触动内心。有人询问说：君子只是学习大道的理念，他们有什么受益的？那么淡然，对他们有什么帮助呢？回答说：有。询问者说：希望听你谈论他们。回答说：学道之人，是在认识自己，并寻找自己的人生价值。学道的人，身心可以广大，身体可得以润泽，疾病可以痊愈，生死可由自己掌握，如此的受益，再没有比这更大的了。又询问说：学道的人果然有这样的受益和快乐吗？现在的人们，看见有学道的人都责怪他们迂腐，这是为什么呢？回答说：《道德经》不是说了："上士闻道，勤而行之；中士闻道，若存若亡；下士闻道，大笑之，不笑不足以为道。"白鬓老人说：读书中第一等高人，莫如学道。自古至今，学道的人纷纷攘攘，不知有多少，成道的人寥寥可数，这又是为什么呢？最首要的是根器要高，其次要读书明理多，第三要遇到有缘人早。根器不高，不能有出世的思想；读书不多，不能见理即明；遇人不早，多受旁门小术的耽误，始终不能够成就大道。请看钟离权、吕洞宾、张紫阳、白玉蟾、邱处机诸位大仙，都是颖悟超群，胸中储藏万卷书，更兼他们很早就遇到仙师，所以都能够名字标榜在仙籍上。自身超出于尘凡，如果不得遇修真的老师，也断难成就大道。如果以为我的话不切实际，你们可以询问那些修道成仙，在蓬莱山上居住的仙人们。

理

　　大道是简单、纯粹、专一、不二的。在天地间可以比喻人的生命，在人体可以比喻本性，在事物可以认作理论、道理、缘由。这个理流行在天地之间，发生助长在日常使用之际，事事物物都有当然一定的道理，而且不由人为支配，那就是说有它所以然的道理，就是事物的本然、本原、本因、原始状态。而且又不可以改易，只有遵循这个理的君子，以这个理观物，是是非非善善恶恶，因循事理之因由规律，等于交付给予了这个理，按照这个理去办事，等于其中没有个人的私心私情在内，没有私心私情就能做到公平、公正。公平、公正事理就很明朗，明朗就处理事物方法得当，方法恰当就可以曲尽事物之性。若以我个人的喜好、厌恶来观察事物，就必然会有喜爱憎恶的分别心出现，难免不会任用自己的情志，任用情志必然有私心，有了私心事理必然昏乱不明，昏乱不明就会对事物判断颠倒错乱，只知道按自己的心志去行事，不知道公理、公心在哪里了。按理行事自然有正气，正气卓著而常理自然隐退，有了正气就有了形象，形象昭著而正气隐涵其中。形象不偏，中心就没有不尽善的，若偏就不善。倘若要祈求化解偏倾中的不善因素，而归于中心的尽善之地，需要在时常动态之中把握时机，密切省察。若是出自常理之中的，要扩大而且夯实它；如果是滋生于形象的偏倾之处的，就要断绝并抛弃它。日久天长，正理自然常存，私情欲望自然消亡，天下的事理不可以不去研究，然而也不可以全都明白啊！抓住要害，能分辨我们内心的疑惑就可以了。能分辨判别就明理，明理就有了诚信，诚信就可以得到明白天下的公理，而且成就即可以蕴含其中了。圣明的人有这样的教导说：喜爱他的就希望他生长，厌恶他的就希望他死亡，这就是有了迷惑；一时的愤怒就忘了自身的安危以及自己的亲朋好友的存在，岂不是已经迷惑了；再依据圣人的语言来扩大充实他，自身处于贫苦低贱的境地，而又仰慕富贵人的生活，这也是迷惑了；人们并不去钻研学问，然而还要想着去教导别人，同样也是迷惑了；歪门邪教迷惑世人，政府的法律禁止他们尚且还不能停止，自身的欲妄，常以穷富抵御它，也是因为迷惑了；圣贤的道理，必然是要等待那个有坚定信念的人出现才够施行起来，如果只是期望一些庸俗的人去有作为，岂又不是迷惑了吗？世间有必然不可能成功的事业，也有必然不可能得到的物品，然而却为不可得到的东西而常念在心，也是迷惑所致；事情有不可以勉强而为，功业有不可以快速完成的，然而却为此常常萦绕心头，岂不是迷惑吗？自己的事情不去做，却又滋生出没有益处的愿景，也是迷惑；古代圣贤的话不去敬畏，却又思虑那些并非正道的邪事，岂不迷惑吗？明知行一善则心中安宁，然而却常常不能达到心中的安宁，明知修养的法门在自心，却又不能了却此心，就是迷惑啊！明知生死事大，而又不去体验没有生命的状态，明知无常来得很快，然而又不去做了却无常的事情，岂不都是迷惑吗？理是本来就有的，你只要加以提炼分析其中自有；欲望本来是没有的，只要我们能够反省内察，自然就没有。节制欲望，内存正理，原本不是两件事，节制一份欲望，即存得一份正理，节制十分欲望，即存得十分正理。让人受益的没有比正理大的，然而内存正理的却很少；损害人的没有比欲望更大的了，而且纵欲的人很多。人有欲望，就好比树木有了虫子的侵害，虫子暗食于内，不久自然毁灭。人们往往以欲望为快乐，而不知道欲望像火烧一样，如果不停止自己就会被焚毁，内在的精神智慧饱受欲妄的煎熬，酒色内耗其精气，生病生疮，昼夜叫苦，浮屠说这样下去死后受罪，其实在生前这个罪已经很早就在领受了。

白鬓老人说：周子曾经说过，明理不够遇事就有疑问。明理的人是没有疑问的。常年研究穷辨道理的人，尚且不能够做到认识的道理都是真道理，行施的道理都那么恰当，更何况那些还不曾去学习的人呢？世间因明理而能保身的固然有很多，因争理而丧身的也不少，所以禅家认为：理是修道的魔障。

天 地

大道没有形象，天地就是一个有形象的大道；天地不能言语，圣人就是个能够言说的天地。圣人我们都不能看到他在哪里，其实我们未尝不能看见圣人，圣人的言语都在经书之中，看到经书就能明白圣人的教理教义，这和看到圣人本人有什么不同呢？天生出我们的形体，天又赋予我们的性情，内外表里都是天地自然的安排，我们怎么敢违背紊乱它呢？我在天之中，天在我心中。看见天地就效法它的清静自然，和我们所说的大道没有两样。稍有私心杂念，获得的罪咎就不会轻。形象和颜色是天的本性，依照天的本性去作为，自然没有人的欲妄的拖累。依照日常的生活规律去做事，顺应这个规律去生活，必然没有超越规矩的过错。人生的道路，无时无刻不与天地的大道相应相合，具体到一点就是一动一静的概念。人身的气机，无时无刻不与天地的气机相通，具体来说就在一呼一吸之间。譬如说日入地中，就是心火下降之象；月到天心，就是肾水上升之象。仰观北辰居其所不动而众星都朝它，天文学称它为天枢。天固然有枢，因为它为造化的根本；人身也有枢，因为它为性命的根源。都是同样的人类，其中有所谓大人的，他们能与天地合其德。尝试考察我的心，还有我的本性，其中能够与天地之德相合的方面有几分，如果有相合的就要加以勉励，有不相合的地方就要马上改正，如此一来，直至大人之心就不用忧虑了。天生地成就是我们人类的大父母，天动地静就是我们人类最大的老师和良好的教导啊！已往的圣人，是与天地相像的儿子；未来的圣人，是天地慈爱的孙子。能够爱敬他们的亲属的，就是有了大德；能够尊重他们的老师的，虽是浅学也必然会上达。

白鬃老人说：人不畏惧上天，都因为把天看得很遥远，人们要谨记天心即人心。人们如果真的明白天在我心中，敢不畏？敢不敬？畏敬既久，就可以明心，可以见性，可以成佛，可以作祖。然而人们往往是随知随忘，不能铭记。

人　生

人生就像太极阴阳图一样。太极动而生阳为火，火就蕴涵着神明一般；太极静而生阴为水，水就蕴涵着精气一般。神火精水，妙合而且凝结在两肾之间，为元气的根本。人在未出生以前，气质禀受的清浊，是天元所赋予的，人是不能够私自给予的。生出之后，人品的邪正是由人们自我造就的，上天也不能够私自给你。天地生育人类，上智的固然很少，下愚的也不多，只有中间人最多。中间人若能自强则与上智无异，若自暴自弃又与下愚之人有何不同呢？现在人们只知道我是父母所生，不知道我和父母以及天地都是大道所生。因此君子必然要求证得道，而后才无愧于天地，无辱于父母。子贡说：文王和武王的道，没有掉在地上，没有消失，还存留在人们当中。并非只在春秋时期的人，也在今世之人；并非只在今世之人，也在后世之人。"一人生来有一身，一身皆有一真人。真人灵妙通天地，真人清静无埃尘。真人自古不增减，真人从来莫死生。但能养得真人就，胜如贫子获万金。"孟子说：人区别于禽兽的地方只有很少的一点点，一般的人丢弃了它，君子保存了它。保存了它的，最终成就了圣人、贤人；丢弃了它，最终成了飞禽和走兽一般。是他们在丢弃了它的时候就变为禽兽了，并不是要等到死后甚至来生才会变。我们都知道天生有五行金、木、水、火、土，不停止的才称为行，一时间稍有停止，就不能叫作行了。人有五常仁、义、礼、智、信，不改变就称为常，一时的意念稍有改变就不能叫作常了。这个五行还有这个五常，全都在人身之中，它们的称谓就是五脏心、肝、脾、肺、肾，五脏是人们生长发育的根本，如果伤害了这样的根本就不能保有今生。所以说，体悟大道的医生与人治病，首先要调和五脏，让五脏的功能活动在日常运用时能正常发挥作用。人世的法则是五伦，即君臣、父子、夫妇、兄弟、朋友，这个五伦说的是天下社会通行不变的道理。如果废弃了这个通行不变的道理，就不可以为人处事。所以古代的先贤教导人们，先要明白五伦的道理。然而现今却有忘却自己的形体，抛弃人世伦理之道，反而去寻求大道的。这样的人他们固然不知道自己的不是，世上的人反而惊奇地以为珍贵，而且尊崇侍奉他们这样的人，却不知道他们的不是啊。

白鬓老人说：人禀的清浊是依从上天，人品的邪正是由自己。

老

人们都说：人到了六十岁，就会感到一年比一年衰老；人到了七十岁，就会感到一月比一月衰老；人到了八十岁，就会觉得一天比一天衰老。到了八十岁，将要怎么办呢？岂不是从此以后，多活一日就是上天假借你修道而给予的一天吗？岂敢虚度？现今纵然是得了修道的方法，对修道来说也已经是很迟了，岂能容人再延迟？过去有三位老人，说到人生无常的话题，有一位老人说：明年的酒席筵前，也不知道又要少了哪一个。又一位老人说：你说得太远了，今晚脱下鞋和衣，不知道天明穿不穿。又一老人说：你说得还是远了，这口气既然出去了，还不知道能不能再进来呢！明理的人会不失时机，勇猛精进的人不再等待，今日知道今日就该下手，此时得知此时就是下手之时。如果说现在没有闲暇，姑且等待他日，只恐怕你要做的时候却又做不得了。人身有三宝：精、气、神。人老了精气唯恐竭绝，精气竭绝就死亡；老来之气也唯恐泄，气泄就死亡；老来之神唯恐离，神离就死亡；精怎能不竭绝，一定要远离色欲；气怎能不外泄呢，一定要沉默寡言；神怎能不分离呢，一定要做到无欲妄。人的神智活动不可以勉强停止，如果能做到心息相依，那神智就会自然停留下来；气机不可以轻易泄漏，忘了言语，持守中和，那么气就不易泄漏了；精液不可以漏掉，如果能做到还精补脑，那么精液就不会漏掉了。有人询问说：人上了年纪，血气自然衰弱，如何可以补回来？回答说：谨慎言语，可以补肺气；节制饮食，可以补脾气；断绝思虑，可以补心气；去掉嗔怒，可以补肝气；断绝淫欲，可以补肾气。我请求增加一句话说：不要怕不能补，只恐怕补好了又再次损伤。我也因此说：百日进补，看不到有多少增加；一时的损耗，即刻觉察它的不足。就似看那些草木，青枝绿叶，生机盎然，秋后霜露一过，叶落生理归根。归根若不死亡，来春重又发生。由此观察到生生不已，是天地万物的大道，全都归结于根本，是事物的至理。明白这个理，又不违背其中的大道的，难道不就只有真人是这样吗？所以《庄子》说：真人之息以踵。踵是足跟，足跟即是归根之意。万物三冬之时归根，益于静养啊！

白鬓老人说：心息相依，忘言守中，还精补脑，这样三宝精气神就坚固了；慎言语，节饮食，绝思虑，去嗔怒，断淫欲，五脏精气就充足了。三宝既固，五脏又足，哪有不延年益寿的道理呢！

病

疾病是怎么滋生的呢？大都是因妄想而生出的烦恼。烦恼既已生出，自然内伤心气；耗心气，伤了心的气血，心的气血不足以养脾，所以就不想吃饭；天长日久，脾气虚弱，消化吸收减缓，脾虚则肺气必然亏虚；肺气不足以承担气体的交换，肺虚以致发生咳嗽，咳嗽发作则水气不足；本气充养不足，毛发焦枯筋膜萎缩，五脏传导偏倾，功能失调就会死亡。人们妄想萌动之时，也就是疾病发生的时候。现今人们往往不去省察，一定要等到疼痛困着在身体上时才认为有病，却不知并非一朝一夕的缘故，疾病的由来是逐渐形成的。人的身体在外有风、寒、暑、湿、燥、火六淫的侵害，内有喜、怒、忧、思、悲、恐、惊七情的伤感。因为七情而发病的叫作内伤，往往成为正气不足之症；因为六淫而致病的叫作外感，往往成为邪气有余之病。正气不足的应该治以补助，邪气有余的应当治以发泻。人体后天有形的血气，因受伤而致病的，施用药石针灸就可以治疗了；先天无形质的精神，因内损伤而致病的，除非反观内养，清静虚无，抱元守一，就不能够痊愈。十大名医只是治疗人体的疾病，而儒释道三教圣人的思想可以治疗人内心的疾病。亲朋有病，都知道去看；自己有病时，却不知道去看。如果知道自己看，内看无自心，外看无自身，身心都无，得病之人是谁？不病之人又是谁？看得分明自然无事，常常想着有病时的痛苦，则凡俗尘情逐渐泯灭。常常防患着死的时候，则修道之心自然滋生。过去子元有心病，遇到一位高僧，对他说：你的病滋生于烦恼，烦恼的原因是有妄想，妄想的滋生大概有三种内涵。或者追忆几十年的荣枯恩怨，以及种种闲情，这叫作过去妄想；或者事情到了眼前，本来可以顺应自然，却无故地勉强使自己滋生意见，犹豫不决，这叫作现在妄想；或者期望以后富贵荣华，如愿以偿，或者希望子孙及时进职发达，还有那些不一定成功、不一定能得到的事情，这叫作未来妄想。

三种妄想在心中，或生或灭，忽生忽灭，禅家叫作幻心；若能反观省察照见此等妄想，随即消灭，禅家叫作觉心。所以说：不患念起，唯恐觉迟。妄念生起就是疾病，如果能不再接续就是良药。又说大多数疾病都是水火不交，大凡是因心生爱恋而作此病，这是外感的欲望；或者夜中梦寐佳丽美艳，这是内生的欲望。二者心思过重，感受染著，就会耗散元精、元气、元神，如果能够断绝则肾水自然滋生，即时上交于心，水火既济。至于思索文字，夜以继日，忘其寝食，称为理障；经营事业，殚精竭虑，身心劳动，称为事障。此两个方面虽然不是人身的非分欲望，也同样损伤性灵。如果能够缓慢平和，那么心火就不至于上炎，可以交于肾，水火既济，脏气安和。所以说：与尘凡世俗之心不相以结缘，根本无所耦合，反而把精神、身心、形神归结于一处，情欲不行。若如此言，再独处一室之中，扫空万缘，静心打坐，直到月余工夫，内心疾病如同丢失一般。"自家有病自家知，既知需要早时医。倘若忌医终讳病，无常临到悔追迟。"

白鬓老人说：谚云，心病难医。并非真难医治，只是不得医治之法，不能行使其法罢了。三教圣人善治人的心病，这句话可以为患心病的人指出病源，敲响警钟。然而谁能相信呢？谁又能去施行呢？过去曾患脾虚下泄之症，已经三五年，奄奄一息，百药不效，已经没有痊愈的希望了。因此谢绝人事，反观静坐，闲来校对《心经》，百日之后病愈。这是我的自愈奇方，所以敢于告诉那些有痼疾的人。

死

人们正当血气强壮的时候，驰骋情欲，无所不为。等到血气受伤，体弱而百病丛生之时，死亡的期限即将临近，纵然有满堂儿女，堆金积玉也不能替得，再多的金银也买不得此身的健康，往往到死方才悔悟：迟了。谁人不怕死呢，应当在未死之前就要怕了，如果等到即将死亡时再怕死，那么死亡是难免的了；谁人不怕生病，也当在来病之前而怕病，如果到了有病之时再怕病，那么病就很难治愈了。请看天下的东西，有比性命贵重的吗？请想想天下那些事，有比生死更大的吗？人没有不好生、乐生、爱生的，只是不喜好长生之道；人没有不厌恶死亡的，然而却不厌恶那些取死的事情。人们在世上，事事都能相为继续，一直等到死亡之后才停止。一直等到临死，有什么方法可以躲得过去？还不如及早回心，将那些种种尘缘一齐放下，做一个长生出世的人，不也很好吗？有人询问说：尘缘缠缠绵绵，日久年深，一下子就要放下，不也很难吗？回答说：只是你不肯放下，因此说难。假设说你已经死了，还有不能放下的吗？现在虽然是没有死亡，权且就当作已经死亡了，一齐放下，有什么不妙的？又询问说：放下的是什么？回答说：放下是四大（色、香、味、触）、五蕴（色、受、想、行、识）情识种子，真正修行的人恰似大死一场，活着却如大死人一般，没有世情的缠绕，也无玄妙道理可言，是如此的大休歇，方为了却当下之事，所谓朝闻道，夕死可矣。这是我们孔老夫子教导人们要急切地寻求大道的语言。大概来说上达之人接受了道的理念，了却生死就在片刻之间。

白鬓老人说：举世尽从忙里老，谁人肯向死前休。如果有人能在死前就休却四大、五蕴情识种子，不只是他的死亡必然要推迟，而且可以了却生死。

苦

人生只因为一个爱字不能除却，而滋生许多烦恼，承受许多劳苦。爱名利的人就被名利所束缚，爱酒色的随即被酒色所束缚，爱自身爱家庭的随即被身体家庭所束缚，爱子孙的随即被子孙所束缚，将自身的本真性情束缚得七颠八倒，往来人间遭受无限的苦处。人本受父精母血，孕育之始结成胞胎，衣胞犹如囹圄，拘束着身体，母吃热食如滚汤烧身，母吃冷的似寒水逼体，等到气满胎全，急着就要撞出去，必然要将衣胞先挣脱撕裂数日，衣胞才破。人们只知道做母亲的有腹痛之苦，不知道做儿子更受无数的苦楚。等到分娩呱的一声，胎中受苦刚刚结束，又有一身之苦到来。在体内患饥渴之苦，在身外畏惧寒热，变蒸瘟疹相继发作，这是童蒙时期的疾苦。等到刚刚成长，事业降临自身，做君王的忧虑社稷，做士庶百姓的忧虑自身及家庭，昼夜焦心劳累，坐卧不安，五脏之火俱动，焚烧其天真的和气，没有止息的时候。人生啊！开始积劳成疾而成病苦，最终精神衰竭，朝不保夕而成为死前之苦，而后又有因果报应之苦，历劫之轮回无有休息之时。释氏说：爱别离苦，怨憎会苦，求不得苦。今天人们的苦恼大都是自作自受，有的不知是苦然而却误入其中的，有的明知是苦而无法脱离的。俗话说：莫言婚配早，婚配后事难了；莫言中会高，中会后业大了；莫言耕种饱，耕种后苦多了；莫言僧道好，僧道后心难了。

有人询问说：世俗之人苦多，在于身体的劳累，学习的苦唯独在于内心的压力。没有绳索却寻绳索而自缚，没有事情却自寻事情忙碌，需要收缩时却又收不下来，需要放下时却又放不下去，怎么样才能如愿呢？回答说：学习的人没有得到真传，他们的苦处是如此的不堪，倘若得到了真传，必然是收放自如，还有什么苦难呢？况且修道这门学业是一个安乐自在的法门，凡是说要下苦功的，便都是歪门邪道。

自鬓老人说：人们常常说，人生下来的时候，一定要呱的一声，可以见得从生下来之后，人生都是苦境了。我认为不是这样，都是因为迷失了真性，纵情恣欲，不遂心愿，所以百种苦难丛生汇集。假若肯回心向道，万事万物都对我有利，都是和谐吉祥的。快乐没有比修道更大的了，还有什么苦难呢！

性　命

学道入门，先要明白性命二字。性源即本性的根源，即是人的内心本质；命蒂即生命的源泉，就是人身的元动力、元气。命蒂要坚固，性源要清静。有人询问说：性源如何能清静？回答说：内外之心思两边都要忘掉，就自然清静了。命蒂如何能坚固？回答说：神气相厮守，心神与气息相依，就自然坚固了。性亦即是神，命亦即是精与气的凝聚。《太极图》说：无极的本源真质，是两个五相为结合的精气，它们玄妙凝聚，也是人胚胎出生的原因。所说的性就是指无极的本源真质，所说的命就是指两个五相互结合的精气。无易子说：性具备在内心，内心虚空一分，真性就会显现一分；内心虚空十分，真性就会显现十分。真性显现的时候是看不到性的，仿佛是没有性了，人能止念就能达到这个状态。性尽无一分，那么神气就会凝聚一分；性尽无十分，那么神气就会凝聚十分。作为学者，不要尽做其他功夫，只不过从从容容地慢慢去做罢了。大概功夫全在于止念，心思与气息相依，这个方法最为直接，为什么呢？气是神的元生力，神是气的派生物；心息相依如同母子相见，神气浑融打成一片，紧紧密密，时间久了自然可以成为大定。这就是说的归根复命、根深蒂固长生久视之道。何仙姑说：气息若有一毫尚未入定，命即非自己所有。因此我们可以说：心有一丝一毫尚未忘掉，气息就不能定。人自有天生地成之性，有气质固有之性。天地之性是属于太极的全体，才到阴阳五行处，即便是气质之性，即是说太极之体已坠在气质之中了，并非还有另一个性。张子说：善于运用反向生活的人，天地的自然属性就存在其中了。有人询问说：善于运用反向生活，有办法吗？回答说：有。我希望听你谈谈它的办法。回答说：儒家说，洗心，退藏于密；佛家说，观自在；老子说，复归于淳朴。这是善于运用反的初始阶段。儒家说：知道停止之后才能安定，安定之后才能够入静。佛家说：反观内照，可见五蕴皆空。老子说：再回到婴幼儿的时期。这是善于运用反的中间阶段。儒家说：无意、无必、无固、无我。佛家说：无眼、耳、鼻、舌、身、意。老子说：复归于无极。这是善于运用反的最高层次了。人的性质本来善良，有不善是气质之性所致，明白是气质就不要被气质所驱使，这就是变化气质的良方。八十五岁大老汉，每日静坐无事干。道义明了没的说，经书见了懒得看。识得一性是主宰，照破万缘皆空幻。散淡逍遥自在活，再不与人闲扯淡。

白鬓老人说：无极的元真就是指的理，即是人的本性，二五的精气指的是命。自古以来多少大儒研究一理、二气的奥妙，因此可见天下本无无理之气，也无无气之理。就人的身体来说，无无命的性，也无无性之命。怎奈释道二家各执一端，纷纷议论，探究其原因。太极的内涵并未阐明，所以说关于性命之本源裂成两片，于是释家崇尚性学，道家看重命功，分门别户，就像道冠僧帽的不同，岂不让那些大彻大悟的人笑得喷饭。

心

人只有一个心，对外是用情，内在是本性。顺情自然是见识，逆来背理是智慧。现在若要将顺情自然向外行事，转而使逆来背理向内，这是必然的返观吗？所谓返也是有能回能复的意义，而且观有能内照能了却之功用。人的精神可在心上显现，而心的机智明达可在眼睛里表现。所以说生活日用功夫在内，而且心神也随着日用而在内，不只是在，而且是一定在。此心一旦有定，心火下降，肾水上升，口中可尝到甘甜之津液，足下可踏在燃烧的火炉之上，它的奥妙有很多是不可以全都弄明白的。人们只有一个真心，为什么会产生妄心？迷惑的时候似曾是有，觉悟的时候还是没有。所以我们说：知道是妄就没有了妄，要放下时就放下，诚心就是去一个虚伪，敬重就是去掉一个怠慢。当妄想纷纷生起的时候，不用把妄止绝，直接返观内看其心，看他想的是什么。只是回光一照，当时即刻寂灭。学道没有别的好办法，时常反观内照，便是进学；没有了妄想，便是修道。朱子说：有一分心向里就得一分力，有两分心向里就得两分力。如果紧紧收拾，不要使心逐物而去，哪有不得正道的？如此这般，即使有半月时间，就可有征验了。又说：寻求放下心来的意思，并不是再别求一个心来存着，这才叫放心。便想此心是我的心，须要由我使用，不能任它往外去了。即使说已锢蔽很久，猛然醒来，大喝一声，百邪皆退，接下来继续以观心；心中虚无，继续以依恋气息；气息止住，而且精神随着全然停住。这就是《庄子》说的"真人之息以踵"。人和禽兽不同的原因，只有这个心罢了。佛家说：作恶之人，来生变为禽兽。我说丧心之人，当时变为禽兽，为什么呢？虽然形体是人身，心态已经不是人了。看见外境时，内心不为所动就不生无名，无名不生就不灭，那么此心就不会被尘缘所束缚，没有束缚就解脱了。

白鬓老人说：《大学·正心章》前面说的四样都有出处，是指心之病，心病则心不得其正理；后面说的是心不在焉四句，是指无心之病，无心心亦不得其正理，始终没有指出正心的功夫，让教学的人无从下手。这篇既指出正心的功夫，又说出心正的功效，条分缕析，字字金针，我们如果的确能够遵照执行，不但可以希求达到圣贤的地步，并且可以有成佛作祖的希望，有志于修道的人，还不加以勉力吗？

情

七情之说前已论述。欢喜之情使人气机缓和，忿怒之情使人气机上逆，哀伤之情使人气机消沉，快乐之情使人气机疏散，忧虑之情使人气机凝结，悲愁之情使人气机低下，惊惧之情使人气机混乱。气机乖戾失于常度，则变生各种疾病。如心腹膨胀痞塞，腹胁刺痛，咽喉窒塞，或者上气喘息，五积六聚，气滞血瘀而化为癥瘕，渗杂水湿则化为癰癖，痰涎壅盛或因此而凝结成囊肿，如絮如膜，不可以揣测。所以善于摄养的人，调节情志回归于天然之性，就是却病的良好处方。情就是人性向外运动的结果，圣明的人涵养它，保持在未有运动之前，所以能够因其情而顺应万物，做到无有情态。即使超过了自然的情态，也不因此而表露其情状。涉猎了常人的情态而内心里也不存留，这好比明镜鉴照物品，美好的原因是物品的自然美，不曾因为它的美好而滋生爱念；丑恶的原因也是物品的自然现象，也不因此而滋生憎厌之心。所以说：胸怀宽广而且大公无私，事物若来就会自然顺应。大公的意思，纯粹是天然的道理，没有一丝一毫凡俗之人的私心杂念在内；顺应的意思，有事物必然有因果，顺应其自然规律就无事态变化。《定性书》说：人的情志各有所偏蔽，之所以不能与道相合，大概就在于有自私之心，而又善于用智慧。有自私之心就不能以无为的姿态应事接物，用智慧就不能明心见性，行使自然之法门。况且人的情志易于变化而且难以遏制，其中忿怒最为严重，倘若在忿怒之时立刻能反忘其忿怒，如此而观察道理，明辨是非善恶，即可见一斑，即使有外诱也不足以担心什么，而且对于修道的层次也就可想而知了。朱子说：忘怒则公，观理则顺，这两个方面就是自然反观省察而又去掉偏蔽的良方。得了大道的人，身内身外空无一物，寂然不动，在静中反观而无一物，就可以把自身寄托于寰宇之中，而且心性超然于物外。

白髯老人说：古人曾说过，至高无上的修行者，可以做到忘情。其实并非忘情，只不过是摄情归于本性罢了。人若能摄情归于本性，在儒家来说叫作收放心，在道家来说叫作炼还丹。天长日久，功夫深厚，自然就可以做到像佛那样如如不动。孙大圣既然进了水帘洞，就呼唤众位猴头说：大家进来，进来就不受老天的气了。

思

人的心思要死亡，内在的灵机贵在活泼。所说的死亡是欲念的死亡，活泼是活泼的理趣。所谓思的概念，是指心的灵活机动，没有私心杂念，不受邪网的引诱，做事深思熟虑。常思大道则为正能量，思想事物则为扰心之邪。大道是我本身固有的思想、我本身固有的道，这个思就是道，思到玄妙之处，洒然与心契合，优游怡悦，这时才可以称为逍遥自得乐趣。如果思索虽然深沉，心气心血耗伤竭绝，纵然我心有所见识，并非自得之乐趣。不用深思而能得证智慧的就是圣人，通过思虑而有所得的就是贤人，面对事情不通过思想，不用勉励自己就去做的称为诚恳，即所说的小学生没有学习没有思虑就知道要怎么做，亦即是我们说的良知良能。所谓择其善者，就是要选择这样不用通过思想，不用勉励自己而自然去施行的人。人的心窍有七个孔，大都是血丝所锢蔽，如果要想开通一定要通过学习思考，否则不能打开。思有钻研的意义，学习有印证的功能，如果思考与学习兼顾起来，还有什么道理不能学的？理有没弄通的，如同面对墙壁而立。思考如同在墙壁上钻了穴，钻得一个穴就透出一个穴的明亮，先由小而后大，日久就把整个墙壁钻去了，可以呈现豁然大通的感觉，再没有障蔽阻碍了。《礼记》说：俨若思。俨则不苟，若则不苦，不苟不苦，可以说是善于用思了。君子的思想不超出他的本位，既然称为思，一旦超出了他的本位，就称为念想了。思是入道的门径，念是障蔽进道的根源。

白髯老人说：儒家说思，释家说参，道家说悟，都是用心意去寻求道的名称啊。少年要用心，中年要养心，老年要息心，那么使用的功夫就恰到好处了。儒家说化，释家说了，道家说得，那么使用的功夫就不可思议了。

念

不知不觉、无缘无故之中，忽然念头起来，就是所谓的无明。无明起来的原因，是内心空虚，被杂念所扰。如果内心坚实不动，观心如空无虚静，其中的念头自然停止。止念并非难事，能专一不二返观内照至一念未起以前，那么念头自然不会继续到来。念未起之前，浑浑沌沌，纯粹是无极之象，现今要想使一念不起，应当觉察念头所生的缘由。或者是因为现在而滋生起过去之事，或因过去而滋生未来之境。现在如果做个无心之人，过去之事自然放下了。人我的事情固然可生念头，修养方法与爱欲的见解也是心念，这些一定要全都除去而后才可以运用功夫。内心想止妄念，妄念反而觉得更多，若尝试着急切地转移其他念头，当下的妄念则自然可以消失淹没。修真学道定要止念，止念首要观心，观心则无心，无心则无境，无境则自然虚空，心境既然都无，止念观心也不需有。圭峰说：密密觉察，勤勤观照。如果在内之心涌动起不良思绪的，当下即刻停止，切莫顺其自然，任由发展，免于成为凡夫纵情的习气。若纵情恣意，也不可断然灭此心念，否则即坠于执迷不悟。大乘真实圆满之教，也必然如此，只是讲到与人本性相应和，觉悟与明白自然没有不同。《参同契》说：耳、目、口是人身的三宝，关闭阻塞不要让它们发挥作用，委屈自己的意志归结于虚无静笃，常做到无念想，即是说此心已然是无心了，但不灭心相，而只是有分别罢了；即是说此念已然是无念了，因念无自己的天性，缘由滋起即是虚空。

白鬓老人说：用心去止念，未必能止得住。即使能止住念去了，止心仍然尚存，那么这个止难道不是念吗？岂不是赶走了张三又来了李四？初学的人常犯有此种失误，然而如何才能做到呢？一定要学习坐忘，忘了就没有自我，我自己尚且不存在，哪个来起动念想呢？

好

人的内心各有所好。好是内心情志所独有的。有大家不用约定而且都一样的嗜好和见解，也始终不明白其中的道理和缘由，也的确不用明白是为什么。

以一时的一个念想观察而去分辨人品的高下优劣，因一时的得失而确定人的终身的成功与失败，不可以不慎重啊！假使所好的人，他们心存仁义，讲究礼乐，爱好诗书，不用打听询问就知道是贤良之辈；假使所好的人好逸恶劳，喜郊游，打牌赌博，贪酒好色，不用询问就知道这是一些废人；假使所好的人，常在苑围耕作苗稼，捕鱼打柴，不用询问就知道他们是一些普通百姓；假使那些所好的人，经常在打斗诉讼场地，骄傲自满，狂妄自大，舞刀弄枪，不用询问就知道他们是一些凶恶之人。凡是爱好玩乐戏要的，他们的失误，大致有五个方面，第一就是损伤筋骨，第二是耗费精神，第三是破损财物，第四是生活失常，没有规律，第五是耽误正事，影响事业。放纵自己，致使精神亏乏，不能使健康事业等达到很远，所以明智的人是不去做的。

白鬓老人说：大概人们的偏嗜爱好，都是从元始之前的初始时期孕育而带来的种子。除非是大彻大悟之后，若简单地要求自己改变它是很难的。

身

人的身体，前面有三个宫室，分别称为泥丸宫、绛宫、黄庭宫，它们是人身神气栖息的所在；后面还有三关，分别是尾闾关、夹脊关、玉枕关，它们是神气通畅的道路。孟子说：尧舜为人处事是发自内心，依从人的自然天性，汤武的情况就有所不同了，他们是反躬自省与尧舜有差别，只是模仿尧舜。又说：汤武是身体力行，以亲自行动检验尧舜的作为，只不过是反过来从自身上找出与尧舜差距的症结而已。汤武既然能够反求诸己，就说明汤武身中有个尧舜。我们现今之人若能反求，说明我们现今之人身中都有个尧舜。反过来内观其身中，就在其身中；反观身中之气，神就在其身中。君子以自身去体道修道，身体得以修养而道在其中确立。世俗之人以自身去顺从欲望，所以欲望滋长而身衰死亡。《楞严经》说：一门深入，入一无妄；彼知六根，一时清静。人之所以不能得以证道、成道，都是因为被自身的形体所牵累。想要除去这个牵累，就必须首先明白这个身体是一个不牢固、不长久之物，是一个最痛苦的躯体，没有可以主宰的形质，是一个充满了脓血屎尿的臭皮囊，浑身内外没有一点好处。为什么你还要吃好的穿好的，还时常到人前夸伶俐，卖弄俊俏，引导提倡的人？他们本身就是意乱心迷，把这个世上的人都愚弄坏了。看世人死了生，生了死，从无形无象的前因过来，受过了无数的苦恼，始终还是没有出头的日期。我今立志学道，把你始末缘由都看透了，再也不受你迷惑，再不受你指使，逐渐进入虚空慧悟，舍弃浮华的外衣，忘掉自己的形体，抛弃自己的聪明，怀抱形神不相分离，我们的道就可以增长了。仙家修身之法，必然是要返观内养其形体，精神专注则元气就会凝聚，元气即凝元神就会积累，心性与身形要同时修炼，道的根器自然相互增长，形体与精神全都相合相依，全然与大道的精神相合。

白鬓老人说：老子说过：外其身而身存。长春真人也说：百计以养身，即百计以昧心。再兼看《皮囊歌》，自然能够全身放下。

脉

人身的经脉，正经十二个，奇经有八个，只有任督二脉，关系到人的生死。大概来说任脉在腹前正中，运行路线是自下而上行，督脉在人的背后正中，运行起来是自上而下行，一前一后，相为间隔，变化的机理没有根本。于是以每人禀受元气的浅深，成为寿命长短的原因。神仙家认识它的关系，任脉总统诸阴经、督脉总统众阳经，二脉如果相通，全身的百脉都能流通，所以仙家修炼以退阴符、进阳火而施行河车运转的方法。这个方法的首要是凝神入于气穴，也就是人们常说的归根，神与气相互凝守于一处，抱元守一，不要使神气分离，一直等到静到极点而自然生出动的时候，这是神复又乘接着气机而且可以导引至上升，直至于泥丸宫，此时河车的道路才开始通畅。所说的河车之路，就是指我们身中的任督二脉，气机开始生发之时，郁蒸在两肾之间，泛泛上溢于五脏之腧穴部位。于是经脉之水乱行，不从沟洫经络流动，此时我们必然急忙用神斡旋，由尾闾而上行至于夹脊，夹脊较难通过，再以舌柱抵上腭，使之上于风府而且直到泥丸，神与气交会于此，其中的舒畅融融是可以感知到的，不大一会儿，就变化为甘醇的玉液一般，赶快将舌放下，心意下引自鹊桥而下通开喉咽，过咽管（重楼）游行绛宫（心室），又回归到所储藏津液的处所（中丹田）休养生息。如此循环往复，使经脉畅通，津液贯注，天长日久，自然纯熟，精气充满三田，上下交泰。《易经》说：地天交泰。医书说：心肾相交，水火既济。人们常说的常使气脉相通，关节疏利透彻，自然可以达到精气充满，谷神内存。

白鬓老人说：以上所说的方法，虽然只有几句话，但即使写万卷丹经，也不能超出其中的精髓，超出便是旁门左道。老子所说的"致虚极，守精笃，万物并作，吾以观其复"，正是说的这个意思。要把这话当作珍宝去珍藏，当成秘诀一样不能随意传授啊！尤其希望能与修行层次高的人去施行它。

尘　世

所谓的尘世，摇摆晃动，没有一定之规就称为尘；经常变化迁转，就是所谓的世，也就是指人间社会。世有治有乱，治理有序的世看重的是人才，也需要有才者显现；治理无序的乱世看重的是道德，而有道德内涵的人往往隐退。人生有老有少，少年时期要重视学习而且要勤奋努力，老年时期要重视修养而且要清静无为，颐养天年。唐尧和虞舜的时代就有贤能如许由的人显现，分不清哪些人忧虑哪些人快乐。到了末世将乱的时代，就是像严光这样的人也不愿意出来了，分不清哪些人清哪些人浊。我们的人生涉及社会世俗之中如同过河一般，凡是似有陷溺之处，要知道预防避开它。日行千里的良马，极其快捷，经常饱受风尘之苦；生长多年的大龟，即使有灵性，也难逃刮肠剖腹之痛。再看那些个飞鸟，乘风而起飞，选择树木栖息，何等安闲舒适，也会因为一时贪图食物，误入设下的笼子里，寻求解脱而又不可能。我们今天所说的爵位、俸禄、名利也是人生的樊笼啊！春秋时期孔子得不到重用，也是春秋社稷的不幸运啊！却是春秋之后社会人生的大幸事。刘玄德能够请出孔明，就是刘玄德的大幸事，对于孔明来说是人生的不幸之事。

古人所行的善良或邪恶与现今之人所行的是与非，一并与自己所行的得失，事情已经属于过去之前，都是尘世中闲扯淡，说它干什么，想它又有什么好处，不说它，不想它，心里就只有清静了。内心安静就是大道。现今的潇洒快乐都是因先年之前的如意处得来，现今的不如意处怎么能知道不是今后的潇洒快乐的基础呢？

白鬓老人说：内心清静即是大道，可见大道离人不远。世间之人不得意处，正是修道高人洒脱快乐之时。

名　利

学道之所以未能得道，都是因为妄念始终不能断绝，有很多迷障阻碍。所谓妄念不绝，都是名利之心难以放下，时常牵挂所致。倘若想断绝这些妄念，一定要事先把名和利看破而后才可以入道。名是造物者所深切禁忌的，利是人情世故所必然要相争的。所以名利杀人比戈矛为重，为什么呢？戈矛杀人，人们都知道要避开它们；名利杀人，到死了还不知道后悔。古代有道的人，大都装聋作哑，装疯卖傻，狂癫不近人情，大概是他们不想让人们了解他们真实的面目。现今的人们，只要有一点长处、能耐、技能就想要在这个社会里暴露自己，唱高调，出尽风头，他们真的不知粗俗低级。明理的人学道，将一切好胜逞能之心全都忘尽，暗暗潜自修持，道明而德立，犹且还要精进勤恳。所以说：君子所谓还不可以做到的，只是人们没有看到他们的所为罢了。利是有形的东西，不用恩德就能使人们亲近它，不用燃烧火焰就能使人们感到温暖，没有行政命令就使人无怨无悔、殚精竭虑地为它劳动，没有任何感情就使人一刻也不能忘记它。使那些学道的人，看见了它而败坏道德；使那些治世理政的人，看见了它而贪赃枉法。自古及今，人心国法，大都因名利而被害。天下有大害就隐藏在大利之中，然而人们并不知道。并非真的不知道，原因是被利欲冲昏了头脑，非法所获得的赃物和引起犯病的食物一样，窃取的时候，唯恐索取的不够多，败露的时候，唯恐交代的不够少。同样的道理，为何前后的差别如此不同呢？有利的事情与有害的事情往往有相互依存的缘故。倘若看到有利可图的时候，就想到内藏着有害的因素，那么且顾眼前利益的念头，一定会立即停止。君子积品德，品德可以润泽身心，也能使自己得以荣养。所以具有大德的人，爵位、俸禄、名声、寿命，不用寻求自然就会得到。小人积攒财物，财物能够养身，也能够贻害身体。所以说财物多的人忧虑恐惧患难，想把这些障碍去除也是不可能的。

　　白鬓老人说："名誉是被造物者所深恶痛绝和禁忌的"固然说得很好，"利之为物"以下几句，尤且说得透骨透髓。经商贸易的人听说之后，也应当点头称赞，何况那些士大夫和学道之人呢？

色

　　天为阳，地为阴，天地仿佛是一对伟大的夫妇，它们能够生养万物；夫阳，妇阴，夫妇仿佛是一个小的天地，他们能够养育男女。大概来说人体的奥秘与天地自然之道息息相通，顺应人生的自然变化可以生育子女，逆而行之，反于自然天道的运行就可以长生不老。古代仙家有话说：子要不老，还精补脑。脑的概念，是全身诸部骨髓的大海，人身淫欲劳烦的精气是诸部骨髓所变化而外泄出去的。好色的人大多患有头痛脑空，就是指的此事。噫！另外所说的油尽灯灭、髓竭人亡都是指的一个事情。古代歌舞妓院并不是快乐的地方，那是使人罹患痛苦的根由；歌妓舞女并非使人快乐，只是破败家庭的鬼魅罢了。人们都怕鬼，唯独不怕家中妆扮的鬼，勾人神魂；人们都怕虎，唯独不怕床上和自己同眠的虎，吃人骨髓；人们都怕蛇，唯独不怕被中缠人的蛇，吸人血气；人们都怕贼，唯独不怕夜间盗人阳气的贼，害人性命。好色害人的程度实在是太大了，并非人们不想戒，只是戒了又再次犯戒，还以为是美好的事情。还不想想，耳中有污垢，眼中眵多，鼻中有流涕，口中有涎水，腹中有屎尿，阴中有脓血，腥臊臭秽，全身都不干净。娇艳媚态，巧言令色，假装说是至亲至爱，其实为狠毒。唯有那些无知的愚人被迷惑得心醉，图取一时的高兴，不顾惜一身之躯枯槁，既败德又损身，为害最大。应当远离他们，如同躲避盗贼一样。贼劫掠人财物，财物全部打劫，无非是生活穷困一点，好色而盗取人的精气，精气竭绝则人即死亡。

白鬓老人说：洞宾诗中说：二八佳人体似酥，腰悬利剑斩愚夫。虽然不见人头落，暗里教人骨髓枯。唉！中年以后的人，尚且还不能深信这句话，更何况那些少年呢！况且何况那些无知的少年呢！

事

有一些事情是可以让自身感受的，就更不可以蒙蔽自己的内心；有不可以对人谈论的，就不可以上告天知道。就是这四个方面的不可以，经常要时时检查，如此一来就接近大道了。天下的好事情机会很难遇到，可以做的事情不可以推给别人，推托的人没有功德；不可以做的事情就不要勉强去做，勉强去做的事情必然是取得失败后再回头了。怎么说都是有道理的事情，君子谈论起来就是分辨出是与非的两个方面，庸俗的人谈论起来往往是分辨出有利或有害的两个方面。人们正当没有事情的时候，内心要常挂在胸腔之中，不可以暗自妄想；有了事情的时候，心思要专注在道理之上，不可以勉强从自己的见解出发，牵强附会地去分析。自身的事情少了，自然苦少；口中言语少了，自然祸事就少了；腹中食物少了，自然因食物生的疾病就少了；心中欲妄少了，自然就忧虑少了。天下最难做的事情有两件，没有比过大海与上阵杀敌更难的了。人们对此两件事情尚且不畏惧，即使困难还是有人敢于去做。至于说学道，通过反观内求，就可以很容易地获得，不像那过大海的险难；有与天地自然和谐平静的安宁，就不像那上阵杀敌一样危急了。既然容易并且又安静，然而人们几乎极少有人去施行它的，为什么呢？

白鬓老人说：高明的人即使有事也多从外界来，并且能够做到就事而论事以至于了事；痴愚的人即使有事也多由内心所生出，反而是就其事而又多事生事。高明的人，事情来的时候就是应之以道理，做事理事自然而然如同是庖丁解牛一般，事情停止，心思精神就即刻转移了；痴愚的人，也是事情来的时候即去应之以私心私情，自然而然如同是鹬蚌相争，其结果是渔翁得利。

物

万物的来源都是从无中生有，人的情感都是先有因缘而起。经常探究达到这个无固然艰难，经常要做到心里没有这个有则更加困难。人们如果想确立常无的状态，必然要以先天的性来主导，以先天的性来主导生活，那么自身的内外就不存有别的事物，自己全都忘记了，而且所谓的物全都化为无了，事物虽然摆满在眼前，意识中始终没放在眼里，心中更无一物。庞居士说：只要内心中自然就不存在有万物，哪能还要担心万物万事常常困扰？人中自有妖人，物中自有妖物，都能使人迷惑，心中只有无，他们岂能还迷惑人吗？还是因为人们自己迷惑自己了。《百字碑》说：真常须应物，应物要不迷。看到事物美好的方面，心中自然滋生出一个爱的念头，这个心即被这个事物勾引而去，即是说已被物所迷惑了。如果看透了一个事物的本质，就自然不再受此一事物的迷惑了；若又看透了万物万事，则自然就不被万物万物所迷惑了。《金刚经》说：一切有为法，如梦幻泡影，如露亦如电，应作如是观。天下的事事物物，自然就有它的一个实实在在、停停当当的道理。一毫私心杂念也施用不得，所以古经里说：天下何思何虑。因此说君子就事而论事了事，而且不会因此而自己滋生事端；从事物的因由而去穷究事物，而且不会因事物把自己也附着或承载且陷于事物之中。程伊川说：人与外物，奉养身体的方面事事要好，只有自己一个身与心却不要好。倘若外物都得以好时，那么就不知自己的心与身已经事先不好了。现今人们的房子、衣服、饮食、器具，大都羞耻不如别人，至于说学习不如人、良心不如人，却都不以为耻辱，为什么唯独这方面让人郁闷呢？太没有思想了。

白鬓老人说：把自己忘掉了，万物将自化。可以明白了，只要内因有自己，外才有事物。内在的自己如果遗忘了，外在的万物也自然化为无。世上的人抛弃真性去寻觅假象，尚且以为自己很聪明。

我

《论语》记述孔子杜绝了四种心理弊病，即是说没有主观猜疑，没有一定要实现的期望，没有固执己见的地方，没有自私之心，最后以没有自己的私心为终。大概来说，主观的意猜，必然有一定的事情，固执的心态，都是因为有个人私心在里头。只要"我"的意识不存在，那么毋意、毋必、毋固的缘由全都没有了。"我"是各种私心杂念的根源，没有"我"根源就断绝了，而且那些纷扰的私心杂念就无从滋生。现在的人们有的去限制自己的行为，有哪一个事情不是为了这个自我呢？如果对我不利的事情或者和我无关的事情，即使功业谋略盖世超乎寻常，我还是以为是多余的事情，就会把它们置之不予理会。有利于我，即是升斗斤两、蝇头小利，就是把自我弄得遍体鳞伤，甚至危及生命也要争夺它。有"我"的伤害何等的大啊！没有自我，那么私心就被消解，行为自然端正，并且可以做到心中无物，忘掉形体，还有其他的事物能牵累我吗？若想形体之内，哪里有我，我视觉里什么都没有，即得大解脱了。《禅宗永嘉集》书中言道：无明不了，妄执为我，我见坚固，贪嗔邪见，横计所有，生诸染着，知身是幻，了无自性，色即是空，谁是我者，一切诸法，但有假名，无一真实，四大五蕴，一一非我，和合亦无，内外推求，毕竟无我。详看我字，其中有二个戈，一个正戈，一个反戈，昭示着心狠手辣，有杀生害命的祸害，都是因为有"我"而引起的。所以说内心入道的人，首先要做到无"我"。

白鬓老人说：世间之人所谓的我，并非真实的我，那是识神在作怪罢了。古人说：无量劫来生死本，痴人认作本来人。又说：去后来先做主人。如果不用金钵覆照住，再用金箍棒打死，那么取经降魔都是情欲染着、心乱如麻的六耳猕猴所做的事情。

假

学道之人，首先要能认识分辨真假，而后才可以入道。观看那些唱戏的人，什么穷困通达、获得丧失、分离相聚、悲痛欢喜，从演技看形象生动，如临其境，宛然真情流露，心内坦然，他们又有何所得，而能动心如此呢？他们明知形象假扮，情境假作，演绎互换角色，对自己并没有损害，也没有多大益处罢了。学道的人观看之后，以为人生如戏、变化无常，就可以悟道了。又看那些玩弄木偶的人，把木偶玩弄得手舞足蹈，恍然如真人的动作，不明白的人只看到木偶、看到丝线，却不想丝线上有人提而后才能使木偶动作一会儿，提线人离去，木偶和丝线全都在那里，而且再不能动作了。其实人的形体骨骸就如同那木偶一般，人身的气血如同丝线一般，元真的本性就是提偶的人。又看到那些耍戏法的，改变名称，移易性质，使人眼花缭乱，庸俗愚笨的人看了之后目眩心惑，称赞奇妙。世间一切人为的方法，你来哄我，我来哄你，颠倒倒颠和那些耍戏法的有什么不同？如果看到他们各种杂耍目不眩，心不惑，就接近于道了。又看那些排灯观影的，燃灯击鼓，让人们全都过来看影，人们的心思与眼光都随着影像旋转，丢下自己一个皮壳，却不知道看管，一直等到油尽灯灭，种种幻影都化归于无。明智的人看到如此情形，即可以觉悟大道了。正所谓当其无而生有，所谓的有，也非真有；等到其中有的时候却又归于无了，所谓的无也是真无。这是什么缘故呢？缘由是与有相会时，有与无自然相生，所以说非有，用以打破常态的见识；性空自然至无，无可以显现真体，所以又说非无，用以打破偏执的见识。从小的来说如同一日一夜和一生一死，从大而长远处来说如同一元一念、一运一世，都可以触类旁通。学道的人，必须明白人的一个天性是真，万种缘法都是虚假，一切日用养育生命的物品，全是假中的尘土和污垢，不要与那些不明事理的人争论多少、比较美丑。

白鬓老人说：戏曲艺人知道演戏是假，学习的人以为世间都是真知。难道说学习的人反而不如戏曲艺人的认知吗？只是他们缺少觉悟罢了！他们的言谈中并没有打破世俗常见，也没有打破偏执的思维模式，这两句话尤其精妙。人们若能参透，自然内心不存有和无的思想。

魔

太阳被阴云笼罩，月光被侵蚀，都是因为魔障。遇一番魔障应当生出一番智慧，唯有生出一番智慧，便又得到一番的进益。如果不因智慧照破而滋生烦恼，人生的大事业就要败坏了。曾经到寺院里看到有四位金刚罗汉降伏八个妖怪，这是降魔的偶像。进到大殿，见到佛祖端坐在当中，这就是寓意洗心退藏于密的意境。有人询问，一尊佛像，二尊菩萨，其中的含义指的是什么？回答说：阳性的数字都是单奇之数，阴性的数字都是偶数，世间之人只知道独独修炼一个方面，哪知道得到同类的相辅相成呢？修行之人，自己的习惯和作风难以改变，最紧要的方法是力主清静，一切情感认识放在将忘未忘的边际，所以才有各种魔障发现，顺境则使人贪图爱恋，逆境则被人恐惧担心。应以内观省察不要让此心随意进入邪魔外道之中，经常省察我心没有外恋境界，岂能还有自己的无事而使自己内心恐怖的吗？如此内照，看破外境的魔障自然消灭。大概是因圣贤的大道不被明确，歪理邪说就肆无忌惮地跟进蜂起，自己内心尚且迷乱，又且妄自称为教师。所以民间所谓的山精鬼怪，全都得以乘着这个空隙飞精附着于人，假称神明。无知的愚昧之人于是信以为真，同来宣扬，愈说愈神，大家着魔终不省悟，活着做魔民，死后成魔鬼，悲哀啊！不可救疗。奉信道释二门的人多有魔障，还不知道如何对症治疗，常常成为颠症，都是因为未明事理，强迫制约其心思的原因。只有儒家没有魔事，大概是提倡格物致知的缘故吧，即是说：探究事物原理，从而获得知识，以便增强认知事物性质的能力，然后知道人生百态，事先加以这个前提，不至入于迷障之中。

白鬓老人说：大致那些学道的人，着魔的都因为认理不明，骤然学习佛道，盲修瞎炼，大多经受这等病苦。只有儒家无魔，大概是内守格物致知的功效，先于儒者施行，的确是如此。乌巢禅师说：心生则种种魔生，心灭则种种魔灭。可见人的阻碍总是自己的妄念在作怪。

境

天地人三界没有别的法度，只是一心的动作念想而滋生出一切的境遇。念想如果不生，境遇自然就没有了，如果清空这个动念，念想也随即空无虚寂。即可知道迷惑的时候也没有失去什么，觉悟的时候也没有得到什么，用"无"止着这个真心，不增不灭，使它停止故地。心若因境遇而生起，借心念去观境遇，看到事物而生出心念，虽然居住在山林海岛，都和尘世劳烦一般模样。人心爱恋外境，外境却来愚弄人，心念失其正直而发狂；性情追逐事物，事物诱引性情，精神离开它的屋舍而直到成痴。好境遇歹境遇总是境遇，境遇蜂涌而来并非实有；邪念正念都属于妄心生念，纵然分别而来，亦是虚无。不要以为五种欲望财、色、名、食、睡为人生的快乐，如果迷惑而留恋忘返，必然伤身又害命。应当明白一个元性是真，抱着它不要离开，却可以消除障碍而且消除魔患，将五浊恶世打破，使其化作四方净土，回归到根本，恢复生命元动力，使凡躯修炼成圣贤的胚胎。所以三界，只是这个心的所作所为，何不将此心念事先了却了？六尘色、声、香、味、触、法，借助识神而进入欲妄中，直接要把识神顿时断绝。如同婴儿一般混混沌沌，不曾认识如波涛滚滚一样的尘缘，永远没有可以进入的孔窍。真人纯粹是智慧，法界朗朗，全是了达妙理之处。

白鬓老人说：境遇没有苦与乐的情况，从自心所起的苦乐。好似一座岳阳楼，有人去了心旷神怡，有人到了感慨而悲伤。古人说：神仙没有别的修炼方法，只生于欢喜之人，不生于愁苦之辈。不是道德深厚的人，难有此语言。

识

人的本来之性，纯真、洁净、明智、玄妙、虚空、通彻灵动。出乎人们的想象之外，本没有异同，没有分别，觉悟了即可登菩提岸，迷惑了即入于生死苦海。小儿尚未识别父母的时候称为纯朴，能够认识父母的时候就有了缺点或过失，痴的意思是心理疾病。见识一增加，就有发热之说，是心理疾病，以至于身体随着生病的现象因此而生分别之心，是见识认知的开悟；内含受纳在心，是领受、涵养的开始；思维念怀是想的开始；贪于玩物是行为动作的开端；汗液秽污是色欲的开端。能降伏外在认知的识神，还不如改变认知的识神为智慧，为什么这样呢？识神往往随着境遇而流连忘返，智慧能够了却境遇而且不着迷。追逐境遇不能收心了却，还能有什么智慧，莫非都是识神作怪？了却境遇不被其迷惑，还有什么识神作怪，莫非都是智慧？最关键的要领而言，只有这一个心思，若放任自流，就形成具有辨别力和感知力的识神，把此一心收回来就是具有灵动天性的智慧了。只要对物对事有了分别心，随即就坠入后天的情感和识神，稍有一点攀附比较，缘法境遇，即是妄念假想。不知道要直接放下，全都了却，才能得以清心静意。

白髯老人说：小儿才认识父母，已经暴露出识神的伎俩。见识增长，就自然有了心病，知道有此病的能有几人？追逐境遇是识神的作用，了却境遇不为所动念就是智慧；放浪形骸是识神的作用，收回境遇就是在增长智慧。字字指得分明，的确可以称道。

过

有心做出失去道理的事情称为做恶，无心做出失去道理的事情叫作过失。俗话说：人非圣贤，孰能无过。这句话可以宽恕别人，却不可以宽恕自己。蘧伯玉到了五十岁那年，才明白四十九年的时间都荒唐地度过了。我现在已经八十五岁了，八十四年的过失还能全都明白吗？以前的过失尚且不明白，现在的过失还不容易明白，为什么这样说呢？迷惑的时候拿着错误当作正确的，觉悟的时候看到正确的还仍然把它们当作错误的，每天反省内察不止，还有三次失误，岂能容许常有过失？朱子说：日常生活之中明白这样做是错误的，即不去这样做，便是去病的良方。如果说怎样才能够没有过失，只能说是骑着驴去寻找驴。学道者在清静修持上净修口业、身业、意业这三个方面而已；没有口的过失容易，没有身躯的过失比较艰难，没有身躯的过失容易了，没有意识的过失就困难了。有志气的人，一定从难处用功速改，而后即可以入道修持了。有人询问说：有了罪过还可以忏悔吗？回答说：过去所作所为无论大小，即从自己身心内外寻找这个罪过的根源，如果到处寻找而不可以找到，这就是真心的忏悔。又询问说：有人立下了大的誓愿，还惧怕犯错误吗？回答说：迷惑的时候说是发了誓愿，觉悟的时候则全化为虚无。现在尝试着去寻求，那些誓愿还存在吗？这已经是得了大解脱了。

白鬓老人说：儒家的道理是，去除过失，保存正确。禅家的道理，是非不染着缘因，不染着方能解脱。

善

所谓的善，如同太极一动之时所生的一点真阳。从人身来说能得到这一点真阳，就是人元本的性。所以说人性都是善良的。修养的人主要是养得阳气不失不散。天地间的阳气生长在阴历十月，纯坤阴卦之后，如同是人身丹田中存得的一点真息一般。释家作为昭示劝勉的征兆引用，说：天堂地狱，善恶因果，分毫不差，一定等到那天或者下辈子啊！我们的孔老夫子只是说：上达下达，坦荡荡，长戚戚。所谓的上达，每天只想着进步，求得精神层面的高尚明智，除非是指的天堂，否则还能有什么呢？所说的下达，沉溺于卑下污浊之地，除非是到了地狱里，否则还能有哪里如此呢？所谓的坦荡荡，随自己身在之处没有不是快乐的地方，否则谁能有如此之福呢？所谓的长戚戚，就是到处都是陷阱危害，否则造的孽没有这般大的了。大概来说，在你做善事或恶事的时候即是你种下福田孽因的时刻，快捷得如同身影和回响一样，不会等到其他日子或者来生的果报。有人问禅师说：天堂和地狱是有还是没有？回答说：欣慰和恐惧都在内心，善因或恶因即时成为境遇，只要了却这一个心思，自然就没有什么迷惑了。有人询问说：心如何能了？回答说：善念恶念都不去想念。又询问说：行善与学好有什么不同吗？回答说：没有什么不同。又询问说：其中的眼睛怎么样？回答说：耳朵不听淫靡之音就是好耳朵，眼睛不观看邪色就是好眼睛，口不出是非之言就是好口，内心不起妄念就是好心，手不取没有道理的财物就是好手，足不踏非礼的地方就是好足，本着尧舜的圣贤之道去治国安民的君主是好君主。依照伊尹和吕尚的忠君报国爱民之道，以此来侍奉君主的就是好臣子；学习孟母选择邻居，用以教导子女的就是好母亲；学习曾参，擅长养志，以奉养孝敬双亲的就是好儿子。又询问：现在那些所谓修路修庙修来生的，果然就有好的结果吗？回答说：我听圣人说过上自天子，下至于平民百姓，一切都要以修身为做人处事的根本。《左传》中有诗说：聿修厥德。就是先修持自己的德行，如此就可做到独善其身而又兼善天下，这又称为内外双修。

白鬈老人说：太极一动所生的阳为性，就是所说的自然而然具有的本性。第一注脚说：欲要涵养此中阳气，又指出人身丹田中有真息。可以说把隐秘和盘托出，很少人能知道其中意味，能修炼身内元阳的有几个人？身外的修持，实在是有很多人啊！

梦

梦是怎样做出来的？人生总是沉迷不能苏醒。一个识神，即是说经历生活之后，经过人的感性认识和理性认识，具有分辨功能和控制形体器官功能的意识体，变化为种种幻境。释家说的三界四相，即是说欲界、色界、无色界三界，和显示诸法生灭变迁的生、住、异、灭等四相。唯有这一个做梦幻的心，梦中变化异于常理，无中生有。正在做梦的时候，吃苦与享乐等同于自身感受，忽然一觉醒来，一切幻境即时消灭，并非觉醒的那一刻才开始消灭，其实本来就是没有。《证道歌》说：梦里明明有六趣，觉后空空无大千。山河天地都是梦中的幻境，王侯将相都是梦中之人，三教圣人都是事先觉悟的人，三教的经书都是解释梦幻的书。倘若早就知道世间万事全是虚空，生与死只是一场梦幻，就应当没有牵挂没有阻碍，名为觉悟了。过去白云先生刚刚睡醒，金励在一旁询问他关于世间之事，先生回答说：天地之间，哪是你的哪是我的；千年之中，哪个兴盛哪个衰亡。说书的人总是非难项羽，赞扬刘邦；记事的人常常为屈原悲伤，又喜爱陶渊明的快乐；闲谈的人常常夸耀陈太邱如何，而非议范滂。看来都是尘土中的泥塑，还不如一杯浊酒、一局残棋、一觉鼾睡，自身内的天地，任由我收放。金励说：先生这一睡吸收天地的混沌，觉醒后打破古今的往来，玄妙啊！如此的鼾睡，睡中也有道吗？回答说：有道。普通的入睡，睡前先睡目，之后心思才睡；我的睡功，先睡心之后才睡目。我醒来的时候，首先醒目，之后才醒心。眼睛醒来因而内观其心，心醒来的时候，看不到世间之事，也看不见自己的心。宇宙天地生成以来，治理国家的人，用黑色的玉赏赐有功的人，用白鱼赠予超过平常的人。脱离世俗的称为黄鹤归去，或青牛西度。训诫世俗的人，以赤字的天象去推测规劝，以绿图去描绘憧憬，我对此全然无心，睡眠无心，醒来也无心。金励说：我想学无心，怎样才能做到。回答说：面对境遇不要执着迷惑，对自己内心不要把境遇当真，如此就准备好了，还用知道其他吗？觉醒之后没有什么需要知道的，知道了之后内心反而愈加困惑。可笑尘世之中，不明白梦境就是梦境。

白鬓老人说：内心醒悟，不见了世俗。可以见得，著于境遇的人，全都在梦境之中。

鬼

天下的人一半迷信于鬼神，一半被人的耳目所惑乱，歪理邪说，人云亦云，交相煽动，迷失人心，这种鼓惑几乎充满天下。贤能的人以清晰明白的道理拯救他们，然而却不依从；有职权的人以政策法令加以禁止，并不能使他们停止。邪妄的言论反而一天比一天炽盛，他们的将来就不知道有什么结果了。鬼是说已经死去的人，人是尚未死去的鬼，而且现在活着的人都是古代人的转世，充盈于天地之间，无处不有鬼神的存在。并非只是天地之间有鬼神，人的身躯之中也有鬼神。怎么知道呢？人的本性生于阳和之气，然而形体却生于阴凝之气。阳性属于神，阴性属于鬼。摄取后天的情志化归于先天的元性的是涵养走向神而明之的道路，没有人情又丧失天性的必然走向阴恶鬼怪的世界。俗话说：人有一分阳就不能成为鬼，有一分阴就不能成为神仙。按道理来讲的确是如此啊。人的身心就是由阴阳二气的相交、鬼神的会合而成的。忽然之间要做善事，是神明在开启他的智慧；忽然之间要行恶念，是阴邪之鬼暗使他迷惑本性。有修养有学问的人谨慎地独处调适心境，省察善恶的动机，分辨鬼神的缘由。

白鬓老人说：如果能做到摄取情志而归于天性，不用求得神明而自有神明了。没有人情而又丧失天性，不懂得不理解鬼，然而自己的行为就是鬼了。请君选择其中二者吧！

神

人的真元之性，就是人的元神，因其灵明而变动不测，玄妙应变没有一定规律，所以才名其为神。称它为元是为了有别于后天的思虑之神。身中有神的就能生存，神离开形体的就要死亡。怎能知道神的到来？如果后天的私心杂念停止了，神明就自然存在身中。如何又知道神的离去？念想欲妄动荡不定，神即离去。形体是元气的宅舍，气存在则形体不能衰败；气是神的父母，气在则神不能散失。人做善事则神气凝聚，而且灵明；人做邪恶之事则神气散失，而且精神昏聩。人有疾病则神离开形体而不受此苦恼，人有劫难则神先离去而不会阻挡灾殃。人的一呼一吸叫作一息，人在呼吸之间没有神的存在，就没有这一呼一吸的存在。人有三谷，其中的空虚如同山谷，然而神居住在那里，所以叫作谷神。在上的叫天谷，就是头上的泥丸，又称为天根，是神居住的本宫，所以神居住在天谷，则可使精化为气，气上升，九年天谷盈满，而此时天门因此而开通了。中间的叫作应谷，就是所说的绛宫，为发布政令的明堂，所以神又居住在应谷，因此耳朵能听声，眼睛可视物，五个官窍依规矩行使职责，而四肢百骸全都听命了。在下的叫作灵谷，就是指的丹田，是人体内隐藏潜修的密室，所以神居住在灵谷，则视者可以返观，听者可以内收，神气相互厮守，而且营血魂魄因此而抱元守一，致虚守静了。

白鬓老人说：元神二字，说得极为明白，不然的话就会误认为是后天思虑之神的神了。念想停止神明即来，念想妄动神即离去，此话可以说是下手功夫的真诀。有病则神去离形，而且不受其中的苦恼；有难而神先去，不挡其灾殃。如果不是精神显化的人，绝不能讲出如此的神化奥妙。世上嗜好谈论神的人，又何尝梦见神明？

气

平常人的气脉运行是前升后降，修真学道人的气脉运行是后升前降。气息有出有入是平常人的呼吸，既不出又不入称为真息。大概平常人的气息一停，而真息自然就能代替常人之息运动。气息之所以能停止，并非是勉强关闭它不允许出入，那是因为虚空至极点，清静到纯粹，心愈静定而气息愈微小。它的方法是行、住、坐、卧，都要把心思牵入虚静状态。未来的事情不去想象，已经过去的事情不再追忆。天长日久精神与气息会聚，感情与境遇俱忘，精神气息全都凝结一处，只有一个气息尚存，在腹中旋转，不出不入，进入胎息状态。胎息既然生出，牢牢地摄守着虚静，炼精化为气，通透三关，再灌注三宫，这就是所说的真橐籥、真炉鼎、真火候。《翠虚篇》里说"昔与真师传口诀，只要凝神入气穴"的本义，就如同我们人类当初进入胎元受气的初始阶段，所禀受父母精气而长成的那个时期，就是说我们人类各自具有一个太极之义。学道修真的人，精神依附于气息，深入于本穴之中，绵绵不息，似有非有，似无非无，没有稍微间断的时候，所以才能得以专一不二，气息达到柔弱和妙的状态，而且能够内观气息的来复。太上说：天地之间，其犹橐籥乎？人得到天地阴阳二气，因之生长，呼吸如同风箱的机能一样，真息就是呼吸的气机。然而此处的真息，是指人在胎中接受母气的通道，似一个纽带，是人身生气的根源，呼吸升降，互相迭推，和人身天地的阴阳相应，与每日的刻漏相准。所以古人说：周天息数微微数，玉漏寒声滴滴符。有人询问说：真息作为修炼的火候，有这样的说法吗？回答说：并不是把真息当作火候的。火就是人的神明，气息就是滋生火的风箱，大概来说这个呼吸风箱只要绵绵不绝，也就会达到前面所说的"真人之息以踵"。所以古人有"谩守药炉看火候，但安神息任天然"。人的一身之中，常是这个气息在周流运行，气机通畅就快乐，气机滞塞就生病。所以人每天周身的运动譬如手舞足蹈用以调养气血。这种方法不拘于时候，有空闲就可以进行。一定要专心闭息，则精神充足气机盈满，而且气机易于流通。还要怒目切齿，严肃缜密，勇武刚毅，这样邪念自然全无。行施这种方法几次，而后再去静心打坐，最能消除妄念，祛除疾病。这一段功夫对养生大有益处，不可忽略。

白鬓老人说：仙家秘不外传的只是一个命功。所谓的命功是什么呢？就是人的气息。这篇论述既指出气息的不出不入叫作真息，又说到常人之息既停止，真息就会自然出现。大概所谓的常人之息，就是说人一出生，呱的一声，口鼻通气，就是所说的后天之气。后天之气既然已通，必然要得到乳食的营养，而且稍微把鼻息加一个蒙盖，人就会死亡。先天之炁就不是这样了，一切听任在母腹中十月，胞衣包裹，始终不会死，这又是为什么呢？即是此篇讲到的腹中旋转，不出不入的意思。修炼的人，摄取情趣化归于本性，一天天功德深厚，返回元本面目，如同婴儿在母腹中一般。世间的死人，不过是因为口鼻中无气息而已。现在活着的时候，口鼻中已经无气了，还能死个什么？世上不相信仙道的人，都是因为尚未明白其中的道理，也没有看到能够不死的人。

精

学道修真的人炼精化气，平凡的人气化为精。古人把精比作汞，因为它最容易走失；又比喻为龙，因为它最难降伏。学道的人固守精气而不让它走失，这样称为筑基。神与气精经常要走失，人们只要能够留住，不使它们走失，就可以长生。魏伯阳说：凡是讲到抽铅添汞的话，就是说把精气收回补充大脑。有人说：学道的人，大多患过梦遗，炼养深睡眠本来就艰难，服药又无效，怎么才可以呢？回答说：如果牵转白牛就不会走失了。又询问说：人们常说："玄牝立则真精固。"玄牝如何能立？回答说：空谷虚静之神不死，就可以立了。又问：空谷虚静之神如何不死？回答说：没有欲妄，静极则不死。曾经到玄帝庙，看见龟蛇盘屈缠绕，才明白玄帝是天神而且居于北辰，人的神难道没有居处吗？维系上天的所在，紫微垣居守它的住所而且不运动，天的躯体确立了，造化生成的功能就由此而发生了。维系人体生命的潜能已经在那里了，黄庭已立其处所而且不迁移，人的功能活动确立了，性命混然由此而坚固了。所以善于养生的人，必然将神火精水凝结在一处，犹如龟蛇盘曲缠绕混成一块，再不分离，日久静极生动，真火熏蒸，金精吐艳，中关透顶，灌注上下。这就是老子说的深根固蒂、长生久视之道。

白鬓老人说：没有欲念，虚极静等则谷神不死，谷神不死玄牝就确立了。玄牝确立真精固密，真精固密则永无走失之患。可以想象梦遗之病，都是由色心尚未退而引起。人若能看破色魔，一心清静，那么赤龙就不难降伏，汞也不会枉自走失了。如果功夫未能达到这个地步，偶然有遗失的疾病，必须要运用牵转白牛的方法，这个方法不拘于用什么布料，做一个小布兜，将外肾兜起，拴在腰后裤带之上，这个病自然免除，不需服药。

教

道是个无言的圣人，圣人是个无言的道。虽然说有言，不过就是以其人之道，还治其人之身，并不是把难以明白难以施行的事情强加给人。古代教育人的，便是教以圣人之道。《易经》里说"蒙以养正"，这是圣人的功德。就是在训导童蒙时，即以学习圣人的语录，期望他们成圣成贤，而学者能不以学习圣贤而自我勉励吗？大概是自孔子之道还不能显明，而此时佛家道家的教育兴起，又自从佛家道家之说被人误传而邪说之风兴起。老子说：修养自己的身体，其中的品德才是真实的；舍弃自身而说修养的，必然是假心假意的人。现今祈求成仙成佛的往往断绝人世生活，而且逃离世俗以求成功。他们都以为有自身和家庭，有妻有子，有要做的事务，都能拖累人，所以就不能成仙成佛，一定要断绝人情，逃离世俗去修炼，唯独不知仙佛的修养，不能离开身心。果然能够正心修身，有身有家可以同居，有妻有子仍然快乐，有人情世故可以磨炼。所以说在家修行仍然可以成圣成仙成佛，何必要抛弃其中很是方便自然的那方面，而一定要做那些不怎么方便的事情呢？

白鬓老人说：说出家可以成仙成佛，人们或许相信，说在家可以成仙成佛的，人们都不会相信，其中是什么缘故呢？都是因为他们并没有真正弄明白怎样才是修道，尚未真正明白其中的道理。唯独不去思想仙佛一定要出家方能成功，难道说圣贤之人也一定要出家方能成圣成贤吗？为何世人都着重于外在的表象，而且固执于己见呢？

学

学习的目的，在于寻找一个适合自己的人生道路。古代圣人的经典、贤者的传记，都是引导人们走正道的。后世一些歪理邪教大行其说，他们的言行果能与圣人的经典、贤者的传记相合吗？只要有不相合的地方，即是入了邪路，成了怪论。学道的人，只要收得身心牢固，舍弃此身心而别处用功，便不是正道。学道并不是说说而已，也不是明白即便了道，一定要脚踏实地向自己心中，将一切物欲打扫得干干净净，自然身心合道。学道的志向，清贫则越要心坚，老当益壮。有时被外在的人情世故所驱使，或为事业身业所累，其中的过错问题不在当时的环境与事物上，都是因为不立志、志不坚的毛病。只能责怪自己意志不定，反复追寻思量原因，必然可以见到病痛之处。彻底把病因病症清除，譬如说抽骨换髓、涤肠洗胃，就像另外再换一个全新的人一般，怀抱着决心、信心、恒心勇猛精进，不折不挠地做上一番，什么事情不能成功？圣人的内心和普通人也是一样的，何况能独自持守常清常静呢？做到如此的境界，也没有什么特别之处，只是圣人看得真修养的坚定。唯有见得真，一切幻境不能迷乱；唯有修养的坚定，一切所好之物不能摇动其心，守得其志向。人们生活中耳闻目见，道理有许多，譬如饮食，每天进食饮，每天又必须让它消化吸收排泄出去，如果消化排泄不能净尽，停滞在腹中，日久则成疾病。

白鬓老人说：世间学道的人多如牛毛，大都是为了名利，在名利之外如此好学，如此用功的能有几人？所以吕祖说："天涯闻说人寻我，走遍天涯不见人。"言与行的结果竟是如此。

知

学习首先莫过于把所学的内容弄明白，明白的前提是弄清楚事物的本质与区别，必然是要学习之后再去思考，或者思考之后再去学习，直到豁然贯通的时候，那么就确实全然明白了，就能预知事物能发展到何种地步。

知道了事物的发展规律就会显得意诚心正，就可以按顺序而有所收获了。学习的人认识见解是有限的，而天下事物的道理是无穷无尽的，所以有知道明白的，必然也有不知道不明白的。等到明白了那些尚未明白的事物，仍然还有所未知的事物，所以诗人有"如切如磋"的喻义。人并非没有知识，然而获得真知很难。人们对于珍珠美玉的热爱，都想把它拿在手里，把它藏在怀里，为什么呢？大概是因为都知道它是货真价实的好东西。学道的人，如此能把道当作货真价实的宝贝，不怕不用功夫了。人们对于砒石做的刀具，都不敢用舌头去品尝它，用身体去面对它，为什么呢？大概是因为的确都知道它能伤害人啊！祛除自身不良的恶习，如此像面对砒石刀具一般，就不怕自身的恶习除不干净了。人们的心思本来就明白，只是被那些物质的欲望所蒙蔽便昏了头脑。如果知道是物欲所蒙蔽的，即便是在当下抓紧用力坚定，今天去除一些，明天去除一些，或者内心忽生欲妄，忽灭欲妄，只要自己知道明白就要反观内照，就可以不生不灭。如果能做到不生不灭，那么内心已经安定而且天元之性已到。现在你的气息一出一入，你还知道吗？知道而能依附于气息，就可以做到不出不入，到了气息不出不入的时候，则元气保全而生命长久的根基就确立了。

白鬓老人说：现今议论知识和行为，大都说的是学习认知容易而施行起来困难，岂不想到所知道的那些学识，都是圣贤的枝叶皮毛罢了。真实的精髓、确切实用的命脉，怎么能那么容易明白呢？人们如果有真知，必然肯定能够真切地施行，其中不肯真实地施行的，仍然是假知。

行

知与行，原本是合二为一的功课。要经常能够保持着这个知识，即是说能够去施行了，如果一刻不去施行，便是这一刻头脑昏了。君子以自身去体会大道，凡是自身所到之处，即是大道所在之处。所以说行有行的功课，立有立的功课，坐有坐的功课，睡有睡的功课。随所在之处没有私心杂念，随所在之处而做功课。凡是有施行不起来的，只是他的知识不真切，明白的道理若果然真切，自然就乐于遵循施行。所以说：学习的人不会厌烦把知识弄明白。如果见识道理不够真心实际，而且勉强去施行的，这种意气能够有多大？到了意气用尽、心思涣散之时，自然就施行不下去了。夜暮降临后，正是休闲安寝之时，随即应当收敛身心，安养神室，清静虚无，抱元守一，心息相一，形神不离。本然没有世间情感的缠绕，也没有深奥玄妙的道理去思索，乍看起来如同死人，这时才可以称为大休息、大停止、大沉淀。若只是睡梦中没有超出生活常态，没有莫名其妙的怪事和颠三倒四的错乱之事，只是说明心有主意有持守的内涵。等到来日早晨，是新的一天开始的时候，随即应当早起，寻找那些未曾做到和未弄明白的事情。勇猛精进，要有人一己百、人十己千的志向，积日成月，积月成岁，不管三年或五载，如此下去，而不能学到如圣人之功德的，还从没有过。时时刻刻都内涵养育着气息，做功运用呼吸瞬间不间断，每天如此，经月累年，学习的知识积淀融会贯通，就可以学习那些光明中之更光明的，读书中之书。有人问说：天理如何能全？回答说：必然要时时涵存内养。又问：人的欲妄如何能扫净？回答说：只能每天每天地消减磨损。人都有自身的本能和天赋，就是说，人不用学而能的和不用考虑就知道的，即是儒家所说的良能良知。然而良知的可贵在于努力达到，良能的可贵在于充实，努力达到而又去充实它们就在于勤学好问而已。我们人类的真元天性，灵动而又最为神明，念想才动即刻飞跃，看不到它的形象。如果想要它停留下来，就必须要观察它的踪迹。天机常留在眼中，内心如果安定，心里常保持清静，神气归于根元，日久滋生极重的珍宝，渐渐充盈躯体，周回流转于上下，遍体和熙如春，修炼内养纯粹熟练，可以对境而忘情，即可采取灵妙的丹药，运用元阳之气抑制元阴之精，养育成圣人的胚胎，可以名为真人。

白鬓老人说：常常保得住，知便是行。如果不是透过重重玄关的人，不能道破这一句话中真义。直到论述安心休息，日日进步时刻内存，涵养气息，积日累月，天理必然要时时存养，人欲当日日消磨。尤其是说十二时中，瞬间不能遗忘。

言

古代圣人、贤人的语言，都要如珍宝一样去看重，如果依照遵行既可以修养自己，也可以去度化别人。大凡看书籍，一定要融会贯通，弄清楚，弄明白，把其中的内涵放在自己身上体悟，才有得益之处。儒家的《大学》下手功夫，即主旨内涵全在格物致知，它的意思是探究事物的原理，从而获得知识，或者说使人们知道事物本质的能力，然后能使你认识人生百态。翻看佛经一藏，还不如修习一卷《心经》。修习《心经》一卷，还不如了解"观自在"三个字。《道德经》五千言，其中的要点全在"虚心、实腹"四个字。大概人的毛病在于喜欢议论别人的是非，学道之人的毛病在于喜欢固执己见。

人常要自我警醒，先前所学，有多少明白，多少的技能，近日所行所务，检点起来都是内心疾病，现在急要祛除。沉静思索起来，天下的治乱，人心的欲望，全都不予理会。人间是非，置之不再议论。学一个憨憨傻傻，昏昏沉沉，迷迷糊糊，没有万物，三界皆空，尘缘断绝，精神气息归于根本，如此大道已经证了，何又必要寻访明白之人？依照圣人的每个字去实践，每句话去印证，日期有限，切莫彷徨。言行一致，圣贤的人称此为君子。你若能做到言必行、行必果，不就赶上圣人了吗？不要被人讥笑为朽木和粪土。

有人说：你是儒家学者，却常常引用佛家之言，为什么呢？回答说：现今儒家学者，名利熏心，故弄些虚假文辞以眩惑世人，为的是攫取钱财地位，偶而也有厌世脱离尘俗的，出自儒家学者之中，不考虑什么美德、使民更新、教民向善的功德是何物，知所当止之地而后能有所收获是何等事物。他们的思想往往是违背儒家纲常而祈求仙佛之道，其实却不用明白我们儒者之所谓的圣人，就是道佛之所谓的仙佛。儒者如果把佛道的语言作为异端而不去讨论，仙佛之家也必然以为你儒家还不了解他们的奥妙，他们都会因此争立门户，各立坛场，纷纷纭纭，没有终了的时候。

白鬓老人说：每次看到世人观阅书籍的样子，就如同在大街上快马行走，大的段落尚且不能分别明白，而又何能探其精深玄妙之处呢？哪还能希望他们领会觉悟呢？古人说：书读千遍，其意自见。可叹啊！只是一味地匆忙，即使涉猎五车书籍又有何益？

省　察

省察，是省察我们内心世界，一天十二个时辰之中，有几个时辰在内观，几个时辰心在外驰骋。能省察的人，自然有他得益于自身的修持之处。过去有个叫陈烈的人，自己省察内心，用黑白两种颜色的豆粒记录，心起一个善念，取出一粒白豆，放置在盘中，起一个恶念，取一粒黑豆，放置在盘中。开始记录时黑豆较多，继续记录，黑豆、白豆各有一半，天长日久白豆多于黑豆，又过许久纯是白豆，没有一粒黑豆，又过了很久白豆也没有了。如此笨拙的计算方法，也有可取之处。省察即是觉悟和反观内照，战胜抑制弱点就是改过，内存涵养即是主导诚敬之心。大道虽然没有可修可证的外像，尘俗凡情也要日消日磨。人们只有一个心，常在内的是谁的心，忽然走在了外边的又是谁的心？如果省察得明白，而后就可以近道了。省察要细心，克制要果断坚决，内存的涵养要宽缓充裕。这三种操持的功夫，每天要运用到无功可用的时候就成功了。有人说：如果不假以施行功法，顿时超出彼岸，这要是在上智之人，或许可以做得到，不敢说人人都可能做到。

白鬓老人说：三种操持功夫，即是圣门口诀，有志于成贤成圣的，不要轻易忽略它。

敬

本性聪慧灵光，无善无恶无生无灭，也无增灭垢净，虽然禁锢蔽塞日久，灵光聪慧闪念之间可以灭失千般恶念而生出万种善意。只要保得灵光聪慧常在，又与圣人有什么不同？有人询问：如何能保持灵光聪慧常在，一定要有诚敬之心吗？只有诚敬才可以保持灵光聪慧常在。戒止不益，谨慎独处，恐畏提防，安定不惧，本来就是诚敬，兢兢业业也是诚敬。诚敬则不滋生妄想，也不顺从善恶不思所致的昏住，的确如此啊！存心的要领，就是修身的方法呀，自古圣人以此传授心法。人们只要正视短点和不足，端正行为，净化思想意识，自然在生活中就生诚敬之心。敬只是主导生活的一个方面，虽是主导的一个方面，有此一个方面，就自然使人没有邪僻的行为。心为一身的主宰，敬是内心表达诚的至高无上了。现今人们到了寺庙而生敬心，因为有神像在上罢了，然而却不想自己身中有一个真真切切的鬼神在里面，怠慢而不知道尊敬，这是为什么呢？程明道说：我写字的时候，非常诚敬，并非是要写一手好字，只因这是学习。程伊川说：周先生说过，专心致志就是没有欲妄。平常的人如何才能做到无欲呢？只有在这个"敬"字上用心思，慢慢体会，掌握控制得有分寸，只有如此下手用功，常常保持清醒的头脑，不使自己昏沉愚昧，一两天便可以看到效果。这是有了规矩方圆所致，有了准绳平直的结果。人只要内心把握着规矩和准绳就是做到了一个完善的人。所谓规矩准绳就是指礼的范畴，礼又以敬为根本内涵。国家没有礼义制度，盗贼就会肆虐，最终使国家法度丧失；人的行为没有礼敬，情感欲妄就越发旺盛，而且最终使自己丧身败德。

白鬓老人说：朱子解释"敬"字，说的是专注于一点，不要无所适从，或放任自流。诸多事情能专注于一心一意，就可以做到心的专一、精神的贯注，而且游动的思绪、浮躁的妄念自然就不能起来。道家称为"抱元守一"，禅家称为"不二法门"。

克　治

圣人有话说：为学日益，为道日损。所谓的"损"，就是要减少过多的欲妄以达到中和之道。减少或者损坏那些枝末邪径，回归到根本和正道上来；减损人的欲妄，返还到天真的理念上来。人情百态私心杂念，一定首先要克制自己，严以律己，克制自己如同克制敌人，必然事先知道敌人在哪里，而后才可以进兵，直接去捣毁其洞穴而且焚毁掉他们的老巢，消灭干净，使敌人没有遗漏，方才可以得到太平。自己治理应该合理严谨，如同农夫除草，一定要除去草根，而后才没有再生杂草的隐患。觉醒内察如同绑缚贼寇，一点不可以放松；克制私欲邪念如同杀贼，必须一刀两断。攻治人心情丝的方法，必然如此而后才能成功。攻克治理的意思是要除去他原本所没有的，需要明白的是他原本自己就没有，并不是克治之后才没有的；内存涵养的意识是保持他原来就有的善良本性，需要明白他本来就有，并不是因为内存涵养才开始有的。

白鬓老人说：开始进步的时候，人必然要如此克制私心邪念，做如此功夫，这样才是真正学道的人，将来可寄希望于成功，否则的话涣散怠慢，忽忽悠悠，开始勤奋后来懒惰，即使到了老年，也只是在路途中的汉子罢了。

止

《易经》说"艮其背，不获其身；行其庭，不见其人"。艮为山为止，寓意为不动、静止、停止、克制、沉着、稳定的意思，背如山而不动，身体也就不能撼动；即使走在庭院里，心中无物而无人。人的心思之所以不能够入静，皆因有太多的欲妄牵扯着。人的身体部位都可以运动，只有背不动；整个身躯都有欲妄，只有背部没有欲妄。所以周文王教导人们要把心念止住，如同背一样静而无欲。不获其身的意思是忘记有我的存在，忘了自我，滋生欲妄的根源就断绝了，是既安定而又静止。不见其人的意思是忘记有别人的存在，忘了有人情世故和外物的存在，那么可欲的事情就可以泯灭了，是有形体运动而心如止水。试想百姓安居乐业，国家繁荣富强，小鸟也会选择适益的地方安心居处，以繁衍后代。事物也各自有其当止则止的处所，更何况是人的身心居处呢？程子说：人的内心必然有所当止之处，没有所止就会随波逐流，人云亦云，心浮气躁，心无目的，怎能不妄念丛生呢？"止"有两个意义：一个是安心安定在此地而不再迁徙，一个是断绝这样的事情或交往而且不再重复。两个用意互相依存、互相配合，就是入道的好方法。

白鬓老人说："不获其身"，是没有自我；"不见其人"，是没有他人。可以想见，周文王当时已有无我、无人的观念，难道还要等到佛学进入中国之后，才有无我、无人的言论吗？

观

人只要清晨起来，整天里思绪万千，奔波劳碌，绝对不知道这个内心的去向，或许也有知道休息养心的，又大多使用强制逼迫的方法，强制逼迫必然反而伤害内心。《阴符经》说：火生于木，祸发必克。说的就是强制会伤害心性。人的内心极其灵活而且神明聪慧，应当平和它的本性，顺应它的规律来涵养它，但也不能让它有一丝一毫的放浪与不受拘束、一毫的勉强、一毫的间断，这样才是涵养内心的好方法。孔子所说的"止于至善"，就是处于最完美的境界；老子所谓的"似或存"，就是说看似或者存在；释氏所谓的"观自在"，我认为可释义为"内观自主存在"。大概来说，人的神明在心，而心的内涵灵动机关在眼睛，眼睛运用在内守，而心的念想也随之在内，所以称为"观自在"。观，即是指反身内观；自在，即是指内心自然的内涵。人如果反观内视很久，不只是心在，心的境遇也可以安定了，精神气息也已定了，恍恍惚惚如同刚刚睡醒，真切实际如同天地交泰，其中的玄妙有不可以用语言所表达的了。《心经》说：我从无量劫难而来，因内观养心而得道。现今太阳落山室内黑暗，这种黑暗不知从何而来，等到点起灯烛，这种黑暗又不知向何处去了。要知道灯烛并无驱逐黑暗的道理，黑暗也没有畏惧灯烛的情况，这里有了，那里没了，丝毫不费力气。灯光可以比喻觉悟内照反观，黑暗可以比喻无明念想。应当内观过去诸多心境，恍惚如同梦中；现在的诸多法度，迅速快捷得如同电光；未来的诸多法度，黑暗如漆无识不知。再观世间一切有为的法度，倾刻间就变坏，过去历经的受过的无限苦恼，应当快速远离。日常行、住、坐、卧都应当静止内观同时进行。止是寂静，观是聪慧机警。有人说：怎么样才是明心？回答说：虚心就是明白，显示诸法生灭变迁的生、住、异、灭四相都不存在了，万法都是虚空的。问：如何才是见性？回答说：平素的性情禀性，就是见性。不用认识，不用智慧，顺应自然之法则，达到虚空无碍。

白鬓老人说：孟子云"学问的道理没有什么特别的办法，只是寻求失落放逸在外的心而已"。《易》："成性存存，道义之门。"意为存在天元的本性，就是进入大道的路径。可见人的一个心思容易放纵，却难以收笼，学问的要紧处就在此，功夫的下手之处也在这里。如果能时刻回光返照，小则见性明心，大则成佛作祖。《了心经》称为"观心而得道"，并非虚诞的语言。

存 养

存养二字，原本不能分开，如果不能做到存，还要养个什么？内存其心便是涵养其性，心思未发动就要存养，心思已发动就要反省内察，私心杂念要克制，克制之后又要去存养，三个层面依次去运用，一刻不能间断。存心的概念，并非是用力把持，只要做到清静寡欲，就是存心。必须要明白这个心有觉悟就能回来，没有觉悟就要离去。一定要怎么样，而后才可以能经常觉悟，常止而不去呢？只是要在于把它练熟而已。我们经常看到饲养禽兽的，并非都是家中所养，只因为饲养得时间长了，已经与主人熟悉了，把它们放生了也不肯离去。更何况这个心，本来就是我心中原有的东西，涵养得果然熟悉，难道还有愿意离去的道理？朱子说：涵养本源的功夫，的确容易间断，然而才觉要间断，便是要接续之时，只要常常自我提醒，分寸间积累将去，稍久自然又可接续，只待扭结混合成一片而已。人身的精气神得到这样的涵养而自然生长旺盛，如若失去所涵养则死亡。可以尝试观察人们一天之内，得到内心的涵养而能增长有多少，失去它的涵养而逐渐消减精神的有多少。那么人的长寿与短命，完全就可以自己知道，不用占卜预测就明白了。学道的功夫要一天紧密一天，一个时辰紧密一个时辰，天长日久自然娴熟，与大道合而为一了。

白鬓老人说：人能反观内照，神气全都归于内养了，神气既然归于内养，难道还有不能却病延年的道理吗？邱祖语录中，用此话谆谆引导人们入道养生。存养功夫难以娴熟，娴熟时就可以混然一气，打成一片，在儒家称为"即心即理"，在释家称为"即心即佛"，在仙家称为"与道合真"。

戒

人类自从有了生命以来直到现在，都以情感欲妄做事，积习染着时日已深，一时间想寻求清静，并非容易，所以必然要把持守戒律作为先务。持守戒律的人必须要净心修养三业，三业是什么呢？就是指的身业、口业、意业。不杀、不盗、不淫，是净修身业；无妄言、无绮语、无两舌、无恶口，是净修口业；除贪、除嗔、除邪念，是净修意业。视、听、言、动如同孔子的弟子颜回的四勿，即非礼勿视、非礼勿听、非礼勿言、非礼勿动。这是持守戒律的至理名言。好胜、骄傲、忌刻、贪婪，像孔子七十二贤人之一、甘受清贫的原宪说的不去实行它，就算是做到"仁"的地步了，这是粗俗的持戒意识。孔子说君子有三种宜加警惕的行为，《论语·季氏》君子有三戒：少之时，血气未定，戒之在色；及其壮也，血气方刚，戒之在斗；及其老也，血气既衰，戒之在得。宋王应麟《困学纪闻·杂识》齐斋倪公三戒：不妄出入，不妄言语，不妄忧虑。清沈复《浮生六记》："卫生切要知三戒，大怒大欲并大醉。"大概是说君子常存警惕和审慎之心，《礼记·中庸》"是故君子戒慎乎其所不赌，恐惧乎其所不闻"。一生之中也不要因血气的一时旺盛而招致遗憾。孔子又说：君子有九思，即"视思明，听思聪，色思温，貌思恭，言思忠，事思敬，疑思问，忿思难，见得思义"。大概是说君子内心常常保持着清醒、聪明机灵的状态，不用特意地持戒，而自然没有不在戒之中。《楞严经》说：摄心为戒，因戒生定，因定生慧。

白鬓老人说：净修三业是禅门之戒，四勿、九思是儒门之戒。初学修道的人，不得不时刻遵行。道家之人，不得不件件清扫了却。

定

《定性书》说：所说的定，外动中有定，内静中也有定。与其说是内定而非外定，倒不如说内外的两个方面全都忘了。两者全忘了，那么心中就澄清安定无事了，无事了就会自然安定，哪里还能有什么应事接物的牵累呢？内心本来就想安定，究其不能够安定的原因，就是念想的确常常在牵累着呢。如果停止念想，内存其心，没有什么可以扰乱这个心，那么内心自然就安定了。云门宗说：初禅念住，二禅息住，三禅脉住，四禅灭尽，即可进入大定了。又必须要明白定中的道理有三个内容：一说天生定，就是说本来的性情喜欢寂静安泰，原本就不喜动；二说修成定，就是说涵养内炼比较纯粹，自己的性情已至澄彻光明之地；三说宇泰定，就是说内心虚静顺应道理，行为与物无事。《庄子》说：宇泰定者，发乎天光。这里说的宇，是指心宇、心胸；天光，即清静光明透彻无尘，慧出于人的本性，喻为天光。人生多贪受浊乱，遂至昏迷，性迷而天慧不生。如果能够归于泰然安定，身动而心止，虚静而泰定。如《易》之地天之泰，内心空无一物，虚怀若谷，自然地雷复而内在的精神静极而生动，智慧天光则自然发生了。《庄子》又说：古之治道者，以恬淡养智，智生而无以智为也。古代学道修道的人内心恬静淡泊，心身安泰，精神内涵，即使身强体健，聪明智慧，也不因有智慧、有思想、有能力而去胡作非为，而是以智养智，有智而不以自己的聪明智慧去妨碍、去攫取，或者不当地作为。他们的心态行为常常仿佛处在恍恍惚惚、昏昏沉沉、似睡非睡的状态，他们对世上之事都没有兴趣，内心如世外桃源，又好似把自己封闭在一个地方与世隔绝了，他们的身心如寂静的夜晚，如耸立的高山一样泰然不动。如此内外环境的融合有个中三味，得其三味，如寿境吾先生祖训：布衣暖菜根香，诗书滋味长。佛学的三味，就是修行中的三重境界：定、正受、等待。如在诵经之前要清除杂念，神思安定专注，过程中要专心致志，始终如一，如此才能领会经义。古人对读书感受的比喻说：读经味如稻粱，读史味如肴馔，读诸子百家味如醯醢。总之其因是要做到止念内观，其结果就可以做到泰然安定，聪慧生，天光发。

白鬓老人说：所谓的两忘，就是颜回说的坐忘，能够做到身心与外物两忘，何愁不能安定呢。

慧

俗话说：人的内心就像止水，澄清之后可以照见须发眉毛，并且清澄可生聪明智慧，一旦挠乱它，天地万物就颠倒混乱变换了位置。需要明白生慧的道理有三个内涵：第一是人空慧，人若进入虚空的慧觉，就会了悟到无生、无我、无人；第二是法空慧，各种阴暗不明，不能放在人前，阴冥之事，阴类之物，各种思想思虑，万法万缘，全都是虚假，并非实有；第三是空空慧，就是说了却境遇，心中没有境遇之念，而因事、因人、因境遇中所生出的智能、觉悟、事理，全都是虚空没有的，这个虚空的想象、形象、明暗……也是虚空无形、无象、无色、无味、无方、无圆……当初开始修炼入定的人，忽然觉悟到生出了"神通"，或者潜意识中略微知道一点宿命，或者过去未来的一点点小事，或者知道一点他日未来要发生的事，或者能得到他人的智能，知道他人所思念之事，他人的忧虑、分辨、才智等等，无所阻碍，无不透彻。若有此现象也不要自恃与佛道仙佛有缘，仙佛点化，或者说仙佛神明入助等等，其实没有什么奇怪的，儒家所谓精诚所至，就可以预知未来之事。学道修养如果到了这个阶段，往往就有一些人为此而贪享世间福禄，攫取名利，期望众人尊敬恭维，都属于有妄心。如此一来，精神元气不能完全固密，最终大都会在得道之后遗弃肉体而离去，和凡俗一个模样，或者不留遗体，只假托一物，如衣、杖、履或者平生所好之物，遗世而升天，道门称为尸解。必须急忙抛弃如此的心态嗜好，有这样遗漏的方法，纯属内心空虚妄想之症，是入道之魔障、阻碍进道的绊脚石。《道德经》说：众人都那么清楚明白，唯有我独自暗昧昏庸，众人都那么精细严谨是非分明，唯有我独自淳厚宽宏，心中无人无我，无是无非。

白鬓老人说：水澄清可以照鉴鬓发眉毛，内心澄清可以了却生死之苦，清澄到无我无人之处，便是与生地不相干系的地方，鬼神也窥测不破的天机内涵，所以称为到了极乐世界。

诚

儒家的《中庸》一书都是讲的"诚"字。《中庸》的思想是教导人们自觉进行自我修持、自我督导、自我完善以达到至善、至仁、至诚、至道、至德、至圣，契合于天地人之道。天性与人性，理性与情感，鬼神与圣人，以至于心身内外合于大道的理想，基本教条就是中庸之道，中庸的表现形式就是至诚，所以期望于"致中和，天地位焉，万物育焉"的境界。其主要坚持固守的原则是慎独自修，忠恕宽容，至诚尽性，选择善良平和的天性，坚持至诚原则，是求诚的首要之事，尽人物之性则可以参赞天地之化育，与天地相参，这是取得至诚功果的原因。至诚而尽人物之性，即可发挥人物善良的天性，达到理想的圣人境界，这也是天地之大道。内存诚，可尽人之性，尽人之性可称为贤人，表现的还是离不开人生之道。效法于天地的乾健和厚重，始能成就人生，尽人事知天命可以与天道相合。所以说：遵从至诚达到的目的是一样，成就的功业是相同的。天地的大道理唯有至诚，才能生育万物；帝王的大道理也只有至诚，才能够教化万民；圣贤的大道理也只有至诚，才可以使得万物应有尽有，和谐其生。

慎独过程与诚不谋而合，它要求进行自我的修持、督导、完善、约束。《中庸》云：道也者，不可须臾离也，可离非道也。是故君子戒慎乎其所不睹，恐惧乎其所不闻。莫见乎隐，莫显乎微，故君子慎其独也。慎独至曲己宽人，是日用修行之时，寻求至诚最要紧的功夫。至诚可以动达天地，而且感通鬼神，充盈天地阴阳之间，没有一处不能见到鬼神。人虽然不见鬼神，而从没有看不见天地的。天地是一阴阳，鬼神是一阴阳。鬼神是天地间阴阳消长动静变化的奥秘，天地之间是鬼神玄妙变化的痕迹。君子是指有学问有修养的人，他们都敬畏天命，也就是人们所说的敬畏鬼神。世人有敢做那些不够良善的事，只是畏惧别人知道，却不害怕上天知道。畏惧人们知道的人是虚伪的人，是人们所说的小人；畏惧上天知道的是诚实的人，是有修养的君子。

白鬓老人说：儒家的思想是去尽虚伪，就达到了至诚。能做到至诚的，就是人们常说的"知行完备，至善之人"，即"才德全尽，止于至善"的圣人。道家修养，炼尽阴暗自私的心，成就纯阳之性。纯阳，就是真人的别称。难道还不明白至诚就是纯真，真就是至诚的意思？古人说"天下无二道，至人无两心"，的确就是如此。

孝

孝，是百种行为的根本，万种善行的源头。修养自身奉行道义，是终其一生，立身处世的大孝行；服侍老人，奉养其晚年，是一个时期的孝行。《礼记》：父母全而生之，子全而归之。就是说父母完好地把儿子生下来，儿子也要完好地把身体归还于父母，每天的行为举止、视听言动，都不敢忘记父母，每天反省自己，不要做伤害身体、丧失孝道和羞辱双亲的过错，这样才可以称为孝道了。我们曾经也说过，天地完好地生育了人类和万物，人类和万物也要完好地把自身归还于天地。举手投足之间，开口动念之时，不敢做有违天地之道的事情，不行有损身心、丧失天地之性、悖逆天理良心之过错，这样才可以称为"仁爱"了。父母就是一个家庭的天地，孝子侍奉父母，如同侍奉天地，父母爱护子女，高兴得忘乎所以。父母即使讨厌子女，仍然是一如既往，任劳任怨。天和地如同万物的父母一般，天覆地载，人间万象，应当如同侍奉父母一样。无论是荣华富贵，境遇通达顺利，安处在高位之上，而且不脱离出孝的准则，或者身处贫穷低贱甚至罹患灾难的境地，安心承受也不能有失于正体。有人询问说：父母都不在了，还能如何行孝呢？回答说：你的身躯，就是父母遗留下来的，谨慎保养守护它不要有所损伤，就是和孝敬父母一样。人的本元之性，是天地降下的元和中正福善之气，擅于养育它而且不要丧失它的本质，就是所说的侍奉天地。

孝，又是说的人世间的道理，并非神仙中的事，然而想学习修炼仙学道术，企求长生不老，必然是先要修养人世间的孝行。人世间的道理尚未圆满，学仙求道必然难以完全，人世间的道理和神仙世界的道理是一致的，两个方面要参合比照施行。圣贤与凡俗具有同样的使命，哪一个人没有父母而能胚胎生育长大成人的？何况孝的内涵是品德的基础，天地的良心，人生旅程中要必然走的路，人生命中的根本内容，所以成为一个人必然要确立德的基础。天地的良知良能，完善人生路程里必然要走的路，坚固人生命中的根本内容，人世间的道理是如此，而神仙世界中的道理何尝不是如此？如此坚固根本、培育好元始本性，就可以成为一个和天地合其德的人，即可以学道而成为神仙中人了。如果不如此做就不能达到完善而作为人的基本内涵，又岂能去学道成仙呢？如果以以上的良知良能来求得大道，有什么样的大道不能得，以如此的良善品德去修学大道，还有什么样的大道不能修成？过去有一位叫杨无名的人，只是一位农民，然而特别好道修行，因为家里贫穷，却又竭尽全力奉养双亲，把最好吃的孝敬给双亲。有一天听说四川有一位称无际大士的，得到高人指点，在修养上已达到很高的层次。于是扬无名辞别双亲，前往寻访，路上遇到一位僧人问他要去干什么。他告诉僧人说：想去拜访无际大士。僧人说：见无际不如去见神仙。询问说：神仙在哪里呢？回答说：你只管回家去，遇到穿着某种颜色服饰的就是神仙。于是那位农民就又走回家来，一路上没有遇到什么，夜晚到自己家里叩门，他的父母听到他又回来了，非常高兴，立即披着衣服，却倒穿着鞋子出门来迎接，就是僧人所说的要见到的神仙形象。无名这才觉悟，知道父母才是至尊至上的神仙。不用仰慕他人去向外求索了，从此以后孝心更加坚固。无名十九岁那一年，全家都得道飞升了。大概因为一念的孝心，神明自然就知道；一生一世的孝心，神仙自然爱敬。孝子贤孙的家庭景星庆云，吉祥之气常常围绕着，善神在很远的地方也关照着。没有孝行的家庭常常戾气冲天，凶神恶煞在他们门前，难道还不可怕吗？

白鬓老人说：人能够成为圣人，那么人们自然就称他的双亲为圣父圣母；人能成为神仙，人们自然就称他的双亲为仙父仙母；人能成佛，人们自然称他的双亲为佛公佛母；人如果庸碌一生，我们就不知道人们该如何称他的双亲了。

德

现在的人们，因学道而又得道的，很少见到了。并不是因为道如此难得，而是因为学道的人明悟的未必是真切实际的道，即使有真切实际的，也因持守得不够坚固完善而不能有成果。学道以德为基础，俗话说：道为体，德为用。修道必然先要修德，修德的功用，从明白道的真机而开始，崇奉德的功行，自从至诚的真意开始，修德的行为，从改恶为善开始。圣明的人曾有话说："含德之厚，比于赤子。"人当初生之时，哪一个不是赤子呢？把日常生活中的不良习惯和沾染的不良习气扫除净尽，还原我们当初赤子的本来面目，所说圣人的品德就如同赤子一般。君臣、父子、夫妇、兄弟、朋友，这五种关系，是天下通行不变的大道，舍弃这五种关系而去谈论道，那一定是外道了。智慧、仁义、勇武，这三者是天下通行不变的大德，舍弃这三个方面而谈论品德，是悖逆于品德的事情。古代的人，有一怒而安定天下的，我们现在可以一怒而安定这个心思吗？这样就可以称为大勇了。尤其还要看重这个智慧而辅助它，运用仁义、仁爱而成就它，有智慧的就能觉悟而且不迷惑，在仁义、仁爱的境界里就能纯粹而不沾染杂质，三者具备可以说是至善的大德已然铸成，大道就开始巩固了。孔子说：据于德。据，就是固执的意思，只有固执才能一得永德，而且不再失去这个德的本性了，日久则熟悉了，熟悉了就要变化而为仁义、仁爱。

白鬓老人说：朱子说德是得的意思，行道而有所得益于心。我们平日里应当下决心自我检点，果然有真的智慧吗？果然有真正的收获吗？纵然有一些所闻所见，也不过是浮浮泛泛，轻描淡写，雾里看花而已。果真有的话更应当自我勉励，没有的话就自寻安适吧！

仁

仁与人音义相同，人本有仁爱之心，做人而没有仁爱之心，即使是一个普普通通的人也将没有立身处世的地方。我们认为儒家所说的仁，就是佛学所说的舍利、道家所说的金丹。心是仁的房子，心内涵仁，仁又是心的主宰，心思活动以仁为主。只要把这个心打扫干净，随时就能觉得元气恢复、神清气爽，四肢百骸无不精气盈满，气脉畅达。回头看看大千世界、万事万物，也都和我等一样有自得其乐的景象。所以孔子说：一切都要按照礼的标准去做，这就是仁，一旦如此去做了，天下的一切就都要归到仁的境界里去了。有助于天地间万物生生不息、欣欣向荣的道理，表现在人的内心，就是我们所说的仁，因而取义能够生生不息。世间瓜果其种子的内涵也称为仁，也是取义能够再生的缘故。人们为什么不把这样的生生不息的道理存放在内心呢？

吴临川说：内涵仁心的人长寿，我曾经依恃这样的心境去观察天下的人。大概是气血和平的长寿，质地慈爱良善的长寿，气量豁达宽宏的长寿，形象外貌忠厚沉稳的长寿，言谈简单默默不语的长寿。长寿的根本原因大概分为温和的人、慈善的人、宽宏的人、厚重的人、简默的人，都是由仁而发端衍生出来的，他们的长寿是必然的。临川总结道，只要有仁义、仁心、仁爱的一个小方面，即是具备了长寿的条件，如果连同以上的五个方面能在一个人身上全都体现出来，那么这个人的长寿不用计算就可想而知了。"仁者乐山"，山作为一个东西、一个物件，从古至今永远也不会改变，任何普通物件的长寿都是不能和大山相比的。大山能够常常保持安静，具有仁心的人也常常保持安静，安静则精神凝、气脉和，如果人精气盈满，形体必然坚固，岂有不长寿的道理？

白鬓老人说：颜回询问关于仁的道理，孔子教导他约束自己，使言行符合礼，走刚健自强不息的道路。让他对非礼非仁之事一刀两断，即是禅家所说的茅塞顿开，一下子觉悟了。再雍向孔子咨询关于仁的内涵，孔子教导他在生活中居止要诚敬，行为要简朴，施行宽宏厚重的风范，让他循序渐进，不要急于求成。这也是禅家所说的长时间修行而后到达悟境之教法，称为渐教。孔子的家乡就已用这个方法教导人。法即一种，又何必把它分为南北迟疾渐顿呢？本身就有顿渐的不同，只是要因时因地因人而异。

静

周子说：圣人主静立人极。所谓的极，就是人生处世的大中至正。圣人主于静，并非以安静作为善的根本，所以才主导立主于静，而是因为只有静万事万物才没有可能挠动混乱圣人的内心，万物万事不能挠动混乱其心思，此时不求静而自然就安静了。现在求静的人，没有得到真传，却都说"紧锁心猿，牢拴意马"，等到实在拴锁不住的时候，又说这个心思始终是不可能得到安静的。怎么不想想，这本身是不明理的过错。如能做到对某一事物完善地理解就算是真的明理了，明理就可以得见天下的事理，什么都是停停当当的，一丝一毫的私心杂念都不能染着，这就是所谓的知止而后能定，定而后能静，静而后能安。这句话的本意是知道应该达到的境界才能够使自己志向坚定，志向坚定了。才能镇静而不浮躁，镇静不浮躁了才能够内心安定。养生修道的意境是外忘名利则身安，内忘思虑则心安。人们也都说：身安便是福。我们进一步说：内心安定便是修道开慧的途径。慧可曾对达摩祖师说：心尚未安，乞求老师帮助安心。达摩说：拿心来，我与你安。回答说：寻找心，一直没有得到。达摩说：我已帮你安好心了。他的口诀是：三际求心心不有，寸心觅妄妄原无。妄原无处即菩提，是则名为真得道。告子说的不动心念，就是不去寻找、不去求索，得不到也不去求得，把它遗弃而且不因此动念，后来那些身如槁木、心如死灰的枯槁修士，都是与告子一样的人。若不是对修道有见解的人，谁能明白其中的谬误呢？

白鬓老人说：人能做到内忘思虑、外忘名利，那么主导安静的功夫就不言而喻了。如果思虑未能断除，名利不能扫净，纵然能够入静片刻，又怎么能够长期把握持守？这与自然而然地看破与未看破只有毫厘的分别，其效果与达到的境界却有天壤之别。

乐

世间的快乐，没有能与获得大道之后的快乐相比的。士人和普通百姓获得大道，其中的快乐胜过皇家贵族所享受的荣华富贵。世间的苦难，没有能与丧失道义之后的苦难相比的。皇家贵族、王侯将相丧失道义之后，其苦难要大于以乞讨为生的乞丐。一天在学道，就有一天的快活，天天在学道，就自有天天的快乐，终其一生在学道，就自然有终生的快活。学道原本就是安乐法门，所以说圣明的人学习总感到不满足，好学到不知厌烦的地步。周茂叔（敦颐）教导程颢、程颐，请他们寻找孔子和颜回的快乐之处。说：这样的快乐，在不同人的身心中"反求诸己"，挖掘内心深处则快然自足。孟子所谓君子有三种快乐：第一种快乐是天伦之乐，父母都健在，兄弟没有病患，这是第一件称得上快乐的事情；第二种快乐是性分之乐，指对天性人心而言，仰头无愧于天地的覆载，低头不觉得对人有惭愧的地方；第三种快乐是名教之乐，就是希望能遇到天下优秀的人士并教育他们。如果其中的快乐是由天地自然和别人去体验的，我就不能肯定快乐的真实性；如果其中的快乐是由我们内心觉悟到的，为什么不尽享其中的乐趣呢？现今还有哪些人不被别人役使呢？还有不被外物所役使的吗？还有不被自身的形体所役使的吗？人们如果能去除这三种被役使的桎梏，就可以和他们谈论快乐了。常常看到那些忙忙碌碌的人，筋疲力尽，一旦得以把身心放下，便觉得快乐。学道的人若能把身心放下，要比世俗的人多万万倍的快乐。多年前，我曾经在盛夏炎热天气步行去远方，看见老人们坐在树荫下乘凉，认为那是极其快乐的事了。现今闲来无事，坐在树荫下乘凉，却并不感到有什么快乐。早些年是因为以劳动者的眼光看那些悠闲安逸的人，所以才有那样的感受。从这个心思上看，贫穷的人去观察富裕的人，低下的人去观察显贵的人，大概都是同样的道理吧。为人处世要根据自己所处的位置而行事，不好高骛远，也不怨天尤人，才能够没有做不好的事情和自得其乐。凡是原本自己以外的心思全都是无益的，一切宿业债务因果、是非功过都是由这个超越本分的原本之外的心念而引起的，岂能再不慎重？

白鬃老人说：学道为安静快乐的法门，然而人们都看作是苦差事；名利是极其苦恼的事，人们反而以为是快乐的。聪慧的眼光和世俗的眼光对待事物不同的认识，原来有如此大的差别。

太 极

太极是两仪的祖炁，两仪是天地的祖炁，天地是万物的祖炁，使用祖炁去修就坚固，取祖炁书写符箓就灵验。太极在我们人身中是指的玄牝，就是真精，玄妙地结合自然而完成，是精神气机的根本，而且又是人身心性命的关窍。大概的要点是观察天道的奥妙，掌握地理情形，天地的道理全然概括进去了，一阴一阳两者相互配合，就是天地的大道理。日月运行，白天和夜晚的相互交换就是天地的运行。所以《易经》说：天地设位，而易行乎其中矣。易就是指的坎、离、水、火。圣明的人明白了其中的道理，所以才以乾天坤地作为鼎器，把金乌太阳和玉兔月亮比为药物，其中内涵的消退、增长、充盈、空虚的多少分量，又作为火候的大小标准看待。《阴符经》说：日月有数，大小有定，神明出焉，圣功生焉。总而言之，盗取天地阴阳的玄机逆取而用的义理全都不言而喻了。天地既然确定，日月运行，照耀交光，而自然造化生生不息的妙理就蕴含其中了。日月代表着天地阴阳的精神，在卦象代表坎、离，离中之阴，就是太阳的精气；坎中之阳，就是月亮精髓。炼内丹的道理是以金乌玉兔比喻药物，只不过是想把它们同五脏的精气做比较，仿照天地日月阴阳和人身做比较，逆取其天机而运用在修炼内丹养生方法上罢了。其中所说的药物，滋生产出有时令节气，采取按斤两，颠倒运转有法度。其中的要领是在月出庚位的开始，真铅发生在天癸之后，此时日月交光，阴阳和气，自然而成，所以内丹的丹字与日月相似。有人询问说：为何称为金液还丹？回答说：因为以其既已失去而复又得到叫作还；又因为要采取水中的金，混合自己的真汞而成，称为金液。

白鬃老人说：太极在天为道理，在人为本元之性；两仪在天为气，在人为生命。其实理外无气，气外无理，可见性命并非是在两处，修性即所以养命，如同充实了肚子，即所以在于虚心。

中

古代圣明的人，相互传承的只是一个"中"字。不偏不倚就是"中"的大体，无过与不及就是"中"字的运用。唐尧说："允执厥中。"就是言行符合不偏不倚的中正之道。执中兼动静而言，虚静则执守此中以存养心性，动作则执守此中以应事接物。允是承诺、答应的意思。内在的含义有因时随事自然执守中正和平之道，没有一毫一丝勉强间断的用意。虞舜说："惟精惟一。"真知灼见于玄妙之道，称为精；始终不二，称为一。即是说人必然有精确唯一的思想，又有一心一意专心致志的持守，而后才可以做到执持其中正和谐之道。"允"字的内涵已经概括了这个意义，唯恐人们不能理解，所以又一次明确地说出来。《尚书》云：人心惟危，道心惟微，惟精惟一，允执厥中。这是舜帝告诫大禹的话。就是说，人们的心思是危险难测的，体道之心微乎其微，只有清心静意、专心致志、精诚虔敬地秉行持守中正之道，才能治理好国家。人心唯危，道心唯微，有私心杂念就是人心，没有私心杂念就是道心。其文义在于说明人心容易染着事物而旺盛猛烈，然而学道行道修道的心容易被淹没，这是说危险和微小的玄机异同，用以警示人们，希望人们谨慎地执守中正之道。李延平敬谨地端坐一天，用以检验自己，在喜怒哀乐未发生之前，身心气象有什么感受，寻求所说的"执中"之意境，如此这样地端坐了很久，才知道天下之大，原本的真性奥妙就在其中了。所以说：学问不在于能言善辩，只要沉默静坐澄清心思，体验天道生生不息的道理，天理如果显现，人的欲妄私心杂念就自然消退了。李清庵说：持守的这个中正，并不是指中与外相对的这个中，也不是指四方的中间，又不是自身所处在中间位置的中，只不过是指念头不起的时候，就是所说的持守于中正之道了。因此圣明的人，以持守中正之道而洗心涤虑，把凡俗之心退隐藏于秘密之处，不露行迹。

白鬃老人说：念头不起的时候就是所说的守中，清庵这句话真可谓画龙点睛的手段。延年先生每天敬谨端坐，以验证喜怒哀乐未发生之前的身心气象，正是说的"允执厥中"。天长日久功深时刻，人的私心杂念自然变化为天性正理，妖精尽都教化为如来，其中的功夫全在于洗心涤虑、退隐藏凡的方法。

学 圣

古人有话说：人们都可以成为尧舜。尧舜是天生的圣人，商汤和周武王是通过学习才成的圣人。老君说：我并非圣人，只是通过学习才成圣人的。有人问周茂叔（敦颐）说："可以通过学习而成为圣人吗？"回答说："可以。"又问："有什么要领吗？"回答说："有要领。""请问要领在哪里？"回答说："专一就是要领。"一就是没有私心杂念，没有私心杂念的遮蔽，行为无彼我亲疏的分别，内心自然虚无清静，行为就没有阻碍；清静虚无自然明智，明智就无所不通达；行为没有阻碍，是有公心公正的体现，公心公正就可以博施仁爱，到了明智，公心公正，博爱通达，自然就成了。学道便是学习圣人，我们本身就内存着大道的元素，并不用从外面寻来。圣贤并不是断绝了品德，可以通过学习而达到，我们普通人的性情和圣贤之人等同，若能尽有天元之性，即可成为圣人。参加科举考试的能中举人，这是人人都知道的事情；学习圣人的能成为圣人，为什么都不知道呢？我的老师相信自己可以成为圣人，所以学习起来从不知厌烦；又预见世上的人都可以成为圣人，所以教导别人而不知疲倦；又想用圣人的道理教化天下百姓，所以周游列国；又想将圣人的道理流传到后代，所以著述《诗》《书》《易》《礼》《乐》《春秋》六经，使它们传于后世。儒家所说的圣，即是僧道所说的仙佛，佛是觉悟的意思，仙是山的意思，这是古代以来命名的大义。我观看"佛"字，更有说法，佛字是人字旁又加一个弗，弗是不的意思，内涵不存有人的欲妄之义。人若能做到人不做的事情就可以成佛了。仙字是人字旁加一个山字，山是静止不动的，内含着常常安定、常常静止之义。人们如能像山一样，就可以成仙了。放下便是佛，提起就成仙。如何能做到圣人，只有专一，而没有二和三，看来儒释道都以无欲而成。若有贪心反而学儒释道的，终将百无一成。有人询问说，想学圣人，只是不良习气难以根除怎么办？回答说：只是你不愿意根除，因此说困难；如果愿意根除它，立时可以消除。为什么呢？一切不良习气都由精神空虚、胡思乱想而来，内心迷惑了就觉得仿佛存在；内心觉悟明白了，就会认为那些都是虚妄，并不是因为觉悟了才开始认为是虚空，其实本来就是虚妄的缘故。

白鬓老人说：大道我们本来就有，并非从外而来；圣人并不是有无人能及的品德，可以通过学习做到。这四句话，可以打开入圣超凡的殿堂，增强学习圣贤的精神。孟子生于孔子百年之后，还是愿意学习孔子，所以直到今天，人们通称孔孟之道。

坎 离

有人说：《易经》的基本内涵是由八个卦象组成的，而求道的人大都只谈到坎离寓意着什么，为什么这样呢？回答说：乾卦为纯阳，坤卦为纯阴，乾南坤北相对，这是先天八卦方位的体现。乾的阳爻一动便是歪风邪气，所以乾卦的中爻直接进入坤卦的中爻而止，则乾卦变为离卦，坤卦变成坎卦。北南二极是天地的两个枢纽，先天卦位，本是乾坤居于南北，现在却退居到无用之地，而以坎离两卦位代居北南之位，这是后天的运用，开始施行的时候，坎的真气化而为铅，即是天一所生的水，离的真精化而为汞，即是地二所生的火。所以男人得到其元精，施用精的要化育，所以顺则成人；女人得到其元气，施用气的就昌盛，所以逆反而运就成仙。用先天尚未挠动的真铅，制约后天久积的真汞，就会相爱相恋，如同夫妻子母的亲缘而不忍分离，都是自然而然的事情，也有不知道他们是因为什么如此依恋的。离为日，日乘阳精，而离卦中爻却是阴，这是阴藏于阳之宅舍了。拿人身的阴阳论说，少阴之数为八，男子得之，所以二八一十六而真精通；少阳之数七，女子得七之数，所以二七一十四而天癸至，这岂不是阳得阴数，阴得阳数，两者互藏之义？由此可见阴阳之道。所以说：人想求道，必然使得坎中之阳爻复入于离中阴爻，然后才可以恢复纯阳的乾象而修证大道。然而阴中的阳爻以运动为主，所以当取坎之时，只有谨慎其中的运动；阳中之阴爻以宁静为主，所以当填补离之后，要给予静养为主。

白鬓老人说：施用精气的易于变化，这是世人皆知的事；施用元炁的昌盛，这一点人们都不明白。用先天尚未挠动的真铅，制约后天久积的真汞，这两句话已经泄露了一部《悟真篇》的隐秘，得到此书真诀的人自然知道。取坎之时，只是要提防其中的运动，填离中之阴之后，要给予静养为主，尤其为要紧的口诀。

开 关

人身之中有任督二脉，在胞胎未出生之时，任督二脉运行而无间断，神气混合，属于先天之时。等到胎儿出生，脐带断绝，二脉遂分开为二，任脉主导全身之阴气，起于承浆穴而终于长强穴；督脉主一身之阳气，起于会阴而终止于人中穴。阴阳从此不交，前后由此间断，泥丸再不能与丹田相通，丹田之气不能与尾闾直透，关窍从此不通，变化的机理没有根本动力，以自身禀受真元之气的深浅作为人生寿命的长短，自从出生之后，就已经确定好了死亡的日期了。古代先贤，精通养生的人，能够跻身于长生之列，大概是擅于运用周天升降、河车运转的方法，使任督二脉相接，循环无端，三关开通，周流而不滞涩。这个方法在子前午后，盘膝端坐，四门紧闭，两目内观，湛然如停流的止水，寂静得如同空无一物的房室，未来的事情不去想它，已经过去的事情不再思量它。内心无思虑无生灭，气息不出不入，调和心意气息很久，贯注丹田气海，守持气机不使散失，这时才感觉丹田气动，即可将鼻息紧闭下腹，微微协助用意念使气通贯尾闾，尾闾通过即将谷道轻轻提束，舌抵于上腭，用意念升提气机，慢慢缓和运达上至泥丸。泥丸有气贯注，就称为还精补脑。不大一会儿，化为甘露。又从鹊桥而下行，即将舌放自然，会咽部开通，用意念轻轻送回元海，这是一个小循环，如此运行三百六十为一个周天。运行的时间越久，自然气机流行运转，骨节疏通，三个关窍逐渐开通，任督二脉不久恢复连接，又好似泛流在水道之中，能感觉到它的疏通，精神进入一切奥妙变化的门径，元精不走，了却这一个事情，即可以长生久视。至于说抱元守一，契合于虚静无为，脱离凡体，形神俱化，另有玄妙的层次，实际是从此一段开始的。

白鬓老人说：调养气息的功夫，一旦制伏着后天之气，积气直到开关，自然可以返还于先天的路径，即所谓的寻找来时之路。

就 正

孔圣人说：君子食无求饱，居无求安，敏于事而慎于言，就有道而正焉。孔子做事专心致志、勤奋劳苦，可以说是学生们的宗师了，还要向有学问有道德的人请求指正，并不是他过于谦虚了，而是为了求得更有益的佐证。的确是有见识，只不过天下的道理是无穷无尽的，一个人的学问是有限的，所以说像大舜那样，虽然我们公认他是圣贤，他还要好问而又擅于观察，即使别人的话很浅显，他也会认真听。放弃私人的见解，遵从天下的公理，乐于吸取别人的优点来修养自己的品德。颜回也是一位大贤人，自己有才能却向没有才能的人请教，自己知识多却向知识少的请教，有学问却像没学问的人一样，知识很充实却又好像很空虚一样。自古以来，真正的圣人并不以为自己就是圣人，所以如此一来就必然能成就他圣人的名望；真正的贤人也并不自以为就是贤人，所以最终也必然成就其贤人的名声来。现在的人并不以为然，自己说遇到了名师，却又不去审察这个老师的真伪；自己说听到了关于修道的真谛，却又不省察这个道的浅深，往往是误入旁门，盲修瞎炼，始终没有成就。他们都认假为真，却又执迷不悟。即使有人怜惜他们的错误，告诉人们正确之道，他们也不相信。《易经》云：一阴一阳之谓道。仁者见之谓之仁，智者见之谓之智。现今有诸多学者，谈论关于修道养生的话题，都可称为仁智的见解。寻找其中的根本和枝叶以及大概的思想方法，上下始终全都完备，性命双修，道明德立。一定要等到特别爱好的人士，常常怀着求证之心的人，才可以和他谈论道学的精髓。有道之士，可以成就自己，成就事业，可以广泛适应，无不恰当。譬如洪钟，大叩则大鸣，小叩则小鸣，不叩则不鸣。若不叩而鸣，那么人们就会以为这是一口怪钟了；若叩之不鸣，那么人们就以为是一口废钟了。所以说有道之士因人而施教，就不至于错过人才，也不至于出言失当。有人询问说：当今世上，纵然有一些仰慕道学的人，怎奈不能遇到有道之士，这是为什么呢？回答说：世上的经书，都是有道之士所撰著流传下来的，从经书中去求证，只要不悖离经义，这样看来可以作为我老师教导我的人不就有很多了吗？

白鬓老人说：寻找有道的人去求证自己的对与错，若不是自己有道，怎能知道别人也有道呢？何况道有大小的不同、邪与正的差异。自己有正才知别人的正与否，自己无邪方才明白别人是否为邪。如果一味地青红皂白不能分辨，又遇人就求教，这样的人不入于旁门外道的就很少了。我曾经说：大修行人，一定要学禅家的方法去参悟，再用道家修养功夫，勤勉且笃实儒家的品行。为什么这样做呢？人们如果不学习禅家的参悟方法，那么心性就不能明彻；不用道家的功夫，神气就不能相抱；不笃实儒家品行，就必然好奇巧崇尚怪异，并且做出一些惊世骇俗的歪事来，有害于学道。其实原本是为了学仙学佛，反而走火入魔，自己成了言行怪异的大魔障。试想那些古往今来，得了正道而修成的人固然很多，入了旁门而且丧身殒命的也不算少，所以邱祖说：诚叩禅关，参求无数，往往到头空老。又说：磨砖作镜，餐雪为粮，误了几多年少。唉！世间有勤勉笃行、深入钻研的，一定能明白我说的话。

第八篇

坐忘论

信　敬

诚信是道的根本，敬爱是品德的花蕾。根基深厚则道器可以长久，花蕾牢固则德行茂盛。然而美丽的宝玉可以给整座城市带来吉祥，而献玉的卞和却因此受到刖刑；忠言逆耳可以带来国家的安宁，而伍子胥却因此被杀。这些问题都是因为表面的现象明显蒙蔽迷惑了心绪，处理事情过多掺杂着私人的感情在内，对于事情的发展变化、来龙去脉没有深入了解研究，只是处事过于粗心草率而已，只看表面现象，不察本质因由。况且真正实质的东西，往往比外在的表象色味深远而复杂，真实的本性与外在的表现远隔千里，而且能有听到一点些小稀少微不足道的信息，道听途说一些现象而不人云亦云、三人成虎而不迷惑的吗？假如人们能听到打坐忘我的方法，相信它是修道养生长寿的要领，对此非常诚信尊重，下定决心坚持，奉信毫无疑惑，真能勤行，得此修道，成道是必然的了。所以庄周说：内心不着意自己的身体，放下自己的聪明，摆脱形体的拘束，去掉烦乱的思绪，和大道融会贯通，这就是坐忘。坐忘也可以说是静坐之时达到的忘我状态。那么说修习坐忘的人，怎么才能达到没有妄念呢？首先内在无心思，不觉有自己的身体存在，身外环境中也要达到没有天地宇宙的存在，与大道冥通为一，自身的千思万想全都遗弃。所以庄子说：与大道融通。虽然言语浅而易见，然而内在含义深远。似懂非懂的人、容易迷惑的人，即使给他讲也不会相信。每个人自身都怀揣着宝贝，却又都向外去求宝，能有什么办法呢？所以经典上说，信心不足、不甚明理的人，常常不能使他们相信。也可以说信道之心不足的人，会因为他们的不信、不修养而招致祸患损伤自己，哪儿还期望他们涵养大道呢？

断　缘

断缘的意思是尽量减少或者断绝一些没有必要的社会应酬。放弃一些事情则形体就不因此而过于劳累，舍弃没有必要的作为则内心自然安定恬淡简单，渐成自然。尘烦琐事的牵累一天天减少，形迹逐渐远离世俗，内心环境与道渐近，达到神明智慧、圣贤的境地，怎能不是如此呢？所以《道德经》说："塞其兑，闭其门，终身不勤。"意思是说：把自身的官窍和能滋生出情欲的地方都关闭起来，比如人身的眼、耳、鼻、舌、身、意，外界事物诱惑不让它们进来，内在又不滋生贪欲情感和愿望，与之前说到的"堕肢体，黜聪明"的道理一样。如此一来就可以进入无识无欲、无为清静的自然状态。达到这个地步，精神与形体合一，自我与大道冥一，就是老子所谓的"含德之厚，比于赤子"，类似出生几个月的小孩子，因为他们无知无欲，情感好恶未通，外界诱惑不知，本性无善无恶，无嗜好无憎恨，无人我无是非；他们的自身和柔，对周围的万事万物都充满了友爱，他们的气息、气场就是一种和平的、友好的期待。所以即使是毒虫也不螫他，凶猛的禽兽也不抓扑伤害他；筋骨虽然柔弱，但紧握的拳头却也牢固；那么弱小，又情志未开，不懂男女雌雄之事，而他们的阳具却常常挺起来。这大概是因为他们内心平和，无思虑情欲的损伤，平时自然精气固守完全。也正是《内经》上"天地氤氲，万物化淳"的意思吧。虚静则精气易养，筋骨柔弱的小孩，他们终日哭闹，声音却始终不会沙哑，这大概是因为他们本身精神气血和谐吧！

这都是"塞其兑，闭其门"，使"内想不出，外想不入"，或者说内心思无欲，外诱惑不入，达到这样与大道冥通为一，与自然混融为一的地步，就是《阴符经》所说的"宇宙在乎手，万化生于身"。天心即人心，人心与天心合，超出三界外，不在五行中。我们终其一身，还有什么忧患呢。为人处世，如果做一点善事、有一点成绩就显德露能，希望别人称赞，或人前夸耀，或者慰问困难而提及以往的帮助，希冀别人感念，或者假装隐居修行，实际是希冀于提拔升进，或者酒席邀请，以期望于将来的报答之恩，这些都是巧妙地蕴藏心机，寻找时机，见风使舵，既不是正常的坦途，对自己正常工作也有妨碍，凡此种种都应该断绝，所以《道德经》说："开其兑，济其事，终身不救。"意思是如果开启内心的思虑和情欲，放纵人事的欲望，追逐物质名誉，介入纷纷扰扰的世界，终日千头万绪的事物缠绕着，耗散你的精气，化干你的心血，损伤你的气力，使你丧精损气失神，并且终身烦恼伴着你。所谓人在江湖，身不由己，不以为苦，反以为乐，这样的苦难始终不可挽救。

只要坚持不言不语，不轻易交流、唱和，对方自然也不会无故来应和。如果对方主动诚邀，交往事宜，等等，我若不与应承，则此缘就无法结上。旧缘既然断了，新的缘分尽可不再交结，人情错综，君子之交淡如水，小人之交甘若醴。所谓小人之交，是因利因势之交，一旦利势之合有损，日渐疏远。只有无事，安心闲适，方可修道。所以庄子说："不将不迎。"庄子的意思是说，至人的用心好像镜子一样，照过的不去送，未照的不去迎，现在照的也不留痕迹。也就是说：过去的事情就让它过去了，不要再深究它、评论它、追忆它；现在的事情要做到有事则应、无事则静，事情不要在内心里留下痕迹；未来的事情更不要过早地去预测和假想，一切保持内心的恬淡虚静无事和气，不要像世俗之人，为一些事情斤斤计较，甚至于茶饭不思、睡眠不安。又说："无为名尸，无为谋府，无为事任，无为知主。"这话的意思是：养生的人，不要让自心被虚名所累，不要让自心做谋略策划的场地，不要让自心被一些凡俗烦事纠缠，不要让自心被新鲜的事物和后天的知识所主宰。如果实在是一些生活事务必须做的，在不得已的情况下才去处理它，但也不要因此而荒废之前的修养而专注于事业了。

收 心

心是一身的主宰、精神的主帅。心静则能生出智慧，多用常动则丧神失精而成昏聩。在幻惑迷情的世界中欢欣狂乱，还以为这是人生的快乐、现实中的幸福，心甘情愿地陷落在有所作为、争强好胜和勾心斗角中，谁能觉悟到它的虚假和错误？人心的颠狂痴情迷惑，都是因为所处的环境而然。况且选择邻居居住，还担心邻居的嗜好；改变自己的操守，选择朋友相处，尚且希望能有所受益。况且身体在生与死的边缘，心居大道修养之中，怎能不舍弃那些不合乎大道修持，扰乱自己身心健康的东西呢？舍弃背道的就能得到向道的，所以说学习修道养生的开始，最必需的是安定身体、收聚内心，内心离开尘缘情欲、恩怨是非名利之境，居住在空无虚静、无为和平的精神之宅中，身心意内外一切不染着一物，自有为到无为，自有象到无象，自入静虚佳境，自此之后内心与大道相合。所以经书上说：至高至深的大道，寂然淡泊，一无所有，然而心无染着，心神得养，精神的运用达到极致，心与形体的结合也达到最佳状态。心可随意主宰肢体气血精神的运动，妙用万方，正如老子说的"至虚极，守静笃，万物并作"，意思是达到至虚至静的时候，无人我之分，自身的小天地与身外的大天地混融为一，虚极静笃，静极生动，静极则身内真阳发动，可以调气血，通脉络，开智慧，不视而明，不听而知，不思而意会，不体察而自身有感。老子又说："不出户，知天下；不窥牖，见天道。其出弥远，其知弥少。是以圣人不行而知，不见而明，不为而成。"说的就是这个道理。当心与大道为一体之时，则道在何处，心在何处，道之所有，心之所有。如果心神被外物感着惑乱，蒙蔽渐趋加深，流浪生死，常不自觉悟，旷日持久，遂与大道远隔。倘若自能觉悟，逐渐清除心垢，澄彻心神，释解心怀，就是修养大道的开始，不再与世俗追名逐利的人同流合污。老子说："名与身孰亲？身与货孰多？得与亡孰病？是故甚爱必大费，多藏必厚亡。知足不辱，知止不殆，可以长久。"淡泊身外之事物，收心、降心、安心、定心、平心，恬淡虚无，真气从之，精神内守，身心交融，与道冥合，安定固守在大道之中，这叫作归根；把精神归结到它原始的根本上来，固守着这个根本，心思意念不离不弃，名叫静定。因守静定，一念纯真，日久自然疾病消除，生命之机能复发，青春之生机复续，自然洞达生命的奥秘和天地运化的规律。洞达就没有什么不明白的了，掌握了这个规律则生命永远没有变化灭亡的时候，跳出轮回生生死死的羁绊，实际是从这里开始的。所以效法大道自然虚无清静，定心安神以遵守虚无清静为最高法则，这是道家修持养生的要诀。所以老子《道德经》说："夫物芸芸，各归其根，归根曰静，静曰复命，复命曰常，知常曰明。"

如果自己并未真正明白这个道理，世间的凡俗琐事、恩怨是非、人我矛盾也未放下，只是人云亦云，希冀长生，只是固执强迫要求内心静定、虚无空寂，这样的情况还是不能在修持上有所作为，因其内心不澄彻，内心混乱不清，自然入不了虚静状态，其结果想到的烦恼是非更多更乱，并不能达到收心止念、虚无清静。凡是不能入静入定的，其原因都是私心杂念，被凡俗人情世故所牵缠，如此的心境入坐日久，自然让人心劳神疲、气机错乱，小则生疾，重则殒命。其原因是内心与修持的理念方法要求相违背，达不到心息相依、形神相合的地步，而最初级的清心寡欲、恬淡虚无也没做到。

内心不去思虑事物，又不被外物所惑，且不动念头，才是真正做到了安定的基础。依次作为定基则自然心气调和，日久越发轻松舒爽、心身安泰，这就是入静的效验。如此一来，心清性明，对于是非邪正了然于胸，凡事自有主张。如果生出私心杂念，一旦萌动随即灭绝，不入是非人我圈子，常得清静。这样永断俗事，身心皆不染尘，进入恍惚杳冥之中，入于盲定。假设任由心思驰骋，一发无可收制，就和凡夫俗子的生活没有任何差别。如果只是断绝善恶之念，内心没有一定鉴别方向，肆意任心浮漂游荡，等待自己定心，那样只能白白地耽误自己。如果一任地做事，事无巨细，对人说心里并不被外事感染，听他说出的话很好，但看他的行为并非如此，真心学道养生的人可要特别禁戒此类事情。养生调心，要停止内心的零乱，而不能断绝内在心意的照看，要保守着虚静而不是要进入真空状态，如果行此天长日久，自然能有深切的体会。如果日常生活中，因当时有要事，或者修习的方法上有重要的疑问，就要把该办的事情考虑周全、办理妥当，不要让事情影响到修养功夫上来，所存的疑虑也会因此明了，这也是滋生智慧的源泉。事情明了之后就不要再去多思虑，或去寻找当时出现慧念的感觉，应该即刻停止，否则对身体有很大的伤损。并且过多思虑还可能失去正常的恬淡状态，为此而伤害根本，虽然显现一时的清朗明慧，但是却亏损万代之根本。精神不在，何有益于养？如果稍有烦心乱想即刻随生随灭，或者听到诋毁、荣誉、善举、丑恶等诸多事情，全都立即清除这些闻见，不要让自心去领受。如果自心去接受它，自然内心被这些是非善恶的念头充满，内心被此充满，那么修道的根本虚静就没地方可居住了。能做到面对所有的闻见如耳旁之风，来去不去觉知，那么所有的是非善恶就无法进入我心。内心不接受外物，名叫虚心；内心不追逐外物，名叫安心。内心安定且虚静，那么天地自然之大道自然过来宿止。所以经书上说：人如果能够虚心清静，时间久了，内心并不去思想，也并不是有意识地去修道，然而道的能量自然和他接近。内心既然无所挂念，也无所染着，外在的行为也没有与五常仁、义、礼、智、信相背离的，身心也没有完全达到虚静和一尘不染，所以人们对他的诋毁或赞誉也没有，他的心态和行为、所言所行也不显示出是聪明或者愚笨，所以世间的有利有害也就无从来找到他，实际生活的原则是以自然和顺为其常法，并且顺应时代潮流和自然法则，姑且避免人事一切的拖累，这是他们养生智慧的真实意图。如果做事不依天时地利人和，不因时、因事、因人而考虑，只是胡思乱想、强力妄为，这样的状态再拿到修身养性上来，自己认为是内无杂念，外不着物，此终非真正觉悟。为什么这样说呢？观察内心的法门就看他的眼睛，眼睛是心灵的窗户，纤细的毫毛进入眼睛里，就可以发现眼睛不安定。些小的事情，若内心关注，其内心必然动乱，内心既有动的毛病，就很难进入定静虚无之门，所以修道养生的真要，在于急切地除去一切不利于静定的毛病，这些不利因素若不剪除，始终得不到安定清静的时候。又譬如肥沃的田地，如果杂草丛生，即使种下优良的种子，因有杂草的影响，始终不会有好的禾苗生出来。人如果因为爱怨人物，思虑凡多，就是心中的荆棘丛生，如若不即刻剪除，就不会达到虚静，更不可能因定生慧。或者自身处在富贵场中，或者学问贯通经史子集、贯通古今，言谈之中经常有慈爱、节俭的说教，然而行为却是贪得无厌，心狠手辣；辩论之时，高谈阔论，海阔天空，头头是道，甚至可以颠倒是非、混淆黑白，自身或依仗的势力足以威震人物，然而有功劳有利益的时候，总是归属于自己，有过错有危险的时候，总是留给别人；有这种心态的人，他的疾病是最深重的，即使学习道学与养生修炼，对他也毫无益处可言。之所以这样，是因为他常常自以为是。然而此心的由来，是他生活环境和自身的情况所决定，没有独立生活的习惯，一时间内心的孤独，会使他内心感到无所依托而空虚，不能自主，不能自我安定下来，纵然能够暂时得以安定，还会很快恢复到零乱松散的时候。若心念一起，随即抑制，务令使其不动，天长日久，自然调至安闲虚静。不分昼夜，不论何时，在行立坐卧或日常应事接物之时，经常有意识地安静调心，事来则应，事去则静。自心得以安定无事以至于清静，仍然继续安静调养，不要在生活中因事而生烦恼，触动方寸之地。人们往往在繁忙劳累的时候，能稍微得到一时片刻的安定宁静，就很轻松快乐。内心常念清静虚无，自然逐渐调养自心平和，面对事物从有心到无心，或自然从是非圈子里跳出来去审视人物，渐到恬淡，只求清心宁静，以至于遥远的将来，平生所爱好的人情世故事业理想，或嫌牵缠以为鄙陋。因为经常保持清静虚无安闲自在的状态，又因安定修养而至身心愉悦，由定而生慧，自然对身边和自己的思想行为做出了真假是非等判别，而且对人生有了新的认知。

在人的修养方面，经书中说：常应常静，就可以常清静了。就是能做到常清静，必然要有一个时期的纯熟的训练过程。譬如农民饲养的牛马，本来是自己的家畜，如果放纵不予管理或者不经常接触它，还会因此生疏，不识主人，不受其驾驭。又譬如鹰和鹃，两者都是野生的鸟类，如果经常被人系着或关在笼子里，每天和它们形影不离，喂水喂食，亲密接触，天长日久，自然调教纯熟，纯熟之后，就是放飞，仍然能回到主人身边。

人的心意如果放任不加以约束，便如心猿意马难以收持，只有对它加以粗略的疏导，甄别是非邪正，有益不益，才能觉悟到深远精邃的妙理。所以老子《道德经》说：即使有钱财无数，又享受荣华富贵，还不如坐下来享有大道给予的快乐呢！

体悟大道自然法则奥妙的人，其中的道理在于人们去切身地体悟它，能够去实行它，并不只是在口头上讲道理，甚至道听途说而已。如果去身体力行，注重于实践体验，那么我说的话你们就会信以为真，如果不通过实践去验证它，免不了人们说这是无稽之谈，纯属妄想。况且人们在对待学习各种技艺的态度时，对于比较深奥、难以弄懂的学问比较重视，而对于易学易懂易用，相对来说粗浅的学问比较鄙视。如果深入论述大道的自然法则里的奥秘，只有对虚无清静之说的广泛深入实践。那些有粗浅、浮躁之心的人，思虑所不能达到、行为运用又无从下手的人，就会叹息说"不可思议"，而对于这些深邃奥妙的思想甘拜下风、自愧不如。可以相信的语言并不悦耳动听，往往给人的印象是就事论事、直截了当，听到的人内心可以理解他的用意，说出来的话就可以施行的人，这就是实在人说的"不可思议"了，然而实在的人往往不注重对语言的修饰，他的话语常不被人们信任，说他的话浅显粗俗，反而容易被人们轻易地忽视。所以老子说：我所说的话很容易知晓明白，也很容易让大家去施行起来，然而普天之下都没有人能够知晓明白，也没有人能够去施行，正是因为对我的精神不明白，才导致大家对我的用意不理解。又有人说：火不是热的，灯光不是用来照亮的。有人就会称赞说：此话奥妙，意义深远啊！大家都知道，火的用途就因为它有热能，灯的功用全在于照明。现今有人大谈火不热，然而人们日常生活中没有一时能离开火的；空谈灯光不照亮暗处，然而也没有夜晚不借助灯光照亮的。这些人的言行本来与实际生活相违背，他们的理论确无可取之处，这些话很容易被常人戳穿，也有人反而以为其内涵有深远的奥秘。春秋之时，虽然惠子经常高谈阔论，而庄子却不以为然，以为才疏学浅的人，不值得和他们理论，若是真才实学的人，哪一个人能不对他刮目相看呢？

有人会问：学习道学而又实际修养的人，在人情世故之中，能处物而不被感染，事务繁忙之中，能做到精神集中而不乱，这样的人没有事情不能应付，每时每刻都能做到清静。然而现今却避开事物的烦扰而寻求清静，离开动的理念而去体验静定，每天都有意地去巧于控制调节自己的心态，其实每个人动静的两种心态都有，只是停滞在住守虚静，这样岂不是"动"、"静"两个方面都难以取舍吗？不自觉悟所作所为有所执着，却仍然以为这是进入道学奥妙的必经之路，岂不是很荒谬吗！我自己认为包括天地万物的东西才称为最大，能通晓把握生化规律奥妙的才称为道。出污泥而不染，处乱而不惊，才可以真正地称为大，它的实际内涵才可以称为奥妙无穷。然而你的言论尚且有所不明，为什么呢？你只看到做好的锦缎光彩照人，却不明白当初是怎样抽出这些丝线的；刚听到响亮的鹤鸣声，看到它直冲云霄的劲力，哪能知道它的成长过程是一天天地用谷物喂养大的；能遮盖阳光的参天大树，它最初是成长于一个细小脆弱的幼苗；能使自己的精神凝聚于一处的圣贤之人，他们的成功是从平时点点滴滴的学习积累的。现在我们只是学习古代圣德之人的语言，然而并不明白圣人具备这些品德的原因。这种不求甚解、不按实际情况办事的人，可以说他们就像古代官署里官员们早上卯时点到上班的"点卯"，点卯上班之后，就期盼着夜晚的来临，能够及早地下班；擅于弹射的人，见到弹丸就期待着要吃烧烤的鸟肉了，他们的思想何其粗浅，行为何其轻率！所以老子说：玄德的道理极其深远奥妙，和世间事物的结果总是相反，能够把握大道的大法则，然后才能达到理想的目标。

简　事

　　人在日常生活中，必然要工作、经营事业，以维持正常的生计。世间有千千万万的职业，社会上有形形色色的人，我们能熟悉到成为朋友的也寥寥无几。俗话说：物以类聚，人以群分。尽管如此，生活中每个人始终会有一些朋友圈子，他的精力不可能与众多人交往，也不可能只委身于一个人。譬如可以筑巢的大片森林，筑巢的鸟儿也只能选择一个树枝，那么其他大片的地方都给舍弃了；河水再大，鸟兽之类也只需饮水满腹而已。在身外寻求财物，在自身反观内察，这才明白人生有涯、用度有限，不要过多寻求那些不属于自己的东西。

　　要明白当作的事情和不当作的事情。事情不是你应当作的，就会损伤你的智慧和体力，导致精神亏虚、体力不支；工作事务若超出了自身的承受力，就会使自己的形体和精神耗伤殆尽。自身已经没有安全感了，还有什么精神意识谈及修养大道呢！所以说，修道之人最重要的是断绝简约一些人情世故，要明白哪些事情可以闲置拖延，哪些事情应该早点办理，比较事情的轻重缓急，并且把握事情的取舍，非重非要、可有可无、可办可不办的，全都应该断绝它。这好比人们吃饭有酒有肉，穿衣有绫罗绸缎，人身有名利地位，财物有金银珠宝，这全是身心的多余部分，并不是有益生活和身体健康的东西，然而人们都去因循沿袭着他人的嗜好去追逐，往往是因为看重身外之物，而终至"鸟为食亡，人为财死"，败家亡身。静下来考虑这些事，为什么迷恋得如此之甚？庄子说：通达人生意义的人，不追求生命中所不必要的东西，认为它们不是生命中所不可缺少的东西，那就是属于身外之物了。粗茶淡饭，棉衣布鞋，亦足以使生命延续，难道说非要饮酒食肉、绫罗绸缎，然后才可以维持和保全生命的长久吗？所以对于人的生命无关紧要的东西，应全部抛弃；对于生活生命中多余的部分，也必须舍弃。钱财有害于正气，积累过多则伤人损寿，即使钱财不多，还被其拖累，况且过多的钱财呢！贪图身外之物而不全身养生的人，好比用千金难买的隋侯之珠，去弹击毫无用处的麻雀，不是很糊涂、很可悲的事吗？大家都会笑这样的傻蛋，更何况那些不顾道德品质，轻视自己的性命，并且追逐那些本来自己不需要的东西的人，这不是无事生非，自我摧残吗？若以名誉地位来与道德相比较，那么自然是名誉地位虚假而且低贱，道德真实而尊贵，能够分辨何贵何贱，就知道怎样去取舍了。不要因为去追求名誉而伤害了自身，也不要因为地位而改变了自己的志向。庄子说：处事为人，一切为了求得名誉，而失去了自身的本性，不是有识之士。《西升经》说：抱元守一，直至成为神仙。如果你不能持守，只是坐享荣华富贵，若生活中再不分辨是非轻重，遇到事情都要亲力亲为，则身体劳累、智力昏聩，修道养生的事情因此搁置。如果为人处事心安闲适，身在人物之中不因此有牵累羁绊，自然属于诚实稳重之人。如果实际并非诚实，而又妄称身无牵累，实在是自欺欺人的人。

真 观

所谓真观，就是真切实际地省察内观。这是明理智慧人的先见之明，有能力、善于处事的人反观内察，洞晓意外的祸福，审视明了动静中的吉凶，在事情未有预兆之前就有先见之明，可以因故而调节适当，做到深思熟虑，功在全身养生，自始至终处事没有遗憾和因此受拖累的。从道理上说，大概不违背这些观点的就叫作真观，然而人们日常生活中，就是每天饮食也有对人体补益和损害的两个方面，一言一行若不得当，或者不是时候，照样是可祸可福的本源。虽然有灵活的思想，可以巧妙地周旋应对，而这毕竟是处世之枝节末端，为此花费心机，还不如守拙，禁戒一些不必要的言行，溯源固本。省察它的根本，明晓它的枝末，还要蠲除其好高骛远、攀比和不易安定的情志。所以必须收心、简事，做到日损有为之心，使虑静心闲，才能观见真理，省察得失，把握生命的主动权。所以老子说：常要无知无欲，虚静无为，才能观察到事物的奥妙所在。而对于修道的身体来说，还必须每日有食物和衣物来维持生计，事情也有不可不做的，物品也有不可以丢掉的，应当虚怀谦谨地接受它，心地坦诚地去对待它，不要以为有什么妨碍，因此心生烦恼。如果遇到事或因为做事不顺心而生烦恼郁闷，就说明心病已动，心态尚未平和，还没有达到安心的地步。人生在世，必须有衣食资助以生活，生活之中必遇形形色色的人和事。人事食衣譬如我的车辆，我想外出须由车载，外出回来自然不再需用，怎能因为尚未出去，就事先废弃车辆呢？衣食也是修道养生的身外之物，的确也需要劳心费力地去营求，但是为了想超脱人生的虚假诱惑，去掉臭皮囊，摆脱生死轮回，以求自然之真道，故而暂求食衣。虽然也和大众一样有经营谋求之事，但是切不可生出得失喜恶之心。有事无事之时，心境常怀平安泰定，和大众一样同求生活的物质条件，而又不与大众去争多与少的物质享用。与大家同劳同得，而又不和大家一样积累财物。不计较多少，所以没有是非忧患；不积累财物，所以没有损失。行为每每和大家一样，但内心却常保持与众不同的思想境界，这是真观实践行为的宗旨要点，一定要身体力行地去做。

前面讲述了断缘和简事，只是其中有疾病难以根除的，要依这样的方法以审视观察它。譬如色心之病比较严重的人，应当审视染于色心的缘由，一般来说，都是因为自己见色起心，由想而生。只是想想而已，若想而不生，始终没有因此而生事的。有智慧的养生家把色与想分开来，有色而无想，色想隔离，即使外色妄动，内想如虚无。若有色心，即想似臭皮囊，是败道坏德之祸水，妄心既灭，谁又能成为色的主人呢？经云：色相全都是人为的幻想而已，思想已然是空，哪里还有色呢？又想到那些妖艳的美色，比狐狸迷惑人还要有过之。狐魅迷惑人类，让人厌恶且颠狂迷乱。若不受此迷惑，内定虚静，身虽致死，不入恶道。也为了不因此而厌恶迷乱，应远离邪淫。妖艳本身使人惑乱本性，让人爱恋难以割舍，以至于身死。若留恋日久弥深，迷途日远，烦恼妄想，忧苦心身，便遭浊辱，流浪生死，常沉苦海，邪念妄想，死堕地狱，永失人道，与幸福之路背道而驰。所以经书说：今世发心为夫妻，死后不得俱生人道，什么原因呢？就是因此邪念妄想之故。

爱美之心，人皆有之。美色美景美人，可以调节人的心情。观看美色，内心若定，这是欣赏。为什么鱼见美色而沉底，鸟见美色而高飞？修道成仙的人，都以为这是秽浊，圣贤之士将它比做快刀斧头。人的生命，七日不食饮就会死亡，如果百年之期无染于色、无动于心，定然免于夭折伤损之患。吕祖有云："二八佳人体似酥，腰中仗剑斩愚夫。虽然不见人头落，暗里教君骨髓枯。"邱祖云："从正修持须谨慎，扫除色欲自归真。"这都是祖师大慈大悲，教人去色欲而趋生路也。色欲一事是人生最难去的一关，最恶最毒莫非色欲，凡人一见美色，魂飞魄散，淫心即动，淫心一动，欲火即起，气散神移，形虽未交，而元精暗中已泄，性已昧，命已摇。而况在色情场中，日夜贪欢，以苦为乐，以害为快，一旦油涸灯灭，髓竭人亡，虽想不死，已是不能。色欲既不易除，也不易防，人生因此，死亦因此，从色道中生，以色道中死，生生死死大半是色魔作殃。色魔有动于天者，有出于人者。动于天者为历劫根尘，发于不知不觉，起于无思无虑之时；出于人者，见色而情生，遇境而神驰，古今多少英雄豪杰诸般大险大难境遇都能过得去，唯色情不能挣扎跳出，若非金刚铁汉、丈夫烈士，都对色情摆不开、放不下。修道养生者，须知色魔是讨命阎罗，务必狠力剿除。即美如西施、杨妃，犹如臭皮囊一般视之，不动不摇不迷不昧，遇如不遇，见如不见，时时防备，刻刻返照省察，不使有毫发念头潜生于方寸之中。亦如农夫锄草，渐生渐除，宿根除尽，不容异日复生，未若除尽，虽遇美色，不知其为美，虽见异性，不知其为异性。若见而美，应明心静意，不为所动。若尚有宿根，未除净尽，日久难免潜生。谨慎对此，可长保虚静守神。外而对境忘情，内而俗念不生，防危处险，保养精神，学道养生有望。不论出家在家，在家虽绪人伦，亦当寡欲，能寡欲以清心，必精旺气足，后天充实，足以延年益寿。所以明智的人，都认为色情并非有益人们身心主要的东西，恰恰是戕伐性命的仇贼，何须那么牵挂眷恋，还是让它自然断绝吧。

　　有人说看见做恶的只生嫌弃，见行善的也生厌烦，这都是为什么呢？因为善恶的两种行为，同样可以沉迷到修道至虚静的程度。若是贫苦之人，就要审视观察，是谁让我贫苦呢？天地生万物，万物是平等的，天覆地载，对万物的关照是无私的，我现今的贫苦，并非天地之故，父母生养儿女，都希望他们荣华富贵、有所作为，我现今贫苦而又低贱，并非自己父母的原因。人类以及鬼神，本非同在一空间，自顾无暇，哪还有能力将贫苦转移给我们？前后寻思，上下求索，找不到根本原因，最后才觉察是自己所造就的业，这才明白什么是天命。事业是由我们自己创造的，生命是由天地赋予的，事业和生命的有无，好像形与影、声与响一样相为追逐，既不可以逃避，又不可以怨恨，只有明智的人才能因此去对待它，以自然快乐的天性和彻悟生命意义的心境，就不会感觉贫乏的可苦。所以庄子说：自己所造的业障来的时候是不可以舍弃的，因为是自己造的。所以说因为贫苦而得的疾病，也是不可以舍弃放置的。经书上说：天地的本性也不能随意改变自己的操守，阴阳也不能扭转自己的属性。由此而言，所说的业和命，这样的因果循环并不是虚假的，乐天知命，还有什么埋怨的呢？又譬如勇士偶逢贼寇，并无所畏惧，挥剑向前与之搏斗，众寇全都溃败，勇士功勋卓著，因此荣禄富贵终身。现如今因有贫苦和疾病，使我懊恼害怕，这就是自身的寇贼；我有一个怀着远大理想的正直善良的心，这就是自己的勇士。用智慧去审视观察，就如同挥剑，懊恼牵累立即消除，即是战胜了贼寇，欣然快乐，即是荣华厚禄。凡是有烦恼的事情前来感触我心思的，不以此而论。只是滋生忧愁烦恼，又挥之不去，如人遇到贼寇，不能立下功勋，而是弃掉兵刃，背离军队，甘愿接受做个逃兵的罪责，远离快乐，甘愿苦恼下去，这种人还值得大家怜悯吗？如果因不舒心或自寻烦恼而苦闷的，应当观察此病的根结，是否原因在我自身？我若始终没有自身，心无所想，疾患也无有所托。所以老子说：倘若我没有自己，我还有什么患难呢？再次观察自己的心意、主宰，《清静经》说：内观其心，心无其心；外观其形，形无其形；远观其物，物无其物。内外寻找，没有能够领受其心者。所有的计谋思念都是由妄心生出，如果身如槁木，心若死灰，则万种烦恼、万种念头都可消灭。

人们莫不乐生而恶死，若因厌恶害怕死亡，应思念我之身体，是精神之宅舍，身体如今将要衰老病死，气力已经衰微，如同房屋腐朽败坏，不堪居住，自然要放弃身体到别处寻求安身立命之地。形体死亡，精神离去，也是如此这般。如果因为留恋生活而厌恶死亡，内心恐惧自然之变化，或许出现神识错乱，以此托生受气之际，不感清秀，多逢浊辱，盖贪鄙妄为，实由于此。所以说应当生时不因为生而喜悦，顺应自然规律而死亡时也没有厌恶之情。这是说一方面顺应了自然规律，把生与死能等同起来看，另一方面是为了来世有了一个好的结果。如果贪图爱恋万缘万境，一个爱是一个病，犹如人一个地方有疾病，又令全身不能安定，何况是一心有万种疾病？身体若想长生，岂能做到？凡是有喜爱和厌恶之心的，都是内心滋生的妄念，积累妄想日久，如何能够成就学业？所以必须要舍诸多妄念妄想妄为，让方寸之地没有任何能够停留的东西，逐渐使心源澄清，然后再返观内照省察自心，之前有所爱和依恋的地方，自然就会滋生出淡泊和厌恶之心来。如果心在世俗之中，去观察世俗，生活一辈子也不会觉得有厌恶的事情，若跳出世俗再用心去观察世俗，这才能看出是非善恶来。这就是说当局者迷，旁观者清啊！譬如清醒的人，能看清醉酒之人所做的诸多丑态；如果其人自己也醉酒，就不能觉察到他人的不是了。所以经书说：我原本抛弃世俗，因为厌恶而离开人间。又说：耳闻声响，目视五色，给你们留下了过失；鼻子闻香，口尝滋味，这是种下的怨忧。老君厌世而弃俗，犹且认为香味是滋生怨忧的根本。那些有嗜好欲妄的人，怎能闻到卖鱼虾的地方臭气熏天呢？

泰　定

所谓的泰定，就是修养的人要做到虚无、清静、安定，内心平静如水无波。身安心闲，这是超脱世俗的终极之地，是成就道业的原始基础、修习虚静成功的开始、守持平静安和闲适之事的结果。形体如同枯槁的木头，心若燃烧之后的灰烬，即是身无动，心已死，心身没有感觉，没有需求，寂寞淡泊达到了极点，做到了没有心思，这种情形对于"定"来说，是全部身心无所不在"定"的状态，这就是所谓的泰定。庄子说：心境安泰的人，发出自然的光辉，就显现出其人的天然本质。宇就是指心而言，天光就是他的智慧显现，心是载道的器宇。内心若空旷虚静达到极点，那么道即居住而慧光发现。智慧的光辉出自天然的本性，和天地自然之道相合，并非后天都有的，所以说叫天光，也即先天地生之光。人被后天情志物欲所染，滋生贪婪，爱恶情仇，秽污浊乱，失其本性，遂至昏沉迷惑。若能洗涤污垢、澡雪心神，正心柔和，即可复归于纯真宁静，天然之本质，真的之率性，元神慧见，稍稍自明，非但此时此刻，还可即生他慧。慧光既已有生，应当像珍宝一样怀藏而不轻易展示，更不要让多人知晓，自己也不能追逐它的复现，否则会有伤于精神，又失却泰定之基。并非生出智慧之光辉很难，更重要的是有了慧光能够不使用它。自古以来因得意而忘形的大有人在，因有名而不以名为名的人确实是太少了。若有了慧光而不去使用它，是忘记功名利禄，又不在人前逞能的真隐士、真修行，普天之下的修行者中没有比得上这种人的品德的。所以说：这是很难的事情。尊贵能够不骄不傲，富裕能够不奢不侈，做到不犯世俗的过错，就能长久拥有富贵；身心安定而不妄动，聪明智慧而不使用，德纯艺精而不依恃，这样的人就能深入探究大道的奥妙。因此庄子说：明白大道很容易，而身体力行就很难了。领悟了却不宣扬，他的结果可与天地自然之道同化；感知了就和大家分享，他在社会生活中就是一个快乐的人。古代的人天性纯真，自然而然，人与人的关系也简单自然。能感悟发现天道自然的法则，但并不能去参悟体验而得道。众人只知道得到实惠的好处，却并不明白得受大道的益处。因为智慧而明白深奥的道理，又因融通事理而能感受物情，内心按照事物的自然法则寻求事物的规律，触类而旁通博达，形体虽然常处在动态的应物变化，而内心却常在清静安定之中。明白了清静的作用，就可以体验清静在对待事物中的作用了，这样的说法和派生出的行为还都不算是泰定。智慧聪明虽然出众，但却越发不能接近大道了。本来期望他能有所作为，成就一番大事业，然而却事与愿违，所得甚微，大概是因为气量狭窄，不能通彻广收博采。所以庄子说：古代修道的人，以恬淡无为虚静来滋养神智，有了智慧之后就不再施用智慧了，这叫作以智慧来荣养恬淡清静。智慧与恬淡清静相为滋养，而和善的天理又出于天然本性。恬淡清静与智慧相为合一，则安定沉静慧悟生，和善的天理就是根本的道德。有了智慧而不予运用，却更加来安定他的恬淡虚静，荣养日久，其道其德自然天成。然而若谈论这样的方式入定，是因有所作为而成的。或者因为争取利益而结果却遇到危害，因为惧怕祸患而泯灭自己的心志归于清静，或者因为损毁舍弃涤荡澄除私心杂念，调习日久，积淀纯熟，殊途同归于安定心闲，全都好似自然而然地达到安定的境界。迅雷震电破山动地而不惊恐，明晃晃的刀刃架在面前而不害怕。看得名利荣誉如同过眼烟云一样轻淡，把生与死看成溃败的痈疽一样，只是一时的痛苦而已。所以要明白，人若心志专一不二，就可以把精神意识凝聚在一起，人心因虚静泰定而生出来的奥妙是不可思议的。人的心思意识作为一个物件来说，在身体上不是一个物质，因为看不见摸不到，然而当被使用的时候，就可以发挥作用了；看不到它驰骋的痕迹，却以超常的速度在跑，它要来的时候不请自至，当它发怒的时候可以连同箭簇后的羽毛一并射入深黑色的石头里，当它怨恨的时候就是炎热的夏天也要降下霜雪来。它若纵情作恶，那么即使很幽深的地狱也离它不远；它若积累善因，那么即使是三清居住的美丽天堂也离它并不遥远。然而它平时的常态大都是来去匆匆，是动是静没有一定之规；对于事物的肯定与否定，即便是占卜的高手也不能预测；要想对它进行调教训服，甚至比驯服鹿马那样的野生动物还要困难！

太上之教，运用永恒的善德去拯救世人、涤荡尘垢，使世俗之人澄清灵台，听演玄妙的大道理念，不用再讨论是非美丑与因果报应，只是广泛地阐释万物回归于自然的道理，循序渐进地告以"为道日损"，追逐于名利有损于道学，然后又引导人们以不学为学，用的比喻多是通俗易懂的，如张弓搭箭、开凿门窗之类的话，具体的方法，多是挫其锋芒，化解纷繁杂乱的情欲世界，按一定的途径来修习，逐渐习惯成为自然。再进一步要排除情志，忘却自身的存在，以达到遗忘一切的境界，让身心处于寂静的状态，一动不动返观内照，几于进入微妙莫测的大道。如果修习其他的学业，就永远无法了解大道的真正含义。只有通过以上的方法，进入修习大道的途径，对于观察觉悟，掌握大道精深玄妙的理念，才可以有预期的效果。这样出的力少，但功效却又很大，实在是一个重要且奇妙的办法。

得 道

大道是一种神圣灵异的东西，它灵动而有体性，然而又空虚得看不到形象，即使有意地去观测它也不易看到它的模样，它不像形与影和响与声一样，没办法找到它，无声无象，无形无影，无色无味，根本不知道它这样子的原因是什么。它源于有始之始，化生天地，养育群生，它的精神却永远不会匮乏，这就是玄妙不可思议的大道。

上古就有觉悟的修道者，历代也不乏养生之家，全都是实践者。如果是大彻大悟的上德之士，纯粹澄彻自己的心神，勤于修持，让心境常保持虚空宁静，只有道气才可以前来聚集。所谓的大道是有厚重的能量，它能逐渐改变人的形体和精神，形体随着道气的日积月累而能通彻全身，形体又与精神合二为一，这种形体与精神能够经常融合的就叫作神人。因为神的性质也和大道一样是虚空无物，所以它的体能也没有变化衰灭的时候，形体若与大道合其体性，等同于大道，那么这个形体也没有生生死死过程，也就与大道永恒永存。它想隐身不见时，形体如同精神那样，无形无象，无色无味；若想显现时，它的精神如同气化那样可以变化无常，让人不可捉摸。所以说得道的人，与精神为一，和大道同体，他的形体入火不被焚烧，入水不被淹溺，在日月的光辉照耀下也看不到他的影子，隐身显身、存在与消亡，完全自己掌握，来往出入没有阻碍的地方。肉体凡胎，形体污浊，尚且还能修炼到玄虚微妙的境地，更何况人的精神境界，本来就可以达到越深越远的地步呢？所以《生神经》说："身体与精神若能够共同融合为一，就是修行之人所说的真身。"《西升经》又说：形体和精神融合同一，就能使人健康长寿。然而虚静无为的大道，修习程度、用功多少，获得的道力也就有深有浅。道行深厚的，精神与形体为一，形神与道合化，神智可以融通形体；道行较浅的，他们只是在心意上用功夫，使心神俗思杂念化为空虚至静而已。修养能达到精神与形体一起长生不老的，就是所谓的神人；只是自己心清意静而至虚无的，只能获得智慧和觉悟，然而身体还是不免衰老死亡。这是为什么呢？智慧聪明知觉，这是心灵的感悟和作用，施用过多，则心力劳伤。人往往是稍有一点慧觉，灵机动发，就非常兴奋地认为有了道气了，免不了对事物分析辨别，这样天长日久，精神逐渐泄漏，伤神失精，气血亏虚，身体如无水之木，不能得到阴血精气的滋养，形体难免渐趋衰败，生命过早终结，能够使形神合一、与大道等同的确很难修成，经书上说的"尸解"，就是说的这个意思。所以说那些道学境界高深的人，总是内涵着大道的光辉从不外露，他们目的就是修炼成为精神与形体合二为一，以求与道同一体性。他们凝聚精神以气血为珍宝，修养以无心为要，精神与大道相合，这就是所说的"得道"。经书上说：身心与大道相同的，大道也乐意和他相融。又说：古代的人之所以尊重大道，不就是因为大道有求就可以得到，有罪就可以避免吗？

山有宝玉，山上的草木就不容易凋落；人若心怀大道，形体就可以长寿。大道的思想熏陶久了，就会把如同物质一样的形体变化成如同精神一样的灵魂，可以炼养形体达到如此玄妙的境界，与大道冥合为一。有了道的人，可以把自己的一个身体分散为千百万之事物，也可以把世间万有万物混合融聚在自己的身体里。道书上说，这叫"聚则成形，散则成气"。又说："其聚则有，其散则零。"他们的智慧可以明白无限的事物，他们的形体运动起来不受任何条件的制约，他们的智慧能够综合任何一种有形的和无形的事物而为自己所用，他们有造物主一样的胸怀，可以让所做的事情都能成功，修真成道之后，他们的神智可以应对万事万物，没有远近方向的限制，这就是含德深厚、修道养德的结果。所以《西升经》说：思想与天地自然法则相同就不需要个人的智慧，形体与大道融为一体就不要想着个人的形体，然后自然大道就孕育茂盛了。这是指修证道果的最高境界。又说精神若不因思虑和外因所诱而能潜藏自身，则可与大道同其久远，况且身体与大道相同则无时而不存。内心与大道相同可以通晓一切事物，耳朵与大道相同，没有听不到的声音，眼睛与大道相同，就没有看不明白的色彩，人身的六根洞彻通达，大概都是与道相同的原因。近代的民众，见识不够深远，只听说舍弃形体的办法，还不明白自身修持可以肉体成仙的，他们不惭愧自己的见识短浅，只一味地仿效他人的错误方法，就好像只能生活到夏天的虫子，而不知不信还有冬天里的冰霜，又如同生活在醋坛酒缸里的小飞虫，判断绝无天地的道理一样。这些人愚昧至极，有什么办法可以教诲他们呢？

枢　翼

要想修道成真，首先要去掉私心杂念和不良行为；断绝一切干犯修道的事情，不要影响心境的虚静，然后端身正坐，把眼、耳、鼻、舌、意以及神识都收集于一心，收视返听，返观内照，正身、正心、正念。若一丝俗念即起，即起即除，随起随制，务全荡涤干净，直至身心安静。其次虽然确实不是什么贪图名利荣禄和私心杂念以及非分妄想，也一定要尽早全部彻底消除干净它的基因，用功不分昼夜，勤行不辍，片刻不要停留，只清除影响虚静心境而妄想世俗人情世故的动心，而不消除心清意静返观内视、意念内照的照心，心思只与虚静之心冥合为一，而不与世俗的凡心冥合为一，要达到不依赖不需要内外任何条件就可以立即使自己的心境常守于此处。这种方法非常玄妙，对人们的身心健康意义甚深，若不是平生夙有道缘，而且信仰坚定、丝毫不会怀疑的人是不会信任和看重这个方法的。虽然知道要诵读领会经文的精神，但是仍然需要读者辨别认清它的真伪，为什么要这样呢？声色能使人的思想昏沉，邪佞的事情可以迷惑人们的耳目。人们对于声色和邪佞之事都习以为常，自然他们的世俗凡心都比较深重，这就使得他们的思想行为与大道远隔千山万水，大道至深玄妙的道理他们是难以明白的。如果有心皈依修持大道，去身体力行，深入体验他所相信仰慕的真实性，就应该先行受持三条戒律，依照戒律的要求去修行，如果能够做到始终如一，就可以修成大道。

这三条戒律是：第一，逐渐减少不必要的社会关系；第二，不要有世俗普通人的情欲；第三，保持内心的平和虚静。若能勤于持守这三条戒律，而且没有懈怠、退步，即使你无心思去寻求大道，大道也会自然找上门来。

经书也说了：如果能使内心虚无清静，并不需要考虑去入道修行，大道也会自然地归属于他。因此来说这一简单捷要的修持方法，的确是可以信赖的，也确实值得去重视。然而人们的七情六欲、私心杂念、名誉荣禄、为生活、为事物的羁绊，是每个生活于世的人不可或缺、由来已久的正常行为，根深蒂固。依照戒律，让他们做到息心止念，这件事的确也太难。或者想去抑制念头，却又无法做到；或者暂时做到了，一下子又思想纷纭；一边清除念头，一边又起，两下交争，反而让人心烦意乱，致使遍身流汗。这样天长日久，一时的燥境烦乱不静的问题就会过去，随后身心达到柔和调达。这一过程需要一个时期。千万不要因为一时的不能静心止念，就一下子放弃了修持养生这样的大事。等到稍稍能做到静心止念，达到虚静的状态时，就可以在日常生活中行、立、坐、卧之时，或者在与人交流办事，即使喧哗吵闹的地方都可以随时随地地、有意识地让自己清静下来，做到不因为身外的喧哗而影响到自己内在的虚静。今后有事无事时常保持自己无心于事、处身事外，不管是身在静处或是身在喧闹处，时刻保持清静的理念是一致的。如果如前所说的心欲静而不能不静，却又去勉强约束抑制自己的心思，这样约束得太紧急，约束的时间又长，难免会造成疾病，疾病发作多会形成抑郁症或者精神分裂症。病人表现出怕声、怕光、怕见人、痴呆，或自闭不与人交流，或者狂躁不安，多言语，多幻想，多幻觉，自高贤，自辨智等等。若能做到内心安静又不被外物所动，只是又要在日常平时注意劳逸结合，使心境放收宽缩，缓和适中，不能急于求成。经常调和舒适柔缓，即使抑制也不能过分，放之宽缓也不致使它放逸流浪。处在喧哗吵闹之地不要有丑恶之事发生，涉及人情世故，不要生出烦恼怨恨之事，到此地步，应该是进入真实的安定了。更不要因为能做到涉及人情世故不会因此生出烦恼，就以为自己境界高了，而又去寻求更过的事情，也不要因为能做到身处喧闹之地而身心不为所动，却来与喧闹为邻。能做到心境清静无事，就是到了真实安定的境界了，也不要因为日常的有事作为应事接物的一个方面，只是事来则应，事去则静。就如同水和镜子可以用来照物一样，只是遇到物体了才被动地显现一下。要善于利用多种巧妙便利的方法，让自己进入安定的状态。入静安定生慧的迟速快慢，并不是自己所能掌握的，应该是因人而异，因个人的入静定的早晚，或者因个人的体质不同而各有不同，更不要因为入了安定状态就有意识地急急忙忙地寻求智慧，这种心态不是真定之心，难免有点后天欲望掺杂进去了，其结果必然因急于求慧而伤于入静定，静定被伤则更不会生出慧来。坚持安静入定，不去有意识地寻求慧，智慧一定自然出现，这种情况是真实生慧的状态。如果有了智慧又不因为有智慧而去用智慧，实际的表现如同把智慧藏起来，如同蠢笨木讷的人一样，这样更加有益于入静定而生智慧。达到静定和智慧双美互资的混融状态，如同休养生息、积聚能量一样。如果在进入静定的状态，又心中生出无限念想来，就会自然有很多感应，产生出许多不良效果，或者出现众邪百魅鬼怪，随着思想不断涌动而出现在你的面前，或者得道真人、太上老君、天神怪异、夜叉妖精，随心应现，是凶恶或吉祥的幻境，随动心而浮现，不能把幻境当作实境，留心警惕，把握自我，了解自我，以免出现差错，或许走火入魔。只有在静定的时候，恍如别有洞天，豁然开朗，犹如云开雾散，晴空万里。在静定的心境之下，上下通彻，肌体疏达融合，上下无物，似无所覆盖，无所根基。到达此时，过去所造下的业障永远消除，新的业障也不会再生，身心再不会被人情世故和种种无名纠缠阻碍，永远脱离了尘世这张无形的大网。如此这般行持，天长日久，自然得证大道。

得道长寿甚至成为神仙的人，他们修炼的心境有五个自然过程，身体上的变化也有七个阶段。心境的五个过程是：（一）内心波动的时间较多，而安静的时间较少。（二）波动和安静的时间同等。（三）安静的时间较长，而波动的时间较短。（四）没有任何事情的时候，就可以一直安静下来，有事物触动的时候，仍然安静不下来。（五）心身交融，心息合一，内心与大道融为一体。内想不生，外想不入，任何事情也不能够触动，无论行、立、坐、卧，环境安静或者环境喧哗，对他丝毫没有影响。心境到了如此地步，才算真正得到了安定快乐，过去所造下的过错罪恶污垢尽行绝灭，今后再也没有任何烦恼。身体变化的七个阶段：（一）行为能够顺应时代人心，气色面貌和颜悦色。（二）过去积劳成的疾病全都消失，身体和心境轻松，自然爽快。（三）应对过去身体造成的损伤进行填补。培补根基，精充气足神旺，元气才能返还，生命力才能旺盛。（四）可以生活数千年，成为"仙人"。（五）还原修炼，把自己肌体变化成元气，成为"真人"。（六）把积累的元气进一步炼养，让元气与精神混合为元神，成为"神人"。（七）再继续把元神与大道熔炼，融合于大道的虚无至静，即炼神以合虚，炼虚以合道，而成为"至人"。这样在修炼的几个阶段中，人的智慧也将随着层次的提升而提升，等到获得至高无上的大道时，他们的智慧也就与至高无上的大道一样圆满、完备。

　　有些人，虽然长期在修学静定，然而心身却没有五个过程和七个阶段的具体表现，或许是不明大道之理，只是盲修瞎炼，其结果免不了生命短促，仍然是一个臭皮囊，精神衰败，最终一无所有，仍然回归于大自然。

　　有人自称有了智慧和觉悟，甚至还自称已经成仙了道。若按常理推测，他们实际并没有达到这个境界，他们的言行可以说实在荒谬。

图书在版编目（CIP）数据

体道 / 李宇林著. --北京：华夏出版社，2017.1
ISBN 978-7-5080-9113-6

Ⅰ. ①体… Ⅱ. ①李… Ⅲ. ①先秦哲学 Ⅳ. ①B22

中国版本图书馆 CIP 数据核字（2016）第 325774 号

体　道

作　　者	李宇林	
责任编辑	梅　子	
责任印制	顾瑞清	

出版发行	华夏出版社	
经　　销	新华书店	
印　　刷	三河市少明印务有限公司	
装　　订	三河市少明印务有限公司	
版　　次	2017 年 1 月北京第 1 版	
	2017 年 4 月北京第 1 次印刷	
开　　本	720×1030　1/16 开	
印　　张	29.25	
字　　数	580 千字	
定　　价	78.00 元	

华夏出版社　地址：北京市东直门外香河园北里 4 号　邮编：100028
网址:www.hxph.com.cn　　电话：（010）64663331（转）
若发现本版图书有印装质量问题，请与我社营销中心联系调换。